百年黄埔

黄埔军校同学会　编著

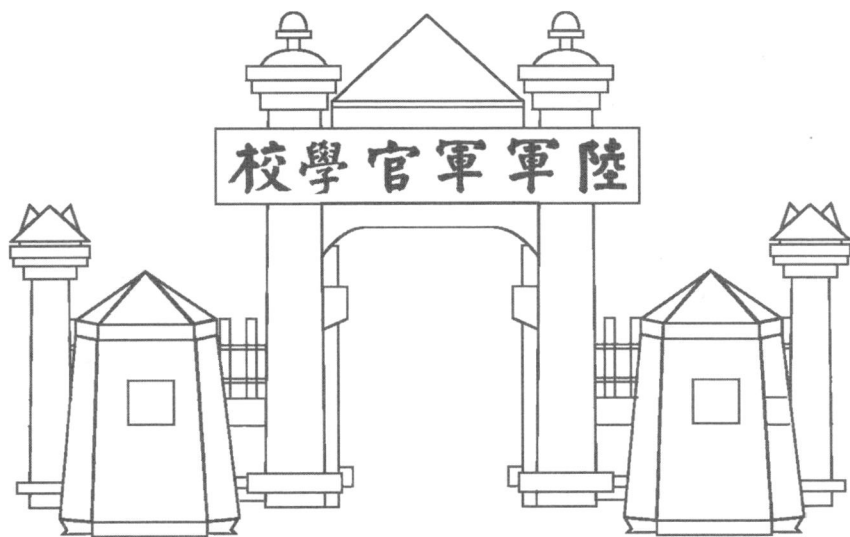

九州出版社 JIUZHOUPRESS｜全国百佳图书出版单位

图书在版编目（CIP）数据

百年黄埔 / 黄埔军校同学会编著. -- 北京 ： 九州
出版社，2024.6
　　ISBN 978-7-5225-3004-8

　　Ⅰ．①百… Ⅱ．①黄… Ⅲ．①黄埔军校－校史 Ⅳ.
①E296.3

中国国家版本馆CIP数据核字(2024)第110112号

百年黄埔

作　　　者	黄埔军校同学会　编著
责任编辑	高美平　关璐瑶
出版发行	九州出版社
地　　　址	北京市西城区阜外大街甲 35 号（100037）
发行电话	(010)68992190/3/5/6
网　　　址	www.jiuzhoupress.com
印　　　刷	鑫艺佳利（天津）印刷有限公司
开　　　本	720 毫米 ×1020 毫米　16 开
印　　　张	45.75
字　　　数	672 千字
版　　　次	2024 年 6 月第 1 版
印　　　次	2024 年 6 月第 1 次印刷
书　　　号	ISBN 978-7-5225-3004-8
定　　　价	238.00 元

序　言

　　实现中华民族伟大复兴是近代以来中国人民和中华民族最伟大的梦想，为了实现这个伟大梦想，无数志士仁人前赴后继、上下求索，进行了不屈不挠的斗争。在这一征程中，黄埔军校应运而生、向时而行。

　　1924年，在中国共产党的支持和帮助下，孙中山先生毅然改组国民党，提出"联俄、联共、扶助农工"的三大政策，实现了第一次国共合作，成果之一是共同创建了黄埔军校。黄埔军校自建校之日起，就与国家和民族命运紧紧联系在一起，注重培养学生的爱国思想和革命精神，为中国革命培养了大批优秀军政人才，书写了中华民族伟大复兴进程中的重要篇章。

　　在新民主主义革命时期，黄埔师生始终奋战在历次重大革命斗争一线，在东征、北伐、抗日战场上浴血奋战、百折不挠，为结束旧中国半殖民地半封建社会历史，为争取民族独立、人民解放建立了不朽功勋。在社会主义革命和建设时期，许多优秀黄埔师生积极投身新中国建设，在政治、经济、文化、教育、军事、国防等战线发光发热，为实现中华民族有史以来最广泛而深刻的社会变革作出了积极贡献。在改革开放和社会主义现代化建设时期，黄埔同学顺应两岸关系发展大势，成立黄埔军校同学会，发挥自身特色优势，以"黄埔情缘"为纽带，助推两岸关系破冰启航，坚定反"独"促统，为推动两岸关系和平发展发挥了重要作用。进入中国特色社会主义新时代，黄埔同学及其亲属大力弘扬黄埔精神，积极推动两岸关系和平发展、融合发展，坚决反对"台独"分裂和外部势力干涉，为祖国统一和民族复兴再立新功。

今天，我们不会忘记黄埔先烈为民族独立和人民解放所付出的流血牺牲，不会忘记海内外黄埔人为国家统一、民族复兴所作的重要贡献。"爱国、革命"的黄埔精神薪火相传、历久弥新，是中华文化和民族精神的重要组成部分，砥砺我们不忘初心、勇毅前行，为推进祖国完全统一和实现中华民族伟大复兴而不懈奋斗。

孙中山先生曾说："统一是全体国民的希望。能够统一，全国人民便享福；不能统一，便要受害。"100年前，中山先生创立黄埔军校，目的就是以革命的武装推翻帝国主义和封建军阀在中国的统治，挽救民族于危亡，实现祖国统一。解决台湾问题，实现祖国完全统一，是中国共产党矢志不渝的历史任务，是全体中华儿女的共同愿望，是实现中华民族伟大复兴的必然要求。当前，在中国共产党的坚强领导下，中华民族迎来了从站起来、富起来到强起来的伟大飞跃，我们比以往任何时候都更有能力、更有信心也更加接近实现祖国完全统一。祖国必须统一，祖国也必然统一。

在黄埔军校建校100周年之际，黄埔军校同学会组织编写了这本《百年黄埔》。本书围绕实现中华民族伟大复兴这个近代以来历史发展大主题，全面呈现了黄埔军校和黄埔同学百年来的奋斗历程与积极贡献，深刻阐明了黄埔精神的历史意义与时代价值，激发、凝聚前行的磅礴力量。

民族复兴、国家统一是大势所趋、大义所在、民心所向。回顾百年黄埔的历程与辉煌，是为了启迪今天的责任与担当，昭示明天的尊严与荣耀。海内外黄埔同学及其亲属，要更加紧密地团结起来，大力弘扬黄埔精神，坚定历史自信，担当历史使命，掌握历史主动，携手同心，群策群力，坚定不移推进祖国和平统一进程。我们坚信，中山先生毕生追求的统一中国、振兴中华的民族宏愿一定能够实现。

黄埔军校同学会会长 林上元

2024 年 1 月

目 录

导　论

国共合作掀起革命高潮，黄埔立校培育时代英豪。

1924 年 6 月，诞生于广州珠江长洲岛上的黄埔军校是国共合作的产物，是中国第一所新型军事政治学校，为中国革命培养了大批优秀人才，在中国现代史上占有重要地位。广大黄埔师生投身反帝反封建、争取国家统一、致力民族独立与振兴的斗争，其中许多优秀的黄埔师生为中国革命、建设、改革开放和现代化事业作出了重大贡献。特别是他们用鲜血和生命铸就的"爱国、革命"的黄埔精神，成为中华文化和民族精神的重要组成部分，砥砺一代代黄埔人秉承初衷、践行使命，为推进祖国完全统一和实现中华民族伟大复兴不懈奋斗。

值此黄埔军校建校 100 周年之际，黄埔军校同学会编著《百年黄埔》，围绕中华民族伟大复兴这个近代以来中国历史发展大主题，呈现黄埔军校、优秀黄埔人百年来的作为与贡献，缅怀黄埔先烈的历史功绩，强化"天下黄埔是一家"的情缘理念，彰显"爱国、革命"的黄埔精神及其时代价值，激励海内外广大黄埔组织、黄埔同学及其亲属进一步发扬历史主动，增强历史使命感和责任担当。这对于深入贯彻习近平新时代中国特色社会主义思想、落实新时代党解决台湾问题的总体方略和中央对台工作方针政策，推进统一进程和民族复兴伟业，具有重大的现实意义和深远的历史意义。

本书坚持正确的历史观和政治方向，贯彻史论结合原则，注重客观性、导向性、权威性，力求强化学术支撑，体现严谨性和可读性，紧扣致力于中华民族伟大复兴主题，系统总结黄埔百年历程，深入挖掘运用黄埔文献资料，充分吸纳黄埔研究优秀成果，讲好黄埔军校和黄埔人的故事，呈现其在挽救民族危亡、投身建设事业、促进祖国统一和实现中华民族伟大复兴进程中的奋斗与奉献，激发矢志不渝奋进新征程的动能。全书以时间为经、史实为纬，篇章内容梗概如下：

第一章——向时而生担大义。阐明了黄埔军校的缘起和创建历程，分析其历史背景、孙中山先生对革命道路的思考与探索、俄国十月革命影响与共产国际的推动和援助，以及年轻的中国共产党通过各种渠道从思想上、组织上、干部上给予的鼎力支持和切实帮助，揭示应运而生的历史经纬和肩负大义的宗旨使命。概述了黄埔军校建立之初的机构、设置、师资、学生等状况，展现军校的教学与训练，突出军事教育、政治教育并重而不同于一切旧式军校的办学特点，彰显政治教育尤其精神教育的重大影响以及共产党人在其中的特殊作用和突出贡献。反映了以校建军的探索和经验，从校军到党军到国民革命军，在军校、军队中实行党领导军队和军队政治工作制度，加强军队的政治领导，推动和保持军校、军队革命化的开创性和示范性意义。

第二章——铲除军阀求统一。阐述了黄埔师生初试锋芒在平定广州商团叛乱、首次东征、平定刘杨叛乱、二次东征、回师南征中的卓异表现，为巩固广东革命根据地、实现两广统一发挥的重大作用；凸显了"黄埔军"作为先锋和骨干在两次北伐中英勇善战和屡建奇功，为结束军阀割据、完成中国形式上的统一所建立的历史功绩；反映了黄埔军校较早的几所分校的机构、招生、教学、训练等办学情况和分校概貌，其中有的颇具特色，为国共两党培养了一批军事政治人才；回溯了发端于黄埔军校内部军人团体间政党和主义之争，国民党右派"清党""分共"以至发动"四一二""七一五"反革命政变导致第一次国共合作破裂的历史逆流；阐释了黄埔军校创建时初步确立、伴随着国共两党政治与军事方面的合作实践而逐步形成的黄埔精神。

第三章——同室操戈起纷争。概述了国共合作破裂后黄埔军校在广州、武汉、南京及西迁的复杂变迁和本校、分校办学情况，这是黄埔军校历史上最动荡、最复杂、最曲折的时期；回顾了从大革命失败到全民族抗战开启之前，国共两党黄埔师生兵戎相见、相互厮杀的历史悲剧；展现了国民党右派悍然反共之后，一些黄埔师生投入武装反对国民党反动统治的斗争，在中国共产党领导的南昌起义、秋收起义、广州起义以及黄麻起义、渭华起义、百色起义等多地暴动中，在肇造工农武装和人民军队建设中，在创建农村革命根据地开展土地革命中，在多次反"围剿"和各路红军长征中，以及在白区隐蔽战线斗争中，所发挥的重大作用、作出的历史贡献、付出的惨重牺牲；揭示了黄埔师生面对不同道路作出的不同选择，牵引他们的命运走向不同方向。

第四章——共御外侮卫独立。铺陈了抗战时期黄埔军校本校、分校及各种训练班等应时之需、加紧办学，为全面持久抗战源源不断输送军事指挥官和其他所需人才的情形；呈现了黄埔军人作为抗战中坚力量，担负起救亡图存、救国卫民的责任，在正面战场、敌后战场、印缅战场上浴血奋战、英勇抗敌的概貌剪影，以及为打败日本侵略者、实现中华民族独立和解放建立的不朽功勋；纵论黄埔师生抗战中付出的巨大牺牲，标明了黄埔师生主要牺牲地点、时段和部分名录，凸显了黄埔军人牺牲之英勇壮烈；从爱国、牺牲、团结、担当等方面挖掘黄埔师生浴血抗战所蕴含的独特精神，揭示了抗战烽火锻造黄埔精神、黄埔精神充实丰富抗战精神、黄埔精神凝练升华融入中华民族精神的辩证关系。

第五章——分道扬镳大抉择。讲述了黄埔军校在成都最后几期办学情况，及以特殊方式结束在大陆办学的历史；阐明了抗战胜利后在中国是建立一个无产阶级领导的人民大众的新民主主义的国家还是建立一个大地主大资产阶级专政的半殖民地半封建国家的两种前途两条道路面前，国共两党及黄埔师生作出的不同抉择；勾勒了在关乎国家前途命运、持续4年的大决战中，黄埔师生在许多重要战场关键战役中担当主角巅峰对决的大势，中共黄埔师生得到人民群众支持节节胜利，国民党黄埔师生起义、投诚、阵亡、被俘、逃亡者亦各有之；展现了诸多黄埔师生参加中国共产党领导的人民军队取得两条道路、两种前途大决战的胜利，建立起人民当家做主的中华人民共和国，奠定国家统一的坚实基础，开辟了民族复兴的光明前景。

第六章——投身建设新中国。阐述了部分黄埔师生起义、投诚，弃暗投明的历史抉择，以及人民军队中的黄埔师生参与消灭国民党残余势力和剿匪平叛斗争，为实现全国解放、巩固新生政权发挥的积极作用，建立的历史功绩；揭示了起义、投诚和被俘的黄埔师生响应党的政策，接受思想改造和劳动教育，获得新生、回归人民的曲折历程；展现了黄埔师生踊跃参加抗美援朝战争，在作战、侦察、宣传、后勤等各方面发挥的突出作用，创造的非凡战绩，作出的巨大贡献；综述了黄埔师生作为一个有知识、有文化、有丰富政治和军事斗争经验、有较强行政与社会管理能力的群体，活跃在中华人民共和国政治、经济、文化、教育、国防和军队建设等各条战线上，为社会主义革命和建设事业贡献智慧和力量。

第七章——共筑统一复兴梦。讲述了近半个世纪以来国际国内形势及台海局势发展变化之下黄埔同学在大陆（内地）、台港澳、海外成立的团体组织，为发挥黄埔同学群体作用汇聚力量、搭建平台、开辟渠道；彰显了因应形势发展变化及两岸政策调整，黄埔同学勇破坚冰、开启接触，扩大交往、深化交流，不惧逆流、克难前行，为推动两岸关系改善和不断发展作出的特殊贡献；集中反映了两岸关系风云变幻、跌宕起伏中，针对李登辉、陈水扁、蔡英文等形形色色的"台独"分裂势力及其谬论和行径，黄埔同学及其团体挺立潮头、针锋相对，坚定开展反"独"促统斗争，协力推进和维护国家统一；力求呈现广大黄埔同学及其亲属投身改革开放和现代化建设、竭诚奉献智慧和力量、同心共筑中华民族伟大复兴中国梦书写的崭新历史篇章。

概言之，本书既有对百年来黄埔军校建立发展演进变迁的历史回溯与论述，又有对黄埔人百年来锚定民族复兴目标发挥作用的深度挖掘与阐释，纵横交织，广深兼备。通过梳理探究黄埔世纪旅程与峥嵘岁月，编者对黄埔在奋进民族复兴征程中向时而生、独具特色、卓越贡献、精神传承等有了更多更深的认识和感悟，主要有：

一、挽救危亡，昭示黄埔军校
为民族复兴而生的耿耿初衷

　　黄埔军校诞生之际正值中国内忧外患、民族苦难深重之时，这样的国计民生境遇构成了黄埔军校产生的历史背景。自鸦片战争起，西方列强蚕食鲸吞，清王朝封建专制统治腐朽无能，曾经创造灿烂文明领先于世界并影响过整个人类社会发展的中华民族逐渐陷入半殖民地半封建社会的深渊。中国人民遭受战乱频仍、军阀混战、山河破碎、民不聊生、生灵涂炭的深重苦难。为了救亡图存，无数仁人志士不屈不挠、前仆后继，开展了可歌可泣的斗争，进行了多种多样的尝试。从太平天国、洋务运动、戊戌变法到义和团运动，因器不如人、技不如人、制不如人、思想不如人，一次次探索一次次失败，都未能改变国家日益沉沦和人民苦难日益深重的悲惨命运。孙中山先生领导的辛亥革命推翻了统治中国 268 年的清王朝，结束了延续两千多年的封建帝制，打击了侵略中国的帝国主义势力，开创了完全意义上的近代民族民主革命，建立了民主共和的中华民国。但袁世凯窃取革命果实后，复辟帝制，推翻共和，变乱迭起，民国有其名无其实，列强环伺，军阀割据，"南北纷争，兵灾迭见，市廛骚扰，闾里为墟，盗匪乘隙，纵横靡忌，百业凋残，老弱转徙，人民颠连困苦之情状，怵目恫心"[①]。孙中山慨叹"吾党自辛亥迄今，垂十三年，国内军阀官僚之横暴，日甚一日；国外帝国主义之侵凌，日迫一日"[②]。"亟拯斯民于水火，切扶大厦之将倾"[③]仍是当时中国社会的最大课题，成为志士仁人全力以赴的奋斗目标。

　　创办黄埔军校缘于孙中山先生革命实践中的深刻反思和睿智之识。孙中山先生不愧为伟大的民族英雄、伟大的爱国主义者、中国民主革命的伟大先驱，他立志救国救民，第一个响亮喊出了"振兴中华"的口号。而在此宏图大略中，统一和独立是基础、前提和保障。正如《国父孙中山先生一生致力于国家的统

　　① 孙中山：《和平统一宣言》，《孙中山全集》第 7 卷，第 49 页，中华书局，1985 年版。

　　② 孙中山：《致全党同志书》，《孙中山全集》第 9 卷，第 540 页，中华书局，1986 年版。

　　③ 孙中山：《香港兴中会章程》，《孙中山全集》第 1 卷，第 21 页，中华书局，1981 年版。

一》一文中指出的，①孙中山先生睿智地看到中华民族的优秀民族性中积淀着祖国统一的强大凝聚力和向心力，厘清了中国历史上兴衰治乱与国家分合之间的关系，国家统一则中华振兴，民族和睦则祖国进步。他提出："使中国脱除军阀与夫帝国主义之压迫，以遂其再造。夫以积弱而分裂之中国，而自然之富甲于天下；故为保障亚洲及世界之和平计，其最善及唯一之方，惟有速图中国之统一及解放。"②他剀切陈词，中国人民再也不能容忍别人瓜分自己的国家，他们希望统一，成为一个强大的和不可动摇的民族。"统一是中国全体国民的希望，能够统一，全国人民便享福；不能统一，便要受害。"③基于此，中山先生将实现中国之统一当作"头等大事"，视为"根本要图"。他认为统一与否是国之大体，切实关系到"中国存亡"和"长治久安"。他指出："统一成而后一切兴革乃有可言，财政、实业、教育诸端始获次第为理，国民意志方与以自由发舒，而不为强力所蔽障。"④他寄望新生的中华民国要实现民族之统一、领土之统一、军队之统一、内政之统一和财政之统一。孙中山先生坚信，以中国的土地和人民、物产等条件，一旦统一，必将形成对国家建设和发展的无可比拟的推进力量。由此中国"将来定可为世界一等强国"，并"为亚洲为世界人道而尽力"，"这便是我们四万万人的大责任"，"担负这个责任，便是我们民族的真精神"⑤。这就是孙中山先生揭示的中国统一与解放同人民幸福、民族兴旺、国家发展、世界和平进步息息相关。

需要指出，孙中山先生关于实现国家统一、反对帝国主义干涉、反对军阀割据，建立统一、共和、多民族国家的思想，是在其革命实践中不断充实和增

---

① 《国父孙中山先生一生致力于国家的统一》，中国台湾网，2006年7月11日。

② 孙中山：《复苏联代表加拉罕电》（1924年1月24日），《孙中山全集》第9卷，第130页，中华书局，1986年版。。

③ 孙中山：《在神户与日本新闻记者的谈话》，《孙中山全集》第11卷，第373页，中华书局，1986年版。

④ 孙中山：《和平统一宣言》，《孙中山全集》第7卷，第51页，中华书局，1985年版。

⑤ 孙中山：《三民主义》（第六讲），《孙中山全集》第9卷，第253—254页，中华书局，1986年版。

益的。他一生致力于国家的统一、独立、民主、富强，"竭志尽诚，以救民国，破除障碍，促成统一，巩固共和基础"。[①] 为了推翻使中国"国不成国"的清王朝封建帝制，他主张以暴力革命"驱除鞑虏，恢复中华，创立民国"，并直接、间接领导了多次武装起义；草创共和、建立民国后，为解决南北对峙，又以极大诚意谋求以和平方式争取国家统一。孙中山先生在就任临时大总统后，为促成南北统一、避免生灵涂炭，不顾个人安危及毁誉荣辱北上议和，相忍为国，让出临时大总统职位予袁世凯；冯玉祥发动北京政变后，他抱病再次北上，与冯玉祥、段祺瑞、张作霖晤商国事，提出召集国民会议，以谋统一建国之大计。但残酷现实使他认识到必须进行彻底的民主革命，一如他在自述中所言："文奔走国事三十余年，毕生学力尽萃于斯，精诚无间，百折不回，满清之威力所不能屈，穷途之困苦所不能挠。吾志所向，一往无前，愈挫愈奋，再接再励。"[②] 自投身革命以来经受 200 余次挫折和失败，仅辛亥革命以后，就有袁世凯窃取胜利果实、北洋军阀毁弃《中华民国临时约法》，孙中山愤而继续革命，发起"二次革命"、护国运动、护法运动，但"开明"军阀和日美等所谓"主持正义"的帝国主义最终让他的努力付诸东流。他指出，列强总是利用那些条约来扰乱中国，还豢养中国军阀，唆使他们互相混战，把整个中国弄得四分五裂，"中国现在祸乱的根本，就在军阀和那援助军阀的帝国"。[③] 因此，要实现国家和平统一与长治久安，唯一的根本办法"便要同时断绝这两个祸根，第一个就是要打破军阀，第二个就是要打破援助军阀的帝国"。[④] 孙中山先生认识到，实现中国真正统一与长治久安之前提和必要条件，是必须铲除军阀及其背后的帝国主义，

---

① 孙中山：《就任大总统职宣言》（1921 年 5 月 5 日），《孙中山全集》第 5 卷，第 532 页，中华书局，1985 年版。。

② 孙中山：《〈孙文学说〉自序》（1918 年 12 月 30 日），《孙中山全集》第 6 卷，第 157 页，中华书局，1985 年版。

③ 孙中山：《在上海招待新闻记者的演说》，《孙中山全集》第 11 卷，第 338 页，中华书局，1986 年版。

④ 孙中山：《在上海招待新闻记者的演说》，《孙中山全集》第 11 卷，第 338 页，中华书局，1986 年版。

废除一切不平等条约。

　　孙中山在寻求救国救民真理和多年革命斗争实践中产生和发展了进行革命武装斗争的思想。早期维新改良主张经上书李鸿章碰壁后，他认识到"暴力、革命才是出路"，[①] 兴中会的成立则标志着孙中山武装斗争的思想已明确而坚定了。其后，他策动了一系列武装起义，包括 1895 年首次广州起义、1900 年惠州起义，以及同盟会成立后在国内先后发动的 6 次起义、1910 年广州新军起义等，皆因种种原因或流产或失败，但多次实践锻炼、不断总结教训为继续开展武装斗争磨砺了革命意志、铸就了牺牲精神、积累了战斗经验。终以武昌首义成功，各省纷纷响应，清朝统治迅速土崩瓦解，证实武装推翻封建专制统治是一条正确道路。经南北议和，孙中山让位袁世凯以换取共和、达成国家和平统一，但袁世凯窃取革命果实后复辟帝制，破坏《临时约法》，中国既没统一，更无共和。孙中山毅然揭起卫国护法大旗，武装讨伐袁世凯、北洋军阀、张勋等反动势力。从"有志于革命"到辛亥革命，从护国到护法，孙中山在谋求统一建国的艰难历程中，对掌握武装力量的认识也在逐步校正和深化。他先是联络会党（洪门等）发动革命，进而利用正式军队，特别是新军——新军是清末编练的新式近代化陆军，其中下级军官多由国内武备学堂毕业生和学习军事的留学生充任，他们大多倾向革命——若能善加利用，有益于"革命党领袖与有革命思想的民众联系起来"，这是一个进步。辛亥革命后在武装反对袁世凯复辟、武力捍卫民国的过程中，利用了地方军的力量。护法运动后在广州建立军政府和国民政府，出师北伐主要依靠陈炯明、许崇智等"援闽"粤军和西南军阀的军队。但讨逆护法的虎头蛇尾、终遭失败，让孙中山痛切感悟到"吾国之大患，莫大于武人之争雄，南与北如一丘之貉"[②]，"各军占驻一两县，卖烟开赌，搜刮钱财，以饱私囊"。大小军阀自恃武力，争权攘利，割据自治，口是心非，依靠军阀打军阀谋求统一无异于"与虎谋皮"。几十年曲折奋斗、一连串现实教训让

---

　　① 马庆忠：《孙中山武装斗争思想与实践》，《黄埔》杂志纪念专刊（2004 年），第 11、12 页。

　　② 孙中山：《辞大元帅职通电》（1918 年 5 月 4 日），《孙中山全集》第 4 卷，第 471 页，中华书局，1985 年版。

孙中山清醒地看到没有自己掌握的军队乃革命之短板，过去革命所用的军队，没有一种是真正意义上的革命军，并不真正属于革命党，"只有革命党的奋斗，没有革命军的奋斗，一般官僚军阀便把持民国，我们的革命便不能完全成功"①，从而铭心刻骨地认识到必须要有和革命党的奋斗相同的军队，必须要有革命军。

孙中山先生建军思想的演进升华既是现实所迫，也是共产国际和中国共产党催化作用的结果。正当孙中山锲而不舍、百折不挠、苦苦寻求救国救民道路的艰困时期，俄国十月革命爆发并取得显著成功，屡遭挫折和失败的孙中山从中得到鼓舞和启示，主动与苏俄联系，学习革命经验。1920 年苏俄共产党员维金斯基正式拜访孙中山，双方探讨了中国革命问题。1921 年 12 月，李大钊将共产国际代表马林介绍给孙中山，并派张太雷任翻译，陪同马林到广西桂林与孙中山会谈，讨论国民党同苏俄和中共的关系问题。马林提出三大建议："改组国民党，联合各革命阶级，尤其是工农大众；谋求与共产党合作；创办军官学校，建立革命武装的基础。"孙中山表示接受，但那时正忙于准备北伐，又不懂得创办革命军校的方法，未能付诸实施。1922 年 4 月，苏俄全权代表达林向孙中山介绍了苏俄红军的情况，孙中山非常感兴趣，明确表示希望得到苏俄军事顾问对中国革命的帮助。此后不久，孙中山非常信任、倚望极高、委任为广东省省长和粤军总司令并统辖广东军政事务的军阀陈炯明叛变，6 月 16 日炮轰观音山（今越秀山）麓总统府，孙中山乔装逃出，在永丰舰困守 40 余天才脱险，但多年来苦心经营的革命事业毁于一旦。经历这次最惨重的失败后，孙中山痛彻深悟：要实现革命目标，不能依靠军阀打军阀，必须抓紧建立革命的武装。1923 年 1 月，孙中山在上海与苏俄驻中国大使越飞发表《孙文越飞联合宣言》，宣布"中国最重要最急之问题，乃在民国统一之成功，与完全国家独立之获得。关于此项大业……中国当得俄国国民最挚热之同情，且可以俄国援助为依赖也"。②宣言奠定了联俄政策的基础。这是孙中山不顾帝国主义阻挠，毅然依靠社会主义苏联，走"以俄为师"道路的重大步骤。同年 2、3 月间，廖仲恺、越

---

① 广东革命历史博物馆：《黄埔军校史料（1924—1927）》，第 46 页，广东人民出版社，1982 年版。

② 《孙文越飞联合宣言》，《孙中山全集》第 7 卷，第 52 页，中华书局，1985 年版。

飞共同商议创设军官学校事宜。8月，派蒋介石率"孙逸仙博士代表团"（国共党员各两人）赴苏考察军事、政治及党务，参观苏联红军各兵种和各种军事学校，详细了解苏联"军队之内容"，学习红军建设的经验，以资仿效创办革命军校，并商谈援助建军问题。代表团在苏联考察近3个月后，在报告中建议良多，尤以创办军官学校为第一要务，提出"为求国家强盛，必先统一全国；要统一全国，必先消灭军阀；要消灭军阀，必先建立军队；要建立军队，必先创办军校"[①]，并拟订设立军校之建议案。11月，国民党临时中央执行委员会讨论创建军校问题，指定廖仲恺和鲍罗廷着手筹建。孙中山向鲍罗廷等苏联顾问表示："我们的首要任务是按照苏联式样建立一支军队，准备好北伐根据地……希望你们把在反对帝国主义者武装干涉、并把他们赶出去的斗争中积累的丰富经验传授给我们的学生——革命军队的未来军官。"[②]

中国共产党的参与为黄埔军校创建提供了切实帮助，而且增强了其救亡复兴的禀赋特质。中国共产党成立初期，不与其他党派建立任何相互关系。但从领导工人运动遭到血腥镇压而失败的残酷现实中认识到：要战胜强大的敌人，仅仅依靠工人阶级自身孤军奋战是不够的，必须争取一切可能的机会，联合一切可能的同盟者，共同建立民主主义的联合战线。1923年1月，共产国际执行委员会通过《关于中国共产党同国民党关系问题的决议》，指出"由于中国国内独立的工人运动还很幼弱，由于中国的中心任务是反对帝国主义者及其在中国的封建代理人的民族革命，而且由于这个民族革命问题的解决直接关系到尚未从其他阶级中充分分化出来成为完全独立的社会力量的工人阶级的利益，共产国际执行委员会认为国民党和年轻的中国共产党的合作是必要的"[③]。在共产国际的促成下，中共中央机关迁往广州，开启了第一次国共合作。在孙中山因陈炯明叛乱而绝望之时中国共产党对他热情支持，派出李大钊、陈独秀、林伯渠

---

① 孙逸仙博士代表团《游俄报告书》。

② ［苏］亚·伊·切利潘诺夫：《中国革命国民军的北伐——一个驻华军事顾问的札记》，第90—91页，中国社会科学出版社，1984年版。

③ 《"二大"和"三大"——中国共产党第二、三次代表大会资料选编》，第181—182页，中国社会科学出版社，1985年版。

等领导人多次与孙中山会谈，提出国共两党合作并按民主原则改组国民党的建议，孙中山欣然接受。李大钊还多次单独与孙中山商讨"振兴国民党以振兴中国之问题"[1]以及两党合作共同革命与如何建立革命军队等问题。孙中山深感共产党人值得信赖，主动邀请并亲自主持李大钊、陈独秀、蔡和森、张太雷等以个人身份加入国民党。1923年6月，中国共产党第三次全国代表大会在广州召开，决定与国民党合作，建立革命统一战线。孙中山改组了国民党，对三民主义作出适应时代潮流的新解释，包含新的内容和新的革命精神，形成新三民主义，成为国共合作的共同纲领。1924年1月在孙中山主持下，国民党一大在广州召开，共产党人李大钊、瞿秋白、毛泽东、谭平山、林祖涵、李维汉、李立三等人参加。这次大会通过了以反对帝国主义、封建主义为主要内容的《中国国民党第一次全国代表大会宣言》，确定了联俄、联共、扶助农工的三大政策，决定建立革命武装力量的基础，创办中国国民党陆军军官学校，并成立了筹备委员会（任命蒋介石为筹委会委员长，王柏龄、李济深、邓演达、沈应时、林振雄、俞飞鹏、宋荣昌、张家瑞为筹委会委员），廖仲恺作为大本营秘书长协助筹划军校开办事宜。孙中山亲自勘定广州市东南珠江中黄埔区长洲岛上原清末陆军小学堂和海军学校旧址为新办中国国民党陆军军官学校校址，因之被称为黄埔军校。

国民党一大召开标志着国共两党第一次合作的正式建立，也为两党合作创建黄埔军校奠定了组织基础。会后，代表们受陆军军官学校筹委会之托回原籍代为选拔、推荐、输送优秀青年报考黄埔军校。当时除广州能公开招生以外，其他地区还在反动军阀势力控制之下，只能秘密进行，或就地初试，或动员青年学生去广州投考。由于国民党在许多地方尚未建立组织，当时共产党和共青团的组织担负起这项工作。为此先后发布通告要求各地党团组织积极选派党团员和左派青年报考军校。"现在国民党在广州创办军官学校，地方拟派三四同志赴考，预备将来干军人运动。"[2]"黄埔军校正拟招收大批入伍生……望各地速

---

① 李大钊：《狱中自述》，《党史研究资料》1980年第6期。

② 《共青团广州地委选送学生赴考军校报告（第7号）》，《黄埔军校史料（1924—1927）》，第32页。

速多选派……前往广州投考。"① 李大钊在北京、董必武在武汉、胡公勉在浙江、何叔衡在长沙帮助招生,选送共产党员、共青团员,并积极动员、推荐进步青年报考黄埔军校。毛泽东在上海负责接待各地考生复试和转送工作。应廖仲恺邀请,张申府(崧年)、茅延桢、邓演达、金佛庄、叶剑英、徐成章、胡公冕、郭俊、严凤仪等共产党人到筹备处参加订计划、编教材、布校舍、聘教员等工作。从酝酿、决定到筹建及教育、管理等过程都清楚地表明,黄埔军校是国共合作的产物和重大成果,中国共产党和共产党人在统一战线方针指引下积极参与黄埔军校筹备、招生、教学等工作,为黄埔军校建校治校训育人才发挥了重要作用,作出了重大贡献。

黄埔军校以孙中山提出的"创造革命军,来挽救中国的危亡"为宗旨,以"亲爱精诚"为校训。孙中山兼任军校总理,蒋介石为校长,廖仲恺为党代表。1924 年 5 月 5 日开学。6 月 16 日,举行隆重的开学典礼。孙中山亲临大会,发表了长篇演说,以俄国十月革命为镜子,对照总结辛亥革命以来中国革命的经验教训,论述创办黄埔军校的必要性,阐明黄埔军校的宗旨,对学生提出希望和要求。他明确指出:"我们今天要开这个学校,是有什么希望呢?就是要从今天起,把革命的事业重新来创造,要用这个学校内的学生做根本,成立革命军。诸位学生就是将来革命军的骨干。有了这种好骨干,成了革命军,我们的革命事业便可以成功。如果没有革命军,中国的革命永远还是要失败。所以,今天在这里开这个军官学校,独一无二的希望,就是创造革命军,来挽救中国的危亡!"他反复强调:"革命事业,就是救国救民。""革命军是救国救民的军人,诸君都是将来革命的骨干,都担负着救国救民的责任。""要把革命做成功,便要从今天起立一个志愿,一生一世,都不存升官发财的心理,只知道做救国救民的事业……一心一意来革命,才可以达到革命的目的。""革命大告成功,象俄国一样,我们中国才可以同世界各国并驾齐驱,中国的民族才可以永远地生存于人类。假若革命不能成功,中国便要亡,四万万人便要灭种。""要挽救这

---

① 《中国共产党通告(钟字第 62 号)》,《黄埔军校史料(1924—1927)》,第 79 页。

种危亡，只有革命军。所以我们一定要开这个学校，要做成革命军。"① 由此可见，创办军校、建革命军、决志于广东统一后更努力于全国之统一、打倒军阀、打倒帝国主义，以达到救国救民、振兴中华的目的，从这个逻辑链看，创办黄埔军校是孙中山长期革命实践经验教训的结晶，是其振兴中华方略的基点和依托，承载着民族复兴的初衷和使命。

二、特色教育，奠定黄埔师生
为民族复兴而战的根基底气

厉行作战与教学相结合、教学与研究相结合、中国与外国相结合、军事与政治相结合，夯实基础，注重实用，严格训练，着眼于提高学生（员）的作战指挥和战斗能力，这些是黄埔军校办学的突出特征。黄埔军校实行军事教育与政治教育并重的办学方针及由此衍生的鲜明特点，是区别于以往旧式军校的根本和关键所在，是这所军校之所以为新型军校的本质所在，开创了我国军校教育的新时代，更奠定了黄埔师生为民族复兴而战而为的根基、底气和本领。

严格筛选确保入校学生具有优良的基本素质。近代以来特别是五四运动后中国知识分子和青年日益觉醒，寻求改造社会的愿望和热情日益高涨，为黄埔军校提供了广泛社会基础和充足生源。为了挑选符合革命理念、具备革命潜力的青年才俊，黄埔军校建立了一套严格的选拔考察方法和标准。《军官学校考选学生简章》开宗明义："本校希望对于军队有彻底的改良进步，故拟使全国热心有志堪以造就之青年，得有研求军事学术之机会，并教以三民主义，俾养成良好有主义之军人，以为党军之下级干部。"为此，军校明确提出选拔学生要特别注意政治素质。协助筹办事宜的大元帅府秘书长廖仲恺遵孙中山先生嘱托，向参加国民党一大代表交代为黄埔军校推荐生员等，一再强调："请各代表对于

① 孙中山：《在陆军军官学校开学典礼的演说》，《孙中山选集》，第290—300页，中华书局，1986年版。

介绍青年军官学生特别注意，必其人明白本党主义，且诚实可靠，能做事，方可入选。"① 虽然当时地方势力割据，军校的招生对象则是面向全国各地，并非仅局限于广东及其周边地区。首期预定招生 324 名，分配给东三省、热河、察哈尔各 10 名；直、鲁、晋、陕、豫、川、湘、鄂、皖、苏、浙、闽、粤、桂各 12 名；湘、粤、滇、豫、桂 5 军各 15 名；革命先烈家属 20 名；其余 11 名。另招备取生 30—50 名。从招生计划的省份分布看，黄埔军校建立之初即以全国为视域，努力淡化地域色彩，显示出不凡的志向。除考查学生的学历智识、身体状况，还增加了性格测试，特别考查考生对于三民主义的了解程度，以及志趣、品格、常识、能力和发展潜力等。黄埔军校对考生的选拔非常严格，"考试审查方法，以公正无私、细密严谨之旨行之，以期选拔人才，无负重托"②。当年，黄埔军校大门两侧对联"升官发财请往他处，贪生畏死勿入斯门"，横批"革命者来"，正是黄埔军校对入校学生要求的真实写照。革命的黄埔犹如巨大磁石，吸引了成千上万的爱国英才。那些热血沸腾、志在报国的青年，喊出口号："到黄埔去！"黄埔成为全国革命青年向往的革命学府，一时间精英云集、人才济济。他们有着不同出身、不同职业，有的甚至不惜舍弃优渥生活和个人前途，只为能够进入这个革命的大熔炉，接受军事训练，成为救国救民的革命者。黄埔 1 期学生范汉杰，放弃桂军少将军衔、第 6 军司令的职位，甘入黄埔军校当学生，毕业后从少尉排长干起；前 5 期中，周逸群、宣侠父、刘云、侯镜如、蔡光举、孙元良、方先觉、伍中豪、彭士量、谢晋元、李之龙、徐先前、胡宗南、黄维、桂永清、李仙洲等，当时或有国外留学经历，或有在国内大学学习背景，或担任过中小学教师，还有担任过工运、农运、报刊负责人的蒋先云、陈赓、杨其纲、贺衷寒、蒋伏生、宣铁吾等，都投笔从戎报考黄埔，毅然追求革命理想。正像黄埔 5 期学生许光达赴考前写下的诗句"誓要去，上刀山，浩气壮，可入鬼门关。男儿气短，豪情无限，地狱也独来独往还"，许许多多黄

---

① 中国第二历史档案馆：《中国国民党第一、二次全国代表大会会议史料》（上），第 72 页，江苏古籍出版社，1986 年版。

② 黄埔军校入学试验委员会：《启事》，《广州日报》（1924 年 4 月 7 日）。

埔学生正是怀着这样的豪情壮志，把黄埔军校作为报国途径而踊跃投考的。经过严格筛选、精心选拔，进入黄埔的学生基本上是各地的优秀青年，而且普遍具有良好的品德、文化和身体素质。这些富有革命理想、爱国思想的有志青年，为黄埔军校开展富有特色的军事政治教育训练，为救国救民、统一国家、振兴中华造就新型革命干部奠定了坚实基础。

黄埔军校不仅学生素质好，师资力量也相当强。校方广揽天下贤才良师，从保定陆军军官学校、陆军大学、云南陆军讲武堂、各地方讲武堂，国外军事院校留学人员、国内高等院校及社会名流贤达中，选拔全国一流军事、政治人才参加治校和任教。苏联为黄埔军校派来以亚·伊·切列潘诺夫为组长的第一个军事顾问小组参与军校筹备，后又派遣瓦西里·布留赫尔（化名"加伦"）率领40多名军事专家到黄埔军校工作，1925年5月再向黄埔军校派来200人的教官团。苏联教官成为外籍教官中的主体，巴甫洛夫将军和加伦将军先后任军事顾问团团长。中共中央派出一批重要干部到黄埔军校担负政治教育和政治工作。黄埔军校的领导机构成员多是当时赫赫有名的风云人物。胡谦、王柏龄、邓演达、方鼎英等先后任教育长，戴季陶、邵元冲、周恩来、邵力子、熊雄等曾任政治部主任，王柏龄、叶剑英曾任教授部正副主任，李济深、邓演达等任教练部正副主任。总教官室将才荟萃，何应钦为军事总教官，战术教官有顾祝同、刘峙等，兵器教官有钱大钧、文素松等，入伍生总队长王懋功、严重，副总队长张治中，学科主任有李铎、陈诚、蒋鼎文、周至柔、郜子举、孔庆睿、茅延桢、金佛庄、林薰南、刘尧宸、陈继承、王俊、季方、文素松、胡树森、陆福廷、惠东昇等。恽代英任政治主任教官，政治教官有吴稚晖、张申府、肖楚女、高语罕、张秋人、安体诚、阳翰笙、宋云彬、沈雁冰、项英、季方、张静愚等。总体上看，黄埔军校师资来源广泛、阵容强大、力量雄厚，拥有各种高学历和各具专业知识的人才，富有实践经验，而且多学科并存在，突破以往各军事学堂和军官学校军事学科一科独大之偏狭与局限，这样的师资队伍，堪称中外文武贤才荟萃、独具一格、优势突出，为黄埔军校培养出合格的、优秀的革命军队干部提供了有力保障。

军事与政治并重、理论与实际相结合的教育独树一帜。黄埔军校本着孙中山先生的创校宗旨和"贯彻三民主义""要有高深学问做根本"等要求，奉行军事与政治并重，实行"分别编制，勤以训练，厚以教养，严以军纪，指导之以主义及政治观念"的教育方针，[①]形成了不同于以往和当时其他军校的鲜明特色。这个方针的贯彻是和党代表廖仲恺先生的坚持和努力分不开的。廖仲恺先生为黄埔军校的筹建及党军的建立做了大量艰苦卓绝的工作。更为突出的是，为了把军校学生培养成为推翻帝国主义者和封建军阀的新型军人，他高度重视、倾心致力于军校的教育。他在《救国的三要件》《革命党应有的精神》《做事必须有恒心》《学生当耐受军事训练》《在黄埔军校之政治讲演》等文章、讲话中，始终坚持军校教育以孙中山的三民主义为指导，实行军事教育与政治教育并重。他指出："以主义为主干组织成立的革命军，军事政治是并行的，而且是并重的。偏重军事而轻于政治，是不可以的。偏重政治而轻于军事亦不可以。"[②]军校政治教育与政治工作一定要贯彻三民主义，使学生努力做到组织、意志和精神三方面的统一，努力为主义奋斗。他也重视加强军校的军事教育与军事科学研究，告诫师生要刻苦进行军事训练，不要因为枯燥便不耐烦，都要忍耐下去，造成良好军事人才。为了调动学员学习军事技术的积极性，他还与蒋校长商定，在军校内设立"革命军事研究会"，进行军事科学研究。为了保证学员军事训练与研究，他和校长共同订立若干条例，如《革命军刑事条例》《遵守礼节令》《整顿校风令》《尽职令》《申明军纪令》《守纪律令》等，以此约束军校学生（员）的行动，以养成严明的组织纪律性。

在军事教育中，学科与术科并重，借鉴第一次世界大战时期的研究成果和实战经验，讲授苏联和世界前沿的军事理论，依照最新军事技术进行训练。为了急应革命发展的紧迫需要，第 1 期学生 3 年学习课程压缩到半年完成。何应钦、邓演达、王柏龄、严重等同苏联顾问研究，按照 1 个月入伍教育、6 个月正式教育的期限，制订了军事政治训练计划，重新编写典范令和战术、兵器、

---

① 中国第二历史档案馆：《蒋介石年谱初稿》，第 388 页，档案出版社，1992 年版。

② 莫志斌：《廖仲恺与黄埔军校》，《黄埔》杂志纪念刊（2004 年），第 66 页。

筑城、地形、交通、通信教程，有针对性地加以浓缩，确保军事教育质量。从第2期开始设步兵、炮兵、工兵、辎重、宪兵5科。第3期开始实施入伍生制度。第4期以后增设政治、骑兵、交通、无线电、航空等科。门类日益齐备，育才更趋多元。在军事教育科目课程设置上，分为学科和术科。学科方面主要有典范令、战术学、兵器学、地形学、筑城学、交通学、军制学；术科方面主要是军事训练课目，包括制式教练、射击教练、重兵器教练、技术训练、野外演习（包括昼夜间阵中勤务、战术实习和野营演习）等。军校制定了科学的军事训练科目，各科都有详细的科目表、授课进度表，循序渐进，严格训练。军事训练注重于实用、技能和效果，使学生通过训练掌握要领、知行合一、触类旁通。训练中强调自上而下，逐级负责，直至每个人熟练掌握、运用自如。操场训练还辅之以实战演习，以提高学生的应用能力。此外，军校还设有"军事演讲"制度，讲授军事形势、战场经验、先进军事知识或其他军事问题，除教官、顾问主讲以外，还鼓励学生登台演讲，以求教学相长，推动军事学术研究与切磋交流。

注重实用是黄埔军校军事教育的显著特点。无论学制长短，各兵科皆注重实用、注重技能、注重实效。要求学生不但每日在讲堂之内要学先生所教学问，还要举一反三，自己去推广；讲堂之外更须注重自修功夫，了悟心得，融会贯通。教学实践中形成了急用先学、学术并重，重视操场训练和野外演习，以战场为课堂、寓教于战，把课堂开在战场上、边战边教、边学边用、在战争中学会战争等特点。尤其在抗日战争时期，适应战时需要，短期长期两制并行，短期学制以军事学术科及步兵战斗教育为主，更加强化实用性，要求典范令之制式法则巧为运用，熟悉各种战法，以期领会贯通，对于班、排、连之各种教练也以熟悉为要；长期学制仍区分兵科，按兵科重点及要求程度实施，以简明精练为主，并加强诸兵种联合作战训练，集中人才及器材，达到运用自如，注重参考以往作战经验，撷取现代教育方法，务求教学实效。还对教育手段和方法等进行了多方面探索和改革：一是实行学校职员教官与部队官长交换制度，改变北伐以后军校教官和队职官调往国民革命军部队多、由部队调回军校少的状况，以期增强军校教育务实之功效。二是力行教、学、做相统一原则，以注重实际为核心，促使学校军队化，凡军校教育内容、生活起居、操课活动等皆以适应军队与战场需要为导向。三是普及沙盘教育，模拟地形地物，作逼真攻防演练，施教者依设想情况，利用实物，既便于指导讲解，学习者就观摩所及，亦便于领悟明了。四是普遍开展实弹战斗演习，而且规模大、成定制，以使学生出校后即能指挥作战。五是扩大劳动服务范围，从内务整理、清扫环境、各科劳务扩展到筑路、造林、疏浚沟渠等公益劳动。六是开设军士教育。军士是军队组织的基本，他们与战士最为接近，教育管理上关系最为密切，统率领导上负有最大责任。军校着力开办军士教育，为在部队普遍建立军士制度提供人力资源。

吸纳最新军事理论知识和先进军事技术是黄埔军校军事教育保持高质量的重要保证。1924 年至 1927 年间，黄埔军校主要援用苏式军事教育，而当时苏联吸收了第一次世界大战的新经验，其训练与作战方式接近当时世界先进水平，苏联顾问和教官编订教材、传授经验、参加授课、亲自示范，给黄埔军校带来新的军事理论、知识和技能。1928 年至 1938 年间，黄埔军校又引入德国军事教育，特聘鲍尔任总顾问，德国原国防军总司令塞凯特、将军魏泽尔等担任教官，翻译德文军事书籍 80 余种作为介绍现代军事学术的最新教材，"不惟为本校所遵用，即全国各军、师及各军事学校亦复望风仿效"。[①] 黄埔军人的军事素养受到苏军、德军军事教育影响，促进了与当时世界先进军事教育接轨。抗战后期，中国军队尤其是远征军接受了相当程度的美式军事教育和训练，在黄埔军人的努力和美军的帮助下，掌握新式武器的使用方法，提升战术理念，作战能力随之提高。经过整训和接受美式装备的部队同原来相比，轻重武器的配备趋于完善，火力大为加强。同时，通信、运输器材等逐渐完备，也为指挥和协调作战提供了有利条件。特别是中国远征军在改编后的训练中加强了通信和战车防御炮的操练，注重陆空协同和营以下部队的独立作战、山地及丛林复杂地

---

① 陈宇：《总论》，《黄埔师生与抗日战争》，第 3 页，华文出版社，2017 年版。

形的作战训练，战斗力大幅跃升，在滇西大反攻中打出了军威国威。跻身战争理论和实战经验前沿的黄埔军校，培养出来的军事人才具有较高军事素养。他们不仅率部直面敌人、冲锋陷阵，而且在战略战术上发挥自己所学所长，肩负起战略战术制定、战场上战术运用、战斗指挥等重任，发挥了领头雁作用。许多黄埔师生后来成长为国共两党高级将领，黄埔军校成为现代中国杰出军事政治人才的摇篮。

政治教育与军事教育同等重视是黄埔军校的最大特色。孙中山认为士兵要有"特别之精神"，此即要明晓"主义"。强调以"主义"而非私人或其他因素凝聚军心，要求革命军人"实行三民主义，以成救国救民之仁"①。蒋介石秉承孙中山先生的办学宗旨，把政治思想教育放在十分重要的位置，他多次对师生训话、个别谈话，涉及军人的义务和责任、革命军人对三民主义的信仰、军人拿枪的目的、军人的纪律和服从、军人的团体生活等，后汇编为《黄埔训练集》作为教材。党代表廖仲恺在军校的演讲中也强调："我们这个军官学校……完全以主义为主干组织军队，以主义为主干组织成立的军队叫作革命军。""进军校并不是为了做官、为拿指挥刀，而是为救国才来革命、为主义而奋斗。"希望军校师生"要确信主义"，"以国家的利益为前提"，一心准备革命，做"真正的革命军"。②黄埔军校将政治训练与军事训练等量齐观，"军校不仅要养成职业军官，而且要培养革命干部。学生不仅要学习军事知识，而且要明了政治、经济、党纲、主义。不仅知道枪是怎样放法，而且要知道枪向什么人放"③。政治部秘书兼政治教官聂荣臻在给学生讲课中指出："黄埔军校进行政治教育，即是使我们在军事训练之下得着精神上的愉快，使我们成为活活泼泼、有训练、有主义、有革命精神的革命军人。"④概括起来，政治教育训练的目的：一是使军队党化，

① 孙中山：《在桂林对滇赣粤军的演说》（1921年12月10日），《孙中山全集》第6卷，第29页，中华书局，1985年版。

② 廖仲恺：《对黄埔军校第三期入伍生训话》（1925年3月），《廖仲恺集》（增订本），第245页，中华书局，1983年版。

③ 王奇生：《国共合作与国民革命（1924—1927）》，第58页，江苏人民出版社，2006年版。

④ 聂荣臻：《军队中政治工作的意义》，《黄埔潮》第5期（1925年10月24日）。

19

以主义来领导军队，以党支配军队，使军队充满三民主义精神，使官兵了解党的政纲与政策；二是使军队民众化，使武力与国民相结合，使武力为国民之武力，党为民众谋利益，党所领导的国民革命军必须为民众利益而战斗，使革命军队与民众相结合，成为坚毅而忠诚于三民主义的信徒，成为爱护民众、为民众利益而战的勇士。

政治教育主要用反帝反封建的革命思想和马克思主义理论武装青年，使之成为培养革命军队干部的根本保证。黄埔军校借鉴苏联红军的经验，在创办之初便设立了党代表和政治部，这是当时国内其他军事院校没有的制度设置，在历史上也是前所未有的，是保证实行孙中山新三民主义、保持军校革命性的重要组织措施。党代表主要负责指导党务，同时还负有监督各级军事长官的职能。《对于党军校及军队之训令决议案》中规定：在军校及军队中，所有一切命令均由党代表副署，由校长或由该长官执行；军队中党的决议，其执行亦须遵照此程序；所有一切军校及军队中之法令规则，经党代表副署者完全有效。[①] 通过党代表制确立军校和军队的"党属"性质。政治部主要负责对学员进行政治训练以提高其政治修养。政治部云集了一批国共两党的优秀人才，初由国民党理论家戴季陶担任主任，北京大学著名学者、共产党早期活动家张申府任副主任；后有邵元冲、周恩来、包惠僧、邵力子、鲁易、熊雄等主持工作，聂荣臻任政治部秘书。特别是周恩来在任期间为加强政治部的建设和政治训练的开展作出了开创性贡献。根据中国共产党的建议，军校政治部和中共广东区委研究制定了政治教育大纲，明确了政治教育的最高原则、训练方法、课程分配等，政治课程有中国革命史、中国国民党史、三民主义、苏联研究、世界政治经济概论、帝国主义侵略中国史、中国政治经济状况、政治概论、社会主义史、社会进化史、帝国主义史、军队政治工作、社会问题、社会运动等，到第 3 期已增至 21门，最多时达 42 门，涵盖革命史、政治学、经济学、社会学等多个学科。在校内有校领导和政治教官负责政治教育，政治教官大多是共产党员以及国民党

---

① 《对于党军校及军队之训令决议案》（1925 年 5 月 25 日），中国第二历史档案馆：《中国国民党第一、二次全国代表大会会议史料》（上），第 119 页。

左派、进步人士和知名专家、学者。比如政治部主任熊雄亲自讲授"军队中政治工作"与"本党宣言训令"两门课，他孜孜不倦地教导青年要分清敌我、热爱工农、团结群众，要做到不贪钱、不要命、爱国家、爱百姓，抛弃个人功名利禄观念，为被压迫民族的利益和工农的利益而奋斗牺牲。政治教育注重从实际出发、讲求实效，教学方式灵活多样、不断创新，除讲课以外，还有政治演讲、政治讨论会、政治问答、政治调查、组织宣传队、举办训练班、出版刊物等，促进了学生了解政治，提高研究政治问题的兴趣和洞察力。国共两党的著名人物和社会名流如孙中山、廖仲恺、蒋介石、胡汉民、谭延闿、李济深、李烈钧、戴季陶、吴稚晖、何香凝、宋子文、陈果夫、毛泽东、刘少奇、邓中夏、李立三、苏兆征、张太雷、邓中夏、彭湃、吴玉章、鲁迅等到军校作报告或演讲。熊雄、肖楚女、张秋人、孙炳文、苏联顾问加罗觉乔夫和廖利平等被聘为政治顾问，负责"解答一切党务上、政治上重要问题，指示一切党务上、政治上必须讨论之问题"。政治教官恽代英、肖楚女、张秋人等根据学生的提问，在课堂或校刊上作解答，并将答案编成《政治问答集》，长达10万余字，在军校中传播甚广、影响甚大。出版校刊《黄埔日刊》《黄埔潮》《军事政治月刊》等，尤以《黄埔日刊》日复一日经年累月发挥宣传教育作用。此外，还组织宣传队和血花剧社等，以多种方式对军校学生进行生动活泼的革命思想教育。黄埔军校的政治教育，在中国军队建设上开了先河，发挥了强大的作用，并发展到了颇为成熟的阶段。

　　黄埔军校对三民主义与马克思主义采取兼容并包的方针。黄埔军校颁布的《党代表训令》规定，关于社会主义、共产主义、马克思主义书籍，以及同情国民党或赞成国民党政策而竭力援助国民党之一切出版物，除责成政治部随时购置外，本校学生皆可购阅。黄埔军校还发布《勖官生研究政治令》，要求入伍生每日必须有一定时间接受政治训练，各队官长不得借故阻挠。军校对三民主义与马克思主义采取兼容并包方针，有力地促进了马克思主义和民主革命思想在师生中的广泛传播，有利于国共两党密切合作，共同办好黄埔军校，推动大革命蓬勃发展。黄埔军校以其作为有别于一切旧式军官学校主要标志的政治教育，有效地培养了学生爱国家、爱民众的思想；激励了反对帝国主义、反对军阀的革命斗志；增强了克服困难、完成军事政治训练任务的信心；养成了勇往直前、顽强战斗、不怕牺牲的战斗作风和严格的组织纪律性。军校的政治教育，对培养和提高学生的军事政治素质，完成艰难的训练和作战任务，发挥了重要的推动和保证作用。

总之，在民族大义感召下，经过严格选拔考核、科学教育培养，加之边学习边训练边实战锤炼、战火考验，黄埔军校在特别艰苦的条件下，培养出了一批批合格的革命军人（其中很多实属优秀），为他们投身革命事业、在民族复兴进程中建功立业赋予了坚实的根基、厚实的底气和扎实的本领。"黄埔是养成革命人才的学校"[1]，"是东方被压迫民族制造武装革命势力的策源地"[2]，"是求中华民族解放的大本营"[3]。黄埔军校以其独树一帜的教育方针、教学理念、训练方式和煊赫惊世的业绩驰誉天下，成为世界四大著名军校之一。

三、矢志奋斗，凝成黄埔师生
为民族复兴而为的史诗篇章

黄埔军校建立后，培养造就的黄埔师生一本初衷、矢志奋斗，为挽救危亡、振兴中华建立了不朽的历史功勋，绘就了恢宏的史诗画卷。

大革命时期，国共两党合作，黄埔军校站在反帝反封建、打倒列强除军阀斗争前列，在军队建设中，成为新的革命武装的核心和中坚；在东征北伐中，成为革命的主力和先锋，立下了赫赫战功；在积极支持工农革命运动中，促进了革命群众运动大发展；在政治动员和革命宣传中，宣传了三民主义和马克思主义。黄埔军校在大革命时期建立的殊勋茂绩，彪炳青史，名扬中外，被誉为

---

[1]　熊雄：《纪念〈黄埔日刊〉一周年》，原载《黄埔日刊》1927年3月3日。

[2]　熊雄：《本校开学周年纪念之意义》，原载《黄埔日刊》1927年3月8日。

[3]　《加伦将军训词》（1926年7月31日），原载《黄埔潮》1926年第2期。

"革命前驱"和"东方红军"①，为中国革命作出了重大贡献。

初试锋芒，参加平定广州商团叛乱。孙中山重返广州设立陆海军大元帅大本营后，决心"改组党务、创立党军、宣传党义"，刷新广东政治，以广东为模范，统一西南，进而统一中国。②但军阀势力不断作祟，在相继粉碎北京政府指使的桂军沈鸿英叛乱和陈炯明指使的叶举部进犯后，又面临广州商团与广东革命政府的对抗与叛乱。黄埔军校建校刚4个月，军校师生就投入平定商团叛乱的战斗。针对英帝国主义策动和支持下买办地主阶级的反动武装——广州商团的反革命叛乱阴谋，黄埔军校立场鲜明，坚决拥护孙中山命令，扣留商团购买的枪械，敦请广东政府解除商团武装。当政府举棋不定、拟与商团妥协时，黄埔军校师生执意推动政府采取断然措施，并在校内作好战斗准备。商团武装叛乱发生后，黄埔军校率先奋起反击。军校学员协同湘军、粤军合力迎战，仅用一天时间就平定了商团叛乱。军校师生经受了第一次战斗洗礼，他们作战勇敢，纪律严明，崭露头角，苏联军事总顾问加伦将军评价道："黄埔军校虽然参加人数不多，却成了政府军的核心。"③

东征扬威，为统一广东扫除障碍。广东革命政府虽已成立两年，但一直没能控制广东全省，对它构成最大威胁的是盘踞东江、觊觎广州的陈炯明叛军。广东革命政府内部也不稳固，还有打着国民革命旗号，实际上却是地方军阀势力的滇军杨希闵部和桂军刘震寰部。1925年初，盘踞东江流域的陈炯明趁孙中山北上之机，在英帝国主义和北洋军阀唆使资助下，伺机反扑，进犯广州。广东革命政府组织东征军，分3路讨伐陈炯明。但左路杨希闵部、中路刘震寰部按兵不动，实以右路许崇智率领的粤军为主力。黄埔军校3000余人组成的教导团（称黄埔校军或学生军），参加右路军，并作为东征先锋队。校军由校长、粤军参谋长蒋介石和党代表廖仲恺指挥，周恩来任校军政治部主任、军法处处长，钱大钧任参谋处长，何应钦任教导1团团长、王柏龄任教导2团团长，沿

①　黄埔军校同学会：《黄埔军校》，第58页，华艺出版社，1994年版。

②　马庆忠：《孙中山武装斗争思想与实践》，《黄埔》杂志纪念专刊（2004年），第17页。

③　黄埔军校同学会：《黄埔军校》，第38页，华艺出版社，1994年版。

广九铁路进军。攻打淡水是黄埔校军经历的第一场恶战，也是其组建后的第一次攻坚战。棉湖之战是第一次东征之役中最惨烈、最关键的战斗。在这两场战斗中，黄埔校军在人数处于绝对劣势的情况下，利用过硬的军事政治素质和相对先进的武器装备，加上蒋介石等指挥官的出色指挥和灵活的战术以及民众的支持，打败陈炯明叛军，取得了重大军事胜利，控制了东江地区。其间，杨希闵部、刘震寰部乘隙勾结商团头目陈廉伯，窜回广州发动叛乱，企图颠覆广东革命政府。此时，国民党中央执行委员会已根据廖仲恺建议，以教导第1、2团成立"党军"，由蒋介石指挥，编制一个旅（何应钦任旅长、廖仲恺任党代表），与粤军第1师第1旅孙明枢部、第4师许济部、警卫军吴铁城部兼程回穗靖难，经过激烈战斗，滇、桂叛军被全部消灭，杨、刘逃往沙面租界，广东革命政府转危为安。

在东征军回师平定杨、刘叛乱之时，陈炯明残部刘志陆、林虎等卷土重来，占据潮汕平原，广东革命政府决定第二次东征，任命蒋介石为总指挥，周恩来为总政治部主任，何应钦、李济深、程潜分别担任第1、2、3纵队队长。第1纵队由党军扩编的国民革命军第1军3个师、黄埔军校第4期入伍生2个团、警卫军独立第1师和鄂军组成，成为第二次东征的主力军。攻打惠州是二次东征中最惨烈的攻坚战。惠州城是陈炯明的老巢，又是东江的门户，依山带河，三面环水，地形险要，城墙坚固，易守难攻，第1军第2师第4团团长刘尧宸指挥由清一色黄埔生担任连长的全团勇士冒着敌人密集的炮火连续冲锋，伤亡惨重，危急关头刘尧宸和团党代表蒋先云组织敢死队，陈明仁、陈赓等国共党员踊跃参加，拼死突破护城河，攻上惠州城头。此役经过40小时血战，团长刘尧宸等130余人阵亡、400余人负伤，俘敌4000余人，攻克千年不破之南国第一坚城惠州。[1] 而后兵分3路向潮汕进军，取华阳，占海丰、陆丰、河婆，克兴宁、普宁、揭阳，直捣汕头、饶平，全歼陈炯明余部，东江全部收复，第二次东征完胜。

---

[1] 黄埔军校同学会：《黄埔军校》，第43页，华艺出版社，1994年版。

经过平定商团叛乱、第一次东征、平定杨刘叛乱、第二次东征，肃清了广东境内的军阀势力，巩固了广东革命根据地，接着又统一了广西，从而为坚定北伐、打倒北洋军阀准备了稳固的大后方。黄埔军校建校仅一年半时间，毕业及在校生共 4669 人投入 4 次战斗，以黄埔师生为骨干的校军在实战中经受血与火的考验，以攻坚克险、所向披靡的锐气和连战连胜的战绩，以阵亡师生 531 人、负伤 408 人的英勇和壮烈，^① 打出了黄埔的凛然军威和赫赫声名，书写了中华民族复兴史上浓墨重彩的篇章。在追悼黄埔军校东征阵亡烈士大会上，周恩来诵读祭文，蒋介石发表讲话，称颂东征烈士的伟烈丰功与精神不朽，勖勉官兵秉持先总理遗志，踏着烈士血迹，继续勇毅坚卓，打倒军阀，统一中国，打倒帝国主义，使中国独立，继续努力做真正的救国救民的军人。

北伐扛鼎，奠定全国统一局面。北伐是孙中山先生政治主张的重要依托和实现路径。为此，他先后发起 4 次北伐，即 1912 年、1918 年、1922 年和 1924 年北伐，目的就是结束封建军阀统治，实现中国完全统一，建立真正的共和国；结束帝国主义者在中国的统治，实现中华民族的完全独立。所憾未能如愿，病危临终、弥留之际，他仍心心念念"和平、奋斗、救中国"。1925 年 7 月广州国民政府成立后，将所属军队统一编制，改称国民革命军，参加北伐。国民党二大确定"根据敌众我寡和军阀内部矛盾的特点，采取集中兵力各个歼灭敌人的战略方针，以两湖为主要战场，先打倒吴佩孚；然后出兵东南各省击败孙传芳；最后消灭张作霖，统一全国"。国民革命军于 1926 年 7 月 9 日誓师北伐，国民革命军 8 个军约 10 万人，由蒋介石任总司令、李济深任总参谋长、邓演达任总政治部主任，分 3 路进军。其中西路湖南、湖北是主战场，打垮吴佩孚的主力，攻克长沙、武汉；中路作战重点在江西，攻克南昌、九江；东路福建战场，打垮孙传芳的主力，夺取浙江、安徽和江苏。战斗之烈，取胜之速，军威之盛，实为我国近现代史上所罕见。至 1928 年夏攻克平津，奉军残部退据东北，张作霖被日本人阴谋炸死后，张学良冲破日本帝国主义阻挠，宣布"遵守

---

① 黄埔军校同学会：《黄埔军校》，第 44 页，华艺出版社，1994 年版。

三民主义，服从民国政府，改易旗帜"①，名义上实现了中国统一。

黄埔师生是北伐的重要力量，在各军中发挥了先锋模范骨干作用。北伐战争的主要战场为两湖战场、江西战场和闽浙苏沪的东南战场，尤以两湖战场为基础性关键性的战场。两湖战场主要战斗有：渌田、龙家湾之战，洪罗庙、金兰寺之战，醴陵之战，平江之战，汀泗桥之战，贺胜桥之战，武昌之战等。国民革命军第 4、7、8 军等参战部队顽强拼搏，浴血奋战，最后赢得了这一系列战斗的胜利，从而底定两湖。以黄埔生为骨干的叶挺独立团自告奋勇作为右翼先锋率先出征，在湖南渌田、龙家湾之役，以 1 个团之寡击败敌 4 个团之众，旗开得胜，与左翼第 7 军钟祖培旅洪罗庙之捷交相辉映，推动广州国民政府下定北伐的决心。他们斗志昂扬，一路冲锋在前，在醴陵之战、平江之战击败强敌，在汀泗桥、贺胜桥两处咽喉锁钥之地攻坚鏖战，克天险、破要塞，所向披靡，立下奇功。在武昌之战中，叶挺独立团担任主攻付出惨重代价，为夺取武昌立下首功，极大推进了北伐进程。第 4 军在北伐两湖战场战功卓著，威震遐迩，被誉为"铁军"，叶挺独立团出师最早、牺牲最甚、俘获最多、贡献最大，代表第 4 军在授盾仪式上接受"铁军盾"。以黄埔师生为主力的部队云集江苏战场，迅速占领南京、上海，长江流域中下游各省均为北伐军攻取，黄埔师生立下了辉煌战功，黄埔军校的声威也推向高峰。纵观北伐诸役，黄埔师生在战场上奋勇杀敌，不怕牺牲：他们有的冲锋陷阵，破敌攻城，灭贼擒王；有的深入敌后，隐名埋姓，虎穴立功；有的陷落敌手，视死如归，慷慨就义。当时许多攻坚战中，北伐军组织敢死队，队员基本都是黄埔师生，这些敢死队员互相策励、勇于赴义。黄埔教官郭俊，黄埔 1 期毕业生文志文、曹渊、金佛庄、蒋先云等血洒疆场。据不完全统计，1300 多名黄埔师生在北伐战争中慷慨捐躯。②黄埔师生用自己的行动践行孙中山先生的教诲，以"虽千万人吾往矣"的英雄气概，以"奋斗、牺牲"的肝胆血性，在寸土寸血的鏖战中奋勇拼杀、舍生忘死，为追求国家统一、民族复兴作出了彪炳史册的巨大贡献。

---

① 特别策划：《共同记忆之北伐》，《黄埔》杂志 2014 年第 3 期，第 50 页。

② 黄埔军校同学会：《黄埔军校》，第 55 页，华艺出版社，1994 年版。

抗战时期，面对日本侵略这场中华民族前所未有的大劫难，中华儿女不畏强暴，国共合力共御外侮，黄埔师生与广大军民一道为中华存续而战，为民族复兴而战，为国家独立而战，为领土完整而战，为人民解放而战，为人类正义而战，用奋斗和热血书写了惊天地泣鬼神的英雄史诗。

坚持抗战，奋斗救亡。面对日本军国主义侵略带来的亡国危险和民族屈辱，中国当时存在不同论调和应对之策。有"逆来顺受""接受屈辱和平"的避战论，有以"攘外必先安内"压迫一切反帝运动的内战论，有"十年生聚，十年教训""准备复仇"的隐忍论，有"等待世界第二次大战来了再说"的苟且拖延论，甚至有以"中日亲善""中日合作"逢迎"大亚细亚主义"的卖国论调。当时中国最大的政党及统治阶层心存幻想、面临诱惑，从"九一八事变""绝对不抵抗"到"七七事变"之间的"媾和"，南京沦陷之后的"投降"，日本近卫内阁3次"对华声明"即淞沪会战、武汉会战期间的"妥协"，曾采取摇摆妥协退让不抵抗政策，但最终选择全面抗战、坚持抗战、坚决抗战。中国已别无退路，唯有抗战图存。从本质上看，这场战争是中华民族免于亡国灭种的卫国战争，是关乎中华文明存亡继绝的神圣战争。在强敌肆虐、国破家亡的危难关头，广大黄埔师生深刻感受到民族的屈辱，责无旁贷地托起民族的希望，对民族的耻辱抗争，为民族的希望奋斗。他们遵照孙中山先生的遗训，把革命事业、救国救民作为最大责任，将以身许国、精忠报国作为自己的座右铭，将驱逐倭寇、光复国土作为当前奋斗目标。在抗战各个阶段，国民革命军中央军的基层军官大多是黄埔毕业生，担负起带头英勇杀敌的历史使命；还有的没到毕业时间就主动请缨，提前毕业离校，分派到作战部队，义无反顾地奔赴前线，争相投入保家卫国的伟大斗争之中。"打日本，救中国"，抗日救国成为黄埔师生的共同心声。

拥护合作，团结奋斗。大敌当前，中国共产党提出建立抗日民族统一战线的主张。徐向前、林彪、左权、罗瑞卿等代表延安黄埔同学联名发出《致国民革命军黄埔同学书》，呼吁停止内战，一致抗日。"七七事变"后，中国共产党向全国发出通电，表明驱逐日寇、捍卫中华民族的决心。红军将领彭德怀、贺龙、刘伯承及具有黄埔经历的林彪、徐向前、叶剑英、左权、聂荣臻等旋即联名致电国民政府，请求立即将红军改编为国民革命军，奔赴抗日前线杀敌。蒋介石发布庐山谈话确定全面抗战的方针后，国共两党实现第二次合作，红军被改编为八路军和新四军，投入抗战洪流。面对全面抗战爆发后的敌我形势，蒋介石、陈诚等人也逐渐认同中共提出的持久战思想，在南岳军事会议上提出持久消耗战略及两个战略阶段的构想，标志着国民政府对日抗战持久战略的全面形成。国共合作在南岳举办游击干部训练班，中共派出八路军参谋长叶剑英率领30多名教官参加筹建和教学工作，为抗日战争培训了3000多名游击战骨干。在合作抗日的旗帜下，广大黄埔师生以国家利益为重，捐弃前嫌，精诚团结，共御外侮，敌后战场与正面战场相配合，分属国共两党阵营的黄埔师生同仇敌忾，协同作战，再次演绎了"兄弟阋于墙，外御其侮"的佳话。针对国民党顽固派制造摩擦、分裂，掀起反共高潮，破坏国共合作，破坏抗日民族统一战线，分属于国共两党的黄埔师生从民族大义出发，抨击国民党顽固派的倒行逆施，以实际行动支持国共两党两军加强合作，倾力维护抗日民族统一战线。特别是在震惊中外的"皖南事变"发生后，周恩来在重庆《新华日报》刊发题词"为江南死国难者志哀"和挽诗"千古奇冤，江南一叶，同室操戈，相煎何急！"揭露国民党当局破坏抗战的图谋。张治中（曾任黄埔军校入伍生代理总队长、武汉分校教育长）第一时间向蒋介石上"万言书"，痛陈对中共问题的处理失策；陈诚（曾任黄埔军校教练部副主任、教官）等人也认为应举国共赴国难，不赞成发动反共军事行动。黄埔7期毕业生、时任第三战区作战参谋的李树正拒不配合上司策划此事变，宁愿被撤职查办。在忻口战役、武汉会战等战场上，国共两党的黄埔将士相互配合、协同作战，他们成为一个战壕中的战友，紧密配合，并肩作战，以实际行动维护了抗日民族统一战线，共同抗击日本侵略者。

敢打敢拼，英勇奋斗。在这场救亡图存的战争中，黄埔军校师生表现突出、灿若群星。全面抗战爆发时，经过十几年战火历练的黄埔军校本校及各分校的教官和毕业生，此时多已成为军中各级官长，他们或坐镇中枢、运筹帷幄，或亲率部队冲锋陷阵、赴汤蹈火，在中国战区正面战场、敌后战场及印缅战场上抗击日本侵略者。在国民党军队中，"黄埔系"树大根深，不仅各部队中下层军官多出自黄埔，而且很多人担任师长、军长、集团军司令乃至战区司令长官，正因为如此，黄埔军人几乎指挥和参与了抗战期间的所有重大战役，从国民革命军中央军部队打响正面抗击日军第一枪的"一·二八"淞沪抗战起，正面战场二十几次大会战中都有黄埔将士迎战顽敌。敌后战场上从全面抗战爆发后中国军队第一个大胜仗——平型关大捷到相持阶段在华北地区规模最大、持续时间最长的百团大战，从东北抗联转战白山黑水到新四军在华中华东开展艰苦卓绝的斗争，中共军队里黄埔出身的将领也是叱咤风云、能征善战。据统计，在抗战时期的中国军队中，担任师以上职务的黄埔师生就有 200 多人，指挥着全国 2/3 的精锐之师。[①] 在中共领导的抗日武装力量中，营、团职以上干部有 60 余人出自黄埔军校。[②] 更有数以万计的中下级黄埔军官或负责率领某一营、某一连、某一排战士冲锋陷阵，或参与制定战术、文宣动员、后勤保障等。他们在各自岗位、不同场域无不尽忠竭诚、尽心竭力，英勇无畏、浴血奋战，发挥了关键少数的作用。毫不夸张地说，黄埔师生是中国抗战的中坚力量和民族精英，是战场上的灵魂人物，在一定程度和范围内决定着战斗的胜负、战役的进展、战争的走向。黄埔军人是支撑这场持久战的筋骨和基干，一批批黄埔军人不负保卫祖国的历史使命，为捍卫民族独立挺身而出，在困难时敢于坚守，在胜利时更加奋起，不断推动抗战胜利的进程。正是仗义奋起，前仆后继，勇于拼搏，敢于胜利，铸就了赫赫战功和无上荣誉，铸就了黄埔这个大群体的辉煌，也铸就了彪炳千秋的巍巍中国抗战史。

勇于奋斗，敢于牺牲。有奋斗就有牺牲，在长达 14 年的抗日战争中，黄埔师生几乎无役不与，牺牲也就几乎无役不在。在平型关，在昆仑关，在白山黑水，在南京武汉，在古北口长城，在上海闸北罗店，从巍巍太行山到古城台儿庄，从三湘四水到印缅边境，他们冲锋陷阵，活跃在最前沿，伤亡最大，牺牲

---

① 黄埔军校同学会编：陈宇：《总论》，《黄埔师生与抗日战争》，第 18 页，华文出版社，2017 年版。

② 黄埔军校同学会编：陈宇：《总论》，《黄埔师生与抗日战争》，第 23 页，华文出版社，2017 年版。

也最为壮烈。面对日本侵略者的炮火与刺刀，黄埔军人不负孙中山先生"以黄埔学生为骨干，训练一支决死之革命军"的期望，践行"爱国家，爱百姓，不要钱，不要命"的誓言，"宁做战死鬼，不做亡国奴"，抱定必死之决心，与敌人展开殊死搏斗，涌现出许多可歌可泣的英雄事迹。"八一三"淞沪抗战中，歼灭日军近万人而被称为"血肉磨坊"的罗店争夺战历时 37 天，中国军队夺回罗店 13 次，牺牲营长以上军官 24 人。国民党军队第 583 团营长姚子青（黄埔 6 期）率该营 500 余名官兵激战一星期，最后与日军肉搏血拼，全部壮烈殉国。时人扼腕称颂："五百健儿齐殉国，中华何止一田横。"[1] 中条山会战中，第 80 军军长孔令恂、副军长高卓东战死，该军新编第 27 师与日军激战竟月，全师官兵前仆后继，师长王俊（黄埔 3 期）、副师长梁希贤（黄埔 5 期）、参谋长陈文杞（黄埔 5 期）先后壮烈牺牲。一个师主官全部阵亡，在中外战争史上并不多见。据不完全统计，从黄埔军校走出的抗战英烈和为国捐躯的高级将领有 200 余人。担任基层军官的历届黄埔毕业生中为国尽忠殉难者更是难计其数，仅有资料可统计者就达 2 万之众。[2] 许许多多黄埔军官牺牲后甚至没有留下姓名，成为无名英烈。为有牺牲多壮志，黄埔军人殉国多壮烈，他们在旷日持久、空前惨烈的抗击日本侵略者的斗争中以血肉之躯筑起了捍卫祖国领土、主权完整和民族尊严的钢铁长城，他们慷慨赴死、视死如归的大无畏英雄气概，惊天地，泣鬼神，铸就了不可磨灭的历史功勋和民族复兴进程上的历史丰碑。

习近平主席在纪念中国人民抗日战争暨世界反法西斯战争胜利 70 周年大会上讲话中指出："中国人民抗日战争，是正义和邪恶、光明和黑暗、进步和反动的大决战。在那场惨烈的战争中，中国人民抗日战争开始时间最早、持续时间最长。面对侵略者，中华儿女不屈不挠、浴血奋战，彻底打败了日本军国主义侵略者，捍卫了中华民族 5000 多年发展的文明成果，捍卫了人类和平事业，铸就了战争史上的奇观、中华民族的壮举。中国人民抗日战争胜利，是近代以来中国抗击外敌入侵的第一次完全胜利。这一伟大胜利，彻底粉碎了日本军国

---

① 陈宇：《总论》，《黄埔师生与抗日战争》，第 37 页，华文出版社，2017 年版。

② 陈宇：《总论》，《黄埔师生与抗日战争》，第 29 页，华文出版社，2017 年版。

主义殖民奴役中国的图谋，洗刷了近代以来中国抗击外来侵略屡战屡败的民族耻辱。这一伟大胜利，重新确立了中国在世界上的大国地位，使中国人民赢得了世界爱好和平人民的尊敬。这一伟大胜利，开辟了中华民族伟大复兴的光明前景，开启了古老中国凤凰涅槃、浴火重生的新征程。"[1]黄埔军校为中国持久抗战培养了众多的军事指挥官，前后有 20 多万黄埔师生躬身入局[2]、挺膺负责，坚持抗战、决不投降，精诚团结、共御外侮，奋勇拼搏、敢于牺牲，用奋斗铸就了救亡图存的丰功伟绩，用热血凝成了复兴中华的辉煌史诗。这段历史，既是中华民族的苦难史、屈辱史，也是中华儿女的抗争史、战斗史，更是国共合作中黄埔师生的光荣史、辉煌史。

中华人民共和国成立以来，黄埔师生继续为国家强盛、民族复兴而矢志奋斗。部分黄埔师生在事关中国两种前途两条道路大决战中明大义、识时务，弃暗投明、起义、投诚，作出维护民族根本利益、顺应时代进步潮流、符合人民普遍意愿的正确历史抉择。人民军队中的黄埔师生发扬革命精神，奋勇参加消灭国民党残余势力和剿匪平叛斗争，为加速全国解放、巩固新生政权发挥了积极作用，建立了新的历史功绩。中华人民共和国初立，美国杜鲁门政府悍然纠集联合国军，发动对朝鲜的全面战争，越过三八线，直逼中朝边境，出动飞机轰炸我国东北边境城市和乡村，把战火烧到了新生的中华人民共和国国土之上。在此危急关头，应朝鲜党和政府的请求，中共中央和毛泽东高瞻远瞩，审时度势，毅然作出抗美援朝、保家卫国的历史性决策。中国人民志愿军将士肩负民族的期望，高举保卫和平、反抗侵略的正义旗帜，雄赳赳，气昂昂，跨过鸭绿江，同朝鲜人民和军队一道，舍生忘死、浴血奋战。一些黄埔师生踊跃参与，在作战、侦察、宣传、后勤等各方面发挥了突出作用，创造了非凡战绩，为赢得抗美援朝战争的伟大胜利、为极大提高我国的国际地位、为我国的社会主义建设赢得相对和平的国际环境作出了巨大贡献。硝烟渐散，百废待兴，黄埔师

---

[1]　习近平：《在纪念中国人民抗日战争暨世界反法西斯战争胜利 70 周年大会上的讲话》，《人民日报》2015 年 9 月 4 日第 2 版。

[2]　陈宇：《总论》，《黄埔师生与抗日战争》，第 2 页，华文出版社，2017 年版。

生作为一个有知识、有文化、有丰富政治和军事斗争经验、有较强行政与社会管理能力的群体，肩负复兴使命，矢志不懈奋斗，活跃在中华人民共和国政治、经济、文化、教育、国防和军队建设等各条战线上，为社会主义革命和建设事业贡献智慧和力量。改革开放后，国际国内形势及台海局势发生巨大变化，黄埔同学老骥伏枥、心系统一，在两岸暨港澳，乃至海外纷纷成立黄埔军校同学会等团体组织，为发挥黄埔同学群体作用汇聚力量、搭建平台、开辟渠道；因应形势发展变化及两岸政策调整，一些黄埔同学勇破坚冰、开启接触，扩大交往、深化交流，不惧逆流、克难前行，为推动两岸关系改善和发展作出独特贡献；特别是在两岸关系风云变幻、跌宕起伏中，针对李登辉、陈水扁、蔡英文等形形色色"台独"分裂势力及其谬论和行径，海内外黄埔同学及其团体挺立潮头、针锋相对，坚决开展反"独"促统斗争，协力推进和维护国家完全统一；与此同时，广大黄埔同学及其亲属薪火相传，积极投身改革开放和现代化建设事业，不遗余力、竭诚奉献，用奋斗书写同心共筑中华民族伟大复兴中国梦的崭新历史篇章。

四、黄埔精神，赋予黄埔人
共铸民族复兴伟业的不竭动力

黄埔军校的灵魂在于有精神，在孙中山先生的思想熏陶下，经过军校训育培养并在实践中丰富和增益，黄埔精神成为黄埔军人的精神标识和在民族复兴征程上克难前行、不懈奋斗的力量源泉。

孙中山先生特别重视革命军人精神的构建。他痛省过去十几年革命不成功，就是由于"只有革命党的奋斗，没有革命军的奋斗"。彼时也有一些仁人志士反思中国遭侵略、受欺凌的重要原因之一就是缺乏有理想、有精神的军队，认为有军没精神等于无军、有军没思想没文化也等于无军，呼吁为国立军，并与弘扬中国传统文化结合起来建设中国的军队。① 孙中山先生明确创建黄埔军校就是为了造就一支真正的革命军，造就一支有理想的革命军作为国民革命的基础。为此须造就革命军的未来军官，培养学生作为革命军的骨干，军校学生不仅要具有军事技能，更重要的是要具有较高政治素质，具有爱国、革命、救国救民、服从党指挥的政治理念，担负起救国救民与建设新国家的重任，概言之必须有精神、有特殊之精神。何谓精神？他指出："总括宇宙现象，不外物质与精神二者。精神虽为物质之对，然实相辅为用。""武器为物质，能使用此武器者，全恃人之精神。两相比较，精神能力实居其九，物质能力仅得其一。""今日而言救国救民，必须革命。革命须有精神，此精神即为现在军人之精神。"而现在军人的智、仁、勇三者，则为军人精神之要素。"智"即要有知识、有智慧，学会"别是非""明利害""识时势""知彼己"。"仁"即"以救国救民为目的，有救国救民之责任。国与民弱且贫矣，不思有以救之，不可也；救之而不得其道，仍不可也。道何在？实行三民主义，以成救国救民之仁而已"。"勇"即"一往无前""临事不避"，最流通之用语就是"不怕"二字，如孔子云"勇者不惧"。"而军人之勇，是在乎成仁取义"，"为有主义、有目的、有知识之大勇"，军人之勇在于"长技能""明生死"，"既为军人，不宜畏死，畏死则勿为军人"。"军人之为国家效死，死重如泰山。我死则国生，我生则国死。""以吾人数十年必死之生命，立国家亿万年不死之根基，其价值之重可知。"② 他为黄埔军校题写训词："三民主义，吾党所宗。以建民国，以进大同。咨尔多士，为民前锋。夙夜匪懈，主义是从。矢勤矢勇，必信必忠。一心一德，贯彻始终。"③ 孙中山为了建设一支信仰并忠于三民主义、保国护民的军校和军队，特别重视对于革命军人精神的构建，这是他长期革命实践凝结的思想精髓。孙中山总结以往革命经验教训，以及军阀和地方武装势力等野心家为争权夺利的私欲私心使中国四

---

①　梁启超：《中国魂安在乎》，原载《清义报》第 33 期（1899 年 12 月 23 日）。

②　孙中山：《在桂林对滇赣粤军的演说》（1921 年 12 月 10 日）《孙中山全集》第 6 卷，第 12—34 页，中华书局，1985 年版。

③　黄埔军校同学会：《黄埔军校》，第 8 页，华艺出版社，1994 年版。

分五裂的境况，形成了建立一支为救国、救民、救世的革命军队所应具有的精神和担负的历史使命，为黄埔军校培养军事政治干部确立了目标，也为黄埔精神塑造提供了思想内核。

爱国是黄埔精神最核心的要义。孙中山先生创立黄埔军校的初衷，即是建立革命的军队，用革命的武装推翻帝国主义列强和封建军阀在中国的统治，实现国家统一。他希望和要求黄埔军校全体师生发扬爱国主义精神，为国家和人民的利益奋斗终身。爱国主义是中华民族的优良传统，也是孙中山先生伟大思想中的第一块基石，是他进行革命事业的思想基础。他训导学生："革命军是救国救民的军人，诸君都是将来革命军的骨干，都担负得有救国救民的责任。""要把革命做成功，便要从今天起立一个志愿，一生一世，都不存升官发财的心理，只知道做救国救民的事业。""不要身家性命，一心一意为国来奋斗。""要用先烈做标准，要学先烈的行为，像他们一样舍身成仁，牺牲一切权利，专心去救国。""建设一个新国家"以使中国"同世界各国并驾齐驱"，使中华民族"永远生存于人类"。① 黄埔学生从进校那一天起，就时刻受着爱国主义的教育和熏陶，黄埔军校爱国、救国、为国等思想赋予黄埔师生报效国家以无穷的力量。这就是黄埔军校的爱国主义精神，它是在孙中山思想教导下，发轫于每个黄埔军人对国家、民族的无限忠诚和无比热爱，归结到对国家、对民族的赤诚奉献和无畏牺牲。可以说，爱国是黄埔精神的原点，也是黄埔精神的内核，是黄埔精神之魂。

革命是黄埔精神中卓立高扬的时代风旗。革命之名字，始创于孔子。而"革命"一词在近代中国的盛大流行，则缘于孙中山。孙中山上书李鸿章提出维新改良主张遭拒后，认识到"只有革命才是出路"，以推翻清廷为己任，在檀香山成立兴中会，以"驱除鞑虏，恢复中华，建立合众政府"为誓词，策划在广州举行首次反清武装起义，因泄密还没起事就被扼杀，遭通缉流亡海外。他把革命作为救国救民的"不二法门"，在东京成立了中华革命党，不仅以革命相标

① 孙中山：《在陆军军官学校开学典礼的演说》，《孙中山选集》，第917—919页、第923—924页，人民出版社，1981年版。

榜，而且不断发起革命行动。黄埔军校一经建立就被作为"革命的营寨"，他要求军校培养出来的学生，不仅能指挥作战，会做政治工作，而且勇于冲锋陷阵，具有矢志革命、献身革命的精神，把革命做成功。他强调："革命在乎精神，革命精神者，革命事业之所由产生也。""革命事业的完成，需要革命精神，这种革命精神即为军人精神。"告诫"大家总要记得：革命是非常事业，不是寻常事业，非常事业决不可以寻常的道理一概而论。诸君现在求学的时代，能够学得多少便是多少，只要另外加以革命精神，便可以利用；如果没有革命精神，就是一生学到老，死记得满腹的学问，总是没有用处"。要向革命先烈学习，"发扬革命精神，继续先烈的志愿，舍身流血，造成中华民国的基础，使三民主义完全实现，革命大告成功"。①党代表廖仲恺在军校讲演中指出"如果军队只知道打仗，不知道主义是什么，不知道行主义，便不叫作革命。"他恳切希望军校师生"要确信主义"，一心准备革命，做"真正的革命军"。②政治部主任周恩来在黄埔军校留下的唯一题词就是"革命"两字。从军校大门上方"革命者来"的匾额及两侧的传世楹联到校园中的标语，从课堂上的教学到专门教材《精神教育》再到演习中、战场上的口号，"革命"二字成为当时最时髦最高频的流行词。毕业誓词也被作为对学生的最后一堂精神教育课，勉励他们"继续先烈生命，发扬黄埔精神，以达国民革命之目的，以求世界革命之完成"。③"革命"可以说是黄埔精神内涵中的铮铮铁骨，黄埔军校成了那时革命的摇篮，一批批革命军人在这里成长起来。

以爱国、革命为核心，黄埔精神的内涵与时偕行、不断丰富。军校创建时确立了精神要义，用以化育黄埔师生，在教学训练、校园文化中熏陶，特别是黄埔军人在革命斗争中萃取、践行这些精神，在革命熔炉中对其增益、丰富、发展，就是"精神指导实践"与"实践丰富精神"的循环往复，经过当时人和

---

① 孙中山：《在陆军军官学校开学典礼的演说》，《孙中山选集》，第 923、924 页，人民出版社，1981 年版。

② 莫志斌：《廖仲恺与黄埔军校》，见《黄埔》杂志纪念专刊（2004 年），第 66 页。

③ 《黄埔军校第 4 期毕业生誓词》（1926 年 10 月 4 日），《黄埔军校史稿》，第 2 册，第 223 页，档案出版社，1989 年版。

后来人概括归纳总结提炼，黄埔精神的内涵日益充盈丰满。

　　"黄埔精神"的文字表述，最早可追溯到黄埔军校政治教官安体诚1926年在《黄埔日刊》上发表的文章《什么是黄埔精神？》，他在文中首次提出"黄埔精神"这个概念，认为黄埔军校从成立"到现在，名震全球，功著党国"，"这其中有它的特殊精神存在"，"它的精神，有以名之，名之曰黄埔精神"，"黄埔精神是充满着信仰并实行真正中山主义的革命军人精神"，"是坚信并实行总理所定联俄、联共、拥护农工三大政策的革命军人的精神"。[①]

　　学生总队长张治中其后撰文《黄埔精神与国民革命》，回顾黄埔军校师生艰苦创校史和东征北伐所取得的重大胜利，指出："在那时候，我们党里的一般同志，都认为黄埔是真正革命的基础，黄埔精神是真正革命的精神。"[②]

　　《军人周报》发表军校学生撰写的《革命军人的精神》，文中表示："升官发财不是我们的目的，拿薪饷糊口不是我们当兵的原因。我们做革命军人要有五种精神：一是爱国，二是爱民，三是服从党令，四是为主义而牺牲，五是服从国家命令而不服从私人命令。有了这五种精神，就算是一个合格的革命军人。"[③]

　　代教育长方鼎英1927年3月曾对黄埔军校的教育有一个较全面的总结——《黄埔中央军事政治学校概述》，他在结论部分写道："本校自成立以来，战胜种种恶劣的环境，以五百人扩充到数万人……凡中国之二十二行省，几无不有本校学生之足迹。在此最短期间而能得此伟大之效果，已大博国人及世界上之惊叹！盖集中于'亲爱精诚'校训之下，相亲相爱，精益求精，诚心诚意，以谋团结。先之以大无畏之精神，持之以百折不挠之志气。为民众谋解放，而一己之功名富贵，皆可牺牲；为本党谋团结，而一己之自由幸福，都可放弃。故能不怕死，不畏难，以一敌百，以百敌万，决不辜负革命军人之精神。"[④] 这里所说的"革命军人之精神"，即是黄埔精神。

---

① 安体诚：《什么是黄埔精神？》，原载《黄埔日刊》（1926年9月23日）。
② 本刊记者：《世纪黄埔——陈宇访谈录（续16）》，《黄埔》杂志2015年第5期，第66页。
③ 《革命军人的精神》，原载《军人周报》1926年9月第5期。
④ 《黄埔军校史料（1924—1927）》，第97—100页，广东人民出版社，1982年版。

黄埔同学会编辑的《黄埔精神》1929 年 1 月印行，其中使用了建校四周年时对黄埔精神的概括——"牺牲、团结、负责"的精神，即"为总理而负责、为主义而团结、为革命而牺牲"。这里面既蕴含孙中山向往并经常手书作为座右铭的"天下为公"大境界，也包含东征时形成的"爱国家，爱百姓；不要钱，不要命"的"两爱两不"精神，还有北伐中形成的"不怕苦、不怕难、不怕死"的"三不怕"精神。①

孙中山逝世后，蒋介石利用黄埔军校培植羽翼，特别是他叛变革命、发动"四一二"反革命政变后，把曾国藩、胡林翼等人的治军方略辑成《增补曾胡治兵语录》，作为黄埔军校教材使用，在黄埔精神教育中灌输仁礼忠信、辨等明威等理念，宣扬服从校长、尽忠党国、精诚团结、成功成仁等教条，出现唯蒋是尊的倾向。

尔后，两岸政界、军界和学术界人士从不同角度不同层面对黄埔精神进行了探究与阐述，其理解、认识、概括、表述更加多样：②

有的认为，黄埔精神是一个思想体系，一个以中华传统武德为基础，以新三民主义的革命精神为主体，以大同理想为核心的思想系统。以爱国爱民、团结合作、勇敢无畏为主要特征。

有的认为，黄埔精神概括起来，一是牺牲，二是负责，三是团结。其中，牺牲就是有不怕死的精神，负责"是指对人民负责，对历史负责，对自己良心负责"，团结"不仅同学战友的精诚团结，还有国共之间团结合作"，"不仅团结全国的军民，更要团结包容不同思想观念和路线"。

有的认为，黄埔精神内涵丰富，包括"忍苦耐劳，努力奋发"的学习精神，"一心一意为国家奋斗""为主义而英勇奋斗"的革命精神，主动活泼、敢于进攻的战斗精神，舍我其谁的大无畏英雄主义精神，"不妥协，不调和，不成功、便成仁"及为民众利益"不要身家性命"的牺牲精神，"同志仍须努力，革命必

---

① 陈宇：《中国共产党人与黄埔精神的缔造》，http://www.huangpu.org.cn/zt/hplt14/jnwz/202106/t20210625_12361760.html。

② 本刊记者：《世纪黄埔——陈宇访谈录（续 16）》，《黄埔》杂志 2015 年第 5 期，第 67 页。

须成功"的坚毅精神，等等，但归根结底是孙中山先生创办黄埔军校时所倡导的"爱国和革命"的精神。

有的认为，黄埔精神的主要特征是"爱国革命、团结合作、勇于牺牲"；有的归纳为"爱国、革命、统一、团结"；有的概括为"救国救民、视死如归、百折不挠、亲爱精诚"；还有的概括为"勇往直前、破釜沉舟，同舟共济、团结奋斗，杀身成仁、舍生取义"等，它包含了"苟利国家生死以，岂因祸福避趋之""爱国家、爱百姓""不要钱、不要命"的大义情怀和"海纳百川，有容乃大"的包容精神。

有的认为，"爱国、革命"是黄埔精神的核心内容，"亲爱精诚"是黄埔精神的关键要义，"团结合作"是黄埔精神的显著特点，"奋斗牺牲"是黄埔精神最朴素、最直接的诠释。

有的认为，黄埔精神的核心价值追求和价值坚守带有深刻的时代烙印，具有鲜明的时代内涵，包括救国救民的情怀、政治合作的胸襟、复兴民族的志向、统一中国的信念。

专家学者的研究总体呈现系统全面深入的趋向，而两岸官方也有说法：

1984年台湾防务部门公布黄埔精神的含义是"牺牲、团结、负责"。这是采用了1928年黄埔建校四周年时对黄埔精神的概括。

大陆方面则主要讲爱国、革命的黄埔精神。包括1994年江泽民总书记为黄埔军校同学会题词"发扬爱国革命的黄埔精神，促进祖国和平统一"；时任全国政协主席贾庆林在黄埔军校建校80周年纪念大会、时任全国政协主席俞正声在纪念黄埔军校建校90周年座谈会上的讲话，其中表述都是"爱国、革命的黄埔精神"。

可见，随着革命形势与任务的变化以及时代的发展，黄埔精神在保持其基本意涵的基础上，内涵在不断充实、丰富和增益。

统一中国、振兴中华是黄埔精神跨越时空的价值指向。回望昨天，立足今天，放眼明天，追求国家统一、实现民族振兴始终是黄埔师生的理想信念，是黄埔精神历久弥新的根本所在。当年黄埔军校为挽救民族危亡而生，汇集天下英才而育，有着不同家庭背景、成长经历、理想信仰的同学走到一起，将反帝反封建、实现国家统一作为共同奋斗的目标；跨出校门，黄埔军人跃马挥师，在东征、北伐战场上奋勇争先、所向披靡，为打倒列强除军阀、统一中国争主权建立了彪炳史册的功勋；抗战爆发后，黄埔师生秉持民族大义，摒弃阶级仇恨，停止内战、团结御侮、生死共赴、浴血奋战，以精神补足劣势装备之缺陷，以劣势的兵力击败优势的敌人，与全国军民一道为彻底打败日本侵略者、捍卫国家主权领土完整、民族独立和人民生存作出了震古烁今的贡献。1949年以后两岸分隔的大半个世纪里，广大黄埔同学高举爱国主义旗帜，继续发扬革命军人的优良传统，即使遭遇曲折坎坷仍不改为国家为民族为人民奋斗的心志，在各自岗位上以不同方式为社会主义建设、改革开放和强国建设贡献智慧和力量。特别是两岸开放民间交流以来，海内外黄埔同学传承弘扬黄埔精神，秉持"天下黄埔是一家"的理念，求同存异，亲诚惠容，积极推动两岸全面直接双向"三通"，联络带动更多黄埔同学及其亲属、社会各界人士，共同促进两岸扩大开放，密切交流往来，推动和维护两岸关系和平发展，参与支持反"独"促统正义事业，为早日实现祖国统一和民族复兴发挥了独特作用。回顾历史是为了启示现在、昭示未来。黄埔精神作为海峡两岸共同的文化遗产，如同人类一切优秀的精神遗产一样，它孕育于特定的环境，凝结了远见卓识，汇集了风骨人格，回荡着时代的呼唤。如同人类其他优秀精神遗产一样，既是时代的产物，又具超越时代的魅力，教化社会，启迪来者。如今中国特色社会主义进入了新时代，踏上了全面建设社会主义现代化国家的新征程。"立足新发展阶段，贯彻新发展理念，构建新发展格局，推动高质量发展，将使大陆综合实力和国际影响力持续提升，大陆对台湾社会的影响力、吸引力不断扩大，我们解决台湾问题的基础更雄厚、能力更强大，必将有力推动祖国统一进程。"① 在新时代新征程上，黄埔军校、黄埔情缘、黄埔精神仍然是连接两岸及海外黄埔组织、同学及后裔的坚韧纽带，持续承传、弘扬黄埔精神，不断挖掘和汲取正能量，站

---

① 《台湾问题与新时代中国统一事业》（2022年8月），第18页，人民出版社，2022年版。

在中华民族整体利益的高度来考虑问题，从历史发展的视角来看待问题，用宽广的胸怀和超凡的睿智来对待历史与现实问题，着力推进新时代国家完全统一、民族伟大复兴的历史新征程，仍能彰显出时代价值与深远意义。

百年黄埔，风云激荡，沧海桑田，初心如磐。在中国共产党坚强领导下，经过海内外中华儿女的团结奋斗，"中华民族迎来了从站起来、富起来到强起来的伟大飞跃，实现中华民族伟大复兴进入了不可逆转的历史进程。"[1]"我们比历史上任何时期都更接近、更有信心和能力实现中华民族伟大复兴的目标，也更接近、更有信心和能力实现祖国完全统一的目标。"[2]欣逢其时，广大黄埔人矢志不渝、责任在肩，继续弘扬黄埔精神、赓续黄埔情缘，继续发扬优良传统、发挥独特优势，踔厉笃行、大有可为。我们坚信，在包括海内外黄埔同学及其亲属在内的全体中华儿女共同努力下，祖国完全统一、中华民族伟大复兴的百年夙愿一定能够实现！

---

[1] 习近平：《在庆祝中国共产党成立一百周年大会上的讲话》，《习近平著作选读》，第二卷，第479—480页，人民出版社，2023年版。

[2] 《台湾问题与新时代中国统一事业》（2022年8月），第16页，人民出版社，2022年版。

第一章 | 向时而生担大义

1924 年 6 月 16 日，在远离广州市区的黄埔岛，一所军校的开学仪式正在隆重举行。校总理孙中山在开学仪式上发表长篇演讲，阐述了办学目的、办学方向，对学生谆谆教导，寄予深切期望。这就是黄埔军校的诞生。黄埔军校的创办，影响了近代中国的历史。它以苏俄建设的经验开办，以苏联和中国共产党的鼎力相助成就伟业。黄埔军校之所以能够成为一所在中国现代史上享有盛誉的军事院校，与其创建的时代背景，与创办者孙中山先生的经历息息相关。

一、缘起：后辛亥时代革命道路的探索

（一）愈挫愈奋：孙中山先生的思考与探索

1925 年 3 月孙中山先生逝世后，时任黄埔军校政治部主任的周恩来在纪念文章《孙文主义》中，回顾了孙中山 40 年革命历史，指出革命的领袖，贵在能洞微知几，尤其贵在能为人所不敢为。没有时代的影响，亦无从产生天才的领袖，因此，孙文主义是时代的结晶，历史的产物。[①] 历史成就伟人，伟人总在不懈奋斗中找到前进的方向。

清末民初，时局动荡，帝国主义入侵，封建主义压迫，军阀割据混战，民不聊生是半殖民地半封建社会的中国的真实写照。在这样的国度里，解决时局

---

① 广东革命历史博物馆编：《黄埔军校史料（1924—1927）》续篇，第 378—383 页，广东人民出版社，1994 年版。

的手段是革命，而革命的关键是人才和枪杆子，所以培养懂得军事，善于指挥国民革命的人才便成为迫不及待的事情。

1894年，孙中山在檀香山建立了中国资产阶级第一个革命团体兴中会，提出了"驱除鞑虏，恢复中华，创立合众政府"的革命纲领，并开始筹划发动反清武装起义。为培训起义所需的武装力量，他曾聘请过外国教练，办起了有40多人参加的军事训练班，这个最早的类似军校的军事训练班虽然没有坚持下去，却表明孙中山在革命生涯的早期，就有训练革命武装力量的考虑。但反清时期，他本人四处奔波，居无定所，到处筹饷筹械，既无地盘又无资金，更没有后盾支撑，无法打造一支专属于自己的军队，这也是导致其发动的一系列武装起义均以失败而告终的重要原因。没有可靠的军事力量，要继续革命，难度可想而知。因此，孙中山在其革命生涯中，长期靠着"运动军队"，借用"有武力的别人"开展革命活动。他借用别人的武力，别人借用他的声望，这使他常常受制于有武力的人。

清末，清军屡战屡败，特别是甲午战争失败后，深创巨痛之下，"尚武"之声响起。清政府派留学生、设军事学堂，编练新军。一些受西方教育影响具有新思想的人进入军队，他们成为革命党人争取联络的对象，革命党人通过"运动军队"的策略，变清廷的军队为埋葬帝制的力量。由于革命党人长期在新军中宣传运动，1911年武昌起义爆发，武昌新军及多地新军纷纷倒戈，将矛头指向腐朽的清政府，成为清朝覆亡的重要力量。但是"革命军兴，革命党消"，民国建立，军阀乱政，拥兵割据。辛亥革命虽然推翻了长达两千多年的封建君主专制制度，建立起了资产阶级的共和政府，但是以袁世凯为代表的北洋军阀以武力压迫的方式成功窃夺政权，落得个"只有民国之年号，没有民国之事实"①的下场。孙中山只能再次奋起，举起"反袁"大旗，发动了武装反袁的"二次革命"，结果由于北洋军阀在军事上的绝对优势惨遭失败。随后，他流亡日本，于1914年在日本组织中华革命党，希望把部分革命党人团结在自己的周围，加

---

① 广东革命历史博物馆编：《黄埔军校史料（1924—1927）》，第44页，广东人民出版社，1982年版。

强领导，重振革命党人的信心。他开办军事"浩然社"，训练学生，但因为参加的人数很少，社会影响不大。

1917 年 5 月，皖系军阀段祺瑞掌握北洋政府后，拒绝恢复《临时约法》和国会。在这种局面下，孙中山举起了"护法"的旗帜。由于他既无组织又无军队，不得不依靠西南军阀，以陆荣廷为首的桂系军阀为借助护法声浪，确保两广地盘，表示欢迎孙中山来粤护法。1917 年 9 月，以孙中山为大元帅的护法军政府成立，并出师北伐。但西南军阀虽然标榜"护法"，其意却在割据自雄，因而极力限制、排挤和打击军政府的革命活动。又明里暗里与直系军阀勾结对抗皖系北京政权，擅自实行停战；改组军政府，排挤孙中山，甚至暗杀了孙中山的支持者。

鉴于此，孙中山精心培植陈炯明所部粤军，作为讨伐桂系的主力。当年广东省长朱庆澜离职时将 20 个营的"省长亲军"交给了孙中山。陈炯明是孙中山培养和倚重的人物。孙中山将这仅有的一点军事力量交给陈炯明，任命陈为总司令，以"援闽"粤军的名义在福建训练。通过孙中山等人的不懈努力，粤军战斗力迅猛提升，1920 年赶走了在广东割据多年的桂军势力，统一了两广。陈炯明出任广东省长兼粤军总司令，坐镇广州，一度引起苏联和共产国际的关注，他们夸奖陈炯明是"一名革命者"和"最有声望的人物"，认为他"与孙逸仙博士可相提并论"，甚至还称赞其"治国谋略比孙略胜一筹"，而将之列为主要联络和扶持的对象。[①] 但终因政见不合，在孙中山满怀希望地在桂林设立北伐大本营，训练军队，以实现北伐夙愿之时，1922 年 6 月 16 日陈炯明所部炮轰总统府并悬赏 20 万银圆捉拿孙中山。亲密的合作者反戈相向，对孙中山的打击可想而知。孙中山在珠江上苦撑月余，被迫退居上海。此时，孙中山一面与苏联、共产国际沟通，寻找合作者，一面联合滇桂军阀赶走陈炯明，重回广州。但是企望滇桂军阀支持其北伐的心愿依然如故。反袁护法以来，一连串的遭遇使孙中山受到极大的打击，他深刻认识到"顾吾国之大患，莫过于武人之争雄，南

---

① 中共中央党史研究室第一研究部译：《联共（布）、共产国际与中国国民革命（1920—1925）》（1），第 77—79 页，北京图书馆出版社，1997 年版。

与北如一丘之貉"。教训可谓深刻。

李大钊说：在列强宰制下的半殖民地的中国，"想要脱除列强的帝国主义及那媚事列强的军阀的二重压迫，非依全国国民即全民族的力量去作国民革命运动不可！若想完成此国民革命的事业，非有一个统一而普遍的国民革命党不可"。[①] 从反清革命开始，孙中山组织了大大小小几十次武装革命，最终却以失败告终。建立一支由革命党领导的军队是孙中山在屡挫屡奋、跌跌撞撞中逐渐认识到的。落寞中的孙中山，得到苏联与共产国际的支持，与苏俄的援华方略几经磨合之后，最终奠定了改组国民党、创办军校和建立革命军的基础。

早在1918年，蛰居上海租界的孙中山听到从苏俄传来的十月社会主义革命胜利的消息，这引发他的思考，也使他看到新的希望。同样进行革命，苏联遇到那么多困难却能革命成功，中国革命的时间更长，为什么不能成功？因此在1918年夏孙中山向列宁和苏俄政府发去贺电："中国革命党对贵国革命党所进行的艰苦斗争，表示十分钦佩，并愿中俄两党团结、共同奋斗。"[②] 苏俄的成功让孙中山体会到一个组织严密的党的力量的强大。1919年10月10日，孙中山将中华革命党改组为"中国国民党"。新生的国民党将本部设在上海，在国内各地及海外华侨所在地设总支部、支部、分部。新党纲为巩固共和，实行三民主义。

在1918—1922年间，孙中山一方面与苏俄领导人函电往来，另一方面同苏俄政府及共产国际的多位使华人员交谈，深入了解苏俄十月革命，他对俄共组织，对红军的体制和政治教育尤为关注，经常向使者提问。1920年11月间，孙中山在上海会见了共产国际代表维经斯基，同其进行了两个多小时的交谈。他在听了维经斯基介绍俄国革命情况后明确地表达了某些合作意向，希望苏俄能在海参崴或满洲里建立一个大功率无线电台，与广州通信联络，使中国南方的斗争与俄国的斗争结合起来。[③] 此后他也多次表达了合作愿望。他派国民党

① 《黄埔军校史料（1924—1927）》，第17页，广东人民出版社，1982年版。

② 陈锡祺主编：《孙中山年谱长编》上册，第1116页，中华书局，1991年版。

③ 陈锡祺主编：《孙中山年谱长编》下册，第1317页。中共中央党史研究室第一研究部编：《共产国际、联共（布）与中国革命文献资料（1917—1925）》（2），第100页，北京图书馆出版社，1997年版。

员张秋白出席在莫斯科召开的远东各民族代表大会，委托张秋白向苏俄最高当局表达希望中俄间"恢复关系，即使不能恢复官方关系，那就恢复半官方合法关系"的愿望。①

　　1921 年 12 月底，孙中山在广西桂林会见了共产国际代表马林，并在 9 天时间里同其进行了几次十分有教益和有趣的会谈。这是他与共产国际使者间的一次重要会晤。如果说之前维经斯基等人与孙中山会谈，双方都带有试探性，马林与孙中山等国民党领导人的商谈则进入实质性阶段。他们的交谈深入而广泛，孙中山从马林的谈话中更好地了解到苏俄之现状，尤其是听到他对今后中国革命斗争有益的建议。孙中山还与陪同马林来访，担任翻译工作的共产党人张太雷讨论了"青年更加积极参加民族主义运动"的问题。马林在与孙中山的 3 次长谈中，向孙中山广泛地介绍了苏俄革命及其后之发展形势，尤其是苏俄政府最近施行的新经济政策、俄共开展宣传的方式、苏俄红军的政治训练工作及广大军民的生活等情况，他向孙中山强调了中俄双方协议合作的重要性，指出苏俄和中国都是华盛顿会议的受害者，处于同样的地位。马林根据苏俄十月革命的经验向孙中山提出"改组国民党""创立军官学校""国共合作"3 点建议，这些有益的建议孙中山基本赞同。

　　此次会谈使马林对孙中山领导的国民党产生了很好的印象，他在写给莫斯科的报告中赞扬国民党，建议共产国际与孙中山的国民党密切联系，鉴于刚成立的中国共产党，力量还比较弱小，加入国民党才能发挥自己的作用。这些建议产生了影响。马林是国共合作的重要推手。

　　彼时，孙中山面临的国内外形势之逼迫及中国革命斗争实践的需要，使他迫切期望能在各方面获取苏俄对其事业的实质援助和大力支持。他向苏俄学习，希望用苏俄的革命方法与经验来指导中国的革命斗争。1922 年夏，他再次向共产国际使者表达了希望在将来的革命事业中，得到苏俄的帮助，其中包括经费、

---

①　中共中央党史文献研究室第一研究部：《联共（布）、共产国际与中国国民革命运动（1920—1925）》（1），第 68 页。

军械和专家等方面的帮助。[①] 孙中山后来则说得更清楚："吾等过往之革命没有好办法"，今后"要学俄国的组织、方法及训练，方有成功的希望"。

由上可知，在 1923 年 1 月，在与苏俄全权代表越飞见面之前，孙中山已同苏俄政府和共产国际使者有过较长时间的广泛联络和多次交谈。孙中山深入了解了十月社会主义革命成功、苏维埃政权打败白匪和外国武装干涉者的原因，以及苏俄近年的稳定发展与其内外政策。孙中山在与苏俄使者交往中，通过比较和总结中俄两国革命成败的经验教训，认识到党领导军队，在夺取革命彻底胜利方面起着非常重要的作用，初步形成仿效苏俄建设一支革命军队的思想。孙中山在同苏俄、共产国际使华人员的交谈过程中，"对红军的人数、其组织和政治教育很感兴趣"，"听得很仔细"；[②] 他在桂林向马林表示国民党军队要以俄国军队为楷模，还亲往部队作宣传演讲，希望军队充满革命精神。1923 年，孙中山向苏俄全权代表越飞表明的基本立场是：只能用军事力量来完成中国革命，因此他需要建立强大的军队。孙中山已深刻认识到创建一支真正革命军的必要性与重要性。此时已基本形成了创建一支苏俄红军式革命军的思想。在此思想基础上，他后来终于找到了上述困扰自己之问题的答案，明白了革命军在民主革命斗争中实起着关键性作用；"盖俄国之能成功……一方面党员奋斗，一方面又有兵力帮助，故能成功"，它"因为有了革命军作革命党的后援，继续去奋斗，所以就是遇到了许多大障碍，还是能够在短时间大告功成"；而"我们的革命只有革命党奋斗，没有革命军的奋斗，因为没有革命军的奋斗，所以一般军阀官僚便把持民国，我们的革命便不能完全成功"。[③] 在孙中山看来，效法苏俄组建一支真正的革命军乃是国民党的当务之急。正是在这一建军思想的指导下，并在苏俄的帮助下很快地有了国民党人后来创办的黄埔军校的实际行动。建立苏俄式军队，就意味着以党领导军队的模式开始进入中国，也就是政党建

---

① C.A. 达林：《中国回忆录（1921—1927）》，侯均初等译，李玉贞校，第 99—113 页，中国社会科学出版社。

② C.A. 达林：《中国回忆录》，第 103 页。

③ 《黄埔军校史料（1924—1927）》，第 46 页，广东人民出版社，1982 年版。

军领军，军队是政党实现政治目标的工具，党指挥枪。这一模式对中国革命产生了至关重要的影响。

年轻的中国共产党是共产国际下属的支部之一，这意味着联俄就必须联共；联共，也可以使国民党更好地与苏俄、共产国际交流，得到苏俄、共产国际的支持。所以孙中山在抉择联俄之同时，也接受了马林关于改组国民党以联共的提议，决定以容许中共党团员加入国民党的方式来实现两党合作。

孙中山联俄联共及建立党军的思想，是在辛亥革命后他不断探索不断进取过程产生的，这一思想的实施，使其晚年的革命事业得以顺利地进行并不断走向成功。

（二）东方战略：苏联与共产国际的合作与援助

黄埔军校是在苏俄政府的帮助下创办起来的。苏俄给孙中山先生和广州革命政府提供的经费、顾问及军事装备技术援助，是黄埔军校得以创建不可或缺的条件。那么，苏俄为何要援助孙中山创校建军呢？

20 世纪 20 年代初，随着苏俄政权的巩固，俄共（布）和共产国际逐步明确自己的对华政策，即在中国寻找、培育和支持亲苏势力，开展民族革命运动，进而建立一个对苏友好的政府。苏俄、共产国际在对各方的政治、经济、文化、武装力量等方面进行了细致的考察后，决定支持孙中山的革命政府。

苏俄当局为在华寻觅革命盟友，进行了长时间的探索和多方努力。俄国十月革命于 1917 年 11 月 7 日取得胜利后，列宁及其所领导苏俄政府为巩固新生的革命政权，又用了 4 年多时间先后粉碎了外国武装干涉，并相继平息国内白俄匪帮之叛乱。然而，苏俄的内外敌人皆不甘心于自己的失败，他们在战争结束后即刻利用苏俄面临的经济困难大肆兴风作浪，妄图颠覆新生的苏维埃政权。在反击内外敌人进攻的过程中，列宁清醒地认识到，"从全世界历史范围来看，如果俄国是孤立无援的，如果其他国家不发生革命运动，那末毫无疑问，我国革命的最后胜利是没有希望的"[1]；他把目光转向中国，强调：中国革命将会导

---

[1] 《列宁选集》第 3 卷，第 459 页，人民出版社，1972 年版。

致整个东方的革命，而且最终将导致世界帝国主义的垮台。基于此，苏俄在十月革命胜利后不久确立了其"东方战略"，并加快了在东亚尤其是在近邻中国寻找可靠盟友或支持力量的步伐。当时的对华活动是由其外交人民委员部和共产国际两个机构共同进行的。由于共产国际"在思想上、政治上、组织上和财政上都处于联共（布）中央政治局的严密控制之下，共产国际的所有重大政治举措和干部任命事先都得经政治局讨论批准，政治局还负责协调共产国际和外交人民委员部的工作"，以执行统一的外交方针，[①] 因此，苏俄与共产国际在华的使者派出机构不同，但活动目标是完全一致的。

列宁同孙中山的联系始于 1918 年。1918 年夏孙中山致电列宁和苏俄政府，祝贺十月革命的成功。8 月 1 日，列宁致电外交人民委员契切林，要求他向"中国革命的领袖"孙中山表示感谢，并呼吁"俄国劳动阶级"与"他们的中国兄弟"携手，共同进行反对帝国主义的斗争。[②] 苏俄政府于 1919—1920 年间又先后两次发表对华宣言，为向中国政府和人民表示友好，决定放弃以前沙俄在中国的特权。这期间，苏俄相继派出优林使团和派克斯使团等来华与北京政府打交道，以谋求俄中邦交关系正常化。同时，列宁和契切林又多次致函孙中山，进一步表达建立和增进友好关系的愿望。1921 年，孙中山在广州任职非常大总统，他复函契切林，表达了与苏俄进一步接触的愿望，并称"非常注意你们的事业，特别是你们苏维埃的组织，你们的军队和教育组织"。[③] 同年冬，契切林向列宁报告并建议："我们在北京设立代表机构后就可以同广州政府进行往来。"列宁回电并明确表示："应尽量热情些，要常写信并尽量秘密进行，要派我们的人去广州。"[④] 根据列宁的指示，苏俄政府和共产国际陆续派使者来华。1921 年底马林奉共产国际之命至桂林会见孙中山，1922 年初马林到达广州，在广州，马林目睹了孙中山领导的广东政府对香港海员大罢工的支持，产生深刻的印象。

---

① 《联共（布）、共产国际与中国国民革命运动（1920—1925）》（1），第 1—2 页。

② 《共产国际、联共（布）与中国革命文献资料选辑（1917—1925）》（2），第 49 页。

③ 《共产国际、联共（布）与中国革命文献资料选辑（1917—1925）》（2），第 53 页。

④ 《联共（布）、共产国际与中国国民革命运动（1920—1925）》（1），第 66—67 页。

马林认为，孙中山领导下的广东应该是中国工人运动的中心和中国反帝民族革命运动的基地，而孙中山则是这一运动的领导人。同年4月，共产国际指示青年国际代表达林赴广州与孙中山建立直接联系，考察孙中山的国内政策。在将近两个月的时间里，达林与孙中山讨论了苏俄与孙中山的关系，也商谈了国共合作的相关问题。原本拟在上海召开的第一次全国劳动大会和社会主义青年团第一次全国代表大会相继在广州召开，都有共产国际的影响，也反映了广州的良好革命氛围。一些在华工作的苏俄及共产国际代表呼吁："让莫斯科记着中国并给以帮助。"[①] 不过，此时苏俄当局选择的合作对象尚未最后确定。

苏俄在华寻求盟友从一开始就具有很强的目的性，选择的盟友固然看其对苏俄的友好态度，更注重的还是看实力。孙中山对俄的友善态度可取，而其实力则不尽如人意。他们与北京政府打交道，联络直系军阀的吴佩孚，又联系广州的孙中山，多管齐下是基本政策，对在中国到底帮助谁犹豫不决。对国民党内，一度更倾向于联络手握重兵的陈炯明，认为他"与孙逸仙博士可相提并论"。苏俄、共产国际期望最高的是"联吴"及促成孙中山与吴佩孚合作。当时，直系吴佩孚手握重兵，这位秀才出身的军阀"洁身自好"，颇有声望；所部训练有素，能征善战，在直皖、直奉战争中都取得了胜利，使直系控制了北京政府。苏俄驻华全权代表越飞是"联吴"政策的推动者，1922年8月他致信吴佩孚，称赞吴"善于将哲学家的深思熟虑和老练果敢的政治家及天才的军事战略家的智慧集于一身"，[②] 认为"孙逸仙是中国的思想领袖，吴佩孚是军事领袖，两人联合将建立一个统一的中国"。[③] 为此，他一度与孙、吴皆有密切的联系，他还要求马林支持他的政策，劝说孙和吴一起组建政府，允诺这样的政府不仅可以指望得到俄国的支持，而且还可以指望得到整个共产国际的支持。此时的孙中山因陈炯明的背叛而失去地盘和军队，苏俄和共产国际认为孙中山虽有政治声望，但却缺少军事实力，只有孙、吴联手才能形成俄方所期望的支持力量，

[①] 《联共（布）、共产国际与中国国民革命运动（1920—1925）》（1），第81页。

[②] 《联共（布）、共产国际与中国国民革命运动（1920—1925）》（1），第99页。

[③] 《联共（布）、共产国际与中国国民革命运动（1920—1925）》（1），第107页。

甚至在吴佩孚明确反对苏俄所提出的某些条件，也知道孙中山与奉系军阀张作霖密切往来联合反吴的情况下，越飞仍在 8 月 31 日至 9 月 4 日间 3 次致电代理外交人民委员加拉罕，请求俄共（布）中央政治局研究向将来的"孙逸仙—吴佩孚政府""提供 2000 万美元担保贷款问题"，为促成孙吴联合助力。[1] 苏俄当局一厢情愿，不顾实际，不顾政治立场，以实力为重心促成孙、吴合作的努力，终因孙、吴各自的立场不可调和等而告失败，加之吴佩孚反俄反共的立场日益显现，此后，苏俄、共产国际把合作援助的对象全面转向孙中山，并推动国民党改组，实现国共合作。

（三）1923：历史转折的一年

这一年有两件大事发生。

1. 苏联与孙中山正式结盟，双方合作进入快车道

（1）《孙文越飞联合宣言》发表

1923 年 1 月 4 日，俄共（布）中央政治局会议作出重要决议，赞同越飞的旨在"全力支持国民党"的政策，"并建议外交人民委员部和我们共产国际的代表加强这方面的工作"。[2]

1923 年 1 月 16 日，越飞亲自赴上海与孙中山会谈，表示苏联愿对中国革命予以赞助。26 日，《孙文越飞联合宣言》发表，标志着苏联与孙中山正式结盟，孙中山正式确立联俄政策，改组国民党和建立军事力量是合作的重要内容，孙中山建立自己的军事力量，实现革命理想的愿望将得以实现。

建立培养自己的武装力量是孙中山梦寐以求的事。马林在上海又一次与孙中山就国共合作、苏联支持孙中山统一中国，以及军事合作等问题作了认真的会谈。苏联极其希望资助孙中山建立军校并进行广泛的政治思想工作，以组织起自己的军事力量，从而自南向北武力推翻北京政府。

---

① 《联共（布）、共产国际与中国国民革命运动（1920—1925）》（1），第 116、第 121、第 124—125 页。

② 《联共（布）、共产国际与中国国民革命运动（1920—1925）》（1），第 187 页。

1923 年 3 月，孙中山重返广州，重组政权。8 日，俄共（布）中央政治局召开会议，会议认为：可以给孙逸仙约 200 万墨西哥元的援助，并经孙逸仙同意后向孙逸仙派去政治和军事顾问小组，[①] 帮助其改组国民党，使其发展为一个开放的具有广泛群众基础和政治动员能力的现代政党。

1923 年 5 月 1 日，苏联政府作出重要的决定，并向孙中山通报，其中涉及军事的有 3 项：一是准备向孙中山提供 220 万金卢布的款项作筹备统一中国和争取民族独立的工作之用。二是准备协助孙中山"利用北方的或中国西部的省份组建一个大的作战单位。但遗憾的是我们的物质援助数额很小，最多只能有 8000 支日本步枪，15 挺机枪，4 门奥里萨卡（Opucaka）炮和两辆装甲车"。三是"如您同意，则可利用我国援助的军事物资和教练员建立一个包括各兵种的内部军校（非野战部队）。这就可以为在北部和西部的革命军队准备好举办政治和军事训练班的条件"。[②] 这样，不仅孙中山所期待的军事援助得以实现，而且办理军校的事情也得到确认。孙中山很快作出答复：同意接受苏联的全部建议，将竭尽全力实现这些建议，派代表前往莫斯科以便讨论细节。

（2）孙逸仙博士代表团访苏

1923 年 7 月初，孙中山决定派遣代表团赴苏联，他本欲亲自带团前往，后因工作繁忙，只得另定他人。随即，蒋介石自荐前往，获得孙中山的认可，最终确定由蒋介石、王登云、沈定一和共产党人张太雷组成"孙逸仙博士代表团"。8 月 16 日，代表团从上海启程前往莫斯科。

到苏联的军校考察并讨论委托苏联为中国培养军事人才，是代表团此行的重要工作。9 月 10 日，代表团一行 4 人会见革命军事委员会斯克良斯基和总司令加米涅夫，明确提出了请苏联援助建军的问题：尽可能多派遣军事专家到华南帮助国民党；安排代表团一行参观苏联军队；讨论代表团提出的在中国西北建军和开展军事行动的计划。[③] 代表团提出的活动要求基本得到满足。在 8 天

---

① 《联共（布）、共产国际与中国国民革命运动（1920—1925）》（1），第 226 页。

② 《共产国际、联共（布）与中国革命文献资料选辑（1917—1925）》（2），第 414 页。

③ 李玉贞：《国民党与共产国际（1929—1927）》，第 162 页，人民出版社，2012 年版。

时间内代表团参观了 6 所苏联军校。其中包括参观步兵第二学校、军用化学学校，研究毒气之施用及防御法，参观高级射击学校、海军大学及海军学校、海军机器学校等。参观了第 144 步兵团。观看了连队、营房、红角、号令、修理部、医务室、俱乐部、图书室、机枪小队、厨房、面包房、俄共支部，而且品尝了红军战士的食品，了解了每周食谱。代表团还到军队发表演讲。蒋介石表示："我们来这里学习并与你们联合起来。当我们回到中国人民那里时，要激发他们的战斗力，战胜中国北方的军事势力。"[①] 在与苏联军事委员会领导人的会谈中，蒋介石提出由苏联军校为中国培养军事人才，斯克良斯基回答说："革命军事委员会认为，你们可以派一些人到苏联军事学校来学习。总参谋部可以接收 3—7 人。军事学校可以接收 30—50 人。不过，在选派到俄国来的同志时，必须遵循以下条件：首先必须是那些完全忠于党、经过仔细挑选的人。这一点特别重要。已有军龄、不低于团级或营级的指挥员，可以派到苏联的学院学习。派往军事学校学习的也需要有一定的军事素养。"对于蒋介石提出的增加派出人员数量的请求，斯克良斯基认为需要试验。如果成立所设想的 50 人班收到了良好的效果，那么革命军事委员不会反对增加派出人员。代表团所到之处受到热烈欢迎，气氛极其友善。苏俄军队的建设，特别是红军的"党军性质"，即红军中的政委制，给了行伍出身的蒋介石以十分深刻的印象。他看到，红军"每团部由党部派一政治委员常住，参与主要任务。命令经其署名，方能生效"，[②] 从而保证了党对军队的领导。此外，融洽的官兵关系也令代表团印象深刻。这是代表团访苏取得的重要成果。

（3）政治顾问鲍罗廷来广州，建立军校方案确定

1923 年 8 月 2 日，联共（布）中央政治局正式批准了斯大林的建议，任命鲍罗廷为孙中山的政治顾问，与加拉罕一起到中国赴任。加拉罕取代越飞出任苏联驻中国特命全权代表，鲍罗廷充当加拉罕的助手，在华南活动，两人"一

---

① 《联共（布）、共产国际与中国国民革命运动（1920—1925）》（1），第 292 页。

② 毛思诚：《民国十五年以前之蒋介石》第 5 册，第 51 页，转引自李玉贞：《国民党与共产国际（1919—1927）》，第 163 页。

北一南"开展对华工作。此时，苏联依然与北京政府保持外交关系，但政治天平已经倒向南方。

鲍罗廷到达广州后，很快与孙中山建立了良好的互信关系。孙中山提出了许多有关苏联革命建设的问题，鲍罗廷的回答让孙中山非常满意。孙中山看出鲍罗廷"办党的经验"对国民党是可取的①，任命鲍罗廷为国民党组织教练员，将改组国民党的重大责任委托鲍罗廷指导处理。鲍罗廷的到来，为国民党的改组与军校的建立创造了良好条件。鲍罗廷向孙中山建议，开始改组整个军队，为此需要成立一所军官学校，培养军人并造就一批政工干部。②孙中山表示："我们的首要任务是按照苏联式样建立一支军队，准备好北伐的根据地。""我们希望你们把反对帝国主义武装干涉，并把他们赶出本国的斗争中积累的丰富经验传授给我们的学生——革命军队的未来军官。"③1923 年 10 月 15 日，国民党党务讨论会议决通过了由陈安仁提出的"事项"第九号议案，"建议设陆军讲武堂于广州，训练海内外本党回国之青年子弟，俾成军事人才，拥护共和案"。11月 26 日，孙中山主持召开国民党临时中执会第十次会议。会议决定建立国民军军官学校，校长蒋介石、教练长陈翰誉、政治部主任廖仲恺，筹备执行委员廖仲恺，校址定于租借某园。次日，临时中执会决议筹组军校事项，推定孙科、吴铁城会同军事委员二人筹备军校，应办之事为：一、定校所；二、设备；三、器具；四、预算购费及安设妥当；五、校内事务所之指定开始办公；六、物色教员，征求学生。④至此，军校建设已经进入快车道。

2. 中国共产党第三次全国代表大会召开，统一战线方针确立

国共合作是时代的需要，它固然是在苏联和共产国际极力推动下形成的，但年轻的共产党人仍然发挥了历史主动精神，通过各种渠道，从思想上、组织

---

①　李玉贞：《国民党与共产国际（1919—1927）》，第 204 页。

②　《联共（布）、共产国际与中国国民革命（1920—1925）》（1），第 371 页。

③　亚·伊·切列潘诺夫著，中国社会科学院近代史所翻译室译：《中国国民革命军的北伐——一个驻华军事顾问的札记》，第 90、91 页，中国社会科学出版社，1984 年版。

④　转引自李吉奎《黄埔军校创办缘起》，《国民革命与黄埔军校——纪念黄埔军校建校 80 周年学术论文集》，第 125 页，吉林人民出版社，2004 年版。

上和干部上给孙中山以支持，帮助国民党改组，创建军校，建立一支革命军队。

1922 年 8 月，李大钊在上海与孙中山会面，讨论"振兴国民党以振兴中国之问题"，这对因陈炯明叛变而退居上海，处于苦闷中的孙中山是极大的支持。孙中山同李大钊"畅谈不厌，几乎忘食"①。中国共产党发布的对时局的主张，也肯定了国民党的积极作用："中国现存的各政党，只有国民党是比较革命的民主派，比较真的民主派。"②

1922 年 8 月 29 日至 30 日，中共中央在杭州召开"西湖会议"，决定在孙中山改组国民党的条件下，由共产党少数负责人先加入国民党，同时劝说全体共产党员以个人名义加入国民党。中国共产党关于国共合作政策转向党内合作。1923 年 1 月 12 日，共产国际执行委员会通过了《关于中国共产党和国民党关系问题的决议》，指出："由于国内独立的工人运动尚不强大，由于中国的中心任务是反对帝国主义者及其在中国的封建代理人的民族革命，而且由于这个民族革命问题的解决直接关系到工人阶级的利益，而工人阶级又尚未完全形成独立的社会力量，所以共产国际执行委员会认为，国民党与年青的中国共产党合作是必要的。"③ 正是在这种国际国内形势和背景下，同年 4 月，考虑到在广东有利于筹备召开党的第三次全国代表大会，中共中央机关决定迁往广州。随着中共中央机关的迁粤，广州遂成为中共中央所在地。6 月 12 日至 20 日，中共三大在广州召开。与国民党合作成为中共三大的主要议题，经过与会代表的讨论，最终通过了《关于国民运动及国民党问题的决议案》等文件，决定全体共产党员以个人身份加入国民党。大会指出：党在现阶段"应该以国民革命运动为中心工作"，采取党内合作的形式同国民党建立联合战线，"依中国社会的现状，宜有一个势力集中的党为国民革命运动之大本营，中国现有的党，只有国民党比较是一个国民革命的党"。因此，"共产党员应加入国民党"，努力扩大国

---

① 《李大钊文集》下卷，第 890 页，人民出版社，1984 年版。

② 中央档案馆编:《中共中央文件选集》第 1 册，第 37 页，中共中央党校出版社，1989 年版。

③ 《"二大"和"三大"——中国共产党第二、三次代表大会资料选编》，第 146 页，中国社会科学出版社，1985 年版。

民党的组织于全中国，使全中国革命分子集中于国民党"。① 会议还规定在国共合作中保护共产党政治上的独立性的一些原则。② 这些都为中共全党加入国民党统一了认识，并确立了革命统一战线的策略与组织形式，从而最终从理论上为国共合作提供了政治保证。

中国共产党希望孙中山借鉴苏俄的革命经验组织真正的革命军队，"与民众密切结合"，"大大宣传民众，大大结合民众，轰轰烈烈续做推倒军阀和国际帝国主义之压迫的民主革命"。③ 同时，中共积极帮助国民党进行改组。1923 年 11 月，中共中央召开三届一中全会，通过了《国民运动进行计划决议案》，指出"国民运动是我党目前的全部工作"。肯定了"国民运动之主要动力固然是国民党"④，要求全党同志支持国民党改组工作，开展国民运动。各地共产党人，如北京的李大钊，直隶的韩麟符、于方舟，湖南的毛泽东、何叔衡、夏曦，湖北的刘伯垂、廖乾五，山东的王尽美，浙江的宣中华，山西的王振翼等，都积极参加国民党的改组工作。中共广东区委派冯菊坡、刘尔崧等多名党员直接参与国民党广州市各级组织的改组工作。此外，中共还明确了共产党人在国民党中的任务，即首先应该争取把国民党造就成为一个真正革命的政党，成为国民运动的代表。

1924 年 1 月，国民党第一次全国代表大会在广州召开。孙中山改组了国民党，对三民主义作了适应时代潮流的新解释，包含新的内容和新的革命精神，称之为新三民主义。新三民主义的政纲同中国共产党的民主革命纲领在基本原则方面是一致的，因而成为国共合作的共同纲领。国民党一大事实上确立了联俄、联共、扶助农工的三大政策。⑤ 第一次国共合作正式形成。大多数共产党员和青年团员加入了国民党。在中国共产党的鼎力相助下，国民革命的影响很

---

① 《"二大"和"三大"——中国共产党第二、三次代表大会资料选编》，第 181—182 页。

② 中共中央党史研究室：《中国共产党历史》第一卷（1921—1949），第 109 页，中共党史出版社，2011 年版。

③ 蔡和森：《统一、借债与国民党》，《向导》第 1 期，1922 年 9 月。

④ 《"二大"和"三大"——中国共产党第二、三次全国代表大会资料选编》，第 243—244 页。

⑤ 《中国共产党历史》第 1 卷（1921—1949），第 116 页。

快从中国的南部扩大到中部和北部，从国共两党扩大到工人、农民、士兵、青年学生和中小商人。

1924年1月24日，孙中山以大元帅名义，任命蒋介石为陆军军官学校筹备委员会委员长。筹备委员为王柏龄、邓演达、沈应时、林振雄、俞飞鹏、张家瑞、宋荣昌等7人。正式使用"陆军军官学校"校名，孙中山指定黄埔岛为军校校址，故陆军军官学校又称黄埔军校。军校确定在全国招生，鉴于当时绝大部分地区还在北洋政府控制之下，中国国民党第一次全国代表大会期间便决定由与会代表回到各自所在地区秘密招生，介绍青年来校学习。2月10日，由军校筹备委员会分配了各省区招收学员的名额，共计424名。国共两党共同进行这项工作，孙中山、廖仲恺、谭平山、毛泽东等都为军校引荐考生。毛泽东曾代表国民党上海执行部负责上海地区的招生和考生复试工作。[1] 在国共两党的努力下，1924年6月16日，黄埔军校举行了开学仪式。一所国共合作的军校正式建立。

二、到黄埔去：黄埔军校师生

师资和生源是一所学校的基石。黄埔军校成立前后，广泛聘用各方人才，汇聚了一批具有较高军事、政治素养的教官。与此同时，军校通过特殊、灵活的手段，在全国范围内和海外华侨中招收学生，使得许多精英能够集中于校。

（一）黄埔军校师资

黄埔军校的师资，主要由军事教官和政治、文化教官组成。军事教官主要来自保定陆军军官学校、云南讲武堂及苏联顾问。而政治、文化各科类教官，部分来自国内各高校，部分具有海外留学背景。

筹备委员会成立后，任免教职员、招考教官成为军校筹备事项中最重要的

---

① 《黄埔军校史料（1924—1927）》，第37—39页。

工作之一。军校教官的考录尤为严格，其流程为"先由各方举荐人员，必先缮具履历，复加严格考察，然后酌量任用，以作学生模范"。1924 年 2 月 19 日，军校筹备委员会在《广州民国日报》登载《陆军军官学校招考下级干部布告》声明："本校开创伊始，端赖贤才始臻完备，诚恐一方之见闻未周，有埋没贤豪之叹。用特登报招考，凭才录取，以示大公。"布告规定：

1. 投考区队长之资格：甲、曾在保定军官学校及其他相当程度学校卒业者。乙、年龄在 30 岁以下，体格强健，无不良嗜好，品性端正者。

2. 投考分队长之资格：甲、曾在军事学校卒业，或在军队服务（准尉军士）多年者；乙、品性纯正，年力强健，操练纯熟，文义粗通者。

3. 考取后入校服务之待遇：甲、区队长，阶级为中、少尉。中尉每月实薪 72 元，少尉 54 元，由校供给寝处。乙、分队长，阶级为上、中士。上士每月实薪 20 元，中士 18 元，其与学生共同寝处，由校供给被服。

3 月 24 日，军校在广州市文明路广东高等师范学校内举行下级干部考试。考试内容包括战术、应用战术、交通、兵器、筑城、国文等科测验，最后由王柏龄、何应钦面试评分，遴选 40—50 名第 1 期队官。由于各方不断推举人员，军校为求公正无私，4 月 7 日登报声明"一以公正无私依法考试审查"。①24 日，军校公布下级干部的录取名单，总共 50 人：

王声聪、吴济民、陈应瑞、严凤仪、王禄丰、吕敬藩、周得三、冯圣法、雷德、唐同德、杨步飞、张仲侠、周品三、杨权一、胡仕勋、杨铭三、侯又生、邱仕发、朱一鸣、徐文龙、宋云兢、张慎阶、范声德、祖静川、邓瑞安、杨鹤年、李鸿钧、符腾光、周汉伟、韦兆熊、范振亚、李叔文、吴用淮、朱一鹏、郑重达、张人玉、鲍宗汉、谢永平、钟伟、麦鉴满、赖杏、曾昭镜、罗实钧、蒋魁、邱贞中、周振强、郭景、刘干、郭远勤、郑燕飞。②

这批教官成为军校最初的教学训练师资骨干。录取人员中，大部分是王柏龄引荐的云南讲武堂毕业的学生，还有来自保定陆军军官学校、陆军大学、日

---

① 《陆军军官学校考试委员会启事》，《广州民国日报》，1924 年 4 月 7 日。

② 《陆军军官学校筹备处布告》，《广州民国日报》，1924 年 4 月 24 日。

本陆军士官学校和广东陆军速成学堂的军人。分队长、副分队长则就广东省警卫军讲武堂暨西江讲武堂毕业生中挑选。4 月 26 日，下级军官全部入校，接受复试及训练。在初次公开甄选的 50 名下级干部中，复试至少淘汰了 26 人，部分被淘汰的如周振强、唐同德、周品三、胡仕勋等改为学生，入读于黄埔军校第 1 期。

黄埔军校建校后，设校本部，由校总理孙中山、校长蒋介石、党代表廖仲恺组成，是军校最高领导机构，直属国民党中央执行委员会领导。1924 年 5 月 10 日起，由校长、党代表联署，呈请孙中山和国民党中央执行委员会，分别任命了教练部、教授部、政治部主任和总教官。随后的几个月间，全校教务、组织与人事安排，陆续编配完成，人员逐一到位。校本部下设校长办公厅及教授、教练、政治、管理、军需、军医六部，通称"一厅六部"。各部权责分明，前三部负责实际的教育和训练。教授部负责军事"学术"讲授，教练部主要负责"术科"方面的训练。政治部的设立是中国军事学校中的创举，负责政治及思想的教育训练，并在党代表的指导监督下从事党务与宣传。管理、军需、军医三部为辅助与后勤行政部门。校长办公厅设主任 1 人，每部设正副主任各 1 人。"一厅六部"之外，设总教官室和配备特别官佐若干。军校最初组织人员情况如下：[①]

总　　理：孙中山

校　　长：蒋中正

党代表：廖仲恺

校长办公厅：西文秘书王登云，中文秘书张家瑞。

高级官吏：政治部主任戴季陶，教练部主任李济深，教授部主任王柏龄，战术总教官何应钦，管理部主任林振雄，军需部主任周骏彦，军医部主任宋荣昌。

政治部：副主任张申府，秘书甘乃光，教官胡汉民、汪兆铭、邵元冲。

---

① 《中央陆军军官学校史稿》第 4 篇"组织之沿革"，1936 年版。本书 1989 年由中国第二历史档案馆影印，书名《黄埔军校史稿》，档案出版社出版。本书沿用《中央陆军军官学校史稿》书名，以下同。

教练部及学生队：副主任邓演达。学生总队总队长沈应时。总队之下共辖四队：第1队队长吕梦熊，副队长陈复，区队长王仲玠、汪鼎，副区队长张鲁、周得三。第2队队长茅廷桢，副队长许用休，区队长曹石泉、王声聪，副区队长吕敬藩，司务长张仲侠。第3队队长金佛庄，副队长刘宏宇，区队长郭俊、吴济民、张强渠，副区队长李鸿钧。第4队队长李伟章，副队长严凤仪，区队长王禄丰、李春茂、李叔文，副区队长宋云竞。

教授部：副主任叶剑英，秘书顾元丙，教官钱大钧、胡树森、严重、陈继承、文素松。

管理部：副主任吴子泰，卫兵长胡公冕，军乐队长杨维一。

军需部：副主任俞飞鹏，会计徐浚镕，金柜竺芝珊，代理储藏处管理员周钦若。

军医部：军医徐翼侯、古衔。

特别官佐：徐坚、季方、徐成章、吴嵋、简作桢、刘宏宇、杭毅、徐桂八、江志航、王莳文、符腾光、严伯威、杨本烈、徐光武。

军校草创时期，组织与人事尚未定型，人员变化较大。随着军校的发展，军校的教官阵容亦随之扩大，拥有各种学校的学历、程度不等的学术造诣和不同的社会阅历的人员，陆续加入。总体上看，军校的师资由各科（类）教官、从事军事训练的各科（类）学员队队官、军事与政治训练部门的训育人员、其他相关的教学辅助人员组成。据不完全的统计，第1期有教官70多名，第2期有教官110多人，第3期有320多人，第4期有720多人，第5期有710多人，广州办学时的第6期（未包含武汉、南京部分）有380多人。黄埔军校前6期的师资中，来自保定陆军军官学校371人，陆军大学120人，日本陆军士官学校42人，云南讲武堂33人，国内其他军事学校73人，留学外国陆军大学16人，留学外国军事专科学校9人，黄埔军校自身培养的教官1428人。[①]

---

① 陈予欢：《黄埔军校的脊梁》，载《黄埔军校研究》第1辑，广东人民出版社，2006。

1. 来自保定陆军军官学校的黄埔教官

黄埔军校创办时，恰逢保定军校停办。黄埔军校以其革命党办校的影响力和吸引力，使得富有革命思想的保定军校生，无不争相投往。同时，创办黄埔军校，亦急需一批具有军事专业技能的军事教官。保定军校是当时中国独一无二的中央陆军军官学校，师资力量雄厚，门类齐全，学制正规，不少学生受过陆军小学三年、陆军中学二年、军官学校二年的系统教育，军事修养堪称上乘，其毕业生自然成为黄埔军校罗致的主要对象，因此在招考区队长的条件中，明确规定"曾在保定军官学校及其他相当程度学校卒业者"。除保定陆军军校自身的影响力外，蒋介石、王柏龄、林振雄出自保定陆军军官学校前身的陆军速成武备学堂，军校筹备委员邓演达、沈应时，分别是保定陆军军官学校6期工科和6期炮科的学生，入学试验委员严重、胡树森、简作桢、钱大钧，均为保定陆军军官学校毕业生，校友情愫难免影响军校师资的考录和任用。因此，在军事学科和术科方面的教官比例，保定陆军军官学校明显高于其他军校。同时，他们也构成了黄埔军校军事教学、训练的骨干。担任黄埔军校教官的保定军校生主要有：季方、陈继承、郭大荣、刘峙、朱棠、何埗聪、吴石、陈复、文素松、陆福廷、陈诚、张元祜、林熏南、陈焯、林鼎祺、王文翰、乐震东、林国光、陈适、侯连瀛、刘秉粹、张与仁、严尔艾、徐坚、梁瑞寅、萧友松、顾祝同、李赓护、刘尧宸、蒋必、周至柔、范苏、许用休等。

2. 来自云南讲武堂的黄埔教官

云南讲武堂创建于1909年，是一所成立时间较早、办学成绩突出并为革命党人实际掌控的军事名校。教官大多毕业于日本士官学校，且多为同盟会秘密会员。黄埔军校成立之初，即有云南讲武堂的教官和各期毕业生到黄埔工作，主要有：王柏龄、何应钦、帅崇兴、林振雄、叶剑英、徐成章、严凤仪、杨宁、陈奇涵、吴济民、叶佩高、詹忠言、万梦麟、卢濬泉、吴宗泰、王禄丰、曹石泉、崔庸健、曾泽生、赵一肩等。其中，王柏龄、叶剑英分别任黄埔军校教授部主任、副主任，徐成章任特别官佐，曹石泉、吴济民、崔庸健等任学生队区队长，杨宁任技术主任教官等。相较而言，出身云南陆军讲武堂者，在校任职多为下级教官，因职级愈低，人数愈多。

3. 来自日本陆军士官学校的黄埔教官

日本陆军士官学校创办于 1874 年，为一所对中国军事教育影响至深的军事名校。1903 年之后，中国学生大量赴日本留学。留日士官生回国后，成为军事教育领域的风云人物。校长蒋介石，在日本入读振武学校，毕业后升入日本高田野炮兵第 13 联队，为士官候补生。[①] 黄埔军校创办后，军校聘任了不少日本士官学校的毕业生，主要有：王柏龄、林振雄、何应钦、钱大钧、方鼎英、敖正邦、邵保、张翼鹏、李铎、李孔嘉、吴思豫、张华辅、张春浦、帅崇兴、王俊、廖士翘、李卓元、陈隐冀等。其中，何应钦任黄埔军校战术总教官，方鼎英先后任入伍生部长、教育长和代校长，严重先后任学生总队长、训练部主任和教授部主任。显然，出身日本陆军士官学校者，人数虽不占优势，但多任军校中的高级职务。

4. 来自苏联的顾问和黄埔教官

苏联政府对黄埔军校给予大力支持，派遣来一批有丰富经验的军事教官和顾问。

苏联顾问团是黄埔军校的一个特殊教官群体。他们大多数都是优秀的军事将领，身经百战，战功卓著，有的指挥过大兵团作战，有的从事军事教育多年，具有深厚的理论功底和丰富的作战实践经验，许多人获得过苏联政府颁发的勋章。他们怀着革命的信仰，千里迢迢来到异国他乡，忍受着生活习惯、饮食、文化上的差异以及语言沟通上的困难，积极投入军校的创建和教学活动，不仅为黄埔师生带来了苏联红军的优良传统和经验，还带来了当时世界上最先进的军事思想、最新式的军事技能。

1924 年 1 月，应孙中山的要求，苏联政府派来以弗·波里亚克为组长的第一个军事顾问小组，参加军校的筹建工作。军事顾问小组成员包括亚·伊·切列潘诺夫、雅·格尔曼（又译作捷尔曼）、尼·捷列沙托夫、斯莫连采夫、波良

---

① 中国第二历史档案馆：《蒋介石年谱》（1887—1926），第 14 页，九州出版社，2012 年版。

克等 10 多人。5 月，曾任苏联红军集团军司令、军长的安·巴甫洛夫（又译作高和罗夫、巴富罗夫）抵达广州，受聘孙中山首席军事顾问、黄埔军校军事顾问兼军事顾问团团长。巴甫洛夫原是苏联红军军团长，屡建战功，荣获苏联革命军事委员会授予的二级红旗勋章。7 月 8 日，巴甫洛夫在石龙勘察时失足落水，不幸溺亡。10 月，苏联政府又派遣军事顾问团来华协助黄埔军校工作，以加伦将军为军事顾问团团长，接任巴甫洛夫的工作。随同的还有 40 多位苏联军事专家。

黄埔军校开学后，各门学科教育都有苏联顾问陆续来到军校任教。1925 年5 月，苏联政府再向黄埔军校派来 200 人的教官团。黄埔军校早期的苏联顾问大多数是军事教官，有名可查的苏联顾问多达 40 余人，分布在政治、炮兵、步兵、工兵、军需、交通、通信、卫生、交际等教学岗位上。

在黄埔军校指导和任教的苏联顾问和教官主要有：政治总顾问鲍罗廷，政治顾问喀拉觉夫（又译作格拉觉夫）；军事总顾问加伦；首席军事顾问切列潘诺夫，军事顾问蔡尔帕诺夫（又译作蔡纳比拉夫、契列帕诺夫）；战术教官波利亚克、格尔曼、亚科夫列夫；步兵顾问长白礼别列夫，步兵顾问舍瓦尔金（普里贝列夫）；炮兵顾问嘉列里；机枪顾问帕洛、齐利别尔特、科楚别耶夫、马采伊里克；工兵顾问瓦林、雅科夫列夫、基列夫、格米拉；炮兵教官捷列沙托夫、梁道夫；骑兵顾问尼库林；通信顾问科丘别耶夫、М.И.德拉特文；后方勤务顾问罗戈夫。随苏联运送支援黄埔军校枪械船艇到达广州的苏联顾问还有：罗加乔夫（又译作罗嘉觉夫，第二次东征军事顾问）、别夏斯特诺夫（炮兵顾问）、吉列夫（炮兵顾问）、波洛（机枪顾问）、格米拉、泽涅克、齐利别尔特、马米伊利克等。还有马迈耶夫、艾蒂金（勃拉依洛夫斯基）、罗加觉夫、季山嘉（古比雪夫）、奥利金（拉兹贡）、铁尼罗等等。

军校广州时期，在校执教的苏联教官及职员约 300 人。

此外，苏联顾问团还根据孙中山的邀请，派出各方面的教官和技术人员参与了大元帅府空军、海军、装甲车队的教育和整顿工作，这些技术顾问人员有不少在不同时期加入黄埔军校的师资队伍。知名苏联顾问斯米诺夫（又译作西米诺夫），1924 年 10 月被聘为大本营直辖海军局局长。李糜，1924 年 10 月被大元帅府聘为航空局的顾问，任代理航空处处长兼航空学校校长。季山嘉，1925 年 6 月来华负责顾问团工作。伊文诺斯基，被聘为大元帅府军事顾问。派到军校的苏联顾问中，还有女顾问 M. 楚芭列娃（萨赫诺夫斯卡娅），她是华南苏联顾问团的侦察处长（后来是该处参谋长），也在军校讲课。

苏联在这期间派遣了数目可观的军事顾问人员，参与了黄埔建校并协助党军训练作战。苏联顾问重视军事示范教学和形象化教育，并亲自执教。战术教程中，苏联顾问多采用"沙盘教育"（因当时条件简陋，用石头和树枝摆在地上来代替沙盘设备），这种新的教学形式在当时国内军校中还很少见，深受学员欢迎。在术科训练中，他们尤其重视射击和战术演习，射击课完全按照苏联操典进行训练。每教一个术科之前，都将各级队长集中起来先行学习，然后回各队去教学员。每次步兵操典和射击教练，苏联顾问都必亲临现场与靶场，现身说法，就地示范。战地通信是军校在苏联顾问帮助下开设的新科目。这是运用近代新技术的一个学科，在国内教官中通晓通信知识的人极少，无力独立完成这个学科的教学。为此苏联派来了一批通信教官，在黄埔军校开办了第一个通信班。通信教官科丘别耶夫，在教学中克服了语言不通、器材缺乏等各种困难，在短短的时间内，为中国革命培养了一批既懂业务技术，又相当熟练地掌握通信战术的通信干部，在以后的东征、北伐过程中，这个新型兵种的重要作用得到了充分的体现。

1926 年 3 月"中山舰事件"后，苏联教官被撤回。

关于苏联军事顾问的人数，各种资料记录不一。黄埔军校教育长兼入伍生部长、代校长方鼎英在《我在军校的经历》中，提到 1926 年 3 月 20 日"中山舰事件"后，蒋介石"对苏联顾问团亦以与中山舰事件有嫌，同样兴问罪之师，苏联总顾问鲍罗廷感到蒋之派兵监视顾问团住宅是极其严重之举，因而让蒋明白提出意见，请其撤走，一次便有 300 余人被撤回国"。[①] 这批苏联教官大多数

---

① 方鼎英：《我在军校的经历》，载全国政协文史和学习委员会编《回忆黄埔军校》，第 70 页，中国文史出版社，2015 年版。

身经百战，战功卓著，具有深厚的理论根底和丰富的作战经验，为黄埔师生带来了苏联红军的优良传统，同时还带来了先进的军事思想和新式的军事技能。总之，被派至黄埔的苏联教官，多为军学造诣较深、层次地位较高并指挥过重大战役、战斗的军事家，这是以往军校所聘外籍教官所不能比拟的。毫无疑问，这是黄埔办学成功的重要因素之一。

除来自国内外教官的学历背景外，黄埔军校的成立与粤军的关系也极为密切。黄埔军校最初的教官，不少人从粤军转来，他们多毕业于云南、四川、湖南、浙江等地讲武堂，且以在广东服务于粤军及其驻粤各省军队的初中级军官为主。如校长蒋介石为粤军参谋长，教练部主任李济深为粤军第1师师长兼西江善后督办，军需部副主任俞飞鹏为粤军总司令部代审计处处长，教练部主任兼总队长邓演达，为粤军第1师第1旅第3团团长，教官钱大钧原为粤军第1师中校参谋，教官刘峙原为粤军总司令部中校参谋，教官严重原为粤军第1师第1旅第2团附第2营营长，特别官佐陈诚原为粤军第1师第3团副官，教官王俊原为广东陆军讲武学校军事教官。可见，黄埔军校的成立和发展与粤军关系密不可分，张发奎称"黄埔军校成立，各部干部人才，借才于（粤军）第一师十居八九"，或非虚言。[1]

而黄埔军校的政治教官和文化各科类教官是黄埔军校师资中颇具特色的群体，主要集中于政治部。其来源甚为广泛，部分是海外留学回归者，部分来自国内各种学校。先后任职、任教于黄埔军校政治部的政治教官张申府、周恩来、卜士畸、包惠僧、鲁易、聂荣臻、饶来杰、熊雄、熊锐、李合林、恽代英、萧楚女、陈启修、高语罕、王懋廷、于树德、张秋人、毛简青、李世璋、黄日葵、安体诚、韩麟符、黄松龄、陈日新、罗懋琪、孙炳文、阳翰笙、宋云彬、杨嗣震、沈雁冰等，是从各地调入黄埔军校的共产党员之中的知名者，多受过高等教育，或有赴法、德、日本、苏俄留学等经历。此外，如校长办公厅英文秘书王登云，毕业于威斯康星大学和乔治敦大学，英文秘书张静愚毕业于英国利物

---

① 黄振凉：《黄埔军校之成立及其初期发展》，第138页，台北正中书局，1993年版。

浦工学院，参谋马文车毕业于日本法政大学，秘书廖尚果为柏林大学法学博士。黄埔军校《革命画报》主编梁鼎铭，毕业于南洋测绘学校；其弟梁又铭、梁中铭均毕业于震川书院。音乐教官、《黄埔军校校歌》谱曲者林庆培，毕业于广东大学；校歌词作者陈祖康毕业于法国乌灵大学工学院。

随着黄埔学生陆续毕业，军校之下级干部逐渐由本校毕业的学生充任。1925 年第 2 期学生队中，区队长、副区队长已多为黄埔 1 期的毕业生。黄埔 3 期时，已有黄埔 1 期学生担任上尉队长职务，如李强之、潘佑强、冯剑飞、俞墉等，区队长以下则均由黄埔毕业生担任。黄埔军校在广州办校区区 3 年，但已成为一股新兴的力量，不仅军队有极其辉煌的成就，就军校本身的师资而言，亦逐渐承继保定军校等的学生而自力更生，成为黄埔时代来临的先兆。

总体上看，黄埔军校师资力量雄厚，来源广泛，拥有各种高学历和各具专业知识的人才。其主要特点是：第一，师资阵容强大。黄埔军校以"创造革命军，来挽救中国的危亡"为宗旨，在革命统一战线的旗帜下，国共两党对军校工作极为重视，短期内罗致了大量优秀人才到校任教任职，各种专门人才济济于一堂，阵容蔚为可观。第二，富于实践经验。聚集于黄埔一岛的教职人员，许多人既受过较系统、完整的军事教育，又有带兵、参战的阅历体察，有的人还在不同的军校中担任过教职，积有一定的教学、训练经验，这是黄埔军校教职员的特点之一，这也是黄埔军校的一种整体办学优势。第三，多学科并存。黄埔各教官的学历和社会阅历，还具有多门类和多样化的特点，其出身不限于军事一科，而有相当多的人毕业于人文社会学科。他们大多数称得上是有一定影响的学者、理论家和社会活动家，各路学人同领风骚。

（二）国共合作办校时期的黄埔学生

五四运动以来，全国知识分子和青年觉醒，爱国热潮高涨，纷纷投身黄埔军校。在南方革命声势的感召之下，当时全国的青年有一个口号就是"到黄埔去"。军校教官张治中曾说："凡海内外的同胞，无论东西南北革命青年，热血奔腾的时代青年，都喊出这个口号。"①

1. 黄埔招生

国共合作建立后，中国共产党员加入国民党，在全国各地积极创立和发展国民党的组织，使国民党在全国范围内得到空前的大发展。这以前，国民党的组织只在广东、上海、四川、山东等少数省、区和海外存在，工作大多停留在狭小的上层社会，缺乏下层的群众工作。到 1926 年 1 月，国民党已有正式省党部 11 个，特别市党部 4 个，正在筹备的省党部 8 个，除新疆、云南、贵州等少数省、区外，已在全国大多数省、区建立起党部组织。这些党部大都是以共产党员和国民党左派为骨干建立起来的，其中许多党部的实际负责人是共产党员。如北京执行部的李大钊、于树德，汉口执行部的林祖涵、李立三、项英，湖北省党部的董必武、陈潭秋，湖南省党部的何叔衡、夏曦，浙江省党部的宣中华、沈定一，四川省党部的吴玉章，直隶省党部的于方舟、李永声，江苏省党部的侯绍裘，陕西省党部的杨明轩、刘含初，热河党部的韩麟符。在上海执行部，毛泽东、恽代英分别主持组织部、宣传部的工作。总之，在国民党中央党部和各级地方党部的工作中，共产党人发挥了重大的作用。②

在这背景下，黄埔军校通过国共两党的组织，以广州、上海两地为中心，积极吸收前往投考的学生。1924 年 1 月 20 日，中国国民党第一次全国大会在广州召开。由于当时全国尚未统一，各省均在军阀控制之下，不宜公开招生，故委托各地代表回籍后代为招生。据此，此次大会的代表，以及各中央执行委员、检察委员，担负起为黄埔军校推荐与招收学生的重要使命。国民党一大闭幕时，廖仲恺代表国民党中央再次要求，与会代表会后回去代为军校招生，强调"介绍青年军官学生特别注意，必其人明白本党主义，且诚实可靠，能做事，方可入选"。③

---

① 张治中：《黄埔精神与国民革命》，载《长沙分校经理班同学录》（1938 年）。

② 中共中央党史研究室：《中国共产党历史》第 1 卷（1921—1949）上册，第 117—118 页，中共党史出版社，2011 年版。

③ 中国第二历史档案馆编：《中国国民党第一、二次全国代表大会会议史料》（上），第 72 页，江苏古籍出版社，1986 年版；参见《黄埔研究》第 9 辑，第 23 页。

　　黄埔军校在全国招生，爱国青年热烈响应，很快在各地掀起投考军校的热潮。1924年2月10日，拟定招学生324人。分配各省区招考学生名额：东三省、热河、察哈尔共50人；直隶、山东、山西、陕西、河南、四川、湖南、湖北、安徽、江苏、浙江、福建、广东、广西每省各12名共168人；湘、粤、滇、豫、桂5省各15名，共75人。国民党先烈家属20人，预留11人。另招备取生30人至50人。同时,国民党中央执行委员会通过《军官学校考选学生简章》，强调考生对三民主义、国民革命了解的程度，注重考查学生的政治素养，以及个人志趣、品格、常识能力。在考取学生中，重视政治素质，是黄埔军校不同于旧军校的标志之一。据零散校史，各期招生要求稍有不同。由于最早的招生简章尚未发现，目前所见为1925年12月在《赤心评论》刊载的《黄埔军官学校之调查》中的招生简章，报考者须中学或与中学相当之学校毕业文凭，及党证或各地区党部的介绍信，分赴广州"中国国民党中央执行委员会本校驻省办事处"，上海"中国国民党上海执行部"报名，其报考的资格及考试种类为：

　　投考者之资格如下：

　　A. 年龄　十八岁以上，二十五岁以内。

　　B. 学历　旧制中学毕业及与中学相当程度之学校毕业。

　　C. 身体　营养状态良好，强健耐劳，无眼疾、痔疾、肺病、花柳病等疾害。

　　D. 思想　中国国民党党员，能了解国民革命速须完成之必要者，或具有接受本党主义之可能性，无抵触本党主义之思想，有本党党员之介绍者。

　　试验之种类：

　　A. 学历试验　按旧制中学修了之程度出题，求笔记之答案。

　　B. 身体试验　准陆军体格检查之规定，分身长、肺量、体重、目力、听力等项。

　　C. 性格试验　用口试法，观察对于三民主义了解之程度和性质，志趣、品格、常识、能力等项之推断，及将来有无发展之希望。[①]

---

　　① 广东革命历史博物馆编：《黄埔军校史料》(1924—1927)，第36页，广东人民出版社，1982年版。

　　招生消息传出去后，各地有志青年报考十分踊跃。当时除在广州可以公开进行外，其余各省因都在军阀统治下，只能采用秘密招生方式。考选程序上，分初试和复试两种。军队招考亦如此，东路军总部及其所辖各部的军官数十人报考军校，东路军总部为慎重起见，先在本部预考，合格者再送军校复试。①

　　为方便考生应试和扩大招生范围，军校在上海秘密设立了一个黄埔军校分考场。长江流域各省份的考生在本省通过初试后，到上海进行复试，复试通过的考生由国民党上海执行部发给路费和证明，赴广州参加最后的考试。各省的初试由地方党组织秘密进行，据黄埔1期生郭一予回忆，1924年3月先秘密到长沙清水塘区党委报考，初试只写了一篇文章，题目是"试述投考黄埔军校的志愿"。几天后，湖南省党部的何叔衡通知已录取，随即办理手续，领取路费，前往上海参加复试。上海复试由国民党上海执行部的毛泽东、恽代英等人负责主持。复试也是秘密进行，以考普通学校的名义参加考试。复试项目除体格检查外，还有考试科目，包括国文、数学以及物理、化学，国文题目为：（1）你为什么要投考黄埔军校？（2）试述你的国防观。算术、代数、几何、三角各两题共8题。物理、化学各4题。各门考试时间为两小时。经上海复试录取后，发证明书和路费前往广州，参加总复试。②

　　3月27日至30日，军校在广州广东高等师范学校举行总入学考试。各地应考者1200余人，除粤籍之外，湘、桂、赣、闽、滇等省有数百人，其中的1/3，为中学生或专门学校学生，素质十分优异。复试分为笔试和口试。笔试除考国文、算术外，加考三角、几何、代数。国文试题由戴季陶拟，数学题由王登云拟。张申府负责学生口试，同时还监管笔试监考和阅卷工作。3天试毕，因考生学识较佳者颇多，故酌量多取。为确保生源质量，军校试验委员会于4月7日在广州《民国日报》刊登公开启事，谢绝各方推荐函件，郑重声明坚决

---

① 《东路考送军官学生》，载《广州民国日报》（1924年3月26日）。

② 郭一予：《我对黄埔军校的片断回忆》，载《广东文史资料》第37辑《黄埔军校回忆录专辑》，第73—74页，广东人民出版社，1982年版。

按考试成绩，择优录取。[①]4 月 28 日，黄埔军校发榜后，曹勖集合落第的考生 30 人，联名呈请孙中山，称"是以本党创办军官学校，学生等闻之快慰，莫可名言。以为从戎夙志，有机可尝。遂不惮关山险阻，牺牲一切，毅然南来，争先恐后。……兹忽闻军校本定五百名额，今榜示录取之数只四百零八名，其余 92 名，留待我总理令免试入校者。迫不得已，用特联名呈请钧座……准将学生等 30 人，立饬军校收纳，以补余额，而资造就"[②]。谭延闿、于右任、彭素民、张秋白等国民党元老也联名为落第考生请命，称"该生等皆品行端正，聪颖可爱，体格强健，并无疾病，更宜使之入校学习，以免遗材之叹"[③]。第 1 期共录取正取生 350 人，备取生 120 人，比原计划正取生 324 名多录取 26 名，备取生多 70 名。由于投考学生非常踊跃，素质十分优异，第 1 期录取名额远超过预定的人数。

为确保考生的素质，须由两名推荐人推荐。黄埔军校的考生"须经国民党员介绍"，因此黄埔学生同各地党、政、军方面的人物，存在着千丝万缕的联系。孙中山、廖仲恺、蒋介石、于右任、胡汉民、谭延闿等人，都为黄埔军校介绍、推荐过考生。经孙中山、廖仲恺介绍的考生，有甘达潮、容保辉、赵子俊、容有略、张森五和杨伯瑶。经于右任推荐的考生，有杜聿明、关麟徵、张耀明、阎揆要、王泰吉、王逸常、朱祥云、董钊等。共达 70 余人。

纵观黄埔军校广州时期招生情况，通过国民党、共产党地方组织的积极推介，全国各地的热血青年源源不断地涌来。恽代英在第 4 期同学录序中盛赞："中国人几乎没有人不知道'黄埔'，青年人几乎没有人不希冀能预做一个'黄埔'的学生。'黄埔'是新中国的缔造者，'黄埔'的学生人人都预备牺牲他们的精力生命，为被压迫的中国四万万人杀开一条血路。"[④]1925 年 7 月黄埔 4 期开始招生，学校派员至开封、汉口，并委托北京、上海各地办理招生，全国各

---

① 《陆军军官学校考试委员会启事》，载《广州民国日报》，1924 年 4 月 7 日。

② 《曹勖等呈请孙总理收纳落第考生函》，载《广州民国日报》，1924 年 5 月 1 日。

③ 《为军官学校落第考生请命书》，载《广州民国日报》（1924 年 5 月 5 日）。

④ 恽代英：《第四期同学录序》，载《黄埔军校史料（1924—1927）》（续编），第 365 页，广东人民出版社，1994 年版。

地来粤应试者共达 7 批之多。至黄埔 5 期，由各省市各特别党部报送至中央党部，再由中央党部介绍于本校应考。时值两广统一，准备北伐，革命声势壮大，各地青年报考军校的热情随之高涨。1926 年 8 月，黄埔 6 期开始招生，由各省党部与湖南省政府报送及入伍生部招考。此时北伐战争正在进行，随着革命军挺进湖南、湖北，革命运动从广州迅速推向长江流域，北方各地南下投考者，络绎不绝，生源进一步拓展，涵盖全国各地及缅甸、越南、朝鲜、南洋群岛诸地。报考第 6 期的入伍生者，先后多达数千人，由于名额有限，除考取入伍生 1000 多人外，还有千余人落榜。为设法收容这些远道而来的青年，军校于是布告招考学生军，录取考生 1000 余人，后改为黄埔 7 期入伍生。

2. 生源与素质

黄埔军校的创立，给中国革命青年带来了希望，也吸引着深受帝国主义压迫和奴役的东方各国的有志青年，他们纷纷冲破艰难险阻，云集黄埔。黄埔军校的学生，大都是通过国民党、共产党以组织手段从各地选拔而来，在生源的政治素质上，为黄埔军校的成功办学打下了坚实的基础。

生源地方面，黄埔学生来源广泛，覆盖了全国各地及海外。根据《黄埔同学总名册》（第一集），前 5 期黄埔军校学生的来源地域情况如下：[1]

表 1-1　第 1—5 期黄埔军校学生来源地分布表

单位：人

来源地	第 1 期	第 2 期	第 3 期	第 4 期	第 5 期	合计
中国						
河北	4	2	3	48	11	68
山东	11	6	26	58	17	118
山西	10	2	12	105	9	138
河南	10	—	10	152	33	205
陕西	57	4	7	140	29	246

---

[1]《本校一至五期毕业学生统计表》，广东革命历史博物馆编《黄埔军校史料》，第 93 页，广东人民出版社，1982 年。

续表

来源地	第 1 期	第 2 期	第 3 期	第 4 期	第 5 期	合计
甘肃	3	—	—	3	—	6
江苏	24	10	100	78	53	265
浙江	37	66	173	148	160	584
安微	25	15	76	48	43	207
江西	42	52	100	127	155	476
湖北	16	23	78	155	232	504
湖南	197	75	220	844	853	2189
四川	21	49	100	202	264	636
福建	11	6	10	55	56	144
广东	108	107	226	263	332	1036
广西	37	15	37	88	41	218
云南	13	3	18	46	28	108
贵州	15	13	26	25	84	163
辽宁	—	—	—	9	2	11
吉林	1	—	1	1	—	3
黑龙江	1	—	—	—	—	1
察哈尔	—	—	—	1	1	2
绥远	—	—	—	21	4	25
热河	—	—	—	1	1	2
蒙古	2	1	—	2	1	6
台湾	—	—	—	1	1	2
其他国家						
朝鲜	—	—	4	24	6	34
新加坡	—	—	—	—	1	1
越南	—	—	—	—	1	1
（总计）	645	449	1233	2654	2418	7399

　　本表中的各期学生总人数，与有些资料略有不同，但大体能反映黄埔学生的分布情况。从第 1 至第 5 期黄埔学生分布在国内外 29 个地区，主要集中于湖

南、广东、四川、浙江、湖北和江西等省，入学人数依次为 2189 人、1036 人、636 人、584 人、504 人、476 人。这些地区相对富于革命风气和革命传统，且与孙中山的影响和国共两党组织开展的工作有关。需要指出的是，因种种原因，表中涉及台湾地区及越南、朝鲜等地的人数，与实际人数有一定的出入。如台湾青年以福建、广东等省籍报考黄埔军校，表中仅列 2 人。据统计，目前可以确认的有 19 人，分别是黄埔 2 期的李友邦（李肇基），黄埔 3 期的林文腾（剑亭）、黄济英、陈绍馥（陈萧福）、黄埔 4 期的张克敏（张士德）、蔡祝火、廖武郎（玉龙）、林梦飞（子晖），黄埔 6 期的陈辰同（陈新童）、林树勋（剑鹏）、杨春锦、林万振、罗崇光、温而励（幸义）、陈旺枞（陈思齐）、郭御屏、李祝三（友嘉）、李中辉（子琛），台籍教官陈岚峰。[1] 无独有偶，表中越南籍学生只有一位黄埔 5 期生，据蒋介石 1926 年 6 月 16 日在黄埔军校二周年纪念式讲话："这两年来，第一期学生只有一个韩国人，现在连安南各处同志，差不多有一百多个了。"[2] 二者之间的人数存在较大差距，可能与台湾青年借籍报考有关，如黄埔军校第 4 期步兵第 4 连的越南籍学生洪水，黄埔军校第 4 期同学录中的记载为："姓名：朱谔臣。别号：洪水。年龄：22。籍贯：广东台山。通讯处：台山县平岗墟邮局转朱洞水满村。"[3] 除洪水的别号外，其余信息很难判断其为越南人。又如朝鲜籍学生，据韩籍学者韩相涛统计，前 5 期在军校就读的朝鲜籍学生有 35 名，其中第 3 期 5 名，第 4 期 24 名，第 5 期 6 名，[4] 而表中显示第 3 期朝鲜籍学生为 4 名，且与蒋介石的讲话中提及"第一期学生只有一个韩国人"不相符。可见，姓名、籍贯等信息的变更，无疑增加了黄埔人物考辨的难度。

教育程度方面，黄埔军校学生进校之前所受的教育参差不齐，平均程度在高中以上。根据黄埔军校招考要求，其文化程度规定为"中学毕业及与中学相

---

① 徐康：《论第一次国共合作时期黄埔军校的台湾人》，载 2013 年《重庆大学学报》第 19 卷第 2 期。

② 中国第二历史档案馆编：《蒋介石年谱（1887—1926）》，第 529 页，九州出版社，2012 年版。

③ 湖南省档案馆编：《黄埔军校同学录》，第 92 页，湖南人民出版社，1989 年版。

④ [韩] 韩相涛：《黄埔军校与韩人独立运动》，载 1993 年《国史论丛》第 41 辑，第 258—269 页。

当程度之学校毕业"。据统计，黄埔军校1期生学前接受教育的情况为：大学毕业生18人，未毕业者4人；大学肄业生63人，未毕者6人；专科毕业生26人，未毕业者6人；专科肄业生46人，未毕者4人；师范毕业生46人，未毕业者2人；高中毕业生159人，未毕业者9人；高级职校毕业生15人；讲武学校生（视同高中生）69人；高中肄业60人，师范肄业3人，具有讲武学校学历11人；初级师范毕业18人；初中毕业15人；小学毕业69人，小学肄业4人。可见，高中毕业以上（包括等同者）共有440人，占第1期学生总数的68%。尤需指出的是，本期学生中就读过大学的，如北京大学的陈以仁、上海圣约翰大学的耿泽生、厦门大学的蔡光举、北京法政大学的孙元良、北京师范大学的周惠元、上海大学的徐石麟、广东大学的黄彰英等。此外，还有一批具有海外留学背景的学生，如留学德国柏林大学的顾濬、日本帝国大学肄业的宣侠父、法国飞机学校毕业的刘云、留学法国的万少鼎等。其余各期的学生，入读黄埔军校之前读过大学的，第2期有金陵大学的吴明、北京朝阳大学的胡秉铎、日本庆应大学的周逸群等；第3期有上海法政大学的方先觉、广东大学的刘国用、北京大学的李秉中、朝阳大学的郑峻生（郑用之）等。[①]

至1926年黄埔军校改组为中央军事政治学校后，据《中央军事政治学校第四期学生毕业纪念册》统计，黄埔4期学生的年龄、家庭情况及受教育情况为：年龄方面，15至20岁的学生有727人，20至25岁的学生有1840人，25至30岁的学生有213人。入学前受教育情况，专门学校（包括农工商及各类职业学校）学历的有462人；大学学历的有172人；中学学历的有2046人；小学学历的有76人，其余70人不详。家庭状况方面，出身于农民家庭者1344人，工人233人，商人195人，学界223人；在家庭财产方面，无产457人，小产1703人，中产358人。[②]黄埔4期学生的家庭出身及经济条件呈现出多样性。另外，

---

①　容鉴光、叶泉宏：《黄埔军校一期研究总成》，第161页，台北易风格数位快印有限公司，2003年版。

②　《中央军事政治学校第四期学生毕业纪念册》（广东革命历史博物馆馆藏），扉页，《中央军事政治学校政治教育大纲草案》，1926年。

黄埔 4 期中，上过大学的有北京大学的伍中豪、张灵甫、苏士杰、钟友千，湖南私立明德大学的彭士量、广东大学预科的谢晋元等。

　　社会阅历方面，黄埔 1 期学生入校前，多数已经投入社会，阅历丰富。此后各期，来自学生的比重逐期增加，社会阅历相对简单。在第 1 期学生中，各业人才济济，精英荟萃。据统计，黄埔第 1 期毕业总人数 645 人，入学前曾有社会经历的 357 人，占据总人数的一半以上。其中，进校之前当过军人者有 167 人，教师 109 人，党务政治 60 人，新闻记者 18 人，工人或"工运"工作者 17 人。就军职而言，范汉杰、王驭欧、李靖难、张君嵩、潘佑强、吴斌、李杲等曾任军职于各种军队，其中第 4 队范汉杰入校之前已获取少将军衔，王驭欧为湘军少校。从事过党务工作的人员，如赵志超为出席国民党第一次全国代表大会的吉林代表。从事教育工作，担任过中学、小学或职业学校教师者如李之龙为中学教师，如徐向前、董朗、胡宗南、黄维、桂永清、霍揆彰、李仙洲等，均任过小学教师。黄鳌为职业学校教员。还有五四运动地方领导人及工运、农运负责人，如张隐韬、蒋先云、赵枏、周启邦等，在各地从事过职工运动。从事过新闻记者、编辑、印刷的，有曾任陕西《明天报》总编辑的王汝任、《上海快报》编辑的俞墉、《上海时报》记者的贺衷寒、北京《东方时报》特约通讯员的蒋伏生、《民生周刊》特派员的韩绍文等，李荣、宣铁吾、宋文彬等在各地印刷行业中工作过。①

（三）国共合作办校时期本校 ② 各期毕业生

　　1924 年至 1927 年的 3 年国共合作办校时期，黄埔军校本校招生 6 期（第 1 期至第 6 期，不含南京本校 1928 年 3 月招生）；毕业 4 期（第 1 期至第 4 期），共有毕业生 4965 人。

---

　　① 容鉴光、叶泉宏：《黄埔军校一期研究总成》，第 183—204 页，台北易风格数位快印有限公司，2003 年版。这里统计的"入学前曾有社会经历"人数，具有多项经历者，重复计算。

　　② "本校"即总校，注明"本校"是为了区别"分校"和各种训练班，如黄埔本校、南京本校、成都本校。这里统计的"本校毕业生"人数，不包含分校和各种训练班的毕业生。以下同。

第 1 期

1924 年 5 月 5 日开始入学，总计正取 350 人，备取 120 人，共 470 人，编为 4 个队，称为学生总队，邓演达为总队长（8 月后严重继任）。6 月 16 日，正式开学。8 月，第 2 期学生总队成立后，第 1 期学生总队改称学生第 1 总队。9 月，四川省送来学生 20 余人，军政部讲武堂拨来学生 158 人，依照第 2 期学生番号编为第 6 队。

第 1 期学生在校学习时间 6 个月。1924 年 11 月 8 日起，第 1 期学生举行毕业考试，各队学生在鱼珠及珠村附近演习，教练部主任何应钦为指挥官，成绩及格者 465 人，于 11 月 30 日毕业。第 6 队于 1925 年 5 月 28 日在第一次东征途中毕业。第 1 期毕业生共 635 人[①]。另外还有 490 多人[②]、600 余人[③]、650 人之说。

毕业后，除部分留校工作外，部分派往海军、工人纠察队、农民自卫军等任政治工作和教练工作，其余派往黄埔军校教导团任基层干部。

第 2 期

1924 年 8 月，陆续由上海、广州各地招考录取新生 400 人。首先成立学生第 5 队（按第 1 期学生队番号）及工兵队，陈复为第 5 队队长，王俊兼工兵队队长。9 月 20 日，合编为第 2 总队，王俊为总队长。至 10 月，成立炮兵队，陈隐冀为队长，后蔡忠笏继任队长。11 月，先后成立辎重队、宪兵教练所、第 7 队，简作桢为辎重队队长，杭毅为宪兵教练所所长，任梁端为第 7 队队长。同月，因校舍不敷应用，将本校附近的海军军官学校旧址增设校舍，部分学生移至该地。而后在黄埔岛的平岗、蝴蝶岗建临时校舍，各驻学生数百人，并在广州北校场陆军讲武学校旧址，设陆军军官学校，称为省分校。11 月 28 至 30 日，工兵队、炮兵队、辎重队及第 6 队学生，移驻省分校。为便于管理，教练

---

① 陈宇：《中国黄埔军校》，第 510 页，解放军出版社，2007 年版。

② 酆悌：《本校从黄埔到南京的变化》，载《黄埔军校史料（1924—1927）》（续编），第 507 页，广东人民出版社，1994 年版。

③ 《中央陆军军官军校史稿》第 2 卷，第 56 页，1936 年版。为便于查阅，此处的"卷"与"页"，来自第二历史档案馆编、档案出版社 1989 年影印版《黄埔军校史稿》。以下同。

部随同迁往省分校。

1925 年 2 月，本期学生随校军出发参加第一次东征，辗转作战。平定东江后，在潮州设分校继续修习。后奉命回校参加讨伐杨、刘之役。战事结束后补修学、术各科，且战且教成为本期教育的特点。本期学制原定为 6 个月，因随军出征，迟至 1925 年 8 月 21 日举行毕业考试，9 月 6 日举行毕业典礼，共毕业 449 人[①]。

本期毕业生分发至校政治部 78 人，第 1 师机关枪连 24 人，本校机关枪队 5 人，组织通信班 34 人，航空学校 10 人，派往南路军 2 人，入伍生队 1 人，第 1 师组织工兵连 32 人，炮兵队学生为党代表 8 人，军部野炮连 7 人，军部山炮连 10 人，校部山炮连 4 人，军械库 7 人，长洲要塞炮台 6 人，要塞司令部 1 人，校部 3 人，第 1 师 73 人，政治部 1 人，留校 12 人。

第 3 期

1925 年春入校，录取学生 1000 余人，分为步兵、骑兵两科。本期开始实施入伍生教育制度。学制由原来的 6 个月延长为 9 个月，先受入伍生教育 3 个月，训练期满后再修学 6 个月。1 月至 4 月，成立入伍生第 1 总队，下设入伍生第 1、第 2 营，以王懋功为总队长，陈继承为第 1 营营长，张治中兼任第 2 营营长，后续编第 3 营，以文素松为营长。第一次东征期间，本期入伍生担任广州、虎门之间的护送运输任务。东征军回师广州讨伐杨、刘时，入伍生全部在广州市从猎德村渡河，协助作战。至 6 月，各营入伍生期满，于 7 月 1 日举行开学典礼。学生升学后，因学生程度参差不齐，施教困难，7 月 21 日举行甄别测验，根据测验结果，重新编队。后分为 3 个大队和 1 个骑兵队，第 1 大队队长郭大荣，第 2 大队队长陈复，第 3 大队队长张与仁，共计学生 1200 余人。

1926 年 1 月 17 日，举行毕业典礼。"本期学生共计一千二百三十三名"[②]，根据同学录统计实有毕业生 1225 人[③]。

---

① 《中央陆军军官军校史稿》第 2 卷，第 88 页，1936 年版；陈宇：《中国黄埔军校》，第 523 页，解放军出版社，2007 年版。

② 《中央陆军军官军校史稿》第 2 卷，第 113 页，1936 年版。

③ 陈宇：《中国黄埔军校》，第 529 页，解放军出版社，2007 年版。

第 3 期毕业生主要分发至第 1 师、第 3 师、第 4 军等部队见习。其余留校 69 人，纳入政治训练班。

第 4 期

从 1925 年 7 月开始招生，招生委员会分赴开封、汉口，并委托北京、上海各地的同志招生。9 月，军校创设入伍生部，专门负责入伍生的教育和训练，方鼎英为部长。至 1926 年 1 月，各地招收入伍生来广州应考人数达 3000 余人，分批入校，初为入伍生。本期入伍生勤务最多，如广州的卫戍，惠州、黄埔、虎门等地的警戒，及第二次东征时惠州的驻防等。加之入伍生入校时，学校进行改组，因此本期入伍生教育，并未按照计划实施。3 月 3 日至 15 日，入伍生举行升学考试，及格者升为正式学生。升学后分为步兵、炮兵、工兵、政治、经理等 5 科，其中步兵科 1700 余人，炮兵科 140 余人，工兵科 148 人，政治科 444 人，经理科 216 人，于 3 月 8 日举行开学典礼。步兵科由入伍生升学的学生和各军考取的学生组成，编为步兵军官团及步兵军官预备团。5 月 21 日，步兵军官团改为步兵第 1 团，预备团改为步兵第 2 团，炮兵科、工兵科、政治科、经理科均改称为大队，分别由陈诚、杨树松、胡公冕、陶春森任大队长。

1926 年 9 月，本期学生举行毕业野外作业、实弹战斗射击及联合演习。10 月 4 日在广州东校场举行毕业典礼，共毕业 2656 人[1]，另外还有 2654 人[2]等说。

10 月 5 日，本期学生分发至各军及本校各部、处见习。第 4 期学生毕业时，适值国民革命军北伐，先后分发到前线的毕业生 1000 余人，其中的多数学生开赴武昌，其余派往江西。

第 5 期学生入学于广州黄埔本校，分别毕业于武昌和南京。第 6 期学生有黄埔本校和南京本校之分，分别毕业于广州和南京（详见第三章之"十年内战时期本校各期毕业生"）。

---

[1]　陈宇：《中国黄埔军校》，第 547 页，解放军出版社，2007 年版。

[2]　《中央陆军军官军校史稿》第 2 卷，第 222 页，1936 年版；蒋中正：《黄埔建军三十年概述》，第 23 页，台北黄埔出版社，1954 年版。

（四）黄埔军校的组织机构

初创时期，黄埔军校各部门机构设置相对简单，此后日臻完善。到1928年，黄埔军校的机构组织建设基本完成，主要有以下8个组成部分：

1. 校本部

校本部是黄埔军校的最高领导机关，直属于国民党中央执行委员会。在军校初建时，校本部由校总理孙中山、校长蒋介石、党代表廖仲恺组成。校长蒋介石统领全校，校长办公室的中文秘书是张家瑞，英文秘书先后是王登云、张静愚、陈立夫。党代表廖仲恺负责监察行政、指导党务和主持政治训练事项。1926年增设副校长，由李济深担任。1925年3月孙中山逝世后，军校没有再设校总理；8月廖仲恺被刺后，由汪精卫任党代表。

校本部作为校长、副校长、教育长处理事务的机关，人员逐渐增多，内设秘书长、顾问、随从副官若干员，校长办公室扩展为校本部办公厅，还有总务、人事、军法3科。秘书处附设电务室，总务处附设调查股。校本部办公厅负责人事、薪酬、财会和运输交通等事项。各部门和分校的报告呈校本部办理的，即交校本部办公厅和秘书处处理。

校本部最初下设政治、教授、训练、管理、军需、军医6个部，不久就有较大的调整。除原来的政治、教授、教练3部不变外，增设入伍生部、经理部、军法处、参谋处，改军医部为军医处、军需部为管理处，后又增军械处、编辑处、兵器研究处、俱乐部、军械库、医院等。全校各种机构约40个，组织逐渐完善，规模庞大。入校学习的学生、学员，也分为入伍生总队、学生队、学生军、高级班、军事教导队、无线电高级班等，各期情况有时也并不相同。

2. 训练部

训练部是黄埔军校机构中的大部，人员众多。建校之初，组织机构教学分工：分管军事学科和术科的两个部门，分管课堂的教授部和分管操场（户外训练和演习）的教练部。1925年1月30日，教授、教练二部合并为教育部，后又改称训练部。其后，两部反复分与合，并改名称，到成都后期时的名称为训导处和教育处。

军校初创时期的教授部以王柏龄为主任，叶剑英为副主任；以顾祝同、刘峙、钱大钧、陈诚、严重、陈继承等为军事教官，何应钦为军事总教官。此外，还聘请了一批苏联军事顾问，鲍罗廷为总顾问，加仑将军等几十名苏联军官担任顾问或教员。教练部以李济深为主任，邓演达为副主任。下设学生总队，邓演达、严重等先后任总队长；总队下设若干队、区队，负责学员的训练与管理。学科分步兵、炮兵、工兵、辎重兵、政治等，学制为 6 个月。

3. 政治部

政治部的职能是掌管全校政治教育、党务和宣传。政治部设主任、副主任。主任承校长、党代表或副校长之命，教育长之指导，受国民革命军总司令部政治部主任指挥、监督，负责全校的政治教育和政治工作。政治部机关有秘书辅助主任及副主任，督促全部事务工作。黄埔军校在广州时期后期、南京时期，政治部下设：编译委员会，政治指导员，教官，总务科（财务股、事务股），宣传科（编纂股、发行股、指导股、俱乐部、图书馆、书报流通所），党务科（组织股、调查统计股）。在政治教官中，政治主任教官受政治部主任及副主任指挥，监督同各教官负责实施政治教育，政治教官辅助政治主任教官，分别担任政治课程教学。

4. 经理部

军校初创时期的经理部机构比较单一，由军校筹备处经费组发展而来，最初甚至是由校党代表廖仲恺直接负责，再加数名筹集经费的会计、财务人员组成。军校广州后期的经理部较为完善，通常下辖：财政科（会计股、金柜股、审核股），粮服科（给养股、被服股、器具股），采办科（购置股、计核股），营缮科（计造股、电灯厂），另外直属第 1、第 2、第 3 经理事务所。军校历经广州、南京、成都各时期，其他机构部门反复改换"门庭"招牌，或合并或撤销，唯经理、军医两个部门仍独立存在，经理部由"部"改称"处"。

5. 入伍生部

军校广州后期、南京时期的入伍生部，通常下辖：步兵第 1 团（第 1 营第

1 连至第 4 连、第 2 营第 5 连至第 8 连、第 3 营第 9 连至第 12 连、机关枪连），步兵第 2 团（第 1 营第 1 连至第 4 连、第 2 营第 5 连至第 8 连、第 3 营第 9 连至第 12 连、机关枪连），骑兵营（第 1 连至第 3 连），炮兵营（第 1 连至第 3 连），工兵营（第 1 连至第 3 连），辎重营（第 1 连至第 3 连），军士教导队（第 1 大队第 1 中队至第 3 中队、第 2 大队第 4 中队至第 6 中队、第 3 大队第 7 中队至第 9 中队、特科大队），学生军总队（第 1 大队第 1 中队至第 3 中队、第 2 大队第 4 中队至第 6 中队、第 3 大队第 7 中队至第 9 中队、第 4 大队），教官，第 1 科（第 1、第 2、第 3 股），第 2 科（第 1、第 2、第 3、第 4 股），政治部（宣传科、总务科、党务科、各团营队指导员）。这一体制编制，延续到成都时期，仅是学生军总队、各科室有所变动。

6. 管理处

军校各时期的管理处，一般下辖：特务营（第 1 至第 13 连、机关枪连），电话队，号兵教练所，军乐队，陆军监狱，消防队，马厩，第 1 科（庶务科含运输队等、会计股辖物品库、收发股），第 2 科（交通股、驻省办事处）。管理处还有一些下属单位，不同时期因教学任务需要而有增设和撤编。军校成都时期，改为管理科，直接隶属校本部办公厅。

7. 军医处

军校各时期的军医处，一般下辖：医务科（检诊股、综合股），卫生科（防疫股、材料股），陆军医院，疗养所，卫生队，医务所，脚气病院，诊察室。

8. 教导团

教导团是军校初创时的校属武装组织，这支新型的革命武装，属校部参谋处管理，归校本部直接指挥，称为校军。这支武装，一方面担负警卫军校的任务，服务于军校学员，配合训练；另一方面也用于作战。军校发展到后期，原教导团演化为勤务团。

1924 年 10 月，黄埔军校创设两个教导团。每团辖 3 个营，每营辖 3 个连，每连辖 3 个排，始创中国军队"三三制"。另每团有机枪连、特务连、侦探连、辎重队、卫生队。团部仿苏联红军建制设团长、党代表和参谋长。团、营、连均设党代表。团以下不设参谋长。指挥官与党代表分管所属部队的军事与政治工作。教导团发展很快，组建几个月后就扩大成为 2 个师，到 1925 年 7 月又扩编为 1 个军，即国民革命军第 1 军。团的各级指挥官、党代表和班、排战斗骨干都由黄埔军校教官、学生队长和毕业生担任。这支革命武装在战斗中迅速成长和发展，为当年的国民革命军奠定了武力基础。

三、黄埔军校中的共产党人

黄埔军校是一所国共合作的学校。中国共产党人对办好黄埔军校、创建革命军队作出了不懈的努力，从各地选派重要干部到军校任职，选拔优秀共产党员、共青团员和革命青年到军校学习。在国共两党合作的背景下，大批共产党员参与黄埔军校建校、建军及校内外各项重要事务，迈出了开展军事教育工作、掌握军队、从事武装斗争的重要一步。这是中国共产党历史上一次具有深刻意义的开拓与创新。从 1924 年至 1927 年的 3 年里，约有 600 多名中共党员在军校或任教官，或当学生，他们在促进军校建设，参加东征北伐，援助省港大罢工等工农革命运动中作出了贡献。同时，通过黄埔军校，中国共产党培养了大批军事、政治干部。一大批当年在黄埔军校学习和经过大革命斗争锻炼的共产党员成长为党和国家的栋梁。

（一）选派优秀干部到校工作

黄埔军校筹备期间，共产党员参与了军校教学方案的制定和招生等工作。当孙中山决定开办黄埔军校时，中共中央委员谭平山曾参与草拟军校办校计划，共产党人张申府、茅延桢、金佛庄、徐成章、胡公冕、郭俊、严凤仪等人参加筹备和招考工作。张申府主持口试，后任军校政治部副主任。胡公冕、茅延桢、金佛庄、郭俊、严凤仪分别任军校卫兵长、第 1 期第 2 队队长、第 3 队队长、第 3 队第 1 区队区队长、第 4 队副队长。

在上海，1924 年国民党一大后，中共上海地执委兼区执委召开党员大会，决定"多派同志进黄埔军官学校"①。是年 3 月 13 日国民党上海执行部举行第三次执行委员会会议，会议决定黄埔军校招生事项。会后，毛泽东负责黄埔军校上海地区考生复试工作，接待由中共北方组织派遣来沪参加黄埔军校第 1 期的中共党员张隐韬、杨其纲和郭一予、陈作为等长江流域及其以北各省的考生。3 月底，进行数、理、化各科复试，录取者发给旅费和证明书，赴广州参加全国总复试。共产党人瞿秋白、邓中夏、恽代英、向警予、罗章龙、邵力子、韩觉民、施复亮、沈泽民等人参与军校招生工作。

黄埔军校成立后，中国共产党陆续派遣了许多优秀党员到军校任职。如周恩来为旅法华人中共早期组织成员，经张申府介绍入党，1924 年夏由欧洲启程回国，9 月到达广州，初时任中共广东区委（亦称两广区委）委员长，兼黄埔军校政治教官，11 月间被任命为黄埔军校政治部主任。②第 1 期在黄埔军校工作的还有章琰、毛简青、李侠公、叶剑英等。继第 1 期之后，共产党组织从全国各地，乃至从苏俄等国的留学生中，陆续抽调了鲁易、包惠僧、聂荣臻、恽代英、萧楚女、熊锐、熊雄、陈启修、韩麟符、孙炳文等，到黄埔军校担任各种工作。此外，先后通过不同的渠道而到黄埔军校工作的中共党员有张秋人、廖乾五、胡允恭、徐梦秋、廖划平、曹蕴真、苏怡、应修人、阳翰笙、黄日葵、王懋廷、雷经天、李世璋、毛泽覃、李求实、杨宁、崔庸健、彭士浩、萧楚女、张鸿沉、陈日新、罗懋奇、陈祖康等。

据统计，在黄埔前 6 期工作过的中共党员包括：③

第 1 期教职员共 14 人：张嵩年（张申府）、周恩来、茅延桢、曹石泉、金佛庄、郭俊、严凤仪、叶剑英、胡公冕、徐坚、徐成章、章琰、毛简青、李公

---

① 茅盾：《文学与政治交错》，载《"二大"和"三大"——中国共产党第二、第三次代表大会资料选编》，第 706 页，中国社会科学出版社，1985 年版。

② 《初期政治部主任之更迭》，载《黄埔军校史料（1924—1927）》，第 178 页，广东人民出版社，1982 年版。

③ 曾庆榴：《黄埔军校前六期的共产党员》，载广州近代史博物馆、黄埔军校旧址纪念馆编：《国民革命与黄埔军校——纪念黄埔军校建校 80 周年学术论文集》，第 431—437 页，吉林人民出版社，2004 年版。

侠等。

第 2 期教职员共 25 人：周恩来、邵力子、鲁易、黄鳌、袁炎烈、王逸常、谭其镜、杨其纲、傅维钰、黄第洪、戴任、吴明、陈作为、罗振声、周逸群、王柏苍、成恭寅、黄锦辉、卜世畴、包惠僧、胡允恭、罗汉、廖乾五、杨嗣震、徐梦秋。

第 3 期教职员共 29 人：邵力子、宋文彬、吴展、焦启铠、鲁易、聂荣臻、鲁纯仁、杨其纲、邝鄘、朱雅零、卢德铭、袁炎烈、黄第洪、谭其镜、杨溥泉、曹蕴真、薛卓中、伍树帆、陈奇涵、杨宁、范荩、韩濬、董仲明、孙树成、陈选普、贺声洋、覃异之、廖快虎、刘楚杰。

第 4 期教职员共 38 人：邵力子、熊雄、于树德、恽代英、陈启修、戴任、范荩、杨宁、安体诚、廖划平、李合林、张秋人、吴云、王懋庭、杨其纲、邝鄘、饶来杰、黄铁民、毛泽覃、胡灿、宛希先、应威、孙树成、韩濬、陈赓、胡公冕、陈奇涵、蒋作舟、曹伯球、刘轶超、蒋先云、白鑫、宋云彬、高语罕、应修人、阳翰笙、雷经天、李世璋。

第 5、第 6 期教职员共 39 人：熊雄、恽代英、萧楚女、孙炳文、张秋人、韩麟符、于树德、陈启修、李合林、熊锐、廖划平、杨其纲、饶来杰、谭其镜、阳翰笙、苏怡（舒治平）、应修人、何昆、张庆孚、鲁阶平、宋云彬、尹伯休、罗懋琪、李求实、杨宁、崔庸健、李逸民、毛泽覃、陈远湘、胡公冕、蒋先云、范荩、覃异之、郭化若、游步瀛、饶荣春、刘仇西（刘畴西）、余洒度、方德功等。其中有的人为连续任职多期者，有的人为本校各期毕业生留校服务者。

在黄埔军校工作的共产党人，有的是中共初创时北京、巴黎、武汉早期组织的成员，有的是各地方党组织的创建人或革命运动的领导者，有的是国内著名的学者、马克思主义理论家，有的是留学法、德、苏、日归国的人员。如中共湖北组织创始人包惠僧，任军校后方政治部主任。中共旅俄支部早期负责人卜士奇，任代理军校政治部主任。参加发起上海共产党早期组织的邵力子，任军校办公厅秘书长兼政治部副主任、主任。琼崖地区社会主义青年团创始人鲁易，任军校政治部秘书、副主任。中共武汉组织早期党员、国民党一大代表廖乾五，任军校政治教官。曾在俄学习军事的聂荣臻，任军校政治部秘书。曾留德留俄的熊雄，任东征军政治部秘书、军校政治部代理主任。天津地区社会主义青年团创始人、中共杭州负责人于树德，任军校政治教官。中共早期党员之一、著名理论家和革命活动家恽代英，任军校政治部主任教官。此外，还有的毕业于保定军校、云南讲武堂等军校，他们是中国共产党内最早从事军事工作的人员。如茅延桢、金佛庄、郭俊、严凤仪、徐坚、徐成章，出身于保定军官学校、云南讲武堂、南昌军校等。金佛庄、严凤仪、徐坚、徐成章曾在不同的军队中工作过。中国共产党成立初期，全党具有军事背景、军事工作经历的人物几乎都汇集到黄埔军校。此外，还有毛泽东、刘少奇、苏兆征、张太雷、吴玉章等虽未担任军校教职，也应邀来校作政治演讲。这是共产党为军校教学作出的重要贡献。

关于黄埔军校中共产党员的人数，有着不同的说法。周恩来回忆说，1926年3月"中山舰事件"时，黄埔军校系统有500多名中共党员。[1]1927年4月广州"清党"时，黄埔军校有400多人被捕。据黄埔同学会组织科1929年的统计报告，从第1至第5期，黄埔学生中的"共党嫌疑"者，共达1522人。有研究资料统计，在黄埔军校第1期至第6期工作过的共产党员75人，各期学习过的共产党员520多人，总共近600人。当时，广东全省共产党员不足1万人，全国党员总数不足6万人。黄埔军校中共党员的人数，约占广东党员总数的6/100，占全国党员总数的1/100。[2]当时中国共产党刚成立不久，短短两三年内汇集数百名党员于一校，参与黄埔军校建校、建军及校内外各项重要事务，在黄埔军校校史上发挥了不可磨灭的历史作用。

（二）推荐进步青年投考军校

黄埔军校招生期间，中国共产党起了重要作用。各地党组织积极动员和选

---

① 周恩来1943年11月27日在中共中央政治局的发言，见中共中央文献研究室编：《毛泽东年谱（1893—1949）》（上卷），第170页，人民出版社，1993年版。

② 曾庆榴：《共产党人与黄埔军校》，第497页，广州出版社，2013年版。

送优秀的共产党员、青年团员和革命青年报考。出席国民党一大的中共党员李大钊、谭平山、于树德、毛泽东、林祖涵、胡公冕、李维汉等，于大会之后分别在全国各地大力为黄埔军校选拔学生。李大钊在北京、胡公冕在浙江、董必武在武汉、何叔衡在湖南分别组织发动了一批共产党员、青年团员或进步青年报考。其中，李大钊作为中共早期重要领导人和国共合作的积极推动者，通过国民党北京党部、中共北京区执委和中共上海地委等途径，以负责选拔、亲自介绍和挂名介绍等方式为黄埔军校第1期选送了包括萧洪、曾扩情、孙元良、陈以仁等23人，[①] 以及第4期的李运昌（李芳岐）。此外，毛泽东时任国民党中央候补委员和上海执行部执行委员，参加黄埔军校在上海地区的招考工作，经他介绍的有蒋先云、张际春、伍文生、赵枏、李汉藩、李焜。参与这一工作的还有共产党人董必武、何叔衡、李立三、恽代英、杨殷等。由共产党人介绍的黄埔军校学生中，既有中共党员，也有许多非中共党员。

为做好军校各期的招生工作，1924年3月，社会主义青年团广州地委发出第7号报告，称将在广州创办军官学校，拟派三四名同志赴考，预备在将来参加军人运动。[②] 中共中央两次发出通告，要求各地党团组织积极选派党员、团员投考黄埔军校。其中一份是，1925年11月，当黄埔军校第4期招生时，中共中央发出《中国共产党通告第六十二号》：

广州黄埔军校正拟招生三千名入伍生，望各地速速多选派工作不甚重要之同学，少校同学及民校左派同学，自备川资和旅费，前往广州投考，以免该校为反动派所据。此事关系甚大，各地万勿忽视。投考则须一律携带民校介绍证书。本校及少校同学均须由各地委直接另给介绍书于本校广东区委（粤华路，省署东，杨家祠，杨匏庵转）。程度须在高小以上，在名额未满以前本校及少校同学，均可望不至落选。[③]

---

① 樊学庆：《李大钊选送黄埔军校第一期学员情况考订》，载《广东社会科学》2016年第3期。

② 《共青团广州地委选送学生赴考军校》，载广东革命历史博物馆编：《黄埔军校史料（1924—1927）》，第32页，广东人民出版社，1982年版。

③ 《中国共产党通告第（钟字）六十二号》，载广东革命历史博物馆编：《黄埔军校史料（1924—1927）》，第70页，广东人民出版社，1982年版。

这里所说的"本校",是指共产党,"少校"指共青团,"民校"指国民党;"杨匏庵"为广东早期马克思主义宣传者、时任国民党中央组织部秘书的中共党员。通告要求各地迅速多派人员到广州投考黄埔军校,反映了当时中共中央对黄埔军校工作的重视,对发动各地共产党员投考黄埔军校起了推动作用。黄埔第4期共产党人数大量增加,与此是有关系的。[①]

根据曾庆榴的《共产党人与黄埔军校》的研究梳理,前6期黄埔军校学生中的共产党员情况大致如下:

第1期学生中的中共党员。在进校之前已加入中国共产党的有杨其纲、刘仇西(刘畴西)、游步瀛、王逸常、蒋先云、张其雄、伍文生、谭鹿鸣、董仲明、李汉藩、洪剑雄、许继慎、彭干臣、赵枏、赵子俊、白海风、张隐韬、李之龙、杨溥泉、陈赓、赵自选、郭一予、樊崧华、宣铁吾、周启邦、刘云、荣耀先、黄再新、文起代、江镇寰、宣侠父、唐际盛等。入校后,陆续加入中国共产党的人员有徐向前、王尔琢、周士第、阎奎耀、唐同德、曹渊、冯达飞、蔡升熙、唐澍、谭其镜、陈启科、黄锦辉、宋希濂、郑洞国等。

第2期学生中的中共党员。主要包括邝墉、卢德铭、麻植、周逸群、罗振声、余洒度、程俊魁、蔡鸿猷、陈作为、萧人鹄、覃异之、廖快虎、刘光烈等。

第3期学生的中共党员。主要包括王鄂峰、尹伯休、石衡钟、申朝宗、古宜权、朱云卿、朱斌、李乾元、吴光浩、余少杰、周恩渭、周邦采、姜镜堂、胡灿、胡承焯、段子中、范宏亮、唐克、陈永芹、徐康、徐介藩、张荻伯、符节、曹伯球、曹素民、常乾坤、黄克鼎、黄铁民、黄伟斌、斯励、焦启恺、彭哲夫、熊受萱、叶古衣、廖卓然、刘轶超、蒋作舟、蔡晴川、饶春荣、穆世济、郭光彩、周玉冠、车鸣骧、金锡祺、章夷白、段焱华、陈铸新、佘广生、陈采夫、林泽深、王福生、贺维中、谢光亚、李鼎三、郑平、刘之志、陈可超、傅昆言、皮言智、毛嘉谋、乔茂才、蔡乘波、夏北侯、黄文杰、蔡林蒸、曾干廷、陈顺侯、魏定邦、徐鲁侯、罗梦阳等。

---

① 曾庆榴:《共产党人与黄埔军校》,第241页,广州出版社,2013年版。

第4期学生（包括入伍生、肄业生）的中共党员。 主要包括叶镛、李德芳、刘志丹、蓝广孚、阎普润、杨新民、王展程、缪芸人、李鸣珂、苏先骏、伍中豪、李谦、刘玉衡、林彪、王全善、马存汉、高山子、王世英、饶绘峰、詹宝华、郭化若、陈毅安、范树德、吴奚如、李文林、贝介夫、周恩寿、胡长源、萧韶、王侃予、霍步青、萧以佐、裘古怀、霍锟镛、钟友千、刘道盛、夏尺冰、文强、苏士杰、钟赤心、陆更夫、张有余、张光梅、裘树藩、霍栗如、曾钟圣、席树声、纪秀川、鲁平阶、穆世济、李逸民、叶德生、杨若涛、赵一帆、于以振、李运昌、胡陈杰、王襄、袁国平、于鲲、杨蔚、廖朴、林铎、叶守诚、康明惠、黄让三、周议三、赵尚志、段德昌、唐天际、李天柱、倪志亮、朱恺、季步高、金孚光、姚成武、洪水、萧克、曹广化、李鸣岐、郭子明、刘琦松、张东皎、李明铨、方之中、唐天际、何昆、曾希圣、舒玉章、石仲伟、王备、关学参、刘锡九、刘满溪等。

第5期学生（含入伍生、肄业生）中的中共党员。 主要包括陶铸（陶剑寒）、张宗逊、杨至成、许光达、陈葆华、赵世嘉、詹不言、陈平山、文绍珍、张鹏翥、吴福畴、丘隶华、田峻、谭希林、廖运周、潘忠汝、唐有章、黄应龙、赵范生、吴玉瑶、凌栖、吴楚桢、孙芸、马心一（马芗）、吴曙光、姚家芳、甘登谷、刘大刚、王鹤、王懿仁、周不伦、诸燕山、林文杏、魏城东、温仲伟等。

第6期入伍生中的中共党员。 主要包括宋时轮、张开荆、张如屏、王芳泽、戴冠宇、高国玖、赵镈、刘光夏、朱侃、吕文远、张廷仁、岳亚堃、上官显、郭天民、王金唤、韦凤喈、周文在、徐士晶、龙文、唐虞、杨大朴、郭成荣、时适至、张建仁、唐模生、杨学哲、葛承烈、杨汀枫、刘祥临、周骥、周倜、周仲英、萧大鹏、宋一星（兴业）、王鹤、资桂林等。

在这批学生的中共党员中，有些学生在入校之前已是各地革命运动的先锋和骨干。在北方，张隐韬曾参加领导唐山、开滦五矿和石家庄正太铁路工人的罢工。在武汉，赵子俊、李之龙、张其雄等是劳动运动的骨干，他们曾发动参加著名的二七罢工。在湖南，蒋先云是安源罢工、水口山罢工运动的参加者和领导者。赵自选、刘畴西、陈赓、李汉藩、杨其纲等，均从事过工人和学生运动。而许继慎、彭干臣、杨溥泉等，则是安徽学生运动的精英，在安徽1921年的六二学潮和1923年反对曹锟贿选的斗争中脱颖而出。荣耀先、白海风是北京蒙藏学校的精英，其中荣耀先是蒙古族的第一位中共党员。

总体看来，聚集在黄埔军校的共产党员，不但人数比较多，而且是中国共产党早期的一批素质好、活动能力强的人物，是军校各项教学工作及活动开展的中坚。同时，他们在军校内建立党的组织。中国共产党在黄埔军校设有支部、特别支部和党团领导小组，由中共广东区委领导。

1924年8月中共黄埔第1期直属支部成立，由蒋先云任书记，王逸常任宣传干事，杨其纲任组织干事，许继慎、陈赓任候补干事。同年11月中共黄埔第2期直属支部成立。杨其纲为书记，余洒度为组织干事，周逸群为宣传干事，麻植、王逸常为候补干事。1924年底中共广东区委成立了"军事运动委员会"（简称"军委"，又称"军事部"），由周恩来任军委书记（亦称军事部长），"军委"成员先后有徐成章、李富春、聂荣臻、恽代英、黄锦辉等。随即黄埔军校党的工作，直接归广东区委军委领导。1925年夏秋之间，中共黄埔第3期直属支部成立，以杨其纲为支部书记，曹素民为组织干事，段子中为宣传干事，焦启恺为候补干事。据聂荣臻回忆：1925年下半年，黄埔军校已成立了一个由鲁易、聂荣臻二人负责的"党团领导小组"，领导小组之下，设立了几个支部和小组，政治部中共支部由聂荣臻负责。[①]1926年4月，中共黄埔直属支部改为中共黄埔特别支部，仍以杨其纲为书记。"中山舰事件"前后，中共广东区委决定另设中共黄埔党团，指定恽代英、熊雄、聂荣臻、陈赓、饶来杰组成，由恽代英主持。中共黄埔党团由中共广东区委军委领导。

在军校的中国共产党组织不公开，其主要任务是培养和吸收共产党员、宣传和推动贯彻联俄、联共、扶助农工三大政策及加强军校的政治教育，培养革命的军政干部。通过在黄埔军校的实践，中国共产党迈出了开展军事教育工作、掌握军队、从事武装斗争的重要一步。毛泽东阐述中国共产党战争史时指出：

---

① 聂荣臻：《回国参加大革命》，载全国政协文史和学习委员会编：《回忆黄埔军校》，第91页，中国文史出版社，2015年版。

"从一九二四年参加黄埔军事学校开始，已进到了新的阶段，开始懂得军事的重要了。"①

（三）主持政治部，加强政治教育

黄埔军校学习效仿苏联红军的做法，在校内和校军中加强了政治工作，并设立了政治部制度。

黄埔军校政治部主要由共产党员主持。黄埔军校初创时，中共党员张崧年（张申府）任政治部副主任，叶剑英任教育部副主任。1924 年 11 月，中共广东区委委员长周恩来到校任政治部主任。他对政治部原有班子进行了整顿，增设组织机构，健全政治工作制度，并从黄埔 1 期毕业生中选调优秀共产党员任职，以保证政治部工作正常运转。还制定了服务细则，重订政治教育计划，丰富政治教学内容。

在共产党人主持下，军校的政治教育和政治工作在内容、制度和形式等方面，不断有所创新。除了采取课堂教学之外，政治部的教学形式丰富多彩。在周恩来的主导下，黄埔军校的政治教育得到创新发展。紧密结合青年军人实际，采用多种多样、生动活泼的方式。注重与社会时事政治密切结合，除课堂讲授外，主要还有政治演讲、政治讨论会、政治问答、组织宣传队和出版刊物等。政治演讲是黄埔军校政治教育中一种很重要的教学方式。黄埔军校邀请广州国民政府要员、军校领导人和政治教官来校演讲，还邀请国共两党的重要活动分子和当时的社会名人到校作特别讲演，如谭延闿、张静江、何香凝、毛泽东、刘少奇、张太雷、邓中夏、苏兆征、吴玉章、鲁迅等，开阔了黄埔同学的眼界，增强了革命信念。周恩来的演讲深受欢迎，他的演讲博大精深，条理清楚，时讲时新，易记笔记，也易背诵，连孙文主义学会中的骨干分子都对周恩来佩服得五体投地。政治部还设立了政治问答箱，每周一开箱，由主任、教官就学生提出的问题分别书面或口头答复。军校学生除听讲演和上课外，还经常举行以班组为单位的座谈会。在座谈会上，共产党员、共青团员起着核心作用，他们

---

① 《毛泽东选集》第 2 卷，第 547 页，人民出版社，1991 年版。

把革命刊物，如《向导》《中国青年》等，送给学生看，或者按照党组织规定的宣传文件向学生进行宣传鼓动。所有这些，对于提高广大学生的政治素质起了极其重要的作用，使军校学生受到了革命思想的熏陶，逐步树立起尽忠革命、为国牺牲的信念。

（四）建立党组织和左翼团体

黄埔军校初成立时，中共中央就从各省地方党组织和革命群众团体中抽调一些青年党、团员和革命群众投入第 1 期学生受训，以后第 2、3、4 期也同样有许多中共党团员参加入伍。1924 年 8 月，中共黄埔直属支部成立，由中共广州地委直接领导。10 月，中共广州地执委改为中共广东区委后，由中共广东区委领导。11 月，中共中央应校党代表廖仲恺先生的要求，派周恩来同志担任军校政治部主任，在党内改任中共广东区委军事委员会书记，并选派一些富有教学才能的优秀党员担任军校政治部政治教官，中共黄埔直属支部由周恩来直接领导。中共黄埔直属支部的主要任务是，发展和改良国民党的组织，促进国民党的革命化，巩固与国民党的合作，在教职员和学生中吸收共产党员，壮大共产党的组织。

1925 年 1 月 18 日，政治部组织成立了血花剧社，用艺术的形式向师生官兵进行革命宣传，鲁易、李之龙、余洒度等共产党员是血花剧社的活跃人物。周恩来主持下的政治部还积极组织出刊物、办墙报、教唱进步歌曲、谈心、文艺表演等一系列革命宣传活动，提高学生反帝反封建的自觉性和斗志。通过校共产党支部，将平定商团军叛乱时产生的爱国军人自发组织的"中国青年军人代表会"，发展成为公开的正式的爱国军人群众组织"中国青年军人联合会"，号召黄埔师生乃至广州地区其他军校、部队及地方大学的爱国青年，团结起来，联合起来，救国救民。

1926 年 3 月 31 日，中共黄埔军校支部扩大为特别支部，杨其纲为书记。在"中山舰事件"后，为了加强军校党组织和领导力量，4 月，中共广东区委决定成立黄埔党团。黄埔党团是中共在黄埔军校的核心组织，直属中共广东区委军委领导。10 月间军校 4 期学生毕业，中共党员除分配在后方各机关及留守部队外，大都派到各北伐军中随军出征。党团工作则主要由熊雄负责，熊雄在这期间主持中共党组织的领导工作，始终坚持贯彻党的指示和孙中山三大政策，对破坏两党合作的言行，不断地予以驳斥，以壮大军校革命力量的声势。

1927 年 4 月 12 日，蒋介石在上海发动反革命政变，15 日，在黄埔军校展开"清党"，逮捕了熊雄等中共党员 300 多人。黄埔军校党组织遭受沉重打击，损失惨重，基本停止了活动。

（五）在黄埔学生军中担任党代表

黄埔军校蓬勃开展的政治工作，将强烈的政治信念化为战斗力的重要组成部分，锻造出一批为政治理想而战的军官。尤其值得一提的是，黄埔军校以俄为师，首次建立了党代表制度，在革命军中全面推广，从军到连，各级都设立了党代表，不少共产党员被安排到重要岗位上。

1924 年 5 月 9 日，广东大元帅府任命廖仲恺为黄埔军校第一任党代表，次日任命戴季陶为黄埔军校第一任政治部主任。这既是国民党军队党代表制的起源，也是新型政治工作开端的主要标志。党代表是国民党在军校的代表，秉承国民党中央执行委员会和总理孙中山的指示，负责监察校内行政、指导党务并主持政治训练事项。周恩来到任之后，一改前任无所作为的状况，借鉴苏联红军经验，健全政治工作机构，逐步建立起一整套行之有效的政治工作制度。

落实党代表制度，是周恩来着力推动的一项重点工作。周恩来到黄埔军校工作之时，军校正在组建教导 1 团和教导 2 团。周恩来按照廖仲恺的指示，负责落实营、连党代表的配备。他从军校职员和第 1 期毕业生中，选调胡公冕、蒋先云、许继慎、黄鳌、张其雄、张际春等一批共产党人和蔡光举、郑洞国等一批国民党人，充任教导团营、连党代表，保证教导团基层的政治训练和政治思想工作的开展。党代表制度的推行，提升了教导团官兵的军事素质和政治素质，在东征中发挥了重要的作用。正如毛泽东后来在总结第一次革命时所说的："那时中国共产党和国民党合作组织新制度的军队……那时军队有一种新气象，官兵之间和军民之间大体上是团结的，奋勇向前的革命精神充满了军队。那时军队设立了党代表和政治部，这种制度是中国历史上没有的，靠了这种制度使军队一新其面目。"[①]

（六）积极组织军校学生及官兵反帝反封建

黄埔军校非常重视政治教育，把它提高到和军事训练同等地位。通过加强政治学习和训练，使学员逐步树立起为国牺牲、尽忠革命的信念。黄埔军校拟订了《政治教育纲要》，开设了多门思想政治课，包括三民主义浅说、国民革命概论、帝国主义浅说、不平等条约、中国政治经济状况、工农运动、失业问题等课程，强调联俄、联共、扶助农工三大政策，拥护国共合作，运用革命武力打倒帝国主义、封建军阀和土豪劣绅，实现民族独立和国家统一。

军校的主要领导人校总理孙中山、党代表廖仲恺等也抽空给学员作讲演。孙中山在演说中教育黄埔师生"要立革命的志气"，他希望黄埔学生健康地成长，并一再嘱咐"同学不论是国民党员或共产党员，为了革命事业，都应该把鲜血流在一起"。廖仲恺在演说中，要求军校员生要树立革命理想，他说：进军校并不是为了做官，而是为主义而斗争。结合当时艰苦险恶的环境，他还讲到"俄国的革命军并没有薪金可言，两天才有一磅面包，衣也没得穿，他们只顾热心革命"。他恳切地希望军校员生"要确信主义"，一心准备革命，做"真正的革命军"。

周恩来担任政治部主任后，编印了大量通俗生动的辅助教材，教育学生养成爱国爱民的思想，增强"为国家而战、为统一而战"的革命斗志。军校还出版《黄埔潮》等刊物，分析帝国主义加紧侵略、各地军阀制造分裂的危急形势，向学生宣传打倒帝国主义和封建军阀、追求民族独立和国家统一的思想。军校还极为重视校园环境的育人作用，在校园张贴、悬挂"勇往直前、破釜沉舟、同舟共济、团结奋斗、杀身成仁、舍生取义、亲爱精诚、和衷共济、精诚团结、

---

① 《和英国记者贝特兰的谈话》（1937年10月25日），《毛泽东选集》第2卷，第380页，人民出版社，1991。

卧薪尝胆"等标语。经常组织学生吟唱校歌，高呼"以血洒花，以校为家，卧薪尝胆，努力建设中华"。经过持续宣导和环境熏陶，黄埔同学广泛认同"追求统一"的理念，自觉把个人命运与国家未来联系在一起，誓为民族独立、国家统一而奋勇杀敌、血战到底。

军校开办不久，黄埔师生就参与平定广州商团叛乱，随后取得两次东征作战的胜利，消灭了广东境内的反动军阀势力，统一广东，巩固了革命根据地。在北伐战争中，以黄埔师生为中坚的国民革命军，在 8 个月内连克武汉、南昌、南京和上海，将革命势力从珠江流域迅速扩展到长江流域，沉重打击了帝国主义和封建军阀在中国的统治。黄埔师生斗志昂扬，一路冲锋在前，在汀泗桥、贺胜桥等战斗中表现英勇，北伐过程中有 2000 多人壮烈牺牲。

四、黄埔军校的军政教育

黄埔军校把政治教育提到和军事训练同等重要的地位，注重培养学生的爱国思想和革命精神，这是它同一切旧式军校根本不同的地方。学生进入军校后，不仅要学习军事知识，而且要明了政治、经济和党纲、主义，"不仅知道枪是怎样放法，而且要知道枪向什么人放"。[①]

（一）制度、经费与军械

1. 党代表、政治部、特别党部

黄埔军校成立后，机构确定为一室一厅六部。校总理是军校的最高领导人，校本部是军校的最高领导机关，由总理孙中山、校长蒋介石、党代表廖仲恺组成，下设校长办公厅、政治部、教练部、教授部、管理部、军需部、军医部、总教官室等部门。其中政治部、教练部、教授部负责军校的教学和训练工作，管理部、军需部、军医部负责军需用品的补给、校园环境的修正维护等后勤工

---

① 杨其纲:《本校之概况》，载《黄埔日刊》，1927 年 3 月 1 日，。

作。校长办公厅设主任 1 人，总教官室设战术总教官 1 人，其余各部设主任、副主任 1 人。

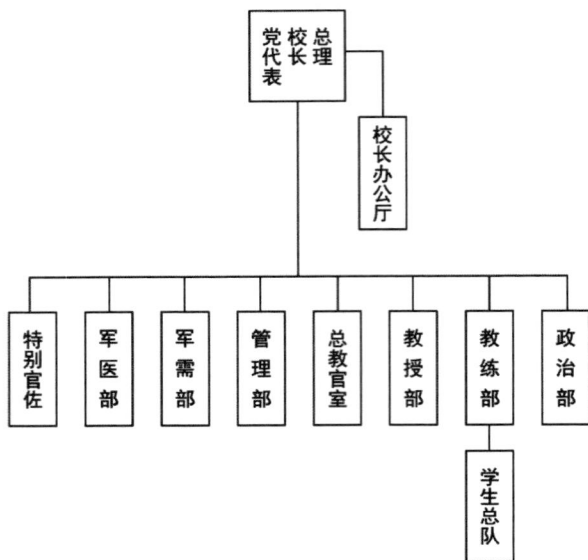

图 1-1　黄埔军校机构设置图

　　在黄埔军校严密的体制中，最为突出的是学习苏联红军经验，设立党代表和政治部。党代表仅设于军校一级，直属于国民党中央。廖仲恺出任军校党代表后，主要是为军校筹措经费及参与人事安排，党代表的制度建设还未提上日程。政治部是协助党代表工作的机构，对党代表负责，从事党务、组织、宣传等工作。政治部初以戴季陶、邵元冲为主任，自周恩来就任政治部主任后，政治工作才逐步臻于完善。党代表与政治部之间的关系是"权在党代表，事在政治部"。据《本校之概况》说明："政治部是负担政治教育及在学生与人民群众中发展革命的意识之唯一机关。政治部对党及党代表负责，党代表命令并指导政治部，务使严重的军队纪律在正确的政治认识和指导之下，以巩固战斗力之基础，使部队成为严密的组织。"[1]

----

① 杨其纲：《本校之概况》，载《黄埔日刊》，1927 年 3 月 1 日。

　　廖仲恺任职期间，十分重视国民党组织在军校的组建。黄埔军校筹备期间，廖仲恺主持筹备处作出"全校员生须加入本党"的决定。军校建立后，在他的指导下，在校内组织成立"区分部"和"特别党部"。1924 年 7 月 6 日，廖仲恺出席参加军校国民党特别区党部第一届执委会、监委会选举会，蒋介石、严凤仪、金佛庄、陈复及李之龙 5 人当选为执行委员，蒋介石兼任监察委员，军校黄埔特别（区）党部宣告成立。8 月 1 日，军校特别区党部选举小组组长。次日晚，蒋介石召集军校各职教员学生暨特别区党部各小组长临时会议，明确组长的责任。① 1925 年 1 月 14 日选举第二届执行委员，蒋介石、吴明、陈作为、罗振声、周逸群 5 人当选为执行委员，王柏苍、成恭寅、黄锦辉 3 人当选为候补执行委员。3 月 18 日第 3 期入伍生进校后，廖仲恺派陈赓、俞墉、黄鳌、杨溥泉、董仲明、吴明、许继慎、李侠公、张治中、张元祜、李汉藩、曾干庭、陈作为 13 人为组织员，负责在新入校的入伍生及士兵中，"从速组织党部，以便开始进行党的训练工作"，依照"该校特别区党部第二届学生组织法，分别组织小组，所有各小组仍由该校特别区党部直接指挥"，并要求"自接到公函后即由陈赓同志立即召集各组织员会议，推定组织员主席，讨论进行组织事务，限于一星期内将黄埔、北校场二处组织完竣"，② 可见，廖仲恺已开始着手在入校新生和士兵中组建党部和党小组的问题。

　　8 月 20 日廖仲恺遇刺，军校党代表由汪精卫继任。1926 年 3 月"中山舰事件"后，汪精卫称疾不出，旋即出国，校中党代表一职遂无形废止。自此之后，军校再无"党代表"之设了。但军校借鉴苏联红军建制，建立的党代表、政治部、党组织三位一体的政治工作制度，逐步推广到广州革命政府统辖的其他军队中，由此揭开了中国军事史的新篇章。

---

　　①　中国第二历史档案馆编：《蒋介石年谱（1887—1926）》，第 198—200 页，九州出版社，2012 年版。

　　②　梁尚贤：《廖仲恺与黄埔军校——读中国国民党中央党史馆藏档案之三》，《近代史资料》总 106 号，第 110—111 页，中国社会科学出版社，2003 年版。

2. 经费与军械

黄埔初创时，军费主要由廖仲恺筹措。由于军阀把持广州财税，革命政府经费匮乏，军校面临着多方面的困难。根据何香凝回忆，廖仲恺"常常夜里要到杨希闵食鸦片烟的烟床旁边去等杨希闵签字，然后才能领到款来，送去黄埔军校。黄埔军校几百学生的学费、宿费、伙食费，甚至连服装费、书籍文具费用，都是政府供给，而这些钱就是这样子辛苦筹来的"。[①] 时任黄埔军校教官的张治中也回忆说，廖先生"在当时是担任本校第一任的党代表，他是负了筹措经费的责任"，他"为我们牺牲身份"到军阀公馆，向其要钱时，"只说有一个紧急用途，始终不敢提到是为黄埔学生的伙食"，在"同我们讲起筹款之种种困难的时候，他几乎落下泪来"。[②] 廖党代表为黄埔军校经费所作的惨淡经营，艰难应付，在相当困难的条件下支持了军校初期的经费，对黄埔军校的创建和发展作出了重要的贡献。

由于资料的缺失，初创时黄埔军校的经费来源无从查考，应以革命政府自行解决为主。1924 年 5 月 22 日，财政委员会决定，军校的经费由广东省财政厅拨付 18.66 万元开办费，经常费共 3 万元，由财政厅给 5000 元，市公安局 15000 元，市政厅和筹饷局各 5000 元。[③] 当时军阀把持广州财税，革命政府财政捉襟见肘。时任军校总教官的何应钦说，经常费每月约 3 万元，但实际仅能筹措约 6000 元，为数不敷甚巨。因而有党代表廖仲恺为筹措经费受气痛苦的一幕。1925 年在第二次东征期间，由于军饷短缺，还采用"就地筹款"的方式，即攻占一地之后，由当地富商绅士或公私团体报销军费，作为军饷或奖赏有功官兵、抚慰伤亡等。随着广东全省财政逐步统一，军校的经费问题随之改善。在统一财政过程中，廖仲恺居功至伟，蒋介石曾说：如果没有廖党代表，我们

---

① 何香凝：《我的回忆》，载广东革命历史博物馆编：《黄埔军校史料（1924—1927）》，第 57—58 页，广东人民出版社，1982 年版。

② 张治中：《黄埔精神与国民革命》，载广东革命历史博物馆编：《黄埔军校史料（1924—1927）》，第 67—68 页，广东人民出版社，1982 年版。

③ 中国第二历史档案馆编：《蒋介石年谱（1887—1926）》，第 172 页，九州出版社，2012 年版。

党军无从发生。^①此外，军校的部分经费来自苏联的援助，但具体数目尚无确数。^②有学者根据苏联方面的解密档案梳理，在 1924—1926 年间苏联政府陆续向国民党政府提供了约 600 万卢布的军用资金，其中近 200 万卢布用于黄埔军校建设的常用经费等开支，另 400 万卢布左右则用来购买各类军事器材。^③

因经费拮据，军校的军械奇缺。创校之初，仅有马超俊厂长秘密供应的 500 支步枪、4 挺机关枪、少数子弹而已。时任教练部主任王柏龄回忆，孙中山"在开校前，批发三百支粤造毛瑟（枪）给黄埔军校，但是当时的兵工厂，并不以我们学校为重，只知道拍军阀的马。廖先生交涉了不少时日，开校时仅仅发下三十支，才勉强给卫兵守卫"。^④迟至 1924 年 5 月下旬，军校已如数拿到这批武器，5 月 25 日蒋介石对第 1 期学生演讲枪的意义与效用时提到："今天你们同志学生，统统领到了枪了……你们要晓得这支枪是什么地方来的。简单的说，是我政府发下来的，政府的枪是由兵工厂制造出来的。"^⑤

总的来看，黄埔军校的军械来源包括广东兵工厂提供的武器、扣缴商团的军械、苏联的援助以及征战时缴获的军械，尤以扣缴商团的军械和苏联援助为重要。

1924 年初，广东省商团团长、英国汇丰银行买办陈廉伯向香港南利洋行德商山打士订购了大批武器，雇佣丹麦商船"哈佛"号运往广州。8 月孙中山以"瞒领护照"及"私运枪械"为由，将"哈佛"号押运到黄埔，卸载所运送的军械，封存于黄埔军校。10 月 14 日，孙中山下令平定商团事变，缴获商团购买的军械共计枪支 9841 支，子弹 3374200 发，具体包括"步枪四千八百五十杆，

① 国民党中央宣传部：《朱执信·廖仲恺》，重庆文化生活服务社，1941 年版。

② 刘子和：《从黄埔建军到北伐前夕革命军之军械问题》，载《国民革命与黄埔军校》，第 350 页，吉林人民出版社，2004 年版。

③ 周兴樑：《苏联对孙中山黄埔办校建军的资金和军械援助》，载《中山大学学报（社会科学版）》2011 年第 4 期。

④ 孙中山批示的枪支，似应为 580 支。见李岚：《黄埔军校创办初期的军械状况分析》，载《黄埔军校与中国革命》，第 226 页，中央党史出版社，2014 年版。

⑤ 中国第二历史档案馆编：《蒋介石年谱（1887—1926）》，第 174 页，九州出版社，2012 年版。

子弹一百一十五万发；驳壳枪四千三百三十一枝，子弹二百零六万发；大小手枪六百六十枝，子弹十六万四千二百发"。[1] 除发还商团枪 4000 枝、子弹 25000 发，及给李糜、朱培德部的枪支外，军校所得军械 3700 支枪、子弹 33000 发。此为黄埔军校创校以来的首批大额军械。与此同时，1924 年 10 月 7 日，苏联交通船"沃罗夫斯基"号装载的第一批苏联援助军械抵达广州，由教授部主任王柏龄率领学生起卸，军校党代表廖仲恺亲赴黄埔与蒋介石一起监察。据王柏龄回忆，此次运来的有 8000 支带刺刀的俄式步枪，每枪配有 500 发子弹，共有子弹 400 万发，另有 10 支手枪。"八千支完全有刺刀，俄国式的步枪，每枪有五百发子弹，是一个很大的数量，无不欢天喜地。"王在其回忆中详细记叙了黄埔军校师生起卸武器的欢乐景象，并言称"这一次踊跃的情形，绝非第二次第三次所能及的"。[2] 苏联政府提供给广州政府的军械，大多是在 1925—1926 年间，分若干批运抵广州。其中，1925 年 5 月和 9 月先后向广州运送两批武器，内有 14000 支步枪，950 万发子弹，22 门炮，150 挺机枪等。[3] 苏联援助的数量和种类更多、更先进的武器陆续抵达广州，但其后的武器更多是运用于武装国民革命军了。尽管如此，苏联援助的这些武器装备，有效地缓解了军校武器匮乏的状况，也为校军、国民革命军等新型革命军的创建和发展，提供了重要的物质基础。

（二）军事教育

黄埔军校的课程，主要是军事课和政治课。在后期还有一些学习文化、外语和自然科学的课程。

军校初创时期，由于条件限制，第 1 期学生实行单纯的步科教育。从第 2 期起，实行分科教学。第 2 期设步兵、炮兵、工兵、辎重、宪兵 5 科。第 3 期

---

① 陈锡祺主编：《孙中山年谱长编》第 3 卷，第 1968 页，中华书局，2003 年版。

② 王柏龄：《黄埔开创之回忆》，载广东革命历史博物馆编：《黄埔军校史料（1924—1927）》，第 72—73 页，广东人民出版社，1982 年。

③ 周兴樑：《苏联对孙中山黄埔办校建军的资金和军械援助》，载《中山大学学报（社会科学版）》 2011 年第 4 期。

学生开始实施入伍生制度，原定半年的学习期限延长到 9 个月，入伍生经考核后，进入正式教育阶段。第 4 期增设政治、骑兵、交通、无线电和航空等科。军校初创时期主要是根据学制为半年的计划，在军事教育科目课程设置上首先选定最为急需的基础科目：学科和术科。

学科方面，教以步兵操典、射击教范和野外勤务令等基本军事常识，继则教以军校常说的 4 大教程：战术学、兵器学、交通学、筑城学。相配套的教材，有讲述军事原理、原则等内容的《战术学》《兵器学》《交通学》《地形学》《军制学》《筑城学》等课本。同时还有教授如何制定战略战术、作战计划、动员计划的课程。

术科方面，分为制式教练、射击教练、重兵器教练、技术训练、野外演习等，以及实弹射击、马术、劈刺、行军、宿营、战斗联络等。尤以单人战斗教练为主，继至班、排、连、营教练。

学科与术科均以讲授实战中的应用为主。军校制定了科学的军事教育训练科目，各科都有详细的科目表、授课进度表，循序渐进，严格训练。除课堂讲授外，军校还设有军事演讲制度，分普通、特别讲演两种，定期讲授军事形势、战役经过和先进军事知识。普通讲演，每周一、周三下午进行，旨在灌输学生必要知识。讲演题目先由教授部主任规定，报教育长后指定教职员轮流讲演。特别演讲不设专员，专为介绍军事上特别或新学识，或报告各种战役经过，或其他军事上的问题。[①] 除将官、顾问演讲外，鼓励学生自荐演讲，以求教学相长，推动军事学术的研究。军校南京、成都时期的军事课，依据学制延长情况，延长了各学期的军事课时，一些原有的军事课程在时间上相对"放大"，并根据实战要求，增加了一些新的军事课内容。

黄埔军校的教学设施和训练条件虽然简陋，但善于借鉴、吸收当时的各国先进经验，围绕战争的需要开设课程，着重讲授苏联和各国最新的军事理论和军事技术。特别是苏联教官的加入，更提高了军事教育的质量和水平。苏联军

---

①　《军事讲演规则》，载广东革命历史博物馆编：《黄埔军校史料（1924—1927）》，第 161 页，广东人民出版社，1982 年版。

事干部波里亚克、切列潘诺夫等组成军校顾问团，常驻军校。这批顾问是既有战争实践经验，又通军事理论的人才。

据切列潘诺夫回忆："我们这批顾问是既有实践经验，又有相当理论素养的指挥员。我和沃洛佳是行伍出身，尼古拉则是从武备学校出来，一直升到将军职位的……我们经历过两次战争，并且把所有这一切通过在军事学院的理论进修加以巩固和提高；因此，我们不但善于组织学员的课堂教学，而且能够通过实践讲明一切基本原理。我们竭力使学员在初学阶段最大限度地掌握实际要领。我们希望这些未来的指挥员能够懂得队列训练、一贯精力集中、良好的军纪、服从命令的重要性，并且自觉准备克服军人可能遇到的各种困难。"[①]

苏联顾问和教官深入地参与教学活动，他们从编订各兵种操典、教范、条令和战术、兵器、筑城、地形、交通通信等课程，传授苏联红军经验，到参加授课，亲自示范，给黄埔军校带来了新的军事理论、知识和技能，对黄埔军校的教育，产生了至深的影响。

从1924年至1927年，黄埔军校在广州共办学6期（部分第5、第6期学生毕业于武昌、南京）。根据《中央陆军军官学校史稿》第4篇"军事教育"，各期训练情况大致如下。[②]

第1期学生实行步科教育，分学科和术科两大类。学科方面，设置"军事之必要学科"，设有步兵操典、射击教范、野外勤务令等基本军事学识，继而增加战术学、兵器学、交通学、筑城学四大教程。授课时，由教官平日研究心得为讲述，学生各自笔记，以便复习。此外，对于军制学、军队内务规则、陆军礼节、军语、军队符号等，择要讲授。术科方面，学生入校后，施以制式教练。从单人徒手教练开始，教以各种步法，熟练之后，则施以班、排、连、营教练，循序渐进。持枪练习亦复如此，先由个人教练到班、排、连、营，凡托枪、下枪、举枪、装卸子弹、上下刺刀、各种射击与各种行进，密集、疏开、散开等

---

① ［苏］亚·伊·切列潘诺夫：《中国国民革命军的北伐——一个驻华军事顾问的札记》，第111页，中国社会科学出版社，1981年版。

② 《中央陆军军官学校史稿》第4篇"军事教育"，1936年版。

队形以及各种战斗教练，均按照程序一一实行。除制式教练以外，尤为重视野外演习。凡单人战斗各个动作，以及行军宿营战斗方式、联络勤务、土工作业等，均按照教育步骤依次实施。此外，还包括夜间演习、实弹射击、阅兵分列各项检查等，如术科对战斗教练、实弹射击最为重视，所以能在最短时间内收到最大的效果。

第 2 期学生，开始有专业之别，即为步、炮、工、辎、宪兵五科。全科学生都有特定的必修科目。

表 1-2　第 2 期学生学科、术科课目表

兵科	学　科	术　科
步兵	典范令、战术学、兵器学、筑城学、地形学、军制学、交通学、陆军礼节、军语、卫生学等，与第 1 期大致相同	与第 1 期同
炮兵	典范令、四大教程（战术、兵器、交通、建筑）、野战炮兵操典、野战炮兵射击教范、阵中勤务、马术教范、驭法教范、野战炮兵筑垒教范、马学摘要等	徒步教练、马术驭法之骈马教练、山炮驭术、马枪操法、操炮、野外演习（包括距离测量、传达勤务、侦探勤务、道路侦察、行军、宿营、战斗等）、工作实施、夜间演习、通信教练等
工兵	工兵操典、地形学、射击教范、筑垒教范、架桥教范、筑营教范、通信教范、爆破教范、坑道教范、步兵教范摘要、野外勤务摘要、夜间教育等	制式教练、筑垒实施、架桥实施、通信实施、爆破实施、筑营实施、坑道实施等
辎重	辎重操典、辎重勤务、阵中要务令、铁道船舶、汽车各种输送学、马学、马术教范、应用战术、游泳学、射击教范、测图学等	步兵班、排、连、营教练，乘马单人教练，乘马排教练，调马索挽马教练，运送弹药，游泳术，调教马匹，汽车驾驶术，实地测图，检查车辆，野外演习，实弹演习，器械体操等
宪兵	宪兵学、射击教范、一般军事学、陆军现行惩罚令、陆军警察学、军制大要、马学、马术教范、捕绳学、侦探学、陆军礼节等	步兵教练、乘马教练、手枪射击术、劈刺术、捕绳实习、实弹演习、器械体操等

第 3 期入伍生在学科方面，有步兵操典摘要（19 时）、野外勤务摘要（19 时）、射击教范摘要（17 时）、筑城学摘要（15 时）、各兵种之识别及性能（2 时）、军官之阶级及服制（2 时）、地形学摘要（14 时）、夜间教育摘要（12 时）、

陆军礼节（7时）、陆军内务规则（6时）、武器被服装具名称及修拭法（7时）、卫戍及风纪卫兵服务概要（3时）、卫生讲话（3时）、战时着装法纪出师准备之心得（3时）、军语（5时）、军队符号（5时）等，每日学科2次，每次时间1.5小时，计139小时。

术科方面，有制式教练与野外教练，其中制式教练，1周至7周为单人与班教练，7周至10周为排教练，10周至13周为连教练；野外教练包括单人散兵教练、侦探勤务、距离测量、步哨勤务、联络勤务、尖兵、排哨、排攻防对抗等。每日上午术科2.5小时，下午2小时，术科时间总计338.1小时。此外，还有射击预习、阅兵分列等。升学后，进入为期6个月的正式教育。学科包括基本战术学、应用战术、兵器学、筑城学、交通学、地形学、军制学、马学、经理学、卫生学；术科有制式教练、野外演习、射击、夜间演习、机械体操、劈刺术、马术、工作实施及典、范、令等。其中，制式教练包括个体教练、部队教练、机关枪教练、手榴弹教练、迫击炮教练，野外演习包括地形识别、测量距离、散兵部署、侦探勤务、步哨勤务、传达勤务、行军警戒、前哨、行军、宿营、对抗演习，射击包括预行射击、减药射击、基本射击、应用射击。

因战时环境关系，本期对野外演习尤为重视，特别制定野外演习方案。毕业前夕，总队长严重率领各队赴官山演习，以增强学生指挥能力，熟悉各种战斗动作。演习期间，黄埔官生恪守纪律，爱护民众；演习结束后，官山邻近居民举行欢送大会。1926年1月17日，举行毕业典礼，共毕业1233人。第3期毕业生主要分发至第1师、第3师、第4军等部队见习，其余留校69人，纳入政治训练班。

与前3期学生教育相比，第4期的教育计划、训练课目与实施方式等较为完备，军校制定了《入伍生教育大纲》《入伍生教育实施细则》《学生教育大纲》《学生教育实施细则》。其中，《学生教育实施细则》分为"总则""教育要旨""教育班旨编成""军事学教育""教程编纂""学期及日数分配""试验""日课时限""附则"9大类84条，明确规定了教育目的、课目内容、课时分配、考评方式等，十分详尽。根据《学生教育实施细则》，军事学教育内容上，学科包括战术学、军制学、兵器学、筑城学、交通学、地形学、经理学、卫生学、马学9门课目；术科包括教练阵中勤务、典范令、服务提要、技术和马术；演习课目有测图演习、战术实施、野营演习。各课目配有详细的实施要求、准则及教程。教程编纂以"不流于广衍，不涉于枝节，不失于拘泥，以实行为主旨"为原则。

此外，《学生教育实施细则》对学生的考评尤为详细，从入学到毕业形成了一套完善的考核机制。主要考核学生对学、术两科的理解程度和应用能力。考核方式分为检定试验、平常试验、学期试验、毕业试验4种，其中"检定试验"为入校时进行，考核入伍生期间所学的军事、政治教育及其普通学识的素养。军事、政治学按照入伍生教育内容测验，普通学则按照中学程度测验。"平常试验"为随时考查学生的成绩，分笔试、口试两种。笔试按教学安排预定的时间进行，口试由各课教官在授课期间不定时进行。"学期试验"为学生修的课程成绩，学期结束之前的考试，称为"前学期试验"，学期结束时的考试为"后学期试验"。实施时，因时间关系，后学期期末不行试验，只举行毕业考试，所以又称为"毕业试验"。"毕业试验"，由国民政府军事委员会或由国民革命军总司令，或由学校派员组织考试委员会举行。每项测验，均有对应的考评方式。如笔试评点，除检定试验及毕业试验由考试委员会担任外，其他笔试评点由教授部主任、政治部主任或各课主任教官指派教官担任。各课试验的成绩，每课满分为20点，12点为及格，12点以上为优，12点以下为差。毕业前，计算毕业总成绩。总成绩由毕业试验、平常试验，与不行试验的军事学科、政治学科、军事术课的总平均点，以及前学期试验的总成绩，再加训练部所均评的"躬行"分等5项点数相加，得出平均点，即为毕业总成绩。经理科还须加入经理学课程所得点数，计算出最终的平均点。总平均点相同时，则比较各课目中最差的分数，稍优者排在前列。

在黄埔本校入学的第5期学生在军校举师北伐时期，由炮科和工科的学生组成炮兵团、工兵营和迫击炮营随军参加战斗，在湘、赣、鄂等省战役立下战功；政治科学生也沿途投入政治宣传和战斗。而留守后方的步科、经理科学生，则担任本校守卫和分防各地的勤务，卫戍地方治安等任务。在黄埔本校入学的第 6 期学生教育与第 4、第 5 期大致相同，学习科目有步、炮、工、经理 4 个科。学科每日 3 次，术科上下午各 1 次。

从黄埔前期的军事教育实施情况看，军校的军事教育至少呈现出以下几个特点：

其一是急用先学，学术并举。按照传统的军事教育学制，培养一个初级军官需要 3 年的时间。黄埔军校创立之初，广东的革命政权四面受敌，环境险恶。军校必须"在最短之期间，养成革命战争之斗士，培植革命军队之基础"。为此，军校在苏联顾问的指导下，参照红军建设的经验，结合中国的实际情况，确立了为期半年的学制，并据此设置课程，安排各项科目的教学大纲和具体进度，搭建起了军事教育的基础架构。正如蒋介石所说："本校把最紧要的东西教你们，把从前别个学校三年或五年毕业的学科最紧要的教你们。"[1] 在课程设置上，首先选定最为急需的基础科目——学科和术科，从黄埔 1 至 6 期的军事课目安排，及黄埔创校之初设教授部与教练部的机构设置，亦可见一斑。与此同时，苏联顾问参考苏式的教材，重新修订了典、范、令及四大教程，有针对性地对教学内容加以浓缩，确保了军事教学的质量。黄埔 1 期学生蒋超雄后来说："全部课程本来需要三年，而第一期是用六个月来完成的。这并非只读六分之一的课程，把其余六分之五弃置不读，而是每一个小时吞下六个小时的功课。这种教学方法，当时国民党党中央是有争议的。有的认为这是食而不化，反而造成时间的浪费。但只学习六个月的黄埔军校一期学生，比之后来学习三年的各期学生，在军事才能上是毫无逊色的。这无以名之，名之曰革命精神。"[2]

其二是重视操场训练和野外演习。黄埔创校之初，教授部总管学科，以王柏龄为主任，教练部掌管术科，并设总教官室，任命何应钦为战术总教官，钱大钧、胡树森、刘峙、陈继承、顾祝同、文素松、沈应时、陆福廷、严重、王俊等为军事教官，分任军事教育课程。这批军事教官，部分来自保定军校，部

---

[1] 中国第二历史档案馆编：《蒋介石年谱（1887—1926）》，第 187 页，九州出版社，2012 年版。

[2] 蒋超雄：《我在黄埔军校学习的回忆》，载《广东文史资料》第 37 辑，第 40 页，广东人民出版社，1982 年版。

分来自云南讲武堂。他们在教学实践中，对保定军校注重课堂教学、云南讲武堂注重操场训练的传统，均有所借鉴和传承。军校的军事训练素注重于实用、技能和效果，使学生通过训练掌握要领，触类旁通。训练中强调自上而下，逐级负责，直至每个人熟练掌握为止。操场训练之外，还辅以实战演习。训练演习交替进行，注重实战应用。演习分为野外演习、战术实习和野营演习 3 类。由于环境设计逼真，战斗气氛浓烈，学生将所学的知识运用在演习中，可以获得类似实战的感受和经验。

其三是以战场为课堂，寓教于战。由当时紧张的局势，黄埔学生真正受训的时间不长，短时间里要达到严格的、深远的程度，事实上难以做到。校长蒋介石也承认军校的军事教育不比其他军校优良，对第 2 期毕业生说："你们现在所学的军事学，实在说，还没有到陆军中学程度。"① 对第 3 期毕业生说，"你们现在虽然毕业了，而实际程度还比不上陆军中学"，又说"学术科差得很远"。②显然，黄埔军校教育的特别之处，不是在课堂、操场上，而是在战场上。黄埔军校创办于战争年代，战事频繁。黄埔第 1 至第 6 期的学生，一面学习，一面作战，把战争视为学习的大课堂，在战争中边学边用，这是黄埔军校与其他军校的主要区别所在。从各期的军事教育情况可看出，第 1 期学生参与了平定商团叛乱的战斗；第 2 期学生随校部东征队出发到东江，边战斗边上课。1925 年东征军攻占潮州后，在潮安设分校就地开课。第 3 期入伍生参加第一次东征和平定杨（希闵）、刘（震寰）叛乱。第 4 期学生参加了第二次东征，随后又参与了南讨邓本殷和北伐诸役。第 5 期学生和第 6 期入伍生，参加了北伐战争。甚至黄埔 1 期生的毕业证书都是在东征途中的梅县颁发的。战场，毫无疑问地成为黄埔军校的特色课堂。黄埔军校把课堂开在战场上，通过实战的锻炼，使得一些主要科目，如射击、侦察、距离测量、地形识别以及行军警戒及宿营等，都在野外演习和战斗中完成。在东征、北伐期间，苏联顾问上自军事总顾问加伦将军，下至各科的顾问及教官，都和学员一样随队出征、英勇战斗，利用战

---

① 中国第二历史档案馆编：《蒋介石年谱（1887—1926）》，第 373 页，九州出版社，2012 年版。

② 中国第二历史档案馆编：《蒋介石年谱（1887—1926）》，第 458 页，九州出版社，2012 年版。

斗间隙进行教学，边学边用。两次东征途中，在淡水、河婆、梅县、潮州等地，蒋介石、加伦等人于每战之后，多有集队讲话，对参战部队的战场表现作总结讲评，这就是以战场为课堂，寓教于战，边战边教，在战争中学习战争。

黄埔军校军事教育的目的，在于使学生们能领会军事教育的精神，熟悉一般军事学原则及其战术上的实战应用。同时，培训每位学生的良好军事素养，健壮体格，强化并拓展作为士兵和基层军官的黄埔生的军事体验，为以后立足军旅做一名优秀的中高级指挥员打下扎实基础。

（三）政治教育与军事教育并重

1. 共产党人与政治工作的开拓

施行政治教育，是黄埔军校区别于旧式军校的标志。

军校初创之时，政治部机构尚未健全，没有具体的办事机构。1924 年 5 月 9 日，委任戴季陶为政治部主任。12 日，张申府出任副主任，并担任蒋介石的英文和德文翻译。当时，政治教官只有汪精卫、胡汉民、邵元冲 3 位。25 日再委任甘乃光为政治部秘书。戴季陶上任不久，于 6 月 19 日即已弃职离校。6 月 25 日，由党代表廖仲恺提议，邵元冲任黄埔军校政治部代主任。8 月 25 日，他乘船到上海与张默君结婚去了。他在政治部主任的位置，实际上只待了两个多月。10 月 9 日回到广州后，已很少处理军校政治部的事。任职期间，他提出并制定了一整套旨在扩大宣传三民主义与国民革命运动的政治部工作办法，亲自讲授各国革命史课程。11 月即随孙中山离粤北上。

戴季陶、邵元冲之后，军校政治部主要由共产党员主持。1924 年 11 月，刚从欧洲归国不久、时任中共广东区委委员长周恩来接任黄埔军校政治部主任，开始建立政治部的正常工作秩序和工作制度，并加强对军校学生的政治教育，指导校军教导团的政治工作和中国青年军人联合会的活动，对军校的政治工作和政治教育作出了重要贡献。根据王逸常的回忆，周恩来到任后提出政治部要做好 3 项工作："其一是向新成立的校军教导第一团选派党代表；其二是建立'青年军人联合会'，出油印壁报《士兵之友》；其三是建立政治部工作秩序和政治工作制度。"[1] 在健全政治部机构组织上，设下指导、编纂、秘书 3 股，调 1 期生、共产党员杨其纲、王逸常、黄鳌、洪剑雄等人充实政治部。其中，杨其纲任编纂股主任，王逸常任指导股主任，黄鳌任秘书股主任，洪剑雄负责编辑油印小报《壁报》（即《士兵之友》）。1925 年 2 月周恩来随校军东征时，政治部主任一度由卜士奇代理。卜士奇此时任苏联顾问翻译，未能及时就任，包惠僧乃于 1925 年 5 月出任代理主任。此时，军校设前后方政治部，周恩来为前方政治部主任，随军出征。包惠僧为后方政治部主任，留守军校工作。7 月，教导团改称党军，于是军校与党军分立。其后，周恩来主要在国民革命军第 1 军中任职，但他仍以中共广东区委军委负责人的身份，领导黄埔军校党的工作。周恩来任黄埔军校政治部主任的时间不长，其开创的工作局面为后续发展创造了极大的空间。

继周恩来之后，包惠僧、邵力子、鲁易、熊雄等先后主持黄埔军校政治部，军校政治工作进一步拓展、完善。1925 年 6 月 15 日，国民党中央委员会召开全体大会，议决将建国民党军队、党军改为国民革命军。根据《整饬军队决议案》，在军事委员会下设政治训练部，由陈公博任部长，任命汪精卫、邵力子为军校政治部正、副主任。9 月，汪精卫任军校党代表，邵力子为主任，鲁易为副主任。邵赴上海参与《民国日报》事，部务全部由鲁易副主任担任。从这时起，政治部重新改组，依照国民政府军事委员会政治训练之组织，加以扩大。机构设置上，正副主任之下设秘书，秘书之下设宣传、组织两科，以书记 3 人办理部内事务。[2] 刚从莫斯科归来的聂荣臻任政治部秘书，协助主任、副主任，直接领导政治部的组织、宣传两科的工作，并担任《军事政治月刊》的政治编辑主任。聂荣臻后来回忆说："我在政治部最忙的工作是管党的工作。"[3] 1925 年

---

① 王逸常：《周恩来同志在黄埔军校》，载广东革命历史博物馆编：《黄埔军校史料（1924—1927）》，第 181 页，广东人民出版社，1982 年版。

② 熊雄：《初期政治部主任之更迭》，载广东革命历史博物馆编：《黄埔军校史料（1924—1927）》，第 179 页，广东人民出版社，1982 年版。

③ 聂荣臻：《回国参加大革命》，载全国政协文史和学习委员会编：《回忆黄埔军校》，第 91 页，中国文史出版社，2015 年版。

底，鲁易调任第 1 军第 3 师党代表，由熊雄任军校政治部副主任。由于邵力子未能长期驻校，政治部工作实际由熊雄主持。1926 年 2 月，熊雄兼任军校改组筹备委员会委员。3 月军校改组为中央军事政治学校，邵力子为政治部主任，熊雄为副主任。邵元冲视事未久，7 月底奉派赴俄，乃由熊雄全面主持政治部工作。8 月 2 日，政治部正式改组，除正副主任仍由邵力子、熊雄担任外，以杨其纲为秘书，恽代英为主任教官。同年 12 月熊雄被国民政府任命为军校政治部代理主任。熊雄在黄埔，历时 1 年零 3 个月，为主持军校政治部工作时间最长的一位。

1926 年军校改组后，由单纯的军事学校，转变为军事与政治并重的革命学校。在"军事与政治打成一片"的办学理念指导下，政治部进入了全面发展阶段，在组织机构和工作内容上，均有新的变化和新的扩展。正如熊雄所言，"改组后，本校由单纯的军事学校而变成军事政治并重的革命党员制造所"。[①] 组织机构上，政治部内设总务、宣传、党务 3 个科，总务分设财务、事务 2 个股，宣传分设编纂、发行、指导 3 个股，党务分组织、调查统计 2 个股。另设编译委员会、政治指导委员会、俱乐部、图书馆、书报流通所等。制定《政治部服务细则》《政治教育大纲草案》，规定政治工作的宗旨及各级职员的职责、权限，明确政治教育的目的，扩展教学内容。此外，从第 4 期开始增设政治科，培养军队政治工作人员。政治科的学生编入政治科大队，直接由政治部管理，胡公冕为大队长，下设 3 个队，分别由陈奇涵、刘先临、詹觉民任队长。为提高政治教育的质量，增设政治主任教官，配备政治指导员，专司政治教育，并从各地聘请大批不同学科的专家、学者担任政治教官，全部职员达 70 余人，专职政治教官 10 余人，临时政治教官 10 余人。一时人才济济，蔚为壮观。从周恩来到熊雄，在共产党员的主持下，黄埔军校政治部的工作步步深入，在黄埔的历史上留下了不可磨灭的篇章。

1927 年 4 月，蒋介石发动反共"清党"后，共产党人被逮捕，政治部一切

---

① 熊雄：《我对于本校"三一"纪念的希望》，载《黄埔日刊》（1927 年 3 月 17 日）。

事务已入停顿状态。至 4 月底，黄埔 1 期生邓文仪任代主任。1928 年 5 月 15
日，黄埔军校改为国民革命军军官学校，政治部改称政治训练处，以戴季陶任
处长，同年 6 月戴季陶辞职，后黄珍吾、任伍翔继任，直至黄埔军校在广州
停办。

2. 政治教育的创新

实施政治教育，目的是要以革命思想和科学精神来铸造军人的革命人生观，
促其思想革命化，以完成国民革命使命。军校初创时期，政治训练乏规可循，
教学一时无法排定，实行颇为困难。政治课程最初只划定为党义、党史和政治
经济 3 个方面，重点诠释、讲解三民主义，由教官根据授课时间、学生接受程
度及需要讲授，随意性较强。

军校办校初期，规定的政治课程有 8 门，详细科目依次是：帝国主义的解
剖、中国民族革命问题、社会发展史、帝国主义侵略史、中国近代民族革命史、
各国政党史略、三民主义、国民党史。1925 年的政治课多达 26 门。共产党人
主持政治部后，政治教育逐步走向正规化、系统化，制定完备的教学体系和形
式多样的政治训练方式。1926 年的政治教育大纲中，科目已达 40 余种。后期
科目虽然详细于前期，但内容基本上是一致的，是以进行最基本的革命理论和
革命知识教育为主要内容。

1926 年 11 月 15 日，《中央军事政治学校政治教育大纲草案》颁布，明确
了政治教育的最高原则、训练方法、课程分配等，极为完备。大纲分为"总
纲""政治大队""军官大队" 3 部分。"总纲"指出，军校政治、军事训练，要
以孙中山"使武力与国民相结合，使武力为国民之武力"的训示为最高原则，
除军事训练由军事教育主任教官计划外，政治训练应依据以下 10 个方面计划实
施：使学生彻底了解自己的责任，彻底了解政治工作的重要性，彻底了解孙中
山学说和三民主义的基本原理，彻底了解中国的国民革命，彻底了解各种与革
命运动有密切关系的社会科学知识，彻底了解政治经济方面各种重要的现象和
问题，彻底了解革命运动是起于工农群众的物质要求，彻底了解纪律是造成统
一集中力量所必要的，彻底了解军事学术和军事训练对革命的重要作用，彻底

了解军队政治工作应注意的事项。这 10 个"彻底了解"指出了军校政治工作的教育方针与目的。为达此目的，大纲根据不同的教育对象，制定了全面系统的政治教育科目及课时。为全面了解黄埔军校政治教育内容，特将政治大队及其他大队的课程安排情况胪列如下：①

政治大队的培养目标，是军队中做政治工作的人才，如党代表、政治指导员及政治部工作人员。授课时间，每周 18 次，每次 70 分钟，全修业时间为 8 个月，采取循环式授课，共分为 3 期。第 1 期授课 174 次，授课课目依次为三民主义（8 次）、中国国民党史（6 次）、国民党的组织问题（4 次）、国民党的宣言训令（6 次）、国民革命概论（6 次）、帝国主义侵略中国史（8 次）、帝国主义（8 次）、世界政治经济状况（6 次）、中国政治经济状况（8 次）、近代国际关系（6 次）、苏俄研究（4 次）、社会进化史（8 次）、中国民族史（4 次）、中国社会组织（4 次）、各国革命史（8 次）、社会主义运动（6 次）、社会科学概要（6 次）、政治学概论（6 次）、经济学概要（8 次）②、财政学概要（2 次）、经济政策（6 次）、农民运动（4 次）、青年运动（4 次）、商民运动（2 次）、宣传煽动问题（4 次）、军队中政治工作（6 次），共 26 门。此外还有讲演（6 次）、讨论（6 次）、测验（4 次）。第 2 期授课 136 次，依次为三民主义（12 次）、建国大纲（4 次）、重要各省政治经济状况（8 次）、农村问题研究（6 次）、各国政制比较研究（8 次）、各国财政比较研究（8 次）、经济政策（12 次）、最近政治问题（10 次）、军队内容之研究（6 次）、实际工作指导（8 次），共 10 门。外加讲演（6 次）、讨论（8 次）、实习工作（旅行在内，26 次）、测验（4 次）。第 3 期授课 136 次，分别为总理学说（20 次）、中国国民党史（6 次）、国民党领袖重要讲演（10 次）、全民政治（6 次）、中国经济问题（12 次）、中国财政问题（12 次）、革命史料研究（12 次）、最近政治问题（10 次）、实际工作指导

---

① 《中央军事政治学校政治教育大纲草案》，载《中央军事政治学校第四期学生毕业纪念册》（广东革命历史博物馆馆藏），第 57—65 页，1926 年版。

② 政治大队第一期授课课目中为"政治学概要"，参考军官大队课目及"政治大队第一期教授事项草案"应为"经济学概要"。另，根据"政治大队第一期教授事项草案"，除 26 门课程外，还有一门"劳动运动（4 次）"。

（8 次），共 9 门。另外讲演（10 次）、讨论（16 次）、实习工作（旅行在内，20 次）、测验 4 次。政治大队 3 期的授课时间，共计 446 次。除三民主义、中国国民党史、最近政治问题在不同期重复开设外，共开设课程 42 门，讲演 22 次、讨论 30 次，测验 12 次，实习 46 次。

其他各大队旨在养成国民革命军的下级干部人才，如部队官长、官佐及各种服务人员，政治训练的时间为每周 6 次，每次 70 分钟，全修业时间为 8 个月，授课共 148 次。具体课目为三民主义（8 次）、中国国民党史（笔者按：6 次）、国民党宣言训令（6 次）、国民党的组织问题（4 次）、国民革命概论（6 次）、帝国主义（8 次）、社会进化史（4 次）、帝国主义侵略中国史（8 次）、中国政治经济状况（8 次）、各国革命史（8 次）、政治学概要（6 次）、经济学概论（6 次）、财政学概要（6 次）、经济政策（6 次）、农民运动（4 次）、劳动运动（4 次）、学生运动（4 次）、商民运动（2 次）、军队中政治工作（2 次）、世界政治经济状况（4）及讲演（16 次）、讨论（16 次）、测验（6 次），共开设课程 20 门。

由此可见，大纲设置的课程门类丰富，开设课程多达 42 门，涵盖革命史、政治学、经济学、社会学等多个学科。大纲还详细规定了每一课程的教授事项，如"军队的政治工作"一课，分军队的性质、兵士与民众的心理、平时对于兵士的政治工作、平时对于民众的政治工作、战时对于兵士民众的政治工作、战时对于敌人俘虏的政治工作等 6 个方面。从课程的设置可以看出，军校实行兼容并包的方针，既讲三民主义也讲马克思主义。大纲中，明确设有"社会主义运动"课目，共 6 个课时，分为绪论、乌托邦社会主义、无政府主义与工团主义、基尔特社会主义、共产主义、民生主义与共产主义之关系。此外，"国民革命概论""苏俄研究""社会进化史""经济学概要"等课程亦涉及马克思主义学说的内容。根据各课目设置，政治部编印有配套政治丛书。由于出版印刷刊物较多，军校特别成立由总务、宣传两科长及编纂、发行、财务 3 股长组织印刷委员会，办理一切印刷。委员会成立后，1926 年 9 月决定编印当年各种纪念册、标语集、讲演集，并编印政治丛书、社会科学常识及国际政治常识。10 月

7 日，政治部编印政治丛书《帝国主义》《经济学概论》《各国革命运动概论》3
种，每种印 2 万册，分发本校全体师生研究，同时政治部搜集各政治教官材料、
名人演说及重要政治问题编辑成册，作为本校政治丛书。同月 15 日印就《本党
重要宣言训令之研究》《国民革命》《中国国民与劳动运动》《中国国民党与农民
运动》《政治学概论》5 种。

军校政治教育要求从实际出发，讲求实效，在形式上应生动活泼，不断有
所创新，易于学生接受。为此，大纲中还列有演讲、讨论及实习等课目。

政治工作的成效，颇有赖于口头宣传，因此军校的政治教育注重学生的讲
演技能。一方面举行政治讲演竞赛，提高练习讲演的兴趣，一方面实际向民众
讲演，锻炼宣传能力和技巧。1926 年 7 月 10 日，各连、科、队选出学生举行
讲演竞赛，讲题为"中国民族革命之意义及其策略"与"三民主义与中国"。

9 月 9 日，军校借野营演习的机会，组织第 4 期政治队学生对民众进行政
治宣传，作为政治宣传的实习。此次参与政治宣传的学生约 150 名，分为 8 组，
每组 18 名左右，每组由政治部派指导员 1 人，指导分途讲演。所经过之地，有
龙眼洞、石牌、夏棠等 40 余村，民众均欢迎接受，直至下午 6 时才陆续返校。
同月 16 日，当第 4 期学生野营演习之际，亦令政治学生按前次的编制，分为 8
组，每组由政治部派指导员 1 人指导，且考查该组各学生工作之优劣，作为政
治演习的成绩。教学大纲规定政治教育除正课外，每期另安排讲演课 22 次。主
讲人有孙中山、廖仲恺、胡汉民、汪精卫、谭延闿、何香凝、李烈钧等国民党
要人和鲁迅等社会名流，许多著名共产党人如毛泽东、刘少奇、苏兆征、张太
雷等也应邀到军校演讲。其中，邓中夏讲《省港罢工之经过》，彭湃讲《海丰农
民运动之成绩》，吴玉章讲《中国革命与世界革命的关系》，鲍罗廷讲《革命的
基础问题》，等等。

表 1-3　特别讲演题目及讲演人 ①

特别讲演题目	讲演人	特别讲演题目	讲演人
国民政府之组织及其工作	谭延闿	最近世界经济状况	陈启修
国民革命运动之过去与现在	李济深	革命运动发生之原质	施存统
中国革命战争略史	李烈钧	民生主义之真谛	陈　群
本党的阶级基础	甘乃光	广东省政府与土地问题	陈佩箴
教育与革命	戴季陶	本党对于民团之态度	陈孚木
廖仲恺先生革命事略	何香凝	本党农民运动概况	陈克文
广东省政府之组织与工作	陈树人	广东的农民运动之经过	罗绮园
国民政府之财政问题	宋子文	全国青年运动概况	李求实
肃清吏治问题	孙　科	本党组织概要	陈果夫
广州工人运动之实况	陈其瑗	华侨与革命运动	彭泽民
省港罢工之经过	邓中夏	海丰农民运动之成绩	彭　湃
法律与革命	徐　谦	中央各省联席会议之经过	恽代英
本党目前的重要工作	顾孟余		

举行政治讨论会，是军校进行政治教育的特色。以往的政治教育常以注入式教育为主，即由教官讲授，学生缺乏自主研究及练习演讲的机会。为调动学生的主动性和演讲技能，政治部特设政治讨论会，并制定《政治讨论会规则》。大纲规定，政治大队举行政治讨论合计 30 次，其他大队 16 次。根据讨论会的规则，每次讨论以区队为单位，每区选定学生 3 人组织主席团，轮流担任主席，另推选 2 人担任记录。主席团的职责是主持本班的讨论及传达政治部的命令，报告每次讨论的结果，编定讨论会成员的提案。讨论会在日课表规定的时间进行，值日主席任意指定学生发言，学生也可以自由发表意见，每位发言一次，每次 5—10 分钟。召开讨论会时，政治部分派指导员指导、巡视，并负责解释问题和作结论。讨论会结束后，由值日主席填写讨论的情况、结果及建议，呈报政治部。

依照大纲规定，每期修学结束后，均举行政治测验，以了解学生政治学习

---

① 《官长教育政治计划》，载《黄埔日刊》1926 年 11 月 19 日。

的程度，政治大队共 12 次，其他大队 6 次。政治大队每 1 期都安排了 4 次测试，共计 12 次，其他大队也有 6 次测验。如第 4 期学生毕业政治试题，包括三民主义、国民党史、政治学概论、经济学概论、帝国主义、社会进化论等 6 门课程。其中"三民主义"考试要点是："一、民族主义与国家主义之间区别；二、试述民生主义与马克思主义之间异同点；三、民生主义何以不是社会政策。""政治学概论"的考试要点："一、试述政治与阶级之间关系；二、直接民权制何以可救国会制度之弊。""经济学概论"的考试要点之一是"资本主义与社会主义经济上根本不同点何在？"每门课程试题并附录答案，三民主义课程中的"民生主义"的解释是："民生主义，马克思主义，均以实现共产主义为目的。民生主义在产业发达地，主张节制资本；马克思主义在产业发达地，主张没收私人资本。"又如"经济学概论"的答案是："资本主义的经济，是工具私有，与自由竞争，为买卖而生产；社会主义的经济，是工具公有，有计划的生产，为使用而生产。"[①] 出题的方向及附录答案摘要无不透露出马克思主义阶级斗争、政治经济学说的观点，同时也折射出马克思主义学说在当时政治教育中的分量。

课目之外，军校实行政治问答制度，自黄埔 1 期开始，凡学生遇到关于主义及政治经济问题时，可以投函至质问箱。每星期一开箱，由主任、教授分别以书面或口头作答，并将教官给学生的答案在校刊发表。1927 年 1 月，政治部将恽代英、萧楚女、张秋人等共产党人在《黄埔日刊》发表的政治答案编成《政治问答集》出版，分 6 篇 228 个问答，长达 10 余万言，传播革命思想，影响甚大。

随着校军教导团的扩展、国民革命军的成立，军校还承担军队政治工作人才的培训。1925 年 6 月 24 日，为培养党代表、政治工作人才，政治部开设政治训练班。从第 2 期学生队、第 3 期入伍生队、湘军学校、滇军投诚干部学校学生，桂军军官学校学生及学兵连选拔 120 人，分 3 班教授。编为速成班和普通班，速成班的训练期为 1 个月，普通班为 3 个月，"期在养成党代表及政治教

---

① 《第四期学生毕业政治试题》，载《中央军事政治学校第四期学生毕业纪念册》（广东革命历史博物馆馆藏），第 65—67 页，1926 年版。

官宣传员人才，以济急需"。其选拔的方法，分为笔试和口试。笔试以国文试题、政治问答及调查表甄别，笔试通过后进行口试。录取人员的分配按第 2 期学生 30 名，第 3 期入伍生 50 名，桂军学生 15 名，滇军学生 10 名，学兵连 3 名，湘军学生 10 名，各部队书记、司书，自愿投考者选拔 2 名。由于杨希闵、刘震寰叛变，迟至 9 月才正式开班。特请胡汉民、汪兆铭、甘乃光等为教官，训练纲要分为 8 项：一、帝国主义的解剖；二、中国民族革命问题；三、社会发展史；四、帝国主义侵略史；五、中国近代民族革命史；六、各国政党史略；七、各国革命史略；八、三民主义。[①] 此外，1927 年国民革命军克复湖南、湖北、江西、福建之后，被俘虏的孙传芳、吴佩孚部下军官极多，陆续来校。为此，军校开设军官政治训练班，先后编成第 1、2、3 学员队，共计学员 1820 人，于 1927 年 3 月 1 日正式开学，修业期间定为半年。其教授课目以政治学为主，其目的在灌输革命思想，以养成奋斗的革命军人。其政治课目为国民革命概论、政治常识、帝国主义侵略史、国民党的组织、科学常识、中国政治经济状况、国民党宣言及训令、三民主义、文字宣传方法等。第一学员队先于 7 月间毕业北上，其余学员相继毕业后，分发至各军服务。

黄埔军校的政治教育课程在广州、南京、成都 3 个时期各有不同，除三民主义等基础课程之外，多是依据当时的政治形势而进行教学。军校广州时期的政治教育，在具体实施内容上主要有 3 个方面：三民主义教育，爱民教育，军纪军法教育和养成。广州时期第 1 至第 5 期学员在军校中所接受的政治课，依照政治教育大纲具体实施。南京时期的政治课增加了五权宪法、国内外时事报告，特别是突出增加了反共内容。到成都时期，又加授资本主义政治学、经济学、本校光荣史等课程。

3. 武力与民众相结合

黄埔军校的办校模式并非关门办学，而是紧密结合革命运动的实际，让学生在革命实践中锻炼成长。身处国民革命运动中心的广州，黄埔师生拥有许多

---

① 《中央陆军军官学校史稿》第七篇《政治训练与政治工作》，第 246 页，1936 年。

参与政治活动和工农运动的机会。军校成立后，广大师生积极投入反帝反封建斗争，参与工农武装的组建，或在校内帮助农民干部从事军事训练，或被派赴各地充当军事教练和教官。苏联顾问加伦曾指出："很少有黄埔学员不积极参加的群众集会、工人或学校的会议。军校的政治活动能力不断提高扩大，并且同共产党人工作于其中的工会联系起来，军校成了广州群众性社会政治活动的领导者。"①

支援农民革命运动。广州农民运动讲习所成立后，其军事训练由黄埔军校承担。1924 年农民运动讲习所第 1 期学员从 8 月 7 日开始，到黄埔军校接受为期 10 天的军事训练，由严凤仪为军事教官，李之龙为班长。②训练科目包括列队、枪械、射击、行军警戒要旨、驻军警戒要旨、森林战、山地战、村落战等等。军训结束后，农讲所学员和军校特别区党部成员在黄埔附近的深井、鱼珠、东圃、黄埔、长洲等村落开展宣传活动，并在长洲成立农民协会。其后，第二届农讲所于 1924 年 10 月 11 日赴黄埔军校，接受为期 18 日的正规军事训练，军校派出 10 名教练员负责教练。第三、第四届农讲所的军事训练分别由 1期生唐澍、伍文生为军事教官。此外，军校师生积极投入各县的农民革命运动。1925 年 1 月，大元帅府铁甲车队赴西江广宁县支援农民运动，军校政治部派出党代表伍翔、伍文生、冷相佑等 9 人随同赴广宁做宣传工作。同年 2 月，东征军攻克海丰后，派政治部特派员吴振民驻海丰县办理党务及一切宣传工作，恢复县农会，帮助农会训练农民武装。3 月，军校政治部调共产党员、黄埔 2 期生宛旦平、卢德铭、陈烈等人赴海丰，协助农会训练农民自卫军，李劳工任农民自卫军大队长兼教官。派周逸群、黄锦辉到梅县开展宣传工作。1925 年 4 月，军校政治部派师生到农民运动讲习所担任训练工作，政治教官恽代英、萧楚女、张秋人、高语罕、安体诚等任职或讲课。6 月，军校派吴文生、谭其镜、袁策

---

① 《广东军事动态概况》，载广州近代史博物馆、黄埔军校旧址纪念馆编：《国民革命与黄埔军校》，第 494 页，吉林人民出版社，2004 年版。

② 陈雄志：《在第一届农民运动讲习所学习概况》，载广东农民运动讲习所旧址纪念馆编：《广州农民运动讲习所资料选编》，第 287 页，人民出版社，1987 年版。

夷、黄策红、黄雍、胡焕文等 6 人赴东莞、保安农会，训练农民自卫军。军校还派第 4 期毕业生 30 余人赴农民运动干部特别训练所，学习两周农民运动理论，期满后分赴各县训练农民自卫军。

支持工人运动。1925 年 6 月，为响应上海的五卅运动，广州、香港工人举行了声势浩大的省港大罢工。6 月 23 日，广州群众 10 余人举行游行示威。周恩来派出军校第 1 团第 3 营，第 2 团第 2、4、7 连及第 3 期入伍生共 2000 余人，由党军第 1 旅旅长兼第 1 团团长何应钦及营长曾石泉、代营长蒋先云率领，参加声援五卅运动的反帝示威大游行。当游行队伍经过沙基时，沙面英法租界军警突然用机枪向游行群众扫射，当场打死 52 人，重伤 170 余人，制造了"沙基惨案"。其中，曹石泉、付林熚、刘著录、义明道、赵懿铨、夏植、朱祖荣、钟煜光、冯荣德、胡典成、陈晋、陈纲、郑逢良、徐志远、徐福荣、章致堂、尹觉世、卢瑞昌等 23 名黄埔军校学生牺牲，53 人受伤。7 月，省港罢工委员会纠察队成立。黄埔军校特别官佐、铁甲车队队长徐成章，担任罢工纠察队的总教练，季步高任纠察队训育处副主任，赵自选、唐澍、陈赓、伍文生、罗焕荣、黄雍、蔡林蒸、王世英等在纠察队任教练、队长。9 月 16 日，应省港罢工委员会的请求，军校从第 2 期毕业生中选派邢定汉、谢卫汉、张恩廉等 15 人到罢工纠察队任职。其中，谢卫汉任第 1 支队长，韩铿任第 5 支队长，张思廉任第 10 支队长，赖刚任第 12 支队长，詹行旭任第 14 支队长，富恩助代理第 14 大队教练，王德兰任第 17 支队长、魏大述任第 20 支队长，邢定汉任秘书股主任，周成钦、徐让、邓士富任指挥处指导员，郑瑞芳、关耀宗、魏国模任训育处指导员。他们将军校所学的军事、政治知识运用于实践，为省港罢工的胜利作出贡献。至 1926 年 10 月，省港罢工结束，省港罢工工人代表大会向黄埔军校赠送"革命前驱"横匾，广东铁路工人代表向军校赠送"东方的红军"锦旗，以表谢意。

（四）生活革命化

1. 精神教育

黄埔军校的教育内容，除军事教育和政治教育外，还有精神教育。三者之间的关系，黄埔教官刘峙在《黄埔军校与国民革命军》中，作了非常精彩的论述：

> 政治教育是教人为什么要去做，军事技能教育是教人怎样去做，精神教育是教人应该去做，必须去做。更简截的说，政治教育是给人以目的，技能教育是给人以手段，精神教育是给人以认清目的和运用手段的身心或机能。[①]

按照刘峙的说法，精神教育的任务在于修养身心，培养生机，在 3 种教育中处于基础教育的地位。其实施方式是从日常生活行为入手，并无具体的课目。其内容如每星期一次的纪念周、每日早晚的升降旗和精神讲话，以及各种内务检查清洁比赛等，"凡生活指导，德性感化，以及军事管理等各种设施均属之"。其中，以校总理孙中山、校长蒋介石、党代表廖仲恺的精神讲话为代表。

孙中山在军校发表的正式讲话有两次，分别为 6 月 16 日开学典礼讲话和 11 月 3 日北上前夕在军校的道别演说。但其关于军人的精神教育理念，至少可以追溯至 1921 年 12 月在桂林对滇、赣、粤军的演讲。这篇著名的演讲，对智、仁、勇军人精神三要素作了详细阐释。他指出："彼俄国之新政府，名为劳农政府，实即农工兵政府。其军人皆有主义、有目的，故能与农工联合，而改造新国家。吾国今日之军人，倘亦具有主义及目的与决心，改造新中国。"强调"本属军人，固曾受军人教育，亦曾受军人之精神教育"。[②] 这篇演讲，后以《军人的精神教育》为名出版。1924 年 6 月 16 日，孙中山在黄埔军校开学典礼的演说全面阐释了主义建校的理念，要求学生"从今天起立一个志愿，一生一世，都不存升官发财的心理，只知道做救国救民的事业，实行三民主义和五权宪法，

---

① 刘峙：《黄埔军校与国民革命军》，载沈云龙主编：《近代中国史料丛刊》第 82 辑，第 24 页，台北文海出版社。

② 孙中山：《军人精神教育》，中国国民党中央执行委员会宣传部刊印，1924。

一心一意来革命"。"革命事业，就是救国救民。我一生革命，便是担负这个责任。诸君都到这个学校内来求学，我要诸君，便从今天起，共同担负这种责任。"[1] 勉励师生继承先烈精神，学习好本领，立志担负起救国救民的重任。开幕典礼上，胡汉明代孙中山宣读训词："三民主义，吾党所宗，以建民国，以进大同。咨尔多士，为民前锋，夙夜匪懈，主义是从。矢勤矢勇，必信必忠，一心一德，贯彻始终。"[2] 训词后成为黄埔军校校训。孙中山开学典礼的演讲和训词，奠定了黄埔军校的办学的理念。军校建立后，孙中山先后4次到军校视察。其中，11月3日视察军校，向师生作告别演说，讲述北上之目的，勉励大家为党和革命作牺牲："我今天到黄埔来讲话，是暂时和黄埔的学生辞别。辞别的原因，就是因为我要到北京去。……大家要希望革命成功，便先要牺牲个人的自由、个人的平等，把个人的自由、平等，都贡献到党内来。凡是党内的纪律，大家都要遵守，党内的命令，大家都要服从。全党运动，一致进行，只全党有自由，个人不能自由，然后我们的革命才可以望成功。"[3] 11月13日，孙中山乘永丰舰启程北上。行至黄埔时，登岸入黄埔军校视察一周，检阅炮台时曾说："我所提倡的三民主义，将来能希望实行的，就在你们这个黄埔陆军军官学校的学生了。"随后还检阅第1期毕业生演习战术实施等。检阅毕，孙中山赞道："本校学生能忍苦耐劳，努力奋斗如此，必能继续我之生命，实现本党主义。"[4]

蒋介石秉承孙中山的办学宗旨，将精神教育放在十分重要的位置。在军校教育上，蒋曾作过明确分工，由教官负责学科、术科训练，他自己承担精神、思想训练。其训练的方式主要采取精神训话、个别谈话、精神问答等，尤以精神训话为核心。如1924年4月26日莅校视事后，即接连于26日、27日、28日及30日对下级干部作了4次训话。开学后的8个月中，先后向军校学员发表讲话46次，讲题包括军人的义务和责任、革命军人对三民主义的信仰、军人拿

① 孙中山：《陆军军官学校开学演说》，广东革命历史博物馆编《黄埔军校史料》，第48、56页。

② 陈锡祺主编：《孙中山年谱长编》第三卷，第1928页，中华书局，2003。

③ 陈锡祺主编：《孙中山年谱长编》第三卷，第2048—2049页，中华书局，2003。

④ 陈锡祺主编：《孙中山年谱长编》第3卷，第2061页，中华书局，2003版。

枪的目的、军人的纪律和服从、军人的团体生活等。其后编撰出版《黄埔训练集》，收录了蒋介石在 1924 年 5 月 8 日至 1925 年 9 月 18 日的重要训话、讲演 79 篇，多数为对军校学生、官长的精神教育，以 1 期学生训话次数为最多。

此外，党代表廖仲恺在军校的讲话共 9 次，其中 1924 年 5 月 11 日在黄埔军校作《救国三要件》的演讲，指出"想救中国，只有三件事，就是要统一的组织，统一的意志，统一的精神"；同月 15 日在军校作《做事必须有恒心》演讲，强调"各位要晓得做一件事，要有决心而要有永久的恒心。此种决心及恒心之养成，要以吾党总理为效法"。6 月 24 日在黄埔军校作《革命党应有的精神》，指出辛亥革命失败的原因，"就是一班同志，只顾自己，不顾国家，与私人没有利益的，便不去做，所以满清推翻以后，争权的争权，夺利的夺利，一直弄到丧失革命的原意"，所以他要求黄埔学生"要以国家的利益为前提"，"只要于党有利的都要去做"，并提醒学生，要避免自私自利的恶习，"确信主义，就是我们顶好的避毒方法"。6 月 28 日在黄埔军校作《学生当耐受军事训练》的演讲，希望黄埔学生"不要因为今日生活枯燥便不耐烦，都要忍耐下去，造成良好军事人才。那末，我国的革命运动才有成功的希望"。①

除了精神训话外，军校注重校园革命氛围的营造。校园内有不同的标语、对联，如校训"亲爱精诚""先烈之血、革命之花""升官发财请往别处；贪生畏死勿入此门"等，唤起青年热血及投身革命的决心，以收潜移默化之功。

黄埔军校的精神教育，实际上是思想统一化的过程，目的是达到军事行动的统一，真正做到"以一抵百"的效果。所以蒋介石、廖仲恺在讲话中强调"统一的精神、统一的意志、统一的组织"。在这种教育下，在东征、北伐过程中，以黄埔军校为骨干的校军、国民革命军取得了非常好的成效。诚如 1926 年 9 月《军人周报》第 5 期发表的军校学生撰写的《革命军人的精神》一文中所讲："升官发财不是我们的目的，拿薪饷糊口不是我们当兵的原因。我们做革命军人要有五种精神：一是爱国，二是爱民，三是服从党令，四是为主义而牺牲，

① ［美］陈福霖、余炎光：《廖仲恺年谱》，第 257、258、263、264 页，湖南人民出版社，1991 年版。

五是服从国家命令而不服从私人命令。有了这 5 种精神，就算是一个合格的革命军人。"这种思想境界，或许与精神训练有莫大关系。

2. 秩序与日常

与精神上灌输革命思想不同的是，军校颁布相关的校令、军令、军法，确保军校师生整齐划一。军校先后颁布的校令、军令有《整肃本校军纪令》《饬守礼节令》《饬各官长严束所部令》《禁止军士扰民令》《查拿强用废票士兵令》《整理校政训令》《饬官长除恶习令》《切实整顿本校禁闭令》《饬尽职守令》《恤刑令》《处决叛逃令》《整饬校风令》《重申砭正校风令》《取缔学生病假令》《取缔请假办法令》《戒严时期严禁请假令》《申明军纪令》《制止迁调人员擅自离差训令》《实行门禁令》《重申纪律令》《严防采办军用品营私舞弊令》《重申敬礼令》《为北伐禁止官长学生事假令》及《饬师生遵守请示报告程序令》等；校规条例有《考勤规则》《禁闭室规则》《给假规则》《风纪卫兵规则》《会社组织规则》等。军法有《革命军连坐法》《革命军刑事条例》《革命军惩罚条例》《审判条例》《陆军监狱规则》等。《革命军连坐法》影响甚大，其规定"如一班同退，只杀班长。一排同退，只杀排长。一连同退，只杀连长。一营同退，只杀营长。一团同退，只杀团长。一师同退，只杀师长。以上皆然。如此看之，所杀不过三五人，似与士兵无涉，还可退走，然你们要仔细思忖，此法一行，便是百万士兵，一时进前退后，也都有查考"。①

这些校令、军令、军法均为强制性措施，全校师生必须遵守，以确保教学秩序和教学质量。学生从执勤、管理等日常生活中，领悟军事学识。校风、军纪的养成，是锻造革命军人的过程。蒋介石曾解释说："所谓秘密军事及高等军事学，其实皆在日常生活之中，统统是极普通极平常的事，不过大家不去注意他，就以为很深很难了。"②

黄埔军校日常生活紧张，管理严格，日用起居、饮食行动都要合乎"平直

---

① 《革命军连坐法》，载广东革命历史博物馆编：《黄埔军校史料（1924—1927）》，第 170 页，广东人民出版社，1982 年版。

② 中国第二历史档案馆编：《蒋介石年谱（1887—1926）》，第 166 页，九州出版社，2012 年版。

敏捷、整齐严肃"的原则。① 据黄埔 1 期生徐向前回忆："训练和日常生活要求都很严格。操场紧靠珠江口，涨潮时操场里的水都漫过了脚，照样要出操。学生兵不准吸烟，会吸烟的人只得偷着吸。"② 军校生活教育原则为:（1）注重清洁整齐；（2）注重秩序；（3）注重条理；（4）事事精细；（5）注重慎言；（6）做人诚实；（7）大家亲爱；（8）生活严肃。③ 军校官生均住校，星期假日休息。学生宿舍绝大部分空间放置着木制的通铺，床板上铺着草垫褥，白布单、军毯、衣服叠得方方正正，草包枕、纱蚊帐、斗笠、雨衣、脸盆、口盅等用具，不得丝毫零乱。整队时间不得超过 3 分钟，吃饭时间不得超过 10 分钟。军校的伙食由军需部管理，每队学生每天派出采买两人、监厨两人共同负责。军校创办初期，由于经费窘迫，每人每月的伙食费只有 6 元毫洋，平均每天 2 角。每天 3 餐，早餐吃大米稀饭、小馒头，小菜有油炸花生米、白糖、萝卜干、油炸豆腐或罐头等 4 色菜。中餐和晚餐为大米饭，后来为兼顾北方来的学生，也做些馒头。用餐形式最初采取自助餐式，每人 1 份，1 汤 1 菜，外加咸菜，菜式单调。后鉴于营养、菜式及经济，不久改为"共食制"，即 6 人 1 桌，每桌 4 菜 1 汤。④ 1926 年 11 月在《黄埔日刊》中公布了《中央军事政治学校起居日课时限表》，具体内容如下：⑤

表 1-4　中央军事政治学校起居日课时限表

5：30	起床
5：40—6：10	点名 / 体操
6：30	早餐
7：00—7：50	自习 / 诊断

① 中国第二历史档案馆编:《蒋介石年谱（1887—1926）》，第 165 页，九州出版社，2012 年版。

② 徐向前:《回顾黄埔军校》，载全国政协文史和学习委员会编:《回忆黄埔军校》，第 189 页，中国文史出版社，2015 年版。

③ 刘峙:《我的回忆》，载沈云龙主编:《近代中国史料丛刊》第 87 辑，第 28 页，台北文海出版社。

④ 黄振凉:《黄埔军校之成立及其初期发展》，第 251 页，台北正中书局，1993 年版。

⑤ 《中央军事政治学校起居日课时限表》，载《黄埔日刊》，1926 年 11 月 19 日。

续表

8：00—9：10	学课
9：20—10：30	学课
10：40—11：50	技术（典范令）
12：00	中餐
12：20—13：00	休息 / 诊断
13：00—14：10	学课
14：20—15：30	学课
15：40—17：40	教练
18：00	晚餐
19：00	会报
19：00—20：30	自习
20：40	点名
21：00	熄灯

作息时间从 1926 年 11 月 22 日开始实施。除表中的日常安排外，同时规定：一、每周一上午 10：30 在礼堂举行纪念周，除特别规定人员外，全体师生均应参加，届时上午自习、上讲堂号改为全体集合号。二、起床点名时进行内务整顿和服装检查，每次训练回来后进行武器擦拭，晚饭后散步、唱歌。三、晚上 7 点会报时，由各部、处及各团队派定负责人员到官长会客厅集合。四、第 5、6 学生队上午 10：40 至 11：50 进行学课。从日程安排表中，可以想见黄埔生活之紧张，管理之严格。

为丰富学生生活，军校创办了许多刊物，有日报、期刊、专刊、文集、丛书、讲义等，用以宣传革命思想。军校成立不久，组织成立政治军事月刊社编纂委员会，王柏龄为委员长，孔庆叡为军事编辑主任，严重等 14 人为委员，周舜功为普通编辑主任，金诵盘等 8 人为委员，定期出版物有《黄埔日刊》《革命军》《黄埔潮》《军事政治月刊》《先声旬刊》《青年军人》《中国青年军人联合会周刊》《革命画报》等有关军事、政治的刊物。编写各种歌曲如《爱民歌》《三民主义革命歌》等，词曲感人深切，收效良好。1927 年 5 月 31 日，校政治部发布本年度《4月20日至5月31日政治工作报告》，对军校出版物印发情况统计，每日发行《黄埔日刊》4万份，每周发行《黄埔周刊》《黄埔生活》《黄埔军人》各4万份，每旬发行《黄埔武力》4万份，编辑纪念特号7期、画报6期。无论是报刊的门类，还是发行的数量，在当时军校中首屈一指。

军校还成立文艺演出团体——血花剧社。剧社是由黄埔军校政治部成立的军人艺术团体，旨在"将革命的艺术来改组社会"，于黄埔师生娱乐之中宣传革命思想，对调剂学生身心、促进精诚团结裨益至巨。创校之初，政治部推选学生士兵编演话剧，于师生、官兵娱乐之中，灌输革命思想，演出成效甚佳。1925年的元旦，黄埔军校师生连续编排、上演了《还我自由》《黄花岗》以及《鸦片战争前后》等话剧。1月28日，军校组织成立"血花剧社"，取"革命之血，主义之花"之名，直属于军校政治部，蒋介石亲任社长，主要骨干有李之龙、余洒度等。血花剧社担负着宣传革命、提高社会艺术的使命。李之龙指出："枪炮只能攻城，艺术可以攻心，搞戏剧工作就是革命。"[①] 剧社紧密结合当时的革命形式任务，编演了大量剧目，如《一片爱国心》《此恨何时灭》《国魂兮归来》《革命军来了》《青春的悲哀》《皇帝梦》《二七惨案》《三个商会会长》《工厂主》《夜未央》《弃妇》《孙中山伦敦蒙难记》等，成为当时军校内外十分活跃的文艺团体，起到了很好的宣传教育作用。4月25日，为开展学术研究和娱乐活动，军校将血花剧社扩大为"黄埔俱乐部"，下设政治、经济、美术、戏剧、音乐、体育等6组，学生于接受严格教育之际，依照各自爱好参加各种活动，调剂身心，促进精诚团结。每次演出时，不仅本校师生、官兵参加，广州市内青年学生、各界民众，也远道来校观看。

（五）以校建军

1. 军校教导团的组建

1924年7月，黄埔军校以第1期学生为骨干，开始组建教导团。同时，蒋介石指令在上海法租界新开河泰新旅馆（后移华界小东门敦厚里46号）设招募

---

① 刘作忠：《楚剧改革的先行者——李之龙》，《湖北档案》，第2002年第11期。

机关，由陈果夫负责，设招兵委员，有赵澄志、刘祖汉、陆福廷、戴任、王震南、王伯群、胡公冕、陈乐亭、周少游等人。兵源指定浙江的台州、绍兴、丽水、金华、奉化。[①] 8 月 11 日，蒋介石呈函政治委员会，"请决定革命军募练计划"，计划"募练干部三营，以为整顿现有各军及以后新练各军干部之用，此外预备步兵三团，炮兵、工兵各一营。步兵每团步枪计二千三百零四杆至二千三百四十杆（因二种编制，未能确定），机关枪六杆；其人数合官兵夫役与输卒，共计全团人员为三千五百六十九名"。[②]

9 月 3 日，派总教官何应钦筹备成立教导团，采用苏联红军建军的模式。10 月开始，蒋介石先后任命沈应时为教导团第 1 营营长、何应钦兼任教导团团长、陈继承为教导团第 2 营营长、王俊为教导团第 3 营营长。至 11 月 20 日，教导团全团正式成立，隶属于黄埔军校，全团人数约 1500。

12 月 3 日，建立教导第 2 团，原教导团遂改为教导第 1 团。教练部主任王柏龄为教导第 2 团团长，军事教官顾祝同兼第 1 营营长，林鼎祺兼第 2 营营长。

黄埔军校教导团组建时，正值军校第 1 期毕业，1924 年 10 月 19 日第 1 期学生第 1 至第 5 队分发见习，11 月 30 日正式毕业，与教导团的组建同步。据黄埔 1 期生李奇中回忆，"军校一期学生毕业后，有的派在校长办公室工作，有的派在教导团第 1、2 两团的营、连任党代表，多数派任教导第 1、2 团的营长、连长、排长、特务长"。[③] 据统计，黄埔 1 期毕业生 645 人中，有过在教导团任职经历的有 176 人，担任职务广泛。[④]

教导团始创中国军队"三三制"，每团 3 个营，每营 3 个连，每连 3 个排。

---

① 中国第二历史档案馆编：《蒋介石年谱（1887—1926）》，第 198 页，九州出版社，2012 年版。

② 中国第二历史档案馆编：《蒋介石年谱（1887—1926）》，第 202 页，九州出版社，2012 年版。

③ 李奇中：《黄埔精神永存——一九二四至一九二七回忆片段》，载中国人民政治协商会议广东省委员会、文史资料研究委员会、广东革命历史博物馆合编：《军校回忆录》，第 61 页，广东人民出版社，1982 年。

④ 李岚：《黄埔军校教导团的组建及早期人事分析》，载广州近代史博物馆、黄埔军校旧址纪念馆编：《国民革命与黄埔军校：纪念黄埔军校建校 80 周年论文集》，第 158 页，吉林人民出版社，2004 年版。

另每团设侦探队、机关枪连、特务连、辎重队、通信队、卫生队等机构。团部仿苏联红军建制设团长、党代表和参谋长。团、营、连均设党代表。团以下不设参谋长。指挥官与党代表分管所属部队的军事与政治工作。教导团发展很快，组建几个月后就扩大成为 2 个师，到 1925 年 7 月又扩编为 1 个军，即国民革命军第 1 军。团的各级指挥官、党代表和班、排战斗骨干都由黄埔军校教官、学生队长和毕业生担任。

军校教导团的两个团，被称为黄埔军校"校军"，这是黄埔建军的开端。这支革命武装在战斗中迅速成长和发展，为当年的国民革命军奠定了武力基础。

黄埔军校教导团的组织系统（1925 年 2 月）[1]

校　　长　蒋介石

党代表　廖仲恺

参谋长　钱大钧（后王柏龄）

政治部主任　周恩来

参谋处长　陈　焯

副官处长　王文翰

军需处长　周骏彦

教导团第 1 团　团　长　何应钦

　　　　　　　党代表　缪　斌（原王登云）

　　　　　　　参谋长　刘秉粹

　　第 1 营　营　长　蒋鼎文（初为沈应时）

　　　　　　　党代表　章　琰

　　第 2 营　营　长　刘　峙

　　　　　　　党代表　茅延桢

　　第 3 营　营　长　严凤仪（后为王俊）

　　　　　　　党代表　蔡光举

---

① 曾庆榴：《共产党人与黄埔学校》，第 143—145 页，广州出版社，2013。

侦探队队长　孙常钧

特务队队长　张本清

辎重队队长　邓振铨

学兵连连长　曹石泉

连党代表　曹　渊

教导团第2团　团　长　王柏龄（沈应时继，钱大钧代）

党代表　张静愚

参谋长　郭大荣（后顾祝同）

第1营　营　长　顾祝同

党代表　胡公冕

第2营　营　长　林鼎祺（后刘尧宸、宋文彬）

党代表　季　方

第3营　营　长　金佛庄

党代表　郑洞国

特务连连长　楼景樾

辎重队队长　沈　良

独立营营长　杨天樗

党代表　唐　震

　　黄埔军校组建教导团的同时，大元帅大本营铁甲车队也宣告成立。周恩来和中共广东区委在取得孙中山同意后，从黄埔军校教官、第1期毕业生中抽调部分党、团员作为骨干，改组大元帅大本营的铁甲车队，由黄埔军校特别官佐徐成章为队长，政治教官廖乾五任党代表，黄埔1期毕业生周士第、赵自选为副队长、军事教官。这支革命武装实际上由共产党直接领导。此外，黄埔教官、学生也参与了广东航空学校、飞机队、飞机工厂和飞机掩护队等相关军事机关的改组或改造。

　　教导团组建之后，军校政治部的工作，从校内的政治教育拓展至军队。1924年12月，时任军校政治部主任的周恩来，提议并经校方同意，开设了政治训练班，以训练各见习军官及见习党代表，对各级党代表所实施的政治训练，旨在"使一般官兵莫不了解党之主义、革命环境，恪守党纪军纪，以期凝聚团体精神，提高战斗力"。第一、二次东征中，军校政治部担负起处理军政关系、军民关系的责任，并制定《战时政治宣传大纲》：对本军解释作战意义和战争形势，鼓舞士气，奖励战功，维护军纪，活跃部队，追悼烈士，慰劳伤兵；对敌军是揭露军阀罪行，比较两军队区别，激发士兵的民族感、爱国心，优待俘虏；对民众是宣传政府政策、法令，解释东征意义和革命军纪律，以密切军民关系。①1925 年 1 月 16 日，蒋介石将营党代表章琰所著《士兵日课问答》发交团党代表，转令各营、连党代表实行之。② 在两次东征中，黄埔军校的政治思想教育和军队政治工作，释放出极大的军事能量。周恩来后来总结说："这是由于新成立的两个团，是新的革命军队，有着革命的三民主义作政治工作基础的军队，政治力量超过了敌人，提高了战斗力，保障了军队本身及军队与人民的团结。"③

2. 军校政治工作制度的推广

黄埔教导团成立后，采用党代表制，在团、营、连设党代表。党代表的权力与同级军事长官相同，一切命令须党代表副署方能生效，"除实施政治训练外，凡军队一举一动，一兴一废，须受其节制，以示党化云"。④ 各级党代表由廖仲恺从军校教官及第 1 期学生"富于政治学识"者中遴选。随后，党代表制推广至"所有党军及军官学校、讲武堂"。1924 年 11 月 8 日，廖仲恺与军校顾问加仑商谈为黄埔军校教导团配备党代表时说：已从应届毕业的学员中选了 50—60 名适合担任党代表职务的人。目前已为教导团任命了 12 名连党代表、3 名营党代表和 1 名团党代表。这一建议得到加仑的赞许，并提议从应届毕业生中选拔 5 人去广东航空学校，5 人去孙中山卫队，5 人到铁甲车队。在 1925 年

① 曾庆榴：《共产党人与黄埔学校》，第 214 页，广州出版社，2013。

② 中国第二历史档案馆编：《蒋介石年谱（1887—1926）》，第 263 页，九州出版社，2012 年版。

③ 周恩来：《抗战军队的政治工作》（1938 年 1 月 10 日），载中共中央文献编辑委员会：《周恩来选集》上卷，第 93 页，人民出版社，1980 年版。

④ 中国第二历史档案馆编：《蒋介石年谱（1887—1926）》，第 239 页，九州出版社，2012。

4月15日廖仲恺致蒋介石函中提到："查航空学校及飞机队、飞机工厂、飞机掩护队等，俱为重要军事机关或部队，应设党代表以资擘画。查有贵校见习官刘云、郭一予、赵自选等堪以委任。"遂分别委任黄埔1期生刘云、郭一予、赵自选为航空学校及飞机队、飞机工厂、飞机掩护队党代表。①

　　1924年11月11日，孙中山于离粤北上之前，"令新军改称党军，任蒋中正为军事秘书"。②12月11日，蒋介石对团、营、连党代表的职责作了具体说明，包括：实施政治教育，使官兵了解党的主义，恪守党纪和军纪，凝聚团体精神，提高战斗能力；关心士兵生活，接近并感化士兵；监督部队事务；负责军队党务。1925年4月6日，国民党中央通过《建立党军案》，以黄埔军校教导第1、第2团为基础，成立党军第1旅，委教导团第1团团长何应钦兼充党军旅长，沈应时为第2团团长，全旅仍归军校校长蒋介石节制。21日，黄埔军校开始组建教导团第3团，由钱大钧兼任团长。随后委任蔡熙盛为中校团附，沈良为少校团附，王俊为第1营营长，郭俊为第2营营长，文素松为第3营营长。5月7日，蒋介石任党军司令官。同月25日，国民党第一届三中全会通过《对于党军校纪军队之训令决议案》，决定：一、在军校及军队中，所有一切命令，均由党代表副署，由校长或该管长官制定；军中党的决议，其执行不遵照此程序。二、所有一切军校及军队中之法令规定，经党代表副署者完全有效。③这个决定，明确了军校和军队的地位和作用，成为加强党代表制的重要措施。6月14日，军校任命郭大荣、茅延桢、惠东升分别为教导团第4团之第1、2、3营营长；贾伯涛、鄞悌、李定安、张慎阶、曾扩情、杨溥泉、项福川、杜成志、凌光亚为第1至9连连长；刘尧宸为第4团团长。第4团为滇军俘虏改编，团部最初设长洲上庄曾家祠。与此同时，决定将党军第1旅升编为党军第1师，任命何应钦为师长。不久，黄埔军校又开始组建教导团第5团，以蒋鼎文为代理

---

　　① 曾庆榴：《共产党人与黄埔军校》，第100—101页，广州出版社，2013年版。

　　② 中国第二历史档案馆编：《蒋介石年谱》，第234页，九州出版社，2012年版。

　　③ 中国第二历史档案馆编：《中国国民党第一、二次全国代表大会会议史料》上册，第119页，江苏古籍出版社，1986。

团长，团部设鱼珠蒲氏宗祠。

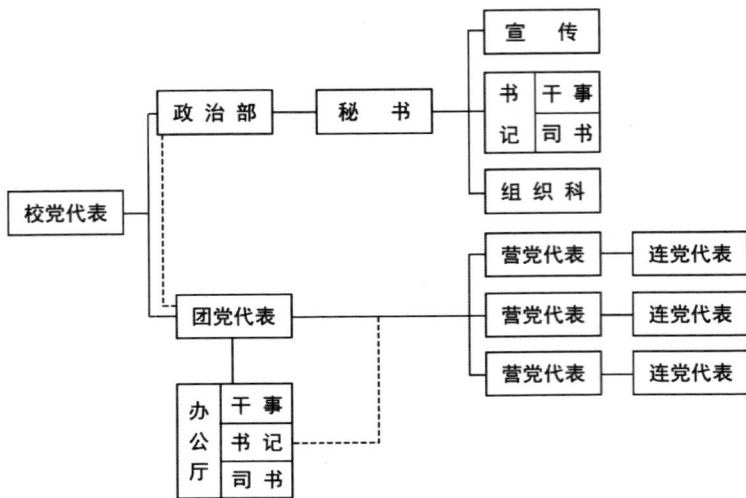

图 1-2　党军最初党代表系统图

1925 年 7 月 1 日，广州国民政府成立后，先后将黄埔军校校军和驻在广东的粤、湘、滇等各系部队，统一改编为国民革命军。以教导团为基础的校军扩编为国民革命军第 1 军，连以上设有党代表，并将党代表制度推广至国民革命军在广东的各军。26 日，军事委员会决定：黄埔军校实行"校""军"分立，第 1 军从黄埔军校中分离出来。8 月 1 日，国民政府颁发"统一军权"和统一军队名称之命令。同日，许崇智发表通电，解除建国粤军总司令职务，军队交由国民政府军事委员会统率。4 日，谭延闿、朱培德、程潜联衔发表"解除总司令职"通电。[①]正当国民政府全面整顿各军队时，8 月 20 日，黄埔军校党代表、国民革命军党代表廖仲恺，遇刺身亡。然而，整军的步伐没有因此而停顿。26 日，军事委员会议决编组国民革命军："党军改为第一军，统辖第一、二两师，蒋中正任军长；建国湘军改为第二军，谭延闿任军长；建国滇军改为第三军，朱培德任军长；建国粤军改为第四军，李济深任军长；福军改为第五军，

① 《许谭朱程解除总司令职通电》，载《广州民国日报》（1925 年 8 月 6 日）。

李福林任军长。余如赣、鄂、豫、陕各小部，则仍其旧。"①

国民革命军采用苏联红军的政治工作制度，设立党代表和政治部。共产党人周恩来、李富春、朱克清、罗汉、林祖涵分别担任第1、第2、第3、第4、第6军的党代表兼政治部主任。中国共产党的早期领导人和优秀的共产党员，不仅亲自参加政治工作的实践，成为革命军队政治工作的开拓者，而且在不断总结军队政治工作经验的基础上，提出了许多颇具见地的军队政治工作思想原则。特别是周恩来的《军队的性质和组织》《国民革命军及军事政治工作》，恽代英的《党纪与军纪》《军队中政治工作的方法》和《告投考黄埔军校的青年》，聂荣臻的《军队中政治工作的意义》等文章和讲演，以及李富春的多次讲话等，较为明确地提出并阐述了军队政治工作的若干基本问题。②

从校军到党军，再到国民革命军，在军校、军队中，实行党领导军队和军队政治工作制度，加强军队的政治领导，推动和保持军校和军队的革命化，使军校、军队成为革命党的工具而不至于变成私人的工具。党与军队之间的关系，叶剑英曾精辟地概括为"军以党化，党以军成"。③由党建军，形象地说是三驾马车：一是党代表，军校创办时即设党代表，对军校和部队负监督、统率之责，校中、军中一切命令，须经党代表副署，才能生效。二是政治部，此为党对工作机关，对党代表负责。三是党部，在军校、军队中建党，连及连以上设党部，党部之下设小组。党代表、政治部、党部三驾马车，统一于党领导军队总架构中，这是中国军事史上前所未有的，洵为苏俄红军党军体制的输入与运用。④

对于黄埔建军的历史经验，毛泽东曾给予了高度评价："那时中国共产党和国民党合作组织新制度的军队，在开始时候不过两个团，便已团结了许多军队在它的周围，取得第一次战胜陈炯明的胜利。往后扩大成为1个军，影响了更

---

① 中国第二历史档案馆编：《蒋介石年谱》，第363页，九州出版社，2012年版。

② 《中国共产党历史》第1卷（1921—1949）上册，第138页、第175—176页，中共党史出版社，2021年版。

③ 杨祥伟、潘苍石：《黄埔前后的叶剑英》，第173页，中国文史出版社，2015年版。

④ 曾庆榴：《黄埔：从"水陆师学堂"到"陆军军官学校"》，载《黄埔军校与中国革命——纪念黄埔军校建校90周年文集》，第165页，中共党史出版社，2016年版。

多的军队，于是才有了北伐之役。那时军队设立了党代表和政治部，这种制度是中国历史上没有的，靠了这种制度使军队一新其面目。一九二七年以后的红军以至今日的八路军，是继承了这制度而加以发展的。"[1]

---

① 《和英国记者贝特兰的谈话》（1937 年 10 月 25 日），载《毛泽东选集》第 2 卷，第 380 页，人民出版社，1991 年版。

第二章 ┃ 铲除军阀求统一

黄埔军校建立以后，以孙中山先生所倡导的"创造革命军队，来挽救中国的危亡"为宗旨，以"亲爱精诚"为校训，以培养军事与政治人才，组成以黄埔学生为骨干的革命军，武装推翻帝国主义和封建军阀在中国的统治，完成国民革命为目的，一方面积极进行孙中山革命的三民主义教育，一方面灌输马克思列宁主义的思想。军校采用军事与政治并重、理论与实践结合的教学方针，为中国革命培养了大批军事政治人才。广大黄埔师生在反帝反封建、争取国家统一与民族独立的斗争中立下了赫赫战功，为中国革命作出了重大贡献。

一、黄埔师生从东征到北伐的赫赫战功

黄埔军校组成以军校学生为骨干的革命军，先后进行了平定广州商团叛乱、首次东征、平定刘杨叛乱、二次东征、回师南征、挥师北伐、二次北伐等重大作战行动。"黄埔军"作为先锋和骨干，在历次作战中英勇善战、屡建奇功，为巩固广东革命根据地、结束军阀割据和完成中国形式上的统一发挥了重大作用，建立了彪炳史册的功勋。

（一）平定广东商团叛乱

国共合作开始后，广东成了全国革命的中心，引起帝国主义和国内反动势力的仇视。英帝国主义一方面援助陈炯明叛军从外部进攻广州，一方面策动陈廉伯商团在广州城内发动叛乱，企图颠覆广州革命政府。1924 年 10 月 15 日，

孙中山领导的广州革命政府终于平定广州商团叛乱。平定商团叛乱给帝国主义和地主买办阶级势力以有力打击，使广东革命局势转危为安。

1924年5月，广东全省98处商乡团代表在广州西瓜园商团总所召开"联防会议"。会议通过联防章程等，决定成立全省商乡团联防总部，选举陈廉伯为总长，并议定筹集钱款购买枪支，图谋颠覆革命政府。8月4日，商团借口自卫，通过粤汉铁路总理徐崇灏，向大本营军政部骗取购运枪械入口护照一张。8日，商团雇用的丹麦商船"哈佛号"，悬挂挪威国旗，装载着从香港南利洋行订购的各式长短枪9000余支，子弹300多万发，驶入广州。当时，广州某英国人得知内情，即密告广州革命政府。10日，蒋介石接到孙中山先生将"哈佛号"商船监押至黄埔的手令后，随即派出"江固""永丰"两舰于12日将该轮监押停泊于军校门外，并将该轮所运枪械全部起货封存于军校内，由两个连的士兵守护。枪械被扣留后，陈廉伯等躲入沙面煽动广州商人发动罢市，要求政府发还扣械，并组织商团军于12日赴大本营请愿，要求发回枪械。孙中山先生在大本营接见了商团请愿代表，说明扣械原因，并告诫商团军不可受人煽动，劝说商团不要罢市。但商团随即提出"械存与存，械亡与亡"的口号予以威胁。22日，在商团军胁迫下，商团总部所在的佛山市开始罢市，次日蔓延至整个广州市。陈廉伯弟弟、商团军副团长陈恭受还在佛山自封攻城司令，下令各县商团使用武力驱逐各县县长，成立商人政府。英帝国主义支持商团叛乱，派军舰开抵白鹅潭示威。20日和22日，孙中山先生先后下令通缉陈廉伯、陈恭受。24日，孙中山调兵入省，宣布广州戒严，以对付商团叛乱活动。26日，孙中山以大元帅名义发布命令，责成商团复业。

9月15日，陈廉伯、陈恭受等发表通电，否认利用广州商团军图谋推翻政府，表示拥护孙中山先生、服从广州革命政府。

10月9日，几经协商后，孙中山令蒋介石发还商团扣械。10日，在中共广东区委领导下，广州反帝大同盟、广州工人代表会、社会主义青年团等30个团体，5000多人举行纪念辛亥革命大会，周恩来等出席大会并讲话。会后示威游行队伍行至西濠口时，遭到商团军枪击，被打死20余人，伤100余人。随后，中共广州地方委员会发表《告广州市民书》，号召民众支持国民政府解除商团武装，扑灭反革命派。参加大会游行的 16 个团体成立"工农兵学革命同盟"，发表宣言，声讨反革命的屠杀罪行，号召大家与反革命派决此最后死战。11 日，孙中山组织革命委员会，自任会长，并命令该会用会长名义便宜行事，敉平商团事变。同时将广州商团机关一律解散并缴械，令韶关警卫军及北伐军一部回师广州，讨伐叛乱。12 日，广州商团在西关等处大肆张贴"驱逐孙文""打倒孙政府"等标语，构筑工事，宣布封锁该地区。入夜，陈廉伯在沙面召集商团头目会议，决议新老城各分团团军 14 日下午 5 时集中西关，15 日拂晓出动占领省署、公安局以及财政各机关，扩大叛乱。

10 月 14 日，孙中山以大元帅名义令胡汉民代行革命委员会委员长职权，以廖仲恺为秘书佐之，向"陆军军官学校校长蒋中正、航空局长陈友仁、甲车队长卢振柳、工团军团长施卜、农民自卫军主任罗绮园、讲武学校监督周贯虹、滇军干部学校校长周自得、兵工厂马超俊、警卫军司令吴铁城"发布平定商团手令："兹为应付广州临时事变，未平定期内，所有黄埔陆军军官学校、飞机队、甲车队、工团军、农民自卫军、陆军讲武学校、滇军干部学校、兵工厂卫队、警卫军统归蒋中正指挥，以廖仲恺为监察，谭平山副之。"[1] 并强调"收缴商团枪支刻不容缓，务于二十四点内办理完竣，以免后患"。令粤、滇、湘、桂各军，分任各街防守。

黄埔军校派出两个学生队，连夜开赴广州市区，保卫省长公署。蒋介石命令军校第 1 期第 3、第 4 队学生开进广州作战斗部署（时第 1 队学生在韶关护卫孙中山），第 2 队学生防守军校。10 月 15 日，在蒋介石的指挥下，军校师生参加平定广州商团联军的战斗。经 5 小时激战，平叛部队迅速进占西瓜园、太平门、西门普济桥等处，一举荡平横行广州多年的商团军。陈廉伯见大势已去，逃往沙面，在英国人护送下逃往香港。

在平定商团军的战斗中，黄埔学生军初试锋芒，得到了锤炼。平定商团叛

---

[1] 《孙中山平定商团手令》，载《黄埔军校史料（1924—1927）》，第 239 页，广东人民出版社，1982 年版。

乱，显示了国共合作的威力和广东革命政权的力量，打击了英帝国主义和国内反动势力，清除了广州革命政府的一个心腹之患，从而使广东政局得到初步稳定，为随后东征陈炯明、南讨邓本殷，进一步统一广东全省和使国民革命向全国发展创造了必要的条件。

（二）首次东征

首次东征是指 1925 年 2 月初至 4 月初，广州革命政府在中国共产党、苏联顾问的帮助下，在广东东江地区对军阀陈炯明部的进攻战役。1925 年 1 月 7 日，乘孙中山北上病重之机，粤系军阀陈炯明在英帝国主义势力的支持下，率领 3 万兵力进攻广州。15 日，广东革命政府发布《东征宣言》，组成东征联军 10 万人，于 2 月初分 3 路讨伐陈炯明。4 月，东征军控制东江地区，取得东征的胜利。

1. 调兵遣将，进军东江

面对陈炯明大军压境的险恶形势，国民党中央执行委员会军事委员会决定先发制人，在陈炯明军进犯之前，主动发起进攻。当时在广东，战斗力最强、供应最充足、装备最精良的军队，非滇军莫属。滇军共有 3 个军、1 个独立师，绝大多数军队都配备了现代化的带弹仓的步枪，也配有先进的大炮，弹药相当充足，军队的装备也很好，但滇军军纪较为散漫，从军官到士兵普遍抽吸大烟。刘震寰的桂军实力相对较弱，共有五六千人，分为 7 个师，武器装备也相对较差，武器口径各异，不成系统。粤军方面，统帅是孙中山的老战友许崇智，下辖 3 个军。第 1 军占据着广州西南部的江门地区，下辖第 12 独立旅、第 13 独立旅和第 19 独立旅。第 2 军下辖第 1 师、第 2 师、第 3 师、第 7 独立旅、第 8 独立旅、第 11 独立旅、第 14 独立旅和 4 个独立团、宪兵队。除了 3 个师和第 7 独立旅，其他旅、团战斗力较差，主要是服务于许崇智的税收机构。第 3 军 4000 人，下辖 3 个旅，该部由匪盗组成，战斗力较差。

广州革命政府可用之兵不多，除了协调杨希闵滇军、刘震寰桂军、谭延闿湘军，能够直接指挥的只有黄埔校军、粤军和吴铁城的警卫旅。1925 年 1 月

15 日，广州革命政府发布《东征宣言》，决定组成以杨希闵为总司令的东征联军，兵分 3 路作战：右路军——由许崇智率领的建国粤军张民达第 2 师、许济第 7 独立旅和余鹰扬第 16 独立团与黄埔军校校军组成，自广州附近和黄埔岛出发，首先肃清广九铁路沿线敌军，然后经淡水、平山、海陆丰，直趋潮汕。右路军是精锐部队。粤军张民达第 2 师是右路军的先锋部队，与黄埔校军、许济第 7 独立旅及余鹰扬团密切配合，协同作战。粤军的军事素养相对较低，20 多个旅长中，只有 8 人接受过军事教育，但军官大都经过内战的历练，拥有丰富的作战经验。粤军的作战主力是步兵和机枪手，对火炮的使用还不熟练。兼任粤军参谋长的蒋介石和军校党代表廖仲恺任校军指挥，钱大钧任参谋处长，周恩来任校军政治部主任。在浩浩荡荡的东征右路军中，活跃着苏联顾问的身影。中路军——由刘震寰的建国桂军组成，任务是占领惠州，策应两翼前进。左路军——由杨希闵的建国滇军组成，经增城、博罗向河源、龙川攻击前进，直取五华、兴宁、梅县、丰顺、平远、蕉岭等地区。左路军滇军实力较强，但并未全部出动参加东征。中路刘震寰桂军和左路杨希闵滇军，虽然参与东征，且杨希闵还是东征军总指挥，但实际上他们只是挂着"革命"的招牌，对东征并不上心，热衷于保住广州地盘、保存自身实力。

2 月 1 日，讨伐陈炯明的第一次东征正式开始。右路军率先进兵，意图肃清广九线铁路，恢复通车。右路军分为左右两翼，蒋介石率黄埔校军为右翼，由黄埔长洲岛乘舰向虎门集中；粤军张民达第 2 师、许济第 7 独立旅为左翼，由广九铁路向石龙前进。第 2 师和第 7 旅的任务是在 2 月 4 日占领石龙地区，由第 2 师师长张民达任总指挥。黄埔校军和驻扎在太平地区的第 2 军余鹰扬第 16 独立团的任务是 2 月 3 日、4 日开始进攻，夺取东莞城，由蒋介石任总指挥。

黄埔校军方面，黄埔军校全体师生于 1 月 31 日在军校大操场举行第一次东征誓师典礼。校军 3000 余名健儿誓师北伐。周恩来向全校师生进行政治动员，讲明此次东征的重大意义，号召大家为打倒帝国主义、推翻军阀反动统治而英勇作战。誓师典礼结束后，黄埔军校发布《告东江人民书》。《告东江人民书》首先自报家门："本校为中国国民党创办之党的陆军军官学校，亦即党军之养成

137

所也。"隆重宣示："集吾校健儿，整队出发，誓以歼灭东江反革命军阀，为吾校学军尽力于革命工作，为人民除痛苦谋利益之开始。"还以"中国国民党陆军军官学校全体官佐学生士兵"名义强调独特标识："我们的记号是颈系红巾，军装齐整，衣领是翻领。"申明："我们是保护人民的，决不和陈军一样抽捐收税，也不和其他军队一样骚扰人民，我们出兵东江，为的消灭陈炯明，为的消灭残害你们的奸贼。"① 同日，蒋介石在黄埔军校本部颁发"校军东征出发令"。命令指出："本校全部拟于 2 月 3 日在虎门附近集中完毕，相机动作。教导第一团（缺第一营）务于明（2 月 1 日）午前 8 时由本校出发，用船舶输送，向沙角前进。到沙角后，会同第一营限于 2 日在北栅、怀德一带集中完毕。教导第二团务于 2 月 2 日午前 8 时由本校出发。用船舶输送，向太平圩前进，限当日在白沙附近集中完毕。学生队、炮兵第一营、校本部，于 2 月 3 日午前 8 时由本校出发，用船舶输送到虎门寨、太平圩一带集中。给养由各团自办。余现在本校，2 月 3 日带同校本部出发至虎门。"

战旗猎猎，号角激昂，英勇雄壮的黄埔军校校军正式踏上了东征的征途。苏联军事顾问 B.A.斯捷潘诺夫随军出征。在右路军奋勇前进的同时，滇军、桂军却按兵不动。同日，蒋介石与南线的桂军进行协商，桂军答应与黄埔校军同时进攻平湖车站，但并没有兑现诺言。

2. 首克东莞，进占平湖

黄埔校军从广州出发后，一路向太平圩地区进发。这是黄埔校军第一次参加大规模的战役，也是第一次远征。为鼓舞部队士气、争取群众支持，周恩来带领王逸常、洪剑雄等人，协同教导团各级党代表，既做部队的政治工作，也做军民合作的工作。

校军方面，于 2 月 2 日乘船向沙角前进，3 日晚经过虎门，当晚在太平市宿营，设校本部行营于方家祠。当日，校军发出"准备攻击前进令"，计划于次日占领下山门、龙旺埔、石鼓一线，5 日向东莞之敌攻击。命令教导 1 团务必

---

① 《告东江人民书》，载《青年军人》第 2 期，1925 年版。

于 4 日到达下山门附近，教导 2 团务必于 4 日到达赤岭、龙旺埔一带。计划各部于 5 日 9 时 30 分攻击东莞之敌。

2 月 4 日拂晓，张民达、叶剑英率粤军第 2 师与叛军熊略第 5 军练演雄部发生激战，并顺利将其击溃，俘获敌军数百人，并缴获其枪支弹药。敌人急调 2000 余兵力来增援，第 2 师又将其击退，并乘胜攻克广九铁路线上的常平。这时黄埔军校教导团亦开进到常平。两军会师力量倍增，遂发起对东莞的进攻。第 3 军王若周第 16 独立旅也于同时进攻东莞。激战 7 个小时，由王若周旅率先攻入县城。黄埔教导团随即冲进县城，围歼残敌。同日，桂军由罗岗初溪，取道福田前往三江墟，再图进攻石龙。桂军由代总指挥、第 3 师师长黎鼎鉴指挥，在三江墟与叛军杨坤如部交上火，上午 10 时占领三江墟一带。

2 月 5 日，黄埔军校本部行营移至东莞县署，蒋介石、周恩来随之进驻。军校政治部组织宣传队宣传先行，每到一处就立即向群众做政治宣传工作，他们散发了《告东江人民书》《为东征告市民书》《敬告东莞县民》《告人民同胞》《不要坐在家里等太平》等布告、传单。经过深入的政治宣传和反复的解释，广大群众分清了革命军与军阀、土匪，满腹疑虑终于冰释。这是黄埔军校能够很快取得群众的配合，东征顺利进展的主要原因。

2 月 6 日，东莞商会召开欢迎东征军大会，蒋介石、周恩来等应邀出席。蒋介石在会上表示："我军系真正革命军，以革害国害民贼之命为目的。此次系为救国救民而来，人民有痛苦，吾军必当使之无痛苦，与他种军队之给人民以痛苦者大不相同。"[1] 周恩来在精彩致辞中重点介绍了黄埔军校注重政治教育的特点，强调"为人民而打仗"的宗旨，使与会者耳目一新，看到校军与军阀军队的不同之处。会上宣传黄埔校军志在铲除陈逆，救民于水火，不拉夫，不筹饷，赢得阵阵掌声，欢呼不断。有商界人士发言，担心校军离去后，重遭劫掠，表示如果校军愿意常驻东莞，当地愿月助军饷万元。对校军的信赖、赞赏之情溢于言表。

---

[1] 《黄埔（2020 年增刊）》第 50 页，《黄埔》杂志社 2020 年版。

2月9日，蒋介石在常平车站发布"向东江平湖进军令"，命令教导1团于10日凌晨6时由常平圩出发，沿铁路经樟木头、塘头厦向天堂围前进。教导2团于10日凌晨7时由上坑出发，沿铁路经樟木头、塘头厦向石鼓前进。10日下午1时30分，教导1团到达塘头厦。根据当地民众透露，平湖有叛军六七百人。团长何应钦派侦探队沿铁道搜索前进，抵近侦察。下午2时，侦探队出动，1团大部队也继续前进，下午2时40分到达天堂围。此时，侦探队回来报告，叛军正在平湖北端小高地筑散兵壕，看似是要占领阵地。何应钦决定向平湖发起攻击。命令前卫部队——严凤仪第3营搜索前进至平湖附近，占领阵地。下午3时30分，前卫严凤仪第3营抵达平湖北部高地，叛军同时进入阵地。严凤仪派人向何应钦报告。得报后，何应钦命严凤仪第3营向叛军发起进攻，命沈应时第1营自右翼迂回包抄叛军左翼，命刘峙第2营为总预备队。晚8时30分，严凤仪第3营发起进攻，距叛军阵地还有2000米时，叛军即开枪射击。3营官兵认为距离过远，不在有效射程内，没有开枪，继续前进。叛军见严凤仪第3营官兵勇敢，惊慌恐惧，放弃阵地沿铁道向李塱方向逃遁。何应钦得知叛军逃退，命第3营追击前进，并命刘峙第2营派出一个连一起追击。这时，铁甲车也到了。何应钦打算派铁甲车追击，但由于夜黑行走困难，加之铁甲车缺水需要补充，待补充完整已至9时，故没有承担追敌任务。

进战平湖之役，从发起攻击到结束战斗不过30分钟，但却是教导1团官兵第一次与叛军正面交手。在真刀真枪的战场上，年轻的黄埔学生军英勇无畏，同时极为冷静，在远方敌人胡乱射击时没有惊慌失措，沉着不发一枪，迫使叛军逃遁，展现了良好的精神面貌和战斗素养。

3. 激战淡水，进占海丰

2月13日，黄埔校军本部决定攻击淡水。下午4时，教导1团进占坪山圩，沿途没有发现敌人。教导2团下午抵达牛鼻湖。14日晨，蒋介石决定由樟树埔、寿田围攻击淡水之敌。当天下午，蒋介石率部抵淡水城下，与张民达师、许济旅会合，决定兵分3路围攻淡水：教导1团、2团攻淡水南面；张民达第2师攻淡水西北；许济第7独立旅攻淡水东北面。经过两小时的激战，东征军占领了城外阵地，敌军除城东黄皮径南面有一部分兵力外，其余全部退入城内。由于叛军以城墙为掩体，教导团战士持步枪射击难以毙敌，敌我双方遂陷入僵持。14日晚，校军招募组建攻城奋勇队。15日凌晨6时整，校军炮兵营开始轰击，将城墙炸开一个豁口。奋勇队员匍匐前进，遭到守城叛军猛烈火力压制，前进非常困难。何应钦抵近督战，令团部附近之第4连1排（由预备队来）进入战斗，会同中路第1营奋勇队迅速接近城脚，并命令后方预备队前进。在进攻迟滞之时，忽然有第1营第3连的掌旗兵举旗冲到城脚，大幅挥舞旗帜，鼓励后方战友前进。奋勇队员群起应之，从城墙崩塌之处冲入城内打开城门，教导1团将士蜂拥而入。与此同时，教导2团也在西北门全线出击，不久即攻进西门。经过激烈巷战，叛军不支，纷纷向东门逃窜。此战教导1团是主力作战，共缴获枪支590支，机关枪5架，子弹数万发，俘虏700余人，致敌死伤无数。

攻下淡水城不久，从惠州赶来的敌人援兵洪兆麟部抵淡水城东10余里之山中，与奉命在此警戒的许济第7旅接战。上午8时30分许，教导1团第3营营长严凤仪率领第8连、第9连两个排，由东门前进至常山仔以北高地，协同许济旅作战。同时赶到的教导2团一部，也加入了战斗。至下午4时30分，许济旅逐渐不支，开始退却。叛军追至淡水城下，团长何应钦决定发起反击，令第1营由淡水城北门外沿河的左岸前进，渡河袭击右翼敌人。由于第1营举的是红色军旗，恰巧叛军部队的军旗也是红色的，叛军误认为是从淡水城退出来的己方队伍，于是一枪不放。等1营官兵接近高地时，敌人已经来不及组织还击，立刻纷纷后退。1营官兵乘机追击，打退了增援之敌。2营方面，下午5时40分，2营3、4两个连前进至仙人石高地，适逢叛军一部正欲占领该高地。4、5两个连猛力冲击，迫使叛军连退两个山头。经过激战，叛军见不能攻占淡水城，于是全线撤退，淡水城转危为安。

淡水之役是东征军打的第一个硬仗，更是黄埔校军的第一场名副其实的实战。这场战役检验和锻炼了东征军尤其是黄埔学生军的意志品质和战斗能力，为以后的作战打下了良好的基础。同时淡水素有东江门户之称，东征军迅速攻克淡水，为顺利进军东江扫清了道路。

2月27日，右路军兵分数路向陈炯明的老家海丰进发。按照校军部署，教导2团于27日凌晨6时前运动至羊坑、水口山附近，攻击三突山当面之敌，得手后向外青、水口方向追击。教导1团于27日凌晨6时前运动至水口册—黄麇集一线，联络教导2团共同向海丰方向前进。行军途中收到陈炯明由汕尾逃往香港的情报，得知叛军已无统驭之人，右路军军心大振。黄埔校军决定加速前进，相机占领海丰。蒋介石命令教导1团由孔子门—金光台—泥膏道方向前进，占领大经山后，在大液—潭口—黄泥坑道以北地区向海丰追击前进；命令教导2团由孔子门经梅龙圩先占领大箭山，由大液—潭口—黄泥坑道以南地区向海丰攻击前进。下午3时，黄埔校军本部到达海丰梅陇圩，当天傍晚，蒋介石下令两个教导团向海丰进攻，待拿下海丰后，校军本部进入海丰城宿营。但由于道路崎岖，部队行进缓慢，难以按时占领海丰。

2月28日上午8时30分，蒋介石率校军本部在梅陇前方10公里的田心圩宿营。上午10时，急于赶在黄埔校军前面占领海丰的张民达得偿所愿，并险些活捉洪兆麟。黄埔校军教导团于午前抵达海丰宿营。校军本部于上午11时方抵达海丰城。

同时，右路军指挥部也迁到海丰，紧急召开师长会议。虽然取得攻占海丰之捷，但局势并不乐观。会议决定：（1）黄埔校军、粤军第7旅和第16团经安流、河口、棉湖、普宁和河田进军，于3月2日前占领河婆，3月6日前占领河田；第2师经陆丰前进，其莫雄旅经万留、伊西、潮州进军，任务是必要时支援黄埔校军和第7独立旅，最终任务是占领潮州，另1旅沿陆丰、万留、潮安前进，任务是夺取汕头。（2）立即从西线抽调粤军第1师第1旅和第3师第1旅，将其紧急集中于广州，以防范石生发动进攻；如查明范石生确实要向广西开拔，就立刻令其与吴铁城旅和第11独立旅前往海丰。（3）布防在平山和淡水的掩护部队应协调行动，阻击从惠州要塞出击的叛军，保住自己的队伍，情况危急时前往淡水集中；如果发现叛军向海丰移动，就不断地袭扰其后方，干扰叛军的行动。（4）请示政府加快借款的进程，但要告诉杨希闵，给他的款项不会超过1/3。

3 月 1 日清晨，得到确切报告，范石生的确打算向广西开拔，总司令部命令粤军第 1 师第 1 旅、第 3 师第 1 旅及吴铁城旅立即向海丰挺进，并最迟于 3 月 8 日、9 日在海丰集结，以便进一步攻打河口。当天下午，海丰各界在海丰城林氏祖祠召开各界联欢大会，到会者 1000 余人。中央执行委员会组织部长谭平山、政治部主任周恩来、农民部秘书彭湃等发表演说。同日，黄埔校军本部派吴振民留在海丰，作为本部代表办理一切党务及宣传工作，并协助农会训练自卫军。广州黄埔军校本部致函校长蒋介石，调宛旦平、卢德铭去海丰协助农会训练自卫军；致函颜国瑶，委托其去陆丰进行党务及宣传工作。

4. 平定潮汕，棉湖大捷

右路军虽然大败洪兆麟、叶举（叛军陈炯明"救粤军"各路总指挥），夺得海丰，但形势却愈益严峻。右路军迅速召开会议商讨作战计划。蒋介石等担心敌军在休息整顿、喘息渐定后，则平叛更难，所以主张分 3 路迅速攻击。计划各部于 3 月 7 日集中于潮安、揭阳、普宁线上。

3 日上午 12 时许，粤军第 7 独立旅许济部由河婆出发，向鲤湖前进。许济第 7 独立旅追过鲤湖，进占普宁。许崇智也进至黄塘。黄埔校军方面，于 3 月 2 日由海丰经公平圩、日中圩到达新田圩。

3 月 3 日，校军由新田圩出发，经朱子冈冈头，至黄塘田心，所行皆山路，约 35 公里，下午 5 时半到田心宿营。4 日，校军本部于 8 时从黄塘出发，经河婆至井尾。5 日上午 7 时半，黄埔校军本部人员由井尾进发，行 30 公里至棉湖。正午，校军在此集中，于下午 5 时后进入普宁城，宿营于县城模范学校。6 日上午 7 时，校军本部人马出普宁城，下午 4 时，到揭阳城东渡河，5 时，入城。全市已被叛军抢掠一空。蒋介石和校军本部人员驻于县议会办公处。

3 月 5 日，胡汉民于广州大本营发布《饬东征各军乘胜前进扫清余敌令》，并派大本营参议廖仲恺驰往东江，慰劳前敌各军。7 日，右路军张民达第 2 师、许济第 7 独立旅追击洪兆麟部第 2 师及第 7 旅，在潮安一带将残敌数百人缴械，进占潮安城。攻下潮安后，张民达第 2 师、许济第 7 独立旅又一鼓作气攻占了粤东重镇汕头市。至此，潮汕已全部被右路军占领。占领汕头、潮安后，张民达、许济到处安插自己的"管家"担任县、市长，并收取"保护费"。

黄埔校军进入潮安城后，考虑到黄埔军校第2期学生随军战斗但尚未毕业，为了不耽误学业，军校特别在县城筹立分校，称黄埔军校潮州分校。3月8日，校军本部在揭阳县休息。当晚，校军本部召开会议，议决：（1）地方政治工作。（2）组织行营医院。同日晚，东征右路军总司令部抵达汕头。加伦从汕头紧急致电在广州的廖仲恺，告知前线将军之间开始产生分裂，新占领地区行政机构的组建太不成体统，故请求国民党中央委员会通过一项决议，规定各县的县长和其他行政领导人员只能由政府来任命。然后在广州选拔可靠的工作人员，派他们带着政府的委任状到汕头工作。加伦还请求廖仲恺本人亲自到汕头来一趟。总司令部命令第2师从汕头移驻潮州，由总司令部负责保卫汕头。黄埔校军和第7独立旅暂时原地待命。虽然命令已经下达，但至3月9日张民达仍不想撤出汕头，其正忙于紧急从商人中征税并到处安插亲信。

3月12日，林虎率领刘志陆等部精兵2万多人，分几路杀向棉湖。13日早上，教导1团从棉湖出发，渡河后到达和顺以东4里的新塘村高地，与敌人王定华等部5000多人正面对垒。13日上午8时30分，叛军在正面进攻受阻后，集中主力转移到村南，从侧面攻击教导1团左翼。第1营沉着应战，但由于力量悬殊，被叛军包围，死伤数十人，第2连被缴去数十杆枪。幸而第1连占据第3连右翼小高山，向敌冲锋。第3连亦移至小高地，奋勇抵抗，使得叛军无法靠近。王俊第3营进至第1营之右前方高地，以9连在左，7连在右，8连为预备队，迅速向正面之敌攻击前进。但由于叛军人数太多，第3营后方叛军仍向左翼移动，企图围歼校军。10时10分，左翼叛军攻入曾塘村，继续向村东进迫，直达河旁，距离高地上的团指挥部仅300米。当时，蒋介石、何应钦、周恩来和苏联顾问都在指挥部里，形势十分危急。何应钦命令第2营营长刘峙率预备队第1连，端刺刀向敌冲锋，冲入敌阵与敌肉搏。陈诚连开3炮，命中叛军，方才脱险。11时30分，许济第7独立旅及时赶到，和第3营协同作战，巩固了阵地。由于中路和右翼阵地稳固，敌人一时无法攻破，便改变进攻路线，集结了约4000人以优势兵力向左翼第2营阵地包抄过来。学兵连连长曹石泉率部紧急增援，打退叛军一次又一次进攻。下午 2 时 30 分，右路的第 3 营和许济的第 7 独立旅向敌人发起猛烈攻击，敌人的防线被攻破，仓皇向和顺方向溃退。中路的第 1 营看见第 3 营正在猛烈追击敌人，也跃出阵地，乘胜追击。不料追击至和顺村附近，叛军总预备队发起反攻，以密集队形及机关枪猛烈扫射。许济的第 7 独立旅支撑不住，向后退却。教导团 1 团第 1、3 两营拼死抵抗，浴血奋战，共计死伤 200 余人。紧要关头，教导 2 团赶到，直攻和顺的叛军司令部。叛军后方受到攻击，唯恐陷入包围圈，于是在夜幕掩护下，狼狈地向五华、兴宁方向逃去。至此，棉湖战役告捷，奠定了第一次东征胜利的基础。

5. 轻取河婆，智取五华

当黄埔校军、粤军第 7 独立旅在棉湖鏖战之前，海丰方面军总指挥、粤军第 1 军第 1 师第 1 旅陈铭枢部于 3 月 10 日收到右路军总司令部向河田进发、占领河婆的命令。11 日下午 1 时，陈铭枢收到许崇智电报，称叛军已经靠近（或者已经占领）普宁，要求海丰方面军在两天内抵达河田。当日，第 1 旅抵达锡坑。吴铁城旅、张发奎团从海丰开拔前往公平圩，晚上在新田宿营。

3 月 12 日晚上 10 时，陈铭枢召集会议，决定于 13 日凌晨 2 时，从锡坑出发，凌晨 5 时抵达河田，黎明时向叛军发起进攻。3 月 13 日凌晨，右翼吴铁城旅和张发奎团推迟 1 小时才出发，走在前头的是吴铁城旅第 2 团。彼时，河田驻有叛军刘志陆第 2 军某团 500 人，当时叛军还在睡觉。凌晨 6 时，部队靠近河田，设在村口附近的叛军哨所开了火。吴铁城旅第 2 团向左侧展开，张发奎团向右侧展开。经过 20 分钟的对射后，叛军开始撤退。战斗结束后，第 1 旅没有向北追击叛军，而是随吴铁城旅之后向河婆进发。

3 月 13 日下午 6 时，陈铭枢召集军事会议，决定于 14 日清晨进攻河婆。3 月 14 日清晨，两路纵队向河婆挺进，两支队伍都迟到了。左翼是吴铁城旅和张发奎团，张发奎团走在前面。在路上得到消息，称叛军在凌晨 2 时即从河婆向北逃窜了。尽管有这样的好消息，两路行军依然缓慢。走在前面的张发奎团一度摆好作战阵势，以为叛军就在前面。陈铭枢部不费吹灰之力拿下河婆。攻克河婆之后，原计划不进入河婆继续向北和东北进军，但第 1 旅却留在了河婆，其余部队向北截击叛军。张发奎团向北推进了3至6公里，与600名叛军遭遇。张发奎团投入战斗，与叛军对射两个小时。而另外的4个团却在河婆一带的宽广谷地中无序移动。等到吴铁城旅第2团开始向河婆以北的高地挺进时，叛军已经撤退。晚上7时，黄埔教导2团及时从东边赶到。由于海丰方面军各旅团军官犹豫不决、行动不力，消灭叛军的计划落空了。在河婆，叛军只有一个团的兵力。海丰方面军在河婆有4个团，但真正作战的只有一个团。虽然陈铭枢率部占领河婆比预定时间晚了一天，但仍完全有可能继续向北进军8至10公里，从而切断敌军后路继而围歼之。军官们对局势缺乏清醒的认识，临阵指挥不力，致使叛军侥幸逃脱，保留了有生力量。

3月17日下午，黄埔校军抵达横流渡。蒋介石得知叛军主力已由横陂、水口一线奔向兴宁，于是决心以两个教导团及陈铭枢第1旅，由左侧小路先取五华城。黄埔校军克服道路崎岖等困难，强行军数百里，于18日晚抵达五华城外围，把五华城东、南、西三面包围起来。当时敌军主力已开往兴宁，五华城内有王达庆部湘军二三百人、杨秉为部四五百人及新由横陂退却来的溃军二三百人。杨秉为部驻南门城内，王达庆部驻东门外，其余溃兵均散驻城内。叛军未曾料到东征军如此神速，所以没有在城外派驻警戒部队。率先来到五华城的教导1团官兵克服长途行军的疲累，将城东、南、西3门包围，打算于夜间发起攻击。巧的是，在晚上10时许，捕获叛军1名连长及2名游击士兵。该名连长系王达庆部，因听闻校军将至，出城催夫，预备不得已时向兴宁退却。他供称第4师师长王达庆已逃往兴宁，该师由宋姓参谋长指挥；该部已打电话到河口调王化部1000余人来援，明日10时前可到；老隆、河源方向已无敌人，不过留守后方人员唯铁场尚有一营叛军，明日也来五华集中；该连的两个排已押送子弹200担、饷银25000两往水口。得知以上敌情后，何应钦决定乘夜攻城，务必在敌人援军到来前占领五华。于是迫使该名连长为先导，教导1团代理党代表彭干臣率第4连之一排士兵随之入城。夜12时至南门外，假称回城运弹药，诱开两道木栅。抵近城门时，守兵坚不开城。随行将士遂发起攻击，破门而入。城中叛军听到警报，纷纷向东北夺门而出，向兴宁、赣边逃窜。教导1

团在未折一兵的情况下占领了五华城，俘获王达庆宋姓参谋长以下数百人，缴获枪械约千支、水冷机枪多挺和大批子弹辎重等军用品。

6. 兴宁大捷，悼念孙中山

3月19日中午，黄埔校军教导2团和粤军陈铭枢第1旅前往兴宁。当天下午4时，攻下永泰关，驱逐了守敌，直捣兴宁城。下午6时，援敌开到，猛攻南门外的教导2团第2营。第2营第1连及第4连、第5连腹背受敌，陷入被包围状态。营长刘尧宸从容指挥，前后分击，与敌猛战一个多小时，才将叛军打退。蒋介石看到南门地势不利，于是将第1营第1连移归西门方面。此时天色已晚，夜黑休战，右路军彻夜坚守阵地。

3月20日凌晨，从梅县畲坑等地赶来的黄业兴及王德庆、刘志陆、黄任环、王定华等叛军援兵，向位于神光山的粤军第1旅施行包抄。粤军第1旅进行猛烈攻击，激战至7时，才这将这股叛军援兵打退。接着又激战于南济桥。东征军士气旺盛，机智勇敢。一面集中火力歼敌，一面派一队精兵蹚河水潜入北岸义尚围梁屋坝。东征军犹如天兵天将出现在敌人面前，居高临下地横扫黄业兴部第5旅。敌军腹背挨打，顷刻间土崩瓦解，溃不成军。激战从凌晨持续到当天傍晚7时。神光山、南济桥一战俘敌团长1名、营长5名、敌兵约700名，缴获步枪600多支。敌兵死伤无数，黄业兴第5旅失去战斗力，其余叛军狼狈退入兴宁城。由于林虎亲自督战，加之城外来援之敌不断，教导2团等攻城部队进展不大。下午3时，教导2团发起猛烈攻击，第1营攻南门外第一村落，其余攻城。粤军第1旅攻打南门外第二、三村落，从敌侧包抄攻击。下午5时许，教导2团占领新丰街，登上高楼俯瞰全城地形，一面令第3营向西门进攻，一面架炮侧射南方，再转击西门，与敌形成对峙。夜8时许，粤军第1旅击溃第3师黄业兴第6旅，缴获大量枪支，捕获许多俘虏。教导2团亦尽全力以攻城。夜10时后，教导1团抵达兴宁，攻城力量得到加强。快到凌晨时，教导2团9个连由南门冲入城内，与叛军展开巷战。叛军逐渐不支，惊惶失措，弃城从东门逃跑。由于夜深天黑，林虎、王德庆、刘志陆等叛军将领才得以脱逃，险被黄埔校军活捉。自1922年4月以来为林虎所盘踞的兴宁城遂被攻克。

当东征军乘胜前进的时候，孙中山先生却因积劳成疾，罹患肝癌不治，不幸于 3 月 12 日在北平病逝，享年 59 岁。

3 月 30 日上午，黄埔校军在兴宁县城北门外刁屋坝举行追悼孙中山大元帅及阵亡将士大会。追悼大会台上悬挂着孙中山全身大礼服遗像，两旁附悬教导 1、2 团东征军阵亡官兵的灵位。台下悬挂孙总理遗嘱、誓词及祭仪。台前案桌放着香炉和鲜花。追悼大会显得庄严肃穆，充满沉痛悲哀的气氛。大会由何应钦唱礼，蒋介石宣讲誓词、发表悼念演说《如何追悼总理》，周恩来代表全体官佐士兵宣讲祭文。在追悼大会的会场正门，悬挂着蒋介石题写的挽联："主义扬中外，精灵炳日星。"门楣横额书作："高明配天，博厚配地。"各军将士官佐以及县属政、学、农、工各团体，共约 5000 人，于 9 时整赴会场。11 时，开会行礼，蒋介石主祭。誓词曰："我陆军军官学校全体党员，敬遵总理遗嘱，继承总理之志，实行国民革命，至死不渝。谨誓。"蒋介石宣读《祭孙总理文》："维中华民国十四年三月三十日，弟子蒋中正，致祭于总理孙先生之灵前曰：呜呼！山陵其崩乎！梁木其坏乎！三千学子，全军将士，将何所依归托命耶？廿载相从，一朝永诀，谁为为之，而竟至此。英士既死，吾师期我以继英士之事业；执信踵亡，吾师并以执信之责任归诸中正……呜呼！精神不灭，吾师千古，主义不亡，国民长春。神灵显赫，率英士与执信，以助党军革命之成功。北望燕云，涕零不止。魂兮归来，鉴此愚诚。呜呼！尚飨。"[①]

周恩来面对孙中山遗像，声色悲壮地宣读了《祭孙总理文》。他沉痛地追悼和缅怀了孙中山先生一生的光辉历程，激奋地号召广大军民化悲痛为力量，保持革命警惕，保卫胜利果实，继续战斗，乘胜前进，彻底消灭陈家军，统一广东，巩固广东革命根据地。末段文采心气，如泣如诉："念我总理，平民慈母，弱者良朋。重工农，是先生民生主义之精华；亲弱小民族，是先生革命主张之特见。先生坐是见忌于帝国主义，见忌于媚外洋商；然而先生不为势屈，不为利动，特立独行，孤军转战，岂仅后世楷模，要亦晚近一人。吾人哭总理，其

---

① 《黄埔军校史料（1924—1927）》（续篇），第 456—457 页，广东人民出版社，1994 年版。

亦知总理生时固备极艰难困苦，颠沛流离，非常人所能堪耶！呜呼！总理而今逝矣，盖棺定论，无问友敌，咸尊国父。唯我军校，总理遗产，永述师意。出发东江，潮汕方下，先生弃逝；正逐林丑，得知噩耗！杀贼之时，哀伤之日。呜呼！总理不及亲见东江之肃清矣！总理之病，病于陈逆背叛。两年苦斗，不图肃清东江，竟成总理之饰终典礼，伤痛何如？陈逆之肉，宁足食耶？哀哉！总理声音笑貌，而今而后不可复见。军校党徒，彼此以后，将如孩提失其慈母，将如学童失其导师！所恃明灯，唯在主义！革命到底，不计成败。东江杀贼，是为嚆矢！先师总理，魂其来凭！诱我奋斗，助我杀敌！革命军兴，革命功成。总理虽死，主义常存！呜呼！尚飨。"[①]

（三）平定刘杨叛乱

1922 年刘震寰、杨希闵为首的一支滇桂军投向孙中山，驻在广州地区。1925 年刘、杨在英帝国主义和北洋军阀段祺瑞策动下，乘广东革命军东征之际，于 5 月中旬发动军事叛乱，占领了广州电报局、车站等处。广东革命政府调回东征军，在工农群众支援下，于 6 月中旬击溃叛军。刘、杨逃往香港。使广州局势转危为安，巩固了广州革命政权。

决定回师讨逆后，东路军[②]指挥部一面褒奖东征功勋卓著将士，一面整顿积弊、激扬精神，为即将到来的讨伐杨、刘叛乱做好准备。5 月 17 日，东路军指挥部颁发命令，要求官佐士兵一律加佩红领带，以与其他部队相区别。此时在广州，滇、桂军已发动叛乱，占领电报局、车站等地。19 日，黄埔校军在梅县东校场召开班师回广州讨逆的动员会，号召官兵"为平定杨、刘军阀叛乱作战"。21 日，蒋介石指挥东征军左右两路纵队出发。29 日，左右两路纵队到达淡水地区，从淡水兵分两路向樟木头站和塘头厦站开拔。6 月 6 日，两路纵队分别抵

---

① 《黄埔军校史料（1924—1927）》（续篇），第 456 页，广东人民出版社，1994 年版。

② 东路军：广州革命政府在 1925 年 1 月 13 日汕头会议上决定，将进行编组：东路军、北路军、西路军和本路军。东路军：由黄埔校军、粤军第 4 师、陈铭枢的第 1 师第 1 旅、吴铁城和何彤的第 3 师第 6 旅组成，共计 11000 人，由蒋介石担任总指挥。其余粤军约 6000 人东征，由许宗智指挥，留守汕头、潮州一带。

达目的地。7 日在此休整。回师路上，蒋介石屡次训话，说明班师回广州的任务和战斗要诀，强调"牺牲"为军人的最后目的，激励将士保卫革命成果。周恩来领导政治部组织战时宣传队，配合对杨、刘作战的宣传。

6 月 3 日，代理大元帅胡汉民给杨希闵、刘震寰发出最后通牒，要他们立即服从政府、撤出防地、归还侵占机关，但遭到拒绝。鉴于此，5 日，大元帅府发布命令，免去杨希闵、刘震寰本兼各职，听候查办。杨、刘立即行动，分别占领了省长公署、粤军总司令部、财政厅、公安局、电报局、电信局以及铁路、101 税收行政机关。7 日，大元帅府通电揭露杨、刘罪行。当日，叛军试图强渡进攻，被黄埔军校师生击退。8 日，东路军沿铁路进军。大约中午 12 时不战而克石龙。驻扎石龙的桂军于前一日向西北方向逃遁。同日，东路军指挥部发布《申明军纪令》。10 日，东路军进攻广州，对杨、刘叛军发起总攻。党军第 1 旅及粤军第 1 师第 1 旅陈铭枢部、第 3 师第 6 旅何彤部、第 4 师许济部、警卫军吴铁城旅等部，开抵石牌，与滇军胡思舜部激战一昼夜，击毙滇军 500 多人。黄埔 1 期生陈赓等化装潜入广州，散发平定杨、刘叛乱的传单，遇险得脱。军校航空队飞机连日起飞，侦察滇桂叛军阵地动态。同日，黄埔军校代总队长张治中集合第 3 期全体入伍生举行誓师大会，宣告："实行连坐法；顺从命令；隐藏瞄准；爱惜百姓。"誓师大会结束时，高唱革命歌曲，高呼"打倒杨希闵、刘震寰""革命成功万岁"等口号，人人精神奋发，全场充满壮烈气氛。军校留守学生队和入伍生队准备配合海军渡河，攻占东山车站。

6 月 11 日清晨，黄埔军校第 3 期入伍生总队早饭后换穿草鞋到校外大操场集合，由教育长胡谦宣布出发命令，他简洁有力地说："我们现在要乘船到猎德去攻打据守在对岸石牌车站附近地段的滇、桂军。他们军纪很坏，到处鱼肉人民，都很脆弱，只要我们大家都勇敢作战，定能战胜他们。"随后，张治中便率领队伍出发。军校入伍生每人佩带一支上了刺刀的步枪、100 发子弹和 4 颗手榴弹，分乘大小木船前往猎德，强攻石牌。船未靠岸，军校入伍生就由船上跳入河中。河水较深，但大家在冲锋号声中奋勇向对岸冲去。岸上敌军射击，第 9 连连长王声聪等不幸身中数弹牺牲。中午，东路军占领石牌后，督队向市区进发。当天晚上，军校入伍生总队在猎德对岸露营。上午 11 时，东路军第 1 旅和吴铁城旅未经战斗便来到指定区域，黄埔校军与驻扎在龙眼洞的叛军交上了火，并将其压到一边。第 4 师与叛军相遇，击退敌人并于 12 时进入龙眼洞地区。

6 月 12 日拂晓，按照总指挥部的部署，入伍生总队、湘军讲武堂学生等 3000 余人，会同粤军第 3 军李福林、警卫军驳壳大队等约 7000 人，由猎德村抢渡珠江，以袭击滇桂军的后路。在炮舰掩护下，渡江部队乘坐民船，由火轮拖带前进。渡江后，即向滇军阵地射击。张治中部只配备一门山炮，由苏联炮兵顾问契齐班诺夫指挥，开炮后即击中了石牌车站。正巧这座车站是滇军的指挥所，杨希闵和他的师长赵成梁正在其中。赵成梁和几个参谋被炸死，杨希闵吓得仓皇逃走，滇军无人指挥，陷入慌乱。当军校入伍生冲到他们面前时，纷纷缴械投降。入伍生总队势不可挡，很快攻占石牌车站。朱方盛、吴俊杰等在战斗中英勇牺牲。滇桂叛军遭到猛烈打击，加之广州自来水厂、电厂及各条铁路的工人联合罢工，使市内外敌军无水电可用，交通、通信中断，犹如失去了"耳朵"，成了"瞎子"，军心动摇，于凌晨 6 时 30 分左右，从珠江前沿阵地渡河回撤。滇军且战且退，于 8 时许退入市内，沿大东路、东川路、惠爱路、德宣路等，狼狈向西北方向逃窜。

东路军方面，于 12 日晨进攻沙河龙眼洞，党军第 1 旅担任右翼，粤军第 1 旅担任左翼，警卫军吴铁城旅为总预备队。经过几个小时的战斗，叛军占领龙眼洞。11 时许，党军第 1 旅、警卫军、粤军第 1 旅等部进入惠爱东路，再行至财政厅广大路一带与滇军激战约半小时后迫使滇军上观音山。下午 3 时，黄埔入伍生总队开抵财政厅，西北方向仍有枪声。滇军由长堤退至永汉路南如茶楼时，与东路军相遇。滇军气急败坏，进入广安爆竹店搬取爆竹燃放，制造混乱，与东路军激战。爆竹燃放引发大火，殃及广发爆竹店及邻近 6 间店铺，至战事结束，消防队施救方才平息。

遁入广州城内的杨、刘叛军，因往日的为非作歹而为广州市民所痛恨，此刻被广州市民用铁棒、菜刀、扁担迎头痛击。桂军刘震寰部 4000 多人纷纷缴械。残部在 15 日被彻底消灭。杨希闵、刘震寰见大势已去，躲入沙面租界，后逃往香港。至此，广州革命政府的心腹之患被铲除，为第二次东征以及北伐奠定了基础。

6 月 15 日，校长蒋介石、党代表廖仲恺联名在广州《民国日报》上发表《陆军军官学校讨逆布告》，说明平定杨希闵、刘震寰叛乱的缘由和经过。战事结束后，蒋介石收编滇军俘虏，组建教导团第 4 团，呈请任命刘尧宸为团长，郭大荣、茅延桢、惠东升分别为第 1、第 2、第 3 营营长。

（四）第二次东征

第二次东征是 1925 年 10 月 6 日至 11 月 7 日，广州革命政府在东江发起旨在彻底歼灭陈炯明叛军的进攻战役。以粤军、黄埔校军为主力的东路军回师广州，于 6 月中旬一举铲除杨、刘叛军，巩固了广州革命根据地。此时，原已被打败的陈炯明残部，乘东征军主力回师广州、平复杨刘叛乱之机，重占潮州、汕头；盘踞广东东南部的军阀邓本殷也与其配合，企图向广州进攻。广州国民政府为彻底消灭陈炯明叛军残余，统一广东革命根据地，遂决定再次发起东征，即第二次东征。

1. 解除川军武装，攻克惠州城

第二次东征伊始，蒋介石在广州指挥了一次军事行动，逮捕了川军将领熊克武等人，迅速瓦解了驻粤川军。驻粤川军部队的首领熊克武是四川井研县人，早期在日本加入同盟会，曾与陈炯明等人共同筹划 1911 年广州起义，民国成立后受命南京临时政府组建蜀军，"二次革命"爆发时响应孙中山号召积极进行反袁活动，失败后逃亡日本。护国运动爆发后，熊克武回国，成为川军第 5 师师长兼重庆镇守使，被云南实力派唐继尧任命为四川督军兼省长。1924 年 1 月，熊克武在中国国民党第一次全国代表大会上被选为中央执行委员会委员。7 月，被孙中山任为建国军川军总司令、川滇黔联军副总司令，率部进驻到湖南常德一带整编部队，准备参加北伐。经请示国民政府，并征得大部分部属同意后，熊克武率领川军 3 万余人^①，于 1925 年 8 月到达广东整训补充，由国民政府指定连山、阳山等县为联军驻地，司令部设在连山。熊克武随即于 24 日启程进入广州。到广州的当天晚上，汪精卫、蒋介石等人宴请熊克武，熊克武为表心迹，便将此信带去，出示给众人。信是在连山时陈炯明写给他的。汪精卫看过信后对熊克武说，这封信算不了什么，对别人也许还有点作用，对你我老同志之间，难道还能挑拨离间吗？席间，蒋介石还邀请熊克武参观黄埔军校，并希望他在参观期间讲话。国民政府指定广州广大路 4 号 1 幢 3 层楼的楼房作为招待所，在招待所门口挂出建国军川滇黔湘桂 5 省联军总办事处的招牌。

第二次东征誓师后的中秋节（10 月 2 日），川军将领鲁平周、陈古枝、龙光等先后来到办事处。同天，蒋介石的手下捕获张炽万，在他的身上搜出陈炯明的一封信，信中有希望川军军长余际唐"密派妥员赴港，面达机宜，同策进展"之语。第二天（10 月 3 日），蒋介石、谭延闿和朱培德来川军办事处庆祝中秋节，并带来几瓶洋酒。3 人上楼后，蒋介石对熊克武等说："昨天我们参加'沙基惨案'五十二烈士国葬典礼去了，今天特来与你们补贺中秋节。"几个人边喝边聊。一个小时后，蒋介石说："今天国民政府开会，解决川军驻地与粮饷的问题，请你们去参加。"说完蒋介石、谭延闿和朱培德拉着熊克武以及川军军长余际唐的手下楼而去。到了会议地点，谭延闿突然宣布说："你们被扣押了。"并立即派人把熊克武和余际唐押上汽轮解往虎门，关在上横档，由蒋介石派黄埔军校入伍生队的两个连担任警戒。而其他川军高级将领陈古枝等也被尽数扣押。到虎门后，看守人员要熊克武写命令，要求川军部队接受改编。熊克武当即写了一个手令，内容是："此次被扣，不知何因，也无从究诘。余与诸袍泽由湘来粤，初衷原欲参加国民革命。如今既得政府改编，得遂革命之志，希望顺从政府旨意，接受改编。如有不愿者，可向政府请求解甲回乡，上仰下育，各安生业。切勿以我为念，安生是非，以免糜烂地方，玷辱部队之荣誉。"蒋介石派金佛庄带兵迅速包围了广州川军办事处，在出示了熊克武手令后将川军部众

———————

① 有多种资料记载出入甚大，从 6000 人到 10 万人不等的说法。

缴械，押入卫戍司令部进行搜查。又发现了两封信，内容是川军军长但懋辛向熊克武、余际唐推荐一名可以与陈炯明、林虎联络的人。

10月4日，蒋介石等以国民政府名义发布"重要通令"，谓熊克武"交通敌人，谋危国民政府，罪状昭然，人证俱获，实难再得姑容。已饬广州卫戍司令，立将熊克武扣留，听候中国国民党中央执行委员会审判"。随即，国民党中央执行委员会决定终止熊克武的中央执行委员职务，并开除其党籍。蒋介石还发布《告川军将士书》，任命川军"随营学校"监督龙光为川军宣抚使，委任党军第1军的李杲为独立团团长，接收川军。另派张辉瓒为先锋，组成讨伐部队，以便在必要时围歼川军。张辉瓒在劝说无效后发动进攻，川军仓促应战，被打得大败。

10月10日清晨，蒋介石又派黄埔1期学生李杲和黄埔3期学生曾晴初携带自己的亲笔信，找到川军将领吴克雄劝降，要他率部队参加国民革命军第1军，但遭到拒绝。10月11日，川军残部以汤子模为总指挥，从连县撤退。川军的一部分被编入黄埔军校所属的两个教导团，其余分别投靠了赵恒惕和四川的杨森。当时独立于国民革命军的广东最大军事集团——川军迅速瓦解。蒋介石事后不无得意地评论道："一弹未发，而平此大难。人以我手段辣，而不知行事贵在速决。"①

10月8日，何应钦奉命率东征第1纵队攻击惠州城。11日，第1师移驻博罗；第2师第4团占领下角附近，负责攻打北门；第3师（缺第9团）占领上下马庄、飞鹅岭，负责攻打西南各门。为了摸清敌情，何应钦与第2师第4团团长刘尧宸及苏联顾问切列潘诺夫等人还到距惠州城300米之外的下角阵地侦察地形。为尽快攻克惠州城，第1纵队组织了650人的攻城先锋队。

10月13日上午10时，第1纵队野战炮兵先行开始向预定试射目标敌司令部、公园内敌无线电局及炮兵阵地、北门城楼、北门城楼左手城角（即河边敌之机关枪阵地）、北门城楼右边突出部草棚（即敌侧防位置，设有机关枪）进行

---

① 《黄埔》（2020年增刊）第23页，《黄埔》出版社2020年版。

射击。至午后 1 时许，北门城楼已被摧毁，城墙也被轰开缺口十数处。下午 2 时，指挥部下达重点攻击北门的命令，以第 2 师刘尧宸第 4 团主攻北门。第 3 师第 7 团进攻小西门至南门一带，第 8 团进攻西门一带，第 1 补充团进攻东南门。第 1 军野炮兵在大中堂射击北门城全部。第 1 师山炮兵第 1 连在下角附近射击北门城楼敌人司令部，另外两个连在花园水东侧高地炮击南门城之敌。第 3 师山炮兵在花园水北方高地炮击西南门之敌。4 团在距城墙 2000 米以外的地方开始冲锋，遭到未被炮火摧毁的敌机枪扫射，死伤惨重，至下午 3 时，攻击西、北门的前线步兵才冲到城下。4 团死伤者激增。第 3 师第 7 团、第 8 团及第 1 补充团相继冲锋数次，都因天黑不便进攻，各团即在原地停止攻击，炮兵也停止炮击。

10 月 14 日下午 3 时，蒋介石下达了总攻命令，炮兵即开始向城北门一带猛烈射击。东征军第 4、第 8 团及野炮连以猛烈火力集中于北门及其左右侧机关枪阵地。第 7 团及第 1 补充团亦同时向西门攻击。第 4 团进攻北门中央线以左区域，该团第 1、第 2 营为第一线，第 3 营为第二线，距离也很近。第 7 团团党代表蒋先云组织奋勇队用云梯强行登城，多处受伤，仍奋勇当先。至下午 4 时 15 分，经过 30 个小时的浴血奋战，一举攻克素称天险的惠州城。东征军登城后，第 4 团即向城左方之敌攻击，第 8 团即向城内右方之敌攻击，炮兵变换目标向惠阳及浮桥一带射击。叛军闻听城破，纷纷逃遁，惠州府县两城遂完全克复。

2. 激战海丰，华阳大战

10 月 23 日，东征军除留党军第 1 师第 3 团暂驻海丰，扫清海丰附近及汕尾一带之残敌外，大部分仍向公平追击叛军谢文炳部。谢文炳踞公平东北一带高地抵抗，但遭到党军第 1 师第 2 团攻击，又向河田溃退。第 1 师于当天下午 4 时占公平。气急败坏的谢文炳决定孤注一掷，定下了"绕过第一纵队，由平山淡水趋樟木头、进取石龙，直插广州"的计划。他认为海丰东征军留守兵力单薄，可以先行夺回，于是亲率所部与陆学文等部共 3000 余人，给每人发大洋两元，于 24 日深夜挑选敢死队，发动偷袭。

当时留守海丰部队仅有第 1 师第 3 团第 2、3 营及直属部队共 5 个连。党军宿营时，农民自卫队来报告说，距海丰 30 里外，有洪兆麟、谢文炳部共七八千人。第 3 团随即在城外郑家大桥桥头上设置了瞭望哨。当天黄昏，团长钱大钧、团党代表包惠僧还亲自视察过哨位。夜半 3 时，谢文炳军开始进攻北门。钱大钧、包惠僧命令第 2 营全部投入战斗，第 3 营在附近待命。判断敌情后，钱大钧、包惠僧派侦探队长俞济时（黄埔 1 期）率领所部从右侧方冲锋前进，抄袭敌人的后路。但 2 营营长唐同德（黄埔 1 期）已经受伤，于是又将特务连两排人投入战斗，团部仅剩钱大钧、包惠僧、8 个卫士及不到 10 人的传令兵，钱大钧认为应该向师部请援。包惠僧认为身边还有 20 多条枪、两挺机关枪，如果和第 3 营取得联系，还可以挽回局面。到凌晨 5 点钟，俞济时部已先第 3 营冲到郑家大桥桥头，把谢文炳的队伍截为两段，并打退了桥东的敌人进攻，被拦在桥西的敌人无路可去，只得缴械投降。后来打扫战场时，发现毙敌百余，俘敌200 余人，缴枪 200 余支。第 2 营的官兵死 20 余人，伤数十人，受伤的营长唐同德牺牲，年仅 28 岁。

10 月 25 日上午 8 时，蒋介石率总指挥部由埔心圩启程，经鲤鱼坝、猫公嶂、马头山一线。此处山岭不高，但道路崎岖，行军非常艰难。同日，军校政治部发布《为攻克惠州告广东人民书》，程潜率第 3 纵队抵蓝口。叛军陈修爵部余党 1000 余人占据蓝口对岸递运圩，以图牵制。在第 3 纵队先头部队的迎头痛击下，陈修爵部四散溃退。26 日，第 3 纵队继续前进，抵达老隆，攻击据守此地的叛军林烈等后方部队。第 3 纵队奋勇进攻，迅速击败了叛军，于下午 4 时完全占领老隆圩。至此，海丰、陆丰、紫金、老隆等各地均为东征军所占领，陈炯明叛军的老巢潮梅地区已尽在东征军的控制之下，为彻底消灭陈炯明叛军、实现完全统一广东革命根据地的战略目标奠定了坚实的基础。

10 月 25 日下午 6 时，第 3 师师长谭曙卿率部追击叛军黄任寰、黄业兴、王定华等部。26 日上午 6 时，谭曙卿指挥第 3 师由黄田前进，至华阳圩时，得当地人报告，叛军确有万余人在塘湖、龙村、梅林、琴口一带，占据要隘，作攻击防御姿态。谭曙卿当即命令第 7 团在官田一带警戒，其余部队在华阳宿营，决定于 27 日拂晓，向塘湖、琴口之敌发起攻击。

10 月 27 日凌晨 5 时，第 3 师各部开始运动，向敌攻击。上午 7 时许，前卫第 8 团在距塘湖 5 里处与叛军接触，发生激烈战斗。至 11 时，叛军发现第 3 师兵力单薄，于是施行猛烈之射击，并屡次冲锋，均被第 3 师击退，但叛军过多，且陆续增加，形势岌岌可危。下午 1 时，第 1 补充团派人来报，周保山团长在琴口附近负伤阵亡，官兵受伤甚众。谭曙卿立即命令第 7 团第 1 营，注意左后方之敌。万一第 1 补充团不支，则第 7 团第 1 营可以增援，不致被叛军击溃。下午 2 时 30 分，龙村之敌向第 3 师左侧迂回，作包围之势，节节逼近。此时，第 3 师官兵伤亡很多，兵力更加拮据，陷入被动局面。下午 3 时，叛军完成对第 3 师的包围，第 1 补充团火力不支，逐渐退却。于是叛军进取华阳，断东征军后路。谭曙卿见情势危急，决心以第 7 团第 1 营掩护大部队退却，然后固守华阳，等待第 2 纵队主力增援，再图反攻。午后 5 时，第 3 师全部退至华阳附近，但华阳已被从琴口赶来的一小部叛军先行占领，并截击第 3 师。第 3 师以一部驱逐该敌，大部队从河右岸徐徐退却。在突围时，第 1 补充团代理团长车鸣骡（3 期生，时任第 3 师第 4 团第 8 连党代表）及 8 名连长、8 名连党代表和 1000 多名士兵先后阵亡。蒋介石得到第 3 师不利的电报后，驰往华阳督战，想要激励官兵阻挡叛军的猛攻。谭曙卿得令后，亲率部队据守一高地拼死抵抗。但敌人攻势很猛。第 3 师作战不利，连累附近的东征军总指挥部陷入险境。看到叛军已经迫近，担任警卫任务的陈赓一面指挥部属对追兵进行阻击，一面背起蒋介石撤退。一直退到了羊高圩附近，才在一片凹地里潜藏起来。叛军退后，蒋介石马上收集第 3 师溃散的部队加以整顿，并命何应钦派部接应。

10 月 28 日凌晨 6 时，蒋介石率总指挥部人员由羊高圩出发，经流坑、秋溪，午后 2 时到严前。叛军洪兆麟率部袭击驻守河婆的第 1 团，于午前 9 时发起猛攻。第 1 团沉着应敌，团长刘峙用机关枪扫射，又发炮遥击叛军预备队，致使敌人死伤遍野。29 日上午 9 时，叛军黄任寰部到达阳阜附近，与第 1 师第 2 团接触，激战终日。同日上午，蒋介石率总指挥部由岩前出发，下午 4 时抵达华阳圩，行营设在宝林寺。晚上，蒋介石月下观察华阳地形，后令各师旅乘月夜包抄敌营。分令第 2 纵队第 11 师陈济棠部、左翼队 3 个支队（以上两部在紫金县境），第 1 军第 1 师何应钦部（在河婆），第 1 军第 3 师谭曙卿部（退至羊高圩）分路将退至五华县安流、双头等处的林虎、刘志陆、李易标等部重重包围，将其完全打败，取得俘敌 4000 余人、缴枪 4000 余支的战果。东征军出奇制胜，转危为安。

3. 两夺河源，鏖战河婆

第 3 纵队由攻鄂军、豫军、赣军、潮梅军编成，在东征中担任左路，共 6000 余人，由纵队长程潜统率。10 月 21 日下午，程潜在石公神，获知高望一带有叛军马雄韬部，但兵力不详。当天傍晚，第 3 纵队攻鄂军第 2 团、第 3 师第 9 团击破四方围北端高地之敌，迫使叛军向高望方向退却。为实现占领河源的预定目标，程潜决定先肃清马雄韬部。

10 月 22 日，程潜在路上搜到叛军信件，获知河源城无严密防务，决心改变作战部署，先取河源城，遂令攻鄂军第 3 团改道向河源前进。下午 3 时，程潜抵达石下。此时，攻鄂军第 3 团已在石下占领阵地，与新丰江北岸及河源城的叛军交火，战至一小时，仍然呈现僵持状态。程潜命令攻鄂军第 3 团迅速在石下徒步涉水过河。在叛军的猛烈炮火下，攻鄂军第 3 团官兵勇往直前，毫不畏惧，仅花费 15 分钟，就全部过了河。渡河之后，攻鄂军第 3 团向河源城发起攻击。在攻鄂军第 3 团的猛烈进攻下，守城叛军逐渐不支，向城池西北角溃退。第 3 纵队遂完全占领河源城。新丰江对岸的叛军，被第 3 纵队痛击后，向南湖方向退却。程潜命第 3 师第 9 团卫立煌团长派两营兵力追击，并令攻鄂军第 4 团王团长率领所部，从驻地开赴河源，警戒回龙方向叛军，随时准备策应第 4 师第 9 团。依照原计划，第 3 纵队应于 10 月 26 日占领老隆。既然已经攻下河源，下一步目标即是老隆。

程潜率第 3 纵队各部由河源沿东江向老隆进发。10 月 23 日下午 3 时 50 分，第 3 师第 9 团与向南湖方向逃跑的叛军，在马蹄嶂附近遭遇。叛军约 3000 人，占据大道两侧高山。卫立煌当即命令第 3 营攻击叛军左翼，第 1 营攻击叛军右翼，其余为预备队。激战两小时，双方仍处于胶着状态。由于天色已晚，双方停火。24日凌晨，一大批叛军从左翼高山，在机关枪掩护下，猛扑第3师第9团，双方激战数小时之久。紧要关头，攻鄂军第4团团长王茂泉率所部赶到。第3师第9团乘机发起反攻，猛烈冲锋数次，叛军势力开始衰退。下午2时30分，叛军1000余人，又从左翼高山向密石寨奔来，妄图截击第3师第9团、攻鄂军第4团后路，形成包围圈。第3师第9团、攻鄂军第4团由于消耗较大，弹药匮乏，向南坑方向突围。后抵达南坑，又向黄沙前进。豫军方面，因向老隆前进，与攻鄂军第2团失去联系，在印冈附近与叛军遭遇，发生激战。由于叛军人多势众，攻鄂军第2团伤亡甚众，于是向山羌水铺前退却。潮梅留守河源的第1团第1营官兵，在双下、阿婆庙占领高地，掩护各军渡河。同时，回龙河对面揽子坝的叛军，也有渡河进逼的势头。因没有后援，第3纵队此部不得不退往古岭。此时，豫军师长陈青云、攻鄂军第4团团长王茂泉、第3师第9团团长卫立煌召开会议，考虑到给养不足、弹药匮乏，而接收弹药补给以通过观音阁水道最为便利，于是会议决定各部退守观音阁，再图反攻。于是，河源城落于叛军之手。

10月26日，潮梅军长罗翼群得到侦探队报告：河源、南湖及揽子坝一带叛军，向曾田退去。于是，罗翼群派第1团开向南湖，跟踪追击叛军。潮梅军第1团到达南湖后，在南湖老圩与叛军黄定谋等部四五百人激战1小时，击退叛军。27日下午5时，豫军陈青云师、攻鄂军王茂泉第4团、第3师卫立煌第9团都得到东征军总指挥部协调的给养及弹药补充。蒋介石向3部分别下达命令，指出紫金、海丰、义容等处叛军已先后被第1、2纵队击溃，应立即向河源前进，与程潜纵队长恢复联络。28日，豫军陈青云师、攻鄂军王茂泉第4团、第3师卫立煌第9团由观音阁出发，向河源前进。由于第3纵队向老隆攻击前进，河源叛军担心被截击，大部已经退却。中午12时，第3纵队再次夺得河源城。

河婆位于梅江南岸、棉湖以东约30公里。退至鲤湖、棉湖的洪兆麟部，获悉驻河婆的东征军第1师何应钦率主力离开河婆西进，留第1团（团长刘峙）守河婆。洪兆麟认为有机可乘，命令谢文炳、陈修爵、李云复等万余人分3路偷袭河婆，企图吃掉东征军第1师第1团，还煽动士兵"打进河婆，大劫三日"。

10月30日当天，大雾弥漫，谢文炳带领1000多人，抵达河婆城附近的九斗、樟树一线，经过一片小树林时，突然传来密集的枪声，他连忙组织还击，激战多时，死伤200多人后，他带领所剩人马向樟树方向逃走。等雾散开后，谢文炳才发现与他作战的是洪兆麟的人马。洪兆麟将所剩的3000余叛军重新加以组织，每人发给大洋1元，并成立了10个大刀队，他亲自督战，向河婆发起强攻。何应钦、周恩来闻讯后即令刘峙及党代表贺衷寒率军驰奔九斗、樟树坑布防阻敌；又令新到河婆的潮梅挺进军千余人，西出庙山及北坑一带，掩护侧后。上午10时，叛军右、中两路人马，由九斗东方海银山麓及河两岸前进，与东征军第1师第1团第1营的步哨接触。第1营遂即占领九斗山前方及象山附近一带高地，向敌猛烈射击。东征军炮兵也迅速进入阵地，在狮山、老虎峡山顶及其西北方的高地开炮。上午11时20分，叛军右路也与第1团第1营的步哨接触。第1团机关枪阵地迅即向叛军猛烈射击。叛军死伤甚众，于是向第1营左方移动。是时，第1团工兵队正好从黄塘到达河婆，于是占领樟树坑附近高地，向南山方向警戒，以稳固第1团左翼。右翼方向的叛军，被第2营完全击退，但左翼叛军火力非常猛烈。第1团团长刘峙下令第2营除派一部向右翼之敌追击外，以主力夹击左翼叛军的侧背。战斗从上午一直打到下午3时，第1团数次击退叛军的进攻，但叛军仍顽固抵抗。刘峙见敌强我弱，于是亲率所有生力步兵和炮兵冲入战场，将河两岸的敌人分割开来。第1团工兵队也向叛军右翼侧面攻击。同时，机关枪阵地也以猛烈火力向该部叛军扫射。叛军死伤累累，终告不支，向南山方向溃退。洪兆麟本人被打伤腿部，连忙撤退。李云复、谢文炳也随之而逃。

4. 双头大捷，攻克兴宁

10月29日，何应钦率第1师第2、第3团去华阳，途中在阳阜遇到了"三黄散"[①]中的黄任寰，经过激战，将其击退。部队继续向前急进，不料在横岗又

---

① 三黄散：黄任寰、黄业兴、王定华战斗力较强，被广东民众称为三黄散（在广东话中"王"的发音也成"黄"）。

和赶来的叛军林虎部遭遇，遂展开了一场更激烈的战斗。何应钦指挥自若，黄埔将士英勇杀敌，不久叛军就纷纷溃退，向罗经坝方向逃窜。第1师肃清道路边敌人的零星狙击后，神速追击叛军进至双头南侧山区。

10月30日，叛军"三黄散"和刘、李等部1万余人，由李塘向双头方向退却，企图由双头抢道北行窜向汤坑。东征军第2纵队右翼队的余鹰扬、张和支队由华阳连夜奔袭40公里，直出坝口，迎面截击，一下子把叛军的退路封死。双方展开激战，从下午1时打到晚上5时。在余、张两部的猛烈攻击下，叛军不支溃败。黄昏，蒋介石以总指挥部名义下达命令：第1、2纵队相关各师旅，趁月夜自四面出击，务必将林虎军全歼于双头。随着双头东南盲女峰上野炮连一声炮响，双头四周东征军各部所有的炮兵一齐开火。炮击过后，东征军步兵向林虎部四面包围痛击，许多山头的争夺往往反复数次至10多次。党军第1师第2团第2营将1000余名叛军围困在两个山头，激战两个小时左右，将该敌全部解决，除毙伤的外，俘虏700余人，缴枪七八百支。有一股大约4000人的敌军，缩到谷底西部的一个小村子里，其余的敌人或数百、或数十人各自为战，完全失去了指挥。天亮以后，东征军发起对小村的围攻，敌人见大势已去，只得打着白旗投降。此战东征军共计毙伤和俘虏叛军10000多（其中俘获4000余人），缴获步枪6000余支，大炮7门，机关枪10余支，马数十匹。李易标、"三黄散"等化装后仅率数百人向汤坑方面逃去。

兴宁和五华，为陈炯明叛军主力将领林虎的根据地。陈炯明趁东征军会师讨伐杨希闵、刘震寰之际卷土重来，林虎所部再次占领兴宁、五华；熊略占领梅县；洪兆麟占领潮汕地区。陈炯明得到报告说黄埔军的主力在紫金方向，而程潜人数不多，就认为程潜这支部队只不过是进行佯动作战的牵制力量，对其心存轻视，于是命令熊略率领林烈师、陈修爵师、罗献祥旅、叶柏质旅、翁辉腾（即淞沪抗战名将翁照垣）团中的约四千人进攻河源。出发前，熊略患病，就把部队临时交给林烈指挥。当时林烈率领的叛军从梅县出发，途经老隆南湖寻找程潜的第3纵队。

当时林烈率领的叛军从梅县出发，途经老隆南湖寻找程潜的第3纵队。10

月 24 日叛军到达河源，与程潜的留守部队相遇，激战半日，将其打败，其余留守部队遂向观音阁方向溃退。程潜的主力部队已经向东进发，当接到河源被敌人攻占的消息后没有回援，而是继续率领主力部队从石公神渡河，向义合、黄田、老隆方向疾进。林烈获得小胜后，在得知程潜第 3 纵队的动向后，认为其部队已成为没有后援的孤军，于是只派林国光、彭智芳旅 3000 人从后追击，自己留守河源。

10 月 26 日，程潜率部克复老隆。当林国光赶到老隆时，第 3 纵队已于 28 日凌晨 4 时从老隆出发，急行军 100 多里，于当晚 11 时进克五华。由于五华叛军基本都调去支援别处战斗，程潜率部迅速穿过五华。林国光、彭智芳这时才明白程潜是想直接奇袭兴宁，于是两人率部疾追，在五华城外终于赶上了程潜。这时已是 29 日夜，林国光轻敌，命令部队迅速进攻。但程潜早已摆好阵势，双方展开激烈的夜战。激战 6 个小时后，程潜以五华中学学生为向导，让一部分人马猛击敌人部队的接合部。黑暗中林国光不明虚实，以为东征军有援军到了，在没有通知彭智芳的情况下急忙率部向老隆撤退。而彭智芳的部队天亮后发现自己成了孤军，也无心恋战，向老隆方向撤退。当彭智芳和林国光在老隆会合，准备再次进攻时，却得到蒋介石以黄埔军为主力的第 1 纵队在双头歼灭林虎主力以及刘志陆、李易标、"三黄散"等各部叛军的消息，顿时军心大乱。在战斗中，程潜部击毙叛军较多，俘虏敌人数十名，夺得枪械弹药、军用品甚多，己方阵亡营长两人、连排长数人，士兵伤亡 40 余人。程潜趁此时机，率领第 3 纵队向兴宁进发。这时兴宁城的林虎部队，大部分都到双头去增援，只在城西拥彗亭和五里亭一带部署有 1000 余人，但已经得知双头失败的消息，人心惶惶。

31 日，程潜率领第 3 纵队来到拥彗亭附近，双方刚一交火，叛军就四散奔逃，程潜很快到达城南门。城里的林虎这时已经成了光杆司令，只好率领少数卫士出北门向平远方向逃走。程潜于 31 日下午 3 时率部进入兴宁城。攻克兴宁，这是继 10 月 30 日双头大捷后，对陈炯明叛军取得的又一个决定性胜利。

5. 收复东江全境，追剿残余叛军

东征军中路的党军第 1 师在河婆取得关键性胜利后，于 11 月 1 日进占鲤湖，

第二天再由鲤湖向普宁进发，于当天克复普宁，3日克复揭阳，一路未遇抵抗。当日，建国潮梅军罗翼群部及东征军第1纵队先头部队一起进入汕头。何应钦、周恩来闻讯，联名向国民党中央执行委员会、国民政府电告第二次东征连战皆捷的战果。

11月2日，程潜率东征军第3纵队由兴宁向梅县进发，于3日克复梅县。梅县各界40余团体6000余人开欢迎东征军大会。程潜发表演说，讲述了这次东征的经过及阐述革命道理。继而俄顾问康其茨、县党部代表罗四维以及各界代表也相继发表了演说。程潜攻占兴宁后，陈炯明叛军已经精锐尽失，根本无法再做任何有效的抵抗。

11月3日，东征军第2纵队右翼队的张和支队进抵留隍。同日，何应钦率第1师占领揭阳，随后尾随追击逃往潮安的叛军。在遭受数次大败后，陈炯明叛军残部已无心应战，于11月2日纷纷逃离汕头。

11月4日上午8时，蒋介石率总指挥部人员由鲤湖启程，于下午2时到达普宁城。欢迎民众人山人海，欢欣鼓舞，气氛热烈。总指挥部驻于县高等小学。晚8时，周恩来率东征军第1师一部及总政治部人员进驻汕头。

11月5日上午8时，蒋介石率部由普宁乘军舰启程，上午10时过广大圩，下午1时到达揭阳城。同日上午，何应钦率东征军第1师进入潮安城。蒋介石闻第1师进入潮安后，马上呈请广州国民政府任命何应钦为潮汕善后督办。6日上午8时30分，蒋介石偕同参谋长陈倬、苏联顾问3名、秘书兼军法处处长马文车、总参议罗翼群、军校秘书长邵力子等乘军舰启程，于下午1时抵达汕头码头，汕头各界5000余人到码头迎接。

11月7日，东征军第2纵队第11师在陈济棠的带领下克复陈炯明叛军占据的最后一个城市饶平，叛军残部都逃入福建境内。饶平的克复，标志着广州革命政府彻底统一了东江全境。同日，陈铭枢等部占领阳江，击退正面之敌邓本殷部。同日上午11时，汕头市召开欢迎东征军大会，各机关团体以及民众数万人，多持手旗标语。在会上，周恩来发表演说，蒋介石致答谢词。大会结束后，全体人员沿马路游行，沿街争放爆竹，高呼口号。

从 10 月 1 日至 11 月 7 日，东征军仅用一个月时间，行程 300 多公里，消灭敌军 1.2 万余人，俘虏 6000 余人，缴获各种枪械 8000 多支，收复了东江和潮汕全部地区，实现了广东的统一，进一步巩固和发展了广东革命根据地，为北伐战争创造了有利条件。

11 月 8 日上午，蒋介石在汕头召开由东征军各部高级将领参加的军事会议，讨论安定地方局势、对窜入福建境内的陈炯明叛军残部的处置办法、收编被击溃的小股叛军等问题。东征军将领经过讨论，一致认为，为巩固东征成果，防止叛军卷土重来，必须彻底消灭陈炯明残部。蒋介石部署了分 3 路进剿逃往福建叛军的计划。

11 月 10 日上午 9 时，蒋介石在潮洲公园对第 1 军第 1 师第 2、3 两团官兵发表了《光大胜利成果 改进部队缺点》的训话。为彻底歼灭残敌，蒋介石一面命令各部队加紧追击逃跑的叛军，一面让留守部队收编被打散的叛军。

11 月 13 日，程潜得到情报：下洋、泰溪方向的叛军五六千人，已完全退至永定附近，拟经永定、上杭去赣南，正由大溪向永定前进。程潜当机立断，一面电令中路冯轶裴部于 14 日上午 8 时以前到达下洋策应；一面率鄂军苏世安旅于 13 日晚上 7 时由大埔出发，连夜向永定进发，于 14 日黎明到达叶坪山，进入闽境。据当地人称，刘志陆、"三黄散"部的乌合之众五六千人（一说 9000 人，其中徒手者约一半）前一天抵永定。程潜即令前卫攻鄂军第 2 团占领永城大道右方高山，第 4 团占领左方高山，其余为预备队。后见城内并无动静，判断叛军必定是尚无准备，于是果断下令发起攻击。上午 10 时，攻鄂军第 3 团由大道进逼，至距城四五里的李村时，与叛军一团兵力遭遇，叛军开枪射击。战约 20 分钟，将该团叛军完全缴械。第 3 纵队遂顺利占领永定城。15 日凌晨 6 时，攻鄂军各团由宿营地出发，向古木乡前进。到古木乡北端时，见到叛军络绎不绝，仓皇退走，王团长遂决心施行追击，命令第 1 营向大道左侧高地追击前进，第 2、3 营向大道右侧追击前进。上午 8 时 30 分，攻鄂军第 2 团 3 个营发起进攻，叛军垂死抵抗，并猛力反攻。经过激烈战斗，叛军狼狈不堪，已无成军的能力。蒋介石得到捷报后非常满意，当即电请军事委员会将程潜所部改编为国民革命军第 6 军，并推荐程潜任该军军长。但蒋介石叮嘱程潜对闽须加审慎，幸勿猛进，于是程潜决定回师大埔驻防。

11 月 20 日，蒋介石于汕头行营电令各部休养整顿、分配驻地，并令各部到达驻地，努力整顿，勤加训练，将到达日期及布防情形具报，并收集惠州、河源、淡水 3 处东征军阵亡烈士遗骸返广州安葬。

是年冬天，陈炯明叛军的最后一支部队在林廷华的带领下退入江西，被赖世璜收编，至此，盘踞东江多年的陈炯明叛军被彻底根除，革命政府完全控制了广东全境。12 月 1 日，东征军第 3 纵队攻鄂军第 3 团克复平远。

（五）南征军阀邓本殷、申葆藩部

1925 年 11 月 25 日，广州国民政府组织的南征军，突破了海南岛军阀邓本殷在大陆的最后一道防线，占领了雷州城。此举为以后平定海南岛、彻底消灭盘踞在广东省内的军阀势力打下了坚实的基础。南征的主要讨伐对象是邓本殷和申葆藩。

在广州国民政府发动第二次东征讨伐陈炯明后，盘踞在海南岛、钦州、廉州的军阀邓本殷、申葆藩，为了"拯救"节节败退的陈炯明，乘广州空虚，分 3 路进犯西江。一时间，粤南的阳江、罗定、云浮各县相继失守。

广州国民政府早在 1925 年 8 月成立伊始，就已经制定出消灭南路军阀的方案。第二次东征之际，国民革命军的主力部队在通往陈炯明的老巢潮州、梅州的路上时，国民政府军委会命令以陈铭枢（国民革命军第 4 军第 10 师师长）为南路军指挥官，负责防守邓本殷的部队。陈铭枢到任后，由于兵少粮缺，就向梧州的新桂系借兵，并在驻防当地筹措粮饷。在邓本殷进犯之际，陈铭枢曾致电汪精卫及蒋介石，请示战守决策。蒋介石正在东征途中，于是也指示说："可在单水口拒止敌人，以待赣军（朱培德部）增援。"但陈铭枢及其部下蒋光鼐、蔡廷锴、戴戟等果敢出击，在桂军吕焕炎部的支援下，于单水口将邓本殷、申葆藩的优势兵力击溃。朱培德部赶到时，战斗已经结束。

单水口失利后，邓本殷、申葆藩对广州国民政府的南征军采取守势，以一路守阳江，一路守信宜、罗定，一路守高州，另以申部守雷州、廉江，设总指挥部于安铺，为 4 路策应，总兵力还有 2.8 万多人。虽然邓本殷、申葆藩所部多系收编民团土匪的乌合之众，但由于其部队数量远远多于陈铭枢，而南路地势又复杂，陈铭枢等的兵力不能胜任。

10 月 31 日，国民革命军第 3 军军长朱培德奉命率领第 2 军一部（包括 5 个团、1 个独立营、1 个工兵营）和第 3 军全部南下，与原南征部队组成"南路联军总指挥部"，由朱培德任总指挥，朱克靖为政治部主任。11 月 17 日，国民政府军事委员会议决将国民革命军第 3 军（军长朱培德）及国民革命军第 2 军（军长谭延闿）所属部队调回北江原防区，另委派和新桂系有着深厚交往的国民革命军第 4 军军长李济深出任粤桂联军总指挥，负责南路作战。

李济深先亲自出马到南宁，和李宗仁等达成协议，从西、北两方向夹击邓本殷、申葆藩以毁其老巢，得到了李宗仁的同意。针对敌人南面靠海，北面战线过长，兵力处处都很薄弱的特点，李济深采取"多方误敌"的战术，综合部署了 4 路大军，以期在不到一个月的时间里消灭敌人。11 月 23 日，李济深偕同南路各属行政委员甘乃光由广州天字码头乘"江门轮"出发亲赴前线，24 日抵江门。李济深在江门设国民革命军第 4 军办事处，任命刚升任第 12 师副师长的张发奎为办事处主任，负责后勤供应事宜。在请示蒋介石后，李济深将参加第二次东征的第 11 师陈济棠部和张发奎第 1 独立旅（均属于第 4 军）调赴南路作战。28 日，李济深又抵阳江与各部会商作战计划。

10 月 26 日，申葆藩率部由廉州退向钦州。28 日，桂军俞作柏部与南征军陈铭枢部互相配合，打破了白沙、公馆、闸利的敌军，抵合浦县之山口圩。11 月下旬，国民政府曾派何勇仁向申葆藩宣传国民革命宗旨，策动其反正。申葆藩立即派代表陈坤培到广州递交致汪精卫主席函，表示愿归顺国民政府，但因为李济深指挥的南征军进攻速度过快，申葆藩在各地的部队还没来得及投降，就相继遭到歼灭。11 月 30 日，南征军占领廉州。同日，李济深为庆祝胜利，在阳江东校场举行阅兵式，参加检阅的有南路总指挥朱培德、粤桂联军总指挥李济深，国民政府广东南路各属行政委员甘乃光，苏俄顾问马马耶夫等。

在南征军向钦、廉进军的同时，广西的新桂系部队奉广州国民政府之命，增调黄旭初纵队分别由上思、横县进攻钦州。12月4日，胡宗铎、黄旭初两部在钦州附近与申葆藩部数千人接战数小时。最后申军不支，向钦州溃退。5日，桂系胡宗铎部已达石船，黄旭初部到达陆屋，俞作柏部到达合浦，黄玉书部占领防城。申葆藩见大势已去，在通电下野后弃部逃往越南，残部由杨腾辉率领向南征军投诚。

12月6日，胡宗铎、黄旭初率部进占钦州。不久又占领防城。邓本殷被迫率其残余军队在北洋军舰的掩护下窜逃到琼崖，企图借助琼州海峡的天险以及北洋军舰的支持作垂死挣扎。9日，李济深由阳江出发，11日抵电白，后去雷州，布置渡海作战事宜。针对匪患严重的情况，李济深部署第4军发动群众，清剿土匪。军政治部专门为此召集雷属人民代表会议，商谈治匪安民、抚恤善良问题。为了使各属人民能与军队合作以全力对付南路军阀，李济深领导南征军大力开展宣传组织民众的工作。南征军进行了卓有成效的政治宣传工作，促进了军民合作，扩大了国民政府和国民革命军的影响和威望。

（六）北伐战争

北伐中原、统一中国是黄埔军校总理孙中山先生的遗愿，也是广大黄埔师生的共同心愿。1926年2月22日，中国青年军人联合会发布"声讨张作霖、吴佩孚通电"。战争打击的对象是占据中国广大地区、受帝国主义支持的北洋军阀吴佩孚、孙传芳，主攻方向是湖南湖北。战争仅用二年时间，沉重地打击了帝国主义和北洋军阀在中国的统治，基本消灭了军阀吴佩孚、孙传芳的军队，重创了军阀张作霖的军队，基本消灭了北洋军阀，加速了中国革命历史的进程。北伐战争是以黄埔师生为主力和先锋、以统一中国为目标的武装反帝反封建的革命战争。

1. 誓师北伐

7月9日，国民革命军誓师北伐典礼在广州东校场举行，北伐战争正式开始。誓师大会总指挥、警备司令和司礼官等主要职责都由黄埔长官和学生担任，确保大会顺利进行。军校到会参加典礼者 2000 余人。在国民革命军总司令蒋介石就职典礼上，国民政府委员会主席谭延闿给印，中央党部代表吴敬恒授旗，委员孙科奉总理遗像，各致勉词，蒋介石宣誓毕，校阅并演讲。参加者合民众 5 万余人。总指挥李济深、警卫司令钱大钧、司礼张治中，发宣言通电。

7 月，以黄埔师生为骨干的国民革命军第 1 军，连同其他 7 个军 10 万余人开始北伐。蒋介石任总司令，李济深任总司令部参谋长，白崇禧任参谋次长、代理参谋长，邓演达任政治部主任，郭沫若任政治部副主任。国民革命军总司令部接受苏联军事顾问的建议，根据敌我双方军事力量对比和军阀之间的矛盾，制定了集中兵力、各个击破的战略方针，计划首先消灭吴佩孚军，然后消灭孙传芳军，最后消灭张作霖军。全军兵分 3 路，从广东正式出师北伐。以主力进军湘、鄂；另以第 1 军大部在广东汕头、梅州地区警戒闽赣；第 1、第 4 军各一部和第 5 军大部留守广州。

参加北伐的国民革命军主要以黄埔军校师生为基础。黄埔军校教官和学员，除在总司令部任职者外，各期教官和第 1 至第 4 期毕业生，第 5 期学员，第 6 期入队生、学生军、军士教导队、高级班学员，各分校学员共计达 33000 多人，不管在前线或后方，都直接或间接投入北伐战斗中去。黄埔军校师生担任军、师、团长、参谋长、各级党代表、政治部主任的人数很多，使北伐军的军事和政治素质都得到了有力加强。特别是第 4 军叶挺"独立团"，以黄埔军校学生为骨干，以共产党员为核心，有黄埔教官杨宁（朝鲜人）、袁炎烈，第 1 期毕业生周士第、曹渊、许继慎、董仲明、胡焕文，第 2 期学员吴道南、练国梁、卢德铭、张堂坤、蔡晴川等，分任参谋长、参谋、营长、连长、队长和政治骨干，他们都是共产党员，战斗尤为英勇。参战的黄埔军校师生和武器数量，相当于两个军的实力。黄埔师生冲锋陷阵，破敌攻城，立下赫赫战功。在异常残酷的北伐战场上，黄埔师生奋勇作战，慷慨赴死，付出了巨大的牺牲，为扫除北洋军阀、实现中国统一立下了不朽功勋。

2. 进军"两湖"

两湖地区是直系军阀吴佩孚的势力范围。根据国民政府的战略决策和部署，北伐首先要打倒的敌人就是吴佩孚，由国民革命军第4、第7和第8军担任两湖主战场的主攻任务。其中第4、第7两军为右路军，第8军为左路军，均以攻占长沙、武汉为战斗目标。

攻占长沙　虽然国民政府直到7月9日才正式誓师北伐，但从5月上旬起，第8军和两广北伐先遣队一直与北军在涟水、渌水两岸对峙。北伐军前敌总指挥唐生智经请示广东方面同意，在国民政府正式誓师北伐前，率第4、7、8军部队提早向北军进攻，先发制人。7月5日，唐生智分兵3路，向据守涟水、渌水北岸的北军突然发动攻击，以占领长沙为目标的两湖战场的第1期作战开始了。在北伐战争中两湖战场的第1期作战任务宣告完成时，吴佩孚支持下的叶开鑫军的主力大败，湖南的大部分地区已归国民政府所有，这就为尔后打倒吴佩孚、夺取两湖战场的全盘胜利奠定了基础，也为国民政府正式誓师北伐和其他北伐部队按计划集结创造了条件。

7月14日，唐生智率部进驻长沙。25日，湖南省政府成立，唐生智任主席兼军事厅长。8月12日，北伐军总司令蒋介石，在亲往衡阳迎接的李宗仁等人陪同下，偕同司令部主要成员抵达长沙。当晚即在长沙前藩台衙门召开了前方主要将领会议，讨论制定两湖战场第2期作战方略。经反复讨论，因此时本身总兵力不到20万人，而各地军阀总计兵力达百万以上，故只能采纳李宗仁等几个军长的意见，运用机动战术，出奇制胜，掌握有利时机，对敌各个击破。会议决定，第2期作战以进攻湖北、占领武汉为目标，先歼灭汨罗江北岸的敌军，占领岳州、羊楼洞、蒲圻等要地，然后迅速夺取武汉，消灭吴佩孚。得手后，再挥戈东南，进兵江西，扫荡孙传芳。

汨罗江战役　8月15日，作战部署正式颁布，以北伐军主力第4、7、8军为中央军，由唐生智指挥，沿武长铁路北进，担任主攻任务，先歼敌于黄盖湖以南地区，然后进攻并占领武汉。下分两路：一路进攻梧州，强渡汨罗河，攻击平江以西之敌，进而北上，再攻武长线的蒲圻，而后沿铁路进攻武昌，此路由第7军担任，李宗仁亲自督率；一路由第4军副军长陈可钰指挥，进攻平江，直取通城、崇阳，出击粤汉路，向武昌推进。一切准备就绪后，北伐军各部按既定布置进入攻击位置。

8月19日，北伐军第4、第7、第8军在汨罗江前线向湘北发起总攻。北伐2期战役打响了。在北伐军发起第2期作战的第一天，第7军便首先在汨罗江中段地区摧毁了吴佩孚精心部署的汨罗江防线。李宗仁鉴于北军主防线已被突破，北军已溃不成军，决心不使其得到喘息之机，19日晚下达了追击令，命令第7军各部随向导出发，对敌衔尾穷追。23日，第7军一、二两路主力会师北港，次日进驻大沙坪。

平江方面，第4军第10师、第12师及独立团共约1万人也于8月19日拂晓发起攻击。22日，第10师攻占九岭高地和通城，切断了北军退往湖北的通道。但是各军无线电联络出故障，未能协同一致，致使大批北军溃兵从通城至羊楼司之间近百里的空隙中逃走。全歼敌人于黄盖湖以南的计划未能实现。

中央军左纵队的第8军，8月20日在汨罗江下游过江后，22日占领岳州城，25日与第7军一部会师蒲圻。至此，汨罗江战役结束。这一战，歼灭了叶开鑫部湘军主力及吴佩孚所派的"援湘军"的一部，北军全部被逐出了湖南。平江、岳阳、临湘各县人民群众，积极支援前线，参加作战，北伐军士气更加高涨。

汀泗桥战役　汀泗桥是由湖南进入湖北武汉的第一道门户，桥东面为崇山峻岭，西、南、北三面环水，南北只有一座百余米的铁路桥可以通过，素有天险之称。当时吴佩孚有4个旅守卫汀泗桥。独立团由正面进攻汀泗桥，从清晨激战到黄昏，没有什么进展。叶挺到附近农村向群众调查，得知东面大山有一条小路可以绕过汀泗桥。于是，独立团一部分将士同兄弟部队由南面向敌人正面进攻。叶挺派独立团另一部分将士从东面大山上的小路，绕到敌人背后，进行袭击，出其不意地夺取了最高峰上的敌人阵地。独立团将士用猛烈的火力向汀泗桥附近敌人的阵地射击。经过日夜战斗，8月27日下午占领汀泗桥后，独立团团长叶挺率队猛追败退之敌，进迫贺胜桥。汀泗桥战役，对挫败吴佩孚的气焰，动摇孙传芳的军心，振奋北伐军的士气，起了重大的作用。

贺胜桥战役　贺胜桥地势岗陵起伏，茶树丛生。西南有黄塘湖，东北有梁子湖，河流交错。时值水涨，低洼地区已被水淹没，粤汉铁路纵贯南北，为鄂南第二门户要冲。吴佩孚集中兵力两万多人，在险要地带设置 3 道防线，构成纵深 5 公里的防御体系。吴佩孚为防北伐军绕到背后袭击，还命令在每个山头构筑环形工事。叶挺独立团和第 12 师为攻击队，于 8 月 29 日黄昏进出黄石桥，30 日拂晓向贺胜桥攻击前进。各部队炮兵统归第 4 军参谋长邓演存指挥，位置于新家桥附近，独立团为右翼队，沿铁路进出桃林铺附近。粤汉铁路工人组织的交通破坏队，奋勇接近火线拆开铁路钢轨，协助北伐军前进，防止敌人装甲火车的袭击。

8 月 30 日拂晓开始总攻。在这次战斗中，叶挺独立团担任正面进攻的任务，战争打响后，叶挺指挥独立团战士，以迅猛的动作，突破了敌人前沿阵地，向纵深展开。第 2 营营长许继慎胸部负伤，但他咬紧牙关，坚持指挥，顶住敌人的反攻，一直等到友军赶来，粉碎了敌人的进攻。吴佩孚苦心经营的 3 道防线全部崩溃。北伐军在贺胜桥胜利后，即派第 10 师日夜兼程，沿粤汉铁路向溃退之敌追击，越过纸坊，一直追到武昌城郊。

武昌战役　武汉是武昌、汉口、汉阳的总称。武昌是华中地区交通枢纽，形势险要，是易守难攻的古城，为军事上必争之地。吴佩孚逃回武汉后，即行重新部署，调集全部有生力量，加筑防御工事，策划固守武汉三镇，企图依赖长江天险和武昌的高墙深沟，孤注一掷，作最后挣扎。

1926 年 9 月 1 日，北伐军进抵武昌城下，并包围了该城。3 日和 5 日发起两次攻城战斗，均未奏效。叶挺独立团参加了第二次攻城战斗，奋勇队第 1 营冒着炮火潜近城脚，架起了几具云梯奋力攀登。6 日北伐军占领汉阳，7 日占领汉口，武昌则成为一座孤城，处于北伐军四面包围之中。北伐军改用围困封锁之策，武昌城内守军组织精锐敢死队，妄想突围。

10 月 1 日，通湘门之敌 600 余人在炮火掩护下，向叶挺独立团防地发动突袭，夺去掩护工兵发掘坑道的铁甲车，并占领通湘门车站及梅家山高地。叶挺独立团集中火力猛击来犯之敌，激战一个小时，夺回阵地和铁甲车。3 日，敌人再次试图突围，亦未得逞。10 日，北伐军第 4 军在城内投诚部队作内应配合下，再度攻城。经过 40 天的激烈战斗，叶挺独立团终于登上了武昌城，创造了北伐战争史上最为辉煌的战绩。

自 1926 年 5 月出师北伐至同年 11 月，在半年时间内，国民革命军第 4 军转战湘、鄂、赣 3 省，奔驰数千里，经历 7 个战役。北伐战争正式打响前，以黄埔师生为主要军官的叶挺独立团提前进入湖南，援助唐生智，稳定湖南战局，打开了北进通道。然后，北伐军挥师北上，叶挺独立团担任开路先锋，以周士第、许继慎等为代表的黄埔师生，英勇作战，不怕牺牲，立下赫赫战功。他们血战汀泗桥，勇夺贺胜桥，攻克武昌城，为北伐战争的胜利，作出了重大贡献，赢得了"铁军"的威名。在整个北伐中，独立团伤亡约有 1000 人，牺牲的有 600 多人。

3. 三战南昌

正当国民革命军席卷湘、鄂，吴佩孚军濒于崩溃之际，孙传芳坐拥 5 省，调兵约 10 万人入赣，进攻湘、鄂，并下令进袭广东，威胁国民革命军后方。国民革命军总司令部为达到占领江西的预定目标，决定对江西转取攻势。但由于蒋介石指挥失误，北伐军二进二出南昌城。在付出重大伤亡的代价后，北伐军第三次最终攻取南昌城。

第一次南昌战役　南昌为江西政治、经济、文化中心，交通便利，地势险要，易守难攻。北伐军进抵武汉以后，敌对双方都把南昌作为争夺的焦点，南昌成了江西战场的战局中心。9 月中旬，蒋入赣时，有"一星期攻下南昌，10 日内应抵九江，与鄂省联系一片，再会师中州"的计划。19 日夜，城外又集结有革命军数百人，并开始攻城。是时，革命军别动队也早已混入城中埋伏。当革命军兵临城下，并已进城之时，敌刘焕臣、李定魁及警务处长阎恩荣等，还在商议防御之策。这时，革命军第 6 军第 19 师、第 3 军 26 团也已入城，南昌城内约 250 名警察及约 300 名警备队员，闻革命军已进城，惊骇异常，毫无抵抗能力。这时，刘焕臣、阎恩荣等也因卢香亭援军未到，遂放弃守城，南昌即为革命军所占领。南昌虽被占，但孙军主力还未被摧毁，孙传芳本人则于 20 日下午，由山东济南赶回南京，并在当夜凌晨 3 时半乘江新轮出发赴赣督师，就近指挥其各军反击革命军。在他的指挥下，对革命军进行南北夹攻。在此情况下，革命军第 6 军军长程潜，深感孤军深入招致腹背受敌，形势危急。由于孙传芳兵力雄厚，炮火猛烈，加上革命军接应不力，王柏龄师又战斗力太弱，南昌以西赣江北岸地区全为敌军占领，城郊也被敌军重重包围。尽管这时蒋介石命李宗仁向九江挺进，企图从北边牵制敌人，但没有减轻南昌革命军的压力。革命军陷入重重包围之中，战局严峻，与敌军激战，伤亡惨重。加上第 3 军未援，第 6 军不得已于 25 日晚撤出南昌。

第二次南昌战役　第 7 军入赣半月，在箬溪、德安、王家铺三战三捷，使孙传芳嫡系几乎全军覆灭，孙传芳在江西乱了阵脚。

10 月 2 日，第 3 军也在万寿宫与孙军郑俊彦师和彭德铨、杨赓和两混成旅激战，并取得大胜。几仗下来，孙传芳在江西的力量折损大半。蒋介石为挽回颜面，准备第二次攻打南昌。9 日，蒋介石以自湖北调来的第 1 军第 2 师为主力，会同第 2 军、第 3 军，第二次进攻南昌。总攻开始后，很快取得了一定战果。蒋介石把总部行营由草山搬进生米街，指挥第 2 军各师和第 1 军第 2 师，攻打南昌各城门。攻城开始后，蒋介石亲至南门口的南关口附近督战，命令强行攻城。然而，整个形势对革命军不利，湖北阳新之敌正向南昌压迫，武穴之敌在左侧后至横港大坳小坳一带，也向革命军发动进攻。革命军在南昌外线几面受敌，且南昌城内防守牢固，易守难攻，敌占南浔铁道对南昌也增援方便。此时的革命军在蒋介石指挥下，攻城心切。攻城部队将南昌城团团围住，并不断用步枪、机枪和大炮轰击，敢死队英勇奋战，但受到张凤岐、唐福山部队火力的严密封锁，伤亡惨重，无法登上城头。

10 月 12 日，张凤岐、唐福山又偷袭城西、城南的革命军，蒋介石的第 1 军第 2 师败北，连夜撤至赣江西岸，退驻高邮市，革命军第 2 军也向丰城、三江口一带退却。在革命军围城战全面败退的情况下，蒋介石不得不于 13 日在南昌南门外的农业学校发表训令，下令撤退。15 日，蒋介石退抵高安。

再攻南昌失败之后，蒋介石痛感面子尽失，威信扫地。他不得不重新冷静下来，再作打算。在加伦等的帮助下，10 月 14 日，他通知各军，暂取守势。其时，孙传芳也正为调整兵力、重整旗鼓，施缓兵之计。孙派人先后到奉新向蒋介石求和。革命军正好也利用这一机会，重新摆兵布阵，以期三度进攻。而此时的唐生智对蒋介石十分轻视，一度在苏联顾问的面前露骨表达了取而代之的想法。

第三次南昌战役　10月15日，蒋介石命令发布声讨孙传芳之电，展开强烈的政治攻势，揭露孙传芳"承军阀割据之风，行鱼肉人民之实"的罪行，指出孙传芳为"帝国主义走狗，中国内乱之罪魁，三民主义之障碍，乃吴佩孚之二，而人民之公敌也"，号召东南人民一齐奋起，共同讨贼。在国民政府和革命军领导下，提出了"收复南昌""打到九江""为已死同志报仇""为南昌人民报仇"的口号，颇见效果。

11月1日，江西战场总攻开始。2日晨，第7军进抵德安市郊，与孙军第6方面军颜景琮部3000余人交战，当天中午即占领德安，切断了南浔铁路。3日清晨，李宗仁增调第7军第1旅赴马回岭助战。再激战一昼夜，经反复冲杀，孙军向九江方面退去。4日早，左翼军占领马回岭。

11月6日，北伐军向南昌发起总攻击。李宗仁率第7军第2、第8两旅留驻涂家埠，扼守南浔铁路；第7旅与第1军第1师向吴城追击逃敌；第1旅和第6军的4个团由白崇禧统率，南下驰援友军进攻南昌。8日，围攻南昌的北伐军占领南昌，守军1万多人被俘，守将唐福山、张凤岐、岳思寅先后被拿获。至此，孙传芳纠集的入赣作战五省大军1万余军队绝大部分被葬送在五老峰前、鄱阳湖畔，仅少数残部逃出江西，北伐军总司令部拟订的"肃清江西计划"得以实现。

4. 闽浙沪宁之战

北伐战争时期，何应钦任第1军军长，何应钦的一部分兵力保广东根据地，大部分兵力向闽浙攻击，于1926年12月占福州，进闽北，控制福建全省，又乘胜进军浙江，攻克杭州，后在南京外围迂回作战，等到第2、第6军去强攻南京后开入城内，抢占有利地势，巧取战功。

南昌未攻下之前，孙传芳在江西之势力较革命军雄厚，南昌攻下后，孙之部队或降或逃。攻下武昌后，吴佩孚之势力可谓所存无几。革命军在二处之伤亡亦大，亟待补充。这时黄埔第 4 期之学生刚好毕业送至南昌，编为第 13 军，任命白崇禧兼军长，后改派熊式辉接任。当时各省也时时供应弹药（因山西、四川兵工厂尚未归中央统一）、兵源，其分配工作，皆由蒋介石决定。

此后的工作，在于筹划如何略取上海、南京。其战斗序列大致如下：北伐部队分江左军、江右军及东路军。江左军由李宗仁将军指挥，沿长江左岸，由江左之安庆出合肥、蚌埠；程潜将军统率江右军，沿赣北皖南，由芜湖出秣陵关直取南京；东路军由何应钦将军指挥，负责由福建而浙江，攻取上海。江左、江右之分纯以长江为准，面对江河之下，居左者叫左岸，居右者叫右岸。

早在北伐军攻入江西的时候，孙传芳就指示福建的周荫人进扰粤边。9 月 5 日，周荫人宣布就任五省联军第 4 方面军总司令，17 日到达漳州，召开军事会议，准备于 23 日进军。其时，国民革命军驻防潮（州）梅（县）的军队只有第 1 军第 3 师谭曙卿部，第 14 师冯轶裴部，独立第 4 师张贞部，计枪 6000 支，炮 8 门。而周荫人的部队有张毅 1 师，李凤翔 1 师，12 师刘俊 1 旅，人枪 3 万以上，还有机枪 60 挺，火炮 20 门，双方力量对比悬殊。

双方都不敢轻举妄动，只是紧张备战，唯恐落后。9 月中旬，何应钦鉴于两湖战场胜利推进，福建部队士气受到打击，而且他们多为北方人，不习惯山地战，更重要的是福建人民受苦已久，只要北伐军一动，便会立即响应，于是致电蒋介石，要求率师入闽作战，得到同意后，开始进行作战部署。为加强进攻力量，何应钦还调黄埔军校入伍生队千余人赴黄岗扼守，并联络福建民军响应北伐军，以便在北伐军进攻福建时配合作战。此外，何应钦还委请潮州分校教育长王绳祖为潮州卫戍司令，率领学生 300 余人，维持潮州治安，汕头卫戍司令一职则命其弟何辑五充任，协同王绳祖任潮汕后防警戒，还在汕海马苏口敷设水雷，以防敌舰潜入。何应钦还让闽省党人宋渊源、林知渊等联络各路民军首领组织参谋团，委任宋为临时主任。参谋团尽心辅佐，出谋划策，使北伐军对闽军事进展神速。

此时，孙传芳连电周荫人，催促其出兵牵制赣中北伐军后路，周接令后即紧急出动。周军分为东路、中路和西 3 路。周荫人还故弄玄虚，声东击西，公开的目标是饶平，而实际的攻击中心为松口。10月5日，周荫人率卫队抵达永定，设立司令部，并下令总攻。10月6日，中路刘俊部全部抵达永定，并向峰市前进。

国民革命军迅速集结第1军第3师、第14师于大浦，准备进攻永定、峰市。10月8日以后，与周军在松口、永定、峰市激战，最终国民革命军在闽粤边境获胜。获胜后，总司令部决定乘势攻占福建，然后进逼浙江、上海。于是任命何应钦为北伐军东路军总指挥，辖第1军、第14军、第17军及第2军第6师（戴岳）。10月18日，何应钦在松口就职。

当松口激战正酣之时，周荫人的东路军张毅部在饶平方向被国民革命军独立第4师张贞部阻击。他得知曹、杜起义，永定失守后立即向漳州撤退。孙传芳给张毅来电，要他退往浙江，于是在10月24日，张毅又退出漳州，逃向同安，由同安退至泉州，11月21日，北伐军攻克泉州；张毅再向福州溃逃，月底，逃至乌龙江南岸，无奈之下，张毅改出闽清北逃，但又遭到海军陆战队的截击，北伐军追兵也赶上来，12月9日，张毅力屈投降。

驻福州的周荫人第12师23旅旅长李生春与北伐军接洽，改编为第17军第3师，12月9日，北伐军进占福州。18日，何应钦进入福州，将各路民军改编为新编第1军，以谭曙卿为军长。

周荫人从永定逃至龙岩，随后又退至延平。11月底，在各路民军的打击之下，离开延平，退至建瓯。但是北伐军第14军、第2军一部已经进抵闽北，周荫人只好含恨退往浙江。其余残部在苏埏、蒋启风率领下也陆续退入浙江境内。至1927年初，东路北伐军占领整个福建。

北伐军正陆续向衢州集结时，孙传芳的第3方面军孟昭月部及第2方面军的第14师李俊义部向富阳的国民革命军第26军周凤岐部发起突然袭击。26军仓促应战，首战失利，被迫退至龙游、衢州。孟昭月乘胜兵分3路向兰溪、龙游、衢州推进，企图一举将26军消灭，并亲自到严州（建德）督战。

1月20日，白崇禧到达衢州，立即召集在浙将领会议。白崇禧经过慎重考虑后，决定不退不守，采取攻势前进。于是将前线部队作了如下部署：周凤岐第 26 军为右路，由信安江（即衢江）南岸向金华、兰溪前进；以第 1 军第 1 师、第 2 师、第 21 师为中路，肃清龙游附近之敌，进攻兰溪，占领严州；以鲁涤平第 2 军为左路，主力攻永昌、诸葛、寿昌之敌，再攻金华、兰溪、严州守敌。

1 月 27 日，进攻开始。中路刘峙第 2 师迅速占领衢江南岸的游龙。29 日拂晓，三路同时行动。2 月 3 日，各军相继占领浦江、严州、淳化、桐庐等地，随即向杭州推进。18 日，北伐军占领杭州。此战，孙军主力被歼近 2 万，元气大伤。

2 月中旬，福建的北伐军 4、5、6 三个纵队先后进入浙江，向江山、温州、处州进兵。第 4 纵队于 2 月 17 日抵达江山，第五纵队抵金华，继续向诸暨推进，协同第 26 军占领绍兴。第 6 纵队于 2 月 12 日抵达温州，随后进兵台州、奉化，21 日占领宁波。

至此，北伐军占领浙江全境，前锋抵达嘉兴、平湖一带，逼近上海。东路北伐军在占领杭州后于 1927 年 2 月 23 日召开军事会议，会议分析了当时的军事政治形势，制定了进攻沪、宁，占领苏、皖的作战计划：前敌总指挥部所属第 1、第 2、第 3 各纵队，沿沪杭路前进攻取上海；东路军直属第 4、第 5、第 6 各纵队，及拨归东路军指挥的中路军第 2 军，进取常州、丹阳，回攻无锡、苏州，与第 1、2、3 各纵队协同围歼浙沪之敌，而后与江右军会攻南京。

3 月 10 日，何应钦率东路军第 3 师、第 14 师，第 14 军，第 17 军，第 2 军从浙江出发，经长兴、广德地区向常州、丹阳进攻。13 日，14、17 军攻张渚、蜀山；3 师、14 师攻溧阳；第 2 军攻溧水。20 日，北伐军占领常州、横林、奔牛、昌城、丹阳，截断了沪宁闽浙沪宁之战铁路。

为打通南京上海的联系，直鲁军常之英部由南京乘火车来援，被北伐军诱至常州以西，然后拆毁了其后退的铁路，北伐军四面攻击，常之英部被全部缴械。截断沪宁路后，北伐军兵分两路，14 军克无锡、江阴，向苏州前进，协同白崇禧进攻上海；3 师、14 师、17 军向镇江、南京攻击前进，协同程潜部会攻南京。这样北伐军从苏南、皖南、皖北 3 个方向将南京包围。程潜认为光复南京条件已经成熟，决定江右军自南向北，东路军自东向西会攻南京。

3 月 19 日，不甘心前线屡战屡败的张宗昌突然从徐州亲抵南京，限令直鲁军前敌总司令褚玉璞 3 天内将丢失的地方全部夺回来。见此情形，江右军总指挥程潜当机立断，乃令各部队将势就势，以攻对攻，将原定日期提前一天发起全线总攻。3 月 22 日，江右军继续顽强作战，一路捷报频传。同日，东路军总指挥何应钦决定由东路军直接进攻南京城北下关，切断直鲁军北渡长江的退路。22 日深夜，南京城东南、正南和西南重要防御要点淳化镇、殷巷镇、江宁县、牛首山、将军山等地均被江右军拿下。至此，南京外围各重要据点的敌军基本肃清，北伐军兵临南京城下。为躲避守敌炮火杀伤，程潜命令第 1 纵队和第 3 纵队一部乘夜推进到莫愁湖、汉西门（今汉中门）、中华门外的雨花台附近，直逼南京城阙。

3 月 23 日，程潜命江右军兵分 3 路进攻南京城，并亲临城下指挥。下午 3 时许攻克雨花台要塞。以雨花台为依托，江右军乘胜猛攻中华门，午后 6 时第 6 军第 19 师自中华门率先入城。第 2 路攻东南面。由独 2 师师长贺耀祖指挥所部两万余人，向城东南通济门、武定门进攻。下午 2 时，独 2 师以炮火猛轰通济门，后又选派敢死队员 20 人，携带炸弹，由大校场冲锋而至，直鲁守军仓皇逃走。这时预伏在城内的北伐军特派员即运动警察开城门，接引江右军入城。第 3 路攻东面。由第 2 军代军长鲁涤平担任指挥，兵力 1 万人，进攻城东洪武门（今光华门北）、中山门。经过一番厮杀，洪武门、中山门亦被攻破。

何应钦指挥的东路军方面，第 17 军 2 师于 3 月 22 日夜间开始进攻镇江。攻克镇江后，东路军先头部队立即西进，进抵南京城东远郊的栖霞街、东流镇、汤水镇一线。南京城防总司令褚玉璞见大势已去，不敢再行抵抗，决定放弃南京。23 日中午时分，直鲁军由下关抢渡长江，撤往浦口，遭到北伐军截击，死伤甚多。3 月 24 日拂晓，程潜的江右军在城垣未经激战，陆续开进城内。下午 5 时，程潜由中华门入城，南京万人空巷，出城欢迎，沿途锣鼓喧天，鞭炮齐鸣。北伐军克复南京。

早在 3 月 16 日，白崇禧率东路军第 1、第 21 师、第 26 军及先遣队由嘉兴、平湖地区向上海进攻。第 21 师经吴江攻苏州，首先切断了上海敌军的陆上退路。其余各军奋力进攻上海的门户松江。敌军火力猛烈，北伐军攻击受阻，损失惨重。后来用铁路货车装上山炮，改装成炮垒列车，向敌攻击，经过数次冲锋终于将敌军击溃。21 日，北伐军占领松江，逼近上海近郊龙华。第 2 师刘峙部乘胜追到上海公共租界，租界的外国士兵向天空放枪，阻止北伐军前进。面对这一情况，白崇禧派信使进入租界，对租界守兵将领说："如今为革命讨伐军阀之时期，租界原是不平等条约的产物，今姑不论，如果你们阻止革命军前进，必须负一切后果。"租界的守卫人员见北伐军态度强硬，不敢再横蛮阻挠。驻军松江的敌军为直鲁军第 8 军的毕庶澄退入闸北，以为租界的外籍士兵会阻止革命军，因而毫无顾忌。当北伐军到达闸北时，毕军正在做饭，遂仓皇撤退，大部被缴械，一部退往江北。

3 月 22 日，中国共产党领导的上海工人第三次起义成功，上海已在工人武装手中。按理，白崇禧应当立即给上海工人以全力支援，但蒋介石早就给他下了秘密命令："我军如攻上海，至龙华、南翔、吴淞之线为止，不得越过此线为要。"白按兵不动，拒绝了上海工人纠察队代表请北伐军协助进攻北军的要求。可当他听说中共领导的武装起义竟然取得胜利后，深受刺激，立即命令部队加速前进，占领上海，并严令北伐军各部不要和工人接触。当时第 1 军第 1 师师长薛岳对白崇禧的命令相当不解，不是口口声声说"北伐军是工农的队伍，要扶持工农"吗？现在，工人赶走了北洋军阀为什么不支持？ 3 月 22 日，薛岳不顾白崇禧的反对，应上海总工会代表的要求，将第 1 师开进上海，受到了广大市民的热烈欢迎。

5. 宁汉分裂，北伐停滞

正当北伐战争取得重大战果，向北进军，以实现国家统一之际，蒋介石竟冒天下之大不韪，悍然发动"四一二"反革命政变，屠杀共产党人。广西、广东则亦分别在李宗仁、李济深主持下开始"清共"。之前，广州国民政府决定北迁武汉。但在南京的国民党中央执行委员胡汉民、蒋介石、柏文蔚等及部分监察委员宣布 1927 年 4 月 17 日在南京组国民政府，以胡汉民为主席。迁都之争和"清党"导致宁汉正式分裂，北伐停滞。

随着北伐战事由南向北推进，革命势力由南部延伸至中部，革命重心也由珠江流域推移到长江流域，作为革命指挥中枢的国民政府是否随军北进的问题也逐步凸显出来。1926 年 8 月 22 日，北伐军总司令蒋介石以军事进展迅速，政治党务亟待讨论为由在湖南省党部举行特别联席会议，讨论了当时所面临的政治、党务诸重大问题。10 月 15 日，国民党中央委员、各省区、各特别市、海外各总支部代表联席会议在广州召开，讨论武汉克复后国民政府的迁移问题。围绕迁都问题，会议进行了热烈讨论，形成了主张立即迁移与暂缓迁移两派。以孙科为首的一批人主张立即迁都武汉。吴玉章等人则主张暂缓迁都武汉。根据中共中央的有关指示，吴玉章与国民党左派协商取得一致意见，针对孙科等人的观点提出暂缓迁都的 3 点理由。蒋介石提出中央党部迁移武昌之议后，11 月 8 日，国民党中央政治会议根据形势发展的需要和蒋介石的要求，决定于最短时间内将中央党部和国民政府同时迁往武昌，并于近日内做北迁的各种准备。11 月 26 日，广州国民党中央政治会议作出迁都武汉的正式决定。11 月 28 日，国民政府宣布：自 12 月 1 日起广州国民政府停止接收文件，5 日停止办公，政府负责工作人员分批陆续前往武汉。12 月 7 日，国民党中央发表迁都通电谓：党政府为适应环境，实行迁鄂。决 7 日迁移，准半月内可到武昌办事。继宋庆龄、徐谦等第一批于 11 月 16 日离开广州后，其余分 3 批陆续离穗北上。

1927 年 3 月 10 日，国民党二届三中全会在汉口召开，会议通过了限制蒋介石权力的决议后，蒋介石锐意经营东南，企图攻下沪宁后，将首都定在南京。武汉当局对蒋之意图了如指掌，因而决定不让蒋氏有完全支配上海、南京的机会。随着北伐军即将抵达南京、上海，左派力量同蒋介石的政权之争便围绕着对南京、上海的控制而展开。武汉国民政府为阻止蒋介石在南京另建中心的阴谋得逞，决定责成 2、6 两军控制南京地区。南京于 3 月 23 日克复。

3 月 27 日，蒋介石电召程潜至沪，与其他国民党将领商议"清党"反共之策，因程潜倾向武汉政府，随即向鲍罗廷报告了蒋介石等人在上海筹议"清党"。在这种紧急情况下，为先发制人，鲍罗廷于 4 月 7 日下午在其寓所召集临时紧急会议，决定"中央党部及国民政府迁至南京"，并命令武汉军事委员会准备

"以南京为中心之作战计划"。但因为程潜立场不坚定，又有自己的想法，所以失去了控制南京的机会。武汉国民政府和蒋介石的政权在争夺南京的同时，对上海的争夺亦在进行。上海工人阶级在北伐军未克上海前，在中国共产党的领导下曾举行过两次武装起义，但都失败了。3月22日，上海工人阶级第三次武装起义取得了胜利。武汉国民政府完全支持中共的行动，承认"上海市民大会为上海市民正式代表机关"，"上海市民大会选出之市政府委员十九人为上海市政府临时委员"等。希望在中共的领导下，上海会被武汉方面控制。然而，蒋介石无视上海市临时政府的存在。蒋于26日自九江进驻上海，随后命令白崇禧军事当局直接控制上海局势，并擅自任命上海市的行政官员。29日，上海临时市政府委员举行就职典礼，蒋介石致函临时市政府，此一函件显然是公开反对临时市政府的成立。4月8日，蒋介石指派吴稚晖、钮永建、白崇禧、杨杏佛等组织上海临时政治委员会，并授予"决定上海市一切军事、政治、财政之权"。中共、国民党左派与蒋介石的权力争夺已升级到白热化程度。但最终因为力量不济，政治还是败给了军事。

当共产党及左翼力量成为蒋介石独裁的绊脚石时，蒋介石毫不犹豫地开始公开反共，第一步就是"清党"。

为了成功地实现自己的政治目的，蒋介石第一件要做的事就是建立自己的幕僚班子，团结一批忠诚可靠的心腹亲信。第二件事就是经费问题。第三件事就是寻求帝国主义的支持。第四件事就是获得帮会的拥护。最后一件事就是巩固军事力量。当时的桂系诸人都是坚决反共的，犹以白崇禧最为坚决。到上海后，蒋介石一面同李宗仁、白崇禧共同策划"清党"事宜，一面急电两广的黄绍竑、李济深共同行动。李宗仁还将号称北伐"钢军"的第7军主力调到南京、上海附近，监视有左倾色彩的第1军第1师及第6军等部。有了桂系的支持，蒋介石对清党更具信心了。

尽管蒋介石在寻找新的经济、政治后台上已经做得相当成功，并且也已经找到了合格的打手，可以随时将上海工人运动击毁，但蒋介石为了确保这一行动的成功，还在某些细节上精心布置，企图发端于"人不知，鬼不觉"，给对方来个措手不及。蒋介石进驻上海后，故意施放"团结"的烟幕弹，还控制了舆论。4月10日，国民革命军总政治部被解散（上海分部在前一天已被撤销），蒋介石在一份声明中指控政治部主任邓演达等人进行共产主义的宣传教育瓦解国民革命军。从8日至12日，白崇禧军队的政治部在上海报纸上发布口号：打倒在后方制造混乱的破坏分子！打倒反对三民主义的反革命分子！拥护上海临时政治委员会！加强真正的国民党党权！打倒篡党篡权的阴谋分子！士兵在前线牺牲生命，正直的工人不要在后方制造骚乱，举行罢工！4月12日凌晨，在祁齐路上的司令部内响起了军号声，上海滩内的炮舰也拉响了汽笛，隐藏在租界内的青红帮打手，臂缠"工"字符号的袖章，打着工人的旗号，携带枪械，倾巢出动，在闸北、南市、沪西、浦东、吴淞等处袭击中共工会的工人纠察队。反动军队旋即以"调解工人内讧"为名，收缴双方枪械，2700名配有1700支长枪和几十挺机关枪的工人纠察队员在几小时内就被解除了武装。队员们有的来不及反抗，有的虽拼死抵抗也不能幸免，几百名纠察队员被杀害。当日，白崇禧以戒严司令名义发布布告，将事变称为"武装工友的冲突"，并说解除双方工友的武装是驻军司令之职责。上海总工会对工人纠察队的被袭击，"完全出乎意料之外"。这是"四一二"反革命政变。

"四一二"反革命政变后，蒋介石又在东路军中进行了"清党"。导致东路军中的左派军官及其他下级军官愤而离职者有四五百人。到4月20日止，从东南地区被迫回到武汉的政治工作人员已达三四百人，随后不久更多达千余人。蒋介石下令查封各种革命团体，大肆捕杀共产党人和革命志士。

广州"清党"的重点是黄埔军校。4月15日，黄埔军校以校长蒋介石、党代表汪精卫的名义转发总司令部通令，称共产党为"少数奸徒，意存破坏"，要学生"不可受人挑拨"，对党国大事不可"妄有发言以及越轨行动"。另一个通令是转发广州戒严司令部（司令为钱大钧）的通告，宣布戒严期内，不许开会，令军校各级党部停开党员大会和小组会。18日，军校特别党部内成立了"清党"检举委员会。在"清党"中，军校入伍生军官，教导队都强烈反对李济深。他们纷纷从黄埔来到武汉，成立新党部，继续办公，组织营救被捕师生和援助脱险来鄂的师生。25 日，从黄埔被迫来汉的军校师生 300 余人，向中央党部请愿，请中央迅速明令讨伐蒋介石。本来是秩序井然、教学有方的一块净土，因为蒋介石的一声令下，和李济深等人的积极响应，变得人心惶惶，一片混乱。整个学校被冲得七零八散，学生四处乱窜，教师们因为对"清党"有异议，有的被处分，有的被监禁。

"四一二"反革命政变后，蒋介石加紧在南京建立国民党中央和国民政府，一切都按照蒋介石的意愿如序进行。4 月 18 日，文武官员正式登场，在南京丁家桥江苏省议会举行南京国民政府成立典礼。南京国民政府的成立标志着一个历史阶段的结束，一个新历史时期的开始。它标志着第一次国共合作和轰轰烈烈、胜利在即的国民大革命的结束，也标志着国共对立的国内战争的开始。

（七）二次北伐

1928 年，蒋介石联合冯玉祥、阎锡山和李宗仁发动对奉系军阀张作霖的战争。因国民政府自称这次战争是第一次北伐战争的继续，故称这次战争为"二次北伐"，通常主要是指北伐战争的第二阶段。3 月 31 日，蒋介石率师渡江，"二次北伐"正式开始。4 月 7 日，蒋介石在徐州誓师北伐。在击败军阀张宗昌后，6 月 4 日，张作霖被迫撤回东北，途中被日本关东军炸死于皇姑屯，其子张学良 12 月 29 日宣布东北易帜，中华民国获得了形式上的统一。

1. 进兵江淮

南京政府继续北伐。北伐军占领南京后，孙传芳、张宗昌的部队败退江北，但是他们还保存了相当的实力。孙传芳依然拥兵 5 万余，而张宗昌、褚玉璞的直鲁联军有 15 万人，占据着苏北、山东、豫东等大片地区。1928 年 4 月 16 日，直鲁军炮击南京，蒋介石终于意识到形势的严峻。蒋介石与孙传芳的谈判一直断断续续。和谈不成，只有兵戎相见。蒋介石于 5 月 1 日制定出 3 路北伐计划。

何应钦的第 1 路军分为 4 个纵队，分别以曹万顺、赖世璜、刘峙、何应钦为指挥官。在征得蒋介石的同意后，何应钦于 20 日下令各部陆续渡江。21 日，占领六合；22 日，占领仪征；23 日，第 17 军第 2 师占领扬州。

第 2 路军协助第 1 路军自皖北攻克苏北重镇淮阴后，以部分兵力由津浦路以东地区向徐州攻击前进。6 月 2 日，击败直鲁军程国瑞部，占领灵璧。随后相继占领宿迁、洋河。9 日，占领海州，俘敌 6000 余人。10 日，第 2 纵队、第 3 纵队协力进攻，孙军不支，经临沂退往胶济路一线。第 2 路军乘势攻克郯城，进入山东境内。

第 3 路军攻克蚌埠、临淮关之后，以第 4 纵队王天培部沿津浦路北进，第 5 纵队攻取六安。5 月底，张宗昌接到张作霖缩短战线的命令，节节后退。第 3 路军顺利突破直鲁军在浍河流域固镇的防线，连克蒙城、颍上、阜阳、宿县等地。29 日，蒋介石进驻蚌埠。第 10 军 3 个师及皖军王金韬一部继续进攻直鲁军据守的濉溪口、古饶集、黄山头、夹沟、元山、时村镇一线，血战数昼夜，敌军奔溃。6 月 2 日，兵不血刃进占徐州，蒋介石于 6 月中旬移节徐州。

7 月初，武汉方面率先采取了行动，军事主力从河南境内回撤，它的精锐部队第 4、11、20、35 等军，纷纷向长江下游移动，陈兵湖口。军情紧急。6 月下旬，担任津浦路正面主力的李宗仁从临城前线被召回南京，会商防御武汉进攻的计划。李宗仁按蒋介石的命令，率领第 7 军回到芜湖布防；津浦前线的军事则由第 3 路前敌总指挥王天培负责，此时军心涣散，将无斗志。王天培本人对担任如此艰巨的掩护任务也满腹怨气，对守徐缺乏信心和决心。7 月 24 日，徐州不战而弃。

徐州为苏北门户，徐城弃守，苏北、鲁南全线动摇，久战无功的白崇禧也被迫从鲁东南地区后撤，孙、鲁军大有一鼓而下江南之势。江北面临的全线崩溃的危险，使蒋介石不得不重新移目于徐州的攻防战。决定亲自率大军收复徐州。7 月 25 日，蒋介石率第 1 军第 21 师赴蚌埠，准备北上一搏。至此，第 1 军基本均已离开南京。北进收复徐州主要还得依靠屡败屡战的第 10 军。26 日，蒋介石下达作战命令，以第 2 路、第 3 路左、右两翼分由东、西、南三面"向徐州分进合击"。第 2 路总指挥仍为白崇禧，第三路总指挥蒋自兼，王天培、贺耀祖分任所属左、右两翼总指挥，第 21 师为总预备队。

当时，各部距徐州均不过百里，蒋介石希望乘孙、张联军新下徐州、立足未稳之机，一举收复徐州。他致电左翼总指挥王天培强调："现敌人大部均集中于中路，左翼空虚，该军第 30 师应迅速由阎村一带袭取徐州，攻敌人之虚而拊其背。"速战速决意图十分明显。王部随即迅速北进，8 月 1 日下午进抵徐州城郊，当夜，前锋直薄徐州城下。第 3 路右翼担任正面攻击徐州任务，蒋介石随该路行动，并调预备队 21 师加入。该路战斗力较弱，行进也"颇行迟滞"。经蒋一再督促，并以亲信部队第 21 师前顶后，始于 8 月 1 日由徐州南面进抵徐州城郊。2 日，左、右两翼分别从西、南两面向徐州郊外敌军据点发起强攻，前锋直逼徐州外围敌军最后据点，双方在此展开激烈拉锯战，宁军攻势甚猛，徐城几被包围。下午，准备部署向徐州追击，然而就在此时，敌军紧急自后方及战事较为平稳的陇海路东段抽调大批兵力，向进展最快的左翼第 10 军全力反扑。第 10 军进展正顺时，骤遇强劲反击，措手不及，加之刚历新败，士气飘忽，遭遇挫折后即一蹶不振，于下午 6 时前全线后撤。

第 10 军仓皇溃退，第 2 路又蛰伏不动，担任正面主攻的右翼部队在各路敌军联合夹击下，也迅告不支。3 日凌晨，蒋介石忍痛下令各军全线后撤，徐州攻击战功败垂成。

8 月 5 日，蒋介石不得已退至蚌埠，下令各军退守淮河一线。无奈各军已无斗志，争相南撤，根本无法组织有效防御。8 月 6 日，蒋介石退回南京，各军无心恋战，自行败退江南。12 日，孙传芳军渡过淮河。17 日，南京军事委员会鉴于各军已不堪再战，乃下令撤至长江南岸，休整部队，扼险固守。尾随的孙军随即进抵长江北岸的浦口、六合、扬州一线。从 8 月 5 日到 18 日，13 天时间，北伐军从徐州至浦口一溃 700 里，成为北伐出师以来最大的一次败绩。此一时彼一时。北伐军再难展现以广东出师时的势如破竹，摧枯拉朽，而北洋军以衰兵之势，全力以赴，于是胜败立显。

2. 攻占河南

蒋介石的分裂行为使当时的政局变得更加复杂，出现了 3 个政权鼎立的局面。一个是以张作霖为首的北京安国军政府；一个是蒋介石为首的南京国民政府；一个是仍然坚持国共合作的武汉国民政府。其中武汉政府所处位置最为不利。同时，由于武汉方面"左"倾色彩很浓，坚决反对帝国主义，并收回了汉口、九江的租界，于是列强对其极端仇视，采取经济封锁、政治打击等手段，武汉政府陷入严重的危机之中。面对如何打破封锁，完成国民革命，党内外产生了意见分歧。掌握绝对军事力量的唐生智态度发生了转变，他觉得北伐胜利之后，回过头来再收拾蒋介石也不晚。

1927 年 5 月 13 日，北伐军总指挥部发出总攻击令。中路军刘兴部 36 军的首战任务是拿下遂平与西平。西平、上蔡战役是二次北伐的首战，东西两个战场同时打响。刘兴遂于 14 日挥师北上。遂平在南，西平在北，按理说应该先攻遂平，刘兴却出人意表，以第 30 军监视遂平之敌，以主力第 1 师（廖磊）、第 2 师（周维寅）绕道进攻西平，终于 17 日攻克西平。而遂平奉军不攻自撤。20 日再克漯河。21 日，36 军占领郾城。

右路军张发奎部的首战任务是攻克上蔡，5 月 15 日，张发奎集中第 10 师、第 12 师、第 25 师向奉军第 11 军副军长兼第 12 旅旅长富双英部 5 个团发起攻击，17 日晨，战斗仍处在胶着状态。张发奎于是派出预备队中的 36 团、73 团，增援东西洪桥方面。奉军终于不支溃退，据守沙河北岸的逍遥镇。23 日，北伐军继续进攻，直抵沙河南岸。经过数次冲锋，至傍晚 6 时，贺龙占领逍遥镇。贺龙以独立第 15 师 4 个团的兵力，攻击有重炮配备的 5 个团，全歼 3000 余敌，缴获 4 个团的武备，拦腰斩断了奉军的防线，而己方伤亡不到 100 人，取得大捷。

5 月 27 日，临颍战役正式开始，张发奎乘 28 日拂晓之际，实行全线进击。虽然北伐军发动了更为猛烈的进攻，然而，奉军兵力数倍于北伐军进攻部队，且有良好工事，优越兵器，北伐军自晨至午，苦战半日，正面前线官兵伤亡甚众，34 团团长吴奇伟负伤；左翼 35 团也伤亡颇重；更为壮烈的是，右翼之第

26 师 77 团伤亡了 4/5，团长蒋先云率部勇敢冲锋，壮烈牺牲。

1927 年 4 月 26 日，冯玉祥接受了武汉政府任命的第 2 集团军总司令一职，并于 5 月 1 日在西安红场举行了数万人参加的誓师及就职大会。6 日，冯玉祥移驻潼关，挥师东进。武汉政府北伐战争正酣之际，冯玉祥部东出潼关，进入河南，26 日攻占洛阳，30 日，占领郑州。6 月 1 日，与刘兴部在郑州会师。2 日，与张发奎部会师于开封。武汉政府的第二次北伐第 1 期作战任务胜利完成。右路军在孙连仲的率领下于 5 月初出紫荆关，连克淅川、内乡，然后集中兵力攻打邓县，牵制了吴佩孚残部于学忠、徐寿椿、马文德和襄樊驻军张联升部。25 日，占领南阳，29 日，占领邓县，张联升部投降改编，并于 7 月 2 日截击从此路过的吴佩孚。

3. 东北易帜，统一全国

1928 年 6 月 4 日凌晨，"东北王"张作霖在从北京乘专列返回奉天大帅府（今沈阳），途经皇姑屯火车站附近的铁路时被炸成重伤，随从们连忙用汽车把张作霖送回家中。5 个小时后，张作霖因失血过多死在家中，这就是历史上著名的"皇姑屯事件"，而制造者正是日本陆军大佐河本大作以及他背后的关东军。张作霖临终前嘱咐他人告诉长子张学良赶紧回来、要好好干，但并没有明确指定由谁来继承其权力管理东北。

张学良执掌东北大权后的第一件大事就是推动东北易帜。他虽然占据东北的第一把交椅，但是易帜的事并不能说拍板就拍板。首先是日本的阻挠，日本最不愿意看到的就是一个统一强大的中国。其次还有内部各派系的意见。张学良当时还不到 30 岁，整个奉系新旧各派人物岂会完全服服帖帖？所以这件事虽然酝酿了很久，但是直到他出任东三省保安总司令后，东北易帜的时机才逐渐成熟。日本军阀的本意是阻止东北内向，破坏中国统一，可是其使用的方法却迫使东北内向，促成中国统一。尤其是皇姑屯炸死张作霖，对整个奉系来说，是一个极大的刺激。奉系统治东北十六七年，根深蒂固，现在日本军阀炸死了他们的最高领袖，对奉系来说，日本军阀是他们的不共戴天之敌，所以私仇公义都决定了奉系只有一条路走，就是归顺国民政府。

7月1日，张学良就以东三省保安总司令的身份致电北平的国民革命军总司令部，表示其希望和平与不妨碍统一的诚意，同时派遣专使邢士廉由海道专程赶至北平面见蒋介石，陈述愿意输款归降，请商统一办法。蒋介石因此指派方本仁偕邢士廉赴奉天作具体的协商。方、邢等抵沈阳曾秘密和张学良交换意见，当时由于日本关东军的监视，所以几经洽谈，议定于22日东三省及热河一致易帜，易帜的条件是确保张学良在东北的统治权力，任命张学良为东北政务委员会主席，热河划归东北范围。不料7月18、19两日，奉天日本总领事林久治郎全力出面阻止，张学良迫于客观形势，只好暂时中止。此后，8月、9月间日本不断增加压力，威胁利诱，张学良不为所动。10月初，南京国民政府发表张学良为国府委员，蒋并有密电给张，电云："奉天张总司令汉卿兄勋鉴：密，昨电谅达，委员既经发表，应乘此时机同时更换旗帜，宣言就职，以1928年双十节为兄完成统一之纪念日也，盼复。弟中正。佳。"可是当时日本压力尚未减轻，而东北内部亦不稳定，张学良易帜有心而无力。直到12月29日，张学良、张作相、万福麟等正式实行易帜，通电服从国民政府。国民政府亦明令发表张学良为东北边防司令长官，张作相、万福麟为东北边防副司令官，成立辽宁、吉林、黑龙江三省省政府。翟文选主奉，张作相主吉，常荫槐主黑，汤玉麟主热。1929年1月7日，东北政务委员会成立，张学良为主席，张作相、万福麟、汤玉麟为副。沈鸿烈领导的东北舰队随后亦纳入中华海军建制。

东北易帜标志着国民革命北伐大功告成。自此，中国真正意义上结束了北洋政府时期的旧军阀割据时代。蒋介石领导的南京国民政府分阶段性地完成了孙中山先生的遗志，中国得以统一。同时，东北军内部也没有因为"皇姑屯事件"造成后续的波澜，更没有和国民政府北伐军展开大规模的军事战争，东北人民免于家破人亡、生灵涂炭，通过和平手段得到统一。更重要的是，东北易帜破灭了日本帝国主义拉拢奉军、扶持张学良为傀儡的侵略计划，挫败了他们试图通过"皇姑屯事件"使东北内乱从而全面控制整个东北的野心。

二、黄埔军校早期的各地分校

1925 年 3 月，黄埔军校学生军第一次东征攻克潮汕，筹设潮州分校开始，继而在 1926 年至 1927 年间，在广西南宁、湖北武汉、湖南长沙、江西南昌增设分校，因地取名。这是黄埔军校历史上较早的 5 所分校。

（一）潮州分校

潮州分校是大革命时期国民革命政府和国民革命军东征军指挥部为培养革命武装力量创办的黄埔陆军军官学校第一所分校，驻广东潮州。它成为第一次国共合作时期国民政府在粤东的军事摇篮，黄埔军校分校之开端。

1925 年 3 月，国民革命东征军胜利占领潮州。7 日，以军校校军为主力的东征右翼粤军，克复潮安、汕头。此时黄埔军校第 2 期学生随军战斗但尚未毕业，考虑到他们补习功课的需要，军校特别在潮安城里筹立分校，名为陆军军官学校潮州分校。4 月底，由于广州发生刘震寰、杨希闵叛乱，国民革命军回师广州平叛。黄埔校军奉命返回本校，在潮州的黄埔学生也返回广州黄埔本校，原本带有临时补习性质的潮州分校完成历史使命，相应筹办搁置，这次开办时间仅有 1 个月。

时隔半年，国民革命军举行第二次东征，东征军再次到达潮州，收复潮汕。11 月初，国民革命军东征指挥部开始恢复筹办黄埔军校潮州分校，最初定名为"陆军军官学校潮州分校"，借用潮安县城李公祠（又名李家祠）为校址。11 月 12 日开始正式招收学生，12 月 10 日任命何应钦为校长兼教育长。12 月 18 日，潮州分校第 1 期举行开学典礼，学员和入伍生计 800 余人，各编 3 个队，于 23 日正式开课。

1926 年 3 月，由于黄埔军官学校本校易名，潮州分校改名为中央军事政治学校潮州分校。黄埔军校校长蒋介石兼任潮州分校校长，汪精卫任党代表（属国民党），委派何应钦任教育长（后代理校长职务），东征军总政治部主任周恩来兼潮州分校政治部主任（后由刘康侯、何玉书继任），王昆仑为秘书（后由王逸常继任）。随后，何应钦为代校长兼教育长（后王绳祖、邓演达）主持校务工作。

潮州分校仿照本校建立领导体制，设立校长、党代表、教育长。组织系统结构和本校基本一致，设有校长办公厅、政治部（设总务、宣传和党务3个科）、教官部、军需处、军医处、副官处、总队部和卫兵排等。

黄埔军校潮州分校校址设在潮州城湘太马路（即今中山路）李氏公祠。公祠旁边搭草棚作为学生教室和寝室。初定招生人数为学员1个队，入伍生3个队，后因为第1军各师、教导师、独立第1师先后送来编余人员达400名，人数大增，故设3个学员队。因李厝祠房屋不敷分配，乃将入伍生分驻于金山中学及李厝祠后面的郭家祠。在1925年12月下旬，入伍生第3队入校后，潮城再也没有地方容纳，又把驻扎在海阳县儒学宫的第1师第1团迁入李厝祠对面的黄厝祠，学宫略事修葺作为入伍生宿舍，潮州分校成为一座有完备机构建制的分校。

教职人员大体分为教官、官佐、职员三大部分，部分由黄埔军校自己培养的军官担任。

周恩来担任潮州分校的早期政治部主任，为分校创立和开展政治工作倾注了一腔心血。他聘请黄埔军校本校的熊雄、恽代英、萧楚女等共产党员为政治教官，聘请共产党员李春蕃（马克思主义原著翻译家）、李春涛（国民党左派、周恩来称之为"党外的布尔什维克"）到校授课，并指示政治部宣传科长、共产党员杨嗣震创办校刊《韩江潮》，作为宣传革命思想的阵地。潮州分校创办的刊物先后还有《潮潮》《满地红》等。周恩来主持分校政治部，着重对学员开展阶级教育和形势教育。他那充满感染力的演讲，和恽代英讲授的社会发展史，萧楚女讲授的经济学概论，都非常吸引学员。政治教官王昆仑和学生大队队长宋思一是军官的杰出代表。

教育内容分为军事教育和政治教育两部分课目。军事教育内容及训练全部参照本校；政治教育着重对学生进行阶级教育和形势教育，课程有三民主义、中国国民党史、帝国主义侵华史、世界革命史、社会主义等15门政治教程。

潮州分校成立了潮州孙文主义学会，受总校"青年军人联合会"和"孙文主义学会"斗争影响，相继发生开除李天民、朱以德等事件。[1]

潮州分校培养了一批具有奋斗精神，为打倒帝国主义及军阀而战斗的革命战士。1926年6月1日，第1期学员毕业，共345人。因与本校第3期毕业时间相近，故此期又称为本校第3期。学生毕业后，均分发到第1军独立第2师及第20师见习。6月6日，第2期入伍生升学，并补考第1军未受军事政治教育的军官50多人。9月，任北伐军东路总指挥的何应钦挑选潮州分校学生编成炮兵团，由苏联顾问加罗觉夫教练，参加北伐。12月底，该分校第2期期满毕业，又称为本校第4期毕业生或本校第4期独立大队毕业生。这期毕业生分配后，该分校停办。

黄埔军校潮州分校自1925年12月正式开办，至1926年12月结束，历时1年，共举办2期，毕业生有728人。优秀代表有共产党员李云贵、李上达、孟槐、刘瑞生等，国民党员滕久寿、黄纪福、蒋志英、程啸平等。潮州分校毕业生在北伐军各部队中担任军事或政治工作，参加了北伐战争的历次战斗，先后有近200人伤亡。这些烈士的名字被载入黄埔军校同学会荣哀录。

（二）南宁分校（第一分校）

1926年2月，广西桂军李宗仁部在广东革命政府支持下，打败旧军阀沈鸿英，统一了广西。2月24日，国民政府成立两广统一委员会。3月，广西军改编为国民革命军第7军，李宗仁为军长，黄绍竑为广西省政府主席，从而实现了两广的统一。李宗仁等认为培养军政人才为当时要进行的一项重要工作。蒋介石同意在广西南宁筹建中央军事政治学校第一分校。分校的筹备过程较短，一切均在仓促中进行，5月16日，第一分校在南宁东郊原广西陆军讲武学堂旧址开学，正式授课。其实，该校与黄埔军校并无实质关联，校旗、校训、校歌、教材、学制、期别等均自成一体，学生毕业后亦全部分发到桂军各部队任职。

---

① 卜穗文:《大革命时期黄埔军校的军校分校》（下），http://www.huangpu.org.cn/hpyj/201209/t20120921_3112360.html。

　　李宗仁委派所部旅长俞作柏兼任校长，政治部主任为胡章民（又名朝俊），教育长为肖越，还有黄杰、甘丽初等负责人。分校第 1 期招生定额为 670 人。其中，招收初级军官 246 人，编为学员队；招收中学生 424 人，编为入伍生队。第 1 期学生受训 18 个月，分步、工、炮兵 3 个科目。

　　分校政治课程有三民主义、建国大纲、建国方略、第 1 次和第 2 次全国代表大会宣言及决议案、中国国民党史、各国革命史、国民会议国际问题草案、帝国主义对华侵略史、政治讲演等。军事课程有战术学、军制学、兵器学、筑城学、交通学、地形学、卫生学、军用文、教练、野外勤务、马术技术（刺枪国技体操）、服务提要等。

　　由于李宗仁操纵，南宁分校主持人大半是保守派军阀分子。但受到革命浪潮影响，校内干部也有不少是革命人士，或具有一定革命政治理论水平的青年，以校长俞作柏，政治课程教官毛简青、陈曙风等为代表。反动人物则以政治部主任胡章民及军事学教官秦益厚、马克珊和职员蒋传书、李如梅等为代表。也有暂时取中立态度的，以教育长肖越及科长朱为珍、程鸿等为代表。

　　分校开办之初，由于桂系第 7 军准备参加北伐，有一批广东革命人士进入南宁。因而军校学生中，接受马克思列宁主义思想的日渐增加。每当黄昏以后、晚自习以前，分校操场上普遍地有三两人为一组的学术研究小会，讨论《共产党宣言》《哲学的贫困》《哥达纲领批判》等书中所提出的问题。还有比较进步的学生，根据马克思列宁主义的观点，批判《胡适文存》《吴稚晖文集》《戴季陶文集》中的反动观点。但是这些活动是自发地无组织地进行的。

　　尽管如此，这些活动仍引起胡章民等的反感。俞作柏由于身兼校外省府工作，不常到校内视事，仅星期天分别召集几个学生代表谈话，面授一些学习及行动纲领。因此，胡章民等反动分子在分校的反革命活动十分嚣张，他们把持校党部及校政治部，组成特务网核心，在各队设置特务，一面监视汇报校内进步职员及学生的革命活动，一面散布反动言论，以对抗校内萌芽着的革命思想。1927 年春，校长俞作柏被迫出走香港，胡章民及其特务更加放肆，而黄绍竑、黄旭初等则暗中给予嘉许。同年 12 月，北伐前线急需基层军事人才，南宁分校学员队毕业，开赴前线，分配到国民革命军第 7 军，参加北伐战争。同时，入伍生队正式升为学生队，在校继续学习。

1927 年"四一二"反革命政变后，南宁分校追随蒋介石叛变革命，实行"反共清党"，拘捕了一批进步学生。第二天，校内进步学生自动齐集大操场，要求代校长肖越放人。肖越说：这是奉第 7 军部命令办理，无法放人。学生甚为愤怒，不听肖的制止，整队出校，有秩序地奔向南宁城内第 7 军部，请求放回被捕同学，用教育方法解决问题。第 7 军部以黄旭初、黄剑鸣为首不但不允许，还对学生代表说："如再请愿，即以违法乱纪论，军法从事，今后好好读书，可前情不究。"请愿大队坚持至下午，适天降大雨，南宁市学生工人群众正筹措支援此一义举，但特务从中捣乱，队伍哄散，各自回校。少数进步分子仍整队回校，请愿未能胜利。在请愿后二三天，第 7 军部又通过军校当局拘捕当时的请愿代表数人。经上述事变后，学生无心学习。

1927 年 9 月，桂系军阀正在长江流域展开新军阀大混战，急需用人，而且校方也认为第 1 期学生不好管理，于是宣告第 1 期提前毕业。年底，分校第 2 期开学时，黄绍竑等免去俞作柏校长职务，辞退进步教官陈曙风、毛简青等，以吕竞存为校长、毛飞兼任校政治部主任，政治教官有夏含华、瞿辉伯、孙端等。南宁分校完全成了桂系军阀培植私人势力的工具。

1928 年 6 月 1 日，军校改为国民革命军陆军军官学校广西分校，后又称为广西各部队干部训练所。1929 年秋，改为陆军军官学校，迁桂林。1930 年 4 月 7 日，改为中央陆军军官学校第一分校。1931 年 3 月，军校校址迁往柳州，改为中国国民党中央军事学校第一分校。后校址迁回南宁，恢复中央军事政治学校第一分校原名，通常称为南宁分校。南宁分校前期历任校长有俞作柏、吕竞存、李明瑞、薛岳、夏威、李品仙，有学员（原行伍出身的连排长，毕业后回原部队）、学生（中学毕业生或同等程度及以上者，毕业分派各部队）两大类。

南宁分校存在时间比较长，校址先后迁桂林、柳州、百色等地。1938 年初迁至桂林，并奉令改称中央陆军军官学校第六分校，至 1945 年底裁撤。（见第四章"抗战时期各地分校及训练班·第六分校"）。

（三）武汉分校

黄埔军校在武汉 3 次设分校，即北伐时期的中央军事政治学校武汉分校（1926 年 10 月至 1927 年 7 月）、十年内战时期的中央陆军军官学校武汉分校和抗日战争时期的中央陆军军官学校武汉分校（后改为中央陆军军官学校第二分校，迁湖南邵阳、武冈、会同），情况各有不同。

1926 年 10 月，北伐军攻下汉阳、汉口，武汉逐渐成为全国国民革命中心，北伐军总司令部政治部主任和总司令部武汉行营主任、主持湖北工作的邓演达决定在武昌开办政治训练班，为继续北伐培养急需的军事、政治人才。留守黄埔军校的代理教育长方鼎英致电蒋介石，建议在武昌或长沙开设分校。在筹建过程中，政治训练班改为中央军事政治学校政治科，校址由筹备处主任包惠僧选定在武昌两湖书院旧址。

11 月 1 日，武汉分校招考委员会成立，在武汉和全国各省市陆续招生，并积极促进招收女生，采取公开登报和秘密招考相结合的两种方法。由于国民党在全国的地方组织并不健全，共产党在招生工作上提供了帮助。考生的条件，规定必须具有中学文化程度；报名后，要经过初试和复试及体格检查，最后登榜录取。初试 6000 余人，复试 4000 余人。考试的科目：初试有三民主义、国文、数学、中外史地、博物、理化；复试有国文、党的常识及政治常识，检查身体。先后初试、复试各 5 次，可见考试之严格。女生队原计划招 40 多人，但报名的人太多，国共两党大员写条子的也太多，实际录取远远超出了预定数额。

1927 年 2 月上旬，被录取的新生开始报到，录取男生 986 人。政治科还设立特别班，接收和培训韩国学员。此外，广州黄埔第 5 期炮兵、工兵、政治科 1700 多名学员及长沙分校数百名学员并入，后又有湖北省农协送来农民训练班学生近 400 人、中央农民运动讲习所 500 余人在此接受训练。

正式入学的女生有 183 人，后湖南学兵团 30 名女生也编入军校，女生队扩为 213 人。这是黄埔军校史上的首批女生，列为第 6 期，分科在政治讲习班。武汉分校招收的这批女学生，多来自湖北、湖南和四川等地。这批女学生，无论从出身、年龄、文化程度看，还是从政治面貌、社会经历看，都参差不齐。但她们都有着一个共同的特点，就是敢于冲破封建的藩篱，投身到轰轰烈烈的革命洪流中去。黄埔军校以往只招男生，不招女生，武汉分校开创性地招收了女生。招收女生，这在中国是第一次，在世界上也是创举。本期女生队成为武汉分校的亮点，恽代英评价："军校成立女生队是破天荒的大事，是中国军事教育史上的创举。"

开学前，武汉中央军事政治学校政治科改称中央军事政治学校武汉分校。蒋介石兼任校长，汪精卫兼任党代表，邓演达和顾孟余为代理校长和党代表。张治中任教育长、训练部主任、学生总队长，周佛海任秘书长兼政治部主任，蓝腾蛟为军事总教官，恽代英为政治总教官。1927 年 2 月 12 日，武汉分校举行隆重的开学典礼。3 月，国民党中央常委会决定，武汉分校作为中央军事政治学校本部。

黄埔新生入校后，多要先受 3 个月的入伍教育。被编为 1 个大队的女生，与新招收的政治科 2 个大队统属第 6 期入伍生总队。女生队下分 3 个中队，9 个区队，每个区队 3 个班。武汉分校第 6 期学生入校时，首先在女生队各中队设置指导员。女生队长为郑奠邦，中队长有杨伯珩、张麟书等，指导员有彭漪兰、钟复光、唐维淑等。女生队和分校本部同住武昌两湖书院，在书院东部一个院落的两层楼里。楼上是宿舍，楼下是饭堂。女生队的宿舍、饭堂、课堂和操场都是独立的。除此之外，女学生与男学生穿一样的服装，过一样紧张的军事生活，没有特殊的地方。军校纪律非常严格，生活节奏非常紧张。早上军号一响，马上起床、穿衣、梳洗，将被子叠得方方正正，像个豆腐块，摆在木板床正中央。10 分钟时间一切要收拾完毕，然后进行操练。在饭堂里吃饭也要军事化，只要队长放下筷子，学生们必须全体起立，没有吃完的要被批评。从早上 5 时半起床开始，一直到晚上 9 时半睡觉，没有休息时间。每天 8 堂课，4 节学科，4 节术科。

本着黄埔本校军事与政治并重、理论与实践相结合的教学方针，武汉分校每天基本上是半天上军事课，半天上政治课。课余时间（主要是晚上）有时自习，有时开展文娱活动，有时召开政治讨论会。学生们如饥似渴地钻研军事政治理论，在进行紧张的学习和训练的同时，还经常参加校外政治活动。

武汉分校的军事训练课，学科术科并进，主要有步兵操典、射击训练，还到附近蛇山"打野外"，进行实地军事演习等。

武汉分校重视政治教育，政治总教官恽代英确定政治科教学注重师生交流互动及理论联系实践，他还邀请当时的共产党人、国民党左派领袖及在理论上有所建树的进步人士来校作政治讲演，如鲍罗廷、铁罗尼、陈独秀、毛泽东、张太雷、李立三、张国焘、周恩来、董必武、萧楚女、陈潭秋、郭沫若、吴玉章、瞿秋白、宋庆龄、何香凝、李汉俊、李达、章伯钧等，都曾应邀来校作过报告或讲过课。分校并编发《革命生活》日刊。政治课程主要有：社会主义史、社会发展史、妇女解放运动、共产党宣言、政治经济学、世界妇女运动史、三民主义、建国方略等。分别由许德珩、吴文祺、沈雁冰等讲授。恽代英经常给学生上课，组织编写辅导材料，有时还和学生一起听课，考察教学效果，提出改进教学的意见。罗瑞卿、许光达、程子华、张宗逊、陈伯钧、杨至成等是该校男生中的佼佼者。

女生队隶属于政治大队，接受军校的一切严格训练。女生做和男生一样多的工作，大有巾帼不让须眉之势。胡筠、李淑宁（赵一曼）、游曦、胡兰畦、黄杰、周越华、王亦侠、危拱之、陶桓馥、张瑞华、曾宪植、谢冰莹等后来成为巾帼英雄。其中胡兰畦、谢冰莹为抗战时期国民政府授衔的 7 个女将军中的两人。

武汉分校学生参与了收回汉口英租界的斗争，参加了针对"四一二"反革命政变召开的讨蒋大会。特别是军校师生改编的中央独立师，配合叶挺部参加了讨伐夏斗寅、杨森叛军的重大军事行动。1927 年 4 月，正当国民革命军继续北上讨伐奉系军阀张作霖时，军校决定由留在后方的叶挺率领第 11 军第 24 师迎击叛军的进攻，并把军校全体同学编为中央独立师，军校女生队编为政治连，分为救护队和宣传队，分别隶属军医处和政治部，受叶挺指挥，开赴前线。200多名女生全副武装起来，持枪杀敌，与男兵并肩作战。5 月 19 日，女生队随军西征，第一次经受战火的洗礼。这是女生队历史上的一次重大军事行动。女兵的任务更重，不但要拿枪打敌人，还要做唤起民众的宣传工作，另外还要担任救护任务。6 月 30 日，武汉军校中央独立师奉令调回武昌，恢复军校原来的教育体制和教学生活。参加此次西征，是女生队最大的一次实战锻炼，也是这些年轻女兵第一次与敌人真枪实弹地开战。因此，这次作战，不仅使她们得到了锻炼，而且给她们留下了难忘的印象。女生队参加这次作战，从出征到返校共 34 天，她们历尽艰难困苦，经受了血与火的考验，以自己的实际行动，点燃了人生道路上的耀眼亮点，真正完成了从女生到女兵的蜕变。

1927 年"七一五"反革命政变后，武汉局势恶化，武汉分校决定提前结业，给学生发黄埔军校第 6 期毕业证书。为了保存力量，第 2 方面军主力第 4 军参谋长叶剑英推动张发奎把武汉军校改编为第 2 方面军军官教导团。1927 年 7 月 25 日，张发奎宣布第 2 方面军准备东征，武汉军校停办。

1927 年武汉分校毕业的第 6 期女生，计 220 余人。此外，这一时期还有黄埔军校特别党部主办的广州平岗民众夜校，在 1927 年 2 月 17 日开学时有学生 70 余人，其中有 10 多名女生，因这一夜校属于黄埔军校教育系统，有资料将其计入第 6 期女生中。

（后续两个分校见第四章"抗战时期各地分校及训练班·第二分校"）

（四）第三分校（长沙分校）

黄埔军校在长沙两次开办分校，即北伐时期的中央军事政治学校第三分校（1926 年 12 月至 1928 年 7 月）和抗战时期的中央陆军军官学校长沙分校，两者没有渊源关系。

1926 年底，随着北伐军节节胜利，革命势力向长江中游发展。蒋介石复电批准唐生智关于在湖南开办第三分校的请示。"当分校招生的讯息传出之后，湘、鄂、赣、川、黔、皖、鲁、豫、粤、桂各地的青年，为向往黄埔军校的名声和奔向革命的征途，都纷纷投奔长沙参加应考。报名人数之众竟达 1 万多人，而取录学生仅 1000 人左右。由于择优选录，学生的思想素质和文化程度都比较高。"①

第三分校校址在长沙市小吴门外协操坪。1926年12月开始招生,分设两个招生处,一个在长沙分校内,招收湖南学生;另一个在湖北武昌,招收外省学生。1927年2月,该分校第1期正式招生1200余人,主要是青年学生和部队连排干部,分步兵、工兵、炮兵、政治4科。校址设在长沙小关外教场坪。该分校实际并不隶属于中央军事政治学校管辖,而是受国民革命军前敌总指挥唐生智直接管辖控制,分校各级负责人均由唐生智决定,实为他为扩大个人实力而培养军官的基地。

1927年3月10日,石醉六被任命为第三分校校长,政治部主任为夏曦,教育长为余范传,总队长为谢煜焘。分校组织设本部为领导机构,校务委员会常务委员为汪精卫、唐生智、石醉六。校务委员为刘兴、何建、李品仙、叶琪、周澜;教务委员为张国威、廖磊、范宿钟、刘健绪、陶广、熊震、李文杰、何萱、王锡涛。

分校政治课程有三民主义、历史唯物论、经济学、工人运动。所有政治教官,都是由政治部委派的,绝大多数系共产党员或国民党左派。分校对政治教育十分重视,不少共产党著名人物前来讲政治课或作专题讲演。军事课有学科典范令、战术、兵器、筑城、地形、军制、通信等各种教程。教官多是保定军官学校毕业的,术科战斗教练到连,均采取日本式。分校学生分带职学习军官和新招学生两种。其中招收唐生智部连、排干部800人,编为带职第1、第2大队。带职学习军官,外出佩挂军官斜皮带,着军官军装。新招学生穿新兵军服和扎横腰皮带,编为6个大队,其中步兵、政治科各2个大队,工兵、炮兵科各1个大队,大队长均系上校衔,大队下分3个区队或4个区队,区队长为中、少校衔。带职队学习定为半年毕业,学生队学习定为一年毕业。

分校创办之时,正是湖南国民革命开展得轰轰烈烈,共产党和国民党左派势力占据优势之际,因此分校革命气氛十分浓厚,政治口号强调孙中山倡导的

---

① 卜穗文:《大革命时期黄埔军校的军校分校》(下),http://www.huangpu.org.cn/hpyj/201209/t20120921_3112509.html

联俄、联共、扶助农工三大政策和"革命的向左转，不革命的滚出去"。在学校内外贴满了红色的革命标语，到处红旗飘飘。政治部的革命刊物《火花》，每周出刊一期，宣传革命理论，短小泼辣，最受学生欢迎。

1927 年 5 月 21 日，驻长沙的国民革命军第 33 团许克祥部发动"马日事变"，分校进步学生被杀 20 多人，被捕 50 多人，还有 100 多名学生离校。校长石醉六、教育长余范传不久离开，夏曦和一些政治教官及政治部工作干部等共产党人和学生中的共产党员也转移了，学校一度处于无人负责的白色恐怖状态。7 月中旬，武汉政府转向反共后，分校成立由唐生智为首的校务委员会，不再设校长，只保留教育长，由原总队长谢煜焘升任，政治部主任改由仇鳌担任，原政治部出版的进步刊物《火花》改为《党军》，分校的政治面貌发生了根本改变，引起学生反感。唐生智多不在长沙，校务实际由湖南政府代主席周澜主持。

11 月，唐生智由于反蒋失败，于 11 日通电下野，出走日本，第三分校归属程潜管辖。14 日，程潜进驻长沙，并担任湖南省政府主席兼第 6 军军长，令分校学生照常上课，把自己办的第 6 军学生队并入分校，和分校学生一同受训，遭到分校学生反对。分校原有学生绝大多数到了南京，由蒋介石收容编入中央陆军军官学校第 6 期，一小部分到了武汉，成为武汉分校的学生。到南京的学生共有 500 人左右，编为 1 个大队（称第 3 大队），于 1928 年 3 月 30 日毕业。留在长沙分校的学生与第 6 军学生队合并受训，"这一期学生毕业后，第三分校就同时结束了"。7 月，第三分校停办，教职员并入南京本校。

（抗战时期的长沙分校，见第四章"抗战时期各地分校及训练班"）

（五）南昌分校

1928 年 4 月 30 日，中央陆军军官学校南昌分校成立。其前身是由江西省政府主席、国民革命军第 1 集团军第 5 方面军总指挥朱培德成立的军官教导团改建的国民党第 5 路军干部学校（另称第 5 路军军官补习所）。

1928 年 5 月 1 日，南昌分校举行开学典礼。刘体乾、张鉴桂、唐淮源先后任校长，邹兆衡、曹兆徵先后任教育主任。分校设教授部、训练部、经理处、庶务处、医务所等。

南昌分校的学生由第 5 路军、师、旅、团选送识字的青年下级军官及优秀军士经考试录取。该分校教育分军事教育与政治教育两种。军事教育的科目与本校略同，如军事学有战术学、兵器学、地形学、筑城学、射击教范、交通学、阵中要务令、夜间教育学、军队卫生学、步兵操典等；土木工程学习中，涉及测量学、铁道学、道路学、材料学、施工学、河工学、制图学、力学及桥梁学、三角代数及几何等内容。军事教育缺少各科见习、参谋旅行、交通复习等科目。政治科目与本校大致相同，有中国革命史、三民主义、帝国主义侵略中国史、各国革命史、政治经济大要、军队政治工作、特别演讲等。

1929 年 6 月初，南昌分校举行联合演习。6 月 25 日，举行毕业典礼，共毕业 408 人。该期学生毕业时间与南京中央陆军军官学校第 6 期接近，故与本校第 6 期生同等待遇。至此，南昌分校停办，奉命将所有教具移交给江西省政府民政厅保管，全校官兵则给资遣散。

三、国共两党黄埔师生的党争

黄埔军校是大革命时期国共合作的产物。无论是国民党，还是共产党，都有很多的高级将领毕业于此。蒋介石由于一直存在私心，从黄埔军校建立之初，就对共产党步步紧逼，最后甚至发展到了"清党"的地步，迫使共产党只能转入地下工作。国共之间的矛盾，最早爆发的地点，就是黄埔军校。随着国共两党的矛盾逐渐突出并公开化，黄埔军校内部由不同的军人团体发端，出现了激烈的政党和主义之争。

（一）黄埔军校的军人团体

在大革命时期的广州，黄埔军校先后存在过火星社、青年军人社、中国青年军人联合会、孙文主义学会、黄埔同学会 5 个军人团体。这些军人团体极其活跃，不仅在军校政治、军事生活中颇有建树，并且影响到国民革命军各军。

1. 火星社

黄埔军校内成立最早的团体是火星社，1924 年 12 月，由第 2 期学生中的共产党员李劳工、周逸群、王柏苍、吴明、萧人鹄、吴振民、陈若、谢宣渠等人倡议，在北校场成立了火星社。据黄雍《黄埔学生政治组织及其演变》一文说：火星社是"由一部分共产党同学和一些同情党的同学效法列宁在 1900 年创办《火星报》的意义"而组织起来的，意在以此"作为共产党的外围组织，来推行党的政策，扩大党的影响，并为吸收党员作些准备工作"。[①] 其成员主要是学生，除当时一部分在校共产党员学生外，还吸收了一部分接受共产党影响较深的左派学生，在第 2 期有 60 多人，第 3 期有 30 多人，军官中参加的人数甚少。火星社以"SM"为代号，另有特定的手势作为联络接头信号。

1925 年 9 月第 2 期学生毕业后，"火星社"主要负责人离校，该社随之解散。"参加组织的除少数人外，大多数人均已先后正式加入了共产党。火星社活动的时间总共不到一年，但在对当时校内反动派（西山会议派与孙文主义学会分子）的斗争中发挥了极大的作用。"[②]

2. 青年军人社

1925 年初，中共黄埔特支分析了广东的形势，认为广东革命政府面临着极其严峻的局面，陈炯明叛军在东江一带蠢蠢欲动，帝国主义企图用武力干涉中国革命，驻扎在广州的滇、桂军争夺地盘，军纪废弛。因此，在粤的革命军人必须团结起来，成为革命政府的忠诚卫士，完成反帝反封建的历史使命。在共产党员蒋先云、王一飞等提议下，决定成立一个革命军人的联合组织。1925 年 1 月，黄埔军校成立了以党、团员为核心的青年军人社，下设编辑部及编辑股、校对股、发行股。聘请党代表廖仲恺担任社长，校长蒋介石担任名义上的编辑部部长，共产党员吴明担任编辑股股长，王一飞担任编辑股员，共产党员吴振民任校对股股长，共产党员麻植任发行股股长。该社出版刊物《青年军人》，社员有数十人。青年军人社成立后的主要工作是在军校政治部主任周恩来的领导

---

① 广东革命历史博物馆编：《黄埔军校史料（1924-1927）》，第 114 页，广东人民出版社，1982 年版。

② 《黄埔军校史料汇编》第 385 页，2014 年增刊，黄埔出版社。

下，筹建中国青年军人联合会。1925 年 2 月，中国青年军人联合会成立后，该社的全体成员参加"青军会"的活动，因此，青年军人社在无形中解散。

3. 中国青年军人联合会

中国青年军人联合会是在中共广东区委军委书记周恩来领导下的、以黄埔军校共产党人为核心的进步军人组织。它的前身是"青年军人代表会"，1924 年 8 月，广州商团叛乱之际，廖仲恺、周恩来指示蒋先云、王一飞等以黄埔军校学生为中心，联络粤军讲武堂、桂军军官学校、滇军干部学校、铁甲车队、军用飞机学校及福安、飞风、飞鹰 3 艘军舰的青年军人成立了一个青年军人代表会。参加这个组织的每个单位派出代表数人，每个星期在黄埔军校等处开会一次，讨论挽救时局等问题。会议主席由各单位代表轮流担任。会址设在国民党中央党部。代表会提出的口号是"革命军人联合起来""拥护革命政府""拥护中国国民党""解散商团""打倒帝国主义"等。

随着革命形势的发展，中共广东区委军委对这个组织很重视，决定将青年军人代表会扩大为中国青年军人联合会（简称"青军会"），并建立严密的组织系统和领导机构，还要以黄埔军校的革命思想教育和影响各军，团结和改造旧军队，使之成为革命政府的武力后盾。1925 年 1 月 25 日，蒋先云、王一飞召集各军事单位代表开会，推举蒋先云、曾扩情、贺衷寒、何畏能 4 人组成中国青年军人联合会筹备会。30 日，筹备会召开中国青年军人联合会第一次代表大会，组织临时执行委员会。2 月 1 日，临时执行委员会在广东大学召集会员大会，宣告中国青年军人联合会正式成立。国民党中央常务委员会委员、黄埔军校党代表廖仲恺，大元帅府代理大元帅胡汉民，广州大学校长邹鲁等出席了大会并致贺词。同一天，召开了第二次代表大会，决议由临时执行委员会起草总章。2 月 8 日，召开了第三次代表大会。通过总章，选出正式执行委员会，常务委员蒋先云，秘书贺衷寒、袁也烈，编辑委员王一飞、欧震，宣传委员高煊、何畏能，组织委员廖俊一、杨锦棠。该会下设组织、宣传、调查 3 科，最初由蒋先云、李之龙、关学参等负责。

"青军会"发出《中国青年军人联合会成立宣言》《中国青年军人联合会总

章》《中国青年军人联合会告亲爱的兵友们》《中国青年军人联合会为东江事告国民》等重要文告，阐明了其宗旨和奋斗方向。《总章》明确指出："本会以下列各项为宗旨：（甲）团结军人保障自身的利益；（乙）联合军队中革命分子，不分等级，以拥护革命政府，实现三民主义；（丙）帮助国民党建设一个统一的坚固的国民革命政府和有革命纪律的国民革命军；（丁）在军队和广大人民群众中，作政治的文化的教育的工作；（戊）建立军队与民众间的密切关系；（己）建立各军队间相互的密切关系。"①

"青军会"的一个重要举措就是创办了会刊《中国军人》。1925 年 2 月 20 日，《中国军人》在广州创刊。《创刊启事》指出，"本刊以团结革命军人，拥护革命政府，宣传革命精神"作为办刊主旨。②《中国军人》初为半月刊，从第 6 期起改为不定期出版。《中国军人》大量报道了"青军会"的组织状况和各项活动，刊登"青军会"的大量宣言、文告、通知。这个刊物公开宣传共产主义理论和马克思列宁主义思想，猛烈抨击北洋军阀政府，积极配合国民政府的军事行动。它还用大量的篇幅探讨和阐明革命军人的职责和使命，深受广东及全国进步军人的爱戴和欢迎，是周恩来等联系青年军人的桥梁，也成为与孙文主义学会分子进行公开论战的阵地，借以驳斥他们的反动舆论，宣传共产党关于国共合作的正确主张。1926 年 3 月 20 日"中山舰事件"发生，4 月 16 日，"青军会"通电解散，通电中表示"本会拥护革命而始。亦以拥护革命而终"，"为巩固革命势力，统一军人观念，取消骈枝国弊不可滥费起见，特决定且行解散"。

4. 孙文主义学会

孙文主义学会是黄埔军校内外一批国民党右派分子为对抗中国青年军人联合会而建立的反动团体。

随着革命形势的发展，黄埔军校中的国民党右派害怕共产党势力壮大和工农群众运动的深入进行，进行了反对国共合作的活动。1925 年 3 月孙中山在北京逝世后，西山会议派分子乘机造谣，煽动右翼分子合谋反共。黄埔军校的

---

① 《中国青年军人联合会总章》《中国军人》创刊号，第 16 页，1925 年 2 月 20 日。

② 《本刊露布》，载《中国军人》创刊号，第 2 页，1925 年 2 月 20 日。

贺衷寒、缪斌、冷欣、杨引之等右派学生，在蒋介石、戴季陶、何应钦的指使下，于4月24日，第一次东征途中，在梅县召开了筹备会议，成立了中山主义学会。6月3日，《广州民国日报》发表了《中山主义学会宣言》。[①] 12月29日，在广东大学操场上正式召开成立大会，改名为孙文主义学会。从此，黄埔岛上出现了"青军会""孙会"两大对立组织。

孙文主义学会成员以黄埔军校1、2期学生为主，也有一些教官。学生中有贺衷寒、桂永清、邓文仪、袁守谦、刘永尧、肖赞育、宋思一、周兆棠、刘仪珍等，教官中有顾祝同、刘峙、陈诚、蒋鼎文等。据黄雍回忆："他们以小宗派为中心，以第二期学生作为发展组织的重点。如以谢廷献、谢纯庵、杨引之为首的川籍同学约20余人，均与西山会议派有关系，反共最激烈，后来都成为孙文主义学会的骨干分子。此外，史宏熹、杨耀唐、谢振邦等以江西同乡为活动目标，李士珍、周兆棠专联络浙江同学。他们彼此串联，互相声援，使一些中间分子慑于反动势力，不敢有所表示。"[②]

1926年2月2日，蒋介石在黄埔军校召开中国青年军人联合会和孙文主义学会联席会议。4月21日，孙文主义学会发布自动解散宣言，称"学会本以团结本党革命信徒始者，难免不将因谣诼而使革命者离散，因特本会自行取消，以杜绝造谣者之对象"。[③]

5. 黄埔同学会

中国青年军人联合会和孙文主义学会两个组织宣布解散之后，蒋介石认识到共产党学生决不会因"青军会"的解散而中止其暗中的组织活动，只有建立一个自己直接控制下的统一组织，才能防止共产党的活动，因此，乃决定成立黄埔军校同学会（黄埔同学会）。

1926年5月24日，蒋介石派贾伯涛、李正韬、曾扩情、伍翔、余程万、

---

① 《中山主义学会宣言》，载《广州民国日报》，1925年6月3日。

② 黄雍：《黄埔学生内部斗争的起因与发展》，载《黄埔军校史料（1924—1927）》，第341—342页、第341页，广东人民出版社，1982年版。

③ 卜穗文：《大革命时期黄埔军校的军人团体（下）》，http://www.huangpu.org.cn/hpyj/201209/t20120921_3112281.html。

杨麟、梁广烈、钟焕祥、蒋先云为筹备委员，后又增加了葛武棨、李超、胡静盦、关巩为筹备委员，拟定黄埔同学会简章。6月19日开第三次会议，在省各部队同学代表均出列席，决议决定于27日开同学恳亲大会，先期互相联络而产生同学会，并议定是日开会，一切筹备事宜，及推定各同学分配担任负责办理各事项。27日，在广东大学礼堂开恳亲大会，"同学到者有七百余人。潮汕代表胡秉铎等九人亦到会。下午一点开会，校长主持。一时本校从前开校之老师、教官等及军政学界要人，均热烈赴会庆祝，约计千余人"。① 蒋介石发表了演说。会上宣布黄埔同学会正式成立。

黄埔同学会的权力极大，凡属黄埔军校学生，均为当然会员，由同学会负登记考核之责。凡毕业同学的任免升迁调补等等，均须根据同学会的登记考核来决定。无论毕业还是未毕业的同学，均须在同学会的监督指挥之下。黄埔同学会规定，凡是会员必须效忠于国民党，奉行三民主义，绝对服从校长领导，不得有任何其他的组织活动，尤其不准从事共产主义的宣传；如有违反，应受严厉的处分，或以叛逆论处。这表明同学会不仅对所有同学有任用罢免之权，而且操有生杀予夺之权。

黄埔同学会是一个跨校组织，既包括黄埔军校在校生，也包括毕业学员，甚至还包括非黄埔军校毕业生。这样，不仅蒋介石的嫡系军队中有黄埔同学会的组织，即所谓的杂牌军队中，只要有黄埔同学渗入，亦无不有同样的组织活动，并进而掌握军队中的党权。蒋介石自成立黄埔同学会后，即在中央党部成立一个"军人部"，自任部长，以同学会秘书兼军人部秘书，其主要成员如组织、宣传、总务各科科长，亦无不由黄埔同学充任。凡军队中的党部组织和党代表的委派，都要通过军人部的提请，才能作出决定。如国民革命军第6军的党代表林祖涵、第8军党代表刘文岛、第9军党代表吕超、第14军的党代表熊式辉等，都是军人部所提请委派的。

1927年"四一二"反革命政变后，蒋介石以反共更加坚决的第1期学生酆

---

① 卜穗文：《大革命时期黄埔军校的军人团体（下）》，http://www.huangpu.org.cn/hpyj/201209/t20120921_3112281.html。

悌接任黄埔同学会秘书。为清除黄埔同学中的共产党员和与共产党有关的同学，特在同学会内设一"纪律股"，以嗜杀成性的第3期同学刘伯龙任股长，以流氓成性的第1期同学王慧生、第5期同学柏良等任股员。他们有对共产党同学以及与共产党有关联的同学等执行逮捕、审讯、监禁和处以死刑之权，有许多革命的黄埔师生被该组织诬告和迫害。蒋介石在1927年8月被迫下野时，把所有军队和军事机构的指挥权都交何应钦，唯独把同学会交给了住在上海的朱绍良，派曾扩情任秘书，令他迁往杭州办公，以便就近控制。蒋介石要同学会团结在职同学，保持和发展力量，以便他复职时驱使。同时，收容失业的军校学生1000余人，编成一个总队，派贺衷寒为总队长，在杭州集中起来训练，俟日后为其效劳。该会于1930年11月撤销，改为黄埔军校毕业生调查科。

成立黄埔同学会是蒋介石为篡夺军权而采取的一个重要步骤。蒋介石通过黄埔同学会加强了对黄埔军校的控制，并将手伸进国民革命各个军队中。孙文主义学会在名义上被取消了，但黄埔同学会却是孙文主义同学会的翻版，黄埔同学会在实质上为蒋介石的军事独裁统治奠定了初步的基础。

（二）军人团体的冲突与摩擦

黄埔军校是一所国共合作的学校。军校开办后，国共两党的许多重要人物，汇集于黄埔岛，校内有"亲爱精诚"的一面，也有激烈的冲突和斗争。根据黄埔1期生韩潜的回忆，"黄埔军校第1期学生中基本上没有党派之争。第2期开始萌芽，第3期比较激化"。[①] 随着国共关系的复杂化，特别是孙中山逝世之后，国民党内排斥共产党、分裂两党合作的活动不断发生，军校师生政治观点的分歧，逐渐演变成以中国青年军人联合会和孙文主义学会为代表的两种政治派别的斗争，进而引发摩擦和冲突。

1925年1月，黄埔军校特别党部进行改选，火星社运用自己的组织力量展开了竞选运动，结果按照自己的预定计划获得完全胜利。当选为特别党部第二

---

① 韩潜：《两年黄埔军校生活见闻》，载《广东文史资料》第37辑，第95页，广东人民出版社，1982年版。

届执行委员会委员的有周逸群、王柏苍、吴明、陈作为、罗振声、黄锦辉等人，可以说全部为共产党员。蒋介石仅得 60 票，没有当选，后来由党代表廖仲恺推荐，才得当了一名监察委员。火星社在这次选举中的胜利，为全校民主创了一个先例，同时也震惊了蒋介石及校内反动派。后蒋介石和西山会议派把这件事作为反共的借口，说成是"共产党借国民党名义扩张势力"。①

中国青年军人联合会为跨校、跨军的公开团体，名义上是青年军人的群众组织，实际上是以周恩来为首的军校政治部联系青年军人的桥梁，是中国共产党对青年军人进行共产党主义思想宣传教育的一种组织形式。在周恩来的指导下，青年军人联合会很快发展会员 2000 多人，活动范围由黄埔军校扩展到在粤的陆军和滇、桂、湘军所设的军官学校。②除会刊《中国军人》外，还出版《青年军人》《兵友必读》等刊物。"青军会"得到广大青年军人的热烈支持和拥护，参加者甚众，迅速发展壮大，成立 1 年多时间，会员发展了 2 万余人，还把教职员中的左派和共产党员金佛庄、郭俊、茅延桢、鲁易等人发展成了会员。中国青年军人联合会从成立起，即得到国共两党革命领导人的大力支持，并将其政治影响扩大到广州的军校及附近驻军。

1925 年 3 月孙中山在北平逝世后，西山会议派分子乘机造谣煽动右翼分子合谋反共。孙文主义学会宣扬戴季陶的《孙文主义的哲学基础》中的反动理论，企图以孙中山学说思想为号召，组织反共集团。③学会分子以信仰、研究孙文主义为幌子，在蒋介石的支持下进行排斥打击共产党人和分裂国共合作的活动，在军校内无故对共产党员寻衅肇事。1925 年底，孙文主义学会的反共活动更加猖狂，在上海、北京等地成立了分会。

1925 年起，黄埔军校"两会"之争日趋表面化，纠纷愈演愈烈，从笔舌之

---

① 韩潜:《两年黄埔军校生活见闻》, 载《广东文史资料》第 37 辑, 第 114 页, 广东人民出版社, 1982 年版。

② 王逸常:《周恩来与中国青年军人联合会》, 载《黄埔军校史料（1924—1927）》, 第 343—344 页, 广东人民出版社, 1982 年版。

③ 黄雍:《黄埔学生内部斗争的起因与发展》, 载《黄埔军校史料（1924-1927）》, 第 341 页, 广东人民出版社, 1982 年版。

争，发展到拔枪相见。5月1日，因"五一"游行引起的冲突转变成"两会"之间公开斗争的导火索。5月中旬，孙文主义学会与青年军人联合会对峙不见缓和，相反转趋激烈。孙文主义学会成员寻找反共的口实，与共产党争夺黄埔军校的领导权。6月3日，孙文主义学会的前身"中山主义学会"发表"宣言"，其中说道："先生在时耳提面命，我们只要跟着走，不怕走错路。今先生死了，导师失了，再找不到耳提面命的人了。只有一部中山主义是先生给我们的唯一遗产。我们只有把它读熟，把它研究得彻底的明了，以后革命才不致走错路。这是我们组织中山主义学会的第一个意思。"①

中国青年军人联合会注重加强政治宣传，营造正面舆论。在6月3日的同一期《广州民国日报》上，刊登了中国青年军人联合会对时局的第二次宣言，其中指出："革命军人都是受了经济政治的压迫、并且要推翻这种压迫者，才跑到革命旗帜下来当兵。革命军人都明白，用经济政治来压迫我们民众的，是东西列强勾结中国军阀干的。所以我们革命的目标，就是推翻自私的军阀与列强在中国的势力，建设一个真正自由独立的国家。列强勾结军阀、压迫我们民众，是无微不入、不分省界。革命军人，也是各省受压迫的民众集合而来的。我们革命的事业，是解放全中国民族，不是革了哪一省的命就算完了事。所以我们军人，是没有省县地方的界线，只有革命与非革命的分别。少数反革命野心家想借'省军'的名称，划出多少疆界。造出谁是主军，谁是客军，主军不利于客军，或客军不利于主军的种种谣言，叫我们兄弟自相残杀，他却发财升官，道快活。这种少数野心家，就是列强与军阀的工具，是我们革命军人的仇敌。所以现在的战争是革命军与反革命军的战争，并不是什么粤军、滇军、桂军、湘军、豫军的战争。因为哪一个军队，也有各省的弟兄。"提出建议（一）统一军政，废除"省军"的名称。（二）非战时的常备军，以旅为最大单位的组织。（三）旅团司令部采用委员制。（四）军饷公开。（五）改良现役兵士待遇，优遇战亡军人家属，确定废残军人的抚恤年金。（六）改良兵士教育，兵士应受政治

---

① 1925年6月3日《广州民国日报》。

教育与取业教育。（七）保障兵士退伍时之生活。（八）废除雇佣军队，提倡志愿民兵，并促征兵制早日实现。

12 月第二次东征时，蒋介石"见党务日形纠纷，共产党员与本党党员已成水火之势"，于是在潮州行营召集第 1 军各政治部职员、各级党代表会议，讨论调和党争问题，提出："一、校内准共产党员活动，凡有一切动作均得公开；二、总理准共产党跨国民党而未准国民党跨共产党，然亦未明言不准。现在本校亦不禁止国民党加入共产党，惟加入共产党者须向特别党部声明，请得照准。"[①]

随着形势的发展，中国青年军人联合会的势力大大超过了孙文主义学会，蒋介石便企图限制革命力量的发展。利用校长的职权，凌驾于两派之上，别有用心地要求两派"和解"。随后，蒋介石在广州卫戍司令部公开宴请少校以上各级军官会上声明："青年军人联合会，孙文主义学会，在本党未改组前，暂时不能承认。"1926 年 1 月，孙文主义学会右派分子制造"大佛寺枪击事件"。为调解中国青年军人联合会与孙文主义学会之间的冲突，校方于 2 月 2 日晚举行由双方参加的联席会议，制定处理争执办法，蒋介石、汪精卫与两会代表李之龙、周逸群、潘佑强、王备、周惠元、葛武棨、张其雄、杨耀唐、缪斌、张静愚共12 人参加。经过协商，达成 4 项决议：（1）中国青年军人联合会、孙文主义学会干部准互相加入；（2）两会在党校及党军须承本军校长及党代表之指导；（3）团长以上高级官员，除党代表外，不得加入两会；（4）两会会员，彼此有不谅解时，得请校长及校党代表解决。中国青年军人联合会与孙文主义学会的关系，是国共合作状况的"晴雨表"。等到蒋介石发动"整理党务案"、排挤共产党人时，中国青年军人联合会已无立锥之地。3 月 20 日，蒋介石制造"中山舰事件"，打击共产党人，进一步夺取军权，借口中国青年军人联合会和孙文主义学会两组织之间争斗有违"亲爱精诚"的校训，下令解散这两个组织。4 月 7 日，蒋介石颁布了《取消党内小组织校令》，命令"自本令公布日起，除本校特别党部各级组织应由党部 加意工作外，其余各种组织着即一律自行取消，此后并不

---

① 《中央陆军军官学校史稿》第 6 篇"党务"，1936 年版。

得再有各种组织发生，如稍有违犯，一经查出，实行严肃究办，以维纪律"。4月10日，中国青年军人联合会发布"解散通电"，4月21日，孙文主义学会发表自动解散宣言。

四、大革命时期的黄埔精神

"黄埔精神"是孙中山先生在黄埔军校创建时就已初步确立的，是孙中山思想在革命、建国和军事等方面的重要体现，并伴随着国共两党政治与军事方面的合作实践而逐步形成，以黄埔革命军铲除军阀势力、东征北伐威震四方而闻名于世。

（一）国共合作、勠力同心的团结精神

黄埔军校是一所新型的军事政治学校，"新"的最耀眼亮点，就是国共两党合作创办，是孙中山、廖仲恺、周恩来、恽代英等富有远见的国共两党英杰，以国家人民利益为重，排除各种阻挠坚持政治合作的结果。黄埔精神具有顽强的生命力，在很大程度上在于它坚持贯彻了校总理孙中山当时所制定的"联俄、联共、扶助农工"三大政策的精神。这是黄埔精神的一个显著特点。正因为如此，它才有着极强的感召力。贯彻三大政策，国共两党亲密配合，共同致力振兴中华，这是当时许多有志青年投奔黄埔的初衷，也是真正的黄埔精神之所在。国共两党在那时的合作有着坚实的政治基础，有着反帝反封建的共同目标。因而两党能从军校的筹建、开办到革命军的建立、东征与北伐，真诚团结，合作战斗，汗水、鲜血流在一起。可以说，没有政治合作就没有黄埔军校，黄埔精神与生俱来就与政治合作的胸襟相伴相随。

由于国共两党的共同努力，黄埔军校首创崭新的革命制度，培养了大量的军事政治人才，建立了反帝反封建的赫赫战功，驰名中外。军校迅速发展成为体制健全、组织严密、规模庞大的革命武装组织，国共两党的许多著名人物都出身于该校。随着革命形势的发展需要，先后在潮州、南宁、长沙、武汉设立

了 4 所分校。黄埔军校学员在国民革命时期前后招收了 6 期，其中毕业 4 期。第 5 期在大革命失败时即将毕业。这 5 期学员，大都参加了国民革命军，成为军中的骨干力量。在轰轰烈烈的大革命年代里，黄埔军校荣获"国民革命中心"的崇高称号，领受了"东方红军"的灿烂锦旗，对推动中国革命历史的发展作出了不可磨灭的贡献，在中国现代革命史上占有重要地位，产生了深远的影响。

黄埔军校之所以能在短短的几年里，作出如此重大的贡献，其主要原因之一就是国共两党的真正合作。孙中山先生为黄埔军校制定了"亲爱精诚"的校训，教育军校师生要"同学同道，生死共赴"。什么叫"同道"？孙中山解释说，就是"为振兴中华，团结友爱，悲喜同心"。"亲爱精诚"是黄埔建校的精神动力，也是黄埔师生的人生信条。在军校求学期间，黄埔同学一起学习结伴训练，结下了深厚的同窗情谊。在两次东征的战场上，分属国共两党的黄埔师生并肩战斗，密切配合，取得了一个又一个胜利。在危急关头，黄埔师生相互支援，并肩作战，鲜血流在一起，忠骸同葬一穴，践行了"亲爱精诚"的精神。在攻打淡水一役中，共产党员刘仇西、张际春、刁步云等与国民党人蔡光举、冷欣等带头参加敢死队。在战斗中，蔡光举首先中弹倒地，共产党员蒋先云第一个上前掩护抢救。在棉湖激战中，共产党员、教导 1 团第 3 营党代表章琰和国民党员、第 3 营副营长杨厚卿率队向敌军冲锋，先后倒在战场上。在第二次东征攻克惠州时，刘尧宸带头攻城牺牲后，其部副营长、共产党员谭鹿鸣高呼"为刘团长报仇"，继而带队冲锋而在城下阵亡。分属国共两党的黄埔师生并肩战斗、相互支援的感人故事，在两次东征中多次上演，书写了一个又一个佳话。"亲爱精诚"不仅体现在同学、同侪关系中，而且体现在师生、官兵关系中。在黄埔军校的政治教育中，推翻了盲从的士兵训练体制，强调为民族解放事业和工农共同利益而斗争，而不是为某一人卖命，因此在师生、官兵关系中更强调平等相待、共同奋斗。黄埔师生都能发扬"亲爱精诚"的校训，同甘共苦，衣食一律，团结和谐。这一理念不仅影响了一同东征的粤军，而且在滇军、桂军甚至是陈炯明叛军中都产生了反响，促进了这些部队士兵的觉醒。

（二）反帝反封建，鞠躬尽瘁、死而后已的牺牲精神

孙中山先生深知，要使中华民族获得新生，要让中国拥有光明的前途，腐朽的清王朝必须被推翻，祸国殃民的各路军阀必须被打倒。否则，国家无望，民族不兴。而要实现这一伟大的奋斗目标，武装革命是唯一的道路。孙中山先生正是举着爱国革命的旗帜一路走来，直到生命的最后一息。他的这种思想和实践，深深地影响了黄埔军校，深深地影响了黄埔师生，也给黄埔精神打上了深深的烙印。

由于孙中山先生的爱国主义思想是通过革命行动体现出来的，因此，在黄埔军校，"革命"一词出现的频率最高；在黄埔师生身上，革命精神体现得最为鲜明。就连后来站到革命对立面的蒋介石当时都对学员说道："你们来黄埔军校，是为了革命；如果我将来不革命，以至反革命了，你们就起来反对我、打倒我。"应该说，革命思想在当时的黄埔军校是深入人心的。在黄埔军校大门两侧"升官发财请往他处，贪生怕死莫入此门"的对联，成为全体师生的人生准则，无私奉献在黄埔精神中同样占有重要的位置，是对黄埔师生精神品质的生动写照；面对拥兵自重、不可一世的陈炯明叛军，初出校门的黄埔师生抱定必死之心，与之展开殊死搏斗。他们没有辜负中山先生"要以黄埔学生为骨干，训练一支决死之革命军"的期望，践行了"不要钱、不要命，爱国家、爱百姓"的誓言，以自身不怕牺牲、英勇战斗的模范行动，弘扬了中华民族血战平叛、除暴安良的光荣传统；孙中山先生在开学典礼的讲话中对黄埔同学讲得更加明确："从今天起立一个志愿，一生一世都不存升官发财的心理，只知道做救国救民的事业。"这些都强烈地传递了这样一个信息：作为黄埔同学要有无私奉献的精神，要以国家和民族利益为重，勇于抛弃自己的私利，一心从事革命的事业。黄埔师生为取得每一场战斗的胜利，为夺取两次东征胜利，作出了巨大的牺牲。据统计，两次东征及平定杨刘叛乱中，牺牲的黄埔师生共500多人，参战的黄埔1期生伤亡数达到毕业生总人数的40%。黄埔师生的不怕牺牲、视死如归，令曾经身经百战的苏联军事顾问加伦将军都深为折服，他在回忆录中写道，在棉湖之战

中，"广大士兵和下级军官以及一些党代表罕见的忘我牺牲精神，他们一个人要对付五个以上的敌人，付出了巨大的牺牲……我军在这场战役中之所以幸免于难，主要应归功于这种忘我牺牲精神"。

（三）打倒军阀、统一全国的担当精神

孙中山先生曾多次指出："统一是全国国民的希望。能够统一，全国人民便幸福，不能统一，便要受害。"历史也多次证明，发扬黄埔精神，国共两党密切合作，致力振兴中华，就会给国家民族带来好处。反之，就会损害国家和民族的利益。1924 年 6 月 16 日，黄埔军校宣告成立，孙中山在一个多小时的开学典礼演说中，对为什么要革命、建立革命军的目的是什么？一言以蔽之——是使积贫积弱的中华民族得以复兴，道出创办黄埔军校的目的，"就是创造革命军，求挽救中国的危亡"。"我们的事业就是救国救民。""革命军是救国救民的军人，诸君都是将来革命的骨干，都担负着救国救民的责任。"[1] 黄埔学生从进入军校那一天起，就时刻受着爱国主义教育的熏陶。遵照孙中山先生的遗训，黄埔师生将以身许国、精忠报国作为自己的座右铭，将消灭叛军、统一广东作为奋斗目标，挺身而出，争先投入保家卫国的伟大斗争之中。

引导学生为复兴中华民族而奋斗，是当时黄埔军校重要的教育内容。如在《中央军事政治学校政治教育大纲（草案）》之总纲里，写进了以下内容："使学生彻底了解中国的国民革命，是欧美资本帝国主义发展成为帝国主义，资本主义控制了全世界的弱小民族，打倒了弱小民族本身的农工生产事业时，所发生的反抗运动。……中国的国民革命，一定要与世界反抗资本帝国主义的革命势力联合起来，不妥协地打倒资本帝国主义与国内他的走狗（军阀与买办阶级）。"[2] 而陆军学校校歌，就是以"建设中华"结尾："以血洒花，以校做家，卧薪尝胆，努力建设中华。"不唯在教育上教导学生立志革命，建设中华，复兴民族，

---

① 参见《在陆军军官学校开学典礼的演说》，载《孙中山选集》，第 915—926 页，人民出版社，1981 年版。

② 李明：《黄埔精神的核心价值追求》，第 11 页，《黄埔》2019 第 5 期。

当时黄埔军校的师生更以反帝反封建的赫赫战果和作为，成为推动民族独立和复兴的骨干军事力量。他们不仅平定与帝国主义勾结的商团叛乱，两次东征横扫叛乱的粤、滇军阀，挥师北伐；"六二三"反帝斗争也有他们的身影，省港大罢工也得到他们的声援。凡此种种，黄埔师生坚定地追随主义理想，血染沙场建立战功，彰显了振兴中华、复兴民族的远大志向。其中有统一中国的信念。辛亥革命成果被袁世凯窃取后，经过短暂的复辟帝制，中国社会被各帝国主义撑腰的封建军阀所把持，陷入了兵祸频仍，帝国主义掠夺分肥，民不聊生的境况。要拯救国家危亡，救民众于水深火热之中，就要坚决铲除军阀统治，"统一中国"就成为第一位的时代革命任务。这个时代任务，当仁不让地落在了黄埔革命军的肩上，坚定的统一中国的信念，亦成为黄埔精神的鲜明标志和核心价值追求。黄埔军校第 3 期毕业生誓词赫然写道："遵守总理共同奋斗之遗嘱，本校亲爱精诚之校训，追随校长、党代表与本党各同志，于广东统一以后，更努力于全国之统一，以完成国民革命之工作。"周恩来在惠州追悼阵亡将士大会上鲜明指出："孙总理志愿：第一，统一广东。第二，统一中国。第三，打倒帝国主义。"[1]

1926 年黄埔陆军军官学校易名为中央军事政治学校时，时任党代表的汪精卫也在成立典礼上讲道："所以中央军事政治学校以后的任务，是要继续从前陆军军官学校还没有做完的任务去努力奋斗！在最短期间，要统一中国！"为统一广东，统一中国，黄埔革命军在东征、北伐中浴血奋战，百折不回，作出了英勇的牺牲。统一中国的坚定信念，指引着黄埔革命军披荆斩棘，奋勇向前；黄埔精神也在革命军捍卫国家统一的洪流中熠熠生辉。

---

[1] 　李明：《黄埔精神的核心价值追求》，第 11 页，《黄埔》2019 第 5 期。

第三章 ｜ 同室操戈起纷争

黄埔军校师生在铲除军阀求统一的东征、北伐战争中，作出了重大牺牲和贡献。1927 年国共合作破裂后，蒋介石对共产党人进行了血腥大屠杀，对共产党领导的中央革命根据地和红军进行了大"围剿"，中共中央和主力红军被迫进行战略转移，开始长征。直到"西安事变"爆发，蒋介石才被迫答应结束内战，共同抗日。国共十年内战期间，黄埔军校学生分成了两派：一部分跟随共产党，参加了南昌起义、广州起义、秋收起义等武装斗争，投入武装反对国民党反动统治的斗争中，在建立工农武装和人民军队的土地革命和武装斗争中发挥了重要作用，成为中国共产党创建红军、开辟革命根据地的重要领导者和组织者；一部分追随蒋介石国民党，形成"黄埔系"，成了蒋介石的嫡系力量。这个时期的黄埔军校毕业生有着各自的政治信仰，走上了不同的人生道路，在战场上演绎了独特一幕。

一、十年内战时期的黄埔军校

1927 年至 1937 年，黄埔军校由广州迁至武汉、南京，最终迁至成都。期间，从入学时间算起，举办了第 6 至第 13 期，共 8 期；从毕业时间算起，举办了第 5 至第 10 期，共 6 期。同时还开办了黄埔军校分校，包括潮州分校、武汉分校、长沙分校、南宁分校、洛阳分校 / 汉中分校、广州分校、南昌分校、成都分校。

（一）军校变迁

1927年1月，黄埔军校迁校至武汉，改名为中央军事政治学校武汉分校。著名的抗日女英雄赵一曼、作家谢冰莹，都毕业于黄埔军校武汉分校；郭沫若曾在武汉分校任政治部教官等职。1927年3月，国民政府定都南京，黄埔校歌歌词一度还被确定为中华民国国歌的歌词。

第一次国共合作破裂后，在广州、武汉和南京分别设立了3所黄埔军校。1927年3月22日，武汉国民政府以国民党中央的名义，决定将武汉分校扩大改组为（武汉）中央军事政治学校，取消原有校长制，改行委员制。由谭延闿、邓演达和恽代英担任常委，由恽代英主持驻守武汉地区第1期学生毕业典礼，开展讨蒋斗争。"七一五"反革命政变后，黄埔5期学员被迫毕业离校，军校整体改编为张发奎的第2方面军军官教导团（团长由第4军参谋长叶剑英兼任），后来成为广州起义主力，武汉分校暂时解散。1927年9月，宁汉合流后黄埔军校武汉分校迁往南京。在广州，原中央军事政治学校依然开办。1928年5月，副校长李济深将学校改名为"国民革命军军官学校"，学生是1926年10月入学的入伍生，有4400人，其来源广及缅甸、越南、朝鲜及南洋群岛各地。由于国共两党分裂斗争和地方势力的破坏，师生互斗，造成学生纷纷逃往武汉、南京等地而星散，最后只剩下718人坚持至毕业，称黄埔6期生。于今在长洲本岛东征烈士墓碑上，尚镌刻"国民革命军军官学校"校名。在南京，蒋介石自行成立（南京）中央军事政治学校，委戴季陶、张治中为正副筹备主任，由何应钦主持调集在黄埔和各地的第6期学生举行毕业典礼，宣誓反共。这3所中央军校都标榜正统，也不冠"国立军校"的称呼，可见是难作定论的。是时校内的"拥蒋"与"反蒋"两派势力旗鼓相当，各事其主，斗争十分激烈。校内师生为敌，同袍相残，在课堂操场打群架，时有所闻。到了上海"四一二"与武汉"七一五"的反共事变先后爆发，本是革命摇篮的黄埔本校亦改变颜色。同年11月，改称中央陆军军官学校。

（二）中央陆军军官学校

1928 年 3 月 6 日，中央陆军军官学校正式开学，从第 6 期学生开始训练（因开学时，正值国民革命军军官学校第 6 期学生，即黄埔本校学生在校学习，故南京本校从第 6 期学生开始训练，称为第 6 期第 1 总队；黄埔本校第 6 期称为第 6 期第 2 总队）。其中，在第 6 期交通兵大队经考试录取的新生中，有来自各地的中共党员。其中有来自杭州第 26 军军官团的共产党员甘棠（甘让）、楼广文、阮大郎、张渠、罗积穗、曹振铎，有来自广州、湖南、湖北、浙江各地学生中的共产党员李奈西、梁绍之、丘登明、简立、盛志远、许权、李世昌等，他们分别被编列在第 1、第 2、第 3 队的无线电、有线电、汽车和铁道等科。这些共产党员相互之间原来并非都相识，在甘棠和李奈西等人暗中串联下，大家取得了联系，在未能与地方党组织接上头的情况下，暗中组织起来，办了"读书会"。并在南京军事委员会交通技术学校被撤并时，发动了拥李（李范一校长）反何（何应钦）等群众运动，在同学中初步树立了威信，为地下党组织的建立和发展准备了条件。第 6 期同学毕业前夕，李奈西、丘登明、梁绍之向党组织建议把本大队第 1 中队无线电系王铮（原名吴人鉴）等同学作为中共党员发展对象。王铮毕业后不久，投身革命阵营参加红军，为红军创立了无线电通信系统，任职中共中央军委通讯部部长等，中华人民共和国成立后授衔中将。

蒋介石以校长身份主持开学典礼并训话，强调所谓"革命的精神、革命的纪律"，特别指出"凡是反对党的人，无论是军官，是学员，都可以反对他。即使本总司令不要党，请各位就反对我，就杀我"。重点强调国民党一党意识，意图是要把军校学员培养成完全忠于国民党一党的军人。实际上，这也就是南京黄埔军校的教育方针。黄埔本期是军校在南京时期招收的首批学员。原在黄埔受教育的第 6 期学生，此时亦转入中央陆军军官学校受教育。故第 6 期学生分广州黄埔和南京两地学习。实际上，开学日宣布开学，但未授课，因在杭州的第 6 期学生尚未来宁，时局动荡，学生数量严重不足，军校迟至 4 月 23 日才开始正式授课。

同日，以黄埔军校前 5 期失业同学为主的"国民革命军军官团"于南京马标开班。蒋介石自兼团长，黄慕松为副团长，冯轶裴为代副团长，曾养甫为政治训练部主任。军官团共计 900 余人编为 2 个营、1 个骑兵队，共 10 个连，分作 28 个教授班，军事学科之课目为战术学、军制学、兵器学、地形学、筑城学、交通学、战史、参谋勤务、后方勤务、输送勤务、动员计划、海战学、兵棋、马学、经理学、卫生学、典范令等 17 门。军事训练之课目分教练、野外演习、射击工作、马术、劈刺术、体操等 6 门。军官团学员，除骑兵队有一部分黄埔第 6 期入伍生和一部分招考的学生外，均为黄埔军校毕业的学生，第 1—5 期学生凡在南京没有工作的，由蒋介石批准或黄埔同学会证明，即可向团部报到入学。食宿、服装、书籍等，由团供给。每月津贴第 1 期生为 40 元，第 2 期生为 35 元，第 3 期生为 30 元，第 4 期生为 25 元，第 5 期生为 20 元。骑兵队（分为两连，共 225 人）学生照上士待遇。军官团成立后极受蒋介石关心，他经常到团视察，每逢星期一举行的"总理纪念周"，蒋总要训话一番，有时还邀请各院部会的长官来团讲演或在"总理纪念周"上训话。同年 10 月，该团并入本校，改团长为主任，以冯轶裴为主任，徐国镇为副主任，汪镐基为教务处处长，王文英为军事教授组组长，程天放为政治教授组组长，蓝腾蛟为训育组组长，廖士翘为第 1 营营长，徐国镇兼第 2 营营长，章鸿春为骑兵队队长。

中央陆军军官学校，习惯上仍称黄埔军校，又称南京本校，为黄埔本校的延续。南京本校直接隶属军事委员会，校本部设校长、副校长、教育长各 1 人：蒋介石为校长，李济深为副校长，何应钦为教育长，综理全校事宜。其下分设校长办公厅及教授、训练、政治 3 部，管理、经理、军械、军医 4 处。将原黄埔本校学生改作南京本校的预科生。首批学生是来源于黄埔本校招收的第 6 期入伍生。他们因国共分裂使学校一度陷于停顿而分散各地。南京本校成立初为 2 年学制，采取日式教育。学生总队编有步兵大队（若干）、炮兵大队、工兵大队、交通兵大队，有时设骑辎重兵大队。各大队设大队长，负全责。大队下又编有若干队（或中队、或区队），由队长（或中队长，或区队长）负责。南京本校建立以后，还陆续开办了洛阳、武汉、成都、广州、南宁等分校①。

此时，校长办公厅主任为王绳祖，教授部主任为王柏龄，训练部主任为王右瑜，政治部主任为周佛海、副主任为酆悌，管理处处长为宋思一，经理处处长为陈良军，军械处处长为潘滨，军医处处长为蒋士焘，编译处处长为金祺。政治部后改为政训处，由原副主任酆悌负责。步兵编有4个大队，大半因"宁汉分裂"由广州黄埔到杭州再迁南京。步兵第1大队，大队长汤恩伯（日本士官毕业）。步兵第2大队，大队长为陈明仁（黄埔1期毕业），后继任者胡琪三（黄埔1期毕业）。步兵第3大队，有两个：前第3大队，大队长应鹏，1928年先毕业；后第3大队，大队长王万龄（黄埔1期毕业），与第1、第2大队都是从广东经杭州来南京的学生。步兵第4大队，大队长程钟奇。炮兵大队，大队长俞寿鹤。工兵大队，大队长张学廉。交通大队，大队长华振麟。预科大队，大队长张雪中（预科大队先在杭州，后迁南京）。还有航空队、军官训练班等。

1928年6月，南京本校设军官班，委任黄家濂为主任。举办本班的目的，在于养成国民革命军参谋人员，适应当时的形势，于最短时间内研究必需之高等帅兵学及辅助各种学术。学员均系具备军官学校相当之学历，曾任军职，经本校试验合格者，分本科、预科及附科3种训练。（1）本科：教授高等帅兵学及辅助各种学识，其修习期为1年；（2）预科：补习军官学校相当之学识，以收整齐划一之效果，以便加入本科，其修业期为半年；（3）附科：系实用于特种必要之情况，补习普通学即初级军事学，准备加入预科，其修习期为半年。本月初，考取新生60人，同月11日入校，7月17日、18日续招学员100人，即日入校，分科教练。12月25日至28日举行期末考试。后因学校组织变更，该军官班中途停顿。

1928年10月1日，南京本校成立航空队。张静愚为队长，厉如燕为副队长，钱昌祚为学科教官主任，李珉为飞行教官主任，厉如燕兼机械主任。至1929年6月奉令改组为航空班，张静愚仍被委任为主任，厉如燕为副主任，25

---

① 参阅中国军事百科全书编审室：《中国大百科全书·军事》，中国大百科全书出版社，2007年版。

日张主任辞职，改黄秉衡为主任，飞行组长为毛邦初，教授组长为钱昌祚，机械科长为林福元。

该班开始时，录取本校第5、第6期及军官团毕业生70人，编为甲、乙两班，每班有35人，于1929年2月1日正式开课，旋于5月27日复就第5、第6期及军官团毕业生中选招20人，暂定于"观察速成班"，到暑假后将第二次所招学员与第1次所招学员合并，取消"观察速成班"名义，仍分为甲、乙两班训练。本年10月海军部选送学员14人入班学习，于1930年5月全体退学，回部服务。1930年6月1日，复由本校教导队、航空队拨送7人入该班肄业。该班教育以实习为主，学科为辅，其教授课目分学科与术科2种。学科10门：应用飞行学、空中侦察、空中通信、飞机构造学、发动机学、气象学、兵器应用、算学、航空史、航空名词。术科7门：教授飞行、单独飞行、成队飞行、长途飞行、夜间飞行、工厂实习、体操。修业期为1年半，以每年4学期计算，共6个学期，每学期平均为3个月。该班的飞行学员在校期间，曾参加平息叛乱的空中作战。

该班学员除陆续牺牲及开除、退学者外，到1930年冬仅有84人在校，大多数都能单独飞行，对于各学科课程也学习完毕，故呈请校部举行毕业考试，于12月2日、3日举行第1次飞行考试，24日、25日举行学科考试，27日、28日举行第二次飞行考试。因飞行时间不足，尚有学员7人未能参与考试。再于1931年3月16日举行补考。每次考试之际，均经校部派员监试，除1人因程度较差不能毕业外，其余83人成绩均能及格，准予毕业，并于3月19日举行毕业典礼。所有毕业学员于4月15日奉校部命令移交航空署，再于5月15日由航空署分发所属各航空队见习，其中分配航空第1至第7队各11人，其余6人留班见习。自此以后，该班改为"航空学校"，毛邦初任校长，归航空署管辖。

1928年10月中旬，南京本校改校长制为委员制，实行校务委员制度，蒋介石、胡汉民、戴季陶、吴稚晖、阎锡山、冯玉祥、李宗仁、李济深、何应钦、张学良、朱培德为首批校务委员会委员，其中蒋介石、阎锡山、何应钦为常务委员，张治中担任军校教育长并且主持工作，由国民政府任命。此后，钱大钧、张学良、张治中、汪精卫、朱培德、程潜、唐生智、陈诚、刘湘、白崇禧等也陆续担任过校务委员之职。校务委员会为最高领导机构，常务委员主持工作。教育长执行委员会决议，综理全校事务。校部下设各处（或部）二级机构，负责各方面工作。处下设科。对一些组织机构、制度作了新的调整：（1）校长办公厅改为总办公厅。（2）教育部和训练部合并为教育处。（3）管理处改为总务处。（4）军械处改为军械科。（5）编译处改为编译科。（6）政治训练处改为隶属校本部。（7）经理处和军法处按原体制不变。黄埔军校从此开始了南京中央军校时期。黄埔第6期和黄埔第7期学生分南京、广州两地授学。

同月，原设立于北京的陆军大学被国民政府接管后，随即迁移南京续办。李安定、钟彬、朱耀武、王祁、陆汝畴、曾绍文等6名第1期毕业生即保送入学为第9期正则班学员；郑作民、冯士英、丁炳权、李树森、李伯颜、陈铁、李铁军、郭一予、夏楚中、蔡凤翁、黄维、蔡炳炎等12名第1期毕业生保送特别班第1期学习。这18名第1期毕业生是黄埔学生首批进入高等军事学府的学员。其后还有131名黄埔第1期毕业生进入陆军大学历期深造，这在黄埔历期毕业生中的比例是最大的。

1928年11月15日，军校要塞炮兵班举行开学典礼。1928年春，军事委员会提出中国国防向无完善设备，必须积极整理，故欲整理国防必先整理要塞，而欲整理要塞必先训练干部，就此决议由本校在南京幕府山炮台附近旧水师参将衙门地址设立要塞炮兵班，归本校教授部管辖，以期造就要塞人才，而达改良各处要塞之目的。同年7月，校部委任王宇章为该班主任筹备一切，至11月初筹备完竣，其组织于主任之下设班长、副班长、副官、军需、录事各1人，除军事及政治教官极少数固定外，均由校部临时指派。1929年5月中旬，王主任辞职，校部调李平淮继任。该班教育注重于要塞有关之课目，术科主要是操练要塞炮台之各种旧炮，而辅以本校之新式山炮。该班学生共50人，系由第6期炮兵队及工兵队学生中选调编成，开学次日即上课，修业期为1年，内分为3期。自开学日到1929年3月15日为第1期，3月15日至7月15日为第2

期，7 月 15 日到 11 月 15 日为第 3 期。1929 年 11 月，该班修业期满，于同月 1 至 3 日举行毕业考试，20 日举行毕业典礼。毕业学生除少数自愿赴他地工作外，其余均分发长江沿岸及广州各要塞见习，该班到此结束。

同月，南京本校改隶训练总监部。将政治部改为政治训练处，曾扩情任处长，直属于教授部。附设军官团、军官研究班、要塞炮兵班、航空队等机构。各部处主管长官略有变更，教授部主任王柏龄离职他往，遗缺由王右瑜充任；委任张治中为训练部主任；政治训练处处长曾扩情去职，由酆悌充任处长。

1929 年 5 月中下旬，中央军校中共地下党员 18 人被捕，党组织遭到破坏。当时，第 6 期毕业生行将离校，但由于军校准备参加孙中山先生奉安典礼，暂留毕业生数日，待典礼后再行离校。当时军校中共地下党组织顺利发展，意想不到的是具体负责领导军校党总支的南京市委军运负责人王绍平，向军校政训处组织科少校科长侯志明（与王是黄埔 4 期同队同学）自首告密，出卖了军校中共地下党组织。凡是和王绍平直接接过头，他记得姓名的人，都被他供了出来。于是，在是晚点名时，突然在炮标和三十四标两处，同时点名扣人。在炮标炮兵大队第一个被点名的是曹聚义，在三十四标交通兵大队被点名的有甘棠、简立和阮大郎。曹聚义适逢父亲病逝，早几天已回浙江浦江老家奔丧；甘棠已于 3 月间被分配到江北某地电台工作，两人均不在场。但校方随即明令通缉曹聚义，浙江省、浦江县两级警察局保安队联合到蒋畈村曹家追捕、抄家，曹聚义被母亲藏于蚕房屋顶幸免被捕。甘棠经同学赵璧协助逃往上海，改名甘让隐藏起来。简立、阮大郎两人当晚遭逮捕。简被捕后叛党，阮被捕后在校刊《党军日报》上发表悔过书。接着被捕的有炮兵大队叶修、胡让梨，工兵大队朱奇、朱宇新和交通兵大队李奈西、梁绍文、楼广文、盛志远、许权，军官研究班甘登谷、丁和钧、罗梦阳，航空班蔡锡昌，宪警班郑光祖，步兵第 3 大队张三川。在教授部任速记员的吕农三于 5 月 10 日已被南京警察厅传讯扣押，经由工兵大队的朱奇、王校正、祝树柏等托人保释出走杭州，不幸又在杭州被捕，解押南京关进陆军监狱。先后被捕 18 人，此即当时国民党政府称之为"十八罗汉"的大案。在被捕的同学中，除了少数叛变自首外，大多数同学表现出共产党人的气节。很多同学刑满出狱后仍然积极找党，再次加入中国共产党。"中国共产党中央直属南京中央陆军军官学校特别总支部"自 1928 年秋成立到 1929 年夏组织被破坏，前后仅 10 个月时间，但在中共党史和黄埔校史上有其特殊意义。这是黄埔校史上唯一全部由黄埔同学组成和发展起来的中共地下党组织，组织之完整、人数之多为黄埔校史上所罕见。

1930 年 1 月 5 日，军校奉命组织高级班考试委员会。教育长张治中及周亚卫、黄慕松、汪镐基、贺国光、张修敬、吴和宣、田载龙、徐国镇、刘永祚、酆悌、蒋士焘、王文英等 13 人为考试委员，张治中为委员长，周亚卫为副委员长，当即召集第一次会议，决定分为 4 组：第 1 组管理报名登记及审查资格，核对照片事宜；第 2 组管理体格检查及评定事宜；第 3 组管理考试命题、监考阅卷及核算成绩事宜；第 4 组管理试卷准备及试场布置事宜。并推定酆悌为第 1 组组长，田载龙为副组长；蒋士焘为第 2 组组长；徐国镇为第 3 组组长，王文英为副组长；刘永祚为第 4 组组长。各组所需干事由教职员中指派。同时在各报登载招考高级班学员通告，规定报名期及地点：自 1 月 10 日起至 2 月 15日止，到南京本校、武昌武汉分校、北平总司令行营、广东黄埔军校各报名处报名。考试时间自 2 月 25 日起，考试地点在南京本校。后又由考试委员会决定，报名日期改为 3 月 8 日截止，考试日期改为 3 月 14 日开始。考试科目为体格检查及学科试验，3 月 26 日考试完毕，30 日揭晓，录取学生 1105 人，并限于 4 月 7 日报到。又因太远来不及与考者颇多，特于 3 月 31 日举行第二次考试，6 月揭晓，录取学员 440 人，限次日报到入校。此后又有自愿入高级班深造者数百人，向教育长张治中呈准补考，故有 4 月 15 日之第三次考试，21 日揭晓，录取学员 133 人，限次日报到。综合以上 3 次考试所录取及特许入校的学员，共计 1678 人。

1932 年 11 月 1 日，中央陆军军官学校高等教育班（简称"高教班"）在南京成立，班址设于黄埔路马标。高教班系黄埔军校的一个班次，是该校的一个重要组成部分。由于受训的学员全部是中上级现役军官，一般来说都具有一定的军事学术水平和作战资历、作战经验，所以该班在国民党军队中有它的特殊地位，在统一战术思想、国防上也有它的特定作用。高教班每期由军事委员会下令每师选送 2 人，军部 1 人，总指挥部及"绥靖"公署、参谋本部、军政部、训练总监部、各要塞司令部均 1 人。当时国民政府铨叙部规定，凡无中央允许的学历（陆军大学，中央军校及各分校，步、骑、炮、工、通、交辎等军事专科学校，保定军校，东北讲武堂，云南讲武堂，各外国的军事学校等），一律不能任官受职，更不能充任校级以上军官。中央军校及各分校，虽然历年来培养出大批军官学生，但由于国民党的部队庞大和复杂，除了蒋介石的嫡系部队在军校每期毕业的军官学生可以优先得到分配外，其他杂牌部队是得不到的。同时这些杂牌部队也不欢迎中央军校及其分校毕业的军官学生，认为军官学生既不便于领导，且易于破坏自己原有的封建系统。所以，蒋介石根据中央军校军官研究班的教育经验，用"拉过来"的办法和较少的时间、经费，吸收杂牌军队中的中层骨干，以期达到控制、同化杂牌军的目的。高教班中除大部学员具有中央允许学历外，还有一部分无学历的学员。

1933 年 6 月，中央陆军军官学校又恢复校长制，校长以下设校务委员会，蒋介石任校长兼校务委员，吴敬恒、戴传贤、冯玉祥、阎锡山、何应钦、唐生智、程潜、李宗仁、白崇禧、邓锡侯、龙云、余汉谋、陈诚、张治中等先后任校务委员。同时军校增设了高等教育班、军官训练班等，并代训空军营等。军校规模日益扩大，到 1937 年在南京续办到第 13 期。

1937 年 5 月 1 日，陈继承奉命接替张治中任军校教育长兼军校教育处处长，主持军校日常工作。这时在校学习有第 11、12、13 期学生。当时，抗日战争形势异常紧迫，已有山雨欲来风满楼之势。黄埔军校具有革命的历史传统，对外敌作战的责任不容诿卸。因此在国内和国际种种不利和艰苦状况下，必须先有准备，充实新的力量，并使后起有人，为长期的抗战作补充。为完成这一历史使命，军事委员会选定陈继承担任黄埔军校教育长。陈继承在军中有"黄埔儒将"之声誉，是当时著名的军事教育家。他在任军校教育长期间，历经中央陆军军官学校第 14 至第 18 期校本部教育、训练事宜，连同抗战胜利前 3 期（第 11、12、13 期）学生，教育长任职跨越校本部 8 期时光，受训学生达 1 万多人，是中央陆军军官学校战时履历中任教育长时间最长者。同时，陈还肩负校本部以外 9 个分校的军事教育制度计划的指导与推进实施，为坚持抗战输送了大批训练有素的军官。同月，军政部次长陈诚到黄埔军校召开会议，研究教育方案，指示要领。会议决定：第一，在可能减少敌人扰乱威胁的环境中，加强教育力量，发挥更大的教育效能，巩固军事教育的根基，以适应即将到来的抗战局势；第二，扩大和发展军校的范围，培养大批初级军官，以补充前方作战的伤亡；第三，训练新兵，收容伤愈荣誉官兵，加以适时适应的训练，以补充作战兵员的损耗；第四，在本校将来驻在的地区，巩固后方的治安，以坚持前方战局。这次会议后只隔 1 个月，"卢沟桥事件"爆发，整个军事形势的变化均在意料中发展开来，军校就此本着既定方针，一步一步担承应尽的任务。如学校的西迁，扩充本校的教育范围，增加学生名额，增设洛阳、武汉、瑞金、广州、昆明、桂林、西安、均县、迪化等分校，均按照计划进行。本校及各分校除附设训练新兵机构及在战区各省设置训练班的员生不计外，其在校员生，最多时期，有 3 万余人。

7 月 26 日，军事委员会颁布南京本校迁校命令。这天，日军向中国地方当局致最后通牒，要求中国军队自北平及北平附近撤退。期限未满，即已大举进攻平津区域，对于平民生命财产，教育文化机关，恣意摧毁，举世震骇。校长蒋介石兼军事委员会委员长，即号召全国军民一致奋起，实行抗战到底的计划。同时，为了维护此主要军事干部的策源地，来支持长期的抗战，即在"八一三"上海抗战之前，决定将南京本校西迁。迁校之前，南京本校作临时疏散：第 13 期学生疏散到城郊板桥镇；第 11 期第 1 总队，疏散在灵谷寺，即在该处毕业；第 11 期第 2 总队及第 12、第 13 两期各 1 个总队，则随校西迁。迁移计划经过周密的准备部署，于 8 月 5 日开始实施，第一步迁至九江，到达后，驻留 1 月；第 11 期第 2 总队则在九江于 9 月间毕业。10 月本校乃迁武汉。

1938 年 11 月，南京本校迁抵成都。16 个月间学校四易其地，学生长途跋涉，栉风沐雨，艰苦备尝，均能安之若素。迁校期间，因前方作战部队缺乏，第 11、12 及 13 期先后提前毕业，且于沿途在各地招收第 14、15 两期学生。

南京中央军校的办学宗旨完全服从于蒋介石的统治需求，主要为其培养陆军基层军官，并短训部分在职军官，以此建立一支以黄埔系为骨干并具现代化训练素质的国民党武装。据此，军校的教育体系，是以养成教育为主，兼含补习与召集教育。养成教育，即培养初级军官及特殊军事技术人才的正期学生教育。

此时的中央陆军军官学校，每年通过考试招收新生一期。招考标准十分严格，规定投考者须具备下列条件：

1. 具有高中毕业或相当于高中毕业程度的学历；

2. 年龄在18岁至24岁之间；

3. 体格须健康无疾病，并符合一定的身长和体重标准。

考试程序分初试、复试两级。先在各省进行初试，初试及格后到南京本校复试。考试的科目为党义、国文、外语、中外历史地理、数理化。

从新生至毕业的军校生活，南京本校成立初为2年学制，采取日式教育。1931年采取德式教育，专聘德国顾问来校讲学，总顾问鲍尔。教官还有德国驻上海总领事克礼培尔、德国原国防军总司令塞凯特、德国将军魏泽尔等，他们到军校任教，为军校的发展出谋划策。1932年1月，军校译成各类德文军事书籍80余种。这些书籍是第一次世界大战后介绍现代军事学术的最新教材，对促进中国军事教育与世界先进教育水准接轨起到了一定的作用。

考生一旦考入军校，要进行一定时期的入伍生教育。入伍生学业期满后，要通过考试才能升学。考试包括笔试、野外学习和阅兵分列式，成绩合格者，可以升入本学期学生总队，编入各专业队继续学习深造。成绩不合格者，或留下期入伍生团再学习，或被淘汰。对能升学的人，按其特长编队。然后进入下一年学习，成为军校正式学生。学期为2年，第一年进行各兵科基本军士教育，第二年为各兵科专门教育。学业的最后阶段，要举行诸兵种联合演习。

养成教育的修业期限，起初各期长短不一，自第8期开始制度化，学制定为3年：第一年为入伍生教育，入伍教育期满后，经考试合格并根据志愿和考试成绩分别升入步、炮、骑、工、辎重等各兵种学生队，实行为期两年的正式学生教育，也即军官候补生教育；期满之后分配到各部队任见习官半年，随后即可以少尉军官补用。

除正期学生的养成教育外，南京中央军校还兼办中级以上军官的补习教育和应特殊需要而进行的召集教育。此类教育基本上均属军官短期训练班性质，受训者大多系在职或失业军官，其也称学员教育。养成教育、补习教育和召集教育的分类兴办，使南京中央军校的规模和影响超过了同一时期的任何一所军事学校，该校从而成为南京国民政府的军事教育重心。

作为南京国民政府军事训练中心的中央军校，其军事教育的基本宗旨，是力求学生"修得军事知识与各兵科初级干部必要之技术与指挥能力"。由此，军校正期学生的军事教育在前两个年度，均是修习初级军官所需的基本军事知识，所学课程各兵科大致一样（除第8期外，一般入伍生期间不分兵科，升入学生期后再分兵科）。内容分为学科与术科两大类。

学科，讲授军事学之原理，包括军事学、政治学和普通学三个部分。军事学基本内容是典范令、战术学、军制学、兵器学、筑城学、交通学、地形学、通信学、航空学、战车学、瓦斯学、输送学、军队教育、卫生学、经理学等；政治学的主要内容，是党义和政治训练；普通学包括数学、物理、化学、史地及外语。

术科，根据军事学原理，演习一切作战上之技术。其基本内容是制式教练、战斗教练、野外演习和实弹射击与小部队之指挥练习等。

第三个年度，学生则被授以各兵科专门学识及技能。正期学生之外的各类军官短训班，则在一般学、术科教育的基础上，再根据各班的专业特点施以特种专门训练或高层次的提高教育。如步兵重兵器训练班，在学科方面主要授以器械学、射击学和观测教练；术科方面则着重于步兵榴弹炮教练、八二迫击炮教练，以及各种加农炮和马克沁机关枪教练等。军校制定了各种细致的教育进度预定表等，按照所开课程编纂一批相应教材，并收集各种现成军事书籍，"斟酌损益"，修改使用。对教育的结果也十分注重。建立了严格的考试制度。通过各项考试，一方面检定学生对于学、术两科理解之程度，及应用之能力，另一方面鞭策学生在学业上不断进取。

军事教育的成功与否很大程度上取决于师资队伍的状况。南京中央军校对教职人员有很高的要求。规定教官任用，必须由教官资格审查委员会进行资格审查，然后再呈请学校委任。被委任到校服务的人员必须以一个月为试用期，在此期间将审查其经历是否确实，精神是否充足，思想是否纯正。试用期后再须经过三个月的代理工作，最终才被补授实职。

军校每年还对教职人员进行一次考核，凡"服务勤慎或卓著成绩者"将分别得到嘉奖、晋薪或记升、晋级等奖励；凡"学力欠缺或放弃职守者"将分别受到警告、降级、免职等处分。同时，军校还强调所有教官必须精通英、德、日其中一种语言，以使其能"直接探求各国之最新军事学术"，更好胜任现代军事学术的教学工作。

军校当局对教职人员的严格把关，一方面确使军校召集到一批颇具才识的军事理论教育家，有助于军事教育的发展和军事人才的培养；另一方面，由于录用了一批所谓"思想纯正"，能够"效命党国"的军事教官，从而也强化了蒋介石对于军校的直接控制。

南京中央军校建立后，以"政治训练与军事教育并重"为方针，从开学的第一天起蒋介石就强调，军校学生在政治方面"要受严格的训练，守严格的纪律，服从党，服从主义"。1929年国民党三大确立了"军事教育与三民主义教育成为一体"的原则之后，政训工作在南京中央军校得到了进一步的加强，原先隶属于教授部的政训处开始独立工作，名义上直属于校本部，实际上由军委会政训处直接节制，所有政工人员均由军委会政训处统一委派。

中央陆军军官学校推进了中国军事教育的近代化，它给中国近代军事教育带来些许新的因素：由其引进并推广的西方现代军事教育及现代军事学术理论，局部改观了当时中国军事教育的落后状况；而大批受过现代军事教育的新型军人的培养又为20世纪30年代南京国民政府的陆军整编注入了新的生机，从而一定程度地起到了巩固中国国防建设，做好反侵略战争准备的作用。从这个意义上讲，南京中央军校推动了中国军事教育和中国国防建设的进步。[①]

（三）十年内战时期本校各期毕业生

十年国共内战时期，1928 年 3 月至 1936 年 9 月，本校招生 8 期（第 6 期至第 13 期）；1927 年 8 月至 1937 年 1 月，本校毕业 6 期（第 5 期至第 10 期），共有毕业生 11830 人。

第 5 期

本期学生入学于广州黄埔本校，毕业典礼分别在武昌和南京两地举行。

1926 年 3 月以后，本期学生陆续分批考取入校，初为入伍生，分驻沙河燕塘等地。本期招生由各省市各特别党部报送至中央党部，再由中央党部介绍于本校应考。至 7 月间陆续考取入伍生 1000 余人。第 4 期升学考试未及格者，编为本期第 1 团，郭大荣为第 1 团团长；新招收的学生编为第 2 团，陈复为团长。3 月，入伍生部进行改组，并将部址由天平街迁移至"肇庆会馆"，方鼎英为部长，唐星为副部长。本期学生教育与第 4 期大致相同。入伍生炮兵团、工兵营、迫击炮连随军北伐，其余留守后方，担任守卫本校及各地警戒勤务。

9 月 30 日起，入伍生教育期满，经考试升为正式学生。11 月 15 日举行开学典礼，分步兵、炮兵、工兵、政治、经理 5 科，陆续编为 6 个大队，第 1 步兵大队驻燕塘，第 2 步兵大队驻本校，第 3 炮兵大队和第 4 工兵大队驻曾家祠，第 5 政治大队和第 6 经理大队驻蝴蝶岗，共 2620 人。第 3、第 4、第 5 大队年底奉命随北伐军北上，进驻武昌开课，与当地新收的男女学生的入伍生总队合称为武汉分校。留在广州的第 1、第 2、第 6 大队于 1927 年 7 月开赴南京。由于 1927 年在革命阵营曾形成武汉政府和南京政府分裂对峙的局面，该期学生毕业典礼也分别在武昌和南京两地举行。1927 年 8 月 15 日在武昌毕业者，由恽代英主持毕业典礼；在南京毕业者，由何应钦主持毕业典礼。参加南京典礼的

[①]　王玲：《黄埔军校（中央陆军军官学校）分校简介》，1990 年第 2 期《民国档案》，第 116—121 页。

毕业生是奉命自广州黄埔本校而来。本期毕业生为 2418 人 [1]，另有 2400 余人 [2] 等说。据南京本校统计，参加毕业典礼实到者 1480 人 [3]。

本期学生在广州入学时，原有 3300 余人，组成入伍生第 1 团、第 2 团。在军校举师北伐时期，由炮科和工科的学生组成炮兵团、工兵营和迫击炮营随军参加战斗，在湘、赣、鄂等省战役立下战功；政治科学生也沿途投入政治宣传和战斗。而留守后方的步科、经理科学生，则担任本校守卫和分防各地的勤务，卫戍地方治安等任务。1927 年 4 月以后，国共两党合作破裂，武汉与南京两地政府的对峙，国共双方斗争激烈。不少在校的第 5 期学生遭受迫害或逃散。故入校学生与毕业学生人数对比相差达 800 余人。

第 6 期

本期学生有黄埔本校和南京本校之分。

本期入伍生从 1926 年 8 月开始招生。除各省党部与湖南省政府报送及本校入伍生部招考外，还有缅甸、越南、朝鲜、南洋群岛等地青年来校报考。10 月正式入学，计入伍生 4400 余人，后因"四一二"反革命政变中途多退学。入伍生编为 2 个步兵团，1 个骑兵营，其教育与第 4、第 5 期大致相同，学习科目有步、炮、工、经理 4 个科。学科每日 3 次，术科上下午各 1 次。1927 年秋，2700 余名学生升学，编成步、炮、工、经理 4 个大队。后再进行考试甄别淘汰，留校 2300 余人。

1927 年底，蒋介石在南京拟筹备成立中央军事政治学校。1928 年 3 月，再改名为中央陆军军官学校，作为黄埔本校的延续，将原广州黄埔本校学生改作南京本校的预科生。至 1928 年 1 月中旬，应南京本校和同学会之召而陆续到杭州集中受训，计有 1026 人。不久转往南京受训，故称南京第 6 期学生。

1928 年 5 月，李济深以中央政治会广州政治分会名义将黄埔本校改名国民革命军军官学校。第 6 期学生因国共分裂与斗争和地方势力的破坏而星散甚多，

---

[1] 陈宇：《中国黄埔军校》，第 27 页，解放军出版社，2007 年版。

[2] 《中央陆军军官军校史稿》第 2 卷，第 235 页，1936 年版。

[3] 蒋中正：《黄埔建军三十年概述》，第 25 页，台北黄埔出版社，1954 年版。

留在黄埔本校的学生至 1929 年 2 月毕业者仅 718 人[①]。为与南京本校第 6 期第 1 总队有别，该期称黄埔第 6 期第 2 总队。

另有部分在南京新考取入伍的学生，以及原长沙分校学生、武汉分校学生、学兵团学兵、福建陆军干部学校学生，第 14 军、第 44 军军官讲习所学生及第 26 军军官团学员等，都相继并入本校，分成步兵第 1、第 2、第 3、第 4 大队和炮兵大队、工兵大队、交通大队及辎重区队等，编入第 6 期学生行列，使本期学生增至 3534 人。1928 年 3 月正式开学。1929 年 5 月，南京本校第 6 期第 1 总队学生毕业 3252 人[②]。

南京本校第 6 期第 1 总队与黄埔本校第 6 期第 2 总队，统称为本校第 6 期。共计毕业 3970 人。

第 7 期

与第 6 期学生一样，亦有黄埔本校与南京本校两地学生之分。

（1）黄埔第 7 期。1927 年 8 月 15 日，以原本校学生军和军士教导队学员资格，经考试入学，计 1400 人，称为预科生。1928 年秋，第八路军干部学校学员也并入本校作入伍生入学，计 800 人。两类学员都于 1928 年 12 月经升学考试，转为正式学生。学习科目分为步兵、炮兵、工兵和辎重兵 4 个科，并续开外语班，按学生志愿与程度，分英、法、德、日 4 个班授课。初期在沙河燕塘本校入伍生部开学，1929 年 4 月才迁回黄埔本校上课。同年 9 月 10 日，蒋介石曾以国民政府名义命令将该校名"国民革命军军官学校"再加上"黄埔"二字，称为"国民革命军黄埔军官学校"。1930 年 8 月举行毕业考试，9 月 26 日举行毕业典礼，经考试及格毕业生实为 666 人[③]，称黄埔本校第 7 期第 2 总队。本期学生从 1927 年和 1928 年招收预科生和入伍生，至 1930 年 9 月毕业，正是军事当局酝酿规定本校学生修业时间为 3 年制之时。这 3 年中，政治风云多变

---

① 《中央陆军军官军校史稿》第 2 卷，第 244 页，1936 年版；蒋中正:《黄埔建军三十年概述》，第 28 页，台北黄埔出版社，1954 年版。

② 蒋中正:《黄埔建军三十年概述》，第 29 页，台北黄埔出版社，1954 年版。

③ 蒋中正:《黄埔建军三十年概述》，第 30 页，台北黄埔出版社，1954 年版。

和地方各派势力互相争斗，造成师生风潮迭起，也使学生星散不少。所以本期毕业人数比原来招收的预科生和入伍生的入学人数减少 1400 余人。在 1930 年 9 月毕业生分发各地部队之际，黄埔本校却接到蒋介石 9 月 7 日电令："在第 7 期毕业后，埔校着即停办。"因此，在校教职员工有的归并南京本校，有的发饷 2 个月遣散。1930 年 10 月 24 日，广州黄埔本校完全结束。

（2）南京第 7 期。1928 年初应召到杭州受训的黄埔学生中，本有在黄埔招收的入伍生和预科生两部分。除第 6 期入伍生先期到南京考试升学为第 6 期学生外，剩下的预科生就与杭州并来的第 2 集团军军官学校学生一起受训。1928 年 12 月预科修业期满，经考试合格者，转到南京入学为第 7 期正式学生。学习科目分步、骑、工、辎 4 个科。在校时期，曾于 1929 年 10 月奉命出发武汉组成学生混成团，分驻各地担任警卫，教育课目实际陷于停顿。11 月，返校补课，称南京本校第 7 期第 1 总队。12 月，举行毕业典礼，计毕业 852 人[①]。

南京本校第 7 期第 1 总队与黄埔本校第 7 期第 2 总队，统称为本校第 7 期。共计毕业 1518 人。

第 8 期

本期新的招生规定，须持高中毕业文凭方能报考，使学生的文化素质和教育程度得以保证。1930 年 5 月在南京入校，成立入伍生团，计 712 人。编制与原黄埔时期入伍生团相同，而增设尉官班长。

自本期开始，实行严格的新兵教育、上等兵教育和下士教育，延长学生在校修业时间为 3 年：第 1 年为入伍生教育，使其对军队生活有所了解；第 2、第 3 年为学生教育，学习各兵科初级将校官必需的学术知识和指挥能力。术科教育以连为单位，学科仍依所学为区分，每连区分为两个教学班。并改革了传统的苏式和日式的教育，采用德式教育；规定各学生必须认学英、德、日 3 种外国语的其中一种。

此期间另有 1932 年 3 月续办的武汉分校学生归并本校。

---

① 蒋中正:《黄埔建军三十年概述》，第 32 页，台北黄埔出版社，1954 年版。

原南京本校学生分步兵、骑辎兵、炮兵、工兵、通信兵 5 个科，1933 年 5 月毕业，5 月 20 日举行毕业礼，毕业生 505 人，称南京第 8 期第 1 总队；原武汉分校学生则迟至 11 月 25 日毕业，计毕业生 1240 人 ①（另有 1140 人 ② 之说），称南京第 8 期第 2 总队。又有航空学校学生 8 人，雷电学校学生 18 人。③ 本期毕业生共 1771 人。另有 1774 人、1745 人 ④ 等说。

本期学生在校时期，国家民族正处在内忧外患日急的严重关头。国共两党之间的"围剿"与反"围剿"的斗争，地方军阀的内战及日本帝国主义为大举侵华而发动的东北"九一八事变"和上海"一·二八事变"等，都相继爆发。学生虽未中缀学业，也激发了谋求停止内战、抗日御侮的爱国热情。

第 9 期

自本期开始，军校向黄河南北、边疆等地扩大招生。本期学生主要来自黄河流域的山东、河南、山西、陕西和东北地区的辽宁、黑龙江及绥远等地。实行入伍生 1 年，本科生两年的制度。对入伍生，继续实行严格的新兵教育、上等兵教育和下士教育。外语班除第 8 期原有的英、德、日文 3 种外，并加俄文班和法文班。

1931 年 3 月进校，1931 年 5 月开学。设步兵大队，下分步兵第 1、第 2、第 3 队，另有骑兵、炮兵、工兵、交通兵、自动车兵各 1 队。1934 年 4 月修业期满，5 月 8 日举行毕业典礼，毕业 650 人 ⑤（另有 654 人 ⑥ 等说）。除留校一部分外，大多数分配到西北军、东北军和绥远、青海等地的国民革命军部队服务。从此开始，黄埔军校毕业生遍及国民政府所属各地部队。

第 10 期

1933 年春，由全国各省教育厅会同各省保安处，分别进行招生。经各省取

---

① 《中央陆军军官军校史稿》第 4 卷，第 20 页，1936 年版。

② 蒋中正：《黄埔建军三十年概述》，第 35 页，台北黄埔出版社，1954 年版。

③ 蒋中正：《黄埔建军三十年概述》，第 35 页，台北黄埔出版社，1954 年版。

④ 陈宇：《中国黄埔军校》，第 27 页，解放军出版社，2007 年版。

⑤ 《中央陆军军官军校史稿》第 4 卷，第 170 页，1936 年版。

⑥ 陈宇：《中国黄埔军校》，第 27 页，解放军出版社，2007 年版。

录后再到南京举行复试，先后两次录取入伍生 1126 人，编为 3 个营。9 月进校，编为入伍生团。为回应入伍生投考之踊跃和报国之心切，又加收备取生 719 人而成立入伍生预备班，修业时间延长半年，主要补习自然科学和外国语。共招生入校 1847 人。

入伍生团正取生和入伍生预备班备取生，都先后经考试转为正式学生，共 1561 人。其中入伍生团正取生转为学生者 940 人，分步、骑、炮、工、交通等科，1936 年 6 月毕业，称 10 期 1 总队，毕业 828 人[①]；入伍生预备班备取生转为学生者 621 人，亦分步、骑、炮、工、交通等科，1937 年 1 月毕业，称第 10 期第 2 总队，毕业 621 人[②]。本期共毕业 1449 人，与入校学生总数量相比，淘汰率较高。

此期间，日军继上海"一·二八事变"之后，妄图进一步侵占华北，以武力相威胁，向中国提出对华北统治权的要求。北京学生由此掀起了"一二·九"学生爱国反日运动，全国学生纷纷响应。该期学生也与南京学生联合会投入宣传抗日运动，拥护"停止内战，一致抗日"的主张。该期学生在校期间，多举行抗日游行活动。街头、校园抗日大游行，是该期学生的青春记忆，也成为这期学生毕业后很快走上抗日战场并建立奇功的重要精神素质。

十年内战期间，黄埔军校还在各地开办有多所分校。从 1925 年 3 月黄埔军校学生军第一次东征攻克潮汕筹设潮州分校开始，后又因地取名，在广西南宁、湖南长沙、湖北武汉、江西南昌等地增设分校（见第二章"黄埔军校早期的各地分校"）。

二、国共十年内战，黄埔师生对决

黄埔军校第 1 期至第 6 期是共产党黄埔师生最多的时期，以后就比较少了，

---

① 蒋中正：《黄埔建军三十年概述》，第 37 页，台北黄埔出版社，1954 年版。

② 《陆军军官学校第十期同学录》。蒋中正：《黄埔建军三十年概述》中缺失第 10 期第 2 总队毕业生数据。

但相较国民党黄埔师生而言，这个时期的共产党黄埔师生还是少数，多数还是国民党黄埔师生。

第1至第6期的共产党黄埔师生中黄埔教官主要有周恩来、张申府、聂荣臻、孙炳文、毛泽覃、恽代英、邵力子、熊雄、肖楚女、鲁易、罗髻渔、罗君强、李达、雷经天、金佛庄、黄松龄、胡公冕、郭俊、高语罕、成仿吾、王懋廷、徐坚、徐成章、袁也烈等。

黄埔学生主要有蒋先云、陈赓、李之龙、王逸常、杨其纲、徐向前、蔡申熙、冯达飞、曹渊、陈启科、董朗、傅维钰、何章杰、黄锦辉、黄鳌、李汉藩、洪剑雄、王尔琢、王泰吉、左权、刘畴西、许继慎、孙德清、吴展、周士第、唐澍、阎揆要、彭干臣、彭明治、袁仲贤、宣侠父、赵自选、陈恭、古宜权、邝鄘、李劳工、卢德铭、吴振民、王一飞、宛旦平、余洒度、周逸群、常乾坤、段焱华、符节、黄文杰、姜镜堂、林彪、伍中豪、吴光浩、熊受暄、肖人鹄、朱云卿、曹广化、段德昌、郭化若、洪水、季步高、李鸣珂、李天柱、李逸民、李运昌、刘志丹、陆更夫、倪志亮、唐赤英、唐天际、王世英、吴溉之、吴志喜、肖芳、肖韶、肖以佐、严子汉、叶镛、袁国平、员一民、曾希圣、曾士峨、曾中生、周为邦、邹琦、赵尚志、廖运周、莫文骅、潘忠汝、宋时轮、谭希林、陶铸、王鹤、许光达、杨至成、张平化、张宗逊、赵镈、赵一曼、陈伯钧、程子华、陈英、邓萍、段玉林、董益三、郭天民、何昆、胡兰畦、胡毓秀、胡筠、黄杰、黄静汶、刘型、罗瑞卿、彭镜秋、彭文、彭之玉、漆德玮、宋绮云、谭浩郁、陶恒馥、王良、王鸣皋、王净、危拱之、肖大鹏、徐林侠、徐彦刚、游曦、张赤男、张开荆、张瑞华、张如屏、张锡龙、张友清、张元昌、曾宪植、钟蛟蟠、周维炯、周文在、周越华、贺国中、黄公略等近140人。

国民党黄埔师生占绝大多数，其中黄埔教官主要有孙中山、蒋介石、何应钦、廖仲恺、李济深、邓演达、戴季陶、邵元冲、汪精卫、张治中、陈诚、顾祝同、刘峙、陈继承、程潜、李宗仁、白崇禧、王柏龄、严重、钱大钧、蒋鼎文、方鼎英、邵力子等。

国民党黄埔学生中的佼佼者主要有胡宗南、余程万、关麟徵、杜聿明、郑洞国、宋希濂、黄维、肖乾、李及兰、李延年、李铁军、丁炳权、胡素、黄杰、陈明仁、罗奇、丁德隆、俞济时、彭善、刘咏尧、李玉堂、贺衷寒、酆悌、范汉杰、董钊、刘戡、蒋伏生、霍揆彰、李树森、李仙洲、孙元良、桂永清、王仲廉、韩濬、何绍周、顾希平、甘丽初、邓含光、陈武、侯镜如、李默庵、蒋孝先、冷欣、刘嘉树、马励武、孙元良、王叔铭、王敬久、伍成仁、夏楚中、张镇、张耀明、曾扩情、钟彬等，均晋升为少将以上军衔，任旅长、师长以上职务。在以后的抗日战争与解放战争中，他们都是蒋介石的重要军事将领。还有一些著名黄埔将领：成刚、方天、邱清泉、廖昂、罗历戎、沈发藻、覃异之、钟松、戴安澜、方先觉、康泽、毛人凤、王耀武、高魁元、胡琏、李弥、林伟俦、彭士量、覃道善、滕杰、文强、张灵甫、郭汝瑰、邱行湘、郑庭笈、戴笠、廖耀湘、盛文等。

从 1927 年"八一"南昌起义到 1937 年全民族抗战，国共两党进行了长达 10 年的内战，黄埔师生在战场上各怀其志，各为主义，对阵厮杀，展开了多场惊心动魄的战争。

（一）南昌起义，黄埔师生初次对垒

为了反抗国民党反动派的屠杀政策，挽救中国革命，中共中央指定周恩来（黄埔军校政治部主任）、李立三、恽代英（黄埔军校主任教官）、彭湃组成中共前敌委员会，领导南昌起义。当时，中国共产党能够掌握和影响的武装力量有叶挺领导的第 24 师，贺龙指挥的第 20 军，朱德领导的第 3 军军官教育团和南昌市公安局的两个保安队，以北伐叶挺独立团为骨干编成的第 25 师。

叶挺独立团大批军官来自黄埔军校，主要有黄埔 1 期的周士第，团参谋长、代团长；黄埔 1 期的董仲明，参谋；黄埔 3 期的杨宁，第 3 营营长；黄埔 1 期的张际春，第 2 营副营长；黄埔 3 期的曹渊，第 1 营营长；黄埔 2 期的吴兆生，第 2 连连长；黄埔 1 期的许继慎，第 2 营营长；黄埔 2 期的卢德铭，第 4 连连长，后为第 1 营营长；黄埔 1 期的袁炎烈，政治部秘书、第 6 连连长；黄埔 1 期的胡焕文，第 9 连连长；黄埔 1 期的张伯黄，第 3 营营长；黄埔 2 期的练国梁，机枪连连长；黄埔 3 期的蔡晴川，监视队队长；黄埔 2 期的张堂坤，担架队队长；黄埔 1 期的刘明夏，特别大队队长；黄埔 1 期的张适南，中国青年军人联合会干部，连长；黄埔 1 期的孙一中，第 1 营营长；黄埔 3 期的符节，连长、营长；黄埔 4 期的陆更夫，政治指导员、连长；黄埔 4 期的张有余，排长；黄埔 4 期的林彪，排长；黄埔 1 期的谢宣渠，第 4 连连长、第 2 营代营长；黄埔 1 期的彭干臣，参谋；黄埔 4 期的吴奚如，连党代表；黄埔 3 期的祁占寰，排长等。

此外，还有蔡廷锴所率领的第 10 师。与此同时，黄埔第 2 期学生卢德铭领导的武昌国民政府警卫团和陈毅领导的黄埔军校武汉分校部分学生正向南昌集中。如果人员到齐，约 3 万人，在数量和素质上处于优势。

7 月 30 日，中共中央代表张国焘（黄埔军校政治教官）企图阻挠起义，周恩来愤怒地拍了桌子。最终，前委排除了张国焘的种种干扰，确定 8 月 1 日举行起义。

一大批黄埔师生参加了南昌起义，主要有聂荣臻（黄埔政治教官）、陈赓（黄埔 1 期）、彭干臣（黄埔 1 期）、董仲明（改名董朗，黄埔 1 期）、刘明夏（黄埔 1 期）、邹范（黄埔 1 期）、史书元（黄埔 1 期）、孙树成（黄埔 1 期）、廖运泽（黄埔 1 期）、周士第（黄埔 1 期）、游步瀛（黄埔 1 期）、王尔琢（黄埔 1 期）、孙一中（黄埔 1 期）、徐石麟（黄埔 1 期）、蔡申熙（黄埔 1 期）、袁仲贤（黄埔 1 期）、苏文钦（黄埔 1 期）、侯又生（黄埔 1 期）、郭德昭（黄埔 1 期）、傅维钰（黄埔 1 期）、李奇中（黄埔 1 期）、侯镜如（黄埔 1 期）、冷相佑（黄埔 1 期）、王之宇（黄埔 1 期）、刘希程（黄埔 1 期）、刘畴西（黄埔 1 期）、杨溥泉（黄埔 1 期）、刘楚杰（黄埔 1 期）、傅维钰（黄埔 1 期）、蒋作舟（黄埔 3 期）等。

8 月 1 日凌晨 2 时，南昌起义开始。按照中共前委的作战计划，第 20 军第 1、第 2 师向旧藩台衙门、大士院街、牛行车站等处守军发起进攻；第 11 军第 24 师向松柏巷天主教堂、新营房、百花洲等处守军发起进攻。激战至拂晓，全歼守军 3000 余人，南昌起义成功。当日下午，驻马回岭的第 25 师第 73 团、第

75团和第74团机枪连，在聂荣臻、周士第率领下起义，1927年8月2日到达南昌集中。

南昌起义后，汪精卫急令张发奎、朱培德等部向南昌进攻。1927年8月3日起，中共前委按照中共中央原定计划，指挥起义军分批撤出南昌，沿抚河南下，计划经瑞金、寻邬（寻乌县）进入广东省，先攻占东江地区，发展革命力量，争取外援，尔后再攻取广州。起义军进至进贤县时，第10师师长蔡廷锴驱逐在该师工作的共产党员，率部折向赣东北，脱离起义军。黄埔军校武汉分校的干部和学生乘船至九江被张发奎扣留，分校党代表陈毅化装南下，在临川追上起义军，被派往第25师73团任党代表。由于起义军撤离南昌比较仓促，部队未经整顿，加上酷暑远征，部队减员较多，7日到达临川时，总兵力约1.3万人。

起义军在临川休息3天，继续南进。1927年8月25日，先头到达瑞金县壬田以北地区。这时，驻广东的国民革命军第8路军总指挥李济深，调钱大钧（黄埔军校总教官，校本部少将参谋处长）部9000人，由赣州进至会昌、瑞金地区，并以一部前出至壬田，阻止起义军南下；调黄绍竑部9000人由南雄、大庾（今大余）向雩都（今于都）前进，支援钱大钧部作战。在这种形势下，中共前委决定乘钱、黄两路兵力尚未完全集中实施各个击破。当日，起义军向壬田守军发动进攻，歼其一部，于26日攻占瑞金县城。接着，集中兵力进攻会昌的钱大钧部主力，激战至30日，攻占会昌县城。两战歼钱大钧部6000人，缴获枪2500余支。起义军伤亡近2000人。9月初，起义军一部在会昌西北的洛口地区，击退黄绍竑部的进攻。[①]

会昌战斗后，起义军陆续折返瑞金，改道东进，经福建省长汀、上杭，沿汀江、韩江南下。9月22日，第11军第25师占领广东省大埔县三河坝。前委决定，朱德率第9军教导团和第11军25师留守三河坝，主力继续南进。9月23日、24日，起义军先后占领潮州、汕头。前委决定再次分兵，令黄埔第2期

① 参阅《中国人民解放军战史》，解放军出版社，2017年版。

生周逸群率第 20 军第 3 师留守潮汕。经两次分兵，主力仅剩 6000 余人转兵西进，打算会合海丰、陆丰农军，相机夺取惠州。9 月 26 日，西进主力进驻揭阳。次日，按计划向汤坑方向挺进。但此时，两广军阀李济深、黄绍竑调集重兵，配合钱大钧部对起义军西进主力以及留守在潮汕和三河坝地区的部队发起进攻。西进部队寡不敌众，在汤坑一战失利，撤回揭阳。当晚，黄绍竑部攻占潮安。10 月 3 日，起义军主力在流沙（今普宁市）与由潮汕撤出的革命委员会会合，继续向海丰、陆丰地区撤退，在经过流沙西南钟潭村附近的莲花山时，再次遭到东路军的截击，激战不胜，部队大部溃散。革命委员会和起义军领导人分散转移，余部 1300 余人进入海陆丰地区。

驻守三河坝的第 25 师，激战三昼夜，打退钱大钧部多次进攻。第 25 师参谋处长游步瀛、75 团团长孙一中等负重伤。游步瀛以惊人的意志手摁腹部，不让肠子流出来，继续指挥作战，陈毅发现后，下死命令让战士强行将游步瀛抬下火线，送进师指挥所。朱德、周士第、李硕勋见到一手摁住腹部，部分肠子已经流出来的游步瀛，立即让卫生员包扎并送往后方。后来在转移到福建平和时，游步瀛因失血过多壮烈牺牲。第 25 师 75 团 3 营，担任最后的掩护撤退任务。全营除了两名负伤先撤的战士——其中一名就是后来的开国将军许光达——其余从营长蔡晴川到司号员，没有一个后退，全部英勇战死在主战阵地上！

三河坝起义军在撤退途中，与潮州突围的部分部队会合，加上沿途收容的一些零散人员，共计 2500 余人。此后，这两支部队在朱德、陈毅率领下，转战闽粤赣湘边，最后保存起义军约 800 人，参加了湘南起义，并于 1928 年 4 月到达井冈山革命根据地，同毛泽东领导的湘赣边界秋收起义部队会合。

三河坝战役中牺牲的黄埔烈士主要有

蔡晴川（黄埔 3 期）

游步瀛（黄埔 1 期）

孙树成（黄埔 1 期）

张堂坤（黄埔 2 期）

三河坝战役中走出的共和国将军主要有

周士第（黄埔 1 期）

林　彪（黄埔 4 期）

许光达（黄埔 5 期）

彭明治（黄埔 1 期）

廖运周（黄埔 5 期）

从南昌起义走向井冈山的黄埔生主要有

王尔琢（黄埔 1 期）

朱云卿（黄埔 3 期）

王展程（黄埔 4 期）

刘之至（黄埔 3 期）

肖　劲（黄埔 3 期）

陈冬日（黄埔 3 期）

邝　鄘（黄埔 2 期）

李天柱（黄埔 4 期）

陈　俊（黄埔 4 期）

曹福昌（黄埔 4 期）

刘铁超（黄埔 3 期）

林　彪（黄埔 4 期）

杨至成（黄埔 5 期）

唐天际（黄埔 4 期）

袁崇全（黄埔 1 期）

资秉谦（黄埔 4 期）

朱舍我（黄埔 4 期）

段辉唐（黄埔 4 期）

（二）秋收起义，黄埔学生担重任

南昌起义一个月后，秋收起义爆发。9 月 11 日，以毛泽东等为首的共产党人在湘赣边界发动秋收起义，建立了井冈山革命根据地。一大批黄埔师生参加了秋收起义和井冈山斗争，有资料统计为 43 人，他们是卢德铭、张子清、余洒度、苏先俊、伍中豪、徐彦刚、陈浩、陈毅安、张宗逊、谭希林、陈龙鹤（朝鲜人）、范树德、曾士峨、游雪程、刘型、王良、陈伯钧、吕赤、徐恕、黄子吉、王尔琢、王展程、朱云卿、杨至成、刘之至、林彪、唐天际、戴诚本、肖劲、朱舍我、段辉唐、袁崇全、陈东日、邝鄘、李天柱、陈俊、曹福昌、刘铁超、资秉谦、邓萍、贺国中、韩濬、黄子琪。此外，参加过湘赣边界秋收起义和湘南起义，但没有上井冈山的黄埔军校毕业生还有钟文璋、陈树华（又名陈明义）、李腾芳、黄瓒等。

在秋收起义及井冈山工农武装割据初期斗争中，黄埔军校部分中共党员早期生参与战斗并担当各级主官及政工骨干，成为人民军队创建与早期发展过程的主干与精英。

南昌起义后的第 7 天，也就是 1927 年 8 月 7 日，中国共产党中央委员会在汉口召开紧急会议，即八七会议，会议批判和纠正了陈独秀的右倾机会主义错误，确定了实行土地革命和武装起义的方针，号召全党和全国人民继续战斗。中共中央还作出了在工农运动基础较好的湖南、湖北、广东、江西四省发动秋收起义的决定。

八七会议后，中共中央派临时政治局候补委员毛泽东、彭公达前往湖南省，传达八七会议精神，改组湖南省委，发动秋收起义，并且指定毛泽东为中央特派员，彭公达为省委书记。8 月中旬，彭公达、毛泽东先后由武汉到达长沙。8 月 18—30 日，改组后的湖南省委多次开会讨论发动秋收起义问题。关于暴动区域，经反复讨论，会议接受毛泽东提出的缩小暴动范围的主张。认为根据湖南省的主客观条件，暴动的区域不能过多过大，而应集中力量，在条件较好的以省会长沙为中心，包括湖南省的湘潭、宁乡、醴陵、浏阳、平江、岳阳和江西省的安源等 7 个县（镇）在内的区域举行起义。

当时，由共产党领导和掌握的能够参加起义的武装，分驻在湘赣两省边界的修水、铜鼓和安源等地。9 月上旬，毛泽东先后到达安源和铜鼓，多次召集湘赣两省边界一些县市共产党组织和军事负责人会议，传达八七会议精神以及中共中央和湖南省委关于举行秋收起义的指示，讨论制定湘赣边界秋收起义部队的行动部署。根据中共中央指示精神，中共湖南省委前敌委员会把位于修水、铜鼓、安源等地的武装，统一编成工农革命军第1军第1师。全师共5000余人，由卢德铭任总指挥，余洒度任师长，下辖3个团：第1团，位于修水，由原国民革命军第2方面军总指挥部警卫团、平江工农义勇队和湖北省崇阳、通城两县农民自卫军组成；第2团，位于安源，由安源工人纠察队、安源矿警队和安福、永新、莲花、萍乡、醴陵等县部分农民自卫军组成；第3团，位于铜鼓，由浏阳工农义勇队和警卫团、平江工农义勇队各一部组成。起义的行动部署是：首先，在各县农民起义的配合下，第1团攻取平江，第2团攻取萍乡、醴陵，第3团攻取浏阳；尔后，各团齐向长沙推进，在各县农民武装起义和长沙工人武装起义的配合下夺取长沙。

卢德铭是黄埔1期生，历任叶挺独立团2营4连连长、2营营长兼任4军25师73团参谋长。1927年6月，国民革命军第2方面军总指挥部在武昌成立警卫团，卢德铭受中国共产党委派担任警卫团团长。卢德铭利用职务便利，将宛希先、何挺颖、何长工安排在警卫团担任各级干部，加强了中国共产党对这支部队的领导。南昌起义时未赶上，后参加了秋收起义，并担任总指挥。

9月9日，根据中共湖南省委的部署，长沙的铁路工人60余人，开始分头破坏长沙至岳阳和长沙至株洲段的铁路，一度中断了敌方的铁路运输。11日，工农革命军第1师按照预定计划举行起义。其第1团由修水、渣津出发，经龙门向长寿街推进。当该团主力进至金坪时，突然遭到起义前夕收编的贵州军阀王天培残部邱国轩团从侧后的袭击，部队被打散，损失人枪200余。后经收容，改向平江、浏阳两县边界转移，准备同第3团靠拢。第3团在毛泽东直接指挥下由铜鼓出发，当天下午攻占浏阳的白沙，12日又攻克东门市，各歼敌一部。14日，国民党军约两个营分路向东门市反扑，第3团奋勇抗击数小时后向上坪转移。第2团由安源出发，进攻萍乡未克，12日转兵攻占萍乡以西之老关，并随即继续西进，在起义农民配合下攻占醴陵县城，击溃守军约1个营，缴获枪数十支，救出被关押的共产党人和革命群众 300 余人，并成立了县革命委员会、总工会和农民协会等组织。14 日，长沙国民党军约两个营，在萍乡等地的国民党军队策应下，向醴陵反扑。第 2 团当即转兵向北，于 15 日袭占浏阳县城，但因疏于戒备，17 日遭到醴陵追来之国民党军队的突然袭击，损失大部。在上述各路起义武装进攻受挫的情况下，毛泽东于 17 日命令各团向浏阳城东南之文家市集中。

在工农革命军分路进攻期间，平江、浏阳、醴陵、株洲、安源等地的工农群众，在各地共产党组织的领导下，都举行了不同规模的武装起义。起义的农民和工人，手持梭镖、大刀和为数很少的长短枪，英勇地袭击挨户团，攻打团防局，打击土豪劣绅。醴陵县和浏阳县的起义群众，还配合工农革命军攻占县城，进行建立革命政权，重新恢复工会、农会等活动。株洲的起义群众曾一度占领株洲火车站。平江县的起义农民，在准备配合工农革命军和单独攻打平江城未成后，组成 3 支游击队，出没无常地继续打击土豪劣绅。但是，由于当时全国政治形势处于革命低潮，在国民党反动派残酷镇压下，许多农民运动骨干或被逮捕镇压，或被迫外逃，农民群众存在着害怕起义失败后又遭残杀的顾虑，因而，就整体说来，这次起义，未能形成有更多农民参加的群众性暴动。原定举行的长沙城的工人起义，因国民党戒备森严和工农革命军进攻行动中途受挫，中共湖南省委于 9 月 15 日决定停止行动。

9 月 19 日，工农革命军第 1 师第 3 团全部、第 1 团余部和第 2 团的零散人员陆续到达文家市。当晚，毛泽东主持召开前委会议，分析形势，讨论部队的行动方针。决定放弃原定的进攻长沙的计划，部队迅速脱离容易遭受国民党军队围攻的平江、浏阳地区，沿罗霄山脉南移，寻求立足点。20 日，工农革命军从文家市出发，22 日，到达江西省萍乡县的上栗市，得知萍乡驻有国民党军队，遂决定绕道经萍乡县城以东的芦溪南下。24 日抵芦溪。25 日晨，部队继续南下，在行进中遭到国民党军队的突然袭击，仓促应战，总指挥卢德铭为指挥部队掩护主力安全转移而牺牲，部队受到重大损失。26 日，工农革命军袭占莲花县城，29 日进到永新县的三湾村。此时，部队人数不足 1000，思想相当混乱，组织很不健全。为了适应革命斗争的需要，部队在这里进行了著名的三湾改编，将 1 个师缩编为 1 个团，称工农革命军第 1 军第 1 师第 1 团，下辖 2 个营，并建立和健全了各级党组织，把党的支部建立在连上，开始实行民主制度。毛泽东征求大家意见，谁来当这个团长，最后确定陈浩（黄埔 1 期）为团长，徐恕（黄埔 4 期）为副团长、韩昌剑（黄埔 1 期）为参谋长，下辖两个营，黄子吉（黄埔 4 期）、张子清（黄埔军校长沙分校政治教官兼区队长）担任营长，何挺颖、宛希先担任营党代表，陈毅安（黄埔 4 期）任军官队队长。

在三湾改编中，毛泽东深思熟虑，着手在部队内建立党组织和士兵委员会，确定了"党指挥枪"的原则，在具体问题上作出了不愿意干的可以走，发给路费，但枪不能带走的规定。经过一系列的工作。部队精悍多了，继续向井冈山开进。

10 月 3 日，抵达宁冈县的古城。毛泽东主持召开了前委扩大会议，初步总结了秋收起义的经验教训，研究了建立根据地和对井冈山地区的农民武装部队袁文才、王佐部队采取团结改造方针等问题。会后，毛泽东率工农革命军于 10 月 7 日到达宁冈县茅坪。接着，部队经湖南酃县水口镇转至江西省遂川县境，27 日进至罗霄山脉中段井冈山的茨萍。从此，这支起义武装在中国共产党和毛泽东的领导下，展开了创建井冈山革命根据地的伟大斗争。[①]

值得一提的是，黄埔学生苏先骏、余洒度先后离开部队，后投靠国民党，最后的下场都很可耻。另外，4 名黄埔生陈浩、徐恕、韩昌剑、黄子吉企图拉部队叛逃国民党而被枪决，上演了红军初创时期极其复杂悲壮的一幕。

陈浩是黄埔军校 1 期生，与徐向前、陈赓、宋希濂、蒋先云等大名鼎鼎的人物是同学。陈浩参加过东征、北伐等一系列战争，曾任第 2 方面军总指挥部警卫团 3 营营长。这个时期的陈浩，在职务上与余洒度一样。到了团长卢德铭离开警卫团时，余洒度代理团长职务，并在秋收起义时成了起义队伍的师长，而陈浩只是副团长。到了三湾改编时，陈浩成了第 1 团团长。毛泽东对陈浩非

---

① 参阅中国军事百科全书编审室：《中国大百科全书·军事》，中国大百科出版社，2007 年版。

常器重，委以重任，但想不到的是，陈浩很快走上了腐化堕落，乃至叛变革命的道路。

1927 年 11 月，红 1 团攻占了茶陵县城。陈浩与副团长韩昌剑、参谋长徐恕、1 营长黄子吉等人，进县城后迅速腐化堕落，他们吃喝嫖赌，纸醉金迷，陈浩还与一名烟花女子勾搭成奸。因此，陈浩受到了前委与留在井冈山养伤的毛泽东来信的严厉批评。陈浩却并没有接受毛泽东与前委的批评，相反，他与徐恕、韩昌剑、黄子吉等人串通，不愿再回艰苦的井冈山了，而企图带着这支工农革命军去投敌叛变。而当时正进攻井冈山革命根据地的国民党第 13 军军长方鼎英，与陈浩在黄埔军校有过师生之谊，因而，陈浩妄图背叛革命去投正在湘南桂东的方鼎英。宛希先得知情况后，派人报告毛泽东。当听说队伍有被陈浩阴谋拉走的可能后，毛泽东带着毛泽覃和派到袁文才部当连长的陈伯钧（黄埔 6 期）共 8 人急忙追赶。毛泽东脚伤未愈，越走越痛。毛泽覃赶紧从村里找了一套滑竿，抬上毛泽东往前赶。这样，傍晚在湖口村追上了队伍。

当晚，毛泽东在自己的住处，召开了部队营以上干部的紧急会议。会上，在前委委员宛希先、何挺颖、2 营营长张子清等用事实与证据揭露了陈浩等人叛变投敌的阴谋后，前委决议将陈浩、徐恕、韩昌剑、黄子吉等人撤职审判，由张子清代理团长。会后，毛泽东便率工农革命军回师井冈山。12 月底，陈浩等人在宁冈砻市被处决。一个红军初创时期的悲剧就这样结束了。

（三）广州起义，黄埔教官难挽危局

继南昌起义、秋收起义之后，1927 年 12 月 11 日，广州起义爆发。

11 月 17 日，粤桂军阀发生武装冲突，中共中央认为两广军阀争夺广东地盘的冲突，实际上是工农群众革命潮流的高涨，当即通过《广东工作计划决议案》，要求广东省委"坚决地扩大工农群众在城市、在乡村的暴动，煽动士兵在战争中哗变和反抗，并急速使这些暴动会合而成为总暴动，以取得全省政权，建立工农兵士代表会议的统治"。

依据中共中央的指示，广东省委展开了紧张的工作，除要求各地利用粤桂军阀之间的战争，发动农民拒交冬租，举行暴动之外，特别关注组织和领导广州市的暴动。

11 月，聂荣臻被分配到广东省军委工作，他一到，就接受了任务，和叶挺一道回广州组织起义。

11 月 26 日，张太雷从香港返回广州，秘密召开了有部分省委常委参加的会议，具体研究了广州暴动的准备工作，决定乘张发奎在广州兵力薄弱的有利时机，组织共产党所掌握的第 4 军教导团和警卫团一部以及工农武装，举行武装起义，并成立了以张太雷为委员长，黄平（后叛变）、周文雍为委员的革命军事委员会，负责领导起义。会后，张太雷等人到教导团和警卫团中进行起义的动员与组织工作，并着手组织与训练工人赤卫队，将工人赤卫队编成 7 个联队和 2 个敢死队，周文雍为总指挥，黄埔 1 期的刘楚杰任第 1 联队长，黄埔 1 期的徐向前任第 6 联队长。同时，发动与组织郊区的农民参加起义。

第二方面军第 4 军教导团和新扩编的警卫团是共产党掌握的武装。叶剑英是教导团团长。其官兵，主要是黄埔军校武汉分校的学生，大部分是共产党员和同情革命的积极分子。南昌起义前，第 4 军教导团秘密开赴九江，准备赴南昌参加起义。但是刚到九江，就被张发奎派来的人缴了械，教导团 1000 多人被扣留了一天一夜。关键时刻，第 2 方面军第 4 军参谋长叶剑英站出来，毛遂自荐要当教导团团长。在张发奎印象里，叶剑英是黄埔军校教官，与蒋介石、王柏龄关系尚好，也就答应了。教导团在叶剑英带领下到达南昌时，已经是 8 月 7 日，起义队伍早已南下了，叶剑英又带领教导团千里行军进驻广州。这支队伍，装备较好，战斗力也较强，后来成了广州起义的主力部队。第 4 军教导团内黄埔军校师生很多，武汉分校女生队部分学员也加入了广州起义的行列。全团共有官兵 1300 余人，大部分受中国共产党的影响，同情、支持工人阶级和土地革命。其中有黄埔军校毕业的中级军官，如黄埔 4 期的叶镛、陆更夫、赵希杰、邱维达等，当时任教导团连长、营长，而且都是共产党员，黄埔军校武汉分校军事教官李云鹏，时任教导团团长。另外，第 4 军警卫团一部参加了起义，黄埔 5 期肄业的陶铸任参谋长。黄埔 1 期毕业的蔡申熙起义时负责总指挥部与警卫团的联络工作，后参加警卫团指挥作战。

12月6日，中共广东省委在张太雷主持下，召开紧急会议，会议讨论通过了起义的政纲、宣言、告民众书等文件，以及成立苏维埃政府的人事安排等问题，研究了起义力量的部署和军事行动。会议决定于12月12日举行起义。随后又成立了起义军总指挥部和参谋部，叶挺任总指挥，叶剑英任副总指挥。起义前夕，汪精卫和张发奎对起义的计划有所察觉，准备解散教导团，在广州实行戒严，并调其远离广州的主力部队赶回广州。在此紧急关头，中共广东省委决定提前于11日凌晨举行起义。①

12月11日凌晨，张太雷、叶挺、恽代英、叶剑英等共产党人在广州发动起义前，接见参加起义教导团全体官兵。一大批黄埔生参加了此次起义，主要有赵自选、黄锦辉、陈赓、蔡申熙、刘楚杰、陈选普、徐向前、吴展、冯达飞、唐震、梁锡祜、程子华、梁桂华、陆更夫、游曦、何昆、倪志亮、季步高、郭天民、张赤男、段玉林、黄公略、崔庸健（朝鲜）、洪水（越南）等。

12月11日3时许，在张太雷、叶挺、黄平、周文雍、叶剑英、杨殷等领导下，教导团全部、警卫团一部和工人赤卫队共5000余人（其中工人赤卫队3000余人），分数路向广州市各要点发起突然袭击。在广州的苏联、朝鲜、越南的部分革命者也参加了起义。东路，教导团主力在叶挺直接指挥下，迅速将驻在沙河的1个步兵团打垮，俘敌600余人，缴获部分武器，继之消灭了驻燕塘的炮兵团，尔后回师市区，协同工人赤卫队攻占了公安局。中路，教导团一部和工人赤卫队攻占了国民党广东省政府及其以北的制高点观音山（今越秀山）等地。南路，警卫团第3营及工人赤卫队一部向第4军军部、第4军军械库等地攻击，遇到顽强抵抗，未能攻克。与此同时，广州市郊芳村、西村等地的农民也举行起义，一部进入市区配合起义军的行动。起义军民经过4个多小时的战斗，除第4军军部、军械库和第4军第12师后方办事处之外，珠江以北市区的国民党军队、保安队和警察武装均被消灭，缴获各种炮20余门，各种枪

---

① 参阅中国军事百科全书编审室：《中国大百科全书·军事》，中国大百科出版社，2007年。

1000 余支。当日上午，广州市苏维埃政府成员和工农兵执行委员会举行第一次会议，宣告广州市苏维埃政府成立，中共中央政治局常委苏兆征为主席（在苏未到广州前由张太雷代理）。会后发布了《广州苏维埃宣言》《告民众书》以及有关的法令。当天，广州市工人、农民和市民欢欣鼓舞，热烈拥护革命政府，积极参加起义。起义军占领了广州市的大部，叶挺提出，应该适时撤离广州，把起义队伍拉到海陆丰去。

但叶挺的意见没得到支持，最好的机会就这样丧失了。一天之后，大批敌人从四面八方涌来，形势急转直下。12 日，张发奎所部 3 个多师和驻守广州珠江南岸李福林的第 5 军一部，在英、美、日、法的军舰和陆战队支援下，从东西南三面向起义军反扑。起义军和工农群众同优势的国民党军队进行了英勇顽强的浴血奋战，但终因众寡悬殊，遭到严重损失，起义主要领导人张太雷牺牲。

聂荣臻见形势极度危急，和省委委员黄锦辉一起，分头下达撤退的命令。正是这个决定，挽救了更多人的性命。叶剑英的教导团训练有素，动作整齐，立即经花县撤往海陆丰，保留下来 1200 多人，加入了东江地区的革命斗争；另有部分人员转移到广西右江地区，后来参加了百色起义；还有少数人员撤往粤北韶关地区，加入了朱德、陈毅率领的南昌起义军余部，后来上了井冈山。国民党军队重占广州后，对未及撤离的起义军、工人赤卫队和拥护革命的群众，进行了血腥的镇压，惨遭杀害者达 5000 余人。游曦等一批黄埔军校毕业生在战斗中牺牲。

12 月 16 日，恽代英、叶剑英、聂荣臻等和最后一批战士撤离起义总指挥部后，转移到香港，收容和安置参加广州起义撤至香港的人员，从事艰苦的白区工作。广州起义与同年举行的南昌起义、秋收起义，共称为中国共产党建军的三大起义。

据统计，参加南昌起义有姓名简介记载者 456 人，其中黄埔军校师生有 114 名，占总数 25%；参加湘赣边界秋收起义有姓名简介记载者 172 人，其中黄埔军校师生有 21 名，占总数 12%；参加广州起义有姓名简介记载者 306 人，其中黄埔军校师生有 70 名，占总数 23%；累计三大起义参加者有 934 人，其中黄埔军校师生有 205 名，占总数 22%。

黄埔师生在中国共产党领导的红军中占有很大比例：

1. 红一方面军及江西中央根据地创建参加者中有黄埔军校教官周恩来、陈毅、聂荣臻、叶剑英；黄埔 1 期毕业生左权、刘畴西、陈赓、周士第、李隆光（谦）、何章杰、冯达飞、梁锡祜、贺声洋、彭干臣；黄埔 2 期毕业生宛旦平、罗英、张源健、程俊魁；黄埔 3 期毕业生朱云卿、唐绍尧；黄埔 4 期毕业生林彪、萧克、伍中豪、吴溉之、李尊、林野、范树德、洪水、唐天际、袁国平、郭子明、郭化若、曾希圣、张震球；黄埔 5 期毕业生宋时轮、杨至成、谭希林。

2. 红二方面军及湘鄂西、湘鄂川黔边区根据地创建参加者中有黄埔 1 期毕业生黄鳌、董朗、史书元、孙一中（孙德清）、周士第；黄埔 2 期毕业生方汝舟（方济川）、谭侃；黄埔 4 期毕业生汤慕禹、段德昌、萧克、曾中生；黄埔 5 期毕业生许光达。

3. 红四方面军及鄂豫皖、川陕边区根据地创建参加者中有黄埔 1 期毕业生徐向前、蔡申熙、许继慎、吴展、陈赓、金仁先、王逸常；黄埔 4 期毕业生倪志亮、曹广化。

4. 陕北、陕甘边地红军及根据地创建参加者中有黄埔 1 期毕业生唐澍、阎奎耀（阎揆要）、王泰吉；黄埔 4 期毕业生刘志丹。

5. 广东东江红 11 军及根据地、琼崖红军及根据地创建参加者中有黄埔 1 期毕业生董朗、吴展、袁仲贤、梁锡祜、黄雍、刘立道；黄埔 3 期毕业生陈悦民、陈永芹。

应运而生的黄埔军校教职官佐及前 5 期毕业生，成为中国革命武装斗争的第一批拓荒者和开创者，成为人民军队早期武装力量的开拓者、创建者和奠基人。

（四）各地起义风起云涌，中共黄埔人勇挑重担

南昌起义、秋收起义、广州起义三大起义后，各地起义风起云涌。其中有黄埔师生参加、领导的起义比较著名的有黄麻起义、渭华起义等。

黄麻起义是继中国共产党领导的南昌起义和秋收起义之后，在长江以北地区首次举行的规模最大的农民武装起义，是在八七会议精神指引下，党领导的武装起义总体布局的重要组成部分。黄麻地区，曾经过大革命的洗礼。董必武、陈潭秋等人，很早就在这里撒下了革命火种。北伐军从广东打到武汉，继而控制鄂东，对这里影响甚大。揭竿而起的农民运动中，产生了众多的农民协会、农民自卫军组织，造就了一大批革命的骨干力量。1927年春，毛泽东在武昌创办的"农民运动讲习所"，吸引了许多黄麻地区农民运动的领袖，提高了他们的政治觉悟和对农民革命重要性的认识。这些都为起义的发动提供了思想条件和组织条件。1927年11月13日，起义开始，在中共鄂东特委的潘忠汝（黄埔2期）、吴光浩（黄埔3期）、戴克敏等领导下，黄安农民自卫军全部、麻城农民自卫军2个排及七里坪、紫云等区农民义勇队千余人，组成攻城队伍。晚10时，起义队伍在广大农民群众的配合下，由七里坪向黄安城进发。14日凌晨，攻城队伍由城西北攀梯而上，夺占北门，旋即攻入城内，占领县政府、警察局，全歼县警备队，活捉县长等官吏及土豪劣绅10余人，缴获步枪30余支，子弹90箱，控制了全城。后获悉国民党军队第30军1个团正向黄安开进，为避敌锋芒，攻城队伍当日撤回七里坪。进占黄安城的国民党军队惧怕起义队伍再次进攻，乃于次日晚弃城退走。18日，黄安县农民政府成立，曹学楷任主席。接着，中共黄麻特委根据中共湖北省委指示，将黄、麻两县农民自卫军及赶来配合起义的黄陂县农民自卫军一部共300余人，组成工农革命军鄂东军，下辖第1、第2路。潘忠汝任总指挥，戴克敏任党代表。

11月27日，黄安反动势力勾结国民党军队第30军独立旅400余人，进犯黄安城。鄂东军一部在人民群众协助下，将其击退。12月5日夜，国民党军队以第12军教导师取道宋埠、尹家河突袭黄安城。鄂东军对敌情估计不足，据城固守，因众寡悬殊，伤亡严重，被迫突围，潘忠汝在战斗中牺牲。下旬，当地中共组织和鄂东军部分领导人在黄安北部木城寨举行会议，决定留部分人员就地坚持斗争，集中72人，携带长短枪53支，转移到黄陂县木兰山一带开展游击活动。

1928 年 1 月，鄂东军在木兰山改编为中国工农革命军第 7 军，吴光浩任军长，戴克敏任党代表。3 月上旬，为对付国民党军队的围攻，第 7 军编为 4 个短枪队，采用"昼伏夜动，远袭近止，绕南进北，声东击西"的战术，分散游击于黄陂、孝感、黄冈、罗田、黄安、麻城等县。5 月，第 7 军进入河南省光山县南部柴山保地区，发动群众，创建根据地，走上了边界武装割据的道路。7 月，第 7 军改编为中国工农红军第 11 军第 31 师。1929 年 5 月，红 31 师发展到近 400 人，初步建成了以柴山保为中心，纵横 50 余公里的鄂豫边苏区。黄麻起义创建的红军和苏区，是后来中国工农红军第四方面军和鄂豫皖苏区的重要来源及组成部分。①

渭华起义中，黄埔毕业生也发挥了很大作用。大革命失败后，中共陕西省委号召共产党员到农村去，到军队中去，准备力量，武装反抗国民党的反动统治。此外，一个类似黄埔军校的"中山军事学校"，在共产党人的领导下，也从 1927 年初开始招生。以后起义中的军事骨干大多来自该校的政治保卫队。这些因素，为渭华起义准备了基本条件。

1927 年 7 月初，冯玉祥为了查清国民革命军联军中的共产党员，解除了中山军事学校和政治保卫部的武装，明令该校校长、政治保卫部部长史可轩（共产党员）率队东去河南接受"整训"。史可轩在中共陕西省委指导下，决定抗冯拒命不赴河南，率部开赴陕北山区独立发展。部队北上途中，史可轩被盘踞在富平县美原镇的地方军阀杀害。原保卫队大队长许权中（共产党员）受命统一指挥。为保存实力，许权中部接受陕西地方军阀冯子明改编，成为国民革命军第 2 军新编第 3 旅，许被任命为旅长，驻防临潼县的关山镇。新编第 3 旅在关山镇养精蓄锐，不断扩大党团组织，准备伺机再起。与此同时，中共陕西省委也加强了对这支军队的领导。省委先后派黄埔 4 期毕业生刘志丹（刘景桂）、谢子长（谢浩如），黄埔 1 期毕业生唐澍等到新编第 3 旅中工作。1928 年 3 月，新编第 3 旅党支部已发展到 18 个，党员达到 165 名。一支革命化的军队正在形

---

① 参阅中国军事百科全书编审室：《中国大百科全书·军事》，中国大百科全书出版社，2007 年版。

成之中。4月下旬，在国民党西北军新编第3旅进行兵运工作的共产党员刘志丹、唐澍和旅长许权中率该旅由潼关向华县高塘镇进发，途经华县瓜坡镇时宣布起义。起义部队进驻高塘镇后改编为西北工农革命军，辖4个大队、1个骑兵队，近1000人，刘志丹任军事委员会主席，唐澍任总司令，中共陕东特委书记刘纪曾任政治委员，王泰吉任参谋长，廉益民任政治部主任，吴浩然任军党委书记，许权中任总顾问兼骑兵队长。5月1日，渭南县、华县万余农民在中共陕东特委领导和西北工农革命军、陕东赤卫队的支持下，于渭南县崇凝及其附近地区举行起义，成立了崇凝区苏维埃政府和陕东赤卫队。接着，西北工农革命军在陕东赤卫队的配合下占领集镇，惩办反动官吏、土豪劣绅，在高塘、崇凝、塔山等地建立了40多个区、村苏维埃政府。6月上旬，西北工农革命军、陕东赤卫队在人民群众支援下，打退国民党军队向高塘、崇凝一带的两次进攻。19日，国民党军队3个师再次发动进攻，西北工农革命军和陕东赤卫队进行英勇抗击后，于20日晚退入秦岭，尔后向雒南（今洛南）县转移。7月初，在雒南县两岔河、保安镇地区遭国民党军队和地主武装的袭击，大部被打散，唐澍等约70人壮烈牺牲。其中李大德（黄埔4期学生）等3人被俘后，英勇就义于洛南县城。刘志丹等少数人员分散转入隐蔽斗争。渭华起义打击了陕西军阀势力，锻炼和培养了革命骨干。起义创建的革命根据地，成为后来中央红军的重要落脚点。

此外，海南岛起义由中共琼崖特委书记王文明、冯平、冯白驹、符节（符学宗，黄埔3期）等人领导，成立琼崖工农讨逆军，后来改编为琼崖纵队，坚持武装斗争，20年红旗始终不倒。其中琼崖工农红军第3师东路总指挥徐成章担任过黄埔军校特别官佐；红3师中路总指挥严凤仪，当过黄埔1期学生队副队长，范汉杰、胡宗南、冷欣、何绍周、蔡炳炎、宣铁吾、王敬久这些国民党将军都是他的学生。

在湘鄂西地区，黄埔1期毕业的黄鳌（黄敖），黄埔3期毕业的肖仁鹄，黄埔4期毕业的段德昌、方之中，黄埔6期毕业的段玉林等参与并领导了鄂中、鄂西起义。黄埔2期毕业的周逸群，毕业后被派往贺龙的国民革命军第20军任党代表，参加南昌起义。失败后，他又跟随贺龙回到湖南桑植创建湘鄂边革命根据地，组建红 4 军。遗憾的是，黄埔军校长沙分校政治部主任、中共五大中央委员夏曦在湘鄂西边区搞肃反扩大化时，段德昌等黄埔生遭到迫害。

黄埔 4 期毕业的肖方、黄埔 6 期毕业的周维炯、漆德玮等参加领导了商南起义。黄埔军校政治部宣传科科长雷经天，黄埔 1 期毕业的冯达飞，在张云逸、邓小平领导下参加了广西百色起义，建立红 7 军，创立右江革命根据地。在东北，有黄埔军校教官杨林、黄埔 4 期毕业的赵尚志、黄埔军校武汉分校第 6 期毕业的赵一曼等开辟了抗日根据地。1940 年 2 月，赵尚志任东北抗日联军第 2 路军副总指挥，率领所部坚持抗日武装斗争。1942 年赵尚志在战斗中重伤被俘，宁死不屈，壮烈牺牲。1935 年秋，赵一曼任东北人民革命军第 3 军第 1 师第 2 团政治部主任，在与敌人的搏斗中负伤被俘，在狱中坚贞不屈，从容就义。他们英勇悲壮、可歌可泣的斗争事迹，极大地振奋了中华民族争取独立，反抗侵略的伟大民族精神。

（五）协助创建革命根据地，中共黄埔人成为红军通信栋梁

秋收起义和南昌起义部队在井冈山会师后，黄埔 1 期的王尔琢担任工农红军第 4 军参谋长。1927 年 4 月底，王尔琢随部上井冈山，开始参与创建井冈山革命根据地的斗争。4 月 28 日，王尔琢又与时在井冈山的毛泽东联系，及时促成宁岗县砻市"朱毛"会师，使中国革命进入大转折。会师后，王尔琢任中国工农红军第 4 军参谋长兼第 28 团团长，协助毛泽东、朱德指挥五斗江、草市坳和龙源口等战斗，率 28 团英勇作战，粉碎湘赣两省国民党军队的"会剿"，成为纵横井冈山的一员骁将，为保卫和发展井冈山革命根据地作出了重大贡献，其所率队伍赢得了"飞兵 28 团"的称号。

1928 年 8 月，湖南省委强令王尔琢率 28 团随 29 团于 8 月攻打湘南，结果钻进敌人口袋内，酿成"八月失败"的悲剧。王尔琢在这危急关头，冒着杀头危险抗拒命令，将部队撤至桂东县，避免了更大的损失。时为中共中央委员的毛泽东闻讯后，亲率 31 团的伍中豪营，经酃县赶到桂东，与朱德、陈毅会合。

1928 年 8 月 25 日，担任前卫第 2 营营长的袁崇全，胁迫、欺骗 1 个步兵连和 1 个迫击炮连叛逃。王尔琢闻讯后立即率警卫排追赶。当追至江西崇义思顺墟时，王尔琢努力做叛逃官兵的工作，两个连的官兵又回到了革命队伍中。而王尔琢却遭叛徒袁崇全开枪射击，英勇牺牲，年仅 25 岁。

红 4 军参谋长兼红 28 团团长王尔琢牺牲后，第 1 营营长、黄埔 4 期的林彪被提拔为红 28 团团长，参加了井冈山革命根据地的反"进剿"、反"会剿"斗争。1929 年 1 月，林彪随朱德、毛泽东挺进赣南、闽西，3 月任红 4 军第 1 纵队司令员。期间，支持毛泽东继续担任红 4 军前委书记。年底，林彪在给毛泽东的新年贺信中提出"红旗能打多久"的问题，毛泽东写了后来以《星星之火，可以燎原》为题的著名复信。1930 年 6 月，林彪任红 1 军团第 4 军军长，1932 年 3 月任红 1 军团总指挥（后称军团长），率部参加了文家市、长沙、吉安、赣州、漳州、南雄水口、乐安宜黄、金溪资溪等重要战役和中央苏区历次反"围剿"，曾多次指挥所部担任战役战斗的主攻任务，成为红军能征善战的高级指挥员之一。

与此同时，黄埔 3 期的朱云卿也显露出卓越的军事才华。朱云卿参加了南昌起义和秋收起义，后随毛主席上了井冈山。1928 年夏，朱云卿出任红 4 军 31 团团长，取得草坳、龙源口大捷。1929 年 3 月，红 4 军在长汀整编，朱云卿调任红 4 军参谋长。10 月，朱云卿随朱德率红 4 军第 1、2、3 纵队开向东江，协助朱德制订出击东江的作战计划，取得虎头砂、松源、新铺、梅城几个战役的胜利。12 月，朱云卿参加了在上杭古田召开的中国共产党红 4 军第九次代表大会，积极支持毛泽东的正确意见。古田会议后，朱云卿协助毛泽东、朱德率领红 4 军转战江西，扫荡敌军，推翻国民党的反动地方统治，建立红色政权。

1930 年 6 月，中国工农红军第 1 军团在长汀成立，朱云卿任军团参谋长。8 月，毛泽东和朱德领导的红 1 军团和彭德怀、滕代远领导的红 3 军团在湖南浏阳会师，成立了红军第 1 方面军，全军约 4 万人。朱德任总司令，毛泽东任总政委，朱云卿由红 1 军团参谋长升任红一方面军参谋长，郭化若（黄埔 1 期）任参谋处长。这是我军总参谋部的雏形。

1930 年 10 月 23 日，蒋介石将黄埔嫡系将领何应钦、陈诚、顾祝同、蒋鼎文、胡宗南等召集到南京，秘密部署第一次"围剿"中央苏区的计划。这次"围剿"红军的急先锋就是张辉瓒。张辉瓒是日本士官学校毕业生，在德国考察过军事，能说会道，是湘军中的一位悍将。他骄横不可一世，毫不把红军放在眼里，哪晓得他的对手大部分都是黄埔军校毕业的战将。红 3 军军长黄公略是黄埔军校高教班毕业生，与陈赓、宋希濂是老乡。黄公略的 3 位师长陈伯钧、刘畴西、徐彦刚都是黄埔军校毕业生，刘畴西是黄埔 1 期毕业的大师兄，陈伯钧、徐彦刚都是黄埔 6 期毕业的小师弟。另外，参加指挥作战的还有一批黄埔生，包括红一方面军参谋长朱云卿、参谋处长郭化若（黄埔 4 期）、红 1 军团军团长林彪、参谋长陈奇涵（黄埔 3 期）、10 师师长王良（黄埔 5 期）、11 师政委罗瑞卿（黄埔 6 期）等。结果红军大败国民党军，张辉瓒被活捉，红军痛快淋漓地粉碎了蒋介石的第一次反革命"围剿"。

值得一提的是，第一次反"围剿"还缴获了无线电台一部，俘虏敌无线电台台长王净（黄埔 6 期）等 10 人。经过朱德、毛泽东的启发教育，王净等 10 人都参加了红军。参谋部成立了无线电队，红军无线电队一经建立，即在对部队的调度联络、侦察敌情方面发挥了极为重要的作用，成为总部首长指挥军队的不可或缺的情报来源。原来，刚刚参加红军的王净等人，非常熟悉国民党军队电台呼号，而敌军由于轻视红军的知识构成，对无线电管理非常松懈，电台之间常用明码通话，这样方便了我军的无线电侦察。敌人的情报不断送到朱德、毛泽东手里。

黄埔军校出来的指挥员，在战斗中表现了优秀的军事才能，让人刮目相看，也再次引起毛泽东的思考。他认为治军先治校。第一次国内革命战争时期，国共两党曾经合作创办黄埔军校，为中国革命培养了一批人才，红军也应当办一个"红埔"。1930 年初，红 4 军将随营学校改为闽西红军学校，后改为红军大学。很多黄埔师生都参加了红军学校的管理和教学工作。如叶剑英、陈赓、左权、郭化若、邓萍等。

1931 年 1 月 15 日，苏区中央局和中央革命军事委员会成立。不久，中革军委任命朱云卿为中革军委总参谋部部长（总参谋长），这样，年仅24岁的朱云卿便成为我军第一位总参谋长。朱云卿主持编写了关于游击战十条原则的通令，提出扰敌、堵敌、截敌等方法，丰富了红军游击战的基本原则和毛泽东军事思想游击战争理论。1931年5月初，红军进行第二次反"围剿"，朱云卿英勇负伤，住进江西吉安东固附近的红军后方总医院，在医院中不幸被国民党特务暗杀，牺牲时年仅24岁。

第一次反"围剿"后不到3个月，蒋介石又发动了第二次"围剿"，任命了黄埔军校总教官、军政部长代任行陆海空军总司令何应钦为总指挥。只有3万多人的红军在毛泽东、朱德的指挥下，制定了集中兵力、先打弱敌、在运动中各个歼灭的方针。在5月16日至30日的半个月内，红军主力寻找到何应钦的弱点，各个击破，由西向东横扫七百里，先后在富田、白沙、中村、广昌、建宁等地连打胜仗。打垮敌军13个师，歼敌3万余人，缴枪2万余支。蒋介石发动的第二次"围剿"又遭遇失败。红3军军长黄公略和政委蔡会文、参谋长陈奇涵（黄埔3期）在打公秉藩第28师的战斗中俘虏了一个完整的电台队。从电台队长到报务员，共13人。还缴获了一台完好的100瓦的大功率无线电收发报机。此外，这次反"围剿"还缴获了两部15瓦电台。红一方面军总前委于1931年5月31日建立了无线电大队，王诤任队长，冯文彬任政委。6月正式建立了无线电侦察台。从那时起，重视无线电技术侦察，成为红军总部乃至日后解放军总参谋部建设的重要内容。

武力"围剿"红军失败，蒋介石玩起了阴招，派康泽（黄埔3期）策反黄公略。蒋介石亲自给黄公略写了一封信，信上大意说：本校长不才，使尔等误入歧途，如能迷途知返，定能重用，继续发扬我黄埔精神，完成总理所遗大业。信由黄公略的同父异母兄长黄梅庄带来，黄公略不为所动，并大义灭亲，杀了黄梅庄。

1931年7月，蒋介石又集中30万兵力，亲任总司令，随后带着德、日等国军事顾问，坐镇南昌，亲自指挥，向中央革命根据地发动了第三次"围剿"。这次"围剿"的主力为蒋介石的黄埔嫡系部队，有陈诚、罗卓英、赵观涛、卫立煌、蒋鼎文等5个师，其中陈诚、蒋鼎文位列黄埔"八大金刚"，是他精心栽培和扶植的亲信势力。

第三次"围剿"，陈诚、蒋鼎文等黄埔宠将，决意捉拿黄公略，以解心头之恨。这次战役，从7月打到9月，林彪、黄公略牵着陈诚、蒋鼎文的鼻子在苏区兜圈子，将其拖得筋疲力尽，蒋鼎文险些被他的学生黄公略折断了翅膀。8月4日，蒋鼎文占领了兴国，成为国民党高级将领深入苏区的第一人。但没几天，奉命向泰和集中时，在老盘营一带受到"飞将军"黄公略的伏击。9月8日，蒋鼎文率第9师行军至老盘营，先头4个营已过独木桥，该桥突然折断，余部立刻惊恐万状，正准备绕道而行，却听四面枪声大作，红军战士飞驰而来，打得蒋鼎文抱头鼠窜，要不是蔡廷锴的援兵赶到，蒋鼎文将成为张辉瓒第二。第三次"围剿"因"九一八事变"突然爆发而中止，但中央苏区却胜券在握，共歼敌3万余人，缴枪两万余支，赣南、闽西两块革命根据地连成一片，成为一个拥有21个县的完整革命根据地。

可惜的是，黄公略在第三次反"围剿"作战胜利后，遭敌机轰炸不幸牺牲。毛泽东曾咏叹："赣水那边红一角，偏师借重黄公略。"

在第三次反"围剿"作战中，红军缴获3部电台。1931年12月14日，原西北军旧部第26路军在江西宁都起义加入红军，带来8部电台、40多名无线电技术人员和部分通信器材。至此，红一方面军电台增至14部，红军无线通信部队初具规模。1931年底，军委将无线电总队侦察台与红一方面军参谋部谍报科合并，组成总参谋部侦察科，由曾希圣负责。曾希圣是黄埔4期毕业生，他记忆力超群，对无线电联系和无线电侦察具有很强的悟性。到1932年初，中革军委将这个科改称"二局"，即情报局，仍由曾希圣任局长。

1931年12月，红军创办无线电通信学校，到1934年，红军无线电训练班共开办11期，培训学生1000多人，为红军培训了一批批无线电通信技术人员，为发展革命军队无线电通信事业作出重要贡献。

到中央红军被迫实行长征时，中革军委配有五部电台，中央红军第1、第3、第5、第9军团各有两部电台。红军已建成一支政治坚定、组织严密、纪律严明、技术熟练的无线电通信队伍。这支队伍是中国共产党和红军的重要耳目，是红军战斗力的重要组成部分。红军监听敌台、破译密码工作始于1932年，开创者就是曾希圣。当时国民党军队不重视无线电保密，他们每到一地电台开始联络时，都要先问对方在何处，以便确定谁在主要方向和与谁先通报。而对方回答时则又用明语。这样一来，就等于不断地向红军报告部队行踪和部署。1932年8月，中央红军攻占宜黄城，曾希圣在战场搜寻资料时找到一份已译出的密码电报，虽仅有30多个字，曾希圣即以此为依据，研究破译规律，硬是把国民党军队密报全部破译。

整个长征途中，总参二局同志一到宿营地就展开工作，截取敌人的密码情报，有时要工作到第二天出发，睡眠时间是极少的……为了不中断收取当面敌人的电报，常要分前、后梯队行进，前梯队出发了，后梯队留下继续抄收电报，然后再走。四渡赤水期间，红军掌握了作为国民党军队最高机密的指示信和敌军密码破译法。这为毛泽东指挥红军声东击西，往返迂回，突破数倍于己的国民党军队的围追堵截，取得四渡赤水战役胜利提供了有力武器。

无线电技术的特点是"认码不认人"。红军机智地利用这一特点，实施无线迷惑。长征中第二次占领遵义城后，国民党军队薛岳发一份十万火急的命令电报给其下属，红军从中截收了，并给了"收据"。那个部队当然没有收到命令，没有行动，蒋介石追查责任时，一个说没有收到电报，一个说明明收到了，互相推诿，纠缠不清。敌人的无线电信号是被识别追踪的对象，抓住一个电台，往往就抓住了一支部队。红军深知其中奥妙，趋利避害，巧妙利用。二渡赤水河时，军委总部派出一部电台随红5军团第37团执行佯动任务，吸引敌人，掩护主力行动。这部电台频繁发报，吸引尾追之敌向温水、松坎方向追逐了6日之多，当敌人发现上当，急忙寻找红军主力时，红军主力已乘机连克桐梓、娄山关、遵义城，歼灭和击溃敌2个师又8个团，俘敌2000余人，取得长征以来第一个重大胜利。在红军物质简陋、装备落后、文化和技术水平不高、人才匮乏的条件下，毛泽东、周恩来等党和红军领导人，以敏锐的战略眼光和科学头脑，先敌认识了无线电通信技术在军事上的重要地位和广泛作用，在建设红军的无线电通信体系和通信队伍的同时，超前开展了无线电侦察和反侦察斗争，从而争取到战略主动，置敌于死地。黄埔师生在其中的贡献尤为卓著。可以说，红军的通信事业的发展，黄埔师生，功不可没。①

（六）中共黄埔人集聚中央苏区，粉碎蒋介石第四次"围剿"

1931 年，中共中央政治局候补委员、中央特科负责人顾顺章叛变，上海白色恐怖更加严峻，中央领导人陆续奔赴中央苏区（中央革命根据地）。1931 年 12 月底，周恩来到达中央苏区，会见了毛泽东、朱德以及先期到达的任弼时、项英、王稼样等，随后还陆续见到了陈毅、林彪、左权、邓萍、许光达、郭化若、袁国平、周士第、陈伯钧、杨至成、李逸民、郭天民等黄埔校友，他们都担任了红军高级指挥员。

周恩来到苏区后，担任了中共苏区中央局书记。几天后，当年的黄埔政治教官聂荣臻也来到中央苏区。聂荣臻到了红军总部，毛泽东、朱德都在，刚到没几天的周恩来和叶剑英等人也在这里，真是群英荟萃。

1932 年 3 月 12 日，中革军委决定重组红 1 军团，林彪为军团长，聂荣臻为政治委员。红 1 军团是中央苏区主力中的主力，有光荣的历史和优良的传统，能够到这样一支部队担任政治委员，既是中央对聂荣臻的信任，更是对他的考验。

聂荣臻见到了林彪，当年还是聂荣臻分配林彪当见习排长。士别三日当刮目相看，就是这个不多言不多语的学生，几年之间，已成为红军中的名将之一。他随朱德、陈毅上井冈山后很快就展露出军事才华，从连长升到营长、团长。此后，红军大发展，他又当上师长、军长，一路当到军团长，这时还不满 25 岁。

黄埔师生到中央苏区后打的第一仗就是赣州战役。以红 3 军团为主力，以林彪、聂荣臻领导的红 1 军团配合，由彭德怀任前敌总指挥，于 1932 年 2 月 3 日起，打响了围攻赣州的战役，对手就是蒋介石的爱将陈诚。陈诚是黄埔教官，获蒋介石赏识后，4 年时间就从上尉官佐升到中将警卫司令。1931 年又借助第

---

① 参阅李金明：《黄埔对决》，湖北人民出版社、湖北长江出版集团，2008 年版。

三次"围剿"的混乱，收编杂牌军队，到 12 月底，担任了第 18 军军长，成了蒋介石嫡系中的嫡系。1932 年 3 月，赣州守军报急。陈诚熟悉赣州情况，又知道红军善于围点打援，不敢派兵解围就派他的主力第 11 师的 2 个团偷渡赣江，突入城内，协助防守。随后，又派第 14 师开向赣州。这两个师的兵力约 2 万人。红军攻城不克，腹背受敌，不得不在 3 月 8 日撤出战斗。这次战役历时 33 天，伤亡很大，又丧失了扩展苏区的有利时机，实实在在是个败仗。

赣州战役失利，林彪、聂荣臻很想打一场胜仗。毛泽东建议林彪、聂荣臻打漳州。红 1 军团经闽西直下闽南，先在龙岩解决了张贞第 49 师的一个团，然后在红 5 军团配合下，发起漳州战役，痛快淋漓地全歼第 49 师大部，占领漳州。红军缴获了两架飞机，聂荣臻和林彪以飞机为背景拍了一张合影，这可能是聂荣臻和林彪第一次合影。后来，这张珍贵的照片作为历史文物保存在北京的军事博物馆里。

林彪、聂荣臻率领红 1 军团趁着漳州战役的胜利，连续取得乐安、宜黄、宁化、南丰等战役的胜利，中央苏区迎来了发展的大好局面。

1932 年 12 月 30 日，蒋介石对中央苏区发动了第四次"围剿"，这是一场黄埔师生全面大对决。红 1 军团军团长林彪是黄埔 4 期，政委聂荣臻是黄埔教官，参谋长陈奇涵则是黄埔 3 期，担任过黄埔军校少校中队长，红 4 军政委罗瑞卿是黄埔 6 期，红 15 军政委左权是黄埔 1 期。蒋军一边，霍揆彰、萧乾、黄维、夏楚中、李及兰、彭善、陈烈、胡启儒、方天、宋瑞珂、方靖等都来自黄埔。有意思的是，当年的老师也充当了他们的"领队"：共产党方面，黄埔军校政治部主任周恩来是主要领导人；国民党方面，黄埔军校校长蒋介石亲自担任总司令，调集 40 余万人，分左、中、右发动全面进攻。黄埔教官陈诚担任蒋军中路军总指挥，指挥 12 个师，约 16 万人，担任主攻任务，为进攻中央革命根据地的主要突击力量。蔡廷锴指挥的第 19 路军和驻福建省部队共 6 个师又 1 个旅为左路军；粤军第 1 军军长余汉谋指挥的广东省部队 6 个师又 1 个旅为右路军，分别担负福建和赣南、粤北地区的"清剿"任务，并策应中路军行动；第 23 师为总预备队。另有 4 个师又 2 个旅分布在南城、南丰、乐安、崇仁、永丰等地担任守备。第 3、第 4 航空队以南昌为基地，支援作战。陈诚命令以第 5 军军长罗卓英指挥的第 1 纵队第 11、第 52、第 59 师，向宜黄、棠阴地区集中；第 3 军军长吴奇伟指挥的第 2 纵队第 10、第 14、第 27（后任守备）、第 90 师，向临川（今抚州）、龙骨渡地区集中；第 8 军军长赵观涛指挥的第 3 纵队第 5、第 6、第 9、第 79 师向金溪、浒湾地区集中，并以一部出资溪；第 43 师为预备队。陈诚采取"齐头并进，分进合击"的方针，企图消灭红军主力于黎川，建宁地区，而后进击广昌。

中央红军由周恩来、朱德领导反"围剿"。可以说，这个时期，黄埔军校师生大部分集中在江西这个战场上，8 万红军对 40 万国民党军队，是一个实力不对称的对决。当时，红一方面军奉命进攻敌人重兵设防的南丰县城，以击破第四次"围剿"。陈诚获悉这一情报后，令南丰守军第 8 师据城固守，同时急令其所属各纵队迅速增援，企图合围红军于南丰城下。

周恩来、朱德发觉国民党军队增援，当即决定改强攻南丰为佯攻，主力转移至南丰、里塔圩以西地区，准备打援。1933 年 2 月 22 日，周恩来、朱德获悉中路军第 1 纵队准备由宜黄、乐安地区增援南丰，第 2 纵队主力集中于南城，企图在第 3 纵队策应下，与红军在南丰地区决战。周恩来、朱德鉴于国民党军队兵力密集，打援无胜利把握，在南丰地区与之决战更为不利，遂决定撤围南丰，诱敌深入苏区。并以红 11 军伪装主力，由新丰和里塔圩之间东渡抚河，将中路军第 2、第 3 纵队向黎川方向吸引；方面军主力则秘密转移到广昌以西的东韶、洛口、南团、吴村地区隐蔽待机。

陈诚被红 11 军的行动所迷惑，以为红军主力撤回黎川地区，遂以第 1 纵队于宜黄以南地区集中，然后出广昌、宁都，堵截红军归路；第 2 纵队由南城、南丰出康都，侧击黎川、建宁；第 3 纵队由金溪地区南下，从正面向黎川方向进攻，企图合击红军主力于黎川、建宁地区。据此，第 1 纵队第 52、第 59 师准备由乐安地区东进黄陂，同由宜黄南下的第 11 师会合。

周恩来、朱德鉴于中路军第 1 纵队同第 2、第 3 纵队相距较远，态势孤立，且第 52、第 59 师由乐安向黄陂开进所必经的登仙桥以东地区，山高林密，便于红军大兵团伏击，决定集中主力，采取各个击破的方针，在固岗、登仙桥以东，河口、黄陂以西地区，选择有利地形，以伏击战求歼第52、第59师。具体部署是：以林彪、聂荣臻指挥的红1、红3军团和红21军为左翼队，隐蔽集结于金竹、大坪地区，待第52师进入蛟湖、桥头一线时，突然发起攻击；以红5军团、红22军为右翼队，隐蔽集结于横石、侯坊一线，准备占领黄陂、霍源（今霍沅）地区，歼灭由固岗、西源（今西沅）向黄陂前进的第59师，并保障左翼队翼侧安全；以江西军区独立第4、第5师分别在永兴桥至杨坊之线和河口西北上源、下源地区活动，牵制第11师，并保障右翼队翼侧安全；以红12军为预备队。

2月26日，第52、第59师由乐安分两路东进。27日，第52师沿登仙桥、大龙坪、蛟湖、桥头之线向黄陂前进；第59师沿固岗、西源、霍源向黄陂前进。两师之间有摩罗嶂大山相隔，联络协同均较困难。当时细雨浓雾，能见度差。第52师因受红军游击队袭扰，行动缓慢，加之误认红军主力远在南丰、黎川地区，对隐蔽在其行进道路南侧高地之红军主力毫无察觉。13时，当第52师前卫第155旅进至桥头附近，后卫第154旅第309团越过登仙桥时，红1军团以一部兵力向蛟湖攻击，将第52师行军纵队拦腰切断；主力向大龙坪、小龙坪发起猛攻；红21军也迅速赶到登仙桥附近地区，截断了该师退路。经3小时激战，全歼第52师师部和第154旅第309团，俘师长李明。取道大龙坪、坪口、跃龙坪向黄陂前进之第155旅1个团，也遭到红军的歼灭性打击。

第52师被歼灭的第二天，第59师东进至霍源附近与红军接触。师长陈明骥受伤，陈诚指令其率部亡命冲击，结果全师被歼，师长亦作了红军的俘虏。黄陂伏击战取得重大胜利，歼敌约两个师，俘敌上万人。

陈诚和聂荣臻同是黄埔军校的教官，在实力相差悬殊的对决中，聂荣臻居然吃掉了他的王牌师。陈诚不甘心失败，将3个纵队缩编为两个纵队，以吴奇伟指挥3个师为后纵队，前后两纵队重叠行军，由东陂、黄陂经新丰、甘竹直趋广昌，打算得手后，促使蔡廷锴、余汉谋率领的左右两路军前进，达成对中央红军合围的目的。

第 59 师主力被歼后，第 1 纵队第 11 师主力已到达河口、南源地区。红军准备乘胜继续围歼该部，但因第 2、第 3 纵队兼程来援，再战于红军不利，红一方面军当即决定将红军主力转移到小布、洛口、东韶地区休整待机。黄陂战斗后，国民党军队中路军集中在黄陂、蛟湖地区搜寻红军主力。由于苏区军民严密封锁消息，国民党军队仍不知红军去向。3 月中旬，陈诚将其分进合击的作战方针改为中间突破，并调整部署：以第 2 纵队为前纵队，第 1 纵队余部和第 3 纵队第 5、第 9 师为后纵队，由黄陂、东陂地区向广昌方向前进，寻求红军主力决战；以第 3 纵队第 6 师守备抚州，第 79 师在宜黄地区为预备队。

周恩来、朱德获悉中路军向广昌进攻的企图后，为分散敌人，创造战机，以红 11 军进至广昌西北地区，在地方武装配合下积极开展活动，摆出要保卫广昌的姿态，吸引中路军前纵队加快南进，以拉大其前后两个纵队的距离；同时率方面军主力秘密北移，准备侧击力量较弱的中路军后纵队。陈诚误认为红 11 军是红军主力，意在保卫广昌，即令前纵队加速向广昌推进，并将后纵队第 5 师配属前纵队指挥。

20 日，中路军前纵队进至甘竹、罗坊、洽村一带，后纵队第 11 师进至草台岗、徐庄一线，第 59 师残部相继跟进，第 9 师进至东陂附近，两纵队相距已近 50 公里。红一方面军总部抓住这一极为有利的战机，决定集中优势兵力，首先歼灭第 11 师于草台岗、徐庄地区，尔后相机各个歼灭其他进攻之敌。部署是：红 5 军团、红 12 军和宜黄 2 个独立团为右翼队，以主力由东向西进攻侯坊、徐庄、雷公嵊一带国民党军队，以一部兵力牵制东陂第 9 师，并向新丰市方向警戒，阻止中路军前纵队回援；红 1、红 3 军团、红 21 军和独立第 5 师为左翼队，以主力由西向东进攻草台岗、徐庄地区国民党军队，以一部兵力切断第 9 师与第 11 师的联系；红 22 军为预备队。

陈诚判断红军似在等待其主力的到来，而草台岗地区地形又不利，即电令第 11 师连夜撤回五里牌，但师长肖乾（黄埔 1 期）怕官兵疲劳，不肯撤回。21日拂晓，草台岗战斗打响。此役红军包围了陈诚赖以起家的主力第 11 师，这支部队号称从来没有打过败仗。该敌倾全力突围，飞机赶来助战。鏖战中，一颗炸弹落在聂荣臻和林彪身边，气浪把林彪抛到山坡下，聂荣臻也被掀倒在地，他们不顾危险继续指挥战斗，最终该师大部被歼。第 9 师一部和第 59 师残部企图增援第 11 师，在雷公嵊以南遭到红军的严重打击。敌第 11 师师长肖乾负伤，不能指挥战斗。敌人失去统帅被红军一冲，顿时阵局大乱，丢盔弃甲，溃不成军，最终悉数被歼。陈诚在抚州听到第 11 师全军覆没的消息后，急令残部向宜黄撤退。黄陂、草台岗战斗，共歼敌 3 个师，近 2 万人，是具有决定意义的战役。第 11 师被歼灭后，中路军其他纵队纷纷后撤。至此，以陈诚为主力的国民党军队对中央苏区的第四次"围剿"被打破。蒋介石哀鸣道："此次损失凄惨异常，实有生以来唯一之隐痛。"[①]

（七）中共黄埔人在第五次反"围剿"中

1933 年 9 月 25 日，蒋介石调集约 50 万兵力，采取堡垒主义新战略，对中央革命根据地发动第五次"围剿"。具体部署为：北路军总司令顾祝同（黄埔教官），指挥第 1、第 2、第 3 路军，计 33 个师又 3 个旅，作为此次"围剿"中央苏区的主力。其第 1 路军 4 个师又 2 个旅位于吉水、新淦（今新干）、永丰、乐安、宜黄地区；第 2 路军 6 个师位于金溪、腾桥、崇仁地区；以陈诚任总指挥的第 3 路军 18 个师又 1 个补充旅作为北路军的主力军，集结于南城、南丰、临川（今抚州）地区。北路军的任务是：由北向南，构筑碉堡封锁线，实施对中央苏区的主攻。以第 3 路军在第 1、第 2 路军策应下，向广昌方向推进，寻求红军主力决战；由北路军总司令部直接指挥的 2 个师扼守赣江西岸的吉安、泰和等地，配合西路军维护赣江交通；总预备队 3 个师位于临川（今抚州）附近。

南路军总司令陈济棠，指挥 11 个师又 1 个旅，筑碉扼守武平、安远、赣县、上犹地区，阻止红军向南机动，相机向筠门岭、会昌推进，配合北路军作战。

西路军总司令何键所部 9 个师又 3 个旅，和浙赣闽边守军 5 个师又 4 个保安团分别"围剿"湘赣、湘鄂赣和闽浙赣苏区红军，并阻止红一方面军向赣江以西和赣东北机动。第 19 路军总指挥蔡廷锴指挥 6 个师又 2 个旅，负责福建防

务，并阻止红军向东机动。

空军 5 个队配置于南昌、临川、南城等地，支援作战。

此时的中央苏区已有 30 多个县；政权建设和经济建设都取得很大成绩；主力红军扩大到约 10 万人；地方部队和群众武装亦有很大发展。但面对国民党军队采取堡垒主义新战略和重兵进攻，也存在不少困难。而中共临时中央领导人博古（秦邦宪）等却认为，这次反"围剿"战争是争取中国革命完全胜利的阶级决战。在军事战略上，拒绝和排斥红军历次反"围剿"的正确战略方针和作战原则，继续实行"左"倾冒险主义的战略指导，提出"御敌于国门之外"的方针，企图以阵地战、正规战在苏区外制敌，保守苏区每一寸土地。这时，共产国际派来的军事顾问李德（又名华夫，原名奥托·布劳恩，德国共产党党员）从上海到达中央苏区，直接掌握第五次反"围剿"的军事指挥权。在国民党军队"围剿"前夕，博古和李德未及时有效地组织苏区军民进行反"围剿"准备，而是命令由红 3 军团、红 19 师为主组成的东方军和由红 1 军团、红 14 师为主组成的中央军，继续在闽西北地区和抚河与赣江之间地区对国民党军队实行不停顿的进攻。红一方面军主力在持续作战而未休整和补充的情况下，即于 9 月下旬仓促开赴中央苏区北线迎击国民党军，实行所谓"两个拳头打人"，丧失了进行反"围剿"准备的宝贵时间。1933 年 9 月 25 日，敌人以北路军的 3 个师，由南城、硝石向黎川发动进攻，开始了对中央根据地的第五次"围剿"。博古和李德震惊于黎川一城之失，立即命令东方军撤围将乐、顺昌，北上就敌，恢复黎川，在洵口打了一个胜仗后，接着去进攻有敌重兵扼守的硝石、资溪桥、潭头市、浒湾、八角等据点，使红军连遭失利。

在实行冒险主义的进攻遭受挫折后，他们又畏敌如虎，实行处处设防、节节抵御的军事保守主义方针，大量构筑防御工事，规定红军的基本任务是以阵地防御结合短促突击，迟滞敌人的进攻。"福建事变"时，不是乘机将红军主力突进到以浙江为中心的苏浙皖赣地区去，把战略防御转变为战略进攻，迫使敌军回援其根本重地，粉碎敌人的"围剿"，并援助福建人民政府，而是将红军主力西调永丰地区，去进攻敌人的堡垒线。蒋介石在武力解决"福建事变"之后，将进入福建的部队组成东路军，以蒋鼎文（黄埔 1 期）为总司令，进一步完成了对中央根据地的进攻，红军遭受重大伤亡，广昌、建宁等地被敌占领。

没有决定权的周恩来和朱德，只得苦撑战局。还在广昌战役时，鄂豫皖省委派成仿吾到中央汇报工作，要求派军事干部到那里去。周恩来决定派红 22 师师长程子华（黄埔军校武汉分校）去。临行前，周恩来同程子华就鄂豫皖根据地形势和敌军行动问题谈了话。

程子华到鄂豫皖后，担任红 25 军军长，徐海东为副军长，吴焕先为政治委员。省委根据周恩来的意见，决定红 25 军西征，留下红 20 军在鄂豫皖根据地坚持。1935 年 9 月，红 25 军经陕南到达陕北，同原在那里的红 26 军、27 军会师。会师后，合编为红 15 军团。这就大大加强了陕甘根据地的红军力量，为迎接中央红军到达陕北创造了重要的条件。

1934 年 7 月上旬，敌人从 6 个方向，依托堡垒向中央根据地中心区发动进攻。博古、李德采取 6 路分兵，全线抵御，给敌人造成各个击破的机会，结果不仅未能制敌，反而为敌所制。

10 月初，敌人相继进抵兴国、古龙冈、宁都、石城、长汀、会昌一线，中央根据地日益缩小，红军完全陷于被动，在内线打破敌人的"围剿"已无可能。这时，红军经过适当休整，转到外线无堡垒地区寻求战机，歼灭敌人有生力量，以争取粉碎敌人的"围剿"，是必要的。博古、李德在军事保守主义遭到破产后，已被敌人所吓倒，没有向广大无堡垒地区进行战略进攻，以打破敌人"围剿"的勇气。他们虽然对红军的战略转移作了一定的准备，但考虑的只是如何摆脱敌人的"围剿"，在逃跑主义的指导下，开始了搬家式的转移，中央革命根据地的第五次反"围剿"失败。①②

1934 年 10 月 10 日夜间，中共中央和红军总部悄然从瑞金出发，率领红 1、

---

① 参阅中国军事百科全书编审室：《中国大百科全书·军事》，中国大百科全书出版社，2007 年版。

② 中国大百科全书编写组：《中国军事百科全书》，第 107 页，中国大百科全书出版社，1997 年版。

3、5、8、9 军团连同后方机关共 8.6 万余人进行战略转移，向湘西进发，开始了悲壮的、前途未卜的漫漫征程。

主力红军西征后，留下项英（黄埔教官）等组成苏区中央局，率领红军 1.6 万人，留在中央根据地坚持斗争。同时留下的黄埔师生还有陈毅、毛泽覃等人。红军主力走后，他们立即陷入极其困难的境地，不得不分头风餐露宿，在闽赣边界的崇山峻岭中打游击。国民党军队的黄埔师生奉校长蒋介石之命，"宁可错杀三千，决不放过一个"，继续在当地凶狠地"清剿"。1935 年 4 月，担任红军独立师师长的毛泽覃身边只剩下 11 个人，26 日，他与战友们宿营在一个小屋中，被敌人包围，突围时，壮烈牺牲。

从 1928 年 4 月毛泽东和朱德在井冈山会师，到开创湘鄂赣中央根据地，黄埔师生的对决持续了近 7 年，红军曾经达到鼎盛时期，红军中黄埔师生梦寐以求追寻的事业，也得到很大发展。但是，最终中共黄埔人被自己人打败。没有李德、博古的不切实际的瞎指挥，也许历史会成为另一个样子。

（八）血战湘江，中共黄埔人舍生忘死

1934 年 10 月，中央红军实行战略大转移，即长征。11 月中旬，中央红军突破第三道封锁线后，由湖南南部向广西北部前进。蒋介石为将中央红军围歼于湘江以东地区，任命何键为"追剿"军总司令，指挥 16 个师共 77 个团分五路专事"追剿"；并令桂军 5 个师在全州、兴安、灌阳等地阻击红军；令粤军 4 个师北进粤湘桂边，阻止红军南下；令贵州省"剿共"总指挥王家烈派有力部队到湘黔边堵截，总兵力近 30 万人。

当时，中共中央和中央革命军事委员会领导人博古和军事顾问李德一味退却逃跑，消极避战，为实现到湘西与红 2、红 6 军团会合的计划，决定中央红军分两路前进。其部署是：红 3、红 8 军团为右纵队，经保和圩、青和圩向嘉禾方向前进；红 1、红 9 军团为左纵队，经梅田向临武、蓝山前进；军委第 1、第 2 纵队及红 5 军团为中央纵队，随后跟进。至 25 日，红军从道县和水口间全部渡过潇水，随后为了调动敌人，寻机渡过湘江，以一部兵力西进江永。桂军

副总司令白崇禧为防红军攻取桂林，令其主力南移至龙虎关、恭城一带，阻止红军西进，并防止蒋军乘机进入广西。这样，全州、兴安一线守军兵力比较薄弱。中革军委于是决定，中央红军分4路纵队从全州、兴安间抢渡湘江，突破国民党军队第四道封锁线，前出到湘桂边境的西延地区。当日，红1、红3军团击破桂军的阻击进入桂北。27日，红1军团先头第2师渡过湘江，控制了脚山铺至界首间30公里的湘江两岸渡口；次日，红3军团第4师先头第10团也渡过湘江，进至界首以南光华铺、枫山铺地区。红5军团扼守蒋家岭、永安关、雷口关地域，阻击追击的国民党军队，掩护后续部队。此时，后续部队距湘江渡口仅约80公里，但因辎重过多，道路狭窄，行动迟缓，未能及时赶到渡口。

此时，国民党军第1路进至全州、咸水一线；第2路进至永州、黄沙河一线；第3路进至道县；第4、第5路进至东安地区；桂军5个师开至灌阳、兴安一线。为掩护中央、军委纵队及后续军团渡过湘江，红1、红3军团奉命在桂北湘江两岸的新圩、脚山铺、光华铺等地区，构筑工事，阻击国民党军队。28日，桂军第44师在炮火掩护下，从灌阳向新圩之红3军团5师（欠第13团）前沿阵地发起进攻。红5师凭借有利地形沉着应战，奋勇抗击。桂军正面进攻受阻，遂以一部兵力从侧翼迂回，红5师被迫退至第二道防线。29日，桂军第24师及第7军独立团投入战斗，并有飞机支援，战斗更加激烈。红军与桂军展开白刃战，但终因力量悬殊，第二道防线被突破。30日，红5师奉命撤出战斗，新圩由红6师第18团接防。在新圩阻击战开始的当日，湘军3个师从全州南下，企图控制湘江各渡口，将红军拦腰截断。

11月29日下午，红1军团军团长林彪、政委聂荣臻和参谋长左权带着几个参谋和警卫员，朝脚山铺方向的一线阵地赶去。30日，红1军团首长指挥红1师赶到脚山铺，与红2师一起打退湘军数次进攻，予以重大杀伤，红1、红2师也遭严重损失，部分阵地被湘军攻占。入夜，湘军迂回侧击，红1、红2师为避免被分割包围，先后退至夏壁田、水头、赤兰铺、白沙铺一带。12月1日凌晨，中革军委命令红1军团不惜任何代价守住阵地，以开辟西进的道路。拂晓，湘军在飞机掩护下，采取正面攻击与迂回包围的战术发动猛烈进攻。红1、红 2 师奋力拼杀，掩护中央机关和红军主力于 17 时前渡过湘江，向西延地区前进。

驻兴安县光华铺之桂军第 43 师和地方民团，在 11 月 29 日晚向红 3 军团 4 师 10 团飞龙殿等阵地发起进攻。红 10 团凭借居高临下的有利地形，打退桂军多次冲击，并趁夜暗主动出击，守住了阵地。30 日，桂军改变战术，在正面进攻的同时，主力沿湘江西岸向界首之红 4 师 11、12 团侧后攻击。经过激战，红 11、12 团于 12 月 1 日中午撤离界首渡口。

12 月 3 日，中央红军主力渡过湘江，进入西延地区。脚山铺至界首间湘江两岸被湘、桂军控制。红 3 军团 6 师 18 团在由新圩向湘江撤退中，被桂军分割包围，大部牺牲。在新圩、脚山铺、光华铺阻击战的同时，担任红军总后卫的红 5 军团，在永安关、水车一带阻抗国民党军队第 3 路的追击，掩护中央、军委纵队及红军主力渡过湘江。该军团 34 师和红 3 军团 18 团余部被阻于湘江东岸，转战于灌阳、道县一带，虽经英勇战斗，予敌重大杀伤，终因寡不敌众，弹尽粮绝，包括师长陈树湘在内的绝大多数指战员牺牲。[①]

在湘江战役中，中革军委副主席周恩来一直坚持在湘江东岸的渡口指挥部队抢渡。

红军突破了湘江封锁线，突破了国民党军队的最后一道封锁线。但是，中央红军付出了惨重的代价，由出发时的 8.6 万多人，锐减至 3 万多人。渡过湘江后，红军的处境仍然极端危险。这时敌人已判明红军的行动意图，并在通往湘鄂西的前进路上部署了重兵。博古、李德因军事的失利，灰心丧气。这时，部队的指挥实际上已由周恩来担当起来。随后，在周恩来的支持下，毛泽东主张转兵贵州得以实现，红军进入贵州，打下遵义，并召开了具有伟大历史意义的遵义会议。周恩来旗帜鲜明地支持毛泽东，毛泽东也才得以重返红军领导岗位，指挥红军四渡赤水，渡江北上，与红四方面军胜利会师。

---

① 参阅中国军事百科全书编审室:《中国大百科全书·军事》，中国大百科全书出版社，2007 年版。

（九）中共黄埔人担纲创建鄂豫皖革命根据地

鄂豫皖革命根据地与中央苏区的发展、壮大、失利和转移有着相似过程。1929 年 6 月间，徐向前按照中共中央的通知，率部进入鄂东北根据地。

徐向前自黄埔军校毕业参加第一次东征后，到国民军第 2 军第 6 旅任教官、参谋、团副等职。1926 年 11 月，到武汉后任南湖学兵团指导员。1927 年 4 月任武汉中央军事政治学校队长。曾率学生队参加攻打叛军夏斗寅部，后被派往张发奎部任司令部参谋。1927 年后，历任工人赤卫队第 6 联队队长，中国工农革命军红 4 师 10 团党代表，4 师参谋长、师长等职。经历了大革命的风风雨雨和广州起义失败的磨炼，徐向前政治上愈加成熟、坚定。1929 年 6 月，徐向前受党中央派遣，到鄂东北任红 1 军第 31 师副师长。这个师只有番号，没有军部、师部，司令员是吴光浩，下辖 4 个纵队，徐向前到达此地时，吴光浩已经牺牲。吴光浩是湖北黄陂人，黄埔 4 期，参加过北伐，也是黄麻武装暴动的领导人之一。

红 1 师这时对外号称有 4 个团，其实是 4 个大队，不足一个营的兵力，共 300 多人。师党代表戴克敏，参谋长曹学楷，政治部主任陈定候，都是当地干部。只有倪志亮（黄埔 4 期）是中央派来的。

徐向前刚到任不久，就遇上了敌人的第 3 次"围剿"。他总结东江游击战的经验，率领这支弱小队伍同敌人周旋，避强击弱，避实击虚，多打小仗，积小胜为大胜，相继粉碎"罗李会剿""鄂豫会剿""徐夏会剿"，红 31 师在一次次战斗中得到锻炼，逐渐成长壮大起来。

1929 年 11 月，在中共鄂豫边第一次党代会上，徐向前总结了海陆丰武装斗争失败的教训和鄂豫边斗争的经验，和戴克敏、曹学楷等同志一道作出了《中共鄂豫边关于军事问题的决议案》。决议案规定了建军和集中作战、分散游击、敌进我退、敌退我进等 7 项游击战术原则，对鄂豫边红军的发展壮大产生了深远的影响。1930 年春，中共中央为统一鄂豫边、豫东南、皖西 3 块革命根据地的负责人，在上海召开会议，决定成立鄂豫皖特区，在中共湖北省委领导下建立鄂豫皖特委，将红 31、32、33 师改编为红 1 军，并任命黄埔 1 期生许继慎为军长，中央还决定任命郭述申为新成立的鄂豫皖特委书记，任命中央派往鄂豫边特委的巡视员曹大骏为红 1 军前委书记兼军政委，共同与许继慎负责鄂豫皖特委和红 1 军的组建工作。徐向前任红 1 军副军长兼红 1 师师长。

许继慎，安徽省六安市人，先后参加两次东征和北伐战争，并历任叶挺独立团队长、营长和团参谋长。1927 年春，许继慎到叶挺任师长的第 24 师 72 团任团长。5 月，率部参加击退叛军夏斗寅部的战斗负伤。蒋介石"四一二"反革命政变后，他在安徽、上海等地从事中共秘密工作。1930 年 3 月，党中央派许继慎前往鄂豫皖苏区，任鄂豫皖特委委员、中国工农红军第 1 军军长。

红 1 军成立之后，决定由徐向前率红 1 师向平汉路出击，军长许继慎率军部去商南、皖西，向第 2、3 师传达中央和特委的决定，整编队伍。徐向前考虑到沿途有敌军和民团袭扰，经前委同意，派红 1 师师部手枪队的四五十人护送许继慎。许继慎到商南、皖西后，顺利改编了红 2 师和红 3 师，率领部队打了金家寨，占领了霍山，消灭了土匪鲍刚，取得了很大的胜利，有力地巩固和发展了根据地。徐向前则抓住蒋介石与冯玉祥、阎锡山中原大战的有利时机，率红 1 师 3 次出击平汉路，连克云梦、光山、罗田等县城，取得了三战三捷三扩编的重大胜利。徐向前的威名从此在红军内部和敌人当中广泛传开。当地群众曾编了歌谣，庆祝这些胜利："平汉游击五十天，三战三捷三扩编，红军声势震武汉，革命烽火遍地燃。"

1930 年 9 月，曾中生（黄埔 4 期）以中共中央特派员身份被派到鄂豫皖苏区，任中共鄂豫皖特委书记兼军委主席。曾中生曾参加北伐战争，任国民革命军第 8 军前敌总指挥部组织科科长。大革命失败后，1927 年 9 月赴苏联莫斯科中山大学学习。翌年 6 月，曾中生参加在莫斯科召开的中共六大，同年冬回国。先后任中共中央军事部常委，中共南京市委书记，中共中央军委委员、武装工农部部长。1930 年 9 月任中共鄂豫皖特委书记和军委主席，创办红军军事政治学校第四分校并兼任校长。

11 月 28 日，曾中生到达湖北黄安，此时正值国民党军队对鄂豫皖根据地发动第一次"围剿"。面对国民党军队的进攻，红1军主力已东出皖西，在此危急之际，他沉着、果断地组成中共临时特委和临时军委，统一指挥反"围剿"斗争，在曾中生的指挥下，以鄂豫边的6个特务队和6个教导队等地方武装共300余人及广大红色补充师为基础，组成3路指挥部，与红15军、红1军相配合，广泛发动群众，开展游击战争，迫使国民党军队不敢冒进和分散"清剿"。在东线皖西地区，红1军攻克金家寨，歼国民党军队1000人，又在麻埠东西香火岭地区，歼国民党军队3个团，击溃3个团。俘虏团长以下3000余人，取得了连续作战的胜利。至此，国民党军队发动的第一次"围剿"被打破，红军取得了反"围剿"的胜利。随后曾中生主持制定建设根据地的各项政策，创办军政学校，整编红军主力，将红1军与红15军合编为红4军，全军共1.2万余人。军长旷继勋、政委余笃三都是党中央派来的，徐向前任参谋长，曹大骏任政治部主任。下面编为红10、11两个师，红10师师长蔡申熙（黄埔1期），政治委员陈奇。红11师师长许继慎，政治委员庞永俊。

蔡申熙，在参加平定广州商团叛乱和东征、北伐时，任国民革命军第4军营长、第20军团长。1927年8月参加南昌起义，后任起义部队第11军24师参谋长。同年12月，参加广州起义。1928年起，蔡申熙任中共江西省委军委书记、吉安东固地区游击队第1路总指挥。曾率部攻克峡江县城，配合湘赣边区的革命武装斗争。1930年初任中共中央长江局军委书记，不久被派赴鄂东南阳新、大冶和蕲（春）黄（梅）广（济）地区领导游击斗争。同年10月参与组建红15军，任军长，率部东进皖西，攻克太湖县城。1931年1月，红15军与红1军合编为红4军后，蔡申熙任红10师师长。

1931年4月，国民党纠集了11个师的兵力，对鄂豫皖根据地发动了第二次"围剿"。1931年4月上旬，国民党军队集中12万余人的兵力，采取"追堵兼施"的战术，进攻革命根据地。4月中旬，国民党军队以7个团进占皖西麻埠等地。红4军主力东进皖西。25日，红军1个师在麻埠外围打援，4个团猛攻独山，全歼守军1个多团。麻埠等地守军退回霍山。同时，留置鄂豫边的红军和地方武装对国民党军队不断阻击袭扰，迫其撤走。尔后，国民党军队将

"围剿"重心东移，企图在鄂豫边建立堵击线。红军主力迅速西进，在新集（今新县县城）以北浒湾重创国民党军队 4 个团。5 月下旬，又在湖北省黄安（今红安）桃花镇地区，歼守军一部，并在十里铺伏击，歼援军 3 个营。至此，红 4 军取得第二次反"围剿"的胜利。

与此同时，张国焘到达鄂豫皖根据地，撤销原中共鄂豫皖特委，成立中共鄂豫皖分局，张国焘任书记。张国焘在鄂豫皖苏区大搞"肃反"运动，一大批各级红军指挥员被逮捕杀害，比如曾中生、许继慎，还有红 4 军 12 师副师长肖方（黄埔 4 期）、红 4 军 11 师师长周维炯（黄埔 6 期）、红 4 军 12 师政委姜镜堂（黄埔 3 期）、红 4 军 12 师政治部主任熊受暄（黄埔 3 期）、红 4 军 10 师政委陈奇（黄埔 2 期）等。

经过第一、第二次反"围剿"，鄂豫皖革命根据地得到进一步巩固和发展，红军发展到 3 万人。游击战争也猛烈发展，独立团、赤卫军发展到 20 多万人。为了统一指挥，加强红军建设，迎接更大规模的战斗，中共中央决定成立红四方面军，红四方面军下辖红 4 军和红 25 军，共 4 个师，即红 10 师、红 11 师、红 12 师和红 73 师。原红 4 军军部改为方面军总部。徐向前任总指挥，陈昌浩任政治委员，刘士奇任政治部主任。

国民党军队两次"围剿"的失败，激怒了蒋介石，他着手准备对鄂豫皖革命根据地的第三次"围剿"，鄂豫皖革命根据地周围的敌军，由 10 个师增加到 15 个师以上，战争一触即发。

面对蒋介石的疯狂"围剿"，徐向前临危不惧，先后组织指挥了黄安战役、商潢战役、苏家埠战役、潢光战役，歼敌正规军近 40 个团，红军发展到 4 万余人，痛快淋漓地粉碎了国民党军队第三次"围剿"。鄂豫皖革命根据地和红军得到了迅猛发展。

在复杂的反"围剿"作战中，黄埔学生面对内部"肃反"，顾全大局前赴后继，使得红军得以不断发展壮大。

（十）鄂豫皖苏区第四次反"围剿"，黄埔师生直面对决

1932 年 6 月，蒋介石亲任豫鄂皖 3 省"剿匪"总司令，组成左、中、右 3 路军，除以左路军 10 余万人"围剿"湘鄂西苏区外，以中、右两路军 9 个纵队、2 个总预备队共 24 个师又 6 个旅，计 30 万人，及 4 个航空队，对鄂豫皖苏区进行第四次"围剿"。中路军司令部设在河南省信阳（后移湖北省广水镇），蒋介石兼司令官；右路军司令部设在安徽省六安，豫鄂皖三省"剿匪"副司令李济深兼司令官。该两路国民党军队采取"纵深配备，并列推进，步步为营，边进边剿"的战法，企图第一步攻占湖北省黄安、七里坪和河南省新集、商城等要地，将红四方面军驱逐出鄂豫边境；第二步东西夹击，进占以金家寨为中心的皖西地区，再由北而南，将红军压迫于长江沿岸加以歼灭。

这次"围剿"可谓是一场地地道道的黄埔军人大战。

"白方"是黄埔军校校长蒋介石、黄埔军校教官陈继承指挥 10 大黄埔系将领：胡宗南（黄埔 1 期）第 1 师、黄杰（黄埔 1 期）第 2 师、李玉堂（黄埔 1 期）第 3 师、徐庭瑶（黄埔 1 期）第 4 师、蒋鼎文（黄埔 1 期）第 9 师、李默庵（黄埔 1 期）第 10 师、李思塑（黄埔 1 期）第 80 师、蒋伏生（黄埔 1 期）第 83 师、俞济时（黄埔 1 期）第 88 师、汤恩伯（黄埔入伍生大队长）第 89 师。

"红方"是红四方面军总指挥徐向前（黄埔 1 期），以及陈赓（黄埔 1 期）红 12 师、倪志亮（黄埔 4 期）红 10 师、曾中生（黄埔 4 期）独立第 1 师、蔡申熙（黄埔 1 期）红 25 军军长、旷继勋（黄埔 1 期）红 25 军军长（撤职后由蔡申熙接任）。

参战的主要将领几乎都出自黄埔 1 期，但此时却各为主义、信仰而厮杀。一场惊天动地的大血战，由此展开，你攻我守，寸土必争。双方都死伤惨重，精疲力竭。国民党军队一方，黄杰第 2 师被打垮，6 名黄埔生团长被打死；红军一方，总指挥徐向前、独立 1 师师长曾中生负伤。

此时，中共鄂豫皖中央分局书记兼革命军事委员会主席张国焘，由于积极推行王明"左"倾教条主义错误，又被黄安、苏家埠等 4 次进攻战役的胜利冲

昏头脑，对形势作出了错误的估计。认为这次蒋介石的重兵"围剿"不堪一击，拒绝红四方面军总指挥徐向前、政治委员陈昌浩提出的暂时停止进攻，将红军主力集结于适当地区休整待机，预作反"围剿"准备的正确建议，坚持要红军实行不停顿的进攻。先是命令红四方面军向平汉铁路（今北京—汉口）信阳至广水段出击，进而威逼武汉，继又令红军南下夺取湖北省麻城，继续实现其威逼武汉的冒险计划。7月6日，徐向前率领红10、11、12、73师和黄安独立1师，向麻城地区开进，以迅雷不及掩耳之势，包围了麻城守敌，并在麻城以北红石堰、七里桥地区全歼敌第31师93旅，生俘敌旅长章祖卿及以下官兵2000余人。随后，又在中馆驿包围敌第30师92旅，切断麻城守敌与外部的联系。但是，麻城敌人依托坚固城墙，久攻不下，极大地消耗了部队，致使反"围剿"一开始就处于被动地位。

7月7日，国民党军队开始大举进攻。7月10日，陈继承纵队向七里坪急进，卫立煌第6纵队（第14军）、李默庵第10师，蒋伏生第83师进抵河口一带，直扑黄安。张国焘见黄安危急，被迫决定撤围麻城，令红四方面军主力仓促赶向黄安以西迎击，企图一举粉碎"围剿"。陈赓率领的红12师红36团接受任务后，一路急行120里山路，于次日清晨6时赶到，在黄安城西南的冯寿二地区休息待命。部队疲惫已极，刚要生火做饭，徐向前、陈昌浩已率总部机关赶到。

陈赓，黄埔1期，1924年11月黄埔军校毕业后留校任第2期入伍生连连长，第3期副队长。曾参加平定杨（希闵）、刘（震寰）叛乱战役；"沙基惨案"时，参加抗击英法侵略军的战斗；省港大罢工中，参与训练工人纠察队的工作；国民党左派领袖廖仲恺被右派暗杀，在周恩来同志直接领导下积极捉拿凶手；参与领导左派学生组成的"青年军人联合会"，跟右派组织"孙文主义学会"进行了顽强的斗争；国民党右派制造"中山舰事件"，在周恩来同志领导下，与蒋介石面对面地进行斗争；参加过东征、北伐。1926年9月被党中央派往苏联学习政治保卫工作和群众武装暴动经验。从苏联回国后。1927年3月任北伐军第2方面军特务营营长。同年8月1日参加南昌起义。1928—1932年，化名王庸，在上海中央特科工作，同国民党反动派进行隐蔽斗争。1931 年 9 月被派往鄂豫皖红色区域，任红 4 军 13 师 318 团团长。1931 年 11 月 7 日，红四方面军成立，被调任红 12 师师长。1931 年 11 月至 1932 年 5 月率部参加鄂豫皖苏区第三次反"围剿"作战。

徐向前赶到冯寿二地区后，立即命令先头部队陈赓红 12 师红 36 团沿冯寿二方向展开，不惜一切代价阻击敌人，为后续部队到达赢得更多的时间。红 36 团先敌抢占了冯寿二村西的几座小山包，阻击冯寿二以西的李默庵第 10 师的一个加强团，该团 2000 多人，全副德式装备，战斗力很强。冯寿二方向激烈的枪炮声就像吹响了进军的号角，徐向前指挥后续部队加快了向冯寿二战场开进的速度，并命令部队先到先展开，谁到谁加入战斗。红 36 团 2 营赶来，立即加入了战斗。在冯寿二东面的路口，徐向前指挥临时赶到的部队向不同的方向增援。来一个营投入一个营，来一个团投入一个团。敌人也在不断增兵。徐向前考虑到，目前我军投入战斗的兵力还是有限，一旦冯寿二阻击阵地失守，让李默庵的第 10 师长驱东进，那样不仅黄安不保，就连正处在开进途中的我军也会被打乱，无法收拢，那样可就被置于完全被动地位，仗就难打了。

下午 4 时，红 11 师赶到。徐向前立即命令该师向敌左翼迂回，与正面阻击的红 12 师配合，向敌发起大反击，河口独立团没有得到命令，也主动向敌侧后发起了突击。李默庵见攻击部队的左翼和侧后同时响起枪声，担心后路被抄，立即下令停止攻击，向后收缩。当敌一线攻击部队听到前后左右响起枪声，以为已被红军包围，接到后退的命令，全军动摇，阵势大乱。这时天已黑透，红军越战越勇，败退的敌军官兵只顾逃命，混战中一个加强团多数被歼，余部仓皇向河口方向逃遁。来到一线指挥部队的卫立煌，在特务连拼死冲杀的掩护下，才得以与李默庵一起冲出红军包围，退至河口以东高地。而卫立煌这时显示出了他的军事才华，他命令李默庵收拢各部，就地阻击，不得后退；命令已经赶来增援的第 6 纵队蒋伏生的第 83 师加入战斗，并在第 10 师南翼展开，掘地自守而后待机转入反击；命令汤恩伯的第 89 师加快速度，向红军南翼发起攻击。卫立煌的紧急措置，很快稳住了敌第 6 纵队的阵脚，将正在发展胜利的红 11、红 12 师部队阻挡在河口以东高地一线。由于后续部队没有赶到，徐向前意图借冯寿二一战灭敌一路的作战意图没能实现。

陈赓击溃李默庵后，红四方面军的主力也赶到了。随后，敌军重新聚集起来，固守冯寿二。红军见此地不宜强攻，星夜转移到七里坪，去打另一路强敌——陈继承一路。这时，陈继承率领的第 2 纵队 3 个师已迫近七里坪，威胁红四方面军主力侧翼。

陈继承是黄埔军校战术教官，国民革命军陆军中将。参加两次东征后，调任黄埔军校教导团第 4 团任团长。北伐战争中因汀泗桥一战升任国民革命军第 2 师师长，也是一员骁将。一场黄埔同学之间的大战刚结束，一场黄埔师生对决又要开始。这次，担任主攻的是黄杰第 2 师。

黄杰（黄埔 1 期）曾参加两次东征、北伐、龙潭战役、中原大战，智勇兼备，7 年时间就由排长升为师长。抗战时期，参加了长城抗战、淞沪会战、徐州会战、兰封会战、滇西缅北战役等，也算是抗日名将。对于徐向前这位黄埔同窗，黄杰虽印象不深，却对他率红军不断取得胜利深感畏惧。进入苏区后，黄杰一改中原大战时纵横捭阖大进大出的作风，一直小心翼翼，不愿孤军冒进。但今天的情况不同，他的第 2 师作为陈继承纵队的主力已与红军主力在七里坪地区正面相遇，直接交火了。徐向前沿倒水河布阵之日，蒋介石也亲自对七里坪之战做了详细部署：黄杰的第 2 师担任主攻，李玉堂的第 3 师第 9 旅配属给该师；第 3 师的其余部队在第 2 师北翼助攻，用以牵制红军兵力；南线以卫立煌部迅速北上，威胁红军南翼阵地；北线张钫纵队快速南下，威胁红军北翼阵地。蒋介石的作战意图是：争取在七里坪地区将徐向前红四方面军的主力部队"合围尽歼"。

陈赓率红 12 师在柳林河东岸构筑阵地。7 月 15 日拂晓，敌军全线出动，猛攻红军阵地。陈赓指挥红 12 师冒着炽烈炮火和敌机轮番轰炸，展开猛烈反击。战士们前仆后继，一个反冲击就突破了敌前沿阵地。然后，双方进行肉搏，进行白刃战。

战斗的空前残酷让指挥所里的徐向前果断地发出了反击的命令。黄杰的 3

个旅一下子从倒水河东岸败退下来。黄杰自黄埔毕业后可谓无年不战,身历百阵,这样的惨败还是第一次碰到。黄杰的第一个反应就是阻击过河追来的红军来挽救败局。傍晚,红10师首先突破敌阵地,与红12师反击部队配合,将李仙洲旅第17团打败。敌预备队阵地再次崩溃,第4旅第8团和第6旅第11团大部被歼,余下的仓皇逃命。这时,黄杰在左右两翼发现了新情况:红12师和黄安独1师及少共国际团正向其纵深猛插。黄杰立即下令撤退,在白马嘶河重新设立指挥所,收罗败军。尚未就绪,红10师就从村东、村北追杀进来,红73师的一个营也从村南围杀而来,黄杰再次西逃,逃进了山后陈继承的指挥所。红10、红73师占领了白马嘶河村,捣毁了敌第2师刚设立的指挥所,前锋抵近了灯笼山与敌第80师相遇。红73师的两个团立即发起攻击。陈继承下令李思塑"坚决顶住",而他自己却匆匆做起了后逃的准备。这次帮助黄杰挽回败局的还是卫立煌。7月15日,闻知红军主力与陈继承大战于七里坪,卫立煌急率第6纵队北进,天黑时将自己的指挥所与陈继承的指挥所合为一处。卫立煌见陈继承要退,坚决反对。他下令第80师和退至灯笼山的第2师残部就地顶住。卫立煌命令第6纵队的3个师快速向七里坪移动,威胁纵深攻击的红军南翼;陈继承呼叫北线张钫纵队,催其急速南下,威胁红军的北翼。

红四方面军的5个师对临时占领阵地的敌人的攻击多次受挫。天快亮时,徐向前考虑到手中没有纵深突击力量,又担心会被南线之敌抄了后路,只好通知部队撤回到河东。红军的大胜,与敌军的大败一样,都至此而止了。

此战,红四方面军歼灭国民党军队第2师4个团大部,迫使第2纵队主力在七里坪西北据险防守,双方形成相持状态。

以上两战,红四方面军共毙伤国民党军队5000余人,但未能转变整个战局,并遭受重大伤亡。第四次反"围剿"并没有从这里被打破,相反苏区和红军的危急局势更加严重了。更糟糕的是,由于张国焘的错误决策,红四方面军于七里坪血战后再次失去了摆脱强敌的良机,战后3天,全军向新集方向转移。刚刚经历了冯寿二、七里坪两场血战的红四方面军,又要面对即将开始的第三场血战。

7月17日，国民党军队第6纵队2个师由黄安北出，企图与第2纵队夹击红军，红四方面军主力即转移到檀树岗地区另寻战机。22日，国民党军队第2纵队避开檀树岗一带险要地势，绕道黄陂站向宣化店集结，拟经陡山河向第1纵队靠拢，会攻鄂豫皖苏区政治中心新集。陈继承第2纵队仍是蒋介石的主攻部队。8月末，陈继承命令李玉堂的第3师、李思塑的第80师由宣化店出发，向东攻击新集。蒋介石为加强陈继承纵队的攻击力，还命令由蒋伏生的第83师接替黄杰的第2师，充任陈继承纵队的主力。陈继承也接受了七里坪之战的教训，决心先用第3师和第80师与红军"死拼"，红军曾在七里坪血战之初大量消耗黄杰的实力，现在他也要用"死拼"之法大量消耗红军的实力，然后再将蒋伏生的第83师作为新锐力量投入战斗，展开决定胜负的突击。蒋伏生也是黄埔1期生。此人心阴手狠，蒋介石下决心将这个师投入与红四方面军的"最后一战"，正是想以此完成对鄂豫皖红军的"最后解决"。

重兵压境，必是一场恶战。9月1日，以胡山寨为中心战场的血战再次展开。根据徐向前的部署，红11、红12师分别占领阵地，构筑工事，做好了战斗准备。9月1日上午，李玉堂的第3师和李思塑的第80师各为一路，向红11、红12师守卫的阵地发起大规模攻击。这场攻防作战根本就是七里坪大血战的翻版。

激战5天，毙伤第2纵队2000余人，迫其转为防守。战斗中，红12师师长陈赓腿部被炸成重伤，不久前被撤职的原红25军军长邝继勋被临时任命为红12师师长。

9月6日，国民党军队第1、第6纵队分别从北面和南面向红四方面军侧后进逼，与第2纵队构成三面合围之势，红四方面军续战不利，经白雀园、余家集、汤家汇向皖西金家寨地区转移。国民党军队即以第2、第6纵队平行尾追，以第1纵队和右路军各纵队分头堵击。新集、商城、金家寨、独山、麻埠、罗田、英山相继被敌占领。9月底，红四方面军主力南下，分两路向黄安、麻城地区转移。这时，胡宗南第1师、俞济时第88师、黄杰第2师、李默庵第10师分别从不同方向向黄麻进击。徐向前的红四方面军回师黄麻，迎头遭遇的就有他黄埔 1 期老同学所指挥的四支劲旅。

10 月 8 日，红四方面军主力抵达黄安城以西河口地区时，与胡宗南第 1 师、俞济时第 88 师各一部共 6 个团遭遇，激战数小时，将其击溃。10 月 9 日，黄杰第 2 师再向河口东北的红四方面军阵地猛攻，红军连续打退其七八次冲击，毙伤其近千人。战斗中，红 25 军军长蔡申熙、红 11 师政治委员甘济时牺牲。这时，国民党军队第 2、第 3 纵队等部从东、南、北三面逼近。10 月 10 日，张国焘在河口以北的黄柴畈召开中共鄂豫皖中央分局紧急会议。会议根据多数人的意见，决定留下红 27、75 师及各独立团在苏区坚持斗争，红四方面军主力转移外线作战，伺机打回苏区。10 月 12 日，红四方面军总部率红 10、11、12、73 师及少共国际团共 2 万余人，从广水、卫家店间越过平汉铁路，开始了脱离苏区的战略转移。

蒋介石随即命令三路大军齐头西进"追剿"红四方面军：卫立煌率李默庵的第 10 师、蒋伏生的第 83 师、罗启疆独立第 34 旅居中，越过平汉路，在徐向前红军后尾紧追不舍；胡宗南的第 1 师居北，沿黄安—襄阳公路向西"追剿"；肖之楚的第 44 师居南，沿黄安—宜城公路向西"追剿"。

10 月 19 日，徐向前率红四方面军到达枣阳南部的新集镇。蒋介石命令卫立煌率李默庵第 10 师、蒋伏生第 83 师及罗启疆独立 34 旅尾追；命令胡宗南第 1 师于北面沿襄（樊）花（园）公路，肖之楚第 44 师于南面沿京（山）宜（昌）公路实施平行追击；命令原在襄枣宜地区的刘茂恩第 65 师、冯鹏翥第 67 师、范石生第 51 师沿枣阳沙河堵击，欲将红四方面军包围歼灭。

19 日上午，尾追的蒋伏生第 83 师赶到，红 11 师进行阻击，激战数小时，击退追兵。下午，徐向前命令红 12 师抢占随枣交界制高点乌龙观。由于李默庵第 10 师和罗启疆独立 34 旅抢先占领了乌龙观，红军右翼关门山、刀破岭、吴家集等阵地受到威胁。

20 日晨，蒋伏生第 83 师和罗启疆独立 34 旅于右侧向宋家集、吴家集一线发动猛攻，李默庵第 10 师从左侧利用乌龙观有利地形向关门山、刀破岭发动攻击。红 10 师、11 师扼守宋家集、吴家集一线，红 12 师扼守关门山、刀破岭阵地。下午 3 时，徐向前集中红四方面军第 10、11 两师主力向罗启疆独立 34 旅进行反击。经过激战，国民党军队伤亡惨重，旅长罗启疆受重伤，仅带百余人逃窜。红 12 师强攻乌龙观未克。黄昏，肖之楚第 44 师由双河赶来增援，红军退回原阵地。

21 日，肖之楚第 44 师、李默庵第 10 师向红军关门山、刀破岭阵地猛攻。激战一日，红军坚守阵地。此时，国民党军队第 51 师从后侧袭击，红 73 师迎击。胡宗南第 1 师又沿襄花路压来，对红军形成合围之势。当晚，红四方面军为摆脱包围，向西北突进。

此后，红军一夜急行，于 22 日上午到达枣阳西部的土桥铺。国民政府军第 65 师、67 师据守沙河堵击，李默庵第 10 师、肖之楚第 44 师、蒋伏生第 83 师紧追不舍；胡宗南第 1 师、51 师亦从两侧夹击。红四方面军前卫 32 团冒着敌人猛烈炮火继续向西北突围，控制了土桥铺一带，掩护主力部队通过。红 73 师及红 11 师 31 团也分别击退两侧来犯之敌。红军于当夜 12 时许，顺利通过沙河和襄花公路，后经七方岗、双沟，越过唐、白两河，挺进陕南边界。至此，红四方面军胜利冲出了敌人精心部署的重重包围。

枣阳新集战役，红四方面军前后歼敌 3000 余人，但自身伤亡也很大，未能改变被动局面，在外线寻机歼敌以打回根据地的计划已无实现可能。至此，鄂豫皖革命根据地第四次反"围剿"失败，红四方面军被迫撤离鄂豫皖革命根据地，向西北方向实行战略转移。

（十一）突破漫川关，创建川陕根据地，黄埔同学生死较量

1932 年 10 月 11 日晚，在张国焘、徐向前、陈昌浩率领下，红四方面军红 10 师、11 师、12 师由四姑墩向西进发。第二天拂晓，在广水与卫家店之间越过铁路，天刚一亮，敌卫立煌部第 10、83、88 师就跟上来了。红 73 师后卫团被切断。激战 3 小时，才将敌人击退，把丢失的行李、电台抢了回来。13 日，红军左右两个纵队在铁路以西陈家巷地区会合后，踏上了漫长的路程。

蒋介石企图消灭红军于大别山区的打算落空后，又重新调整部署，令卫立

煌率李默庵的第 10 师、蒋伏生的第 83 师及独立 34 旅等，跟踪追击。胡宗南第 1 师在北面沿花园至襄阳的公路，肖之楚第 4 师在南面沿京山至宜城的公路，实行平行追击。

红四方面军边打边走，11 月初到达鄂陕交界的漫川关。漫川关，是湖北省和河南省交界的一道重要关口。高山峻岭，悬崖峭壁，坡陡路险。山中只有一条崎岖的小路纵贯两座山峰之中。当地的老百姓有句顺口溜最能反映漫川关的险峻："进了漫川关，恰似鬼门关，风吹石头响，仰脸不见天。"确有"一夫当关，万夫莫开"之势。

当红军进到漫川关以东康家坪、任岭地区时，杨虎城部 3 个团已据漫川关防守，堵住了去路。胡宗南第 1 师的两个旅也由郧西赶至漫川关东南任岭、雷音寺、七里峡、古庙沟线。敌第 44 师也抢占了漫川关东北的张家庄、马家湾一线，第 65 师和 51 师也尾追至漫川关以东大沟口、当山地区。第 42 师则经漫川关以北的石窑子向南压来。在这里，敌人共动用了 5 个师又 3 个团的兵力，企图将红军围歼于漫川关以东 10 余里长的悬崖峡谷之中。胡宗南还狂妄地叫嚣："漫川关，就是红四方面军的坟墓！"

红四方面军陷入了前进无路、后退无门的困境之中，情况十万火急。张国焘提出化整为零，分散打游击。徐向前坚决反对，提出集中突围。红四方面军干部都支持徐向前的意见，于是部队开始准备突围。

徐向前直接命令红 12 师担任主要突击部队，在红 73 师的配合下，夺路前进，在敌合围的部署上坚决打开缺口，巩固既得阵地，保障主力部队顺利突围；命令以红 10 师、红 11 师各一部坚决抵御南面和西面敌人的攻势，形成对外正面，以保证红 12 师正面夺路开口，实施突围的翼侧安全。

入夜，红 12 师 34 团，在红 73 师 219 团的协同下，向胡宗南、肖之楚两敌的阵地突然发起了进攻，顿时枪炮声大作，杀声冲天，红 34 团和红 219 团在北山隘口展开，红 219 团抢占了龙山制高点，敌人进行了疯狂的反扑。两军在山顶上反复进行拉锯战，战斗异常激烈、残酷。团长韩亮臣不幸中弹牺牲。73 师师长王树声当即命令 219 团副团长徐世奎接着指挥，死守阵地。与此同时，红

34团牢牢控制整个北山垭口，敌人开始组织反扑，企图封闭突破口。胡宗南和肖之楚急令所部进至漫川关以北10余里的柳树河，设置阵地，组成第二道阻击阵地，企图阻止红军向纵深发展。但紧随红34团之后的红219团马上前出与增援之敌同时赶到了柳树河，各自占领阵地，展开对射。红219团在正面火力牵制的同时，迅速从两翼向敌发起冲击。敌人不辨虚实，狼狈后退。徐向前亲临指挥，要求红34团和红219团一定将敌阻击于此，掩护主力部队通过漫川关。敌人向红军阻击阵地发起轮番攻击，双方的伤亡都较大，但我红军将士已是"背水一战"，没有退路了。所以，只有拼尽全力，控制住得以突围的通路，才能求得一线生机。战至13日黄昏，敌人终于没能突破红军的阻击阵地。漫川关一战，红四方面军以2000多人牺牲的代价，突出重围，脱离了险境，进入陕南，再次打破了敌人围歼红四方面军的企图。

部队突出重围后发现了一条穿越漫川关的险道，但道路很窄，只能通行一个人，请示总指挥徐向前是否选择这条路。徐向前当机立断：从这条道穿过去。红四方面军终于越过了漫川关，又翻越了野狐岭，接近了竹林关，驻扎敌守军虽然有两个团，但并无戒备。他们万万没有料到，红军会如此迅速地赶到。徐向前又指挥红军一举攻占了竹林关，占领了通往陕西关中平原的古道，使红四方面军获得了新生。

1932年寒冬，红四方面军1.4万余人在徐向前总指挥的率领下，渡汉水，攀鸟道，越秦岭，战寒风，翻越人迹罕至的大巴山，直下通江县城，开创川陕革命根据地。蒋介石深恐红军就地立足，严令胡宗南过大巴山，奔通江北，从西北方威胁红四方面军。

1932年2月中旬，蒋介石委任川军副军长田颂尧、总指挥孙震纠集38个团近6万兵力，分3个纵队，向川陕根据地发动了三路围攻。在作战的第一个月中，红四方面军收缩阵地，国民党军队虽占巴中、南江两地，却付出了近8000人伤亡的代价，士气大挫。红四方面军达到了迟滞和消耗敌人的目的。敌人经过一个月的休整、补充，不久又发动全线进攻。红四方面军在徐向前的指挥下，集中兵力，诱敌深入，放弃通江，退到通江以北地区。敌人竟以为红四方面军"溃不成军",再次展开全线进攻。红四方面军再次完成了收紧阵地的任务。此时,红四方面军集中主力部队,在老林中开辟道路迂回敌之侧后,出其不意,一举在余家湾击溃敌人主力。经过击退敌人 3 路围攻的胜利战斗,群众的革命热情空前高涨,到处呈现出一派欣欣向荣的景象。红军也得到了大大的补充,红四方面军扩编为 4 个军。徐向前仍任总指挥。地方武装也随之建立起来了。

1933 年 11 月至 1934 年 8 月底,红四方面军连续发起了 3 次进攻战役,即仪南战役、营渠战役、宣达战役,又一次粉碎了敌方 20 余万人的 6 路围攻,取得了歼敌 8 万余人的辉煌战绩。田颂尧等部受到了沉重打击,川陕根据地进入全盛时期。

蒋介石不甘心失败,他一面电令刘湘"提挈进则,以资振作",一面令杨虎城"迅饬陕南各军袭击匪后,以资呼应"。10 月 19 日,刘湘于成都召开各路军阀头目参加的"剿匪"会议,不久,又派黄埔学生曾扩情赴南京,3 次面见蒋介石,请示"安川大计"。根据蒋介石的指令,胡宗南的第 1 师由甘肃进入四川。上官云相指挥的第 4 师、45 师、47 师及独立第 4 旅,向川陕边境推进,各路川军,均重新补充了兵力,并由蒋介石拨款加以资助。四川的"防匪剿赤"事宜,亦归蒋介石统一指挥。他派出以贺国光(黄埔 1 期)为首的"委员长行营驻川参谋团"监督指导作战。敌人在川陕根据地周围部署的"川陕会剿"兵力,很快增加到近 200 多个团。

不幸的是,正当红四方面军取得反"六路围攻"胜利之际,江西革命根据地的中央红军,因第五次反"围剿"失败,于 1934 年 10 月开始了战略转移。

鉴于胡宗南部刚入川,立足未稳,红四方面军发动了广昭战役。徐向前以一部兵力逼近嘉陵江东岸的广元,而以主力 11 个团连夜涉水渡江,向敌侧背三磊坝、羊模坝地带出击,切断两城敌军的联系,完成了对广元、昭化的包围。当时胡宗南部守广元的只有一个营。但红军并不急于攻城,而是采取围城打援的战术,先在青木川、石门关,后在羊模坝,分别歼灭了胡宗南部增援的刘超寰团大部和蒋志高团全部,这使胡宗南大为头痛。同时,红四方面军为了配合中央红军的作战，在严重关头，徐向前率部队强渡嘉陵江，冲破了"川陕会剿"的敌军拦截，在川西懋功与红一方面军胜利会师。

1935年8月，中央红军和红四方面军混编成左、右两路军，分别踏上北上的道路。其中，徐向前和陈昌浩率领的右路军，由中央红军第1军、第3军和红四方面军的第4军、第30军组成。中共中央和中革军委也随之一起行动。8月底前，他们克服了常人难以想象的困难和艰辛，终于走出茫茫草地，到达班佑、巴西地区。这里距离上下包座百余里，包座是红军进入甘南的必经之路，胡宗南已派第49师把守，抢在胡宗南增援之前抢占包座是燃眉之急。如果丧失战机，红军就会被迫再次退回草地，后果不堪设想。徐向前和陈昌浩商量后，向党中央、毛泽东建议，攻打包座的任务由自己率领的红30军、红4军担当。中央批准了这个建议。

徐向前的战役决心是迅速攻取上下包座，然后集中兵力歼灭增援之敌：以红30军第89师264团攻击包座南部的大戒寺，第88师和第89师的主力共4个团位于上包座西北的丛林中，准备歼灭前来增援的敌第49师；红4军第10师攻击包座以北的求吉寺，其他主力控制要道，待命出击；红1军作为预备队，位于班佑、巴西地区，并保卫党中央的安全。

战役完全按照徐向前的设想进行，敌第49师大部被歼灭。胡宗南急令前去增援第49师的李铁军（黄埔1期）第1旅迅速后撤，以免遭伏击。李铁军接到指令，惊慌失措，命令各部丢掉辎重，轻装逃跑。第49师师长伍诚逃回松潘，被蒋介石撤职。

胡宗南虽然兵多将广，旅长、团长、营长也大都是黄埔学生，但他面对同样是黄埔师生周恩来、叶剑英、林彪、聂荣臻、徐向前、左权等领导的红军。在与红军对决的过程中，胡宗南部不仅连打败仗，损兵折将，而且非战斗人员也锐减。山地行军把部队拖得精疲力竭。钟松（黄埔2期）率补充旅从陕南往川北行进时，原可从宝鸡取双中大道到川陕交界的阳平关，道路、宿营都很方便，但当时杨虎城部的冯钦哉师以及杨部在汉中的仓库、银行正由汉中向宝鸡、西安移动，胡宗南为避免两军途中相遇发生争执冲突，坚令补充旅经陈仓古道向阳平关前进。但陈仓古道多年失修，单人徒手勉强可以通过，重武器、骡马通过就很困难。钟松将情况电告胡宗南后，胡仍复电按原命令执行。结果只好不用骡马，改由士兵分别抬运武器、弹药。加以连续下雨，又只能露天宿营，装备散失不少，官兵疲惫不堪。

此时的胡宗南部的军粮、棉衣也很感困难。在松潘时，好几万大军的粮食要从川北江油以民夫挑来。从江油到松潘约四五百里，且山路崎岖难行，民夫挑得不多，甚至只能背负，除沿途民夫食用、损耗外，运到松潘的为数不多，远不敷部队食用。松潘所产青稞燕麦都供应不上，部队只好挖野菜充饥，而且菜中也常常缺盐。胡宗南在松潘粮荒最严重时，规定每天只吃一顿饭。在松潘战败时，气候已渐寒冷，而部队仍着夏服，冻死的不少。饥寒之中，疫病也很流行。这些更使胡宗南部军心动摇，士气低落。如果不是这时贺国光的参谋团设法赶运来一批粮食，陈沛（黄埔1期）、杨步飞（黄埔1期）、王耀武（黄埔3期）、钟松等部又先后赶到，胡宗南第1师难免在川北全军覆灭。

（十二）三大红军主力胜利会师，中共黄埔人汇集黄土高原

中央红军经过艰难跋涉出草地，突破甘南天险腊子口，到达哈达铺休整。红1军团政委聂荣臻派通信员给毛泽东送来缴获的国民党报纸《晋阳日报》，毛泽东从报纸上得知陕北有一块刘志丹领导的红色革命根据地。

刘志丹，黄埔4期，陕西保安县（今志丹县）人，大革命时代，刘志丹曾任国民革命军第4路军政治处处长等职，积极参加反对北洋军阀的战争。大革命失败后，他奔走于湖北、陕西等省，从事组织起义工作。1928年，与唐澍等人组织领导了渭华起义。1931年"九一八事变"后，他组织了西北反帝同盟军，任副总指挥及参谋长，后来，反帝同盟军改为中国工农红军陕甘游击支队，刘志丹历任副总指挥、总指挥等职。1932年成立红26军，刘志丹仍负领导责任。1935年秋，红26军与红25军会师，成立红15军团，刘志丹任副军团长兼参谋长。

中央红军迅速翻过六盘山，准备与红15军团会合，巩固并发展陕甘革命根

据地。这时，刘志丹受到机会主义分子诬陷，被关押起来。党中央到达陕北，刘志丹才得到释放，任革命军事委员会西北办事处副主任（周恩来兼任主任）、红 28 军军长、红军北路军总指挥、瓦窑堡警备司令。1935 年 12 月，毛泽东、彭德怀、刘志丹 3 人联合署名发表了《告陕甘苏区工农劳苦群众书》。1936 年 4 月，刘志丹率部队东征，在山西中阳县三交镇战斗中光荣牺牲，时年 33 岁。

1936 年 10 月 2 日，红 15 军团直属骑兵团攻克会宁县城。两天后，红 1 军团代理军团长左权、政委聂荣臻也率部赶来击溃周边敌军，静待红四方面军的到来。10 月 9 日，徐向前一行抵达会宁，受到陈赓和红 1 师指战员的热烈欢迎。10 月 20 日，红二方面军指挥部马不停蹄赶往将台堡，那是中央电令指定的与红 1 军团的会师点。22 日，红二方面军指挥部、2 军团与红 1 军团会师；23 日，红二方面军 6 军团在将台堡以南 15 公里的兴隆镇也与红 1 军团会师。至此，三大红军主力胜利会师。

蒋介石为了消灭红军，命令胡宗南部迅速接近陕甘根据地。这时，中共中央向高级干部提出要利用一切可能，开展对国民党上层人士的统战工作。

朱德总司令以个人名义致书国民党将领王均、毛炳文等人，规劝他们顾全大局，与红军联合抗日。

1936 年 9 月 1 日，周恩来写信给黄埔 1 期生、时任国民党第 1 军军长胡宗南，指出："敝方为保卫西北、保卫华北起见，已集合全国主力红军于陕、甘、宁、青，并向贵党呼吁，立停内战，共谋抗敌。……惟合作必以停战为先。兄在黄埔为先进，亦为蒋先生所信赖之人，果能力排众议，立停内战，则颂之者将遍于国人。此着克成，全国抗日战争方能切实进行，西北御侮行动，亦必能统一步骤，不致为日寇各个击破，陷民族、国家于万劫不复也。"[①]

1936 年 10 月 18 日，毛泽东也为时任红四方面军总指挥的徐向前起草致胡宗南的信："宗南学兄军长勋鉴：黄埔一别，忽已十年，回念旧情，宛然如昨。目前日寇大举进迫，西北垂危，山河震动，兄我双方亟宜弃嫌修好，走上抗日

---

① 　王晓华：《黄埔恩怨》，第 160—161 页，中共党史出版社，2008 年版。

战线，为挽救国家民族于危亡而努力。……"①

1936年10月26日，毛泽东等46名红军高级将领在《致蒋介石及国民革命军西北各将领书》中指出："尤其希望蒋先生毅然决然停止进攻红军的最后内战，率领全中国的武装部队实行抗战，以复活黄埔的革命精神，以恢复国共合作时反帝斗争的勇气。"②

红军3个方面军会师在黄土高原，使红军的面貌焕然一新。在红军中的黄埔精英几乎都集中到这里。校本部领导有周恩来、叶剑英、聂荣臻，学生有徐向前、林彪、陈赓、左权、许光达、郭化若、陈士榘、袁国平、周士第、陈伯钧、杨至成、李逸民、郭天民、罗瑞卿、倪志亮、彭明治、宋时轮、陈奇涵、张宗逊、李逸民等等。

尽管共产党表达与国民党共同抗日的愿望，一再提出"停止内战，一致抗日"的主张，但蒋介石继续坚持反共内战政策，调集第1、第3、第37军和东北军的第67军、骑兵军等5个军，分别经由静宁、通渭、会宁、隆德等地从南向北分四路向红军进攻，蒋介石亲自赶赴西安挂帅督战，企图以南攻北堵的战略消灭红军于黄河右岸的靖远、海原地区。为粉碎国民党军队的进攻，争取抗日民族统一战线的早日形成，毛泽东等党中央领导人决定利用有利地形，寻找战机，集中红军主力给胡宗南第1军以歼灭性打击。

3大红军主力会师后面临的主要对手就是胡宗南。胡是浙江镇海人，和蒋介石是同乡，也因此得到蒋介石的青睐和提携。黄埔1期毕业后参加东征、北伐，任国民革命军第1师第2团团长。后历任国民党军第1师副师长、第22师师长、第1军军长、第1战区司令长官等职，参加淞沪会战、开封会战等。此时的胡宗南升任军长不久，是黄埔同学中唯一1个军长，想乘3大主力红军在陕甘立足未稳之机，歼灭红军。于是便强令各部对红军穷追不放。

1936年10月28日，胡宗南率领国民党第1军进至硝河城池地区后，继续向海原、打拉池之间疾进，刘伯承则统一指挥3个方面军，准备组织海打战役。

① 《毛泽东文集》第1卷，第451页。
② 《毛泽东文集》第1卷，第459页。

10 月 30 日，红一方面军主力 6 个师集结于古西安州、麻春堡、陈家湾地域，红四方面军第 31 军集结于打拉池以东的干盐池地域，准备从东、西两面歼灭胡宗南先头一至两个师；第 4 军、第 5 军主力则在郭城驿、靖远、打拉池间占领阵地，以钳制毛炳文、王均两军，保障右翼安全；红二方面主力转移到海原以北和西北地域，保障左翼安全。但就在预定部署向伏击地秘密开进时，张国焘拒不执行前敌指挥部作战部署，擅自命令红四方面军第 4 军撤至贺家集、兴仁堡地区；第 31 军撤至同心城、王家团庄地区。这就意味着，当第 5 军从三角城西渡黄河时，已然打乱了先前的部署，同时又将红一方面军主力右翼完全暴露。前敌总指挥彭德怀被迫取消作战计划，并令红军主力向同心城、王家团庄、李旺堡一线逐次转移，集结待机。

10 月 31 日，蒋介石继续指令驻海原马鸿宾第 35 师和东北军骑兵第 6 师，由海原向古西安州方向截击红军，并配合胡宗南第 1 军进攻。彭德怀找准时机，当即命左权和聂荣臻率领红 1 军团第 1 师，与徐海东率领的第 15 军团第 73 师，在敌之左右两翼由西向东予以反击，在何家堡地区一举消灭敌军 2 个团，俘敌上千，残敌狼狈逃回海原。

11 月 1 日，前后各路敌军卷土重来，以其第 3 军为左翼，由靖远经打拉池、贺家集向同心城追击；以其第 67 军 4 个师为右翼，由黑城镇经豫旺堡向环县、洪德城一线追击；以其主力胡宗南第 1 军 4 个师为中路，自古西安州、海原经同心城、豫旺堡、盐池向榆林方向进攻，企图协同陕北之敌高桂滋、高双城、汤恩伯等部，将红军主力消灭于陕北。

11 月 4 日，左权和聂荣臻奉命率领红 1 军团主力向同心城地区转移，并以一部分兵力钳制国民党军队第 3、第 37 军，相机予以打击。胡宗南先头部队进占脱场堡，其主力向同心城、中宁前进。东北军第 67 军军长王以哲在蒋介石的再三催促下率 4 个师分别向李旺堡、豫旺堡推进。左权和聂荣臻为实现诱敌深入，寻机歼灭胡宗南主力的作战计划，12 日率部继续向东转移。胡宗南以为红军溃退，急令其主力两个师向盐池、惠安堡方向快速推进，令丁德隆（黄埔 1 期）的第 78 师经豫旺、古城向山城堡方向尾追红军。丁德隆第 78 师进至豫旺地区以后，再向山城堡方向推进，已经形成孤军冒进的态势了。丁德隆与左权是湖南老乡，又是广州大本营陆军讲武学校同学，还是黄埔1期同学。

山城堡位于环县以北洪德和甜水堡中间地带，沟壑纵横，地形复杂，利于大部队设伏。左权分析：从红军方面来看，三大主力红军刚会师，部队相当疲劳。红二方面军和红四方面军红4、31军还没得时休整和补充，可谓是疲惫之师，战斗力相对较弱。这样红1军团的任务将会更加艰巨，左权十分清楚自己的对手装备精良，拥有各种火炮和重火器，并有飞机的支援，善于正规战和阵地战，与这样的敌人作战死打硬拼是无济于事的，而且只能增大自己的伤亡。所以，左权在认真地分析了敌情、我情之后，又充分考虑到山城堡一带的复杂地形。城南面是一条深沟，对红军进攻山城堡来说，无疑形成了天然屏障，十分不利。但同时这天然屏障又便于红军隐蔽行动。面对山城堡骄横的敌人，只有隐蔽作战企图，秘密接近敌人，突然向敌发起攻击，才能战胜它。继而左权又仔细权衡了敌我态势，他认为：打正规战、阵地战，敌人有优势火力，大炮、机枪、轰炸机，我们吃不消，攻坚也不是我们的拿手好戏。红军擅长的是奔袭、夜战。他的这位老乡、同学，已经把优势摆在那儿了，左权准备把红军的优势拿出来给他看看。左权对各级指挥员说："这次给他见识红军的夜战本领。黑夜里打仗，他的大炮、机枪、轰炸机都成瞎子，有劲没处使，只要我们行动隐蔽、迅速，等他发现我们时，一切都晚了。单兵独立作战近战夜战，敌人不行，我们可以趁夜取胜，趁乱取胜。所以，为能达到作战的突然性、充分发挥红军特长，各部队必须充分做好近战、夜战的准备。"

11月17日，国民党军胡宗南部第1军分左中右3路向盐池、甜水堡、山城堡方向前进：左路第1师第1旅由惠安堡东进；中路第1师第2旅向萌城、甜水堡推进；右路第78师由西田家原向山城堡前进；第43、第97师为第二梯队，进至豫旺县城及附近地区。当日，红4、31军击溃中路第1师第2旅，歼敌团长以下600余人。

11月17日，毛泽东电示彭德怀：红军宜以红28军钳制敌第1旅，红4军钳制敌第2旅，集结红1军团、红15军团及红31军首先消灭敌第78师，然后再打第 2 旅，向西北横扫。18 日，国民党军第 78 师发觉红军主力已向洪德城、环县方向转移，即向山城堡方向追击。

11 月 19 日，红军前敌总指挥彭德怀作出集中优势兵力求歼孤立深入之敌右路第 78 师的部署：红 1 军团在山城堡以南待机（左权和聂荣臻以红 1、红 4 师隐蔽通过城南山沟，由山城堡以南向北担任主攻；以红 2 师秘密绕道向山城堡的西北，截断敌人退路，坚决消灭敌人）；红 15 军团一部诱敌东进，主力隐蔽于山城堡以东及东北山地；红 4 军主力于山城堡东南地区，红 31 军于山城堡以北地区隐蔽待机；红 28 军在红井子一带牵制国民党军左路第 1 师第 1 旅；红二方面军红 6 军团以及红一方面军红 81 师、特务团、教导营在洪德城、环县一线以西地区，阻滞东北军。

11 月 20 日，国民党军右路第 78 师进占山城堡、小台子、风台堡等地，并派出两个连沿山城堡至洪德城大道向南侦察，在八里铺以南遭到红 1 军团一部突然攻击，大部被歼，少数逃回山城堡。

11 月 21 日，国民党军第 78 师由山城堡继续向东攻击。预伏在山城堡周围的红军各部在彭德怀的指挥下，向山城堡之敌发起总攻。红 1 军团 2 师协同红 15 军团一部向山城堡西北的哨马营攻击，断其退路。红 1 军团 1、4 师由山城堡以南向北进攻，红 31 军一部由山城堡以北向南进攻，红 4 军由山城堡东南向西北进逼。

当日黄昏，第 1 军团第 1、第 4 师和第 31 军一部，乘敌向山城堡以北山地撤退之机，同时从山城堡南、东、北 3 个方向发起猛烈总攻：陈赓率红 1 师从东向西攻击山城堡之敌，敌人凭借着堡垒工事拼死抵抗。担任主攻的红 13 团指战员个个挥动着大刀，乘着当晚满地白雪映出的光亮向敌人冲杀。敌人有的吓得钻进壕沟工事里，还有的撤出工事跑向山谷中。这时枪也不能打，就拿着手榴弹用力砸头。敌人被红军的马刀和手榴弹杀得满山乱窜。此时，红 2 师、红 15 军团一部已经绕至敌后，截断退路。敌军顿时溃散，一部突围。至 22 日 9 时，敌军大部被红军包围压缩于山城堡西北山谷中，后被歼灭。至此，胡宗南的第 1 军 4 路出击，已有两路被废，其余各路仓皇西撤。

这次战斗，红军共歼灭国民党军第 78 师超过一个旅的兵力，取得山城堡战役的胜利。丁德隆不得不承认彻底败在了他的老乡、老同学手下。

山城堡战役，是红军三大主力会师后，相互配合、密切协作取得的重大军事胜利。黄埔学生左权、陈赓对阵胡宗南、丁德隆，打得胡宗南灰头土脸，丁德隆丢盔弃甲，心灰意冷。山城堡战斗的胜利，沉重地打击了蒋介石嫡系胡宗南部的气焰，迫使该敌全线退至萌城、水堡及其以西地区，迫使国民党军停止了对陕甘苏区的进攻，十年内战也就此结束，对促进"逼蒋抗日"方针的实现起了积极作用。

"九一八事变"后，张学良及其率领的东北军奉行蒋介石"攘外必先安内"的政策，撤出东北，致使大片国土沦陷，一直受到全国民众不断高涨的抗日情绪的压力。在与红军作战中，东北军又屡次失利，部队不满情绪日益增长。1936 年 10 月 22 日，蒋介石由南京飞抵西安，严令张学良、杨虎城率部"进剿"红军。张学良多次向蒋提出停止内战、一致抗日的要求，均遭到蒋介石拒绝和斥责。蒋介石还将其嫡系部队 30 个师调到以郑州为中心的平汉、陇海铁路沿线，迫令张学良、杨虎城将其军队全部开赴陕北"剿共"前线。特别是在对待爱国学生纪念"一二·九"运动一周年活动的问题上，蒋介石仍然顽固坚持"攘外必先安内"的立场，并加强了对张、杨的军事压力。在这种情况下，张学良、杨虎城感到除发动"兵谏"以外，已别无出路。

1936 年 12 月 12 日晨，按照张学良、杨虎城商定的计划，东北军一部包围华清池，扣留了蒋介石；第 17 路军同时控制西安全城，扣留了在西安的陈诚（黄埔教官）、邵力子、蒋鼎文（黄埔 1 期）、陈调元、卫立煌（黄埔教官）、朱绍良等国民党军政要员。这就是震惊中外的"西安事变"。曾任黄埔军校政治部主任的邵元冲应蒋介石电召与夫人张默君赴西安陪同，邵元冲在事变发生当晚闻枪声后，从西京招待所房间跳窗逃遁，被士兵开枪击伤，两天后（12 月 14日）因伤重逝于西安陕西省立医院。邵元冲参与筹备黄埔军校，两度担任黄埔军校政治部主任，是黄埔军校初创时期有过突出贡献的历史人物。

事变当天，张学良、杨虎城等 18 位高级将领署名发表《对时局通电》，说明在国难当头的形势下，被迫发动事变是为了督促蒋介石进行抗战。通电提出8项主张：（一）改组南京政府，容纳各党各派共同负责救国；（二）停止一切内战；（三）立即释放上海被捕之爱国领袖；（四）释放一切政治犯；（五）开放民众爱国运动；（六）保障人民集会结社之政治自由；（七）确实遵行孙总理遗嘱；（八）立即召开救国会议。

"西安事变"在国内引起强烈而复杂的反响。南京政府中，何应钦等人极力主张"讨伐"张学良、杨虎城；以宋子文、宋美龄为首的一派，为保全蒋介石，主张用和平方式解决"西安事变"。国际上，各主要国家对"西安事变"的态度也极为复杂。日本政府极力挑动扩大中国内战，以便实现其灭亡中国的野心；英国和美国力求维持蒋介石的统治，认为可以同共产党采取某种形式的合作，以便对付日本；共产国际提出用和平方式解决"西安事变"，但电码无法译出。事变当晚，张学良电告中共中央。中国共产党多次召开会议，独立自主地制定了和平解决事变的方针，并派周恩来到西安商量大计。南京方面在了解张学良、杨虎城和共产党并不想加害蒋介石，而希望和平解决事变的态度后，于12月22日正式派出谈判代表宋子文、宋美龄到西安，与西安方面谈判。

12月23日，张学良、杨虎城同宋子文、宋美龄进行谈判。周恩来作为中共中央全权代表也参加谈判，做了大量卓有成效的工作。最终蒋介石同意宋子文、宋美龄谈判中议定的"停止内战、联共抗日"等6项条件。

12月24日，张学良将戴笠放了出来。当晚，张学良和杨虎城举行告别宴会，黄埔师生战场对决10年后竟然在这种场合聚在一起，历史真是无情却有情。曾经的黄埔军校政治部主任周恩来和黄埔教官叶剑英见到了黄埔教官陈继承、陈诚、钱大钧、卫立煌，以及黄埔学生戴笠、蒋鼎文、晏道刚、曾扩情等，时间仿佛又回到了黄埔军校时期，黄埔学生向老师周恩来和叶剑英行军礼，真可谓相逢一笑泯恩仇。

"西安事变"的和平解决，成为时局转换的枢纽，它促进了中共中央逼蒋抗日方针的实现。从此，10年内战的局面基本停止，国内和平初步实现。中国共产党在这次事变中力主和平解决，充分体现了对团结抗日的诚意。"西安事变"

在国共重新合作的客观形势渐次成熟的时候，起了促进这个合作的作用。在抗日的前提下，国共两党实行第二次合作成为不可抗拒的大势。[①] 黄埔师生在分道扬镳 10 年后来了一次"大聚会"，最终改写了中国历史，开始了国共联合抗日的新时期。

1937 年 3 月 1 日，毛泽东在和美国进步记者和作家史沫特莱就《中日问题与西安事变》谈话中称赞有"光荣历史的黄埔军"，指出："对待国民党军队的态度问题，任何中国军队尤其是有光荣历史的黄埔军都应在民族阵线下亲密团结，一致抗日，枪口向外，不生内战。红军与国民党军队虽打了 10 年，但我们绝不记旧恨，愿和他们携手偕行，并在统一指挥下，一致为保卫祖国而战，我们相信，他们一定是和我们有同心的。"[②]

三、黄埔师生选择不同，命运不同

1927—1937 年，这 10 年对很多黄埔生而言，是其军事指挥能力的成长期。国共两党的很多出身黄埔的高级将领都是在这 10 年中成长起来的。所以这是决定他们人生命运的关键 10 年。这 10 年里，因为选择的道路不同，他们的命运也走向了两个完全不同的方向。

1927 年，国共合作破裂后，国民革命军成为国家的正规军和蒋介石的嫡系部队，因此，跟随国民党的黄埔生也青云直上。在北伐中作战英勇的团长范汉杰被任命为警备师师长，成为黄埔生中的第一个师长；8 月，胡宗南升任国民革命军第 1 军第 1 师副师长。蒋介石被迫下野后，胡宗南与楼景樾、李延年、关麟徵、李默庵、丁师权、李树森、陈武、王敬久、黄杰等黄埔同学，抵制李宗仁，拥护蒋介石东山再起。蒋介石复出后对这些黄埔生提携有加。胡宗南升任第 1 军第 10 师师长，楼景樾升任代理第 2 师师长，李延年升任第 2 师师长，

---

① 参阅中国中共党史学会编:《中国共产党历史系列辞典》，中共党史出版社、党建读物出版社，2019 年版。

② 《毛泽东文集》第 1 卷，第 482 页。

王世和升任陆海空总司令部侍卫总队总队长。其他黄埔学生也多升任旅长、团长等职务，从此，"黄埔系"成为国民党军界的重要派系。

1929年7月，国民革命军编遣缩编后，许多原任军长、师长的高级将领，被降级任用。而黄埔第1期毕业生的部分"佼佼者"却脱颖而出，有21人获任部队缩编后的甲级师旅长级带兵长官。被蒋介石任命为旅长的黄埔1期毕业生有胡宗南、黄杰、楼景樾、郑洞国、李玉堂、李仙洲、甘丽初、李延年、陈明仁、李正华、桂永清、李默庵、刘戡、李树森、孙常钧、张忠颊、杨步飞、王敬久、唐云山、俞济时、蒋伏生。黄埔1期毕业生无疑是"黄埔系"最早晋任旅长级高级军官的。这时的黄埔第1期毕业生，从考进黄埔到进入正规军队服役，仅有整5年时间。

1935年4月初，国民党中政会公布了首批获得中将军衔的89人名单，其中黄埔生有3人，他们是：第1军第1师师长胡宗南、第2军第9师师长李延年、第14军第10师师长李默庵。第二年，第58师师长俞济时也获中将军衔。

同时，还有一批黄埔生获得少将军衔，他们是：教导总队总队长桂永清、第2师师长黄杰、第3师师长李玉堂、第11师师长黄维、第14师师长霍揆彰、第25师师长关麟徵、第36师师长宋希濂、第80师师长陈琪、第83师师长刘戡、第87师师长王敬久、第88师师长孙元良、第98师师长夏楚中、第89师师长王仲廉、第92师师长梁华盛、第14师副师长李树森、第1师副师长李铁军、第10师第26旅陈铁、第30师第89旅旅长侯镜如等。1936年初，黄埔生中获得少将军衔的有甘丽初、李及兰、张雪中、潘佑强、贺衷寒、陈沛、李仙洲、冷欣、陈明仁等。

1936年9月，胡宗南升任第1军军长，成为黄埔生中第一个军长，后来他一直是所有黄埔生中晋升最快的，无人能及。1936年10月，黄埔生关麟徵、刘戡、王敬久、孙元良、夏楚中、贺衷寒、宋希濂、陈琪以师长职务由少将晋升中将。在抗战爆发前晋升中将的黄埔生还有桂永清、蒋伏生、霍揆彰、李树森。

与国民党黄埔生相比，共产党黄埔生在10年内战期间却遭受重创。10年内战，对中国共产党来说是一场悲剧，大批的优秀将领在这一时期牺牲。除了徐向前、陈赓等个别人担任了较高职务之外，大批优秀的黄埔生在10年内战期间，或阵亡，或死于肃反斗争中。[①] 其中，在南昌起义、秋收起义、广州起义中牺牲的就有20多人，他们中比较突出的主要有：

游步瀛（1903—1927），湖南隆回人，黄埔1期，曾参加东征、北伐。1927年任国民革命军第11军营长；后参加南昌起义，任第11军第25师参谋处长，在三河坝战役中赴前线指挥作战，受重伤仍指挥战斗，转移途中英勇牺牲。

郭德昭（1904—1927），湖北黄冈人，黄埔1期，黄埔军校毕业后，任周恩来秘书，协助周恩来筹办"中国青年军人联合会"。后任军校入伍生总队区队长、连长，国民革命军第9军第1师教导队长，独立第15师团特务长。参加第一、二次东征和北伐战争。北伐时，在国民革命军20军（军长贺龙）第3师任经理处长。参加南昌起义，后随军南进，在江西会昌县大柏山作战时英勇牺牲。

杨溥泉（1900—1927），安徽六安人，黄埔1期，毕业后，任教导团排长，在第一次东征中因有战功升任连党代表，第二次东征时，调任黄埔军校第3期组织科组织员。"中山舰事件"后，参加周恩来在广州举办的高级政治训练班学习。北伐战争中，任国民革命军第4军营长，后任副团长，英勇善战，功绩卓著。北伐战争中任国民革命军第4军营长、副团长，参加南昌起义，率部进袭潮州与地主民团作战时中弹牺牲。

蔡晴川（1903—1927），湖南石门人，黄埔3期，毕业后入大元帅铁甲车队，任第3连副连长。北伐战争中任国民革命军第4军叶挺独立团排长、连长。参加南昌起义，任第11军第25师第73团代理团长，在三河坝战役中壮烈牺牲。

张堂坤（1904—1927），浙江平湖人，黄埔2期。参加南昌起义，三河坝战斗时任第11军第25师第73团代团长，后在笔枝山战斗中阵亡。

伍文生（1899—1927），湖南耒阳人，黄埔1期，毕业后留校任教，省港大

---

① 参阅刘本森：《黄埔传奇》，江苏人民出版社，2014年。

罢工中出任工人纠察队第 1 支队代理队长、教练。1926 年当选湖南省省农民协会第一届执行委员、省农协自卫部部长，后参加南昌起义，随部队南下途中，在会昌作战中牺牲。

孙树成（1902—1927），江苏铜山人，黄埔 1 期，毕业后，历任黄埔军校第 3、4 期步兵大队区队附，军校教导第 2 团第 6 营副连长、营党代表，国民革命军第 11 军 24 师军官教导队大队长。参加南昌起义，任第 24 师 72 团团长，1927 年 10 月在三河坝战役中牺牲。

蒙九龄（1903—1928），布依族，贵州荔波人，黄埔 3 期，参加北伐战争、南昌起义、湘南起义，1928 年 4 月 8 日，为实现"朱毛会师"，蒙九龄奉陈毅之命，率领红 3 团殿后阻击追兵，在资兴县城外老虎山上与敌激战，壮烈牺牲。

除了这些在起义中牺牲的将领外，10 年内战期间，中共方面更有 150 多名黄埔学生，或阵亡，或死于肃反运动中，他们中的杰出代表有：

鲁易（1897—1932），湖南常德人，黄埔军校政治部副主任，1926 年到苏联莫斯科东方劳动大学学习。1928 年回国，任中共中央军委会秘书。1930 年 8 月，任军委总政治部主任。1931 年被派到湘鄂西革命根据地，任湘鄂西革命军事委员会政治部主任、红军军事政治学校第二分校政治部主任。1932 年，任红 3 军政治部主任、红 3 军前委委员兼二分校政治部主任，红 3 军 7 师政委。1932 年，蒋介石对湘鄂西革命根据地发动第四次"围剿"时，被捕牺牲。

杨林（1898—1936），朝鲜族，出生于朝鲜平安北道，黄埔 3 期，曾任叶挺独立团第 3 营营长。1930 年 8 月，被中央军委派到中共满洲省委工作，10 月任中共东满特委委员兼军委书记，领导创建东满各县工农赤卫队。"九一八事变"后，任中共满洲省委军委书记。1932 年秋被中央军委调往江西苏区工作。1934 年红军长征时，任中央军委干部团参谋长。1936 年初任红 15 军 75 师参谋长。1936 年 2 月，在率领先锋营东渡黄河后负伤牺牲。

许继慎（1901—1931），安徽省六安市人，黄埔 1 期，先后参加黄埔军校两次东征、北伐，并历任叶挺独立团队长、营长和团参谋长，1930 年 3 月，党中央派许继慎前往鄂豫皖苏区，任鄂豫皖特委委员、中国工农红军第 1 军军长、鄂豫皖特委委员，他与鄂豫皖特委书记郭述申、军政治委员曹大骏、副军长徐向前等领导，整编了鄂东北、豫东南、皖西3个苏区的红军，成立了中共鄂豫皖特委，实现了鄂豫皖红军的统一指挥。1931年11月在"白雀园大肃反"中被诬陷以"改组派""第三党""反革命"等罪名，杀害于河南光山白雀园，时年30岁。

彭干臣（1899—1935），安徽英山人，黄埔1期，参加东征、北伐、南昌起义。红10军参谋长。1935年1月在上饶、德兴间怀玉山地区战斗中牺牲。

刘畴西（1897—1935），湖南望城人，黄埔1期，军校毕业后任黄埔军校教导团第1团第3连党代表；在第一次东征中光荣负伤，失去左臂；1929年初赴莫斯科伏龙芝军事学院学习；1930年8月回国到中央苏区工作，先后任红1军团第3军第8师师长、福建军区总指挥、闽浙赣军区司令员兼红10军军长、红10军团军团长。1935年1月在上饶、德兴间怀玉山区遭国民党重兵包围被俘，后被杀害。

李汉藩（1901—1928），湖南衡阳耒阳人，黄埔1期，中共湖南省委军委书记。1928年在衡阳遭豪绅告密被逮捕，后牺牲。

黄鳌（1902—1928），湖南常德临澧人，黄埔1期，红4军参谋长，是军长贺龙的得力助手。1928年在湘鄂边指挥军部直属队作战时牺牲。

董朗（1894—1932），湖南成都人，黄埔1期，曾参加东征、北伐、南昌起义，1930年10月任红4军参谋长，后调湘鄂边革命根据地，任教导1师参谋长、独立团参谋长，中共湘鄂边特委委员，与王炳南等率部坚持湘鄂边游击斗争，参与指挥湘鄂边反"围剿"作战。1932年秋，在湘鄂西肃反中被错杀。

蔡申熙（1906—1932），湖南醴陵人，黄埔1期，参加两次东征、北伐，先后任国民革命军第4军营长、第20军团长。1927年8月参加南昌起义。后任起义部队第11军24师参谋长、红15军军长，1931年1月，第15军与第1军合编为第4军后，蔡申熙任第10师师长，后任红25军军长。1932年10月在黄安指挥作战时牺牲。

孙一中（1904—1932），又名孙德清，安徽寿县人，黄埔1期，参加东征、北伐、南昌起义，曾任红 3 军参谋长兼红 7 师师长。1932 年春，在湘鄂西肃反中被错杀。

周逸群（1896—1931），湖北蒲圻人，黄埔 2 期，1926 年参加北伐战争，在国民革命军贺龙部任师、军政治部主任。1927 年 8 月参加南昌起义，起义军南下后任第 20 军第 3 师师长。1930 年 7 月率红 6 军与红 4 军在公安县会师组成红 2 军团，任军团政治委员、中共前委书记，与贺龙领导创建以洪湖为中心的湘鄂西苏区。周逸群是共产党军队的早期缔造者之一、湘鄂西红军和苏区创建人之一。1931 年 5 月，在湖南岳阳贾家凉亭遭国民党军伏击牺牲。

熊受暄（1903—1931），安徽英山人，黄埔 3 期，1929 年赴苏联学习，1930 年回国。1931 年 5 月任红 4 军 12 师政治部主任。10 月在河南光山白雀园肃反中被张国焘错杀。

肖人鹄（1898—1932），湖北黄冈人，黄埔 2 期，红 5 军军长，中共河南省委军委书记。1928 年 1 月在开封被捕，后被杀害。

吴光浩（1906—1929），湖北黄陂人，黄埔 3 期，参加北伐战争，在国民革命军第 4 军任连长、营长，参加了汀泗桥、贺胜桥、武昌等战役。1927 年 11 月参与领导黄麻起义。红 11 军军长。1929 年在湖北省罗田县滕家堡遭敌突袭牺牲。

朱云卿（1907—1931），广东梅县人，黄埔 3 期，参加第二次东征、南昌起义、秋收起义，后任红一方面军参谋长。1931 年 5 月，在第二次反"围剿"时负伤，在医院被国民党特务杀害。

黄公略（1898—1931），湖南湘乡人，军事家、中国共产党早期领导人之一。黄埔军校第 3 期高级班，曾参加北伐战争、广州起义和平江起义。任红 3 军军长，与伍中豪、林彪并称井冈山"三骁将"。1931 年 9 月率领红 3 军在赣南东固行军时遇敌机空袭，受伤牺牲。

曾中生（1900—1935），湖南省资兴市人，无产阶级革命家、军事家。黄埔 4 期，参加北伐战争，任国民革命军第 8 军前敌总指挥部组织科科长。大革命失败后，1927 年 9 月赴苏联莫斯科中山大学学习，参加在莫斯科召开的中共六大，同年冬回国。先后任中共中央军事部常委，中共南京市委书记，中共中央军委委员、武装工农部部长。1930年9月任中共鄂豫皖特委书记和军委主席，创办红军军事政治学校第4分校并兼任校长。1931年4月后任中共鄂豫皖中央分局委员和军委副主席、鄂豫皖红军第4军政治委员、西北革命军事委员会参谋长、中共川陕省委委员。参与领导创建鄂豫皖、川陕革命根据地。对张国焘"左"倾错误进行了坚决斗争。1933年9月，被张国焘以"右派首领"等罪名逮捕，后被杀害。

刘志丹（1903—1936），陕西保安县人，黄埔4期，中国工农红军高级将领，杰出的无产阶级革命家、军事家，西北红军和西北革命根据地的主要创建人之一。1928年，组织渭华起义，任西北工农革命军军事委员会主席，先后任26军军长、红15军团副军团长兼参谋长、红28军军长。1936年率红28军参加东征战役，4月14日在山西中阳县三交镇战斗中光荣牺牲。后来，毛泽东为他题词："群众领袖，民族英雄。"周恩来为他题词："上下五千年，英雄万万千；人民的英雄，要数刘志丹。"

段德昌（1904—1933），湖南益阳市南县人，中国工农红军杰出的指挥员、军事家。黄埔4期，红6军军长。1932年在湘鄂西肃反中被错杀。

伍中豪（1905—1930），湖南衡阳市耒阳市人，黄埔4期，红12军军长。与黄公略、林彪并称井冈山"三骁将"，1930年在病愈追赶队伍时被江西安福县民团袭击牺牲。

何昆（1898—1930），湖南永兴人，黄埔4期，红14军军长。1930年在攻打江苏如皋老虎庄据点时身先士卒，中弹牺牲。

李鸣珂（1899—1930），四川南部县人，黄埔4期，参加南昌起义，任中共前敌委员会警卫营营长。1927年，李鸣珂任中共四川省委委员兼军委书记，发动多次起义。1930年4月18日赴任红6军军长前夕，李鸣珂亲自执行暗杀叛徒易觉先任务，行动中不幸被捕遇难。

李天柱（1899—1935），湖南衡阳耒阳县人，黄埔4期，红8军军长。红军长征后在赣南坚持游击战，1935年4月在江西寻乌战斗中牺牲。

李超时（1906—1931），江苏邳县人，黄埔军校武汉分校毕业，红14军政委。1931年在镇江被特务跟踪逮捕，后遇难。

王良（1905—1932），重庆市綦江区人，黄埔5期，参加秋收起义，后跟随毛泽东进军井冈山，参与创建井冈山革命根据地。1932年3月，王良升任红4军军长。同年6月13日，率红4军返回赣南根据地途中遭敌匪袭击，不幸壮烈牺牲。

徐彦刚（1907—1935），四川开江人，黄埔军校武汉分校毕业，参加秋收起义，随部队到井冈山。历任中国革命军第1军第1师第2团参谋长、中国工农红军第4军第32团参谋长、红6军第3纵队队长、红9师师长、红3军军长、红1军团参谋长、湘鄂赣军区司令员兼红16师师长。1935年反"围剿"突围战斗中负伤，后在永修燕山朱坑养伤时被歹徒杀害。

邓萍（1908—1935），四川省富顺县人，黄埔军校武汉分校毕业，1928年7月22日，他与彭德怀、滕代远等在湖南平江发动武装起义，参加过中央苏区第一至第五次反"围剿"。曾任红3军团参谋长兼任红5军军长。1935年，在指挥攻占遵义城的战斗中，不幸中弹，壮烈牺牲。

第四章 | 共御外侮卫独立

中国人民抗日战争的伟大胜利，是中华民族赢得的自鸦片战争以来百余年抵御外侮的第一次完全胜利，书写了中华儿女不畏强暴、反抗侵略、争取独立的壮丽史篇。黄埔军校，为长达 10 多年的中国持久抗战培养了众多的军事指挥官，共有 20 余万名黄埔师生战斗在抗日前线。由黄埔师生统领的国民党中央军以及敌后战场的八路军、新四军，是取得抗日战争胜利的主力军。在全民族抗战中，无论在正面战场，还是在敌后战场，他们传承和发扬黄埔精神，舍身忘我，指挥部队，浴血奋战，终于打败了穷凶极恶的日本侵略者，为中华民族解放又一次作出了重大贡献。这段历史，既是中华民族的屈辱史，也是中华儿女的抗争史、战斗史，更是国共合作中黄埔师生的光荣史、成功史。

一、抗日战争时期的黄埔军校

1924 年，在孙中山先生亲自领导下，国共两党合作开办黄埔军校。之后的多年里，黄埔军校为国共两党军队培养了多批军事指挥官，尤其是为中国进行对抗日本全面侵华战争，储备了非常重要的军事指挥人才，这些学生和学员绝大多数被分配到抗日前线部队中任职，杀敌报国立功。

（一）抗战时期的军校组织机构及教学

1931 年"九一八事变"时，黄埔军校主要采用的是德国教育方式，专聘德国顾问来校讲学，总顾问鲍尔。教官还有德国驻上海总领事克礼培尔、德国原国防军总司令塞凯特、德国将军魏泽尔等，他们到军校任教，为军校的发展出谋划策。1932年1月，军校译成各类德文军事书籍80余种。这些书籍是第一次世界大战后介绍现代军事学术的最新教材，其"不唯为本校所遵用，即全国各军师及各军事学校亦复望风仿效"，对促进中国军事教育与世界先进教育水准接轨起到了一定的作用。

此阶段的入伍生教学，是本校学生的第一道门槛。考生被军校录取后，规定要进行为期1年、分为4个阶段的入伍生教育：新兵教育4个月；上等兵教育2个月；下士教育2个半月；分发各师实习3个月。

1933年6月，南京本校恢复校长制，并在校长以下设校务委员会。蒋介石兼任校长和委员，其他委员人选略有增减。军校自第8期开始，又增设高等教育班、军官补习班、军官训练班，并受委托代训空军、海军、军需、军医、兵工、测量、兽医等入伍生，后又成立空军营。1937年春，张治中辞去教育长职。5月，由陈继承继任。这时的南京本校，已有相当大的规模。12月，日军占领南京前夕，军校辗转进川到铜梁，校本部后迁到成都。

国民政府迁移重庆后，军校曾有选址在重庆的动议。但因为此时的重庆人满为患，军政机关太多，军校这么多师生，实在难以找到一块安身办学的地皮，最终只能另外选择地方，来到重庆附近的铜梁。铜梁地区狭小，校舍既不敷用，教学又多妨碍，交通、通信及给养都发生了极大困难，后又选择省会大城市成都市作为军校校本部的所在地。

成都校址，原为黄埔军校第三分校所在地。成都校本部设于市区北校场，学生各总队及以后陆续恢复的高等教育班、军官教育队等单位，则分驻北校场、皇城遗址、西校场、草堂寺、青羊宫及新都等地。初到成都时，在校学生仅有第14期第2总队、第15期第1总队、第16期第1总队，共3个总队。此后人员激增。

军校自1937年8月由南京开始西迁，经九江、武汉、铜梁，至1938年11月到达成都，四易驻地，历时16个月。自南京迁校时，计有第11期第2总队及第12、第13两期各1个总队学生，均在迁校途中，先后在九江、武昌、铜梁宣布毕业。新招收的学生，有第 14、第 15 两期各 2 个总队及第 16 期第 1 总队，共 5 个总队，除第 14 期第 1 总队于铜梁毕业，第 15 期第 2 总队划入西安第七分校外，到成都时仍为 3 个总队。在这一年多的长途行军中，校务未曾停顿，教育亦未曾间断，尤其在战时交通困难、敌军不断骚扰与空袭情况之下，全校器材物资均安全运达后方，员生无损伤。在流离迁徙之际，新生的召集和考试，毕业生的分发和安置，均照常进行，使培养军队基干人员的教育计划，未受战争与迁徙的不良影响，相继开始的全面抗日战争亦未因军事干部缺乏而受阻碍。

至 1939 年 1 月上中旬，军校基本完成了由铜梁至成都市区的迁移工作。原有成都分校，即第三分校并入校本部（3 月改设第三分校于江西瑞金），确定以原成都分校改为本校校部的部署陆续完成。经历两年的流离迁移艰难岁月，军校继而在抗战大后方开始正规生活、学习和训练的进程，开始了历史上的成都时期。

这时，对校务委员作了调整。除原有人选外，又增加程潜、刘湘、白崇禧、陈诚、邓锡侯 5 人，后再增加唐生智、龙云、余汉谋 3 人，并先后进行了一些比较大的行政机构调整和人事调整。教育方式也有重大变化，主要是为了适应当时抗战的形势，修业期限分为长期和短期两种，同时实行甲、乙、丙三级教育体制，教学上也注重了理论和实践的结合。分校各期学生皆奉命以成都本校的教学为要求，统一施教。在原成都分校的基础上，扩编政治部，恢复军官教育队和战术研究班。此后，陆续恢复和新成立的还有研究典范令的校尉官研究班，训练军士技术的技术训练班，以及射击训练班、技术训练班、特务长训练班等。学校基础，由此更见充实。

1940 年 7 月下旬，第 16、第 17、第 18 期学生分别重新建立原撤销的学生总队。并设立军士教育队，专门培养军士人才，军事教育体系趋于完善。

本校在南京时期，原有高等教育班 6 个月毕业，是中上级军官补充教育的机构。迁校成都之后，高等教育班随之恢复召训。军校这个高等班的军事教育，在抗战时期的军官教育中独树一帜。其教育主旨，在整齐划一各部队之教育，充实并增进各将校官佐对于最新战术之运用，以为整理国民党军各部、应变抗战之用。学与术两科，采取陆军大学教程。在政治理论方面，全部由本校聘请当时复兴社的骨干担任。政治经济及哲学科目，由本校聘请本地大学教授担任。在兵学理论方面，由本校聘请陆军大学兵学教官担任。术科采用德式教学，由本校德国顾问指导学习步兵操典、射击教范、野外勤务。陆军大学与高教班的培养目标，都是造就军事指挥人才，前者侧重培养参谋人才，后者重视实兵实战，凡属基层部队营、连、排的练兵与兵器、筑城、射击、工炮兵的作业与实施，均在科目学习之列。所以，练兵是高教班教育中的一门重点课程。对当时的德国自动步枪、轻重机枪、加农小炮、迫击炮等先进枪械装备，高教班的学员们都反复操作和进行实弹射击。

全国抗战全面展开后，成都本校初期的黄埔军校，在军事教育上进行了多方面的重要改革。针对环境形势的实际需要，尤其强调自动自发革命教育、小部队指挥实战教育及协同作战等教育，重新拟定教育纲领。主要内容有5项：

（1）教育目的：使青年信仰三民主义，发展科学知能，养成严肃纪律，锻炼健全体格与艰苦生活习惯，确实修得各兵科初级干部之学术与指挥之能力。

（2）教育方针：分短期与长期两种。短期，除政治学科与长期相同外，以军事学术科及步兵战斗教育为主。长期，则仍区分兵科，加强诸兵种联合作战之训练。集中人才及器材，以达到运用自如，并充分利用时间、地利，确保进度，以发扬前期的优点，而矫正过去的错误，特别是参考以往的作战经验，撷取现代教育方法，务求教学之彻底。

（3）精神教育：使学生了解三民主义，复习中国地理历史，认识中华文化与孙中山遗教之精义，信仰领袖，绝对服从。培养"智信仁勇严"之德性，自动、自治的能力，锻炼坚忍不拔的毅力，砥砺献身殉国的精神。

（4）军事教育：按兵科之重点及要求程度，顺序实施，务以简单精练为主。遵照典范令之制式法则，巧为运用。熟习各种战法，以期领会贯通而收实效。对于班、排、连的各种教练，以熟习为第一要求。

（5）补习教育：在长期班队的学生入伍期间，注重数理化的文化补习。学生在校期间，必须熟谙一门外国语文，达到能应用的水平，以求深造于将来。

抗战进入相持阶段后的 1940 年左右，军校在教育手段、方法实施上，又进行了多方面的探索和重大改革。主要内容有：

（1）实行学校职员教官与部队长交换服务制度。北伐时期，国民革命军的建立和扩充，实行以本校教官与队职官及毕业生为基干的编成和发展，对军队建设和国防建设有杰出的功绩。后来，此项服务员生由本校外调的多，而由校外调回的少。于是，军校教育长陈继承建议，奉准实行职员教官与队长交换服务制度。

（2）实行教、学、做三者一致。这是校长蒋介石的多次反复指示，军校立为必须认真遵行的重要教育原则。这个原则是以"注重实际"为教育的核心，目标是学校军队化，凡学校的生活起居、操课活动以及教育内容，均以适应军队与战场的实际情况为准。

（3）普及沙盘教育。沙盘教育是模拟地形地物，作逼真的攻防演练，教者依想定的情况，利用实物，既便于指导讲解，又便于学者观摩和领悟。过去虽有推行，至此时开始普遍实施。

（4）普遍实施实弹战斗演习。抗战开始后，军校为使学生出校后即能指挥作战，所以断然普遍实行大规模的实弹战斗演习，此后成为定制。

（5）扩大劳动服务范围。军校学生不仅要注重内务整理，清洁扫除环境卫生，以及各科的劳动作业，并扩充学生劳动服务的范围到筑路、造林、疏浚沟渠等工作。

（6）建立军士制度。军校正科教育和补充教育，都属于军官教育的范围，关于军士教育，以往没有充分顾及此科目。军士是军队组织的基本单元，他们最为接近士兵；在教育管理上，与士兵有着最为密切的关系；在前线带兵，军士也有着最大的责任。过去的部队中对于军士制度的建立，没有充分重视。此时，黄埔军校即开始试办军士教育，以作为建立军士制度的准备。[①]

---

① 中国国民党党史史料编纂委员会：《黄埔建军三十年概述》，第49—52页，台北黄埔出版社，1954年版。

抗战后期的黄埔军校组织机构，庞大而严密，时有编制人员 14000 余人，其中包括学生约 6000 人。蒋介石在抗战时期始终兼任军校校长，教育长负军校实际责任。教育长总办公厅下，分设人事、文书、档案等室，此外有经理、总务、会计、教育 4 处。教育处下分步、骑、炮、工、辎、通信、机械化等科，负责各兵科教育。校园中，学生常有 2 期 4 个总队，每一总队 3 个大队，每大队 3 个中队，各设队长，中队以下有排长。此外，还有高等教育班 3 期，学员系军队中级干部调训者，训练时间 4 个月到 1 年。还有军官教育队，包括战术研究班、技术训练班、校尉班、军士班等。在校行政管理上，校政治部与教育处是平行架构。另有特别党部，由教育长兼特派员。

成都本校占地较广，包含市区和近郊。校中器材、图书资料丰富，时有中文图书 4 万余册，日文图书 5000 余册，英文图书 3000 余册，法文图书 6000 余册，典范令 300 余件，共计 6 万余册。[①]

抗战阶段，黄埔军校时有 10 余所分校。毕业生名义在黄埔军校，实际上由军训部直接管理，仅教育计划与校本部相同。抗战中期，各分校的主要校址及主要负责人是：第一分校，陕西南郑，刘仲荻；第二分校，湖南武冈，李明灏；第三分校，江西瑞金，沈发藻；第四分校，贵州独山，韩汉英；第五分校，云南昆明，唐继麟；第六分校，广西桂林，俞作柏等；第七分校，陕西西安，胡宗南；第八分校，湖北均县（鄂北）草屯武当山下，徐祖诒；第九分校，新疆迪化，龚愚。另外，还有长沙分校（负责人张治中）、鲁干班（负责人李仙洲，驻安徽）等。

1942 年 6 月初，黄埔军校教育长陈继承调走，由陆军大学教育长万耀煌继任。6 月 3 日，万耀煌到成都本校宣布就职，对全校学生阅兵后举行就职仪式。万耀煌作了 3 分钟的简短发言，就职辞简洁明了，讲道："本校创自黄埔，削平军阀，统一全国，抗战五年，已奠定胜利建国基础。近更与世界强国并肩作战，所有将帅与披坚执锐干部，大多为我军校各期同学。国家之光荣，即我军校之

---

① 《万耀煌口述自传》，第 285 页，中国大百科全书出版社，2010 年版。

光荣，我校与国家休戚相关有如此之甚。今后，承先启后，继往开来之重大使命，应由本校现在之学生负担。本校责任如此重大，而我本人才力浅薄，何能负荷，故受命之初，不能不深感惶恐。但我想本校有其革命之传统，三民主义之信仰，亲爱精诚之校训，坚苦卓绝之一贯精神，我校长伟大之领导与历次训示，及前任各教育长成规章制，行之已久，本人只有以勤补拙，信守弗渝，并与全体教职员共同努力，一致遵行，以完成我校长所赋予之使命，发扬黄埔固有之精神。"[①]

万耀煌这个简短的就职发言仅 3 分钟，280 多个字。虽然简短，但基本上概括了黄埔军校的光荣历史，总结了军校的教育成果，阐述了军校历届教育长所颁行和正在施行的教育方针。

这个月，黄埔军校建校 18 周年时，"从军校毕业的学生，已共有 72000 余人。军校师生在第一期国民革命中，既尽到了扫除国内一些革命障碍的任务，到了现在第二期国民革命时期，更担负了神圣的抗战"[②]。同月，国民政府教育部决定分 5 年派遣 700 名学生赴美，300 名学生赴英。黄埔军校推荐并选拔 20 余名学生到国外军校留学深造。1944 年春，军校曾代训 2 期青年远征军教导团学生。这是黄埔军校在抗战期间对外的两次重要国际交流。

1945 年秋，成都本校撤销总队制，军校为方便管理，按照各总队地址分为 4 个督练区，各设督练官 1 人，负责落实校本部命令及教学事宜。不久，日本战败投降，中国抗日战争结束，国民党军队裁员。各分校相继合并裁减，所有在校学员、学生依肄业时间，分别结束或转入各兵科学校，并选送一些优秀者到成都本校继续学业。

黄埔军校在成都时期，从第 14 期开始到第 23 期结束，共办了 10 期，包括在昆明、西安等地建立的第 1—9 分校，共有 10 余万名学生和学员。该时期，还委托骑兵、炮兵、工兵、通信、辎重、装甲等各兵科学校及有关机构，代训

---

① 《万耀煌口述自传》，第 283 页，中国大百科全书出版社，2010 年版。

② 中国国民党党史史料编纂委员会：《黄埔建军 30 年概述》，第 53 页，台北黄埔出版社，1954 年版。

学生 15100 余人。

黄埔军校在成都时期，不仅为中国抗日战场培养了大批基层军事干部，还有一大贡献是在四川地区具有重要的社会锚定作用。四川在当年军阀混战之余，留下许多残余军阀，恶习未改，野心仍在，时时有动乱的企图，而军校在成都，无疑是抗战时期安定大后方的重要军事力量，往日飞扬跋扈于西南的各式各样军阀亦收敛许多。青春勃发的黄埔军校学子，时刻焕发着时代的正能量气息和高昂的爱国主义热情，对川中老朽的军阀势力是一个重大威慑，对改良川中落后的社会风气有着重大促进作用，使其颓丧之精神重新振发，动摇之信仰重新坚定。

抗战期间，国民政府原来较为完善的军事教育体系转入战时军事教育机制。蒋介石亲自兼任所有军校的校长，同时对教学作出了增加抗日内容和缩减学制的重大调整，无疑也加强了对军事院校的管控和治理。

黄埔军校从建校至 1930 年间，共有毕业生 1.7 万余人（本校第 1 至第 7 期 13100 余人，分校约 4000 人），有一部分阵亡在东征、北伐战争中，其余在抗日战争期间大多数成为各级指挥官。从 1931 年到 1945 年抗战胜利前夕，黄埔军校又源源不断地为抗日前线输送了一批又一批青年军官。计有 12 期（第 8 期至第 19 期）毕业生，以及各种训练班、培训班、委托教育班的学员毕业或结业，全校共培训学生、学员计 23 万余人。其中，本校 2.5 万余人，本校训练班约 5 万人，各地多种培训班 15.8 万余人。这些学生、学员成为中国抗日战争的骨干力量。

有资料统计，抗战期间黄埔军校输出员生共有 190104 人（本校 24074 人，分校等 166030 人）[1]。与以上数据相差数万人的原因，主要是有些培训班未纳入黄埔军校学籍，如预校、鲁干班、驻滇干训团等，本书以上数据将其纳入了黄埔军校大系列。

黄埔军校校园建设，在抗战时期经历了南京本校、成都本校两次较大的施

---

[1]　袁伟、张卓主编：《中国军校发展史》，第 492 页，国防大学出版社，2001 年。

工建设，对军校教育和训练以及教职员工、学生的生活，有着重大的安定促进作用。

1945 年 9 月 9 日上午 9 时，日本侵略军中国派遣军总司令冈村宁次在南京黄埔路（今解放路）陆军总司令部前进指挥所签署向中国投降书，接受投降的陆军总司令何应钦在日军投降书上签字。签字地址，即在黄埔军校原南京本校的大礼堂内。这也是黄埔军校在抗战时期的又一殊荣。

（二）全面抗战时期本校各期毕业生

1937 年 9 月至 1944 年 5 月，本校招收学生 8 期（第 14 期至第 21 期），毕业 9 期（第 11 期至第 19 期），共有毕业生 18722 人。

第 11 期

本期学生主要来自北平、洛阳、汉口、南京、上海、广州等城市。前来投考的热血青年 1 万余人，被录取者于 1934 年 9 月到南京入学。经考试录为正取生者计 700 余人，编为入伍生第 1 团，称第 11 期第 1 总队；录为备取生者称入伍生预备班，编为第 11 期第 2 总队，修业期延长半年补课。

第 1 总队于 1935 年 11 月修业期满，并分发各部队实习 3 个月，1936 年 1 月升学转正为学生，分骑、炮、工、交通等科。1937 年 8 月，在敌机狂轰滥炸南京和本校的严峻时刻，在灵谷寺举行毕业典礼，计毕业 605 人，是黄埔军校在南京时期毕业的最后一批学生。并随之分发前线，参加淞沪抗战和守卫南京之战。第 2 总队分步兵、炮兵和交通等科，1937 年 8 月 5 日奉命随校撤离，10 月转移至九江举行毕业典礼，计毕业 664 人。本期共毕业 1269 人 [①]。

时值 1936 年底"西安事变"和平解决历史阶段，国共两党实现"停止内战，一致抗日"的新局面。抗日民族统一战线正式形成，全国人民同仇敌忾，一致对日作战，掀起全民抗战的热潮。本期毕业生宣布毕业之后，即奔赴抗日前线。

第 12 期

1935 年 9 月 28 日在南京入学，计 652 人；另有要塞炮学校学生转入本期

---

① 蒋中正：《黄埔建军三十年概述》，第 37 页，台北黄埔出版社，1954 年版。

学习，计 103 人，合并组成入伍生团。1936 年 9 月 9 日分科，计步兵 4 个连、炮兵 1 个连、工兵 1 个连和通信兵 1 个排。1938 年 1 月 28 日升学，成立第 12 期学生总队。

时值 1937 年"七七事变"后抗战全面爆发，随之上海失守，南京危急。军校在校各期学生队奉命转移内地，他们在日军飞机空袭、追踪下沿长江西迁，水陆并进，先后转移至芜湖、九江、武昌等地坚持学习。由于在战乱中迁移，与南京前期在校学生的正规上课大有不同，原属 3 年制的学习课程及入伍生转为正式学生都未依时完成。1938 年 1 月 28 日到达武昌后才转正升学。但为适应抗日前线充实基层骨干的需要，又随之举行毕业礼于武昌，并分发前线部队投入抗日战斗。另有广州分校第二批学生在广州入学，1938 年 2 月移至广东德庆毕业，列入本期学生序列。

本期共毕业 740 人。曾任台湾防卫部门负责人的郝柏村是第 12 期学生。

黄埔军校第 8 期至第 12 期（最早 1928 年入学，最晚 1938 年毕业），由于局势相对稳定，军校注重抓军队现代化、正规化教育，注意培养基层军事指挥员，学生处在一个相对安定的环境中，能够坚持 3 年较为严格的军事教育，学习相对正规和系统。

第 13 期

1936 年 9 月 1 日在南京入学，计 1490 人。分科后有步兵 6 个队，骑兵 1 个队，炮兵 2 个队，工兵 2 个队，交通兵 1 个队。在南京分科学习后，分别驻通光营房、小营及炮标等地上课。

1937 年 8 月初，奉命自南京西迁，经芜湖、九江、武汉、长沙、常德，并沿川湘公路向四川铜梁转进。他们边行军边上课，而抗日救亡的爱国歌声不绝。在迁移中，计长途跋涉 4000 余公里。沿途饱尝迁移生活之艰苦，是本期学生的重要特点。学生在途中因伤病死亡多达 60 余人。11 月 11 日升学，成立第 13 期学生总队。为适应抗战用人急需，学制从原定 3 年而缩短为 2 年。1938 年 9 月，在四川铜梁举行毕业典礼，毕业共 1412 人，随即奔赴抗日前线。

本期是黄埔军校南京时期最后一批在南京招收并进行入伍生教育行将期满

的学生。本期学生的毕业，标志着黄埔军校南京本校时期的结束。

第 14 期

第 1 总队于 1937 年冬入校，1938 年 11 月毕业于铜梁安居镇，计 669 人；第 2 总队于 1937 年 10 月入校，1939 年 9 月毕业于铜梁，计 1510 人；第 3 总队于 1937 年 9 月入校，系成都分校招考的学生，本校迁成都后，由本校施训，1939 年 1 月毕业，计 1520 人。本期共毕业 3699 人。本期毕业生是在成都本校入校并毕业的首期学生。

本期有部分同学考入空军官校，随空军第 12 期学生在成都北校场入伍，后到昆明巫家坝机场、笕桥航校进行飞行训练。

第 15 期

本期学生招考于武昌，1938 年 1 月 1 日入伍，1940 年 7 月 21 日毕业于成都，计 1559 人。代训空军学生（编为第 3 大队），计 272 人。本期本校毕业共 1831 人。另有本期第 2、第 3、第 4、第 5、第 6、第 7、第 8 总队属各地分校受训，亦相继毕业，共有 1 万余人。

本期毕业生大多数奔赴抗日前线，其中有许多毕业生参加远征军到缅甸、印度作战。

第 16 期

本期本校学生在校时分为 3 个总队。第 1 总队学生于 1938 年 10 月入校，分为 6 个步兵队，驻成都南较场，1940 年 12 月毕业，计 1597 人。另代训空军学生 97 人，编为第 16 期第 1 总队步兵第 7 队。第 1 总队毕业生共有 1694 人。第 2 总队学生受训于铜梁，为期 10 个月，1939 年 10 月毕业，计 1629 人。第 3 总队驻成都北校场，1939 年春入校，1940 年 4 月毕业，计 1165 人。本期毕业共 4488 人。

还有各地分校同期培训的第 4 至第 20 总队，有毕业生 3 万余人，显示了抗战中的黄埔军校规模日益壮大，师生众多，恢复了昔日黄埔本校、南京本校的盛况，成为大后方培养抗日青年军官的大本营。

第 17 期

本期学生分为 3 个总队。第 1 总队于 1940 年 4 月 15 日开学，驻成都西校场，1942 年 4 月毕业，计 1527 人。第 2 总队于 1940 年 5 月 6 日开学，驻四川铜梁，1941 年 11 月 20 日毕业，计 1374 人。第 3 总队于 1940 年 7 月 13 日开学，驻成都北校场，1942 年 2 月 15 日毕业，计 1030 人。本期本校毕业共 3931人。

本期还有各地分校同期培训的第 4 至第 28 总队，校址广及四川、陕西、广西、贵州、湖北、云南、新疆、湖南和江西等地，共毕业约 42000 人。

时值 1941 年 12 月"珍珠港事件"爆发，同盟国与轴心国的第二次世界大战全面展开。中国战区从先期的节节失利，到同英美盟军并肩对日作战，战局日见好转。本期学生毕业时，慷慨激昂，迅即奔赴抗战前线，牺牲也颇大。

第 18 期

本期学生分为 2 个总队。第 1 总队于 1941 年 4 月 1 日入伍，分驻成都草堂寺、青羊宫。1942 年，步、工兵大队迁北校场，特科大队迁西校场，1943 年2 月毕业，计 1215 人。第 2 总队于 1941 年 11 月 25 日入伍，驻成都南校场，1943 年 10 月 8 日毕业，计 1237 人。本期本校毕业共 2452 人。

还有各地分校同期毕业生，共有 26000 余人。

本期学生毕业之时，正值全面抗战进入反攻阶段，世界反法西斯战争已进入最后决胜阶段，绝大多数毕业生从校门直接走上抗日战场。从本期毕业生开始，毕业时一律授予少尉军官军衔。

第 19 期

学生先后招生于各大城市，内有日占区部分优秀青年。各地学生陆续于1942 年春到校，同年 5 月中旬正式奉命成立第 19 期于成都草堂寺，12 月 25 日开始入伍训练。1943 年 3 月分科。

第 1 总队为步科总队，驻草堂寺，后又应抗日战场需要编为 2 个炮兵队，计有 9 个队，998 人。第 2 总队为特科总队，驻西校场，有骑兵 1 个队、炮兵 3个队、工兵 2 个队、辎重兵和通信兵各 1 个队，计 902 人。1943 年 12 月升学。

1945 年春，为应部队干部补充急需，该期学生奉命提前结业，于 4 月 14 日举行毕业典礼，全期前后在校受训时间 2 年零 4 个月。本期毕业共 1900 人。

还有各地分校 9 个总队和 1 个独立大队，毕业共 14000 余人。除少数留校外，多数分发各战区，投入抗日前线，参加了日占区的接收和受降仪式。

（三）本校开办的各种训练班、委托教育班

黄埔军校在抗战期间，除了正规的学院教育之外，还创办了一系列培训性质的短训班，以满足对兵员和部队作战的紧急需求。计开办有 20 多种门类众多的教导队、训练班、教育班及补习班等，训练时间不同，人员组成和人数也不尽相同。影响较大的主要有以下数种：

1. 军校教导总队

由于校长蒋介石对黄埔军校特别重视，所以国民党军队最先进的战术训练、最先进的武器装备，都是首先在黄埔军校做试验，再以其经验"教导""指导"其他部队。1931 年初，黄埔军校效仿当年的黄埔教导团，在德国军事顾问的指导下开始组建教导总队，1935 年 1 月教导总队正式成为国民党军的正式战斗部队。军校教导总队 1937 年参加了"八一三"淞沪会战，在保家卫国抗击日军侵略的战场上，打出了当年黄埔军校教导团的骁勇气势。当年底，教导总队参加了南京保卫战，为保卫首都和本校浴血奋战。随着南京的失陷，教导总队也解体。教导总队因属军校直接管辖，所部官兵都列编黄埔军校训练，故一般都视为黄埔军人。前后约有 22000 名官兵出自教导总队。

2. 特别政治训练班

1931 年 2 月成立，先期有学员 378 人，编成 2 个队。3 个月毕业，教育内容分前后 2 期，前期专门教授党义、党的组织及训练、政治、经济、社会等普通之学科，后期专门讲授地方自治、市政教育、卫生等专门之学科。此外，还施以考查指导等训育及军事、童子军等训练，以使学员参加实际工作时，有充分的应对能力。这样的特别政治训练班，在此后多有对来自各部队军官的短期培训，教育内容根据当时的时局政治需要而确定。此种政训班在抗战期间约开

班 10 多期，培训学员约 4000 人。

3. 高等教育班（简称"高教班"）

这是黄埔军校的一个特别班级，是该校学员的重要组成部分。由于受训学员全部是中上级现役军官，一般来说，都具有一定的军事学术水平和作战资历、作战经验，所以该班在国民党军队中有其特殊地位，在统一战术思想、国防建设上也有其特定作用。1932 年 9 月上旬，军校开始分期调集各部队现职中、上级优秀将校军官训练，施以定期 6 个月的教育。

高教班在不同历史阶段，都是一个较为特殊的群体。第 1 至第 5 期主要是召集各军（以杂牌军为主）的中、上级军官（从少校到少将）带职受训，结业后大多数回原部队，名为补习军事课程，实系分化非中央嫡系部队。1932 年 11 月 1 日，高教班在南京宣布成立。1933 年 5 月，第 1 期 319 人毕业。1934 年 6 月，第 2 期 453 人毕业。第 3 期 1935 年 8 月毕业，第 4 期 1936 年 8 月毕业，第 5 期 1937 年 8 月毕业。

开办第 6 期时，正值抗战军兴，本校西迁，班务中辍。1939 年，恢复本班第 6 期，所有受训学员除指定由驻川康滇各部队保送现职军官将校编组教育外，并招考在乡少校以上军官 100 人，1940 年 6 月毕业。第 7 期 1941 年 2 月毕业。第 8 期 1942 年 1 月毕业。第 9 期，除由各部队保送现职少校以上军官将校受训外，并奉军委会核准，由军委会政治部保送中级以上政工人员参加受训，1943 年 3 月毕业。第 10 期受训期延长为 1 年，1944 年 10 月毕业。第 11 期 1945 年 9 月毕业。

高教班学员入校时已是中上级军官，毕业后参加各阶段的抗日战争，获得升迁机会甚多。到抗战胜利时，晋升高级将领者 30 多人。从 1932 年开办至 1945 年抗战胜利时止，高教班共办 11 期，每期受训时间 6—12 个月，每期受训学员 500 人左右，总计毕业学员 6000 余人（含第 1、第 2 分校，防毒军官训练班及特训班之高教班学员）。

4. 陆军军官预备学校（简称"预校"）

1944 年 11 月上旬，成都校本部开始筹备创建预校，主要是鉴于抗日前线排、连级基层干部牺牲很多，黄埔军校和各分校招生均十分困难，因此计划在适当地区成立陆军军官预备学校，只招收初中毕业生学习高中课程，同时开设基本教练、射击教练、野外教练等军事科目。按军校学生须具备高中毕业文化程度的要求，预校生以 3 年时间接受高中课程的教育训练，毕业后成绩合格即直接升入黄埔军校，以后军校即不再对外招生，全由预校提供生源。原拟在全国筹办 9 所预校，先在四川新都创办第一预备学校，继在甘肃兰州创办第二预备学校，视情再发展其他预校。

1945 年 2 月中旬，陆军军官预备学校在新都开学。蒋介石兼任校长，另调原工兵学校教育长邓树仁（保定军校第 8 期工兵科毕业，留学德国）任预校中将教育长。校部配有 1 个负责警卫的特务连，1 个提供医疗服务的卫生所。学生共 3 个大队，每个大队辖 4 个中队，每个中队有学生 100 人左右，共有 1000 多名学生，都是初中毕业或具有同等学力的 15 岁、16 岁青少年，从川、康、云、贵、湘等省招考而来，身体素质和文化素质都较好，颇堪造就为军事人才。校址设在新都名刹宝光寺内，政治部驻新都城内西街广东会馆。

预校新生陆续入校，基本到齐后即开课。课程均按当时教育部部颁标准和统编高级中学课本进行讲授，授课教官（教师）除政治课程由政治部派穿军装的文职教师担任外，其余课程多系聘请成都附近中学优秀教师担任或兼任。每周文化课时间占 5/6，教材采用由军训部翻印的开明书店发行、南开中学采用的高中教材；学习政治、经济、法律、地质等学科；外语开设英、法、日、德、俄语等，各中队学习一门语种。

军校除以上几种训练班、教育班之外，在抗战期间还增设有技术干部训练班、宪警班、航空军官教育班、步兵重兵器训练班、重兵器教导连、军官训练班、军官教育连、军官教育总队、边区语文补习班、军官补习班等，并受委托代训空军、海军、军需、军医、兵工、测量、兽医等入伍生，还成立有空军营等。

全国军事干部需要补充的数量激增，军校本校和各分校因人力物力限制，很难如数供给。除成立以上各种训练班、教育班之外，军校还开办有多种委托性质的教育班。自第 16 期学生开始，委托陆军炮兵学校、工兵学校、骑兵学校、通信兵学校、辎重兵学校、机械化学兵（装甲）学校、特种兵联合分校等各兵科学校及有关机构，办理代训本校学生养成教育，代训学生 15100 余人。国民政府军事委员会有明文确定："此辈学生期队番号，悉由军校编列，包括于军校各期队以内。又其各分校毕业生，亦经军校呈准，悉依军校期队番号叙别。"[①] 也就是说，这些训练班、教育班的员生，不论是本校还是分校或委托别校受训，都算是黄埔军校的员生。

本校在抗战时期开办的各种训练班、委托教育班等，共训练学员、学生约 5 万人。

（四）抗战时期各地分校及训练班

抗战时期，黄埔军校原设立的各个分校在动荡之中继续开办，同时相继开办了多所新的分校，为教育和培养新型军事人才发挥了重要作用。为了适应战争的需要，除成都本校和在别校的委托教育班以外，黄埔军校陆续在全国各地设有 10 多个分校及干部训练班，共毕业学员、学生约 11 万人。

第一分校（洛阳分校）

1933 年 8 月，中央陆军军官学校洛阳分校成立，主要为调训国民党军队中行伍军官而设，施行本校学生的转地教育，对于军官志愿赴西北服务或屯垦者，施以屯垦教育及军事训练。校址原在河南省洛阳市。抗战全面爆发后，1938 年 1 月迁至陕西汉中，3 月改称中央陆军军官学校第一分校，并扩大编制。

1932 年 10 月，南京本校军官训练班的校舍不够用，蒋介石委派少将高级教官章履和到河南负责筹建洛阳分校，施行本校学员的"转地"教育，即专为调训国民党军队中行伍军官。洛阳分校建有可容纳数千名学生的大校舍，3 层可容 500 人阅读的图书馆，集商店、影剧院、旅馆、酒店、台球、体育馆等于一体的俱乐部，以及完全小学与幼儿园各一所，还有可供全洛阳市用电的大型发电厂、给水塔、游泳池、器械体操场、校务委员会大院、四维堂、广寒宫国

---

① 中国国民党史料史料编纂委员会：《黄埔建军三十年概述》，第 60 页，台北黄埔出版社，1954 年版。

寿台（1936 年在此为蒋介石举行 50 寿诞庆典）。1937 年 8 月 2 日至 8 日，全国抗战最高军事会议在四维堂举行，朱德总司令参加了大会，与会的国共高级将领下榻校务委员会大院。

洛阳分校的入学要求非常严格，部队保送名单须注明军职，附详历表一份、自传一份、4 寸免冠照片两张；体格检查，包括色盲、痔疮、关节障碍、体重、身高等项目；学科考试试题为典范令，涉及范围很广；术科考试是实兵指挥，包括班排的编组、队形变换、方向变换、口令词以及指挥者的位置、仪态等。笔试之前还要进行口试，口试会问"靶场上除枪弹外，还需何项器材？""行军警戒尖兵前还有其他组成的侦察兵吗？"等问题。学术科考试要查对照片，防止代考。

洛阳分校与众不同的是落选的榜列其名。被录取学员限期报到，临时编组，随即编队，每中队 126 人。学员主要是东北、西北、川、滇、粤、桂、湘等地方部队中连以下的行伍军官，也有一些校级军官，如第 5 期中青海马步芳的儿子马继援即以骑兵团中校副团长军职入校。第 2 期招收约 160 名朝鲜青年，编为第 2 总队第 4 大队第 16 队。

洛阳分校以精神教育为主体，从基本素质和思想方面养成学员信奉总理遗教和领袖思想的言行。

1937 年秋，洛阳分校遭日机多次轰炸，副主任刘海波率校部及第 2 期第 3、第 4 总队学生 2000 多人，由洛阳迁至汉中，校部设于城内东街镇台衙门及汉台。

1938 年 3 月，原洛阳分校奉命改为中央陆军军官学校第一分校。祝绍周、钟彬、刘仲荻先后担任第一分校主任，刘海波、章履和任副主任。校部设办公处、教育处、政治训练处（后扩充为政治部）、总务处、经理处、军医处、会计室、文书科。另有特别党部和中央各军事学校毕业生调查处，属于上级派驻第一分校机构。

学员入学编队后，首先由政治部派驻各队的指导员向学生讲述黄埔军校校史，说明黄埔军校是党军学校，学员必须参加国民党，服从党章，按期交纳党费，参加党的组织活动。再由政训教官讲述校训"亲爱精诚"，教唱国民党党歌和军校校歌。每日清晨起床后，以总队或大队为单位，举行唱党歌升旗仪式。每日三餐，早餐唱党歌，午餐及晚餐唱校歌。每晚熄灯前以队为单位集合点名，由队值星官领导唱校歌及高呼口号（口号系政治部印发，每周一更换）。每周周一上午，以总队为单位举行总理纪念周，全体官生唱党歌及校歌并诵读总理遗嘱及"军人读训""党员守则"。

第一分校的教学训练课程有政治训育课、军事课、基本教练、战斗教练、野外教练、技术教练。课程要求严格，有月考和期考，毕业时举行总考。1934年6月16日，黄埔军校建校10周年庆祝大会时，蒋介石赠送官生佩剑，剑把上刻有"亲爱精诚""成功成仁""雪耻复仇"及"校长蒋中正赠"等字样。后来历届学生毕业，均沿袭之。

该分校从第2期（军官训练班第1期在南京本校受训）办至第5期，先后办了4期（比叙黄埔本校第14、第16、第17、第18期）。该分校第2期学生有3个总队，毕业2170人；第3期学生有2个总队，毕业1935人；第4期学生有3个总队，毕业2182人；第5期学生有2个总队，毕业1098人。计毕业7385人。另外还有各种军官训练班及短期训练班的毕业学员7413人。共计毕业学生、学员14798人。[①]

1944年12月，第一分校奉命裁撤。1945年2月停办，全部并编入第九分校（迪化分校）。

第二分校（武汉分校、武冈分校）

黄埔军校在武汉3次设分校，即北伐时期的中央军事政治学校武汉分校、10年内战时期的中央陆军军官学校武汉分校（1929年4月至1932年3月）和抗日战争时期的中央陆军军官学校武汉分校（后改为中央陆军军官学校第二分校，迁湖南邵阳、武冈、会同），情况各有所不同。

该分校是黄埔军校分校中著名的一所，其规模与影响甚大。1936年编撰的

---

① 陈宇：《中国黄埔军校》，第198页，解放军出版社，2007年版。另还有毕业20471人之说（分校学生毕业8207人，各种短期训练班学员毕业12264人）。

《中央陆军军官学校史稿》称："武汉分校规模之宏大不亚于黄埔本校，有男女学生及入伍生6000余人，实为中国腹部武装革命势力之大本营。"在教学上同南宁分校一样，是一所政治学校。

最初的中央军事政治学校武汉分校（见第二章"黄埔军校初期的各地分校·武汉分校"），1926年10月开办，1927年7月即停办。

1928年1月，李宗仁担任国民政府武汉政治分会主席，4月又兼任第4集团军总司令，在胡宗铎和陶钧建议下将他们创办的第18、第19教导团改为第4集团军随营军官学校，这是中央陆军军官学校武汉分校的前身。蒋桂战争结束后，蒋介石决定随营学校返回武汉，改为中央陆军军官学校武汉分校。

1929年春，原在武昌的桂系军队败走别处，前第4集团军随营军官学校学员1000多人出走鄂西，蒋介石遂下令收留这些学员，于4月初决定续办武汉分校，派钱大钧前往接办。4月18日，中央陆军学校武汉分校再次正式开始筹办，是为武汉分校的中间阶段。校长由蒋介石兼任，教育长为钱大钧。筛选甄别原有学生，补充学员。5月初，陆续将流落鄂西回校的学员改编为步兵3个大队，炮兵、工兵各1个队，并将第18、第50师军官教导团500余人，并入该分校编为军官补习班，后改编为步兵第4大队。共有学员1700余人。6月16日，武汉分校举行开学典礼。张世希、夏楚中、张达等为教官，实有学生1300余人、学员800余人。因南京的中央陆军军官学校当时正举办第7期，武汉分校该期学生亦称第7期。

武汉分校设总办公厅及教育、政治训练、总务、经理、军医5处。训练单位有学生总队、军官教育队、练习营。教育上基本沿用随营学校的模式，以术科为主，学科有典范令、四大教程和政治课程。

1930年7月下旬，第7期学员毕业后，又招收第8期入伍生1个团。1932年3月1日，武汉分校奉命裁撤。第8期入伍生修业期满时，编为南京本校第8期第2总队继续训练学习。中间阶段的武汉分校于此宣告结束。此阶段的武汉分校仅办了2期，培养学生约3000人，较出色的有万塈涛、夏建绩、尹俊、刘声鹤、杨伯涛等。

1936 年 1 月，出于军事形势的需要，蒋介石决定将陆军整理处军官教导团改组为武汉分校，又复组该分校，是为武汉分校的后期阶段。任命刘绍先为主任，以调训在职军官、军士和实施短期训练为主要任务。训练机构有学员总队、军官教育队、练习营。当时有 1 个军官总队和 1 个军士总队，总规模 2000 人以上。周磐为军官总队队长，张言传为军士总队队长。8 月，原陆军整理处军官教导团 846 名学员毕业，称武汉分校第 1 期。至 1937 年底，又有军士教导总队第 1 期、军官教导总队第 2 期，共毕业学员、学生 1223 人。

1937 年"七七事变"后，校址由武昌南湖迁至湖南邵阳，于完成第 14 期学员入伍教育后迁移至武冈，故习惯上又称为武冈分校。

1937 年底，武汉分校更名为中央陆军军官学校第二分校。主任为李明灏，副主任先后为毛福成、周磐（1941 年后任代主任）；政治部主任先后有刘公武、沈清尘、张泰祥。直属机构有办公处、教育处、各总队部、总务处、经理处、军医处、军械处、无线电台、练习营，配属机构有会计处、政治部和特别党部。教学上军事教育和政治教育并重：军事教育，由军事教官会同分校学员总队各级队长带领学员上典、范、令战术课，并进行军事操练和野外演习；政治教育，由政治教官负责给学员讲授三民主义、抗战救国纲领、民众组织与训练等课程，驻各队政治指导员负责学员思想言行考核。该校创办的《战斗日报》、武冈青年联谊社以及洞庭中学、和平小学，对改进当地文教状况和社会风气起到了积极作用。

1938 年初，第二分校由武昌迁至湖南邵阳。3 月，在完成第 14 期学生入伍教育后，再西迁至湖南武冈。校本部起初暂设在城南陆家大院，位于法相岩的新校舍建成后才进驻，而学员及各教学点仍分布在武冈县城乡各祠堂里。为大量培养速成下级军官以适应抗战需要，比照中央军校期别，从第 14 期起招收青年学生，实施培养初级军官的正规教育。1939 年 10 月，国民党军实行修订新编制，军校的组织变动也很大。

1944 年，日军进犯湘西武冈时，为避免损失，第二分校再迁会同。

1945 年 5 月，第二分校奉命裁撤，7 月停办。在校受训入伍届满的第 19 期第 5、第 6 总队学员，由成都本校派员考试甄别选取，编为第 21 期，并入成都本校继续学习。

后期阶段的武汉分校（第二分校）共招考 6 期（第 14 期至第 19 期）13 个学生总队（第 19 期第 5、第 6 入伍生总队在成都本校毕业）；培训 4 期技术训练班，军官补训第 2 总队，校官班第 1 期（负责人周磐），军官训练班第 3、第 4、第 5 期（负责人分别为周磐、蓝蔚援、周化南），军官训练班第 10 期第 4 总队、独立第 2 大队及第 11 期第 2 总队（负责人分别为陈怀勋、朱心持、陈怀勋）等。毕业 5 期（第 14 期至第 18 期），共 11 个总队：第 14 期 1 个总队，毕业学生 1136 人；第 15 期 1 个总队，毕业学生 1195 人；第 16 期 2 个总队，毕业学生 2575 人；第 17 期 4 个总队，毕业学生 5425 人；第 18 期 3 个总队，毕业学生 3673 人。计有毕业学生 14004 人。各种班队毕业学员 9513 人。共毕业学员、学生 23517 人。

武汉分校 3 个阶段共有毕业生约 32000 人。[①] 武汉分校及后来改称的第二分校，成为黄埔军校体系中与成都本校和西安第七分校相提并论的"第三大学府"。

第三分校（成都分校）

1935 年秋，蒋介石借整顿之名对川军进行缩编。10 月，为了安置编余军官和适应局势发展需要，蒋介石令李明灏在成都北校场开办"中央陆军军官学校成都分校"。10 月 1 日，成都分校开办，负责人李明灏、彭武敭等。校址原是四川陆军小学武备学堂的旧址，成都分校建校初历时 4 个多月，整修此地，铲除蒿草，修建校舍，开始略具规模。

成都分校校长由蒋介石兼任，教育长为张治中。分校主任李明灏，副主任彭武敭、马嗣良总揽全校教育行政，负责校务。下设教育科（科长李亚芬）、政训科（科长任觉伍）、经理科（科长游大观）、军医院（院长戴筱农）4 个单位（后改处），1 个秘书室（后改科），1 个军乐队，1 个卫兵连（后扩充为练习营）。

成都分校招收学员以四川、贵州部队保送的编余初级军官为对象，前后共

---

① 陈宇：《中国黄埔军校》，第 200—201 页，解放军出版社，2007 年版。

甄选军官 6100 余人，区分为第 1、第 2 期，于 1935 年 11 月 1 日入校，1936 年 4 月开学。分设军官、团警、交通、土木工程 4 个训练班，每个训练班下设大队、队、区队。其中包括一个 40 余人的屯垦队，系在凉山地区招收的彝族头人子弟，毕业后回原地担任要职。学员入校后，先经 3 个月一般教育，然后甄别分科。

成都分校的学科设置和一切规制与南京本校一致。各科讲授师资，均有国内外专家，特别是土木、交通两班的教官中外国留学者居多。各班学习课程有许多种，如交通训练班通信大队的学科有电学大纲，有线、无线电学，内燃机学，英语等；操作有无线、有线电收发报机，电线高空架设，手旗通信，回光通信，信鸽等，特别是中、英文符号的手发、耳闻、目睹要达成上机快速、准确，均非短期可能精通；同时还要学习军事、政治等。分校教育采用与时代结合、启发式，注重实施、不尚空口论文。马嗣良、王家让是分校的优秀教员，杨本固、周树德、张扬明、杨振铎、周寿之、周建国、赵耿是分校的杰出学员。

1938 年 1 月，改称中央陆军军官学校第三分校。同年 11 月，中央陆军军官学校本校由南京西迁入川，经铜梁辗转至成都，以北校场为校本部，第三分校并入本部。至此，该分校即告结束。

成都第三分校历时 4 年，共开办 2 期，毕业学员 6121 人。

成都分校历史虽然不长，但因成都黄埔本校校址承继于此，所以在黄埔军校历史上具有特殊意义。

第三分校（江西分校）

1939 年至 1946 年间以江西瑞金为主要办学地点的第三分校，与由成都分校改名的第三分校同名，但实无渊源关系和瓜葛。

1939 年初，抗战开始进入相持阶段。第 3 战区的形势在抗战全局中非常重要，部队整训的需求也非常迫切。3 月，蒋介石令第 3 战区司令长官顾祝同具体负责中央陆军军官学校第三分校在瑞金创办之事，并派吕济为该分校主任（后为沈发藻、柏天民、刘绍先），唐冠英、柏天民、陈畅威先后任分校副主任。校本部设于瑞金县城水背街万寿宫，下设办公室，另分设教育处、政治部、总务处、会计室等机构。1940 年 5 月，该分校奉命实施乙种编制。

江西第三分校师资力量较为雄厚，大部分来自黄埔军校本校，还有的来自保定军校、讲武学校等军事类学校，日本士官学校、日本明治大学等日本高等院校，北京大学、暨南大学等国内综合性大学，以及京师陆军测绘学校、湖南测校地形班、江苏音乐传习所等专业技术学校。

江西第三分校以教育训练正期学生为主，召集补训部队中、下级干部为辅。学生教育为期 3 年，先进入军训部接受入伍生教育 6 个月，期满甄试及格，开始接受军官养成教育。学生总队分步科、工科、炮科、通信科等。操练包括制式教练，有班、排、连的各种队形变换，有武术格斗、劈刺、手榴弹投递、轻重机枪的组装与拆散、迫击炮的瞄准与发射等内容；基本战术的应用，有攻击、退却、追击、防御、街道巷战、遭遇战及游击战术等，都要多次重复进行轮流组队联合对抗演习，由高级战术教官指导讲解并作总结讨论。课堂内有大小教程，以典范令为主，结合沙盘教育、模型教育以提高战场指挥能力。外语有英语、俄语、日语，自选一科专学。测量学、筑城学、工事构建、通信学注重理论与实践相合。政治学内容有总理遗教、领袖言行、国际形势，由高级教授讲课。学员的召训教育（召集补训）通常为 6 至 8 个月，训练项目包括纪律、生活、行动、智能、服务、体格、军事 7 项训练内容，目的是加强其政治及军事教育，统一其政治与战术思想，并充实其指挥、统御、训练、作战之经验与才能。第 16 期工兵科的许历农是第三分校毕业生中的优秀者。

1941 年 7 月，为便于顾祝同就近督导，吕济奉令将校址迁至上饶附近的广丰沙田。1942 年 2 月，浙东战事告急，顾祝同调该分校第 17、第 18 期学生赴江山、浦城、仙霞岭一带构筑阵地。4 月，日军逼近广丰，第三分校急忙迁回瑞金。由于战事影响，该分校在 6 月又迁往福建省邵武，1943 年 2 月迁往会昌，后再迁回瑞金。该分校校址主要辗转于江西省内各地，故第三分校通常称为江西分校。

1944 年 11 月 8 日，奉命改行新制，规定该分校收训学生总量为 12 个队，分步兵科 7 个队、炮兵科 1 个队、工兵科 2 个队、辎重兵科 1 个队、通信兵科

1个中队，并增加特种兵科学生教育。

1945年8月抗日战争结束时，第20期学生大队赴杭州担任受降与接收任务。

1945年11月，该分校奉令裁撤。教职员约800人，除将级人员调为军委会参议外，连同军训班第13期毕业学员600余人编为军政部直属瑞金军官大队，由少将参议萧犹然兼任大队长。第21期学生则全部交军委会杨英畏少将率领，编入成都本校第21期继续训练学习，教职员中部分年轻学识优良未曾受养成军事教育者同往受训。1946年3月，江西第三分校停办。

江西第三分校共计训练6个总队：第16期2个总队，毕业学生4203人；第17期1个总队，毕业学生1323人；第18期1个总队，毕业学生702人；第19期1个总队，毕业学生602人；第20期1个总队，毕业学生600人。计有毕业学生7430人。各种训练班毕业学员5961人。共毕业学员、学生13391人。①

第四分校（广州分校）

1927年初，由于黄埔本校招生人数大发展，长洲岛黄埔校舍不够用，岛上的校址显得过于狭小了。于是，第7期入伍生转到广州燕塘训练，这是广州分校最初的校址。此外，民国时期入据广州的军队，在此地还办过一些军校，其中有李耀汉的肇军讲武堂、林虎的第2军讲武堂、李烈钧的滇军讲武堂、李济深的西江讲武堂、谭延闿的湘军讲武堂、李福林的第5军讲武堂、李济深的广东地方武装团体训练养成所等，特别是粤系军阀、第8路军总指挥陈济棠在此初设教导队（第8路军干部学校）。1931年，陈济棠又以此为基础筹办广东军事政治学校，并自任校长。1936年夏，第4路军总司令余汉谋取代陈济棠接管军校，并任校长。这些在燕塘的军校旧址，后来多成为广州分校的校舍。故后

---

① 陈宇：《中国黄埔军校》，第201页，解放军出版社，2007年版。另有资料记载，江西第三分校毕业学生6834人；另设军官训练班、学生补训大队及政训学员总队等，毕业学员10093人。共计毕业学员、学生16927人。

来的广州分校又称燕塘分校。

广东军事政治学校主要开设有政治学科和学术科目，内容包括地方财政、地方自治、地方建设、地方教育及民法、刑法、宪法、《史记》。由于陈济棠提倡经学，故还讲授《孝经》《四书》。军事学科有步兵操典、战略概论、筑城学、测量学等。广东军事政治学校学生班共招 3 期；军官班办了 8 期；政治深造班办了 2 期；军事深造班办了 1 期；经理班办了 1 个队；此外，还成立了高射炮队、战车队、迫击炮队等。

1931 年至 1936 年 8 月前的广东军事政治学校，一般不纳入黄埔军校。但因其地理和师生渊源，有文章将其算入黄埔军校分校。本书在此仅是为介绍广州分校的地理历史源流，以及说明广州分校接受原校的首批学生，但并不将其之前的毕业生计入黄埔军校分校之列。

1936 年夏，余汉谋投靠南京国民政府，取代陈济棠。8 月，蒋介石派陈诚、第 4 路军副军长陈芝馨接收广东军事政治学校（燕塘军校），改名为中央陆军军官学校广州分校，蒋介石兼任校长，陈诚兼主任，陈芝馨为副主任（后升任主任）。因陈诚很少到校，陈芝馨为分校实际负责人。风振声任办公处长，谢婴白任教育处长，庄元清为经理科长，陈敦德为医务科长，刘健群（1937 年秋，由邵令江接替）为政训处处长。广州分校校本部设置办公处、教育处、政训处（后为政治部）、经理科（后改为处）、会计室、图书馆、练习团和国民党特别党部等。全体官佐常保持在 400—500 人之间。

广东军事政治学校原第 3 期学生，转隶作为中央陆军军官学校第 12、第 13 期学生，毕业后有资格投考陆军大学。1936 年至 1937 年间，广州分校续招第 14、第 15 期学生 3000 多人。1936 年冬，第 4 路军的军官总队共 4 个大队 1000 余人编入该校，以陈克球为总队长，办了 2 期后改为补习总队。

广州分校的教职员工，主要来自国民政府中央调任官佐、黄埔军校毕业生、张发奎所辖第 4 军的部队军官、陆军大学毕业生，以及保定军校、云南讲武堂、日本士官学校暨各专科大学毕业生，或留学欧美、日本的学生。

广州分校的课程设置，分军事课和普通课。军事课有战斗纲要、步兵操典、野外勤务、战斗射击、兵器学、筑城爆破学、地形学、航空学和各种战阵法的讲解等；普通课有政治学、经济学、国防地理、中外历史、外军（日、苏）研究、中外文、数理化、英语、美术等。

抗日战争爆发后，日机轰炸广州，校部迁往白云山，学生总队迁往龙眼洞上、下元岗，军官总队迁往肇庆，校内只留守卫兵1个排。1937年12月20日，广州分校校部迁往德庆，学生总队迁往德庆、悦城、连滩、郁南、桂平等地，学员总队迁往罗定，实行分驻教育。受战争环境的极大影响，迁校后已不能正常进行教学和训练。

1938年1月，迁址德庆的广州分校（1936年8月至1937年12月）奉令改为中央陆军军官学校第四分校。2月，成立第14期学生第7总队，分甲乙两级，学生1028人，同时将政训处改为政治部，李厚征为主任。成立第15期学生第7总队，学生1482人。5月，分校副主任陈芝馨、政训处处长邵令江因公殉职。7月，中央训练团办公厅主任韩汉英代替陈诚接任分校主任，谢婴白升任副主任兼教育处长，吴敬群为办公处处长。9月，第14期甲级生毕业。

10月，日军侵陷广州。该分校奉命从德庆等地全部迁移到广西宜山、德胜、东江一带教学，校部设在宜山。又招收新生1500人。后又迁往贵州独山、贵阳、遵义等地。

第四分校的招生条件非常"苛严"。1938年12月31日，蒋中正、韩汉英、谢婴白3人署名发布《中央陆军军官学校第四分校招生布告》。要求报考者须为"德才兼备"，"隶属中华民国国籍，品行良好，笃信三民主义者"。必须"初级中学以上毕业或修业，及经教厅立案之私立中学体育、艺术、会计、新闻、速记等学校，暨各有所习学校得有毕业证书，曾受军训者"。另外，要求报考者"年龄20岁以上，28岁以下"，"体格健全，合于该分校体格检查之规定"。

1939年，陈联璧接任第四分校副主任；1941至1945年，张振镛连任副主任直到分校停办。

1940年2月，昆仑关战役打响，日军自南宁进犯宾阳。第四分校全体师生奉命编组为第120军，辖2个师，参加桂南战役。5月，出色地完成任务后，校址迁移到贵州独山。6月，第17期新生入伍，成立2个总队，共2629人。7月，奉命实施乙种编制。

第四分校特别党部下设新军日报和励志社两个机构主管宣传和文娱、体育活动等事宜。军校教学内容和广州分校时期基本一致。迁址贵州独山后，步科学生开展队列、投弹、射击等训练，学习各种轻重兵器操作方法。

华侨大队是第四分校的一大特色。该分校建议招考海外侨胞青年子弟回国受训，专请侨务委员会及战时驻东南亚各国领事馆负责招生，计招学生254人，成立华侨大队，黄百强为大队长。

1941年2月，第四分校停办军官补习教育（学员总队），所有滇、黔部队由昆明第5军校收训，粤、桂部队由桂林第六分校收训，湘、鄂部队由武冈第二分校收训，其余由该分校收训。1943年，恢复军官教育队，分设校、尉官研究班，政训研究班，战术研究班，重兵器训练班，经理人员训练班，司书特务长训练班等。

1944年8月，桂林、柳州一线战局紧张。该分校奉命组建黔桂边区防守司令部及都（匀）独（山）警备司令部，韩汉英兼任司令，其组成由该分校优秀官员充任。师生官兵沿黔桂边区各要隘地区修筑防御工事。11月，再赴广西南丹等地阻击日军，圆满完成任务。12月初，日军制造"黔南事变"，第四分校原校部被夷为平地，遂迁址到黔北湄潭县。

该分校两次参加抗日作战，3次迁移校址，对学生完成学业影响甚大，但这批学生也在战火中得到了锻炼。

1945年10月，该分校奉命裁撤。学生拨归成都本校，未完成课程的炮、工、通信兵科学生分别转送各专科学校继续学习。入伍生团未升学学生，分别参加第20期学生升学考试，转往志愿兵科学校继续学习。所有教职员及各总队、入伍生团干部拨编成立军官总队，归中央训练团管训，主任及高级将官由中央分别予以安置。

第四分校（1938年1月至1945年10月）的毕业生，从第12期到第19期共8期，有15个总队：第12期1个总队，毕业学生780人；第13期1个总队，毕业学生 717 人；第 14 期 1 个总队，毕业学生 724 人；第 15 期 1 个总队，毕业学生 1482 人；第 16 期 2 个总队，毕业学生 2127 人；第 17 期 6 个总队，毕业学生 5945 人；第 18 期 1 个总队，毕业学生 680 人；第 19 期 2 个总队，毕业学生 2912 人。计有毕业学生 14377 人。各种班队毕业学员 5079 人。共毕业学员、学生 19456 人。[①]

第四分校在各分校中的办学历史长，校名几经更迭，组织机构多次变换，校址频繁迁移，办学近 20 年，培养学员、学生近 2 万人。办学时间之长、师生在校参战时间之多、毕业人数之多，在各地分校中都是翘楚。

第五分校（昆明分校）

校址在云南昆明市，前身为创建于 1909 年 8 月 28 日的云南陆军讲武堂。朱德、叶剑英等著名将领毕业于此校。以云南讲武堂师生为骨干组建的滇军，在护国、护法战争中战绩辉煌。辛亥革命后，该校改为云南陆军讲武学校。1930 年 8 月，龙云依照陆军讲武堂旧规，成立讨逆军第 10 路军总指挥部军官教导团，简称"云南教导团"。1934 年 12 月，讨逆军第 10 路军总指挥部军官教导团奉令改为中央陆军军官学校昆明分校。1935 年 9 月，国民政府任命唐继麟为昆明分校主任，张与仁为副主任，龙云专任校务委员。1938 年 3 月，昆明分校奉令改为中央陆军军官学校第五分校，唐继麟为主任，张与仁、王炳章、邱开基为副主任，龙云为中央陆军军官学校（本校）校务委员。

昆明分校成立之初，原在校受训的滇、黔"绥靖"公署军官队，改称学生大队。初期设有教育科、政治训练科、总务科、经理科、医务科。其后屡有更名或增设（1936 年 11 月增设文书科）。1938 年 8 月，各科奉令改处。基本沿用本校规章制度，如《党员守则》《军人读训》《总理纪念周仪规》《军械检查暂行条例》《党国旗升降办法》《处置破旧党国旗办法》等。此外，有自行制定的一些规则或规定，如《中央陆军军官学校昆明分校公物保管规则》。

昆明分校及第五分校学生（员）包括学生队、军官补习班（后改为中央陆

---

① 陈宇：《中国黄埔军校》，第 203 页，解放军出版社，2007 年版。

军军官学校学员总队）、干训大队、军士队等。学生队主要招收 18 岁至 24 岁的初中毕业及有关同等学力以上考试合格者，考试科目为国文、党义、三角、几何、代数、理化、体格检查、口试等；学员总队、干训大队等由滇军各部队选送的 30 岁以下准尉至上尉之间的军官组成；军士队由 18 岁至 22 岁的初中修业或高小毕业及同等学力的学生及滇军士兵组成。教官主要来自保定军官学校、中央陆军军官学校、云南讲武学校、云南省立师范、云南大学、云南省立丽江中学、日本士官学校等。

昆明分校初期沿用云南陆军讲武学校日本"士官式"教育，后推行"黄埔式"教育。固定训练为每日"三操两讲"，"三操"指早晨、上午、下午各进行一次训练；"两讲"指上午或下午 2 个小时的政治教育，晚上进行一次全队讨论或晚点名。课程分为：1. 学生队的军事课程包括"四大课程"（战术学、兵器学、筑城学、地形学）"三小教程"（步兵操典、射击教程、阵中勤务令），还有军制学、航空学、交通学、实地测图等；政治课程包括三民主义讲座、中国革命史、社会学、人生哲学等；训练主要有实弹射击、军事演习。2. 学员总队、干训大队等的普通学科，开设数学、理化、电理、外文（英、法、日三选一）、党义、政治；军事学包括战术学、兵器学、筑城学、交通学；训练为实弹射击、军事演习等。

该分校成立之初，原在校受训的滇、黔"绥靖"公署军官队，改称学生大队。1936 年招新生分步兵、炮兵、工兵、通信兵各科，计 700 人，训练时间原定为 3 年 4 个月。后续招第 14 期，训练时间缩短为 1 年 6 个月。1939 年，招训第 16 期入伍生。当时抗日前线急需基层军官，故将第 16 期学生分甲、乙两级教育，同时学生名额增加到 1500 人。甲级生 6 个月毕业，乙级 1 年毕业。1940 年 3 月，招考第 17 期学生，录取 120 人，分步兵、炮兵、工兵 3 科，步兵科为期 1 年，炮兵、工兵科为期 1 年 6 个月。1941 年 12 月，第 19 期学生 1300 多人入校，并续招了第 20、第 21 期学生。

1936 年 6 月，政治训练科创办《中央陆军军官学校昆明分校周刊》。为了增进官生感情，1937 年 2 月成立了官生同乐会。1943 年 2 月，政治部开办中正小学，以便于军官佐属子女就学。

1938 年 7 月，军长孙渡（第五分校第 16 期第 18 总队总队长）带领滇军第 58 军出滇抗日，第五分校教职员工及同学 40 余人随军作战，先后参与武汉会战、常德会战等。1939 年，第五分校第 16 期毕业生部分到湖南加入滇军第 60 军，先后参与长沙会战等，部分赴山西加入滇军第 3 军参加抗日战争。

1940 年 10 月，该分校奉命实施丙种编制。1944 年 11 月 8 日，奉命改行新制，规定该分校收训学生总量为 12 个队，分步兵科 6 个队、炮兵科 2 个队、辎重兵科 1 个队、通信兵科 2 个中队。

抗日战争胜利后，该分校于 1945 年 10 月奉令裁撤。1946 年 2 月，该分校停办。未完成学业的第 20 期学生经甄别后并入成都本校训练，剩余第 19 期学生 400 余人改为中央陆军军官学校第 20 期驻昆独立大队，至 1946 年 5 月毕业。

第五分校及此前昆明分校共办 7 期，各期毕业学员、学生共 11607 人。[①]

第六分校（南宁分校）

南宁分校的前身是 1926 年 5 月在广西陆军讲武学堂基础上建立的中央军事政治学校第一分校，1929 年移驻桂林，1931 年移驻柳州，改称中央军事学校第一分校，再迁回南宁，通常称为南宁分校（见第二章"黄埔军校初期的各地分校·南宁分校"）。1937 年 7 月全面抗战爆发后，南宁第一分校易名为"中央陆军军官学校南宁分校"。8 月初，全国军事政治统一于中央，南宁分校遂改名为陆军军官学校第六分校，主任为冯璜。

1938 年 1 月，南宁分校校舍等几被日军炸毁。3 月，校址由南宁迁往桂林市郊外的李家村（今奇峰镇），这里依山靠河，有许多天然防空洞，其面积能满足约 3000 人学习训练。名将蔡锷曾在这里建立学兵营。3 月，第六分校设主任、副主任各 1 人，俞星槎为主任。后有黄维、黄杰、甘丽初、冯璜等先后担任主

---

① 此数字为云南省黄埔同学会根据同学录档案名册统计。另有陈宇《中国黄埔军校》第 204—205 页载，该分校第 14 期 1 个总队，毕业 958 人；第 16 期 2 个总队，毕业 2856 人；第 17 期 1 个总队，毕业 1047 人；第 18 期 1 个总队，毕业 1104 人；第 20 期 1 个总队，毕业 577 人。计毕业学生 6542 人。各种训练班毕业学员 2480 人。共计毕业学员、学生 8022 人。

任。1940 年 10 月奉命实施丙种编制。

1938 年 3 月初，南宁分校更名为"中央陆军军官学校第六分校"。设办公厅、教育处、政治部、经理处、总务处、军医处、会计室、特别党部、练习营、驻桂林办事处等机构。招生由广西转向全国，还招收归国华侨青年。有别于其他军校的是，自第 15 期（比叙黄埔本校）开始招收回族学员。学生按"期别加总队"番号命名。

第六分校的学生均以 3 个月为入伍生教育期。教学内容包括军事教育、政治教育两部分。军事教育分学科、术科两类。学科类以军事常识为基础，以战术学、军制学、兵器学、筑城学、交通学、地形学为基本教学内容，辅以卫生学、军用文、服务提要等常识课和马术、国技等提升体能的军体课目。术科类以单兵训练为主，配合班排连训练，培养实战集群战斗精神。政治教育主要培养学员为党国牺牲的精神，课目有三民主义，建国大纲，建国方略，国民党第一、第二次全国代表大会宣言和决议案，中国国民党党史，各国革命史，国民会议国际问题草案，帝国主义对华侵略史，政治演讲等。教材参照总校选编，并辅以本校自编的教材。为了更好地团结师生，分校成立了广西国民革命军特别党部第一区区分部、中央军事政治学校第一分校同学会，创办了《军校旬刊》。

1944 年 9 月，桂柳会战爆发，11 月军校被迫撤到宜山县怀远镇，后又迁往百色地区凌云县城。11 月 8 日，该分校奉命改行新制，规定该分校收训学生总量为 12 个队，分步兵科 6 个队、炮兵科 2 个队、工兵科 1 个队、辎重兵科 1 个队、通信兵科 2 个队。

抗日战争胜利后，1945 年 11 月第六分校奉命裁撤、停办。未完成学业的学员于 1945 年 11 月并入成都本校，该分校至此结束。

该分校历届各期毕业生：南宁分校第 14 期之前计毕业 1335 人。第 14 期 1 个总队，毕业 1618 人；第 15 期 1 个总队，毕业 1357 人；第 16 期 1 个总队，毕业 1418 人；第 17 期 1 个总队，毕业 772 人；第 18 期 2 个总队，毕业 1871 人。第 14 期后计有毕业生 7036 人。各种班队毕业学员 7081 人。共毕业学员、学生 15452 人。[①]

从该校及之前时期毕业、比较有影响的人物有共产党员钟祖熹、甘湛泽、刘健、黄光照等，国民党将领马威龙、唐仁玙、虞世照、张光玮等。

第七分校（西安分校）

中央陆军军官学校第七分校是在中央军校西北军官训练班基础上建立起来的，先后在天水、凤翔、王曲办学 7 年，培养学员、学生的人数居各分校之冠。其中第 16、第 17 期毕业人数最多，每期都有近万人毕业的数量在总校和各地分校中都名列前茅。

1936 年，国民党第 1 军军长胡宗南在甘肃天水驻防，为了扩充部队、培养干部，就地成立了中央军校西北军官训练班。训练班除招训普通学生外，还特别设立了一个少数民族青年中队，招有回、蒙、藏等民族学生共 100 余人，以储备少数民族军政人才。共训练 5 期。

1937 年下半年，胡宗南部第 17 集团军参加淞沪抗战后，奉命转进安徽、河南，后开赴到陕西省凤翔一带整训。该集团军在行军沿途招收男女知识青年，申请入伍参加抗战者有 200 余人，编为抗日青年学生队，随军训练。另外还有以女大专学生李芳兰为首的 30 多人，立志从军抗日报国，编为随军服务团，参加军队的宣传和后勤工作。因此，该集团军为争取将战区敌后青年储备为抗日军事干部，1937 年 12 月底呈准在西北地区筹办黄埔军校第七分校，校部驻甘肃天水。

1938 年 1 月中旬，第七分校将第 17 集团军随军青年和天水训练班驻湘训练的第 6 期学员 800 余人，合编为第 15 期第 2 总队，另外附编一个女生队，在受训 10 个月后转入战干第 4 团。3 月 29 日，中央陆军军官学校第七分校正式成立，校址设在陕西凤翔。胡宗南是首任主任，顾希平任副主任。校部设办公厅、教育处、总务处、政治部、军医处、会计室、毕业生通信处、营缮委员会、采办委员会等。王超凡任政治部主任，吴允周任教育处处长兼办公厅主任，袁

---

① 陈宇：《中国黄埔军校》，第 205—206 页，解放军出版社，2007 年版。

杰三任总务处处长，汪维恒任经理处处长，赵立群任军医处处长，陈九如任会计室主任。训练单位有学员总队、战时补充军官训练总队、军官教育队、军需训练班、军官研究班、练习团、教导团等。

4月中旬，该分校奉命接收王曲特别训练班学生1800多人，还有驻终南山麓的江苏抗日青年团600余人，这时派往甘肃、宁夏、青海和山东、河南等地区所招收的1000余名学员也先后到达，合并选编为第15期第3、第4、第5总队。这时的第七分校增加到4个总队，分驻王曲、凤翔、天水、兰州等处。

5月底，第七分校校部迁移到西安市郊区的王曲镇，借用和修缮祠堂庙宇，作为校部办公的场所，修补挖掘窑洞作为学员的宿舍，平整河滩作为操场。故第七分校通常称为西安分校或王曲分校。

第七分校为适应战时环境需要，先后成立政治队、女生队、军官大队暨军官训练班、军官研究班暨军官教育队、政工干部训练班、军官短期教育班、补训大队、军需实习班暨特务长训练班、练习团、教导团暨教育队。此外，还有与分校合作或代办的两个训练机构：一是在皇甫村营地的第8战区将校训练班，轮招战区中、上校级军官受训，每期培训3周；二是在终南山麓营舍的中美训练班，举办2期后撤销。

第七分校的教学分入伍生教学和军官生教学。入伍生教学实施阶段性入伍训练，学习科目主要包括：军事学科，有步兵操典、射击教范、阵中要务令等；军事术科，有基本教练、战斗教练、射击教练、体育训练；政治教育，有三民主义、总理遗教、领袖言行；普通学科进修，为加强英、数、理化等普通学科基础而设置；分科入伍训练，以各兵科器材单一制式操作使用与射击教练及勤务实习为内容。

军官生教育各兵科内容不同。步科教育课目：（1）学科教育，包括战术、地形学、筑城、兵器、交通学、军制学、军法学、通信八大教程；（2）术科教育，包括基本教练和战斗教练；（3）技术教育，包括劈刺、轻重兵器分解、运用与手榴弹掷远及反装甲训练；（4）体育；（5）普通学科，有政治经济学、外文、数、理化等；（6）精神思想教育，包括总理遗教、领袖言行等。炮兵科专业训练主要课目：（1）学科教育，包括野战炮兵战术教范、野战炮兵射击教范、野战炮兵测地教范、野战炮兵观测教范、野战炮兵通信教范、野战炮兵筑城教范、野战炮兵马术教范等；（2）术科教育，有单炮教练、炮排教练、炮连教练、观测教练、通信教练、马术教练、汽车教练、步战炮联合演习协同作战训练。工兵科教育内容包括筑城教育、架桥教育、爆破教育、坑道教育、道路构筑、行军训练、演习联合兵种演习、现地战术。骑兵科专科教育以骑兵军、师大骑兵机动作战战术理念授课，以营连战术教育为主，着重攻、防、遭、退、追中骑兵运用与战法反复演练。术科教育除基本马术训练外，特别加强骑兵通信运用、爆破技术、搜索、警戒袭扰等战斗训练。通信兵科专业学科以电学原理、电路工程学、电话学、通信勤务、通信教范、电码收发等为基础，加以通信作业、基本通信技术、装备操作等实践操作练习。辎重兵科除专业典令及技术教范、陆海空运输理念参谋作业列为全期学术重点讲授外，对驭马、挽曳、汽车驾驶、保养修护、人力运输、战场勤务支援等指挥与运用，均予以实习操作及作业训练。

第七分校的军事教官，由教育处各兵科集中调派，有李正光、刘钊铭、黄祖壎、刘安琪、李用章等；政治教官由政治部调派，有张研田、吴宣晨夫妇（留日）、张大同、林维渊、肖涵恩（留法）等；作业指导由队职官负责，有队长、副队长、指导员及3名区队长、3名助教。

1940年10月奉命实施甲种编制，1944年11月8日又奉命实行新制。新制规定：（1）收训步科学员20个中队，炮兵科、通信科学员各4个中队，工兵科、辎重科学员各3个中队，骑兵科学员2个中队。（2）将原有的练习团改制为特务团。（3）裁撤边区语文班。（4）原有附属于军医处的医院，改称为军医院。（5）各科学员大队，一律改为直隶校部，分别受兵科之指导。（6）各中队学员人数一律确定为108人。

1944年秋，第七分校派出由副主任洪士奇为团长的访问团，到印度蓝姆伽参观了我国远征军和英军的训练，到利都参观美国工兵部队修筑滇缅公路的工程，最后返回昆明参观我反攻部队在美军协助下的训练情形。

蒋介石非常关心第七分校，曾 5 次前往检阅或视察，认为训练坚实，给以嘉许。美国副总统威尔基、英国议会访华团、美魏德迈将军、中央社记者团及军事学校机关组团接踵访问第七分校，参观逼真之演习，深表敬佩。

第七分校各期学生毕业前都要编印笔记，供分发部队工作参考。1945 年 5 月 20 日，同学们编印的《工兵纪念册》上下两册编辑成书出版。

抗日战争胜利后，1945 年 11 月，第七分校奉命裁撤，未毕业的学生并入成都本校继续训练学习。后因便于训练原第七分校学生，1946 年 1 月在西安分校原址成立西安督训处，继续负责训练。

从 1938 年到 1945 年，第七分校先后招训学生 7 期（第 15 至第 21 期），在训学生有 23 个总队 3 个大队：第 15 期 4 个总队，毕业学生 3745 人；第 16 期 7 个总队，毕业学生 7935 人；第 17 期 7 个总队 1 个炮科队，毕业学生 8842 人；第 18 期 1 个总队 2 个大队，毕业学生 3196 人；第 19 期 1 个总队，毕业学生 1297 人。计有毕业学生 25015 人。第七分校招收的第 20 期 2 个总队、第 21 期 1 个总队学生在成都本校毕业。各种训练班、队、团等 33 个，毕业学员计 10927 人，其中包括 1938 年毕业的女生队 189 人。共计毕业学员、学生 35942 人。①

第八分校（武当山分校）

抗战时期，中央陆军军官学校第八分校和第 5 战区长官司令部相继设在武当山下的湖北省均县草店镇和周府庵。1938 年春，国民党第 5 战区所属部队在台儿庄大捷重创日军后，即向豫、鄂西部地区转移，经汉川、浠水、宋埠、襄樊，于当年 11 月到达湖北省均县武当山地区的老河口，司令部也设于此。当时襄樊系第 5 战区司令部所在地，而均县武当山则为防御作战的腹地。均县北隔汉水与河南毗连，西通陕西、四川，武当山为天然屏障，易守难攻，战略位置尤为重要。12 月初，第 5 战区司令长官部委派战区文化工作委员会副主任委员孟宪章任筹备主任，筹备第 5 战区"高级作战人员培训班"，即第 5 战区干部训

---

① 陈宇：《中国黄埔军校》，第 207 页，解放军出版社，2007 年版。另有资料统计第七分校毕业学生 29635 人，学员毕业 11068 人，共计 40703 人。

练团。

1939 年初，干训团教育处长张寿龄选定湖北武当山下的周府庵为团址。团长由第 5 战区司令长官李宗仁兼任，教育长由广西"绥靖"公署参谋长张任民兼任。因张任民经常出差，干训团实际由教育处长张寿龄负责。下设教育、政训、军械、军医、总务等处和卫兵连、宪兵排。1 月上旬，第 5 战区干训团开学，学员共 1400 余人。月底，第 1、第 2 期学员同时结业。结业的学生大部分到战区各部队任连、排长。

1939 年夏，蒋介石为避免桂系势力因干训团而增强，便以扩大干部训练团范围、统一军事训练机构名义，决定将干训团改名为中央陆军军官学校第八分校。10 月，蒋介石派徐祖诒任该分校主任，沈发藻（后为罗列、邢震南）担任副主任，主持校务。政治部主任为杨啸伊，校部办公处处长为张廉春，教育处处长为曹儒藻。校本部下设办公处、教育处、总务处、经理处、军医处及政治部、会计室、军械所、马区管理所、迎宾馆、军官研究队等。分校设战术研究班、校尉官研究班、中正小学（子弟小学校）、学生总队、学员总队、练习营和无线电台等。校址设于湖北省武当山下的草店，利用原有庙宇为校舍，开始筹备工作。这年冬，蒋介石又派黄埔 1 期毕业生贺衷寒前往武当山视察该团干部训练团。

1940 年 2 月，学员先后入校，开始预备教育。5 月 4 日，补行开学典礼。10 月，该分校实施丙种编制。学生队学习暂定为 1 年 6 个月，学员队 6 个月。学习内容包括政治、军事、体操等。政治以三民主义为主，还有建国方略、建国大纲、国际形势等。体操方面有各种球类、跳高、跳远、马术、劈刺等。

军事课程内容，因学生学习分入伍、学生、军官 3 个阶段而不同：（1）入伍期 6 个月。课堂和操场兼半。课堂以典、范、令为主。操场由单个姿势教练渐进到班排教练。兼学战斗演习、实弹射击、夜间演习、紧急集合、防毒防空等。（2）学生教育期 6 个月。教学偏多于操场术科。军事教程以四大教程（即战术、兵韬、筑城、地形测绘）为主。每星期操场教练 2 次，战斗演习 2 次，以排连为主。（3）军官教育为期 6 个月。除巩固前两期学术科外，课程更注重理论结合实践。诸如观察测绘地形、地物、地貌、山川河流、海洋、公路、铁路、桥梁、村镇、城市、电站、电台、田野、平面立位断面，各种兵器、兵种在攻防上如何配备，火力点的位置，障碍物的设施，指挥官的位置，实地与图纸的关系、位置、距离等，要求学员在平素沙盘演习和实地操作的基础上，完全具备指挥能力。战术、兵器、筑城等内容也是学习重点。

1941 年第 17 期学生毕业前，分校员生参加了一次步、骑、炮、工、辎、空、通信多兵种配合，约一周时间的战斗演习。

武当山地区作为第 5 战区大后方，有很多国民党军队的将领来过这里，如：第 33 集团军总司令张自忠将军曾到武当山视察，第 32 集团军第 77 军副军长兼 179 师师长何基蚌，曾在周府庵办过军事干部培训班。

干训团和第八分校的工作都得到武当山道众的协助和配合。武当道众为支持抗战，积极协助和配合第 5 战区干训团和后来的第八分校培养抗日军事骨干。为了给干训团提供足够的房舍，他们把道人集中到其他宫观，只留少数道人护庙。如周府庵原 100 多名道人，只留 9 人看庙，其余殿堂、房屋都提供给校总部使用。

该分校在办学期间，道人罗教佩、洪永寿、刘理山曾多次下山为学员治病，尤其是紫阳庵的 14 名道人，每天为 3—5 个学生治疗跌打扭伤。道长赵远高原系张自忠部特务营的连长，1940 年 5 月 16 日在枣阳与日军作战中右臂负伤，伤愈后到武当山出家，住金花村，1943 年至 1944 年间，多次应邀给驻扎金花村（冲虚庵）的第八分校学生授课，讲解对日军作战的方法。

1944 年 11 月 8 日，该分校奉命施行新制：步兵科学员 7 个中队，炮兵科、辎重兵科、通信兵科学员各 1 个中队，工兵科学员 2 个中队。

1945 年 4 月，日军企图侵犯襄河西岸。1944 年入学的第八分校第 19 期全体官生和练习营官兵奉命到三官殿至青山港一带布防月余，终使日军企图未能得逞。

1945 年 5 月，第八分校迁驻湖北房县。6 月，该分校奉命裁撤，第 19 期学生转入西安第七分校继续学习。第八分校在 12 月正式停办。

第八分校共招收第 16、第 18、第 19 期 3 期学生。历届毕业生有：第 16 期 1 个总队，毕业 1431 人；第 18 期 1 个总队 3 个大队，毕业 858 人。计毕业学生 2289 人。学员总队共办 2 期，各种训练班毕业学员 3442 人。共计毕业 5731 人。①

第九分校（迪化分校）

该分校的前身，最早是杨增新、金树仁主政新疆时的讲武堂。1926 年，新疆省主席兼督军杨增新在迪化开办新疆讲武堂并自兼校长。1929 年，主政新疆的金树仁将它改为新疆陆军初级军官学校，并兼任校长。1933 年 6 月底，盛世才任新疆督办主政时，再改名为新疆陆军军官学校，选取农林实验场为校址，以 "艰苦耐劳、亲爱团结" 为校训。盛世才采取亲苏、联共政策，先后邀请共产党人王寿臣（俞秀松）、徐杰（陈潭秋）、周彬（毛泽民）及民主进步人士杜重远、茅盾等到该校任政治教官或作政治报告。1934 年、1938 年，国民政府军委会先后电令他将军校改为中央陆军军官学校迪化分校、中央陆军军官学校第九分校，均被拒绝。1937 年 6 月，该校学生参加了粉碎 "东突" 分裂势力的南疆战役，并取得胜利。1940 年春，又平息了阿山乌斯曼叛乱。

1942 年初，德军包围莫斯科，苏联形势危急。盛世才认为苏联和延安前途不妙，加之国民党拉拢，便改行反苏政策，打压中国共产党人。8 月，蒋介石偕夫人宋美龄巡视新疆迪化（现乌鲁木齐），和盛世才达成诸多协议。盛世才建议改组新疆军官学校，纳入黄埔军校建制，蒋介石对此正在欲求不得，立即欣然表示同意。

1943 年 3 月 27 日，原新疆军官学校奉命改组为中央陆军军官学校第九分校，盛世才兼任主任、龚愚任副主任。训练单位含学员总队、军官教育队、入伍生预备教育班、通信教育班、警卫营。以当时在训的第 6 期学员改为第 18 期，独立第 6 队及第 7 期改为第 19 期，独立第 2 大队（步兵科、骑兵科、炮兵科、

①　陈宇：《中国黄埔军校》，第 209 页，解放军出版社，2007 年版。另有资料记载，第八分校第 16 期学生毕业 2100 多人，第 18 期毕业学生近 1000 人。培训学员 2 期共毕业 2400 多人。共计 5500 多人。

通信兵科等 4 个队）及第 8 期改为第 20 期。

该分校校址原为新疆军官学校旧址，位于迪化东门与近山"一炮成功"之间。这里过去是一片无名山岭，但是地势较高，居上可以俯瞰迪化全城。清末名将左宗棠进疆平乱时，敌军占据迪化城负隅顽抗。左宗棠率大军欲全力破城，在这个山头上架起了大炮，就只打了一炮，正中敌要害，敌军全部溃败。左宗棠大获全胜后，在此山岭上建立了炮台，以作纪念，并以"一炮成功"命名炮台。黄埔军校第九分校选址于此，颇收敬仰先贤、激励志气的效用。

该分校所在地，因一般文化水准较低，每届招考新生的水平也未能合乎原来的要求，为了继续分校的教育，乃降低标准，将原有入伍生预备班予以保留，施以相当教育，提高文化教育程度。

该分校学生总队主要招收高中以上学生，来源涵盖各中学学生，新疆学院、迪化师范学校学生，社会青年，现役下级军官及有文化的士兵等。民族成分复杂，主要从新疆 14 个民族的青年中招收选取，包括汉、维吾尔、满、蒙、回、哈萨克、塔蓝旗、索伦、锡伯、白俄罗斯、塔塔尔、柯尔克孜、乌兹别克、塔吉克等族。学员队主要调训行伍军官，补授军官学生教育，修业期最短为 1 年。军官教育队主要调集在校现役军官，对他们施行现代化军事教育研究或进行补习。入伍生预备教育班与预备学校性质相同，教育期限为两年，毕业后升入学生总队。

国民政府认为新疆亟待开拓，本地青年长于骑射、秉性勇敢，内地与边疆文化应当充分交流。因此，从成都本校调部分入伍生加入迪化分校。成都本校征求学员志愿，掀起了"开发边疆"的高潮，后批准 500 名学员的请求，配以全副装备，还有各兵科教官 20 多人随行，车运 2 个多月抵达迪化分校。这批师生的到来，对迪化分校教育影响甚大。成都本校来新疆的学员学成毕业后，均分发到当地部队中服役，不久在保卫祖国边疆的斗争中，有许多人英勇牺牲。

该分校在 1944 年 11 月 8 日奉命改行新制：收训步科学员 4 个中队，骑兵学员 3 个中队，炮、工、辎、通、战车等科学员各 1 个中队。年底，第一分校与该分校合并。

原新疆陆军军官学校的步、骑、炮各科教官中有部分苏联教官，更多的是留学归来的中国教官、黄埔军校或讲武堂毕业的军官。改为第九分校后，教官增加了从成都本校来的、远征军回国后随宋希濂调到新疆的，以及从第一分校合并过来的。朱灏、嬴致萍、王笃亲、伍淮芳、曾凯等即是该分校的高级教官。

该分校的教学目标是"训练军事人才，巩固边防"。1943年前，军校多采用苏联教学大纲，炮兵学等课程也使用苏联教材，由苏联教官主讲；十分注重政治教育，宣传马列主义和盛世才的治疆"六大政策"。变更为第九分校后，苏联教学大纲被取消，苏联制式操练改为德国制式操练，政治教育取缔一切有关马列主义思想的内容。改后的教学内容与其他分校大体一致。政治部利用文体活动宣传坚持抗战、抗战必胜的爱国精神教育。军校设有天山剧团、血花剧社，并分别成立了京剧、话剧、音乐、舞蹈表演小组。

为适应新疆部队作战需要，该分校承担了为骑兵部队培训骨干的任务。骑兵学术科仍然采用苏联红军大学教学大纲。马鞍、马具及枪械全是苏式装备。中校骑兵中队长、教官卢志鹏系本校骑兵科优秀毕业生，其教学深受学生称赞。

1945年3月，宋希濂担任分校主任，唐井然、夏日长、易瑾先后为分校副主任。

宋希濂到任后，使第九分校管理体制与本校相一致，主任之下设办公处、教育处、政治部、总务处、会计室及步兵科、骑兵科、炮兵科、工兵科、通信科、战车科、学生总队、学生大队。办公处处长为刘臻，教育处历任处长为谢淑周、陈俊，政治部历任主任为孙浮生、黄锡恭，总务处处长为谢静生。

1946年2月，该分校成立军官补训队，将原新疆陆军军官学校第1至第5期毕业生分批调回补训，分别叙定为中央陆军军官学校第8、第12、第13、第15、第16期。此外，该分校还经过考试录取，调训和补训入疆的胡宗南部队、马呈祥骑兵第5军、盛世才在疆旧部中下级军官。

1946年9月，该分校停办。1947年4月，第20期学员毕业后，奉命改组为第6军官训练班。8月27日，第九分校奉命撤销，改组为陆军军官学校第5

军官训练班,到 1949 年 12 月结束。第九分校历届毕业生,共计有 6000 余人[①]。

该分校是中央陆军军官学校体系中成立最晚的分校,办学时间不长,培养学生不多,但影响较大,颇具特色。主要是培养了大批各民族学员,培养的许多毕业生后成为国民党驻疆部队的骨干力量,参加了 1949 年 9 月 25 日陶峙岳将军领导的和平起义,为新疆和平解放作出了贡献。该分校毕业生后多仍在新疆工作生活,1990 年成立新疆黄埔军校同学会时,该分校毕业生占大多数。2004 年 6 月黄埔军校庆祝建校 80 周年时,新疆黄埔军校同学会会员有 860 多人,这些平均年龄 83 岁的老人,绝大多数是原分校毕业的学生。

长沙分校

前曾有 1926 年 6 月开办的长沙分校,又称第三分校,1928 年 7 月并入南京本校(见第二章"黄埔军校初期的各地分校·长沙分校")。10 年后,湖南省政府主席兼保安司令张治中主政湖南,又兴办长沙分校,但与之前的长沙分校(第三分校)无承续关系。

抗战全面爆发后,1937 年 12 月张治中呈请蒋介石批准新开办中央陆军军官学校长沙分校。蒋介石兼任分校校长,张治中兼任分校主任,第一副主任唐仲勋负责实际工作,徐权兼任第二副主任。除执行中央陆军军官学校培训初级军官计划,主要目标是训练湖南保安团队干部、警察以及在乡军官。实际上,中央只是出个招牌,所有经费开支从湖南财政厅支付,武器装备等由湖南省保安处负责供给。

长沙分校设校本部,下设教育科、政治训练科、总务科、经理科、军官第 1 大队、军官第 2 大队、军士第 3 大队。并配备少(准)尉司书、军需各 1 员,军械军士、公役、炊事员等 16 名,设有校属通信班、印刷所、教导团。

1938 年 4 月 25 日,长沙分校在省立长沙高级中学开学。12 月上旬,校址迁至泸溪。

长沙分校招训对象主要是湖南省保安处所属各团的现职连长、排长及各县

[①] 2015 年黄埔军校同学会编《黄埔军校分校概览》。2007 年解放军出版社出版陈宇著《中国黄埔军校》第 210 页,记各期毕业学生为 1044 人,未含多种训练班人数。

义勇壮丁常备队的干部。第1、第2期培训时间为3个月。第3期专门集训湘西陈渠珍所部军官，由于他们之前没有受过系统的军事教育，故受训时间是6个月。张治中在家乡创办的黄麓师范的学生及来湘投奔他的安徽青年共80余人在第3大队和军士一起受训。

长沙分校的学科分为政治和军事。政治学主要讲总理遗教、领袖言行、国际形势，由政治科派专职教官到各队讲课。各队的政治指导员在期初及期末，每周安排1—2小时的训育时间。军事学的步兵操典、射击教范、野外勤务令、卫兵须知、陆军礼节等课，由各队职军官在教室或结合战斗教练、阵中勤务各课目讲授。基本战术、应用战术、射击教范、土木作业、兵器等课，则由教育科派专职教官讲授。术科包括基本教练、战斗教练、野外勤务等课目，由队上军官负责。而体育、劈刺、重机枪、迫击炮等课目，则由教育科派专职教官到各队进行指导教育。此外，还要进行步枪实弹射击及重机枪的示范射击。期末，各大队要进行实地战术野外演习。

1939年2月中旬，第9战区司令部中将高参杜建时接掌长沙分校。1939年5月，中央军校长沙分校及湖南省行政干部学校合并改组为湖南省干部训练团，团长为薛岳，教育长为杜建时。长沙分校结束。

张治中兴办的长沙分校，历时仅1年，共计毕业约1100人。

从长沙分校毕业的代表人物有共产党员朱道南、熊邵安，国民党员毛岱军、王晏清、黄克虎、刘勋浩、刘立身等。

驻鲁干部训练班

班主任由黄埔第1期毕业生、第92军军长李仙洲担任。历时4年，共办有2期，3200余名学生在安徽临泉宣布毕业。"鲁干班"概依黄埔本校所订教育大纲施教，课程受师资、设备、教材与环境等因素的限制，趋于单纯简化。两期毕业生主要分发到第92军、暂编第9军、鲁苏豫皖边区总部所属部队及第1、第5、第10战区所统辖部队。当时其他一些训练班的训练时间超过1年的很少，故学制2年的"鲁干班"2期学生能列入黄埔军校序列。

驻滇干训团

黄埔军人在干训团中担任主要职务，并在滇西中国远征军的训练中发挥了主导作用。1943 年 1 月，中、美、英盟国共同商定的反攻缅北之"安纳吉姆"行动计划确定后，中美双方进入培训兵员、配备美式装备的阶段。4 月 1 日，蒋介石在昆明设立"军委会驻滇干部训练团"（简称"驻滇干训团"），黄埔军校校长蒋介石兼任团长，龙云、陈诚兼任副团长，教育长由黄埔第 1 期生杜聿明、关麟徵、黄杰、梁华盛等人先后担任。陈明仁（黄埔 1 期）、李道恭、赵家骧（黄埔 14 期）分任步兵、炮兵、作战人员（美方称参谋指挥学校）班主任，这些校领导和教官几乎都与黄埔军校密切关联，故干训团又被纳入黄埔军校系列内。驻滇干训团学员，主要来自各整训部队副团以下至连、排干部。团以上级别军官在昆明报到后，再前往印度蓝姆伽继续学习，以便更好地掌握美械装备和战术。在这些短期培训中，中国驻印军从上至下均接受美式训练，而滇西中国远征军并不是整支部队接受美军的训练，而是先让干部在干训团中接受培训，然后再让干部去训练自己的部下。各训练中心在两年内，先后培训了中国 10 余个军的各级干部和一部分士兵共 1 万人左右，这些官兵成为各自所在部队的练兵骨干。

抗战时期，黄埔军校在全国各地还开办了一些时间较短、规模较小的分校或训练班，也有各地军事机关或驻军打着黄埔军校的旗号成立的一些分校、培训队、游击干部训练班等，情况比较复杂，在抗战末期均销声匿迹。还有汪伪政权建立的"黄埔军校"，一般不列入黄埔军校的序列。

抗日战争结束后，国民党军队开始裁员。黄埔军校各分校、各种训练班相继合并裁减、撤销，完成了其抗战的历史使命。

二、抗战中坚力量

在这场伟大的救亡图存抗战中，黄埔军校师生是一支重要的骨干武装力量。

全面抗战爆发时，曾在大革命时期立下汗马功劳的国共两党黄埔学子，这时多已成为军中各级领导指挥人员。本校及各分校的教官和毕业生，在正面战场、敌后战场、印缅战场上浴血奋战，英勇抗敌。他们或指挥一个方面军，或指挥一个军、师、旅、团，或坐镇中枢运筹帷幄，或亲率部队冲锋陷阵，在中国战区各战场上抗击日本侵略者。国共两党的抗日名将，多出自黄埔军校。据统计，在抗战时期的中国军队中，有 200 多名黄埔师生担任师以上职务，指挥着全国 2/3 的精锐之师。黄埔精神鼓舞着一批批黄埔军人肩负起保卫祖国的历史使命，为捍卫民族的独立和国家的统一，血洒疆场，彪炳史册。

（一）国民党军黄埔师生的抗战

黄埔师生在国民党军中占有很大的比例，"黄埔系"深入国民党军各个部队中。正因为如此，黄埔军人几乎指挥和参与了抗战期间的所有重大战役。

1. "一·二八"淞沪抗战

此役是中国军队抗击侵华日军进犯上海的作战，时间在 1932 年 1 月 28 日至 3 月 3 日，故又称"一·二八"抗战。

1932 年 1 月 28 日，恣意挑起事端的日本海军陆战队突袭上海闸北租界。担负沪宁地区卫戍任务的国民革命军第 19 路军在蒋光鼐、蔡廷锴率领下，就地奋起抵抗，击退敌人的多次进攻。次日，第 19 路军通电全国，坚决抗日，誓死保卫国土。南京黄埔军校（时称中央陆军军官学校）师生、官兵积极响应，发起了声势浩大的声援游行等活动。

2 月 14 日，国民政府军令部特别任命请缨抗日的黄埔军校教育长张治中任第 5 军军长兼第 87 师师长及左翼军指挥官。

2 月 15 日，张治中率所部第 87 师、第 88 师（师长孙元良、黄埔 1 期）、南京黄埔军校教导总队（总队长唐光霁，代队长钟学栋，队副朱宗海、杨政民）和独立炮兵第 1 团山炮营增援上海，归第 19 路军统一指挥。

2 月 16 日，张治中率第 5 军接替第 10 路军从上海江湾北端经庙行至吴淞西端的防线，先后发起庙行、浏河、葛隆镇等战斗。第 19 路军为右翼军，担负江湾、大场以南及上海市区的防御。在驰援第 19 路军的张治中第 5 军这支唯一援军中，主要军事将领大多出自黄埔军校。

黄埔将领一时云集上海，此地变成了黄埔师生与日军厮杀的血海战场。一大批出自黄埔军校的师生加入此役，在军中担任重要职务。仅黄埔 1 期毕业生就有 20 余人，著名将领有：第 5 军第 87 师副师长王敬久、第 88 师师长孙元良（后俞济时）、第 87 师第 259 旅副旅长李杲、第 259 旅司令部参谋主任钟彬、第 259 旅第 517 团团长张世希、第 259 旅第 518 团团长石祖德、第 87 师第 261 旅旅长宋希濂、第 87 师第 261 旅副旅长刘保定、第 87 师独立旅旅长伍诚仁、第 87 师独立旅第 2 团团长傅正模、第 88 师副师长李延年、第 88 师司令部参谋长宣铁吾、第 88 师第 262 旅旅长杨步飞、第 262 旅司令部参谋主任萧冀勉、第 262 旅第 523 团团长冯圣法、第 264 旅副旅长兼第 528 团团长黄梅兴等。他们成为最早参加抗战的一批黄埔军校指挥官。

张治中率第 5 军、军校教导总队与第 19 路军蒋光鼐、蔡廷锴所部第 60 师、第 61 师、第 78 师并肩作战，打得日军五易主帅。

此役至 3 月 3 日结束。当天，旅沪黄埔同学段远谋、戴辉中、陈勋、秦绍恬、陈世昌、汪大鹏等 252 人联合致电蒋介石、汪精卫等，对战役中的增援不力和中央政府的对日纵容态度表示不满，电曰："在沪抗日之军昨忽全部撤退，考其撤退原因，则为中央日言增援，而按兵不动。消息传来，群情激愤。""乃十九路军抗战经月，公等始终不予充分之应援，即请缨杀敌之军队，政府亦不予征调。""必欲使此大好河山沦于异族。""而古来权奸民贼之末路，公等恐亦终无所逃也。"

"一·二八"淞沪抗战，是自 1894 年中日甲午战争和 1931 年"九一八事变"以后，中国军队首次对日本侵略军的沉重一击，是国民革命军中央军部队打响的正面抗击日军的第一枪，显示了中国最高当局对日政策之改变以及对寻衅日军坚决抗击之决心。此役，毙伤日军 3091 人。第 19 路军和第 5 军伤亡、失踪共计 15173 人，其中官佐 883 人。以国民革命军第 19 路军、第 5 军等为代表的爱国官兵与上海民众同仇敌忾，奋勇抵抗，迫使日军在 30 多天的攻势中屡战屡败，奏响了全国抗战的悲壮序曲。

2. 长城抗战

此役发生在 1933 年春，时间长达近 3 个月，战线长达 150 余公里。主战场在北平附近长城各口，包括董家口、冷口、界岭口、古北口、喜峰口、罗文峪诸要隘，故又称古北口之役、喜峰口之役。

长城抗战中的军事指挥官多毕业于黄埔军校，先后奉调的第 17 军 3 个师，军官几乎全是黄埔军校毕业生。团以上指挥官有 10 余人，主要有：第 2 师师长黄杰（黄埔 1 期），第 25 师师长关麟徵（黄埔 1 期），第 83 师师长刘戡（黄埔 1 期），第 2 师副师长惠东升（黄埔 1 期区队长），第 25 师副师长兼第 73 旅旅长杜聿明（黄埔 1 期），第 2 师第 4 旅旅长郑洞国（黄埔 1 期），第 2 师第 6 旅旅长罗奇（黄埔 1 期），第 25 师第 73 旅旅长梁恺（黄埔 1 期），第 25 师第 75 旅旅长张耀明（黄埔 1 期），还有在古北口血战中负伤的第 25 师第 145 团团长戴安澜（黄埔 3 期）等。黄埔名将郑庭笈、覃异之、罗奇等人，也参加了这次战役。

1933 年 3 月初，日军先头部队由东北地区长驱直入关内，一直深入热河境内的长城脚下。3 月 4 日，日军以 8 万兵力向长城冷口、喜峰口、古北口等处进攻，企图突破长城防线，进一步向华北扩大侵略。国民政府军事委员会北平分会代理委员长何应钦（黄埔军校原战术总教官）指挥中国军队 20 余万人，依托长城阻止日军进关，古北口等地守城官兵奋起抵抗，蒋介石急调中央军增援长城前线。

由黄埔军校第 1 期毕业生黄杰、关麟徵、刘戡等分别统领的国民革命军第 2 师、第 25 师、第 83 师北上增援，开始发起了长城抗战。

中国军队的先头部队第 25 师师长关麟徵率部于 3 月 9 日抵达古北口，以简陋武器抗击强敌，据险死守长城南天门一线。古北口一役十分惨烈，被认为是抗战初期"激战中之激战"。开战时是关麟徵的第 25 师在第一线，被打残了；黄杰的第 2 师顶了上去，换下第 25 师；第 2 师被打残了，刘戡的第 83 师又顶了上去，换下了第 2 师。师长关麟徵、黄杰、刘戡所分别率领的 3 个师的各级军官，大多数也是黄埔军校毕业生。

在争夺古北口关口时，关麟徵中弹负重伤，仍坚持指挥战斗。他率第 25 师激战 3 昼夜，全师伤亡 4000 余人，第 73 旅旅长梁恺负伤，第 2 师第 149 团团长王润波（黄埔 3 期）等 170 多名黄埔军人殉国于长城脚下。4 月 21 日，第 2 师师长黄杰严令第 6 旅反攻，该旅虽给敌以杀伤，但地处低下，仰攻不易，连、营长多有牺牲，负伤者甚众，终未奏效。又派第 4 旅旅长郑洞国率第 7 团，并指挥第 6 旅的第 11 团继续反击，因敌居高临下，又阵亡官兵 1500 余人。[①]

从 3 月至 5 月，黄埔生指挥的 3 个师在长城一线进行了艰苦卓绝的防御战，与装备精良的日军激战 2 个多月，古北口一带所有高地几乎都化为焦土。这是抗战初期时间最长、战事最酷烈、对时局影响最大的一次战役。中国军队予日军以重创，此后一个多月时间，日军未敢冒进。

1933 年长城抗战，中国军人阵亡 16725 人，负伤 24019 人，日军仅伤亡 2600 人。[②] 中日双方伤亡的比例，大大超过 1932 年"一·二八"淞沪会战，由此可见战斗之惨烈。

3. "八一三"淞沪抗战

1937 年 8 月 13 日，日军开始大肆进攻上海，淞沪战争再次爆发，史称"八一三"淞沪会战。北平卢沟桥"七七事变"发生后，国民政府为了把日军由北向南的入侵方向改变为由东向西，以利于长期作战，决定在上海采取主动的反击作战。中国军队约有近 70 个师参加此役，给日军以沉重打击。这是中日双方在中国全面抗战爆发后的第一场大会战，也是整个中日战争中进行的规模最大、战斗最惨烈的一场战役。这场战役对于中国而言，标志着两国之间不宣而战。"七七事变"后中日地区性的冲突，由此开始升级为两国间的全面战争。

众多出自黄埔军校的官兵，再次奋勇当先，参加此役。著名高级将领有：蒋介石（国民政府军事委员会委员长兼黄埔军校校长）任同盟国中国战区最高

---

① 杜聿明等：《古北口抗战战纪》，载《文史资料选辑》第 14 辑，中华书局，1961 年版。

② 郭汝瑰、黄玉章主编：《中国抗日战争正面战场作战记》，第 215 页，江苏人民出版社，2002 年版。

统帅兼任第 3 战区司令长官，顾祝同（黄埔军事教官）任第 3 战区副司令长官，前敌总指挥陈诚（黄埔 1 期教官）任左翼军总司令，第 9 集团军总司令张治中（黄埔军校原教育长）先后担任京沪警备司令、中央军总司令。

参战部队的各级指挥官多系黄埔师生。仅黄埔第 1 期毕业生就有 20 余人率所部参加此役：第 1 军军长胡宗南，第 2 军军长兼第 9 师师长李延年，第 8 军军长兼税警总团团长黄杰，第 54 军军长霍揆彰，第 71 军军长兼第 87 师师长王敬久，第 72 军军长兼第 88 师师长孙元良，第 74 军军长兼第 58 师师长俞济时，第 78 军军长兼第 36 师师长宋希濂，第 1 师师长李铁军，第 3 师师长李玉堂，第 11 师师长彭善，第 14 师师长陈烈，第 60 师师长陈沛，第 61 师长杨步飞，第 67 师师长李树森，第 78 师师长李文，第 98 师师长夏楚钟，第 58 师副师长冯圣法，第 67 师副师长黄维，黄埔军校教导总队长桂永清，陆军装甲兵团团长杜聿明等。

还有第 28 军炮兵第 2 旅旅长蔡忠笏（黄埔军事教官），第 71 军独 20 旅旅长、战中晋升第 61 师师长的钟松（黄埔 2 期），第 106 旅旅长陈瑞河（黄埔 2 期时用名陈荣光），上海保安总团团长吉章简（黄埔 2 期），炮兵团长孙生之（黄埔 2 期），武汉行营少将高参宋瑞柯（黄埔 3 期），第 88 师参谋长陈素农（黄埔 3 期），第 364 旅旅长廖龄奇（黄埔 4 期），第 26 师师长刘雨卿（黄埔高教班 3 期），第 76 师师长王凌云（黄埔高教班 3 期），第 36 师参谋长向贤矩（黄埔高教班 5 期），第 524 团副团长谢晋元（黄埔 4 期），第 216 团团长胡家骥（黄埔 5 期），炮兵团长彭孟缉（黄埔 5 期）等共 60 多位团级以上黄埔军校师生，直接参加了指挥作战。还有众多的黄埔军校出身的营长、连长、排长，他们大多数是第 6—11 期毕业不久的学生。

尤其是第 36 师、第 87 师、第 88 师，从排、连、营、团到旅、师各级几乎全部以黄埔毕业生为骨干军官，全部配属德式装备，是当时中国军队武器装备最为精良的部队，被称为模范教导师。这 3 个师在上海与日军血战 3 昼夜，打出了黄埔军人的威风。

在激烈的战斗中，除最早参加"一·二八"淞沪抗战的黄埔将领外，还有一大批黄埔军校官生直接参加指挥作战。

第 264 旅旅长黄梅兴（黄埔 1 期）在战斗中壮烈牺牲，是淞沪抗战中第一个为国捐躯的高级将领。在会战中担任主力军掩护任务的第 88 师第 524 团 800 余人，在副团长谢晋元（黄埔 4 期）的指挥下，坚守四行仓库，连续抗击日军 4 昼夜的猛攻。英军司令史摩莱少将评价说："从没有看过比中国的敢死队最后保卫闸北更为壮烈的事了！"

"八一三"淞沪会战，是全面抗战开始后第一次规模最大、战斗最惨烈、具有决战性质的战略性战役。历时 3 个多月，日军投入 8 个师团和 6 个旅 30 万余人，伤亡 7 万余人，被击毁、击伤飞机 200 多架、航船 20 余艘；中国军队投入 75 个师和 9 个旅 70 余万人，伤亡近 39 万人，其中阵亡者 10 万人以上。参战的黄埔军校官生与第 3 战区官兵在淞沪地区与日军鏖战 100 余天，以劣势装备浴血奋战，重创日军，迫使日军作战方向从由北向南改为由东向西，从日本国内和中国华北及台湾 4 次抽调兵力增援上海。此役，粉碎了日本侵略者妄图速战速胜、3 个月吞并中国的迷梦，为华东地区的工业内迁赢得了宝贵的时间，中国军队的牺牲精神和战斗能力获得了各国军事观察家的高度评价。

4. 太原会战

此役主战场在忻口，故又称忻口会战，或忻口、太原会战。平津失陷和淞沪会战开始之后，中国军队在 1937 年 9 月 13 日至 11 月组织了这场以保卫山西省会太原为目的的大会战。第 2 战区集团军总司令卫立煌，指挥李默庵军的彭杰如师、刘戡师、陈铁师和李仙洲师（李、彭、刘、陈、李，均系黄埔 1 期毕业生），以及刘茂恩、王靖国、郝梦龄、陈长捷等部，在山西忻口地区对日展开激战。

这次会战，是中国第 2 战区部队同日军华北方面军在山西省北部、东部和中部地区进行的大规模的战略性防御作战，包括天镇战役、平型关战役、忻口战役、娘子关战役和太原保卫战等一系列战役战斗。日军集中 20 多架飞机、50 多辆坦克、上百门大炮以及步兵骑兵，向中国守军阵地发动猛攻。黄埔 1 期生李默庵、彭杰如、刘戡、陈铁、李仙洲等率部参加指挥作战。阵地反复易手，每一仗打下来，双方都有 1000 多人战死。第 9 军军长郝梦龄、第 54 师师长刘家祺、旅长郑廷珍，以及第 14 军第 85 师第 253 旅第 510 团团长刘眉生（黄埔5 期）等壮烈牺牲。鏖战 20 余日，反复争夺，阵地多次失而复得。

在正面战场作战的国民党军，受到林彪（黄埔 4 期）、聂荣臻（黄埔教官）、徐向前（黄埔 1 期）等黄埔将领所率八路军的强力支援。分属国共两党的黄埔将士在抗战的旗帜下走到一起，谱写了国共两党团结合作、协同作战的经典战例。八路军在敌后雁门关、平型关一带几百平方公里的土地上广泛出击，积极配合友军，袭敌据点，破坏敌交通线，伏击敌运输车辆，捣毁敌机场。八路军第 769 团袭击日军阳明堡机场，烧毁全部敌机，有力地配合了正面战场的作战。八路军在会战中有力地配合友军作战，平型关伏击战打破了"日军不可战胜"的神话。

因娘子关方向防范疏漏，日军乘虚而入太原，会战以中国军队失利告终。太原会战是八年全面抗战中，华北地区规模最大、死伤最多的一次艰苦而惨烈的战役。从此，国民党军在华北的正面战场作战宣告结束。

此役历时 21 天，歼敌 2 万余人，创造了华北战场上歼灭日军人数的最高纪录。大量消耗了日军有生力量，牵制了日军沿平汉铁路（北平至汉口）南下的作战行动，造成了华北战斗中最有利的战局。此役是国共两军抗战中合作最好、取得较大战果的一次作战，成为国共两党团结合作、在军事上相互配合和协同作战的一次范例。

5. 南京保卫战

此役是中国军队在淞沪会战失利后，为保卫首都南京与日本侵略军展开的作战，又称南京战役。

1937 年 12 月 1 日，日军大本营下达"大陆第 8 号令"，命令华中方面军与海军协同，兵分 3 路，攻击南京。中国军队在淞沪会战失利后，展开了在上海以西 300 余公里防线上保卫首都南京的作战。蒋介石任命唐生智为首都卫戍部队司令长官，部署南京保卫战，以 15 万中国军队抗击 20 万日军精锐部队。卫戍南京的中国军队，大多数是从淞沪会战战场上刚撤退下来的疲惫部队，共有

14个师（旅），其中黄埔军人指挥的部队占半数以上。

黄埔军人指挥的部队主要有：第71军（军长王敬久，黄埔1期），辖第87师（师长沈发藻，黄埔2期）；第72军（军长孙元良兼第88师师长，黄埔1期）；第74军（军长俞济时，黄埔1期），辖第51师（师长王耀武，黄埔3期）、第58师（师长冯圣法，黄埔1期）；第78军（军长宋希濂兼第36师师长，黄埔1期）；黄埔军校南京本校教导总队等。

驻南京东郊的教导总队，各级指挥官基本上都是黄埔毕业生。他们在上海作战2个多月后，又奉命担任护卫南京的任务。从上海撤回南京时已不足5000人，立即补充新兵，扩大编制。以原有的3个步兵团为基干，扩编为3个旅，每旅辖2个团，直属部队除特务、通信2营外，骑、炮、工、辎重4个营均扩编为团，全总队共有10个团、2个直属营，实力超过一般的步兵师，故作为防守南京的主力使用。扩编后的序列为：总队长桂永清，副总队长周振强，参谋长邱清泉；第1旅（旅长周振强兼）辖第1团（团长秦士铨）、第2团（团长谢承瑞）；第2旅（旅长郭启儒）辖第3团（团长李西开）、第4团（团长刘子叔）；第3旅（旅长马威龙）辖第5团（团长睢友兰）、第6团（团长王化）；总队直属骑兵团（团长王翰卿）、炮兵团（团长楼迪善）、工兵团（团长杨厚彩）、辎重兵团（团长郭岐）。教导总队成建制地投入南京保卫战中。

中国军队在淳化镇、光华门、杨坊山、紫金山、中华门、赛公桥、雨花台等地与攻城的日军展开激烈交战。因敌我力量悬殊，南京各城门先后被日军攻陷，守军节节抵抗，牺牲无数，许多黄埔军人为国捐躯。教导总队第1旅旅长万全策（黄埔1期）、第88师第262旅旅长朱赤（黄埔3期）、第88师第264旅旅长高致嵩（黄埔3期）、第87师第259旅旅长易安华（黄埔3期）、第88师第262旅副旅长华品章（黄埔4期）等先后壮烈牺牲。

驻守南京东南淳化、方山一带的是王耀武（黄埔1期）所率第51师，日军以飞机、大炮连日轰炸。其步兵又复猛烈攻击，战况异常惨烈。从12月5日到7日，第51师官兵伤亡达900余人，但士气依然旺盛，阵地稳固。日军猛攻淳化10多次而未得逞。8日晨，日军又增加2000多人、大炮10余门，其正面部队在飞机、炮兵、坦克车掩护下向淳化猛攻。第 51 师守军奋勇杀敌，阵地屡失屡得，官兵伤亡甚大。第 301 团代团长纪鸿儒负重伤，连长伤亡 9 人，排长以下伤亡 1400 余人。第 305 团团长张灵甫（黄埔 4 期）负伤，连长伤亡 5 人，排长以下伤亡 600 余人。由于没有后援兵力，淳化于 16 时失守。

12 月 12 日，唐生智奉蒋介石命令，下达守军撤退令。中国守军各部因撤退失序，多数滞留城内，被日军大量屠杀，损失惨重。

南京保卫战，毙伤日军 1.2 万余人。中国军队突围撤出 3 万多人。12 月 13 日，5 万日军入城，南京陷落，开始了连续近 1 个月的惨绝人寰的大屠杀。

6. 徐州会战

此役是抗日战争时期中日双方在以江苏省徐州为中心的津浦（天津至浦口）、陇海（宝鸡至连云港）铁路地区进行的一次大规模防御战役。其中以 1938 年 3 月、4 月之间的台儿庄大战最为著名；豫东战役，也是徐州会战的一个重要组成部分。

1938 年春，日军坂垣师团自胶济线南下直逼临沂，矶谷师团沿台枣支线挺进，欲速取台儿庄以图徐州，贯通津浦铁路线。3 月 10 日至 10 月 8 日，第 5 战区司令长官李宗仁（黄埔军校南宁分校总负责人）坐镇徐州，率部在鲁南地区与日军展开血战，历经月余，歼敌 1 万多人，取得了台儿庄大战的胜利。在这次会战中，由黄埔军人指挥参战的部队主要集中在台儿庄地区和豫东战场，有 40 多位军、师级指挥官是黄埔军人。

黄埔军人在台儿庄战役中指挥的部队主要有：第 5 战区（副司令长官李品仙，黄埔军校第一分校主任），第 20 军团（军团长汤恩伯，黄埔教官）；第 42 军（军长冯安邦，黄埔高教班 2 期），第 52 军（军长关麟徵，黄埔 1 期），第 85 军（军长王仲廉，黄埔 1 期），第 60 军（参谋长赵锦雯，黄埔官佐），第 92 军（军长李仙洲兼第 21 师师长，黄埔 1 期）；第 2 师（师长郑洞国，黄埔 1 期），第 13 军第 4 师（师长蔡剑鸣，黄埔 3 期），第 85 军第 4 师（师长陈大庆，黄埔 1 期）、第 25 师（师长张耀明，黄埔 1 期）、第 31 师（师长池峰城，黄埔高教班 1 期）、第 89 师（师长张雪中，黄埔 1 期时用名张达，师参谋长吕公良，黄埔5期）、第93师（师长甘丽初，黄埔1期）、第104师（师长王文彦，黄埔1期）、第110师（师长张轸，黄埔军校第4期战术总教官）、第180师（师长刘振三，黄埔高教班2期）、第183师（副师长潘朔端，黄埔4期）、第73旅（旅长戴安澜，黄埔3期）、第89旅（旅长黄鼎新，黄埔3期）、第557团（副团长彭佐熙，黄埔2期）、第12旅（旅长石觉，黄埔3期）、第529团（团长罗芳珪，黄埔4期）、第185团（团长曾泽生，黄埔3期区队长）等。还有邓春华（黄埔1期）、吴瑶（又名吴伯华，黄埔1期）、王隆玑（黄埔3期）、吴超（黄埔3期）、张忠中（黄埔4期）、杜鼎（黄埔5期）等参加了此役。

台儿庄战役，从1938年3月16日开始至4月15日结束，因此役异常惨烈又称"血战台儿庄"，因作战地域又称"鲁南会战"，因中国军队取得了空前大胜利又称"台儿庄大捷"。在历时1个月的激战中，中国军队参战约29万人，日军参战约5万人。中方伤亡5万余人，日军伤亡2万余人（日军自报伤亡11984人）。

这次大捷，是中华民族全面抗战以来，继长城会战、平型关大捷等役后，中国人民取得的又一次重大胜利，也是徐州会战中中国军队取得的一次重大胜利。此役歼灭了日军大量有生力量，打击了日本侵略者的嚣张气焰，坚定了全国军民坚持抗战的信心，改变了国际视听。1938年4月17日，周恩来在武汉各界第二次抗战扩大宣传第五日的广播词中，高度评价台儿庄战役，说："这次胜利虽然在一个地方，但它的意义却影响战争全局，影响全国，影响敌人，影响世界。"[①] 毛泽东在《论持久战》一文中写道："每个月打得一个较大的胜仗，如像平型关、台儿庄一类的，就能大大地沮丧敌人的精神，振起我军的士气，号召世界的声援。"[②]

黄埔师生在豫东战役中指挥的部队主要有：第17军团（军团长胡宗南兼第1军军长，黄埔1期）、第8军（军长黄杰，黄埔1期）、第27军（军长桂永清，黄埔1期）、第71军（军长宋希濂，黄埔1期）、第74军（军长俞济时兼

---

① 《周恩来军事文集》第2卷，第120页，人民出版社，1997年版。

② 《毛泽东选集》第2卷，第485页，人民出版社，1991年版。

第 58 师师长，黄埔 1 期）；第 1 师（师长李铁军，黄埔 1 期）、第 36 师（师长蒋伏生，黄埔 1 期；后继师长陈瑞河，黄埔 2 期）、第 46 师（师长李良荣，黄埔 1 期）、第 51 师（师长王耀武，黄埔 3 期）、第 58 师第 174 旅（旅长冯圣法，黄埔 1 期）、第 78 师（师长李文，黄埔 1 期）、第 87 师（师长沈发藻，黄埔 2 期）、第 88 师（师长龙慕韩，黄埔 1 期）、第 95 师（师长罗奇，黄埔 1 期）、第 166 师（师长郜子举，黄埔军事教官）等。

黄埔师生在此役的其他地区作战中指挥的部队还有：第 2 军（军长李延年兼第 9 师师长，黄埔 1 期），第 3 师（师长李玉堂，黄埔 1 期）、第 28 师（师长董钊，黄埔 1 期）、第 49 师（师长周士冕，黄埔 1 期）、第 61 师（师长钟松，黄埔 2 期）、第 117 师（师长李守维，黄埔 2 期）等。

徐州会战，中国军队伤亡 10 万余人，歼灭日军 3.2 万余人，取得了抗战初期正面战场最大的一次胜利，重创了日本侵略军的嚣张气焰，打破了日本法西斯不可战胜的神话，增强了中国人民抗战必胜的勇气和信心，为组织武汉保卫战赢得了时间，也赢得了世界反法西斯人民的高度评价，扩大了中国抗战的国际影响。

7. 武汉会战

此役是抗日战争时期中国军队在武汉地区同日本侵略军展开的一场会战。战斗并不在武汉展开，而是守武汉而不战于武汉，守之于近，战之于远，战场遍及安徽、河南、江西、湖北 4 省广大地区，打出了全国闻名的万家岭大捷，又称德安大捷。

为攻占中国抗战中心武汉，摧毁中国人民抗战的意志，日军于 1938 年 6 月至 10 月纠集 100 余万兵力，从海、陆、空各方立体进攻武汉。中国军队负责指挥江南地区作战的是第 9 战区司令长官兼武汉卫戍总司令陈诚（黄埔 1 期教官）；负责指挥江北地区作战的是第 5 战区司令长官李宗仁。第 5 战区和第 9 战区共动用了 130 个师和海、空军各一部，共约 100 万人，沿长江两岸及大别山麓布兵防御，开始了抗战以来规模最大、历时最长、歼敌最多的武汉会战。

这次会战中，一大批黄埔师生参战，包括 10 多个军的军长、30 多个师的师长，所指挥的部队有：第 9 战区（司令长官陈诚，黄埔 1 期教官）、第 11 军团（军团长兼第 2 军军长李延年，黄埔 1 期）、第 17 军团（军团长兼第 1 军军长胡宗南，黄埔 1 期）、第 32 军团（军团长兼第 52 军军长关麟徵，黄埔 1 期）、第 37 军团（军团长兼第 25 军军长王敬久，黄埔 1 期）、田南要塞（指挥官兼第 54 军军长霍揆彰，黄埔 1 期）；第 6 军（军长兼第 93 师师长甘丽初，黄埔 1 期）、第 8 军（军长李玉堂黄埔 1 期）、第 16 军（军长兼第 28 师师长董钊，黄埔 1 期）、第 18 军（军长黄维，黄埔 1 期）、第 71 军（军长宋希濂，黄埔 1 期）、第 74 军（军长俞济时，黄埔 1 期）、第 92 军（军长李仙洲，黄埔 1 期）、湖口守备区（指挥官兼第 167 师师长薛蔚英，黄埔 1 期）；第 1 师（师长李正先，黄埔 2 期时用名李正仙）、第 2 师（师长赵公武，黄埔潮州分校 1 期）、第 4 师（师长陈大庆，黄埔 1 期）、第 9 师（师长郑作民，黄埔 1 期）、第 11 师（师长彭善，黄埔 1 期）、第 13 师（师长方靖，黄埔潮州分校 2 期）、第 14 师（师长陈烈，黄埔 1 期）、第 18 师（师长李芳彬，黄埔 2 期）、第 21 师（师长侯镜如，黄埔 1 期）、第 23 师（师长欧阳棻，黄埔 1 期肄业）、第 25 师（师长张耀明，黄埔 1 期）、第 26 师（师长刘雨卿，黄埔高班 3 期）、第 36 师（师长陈瑞河，黄埔 2 期）、第 49 师（师长李精一，黄埔 2 期）、第 51 师（师长王耀武，黄埔 1 期）、第 55 师（师长李及兰，黄埔 1 期）、第 57 师（师长施中诚，黄埔高教班 4 期）、第 58 师（师长冯圣法，黄埔 1 期）、第 52 师（师长唐云山，黄埔 1 期）、第 6 师（师长陈沛，黄埔 1 期）、第 61 师（师长钟松，黄埔 2 期）、第 78 师（师长李文，黄埔 1 期）、第 79 师（师长段朗如，黄埔 3 期）、第 87 师（师长沈发藻，黄埔 2 期）、第 88 师（师长钟彬，黄埔 1 期）、第 89 师（师长张雪中，黄埔 1 期时用名张达）、第 95 师（师长罗奇，黄埔 1 期）、第 103 师（师长何绍周，黄埔 1 期）、第 110 师（师长吴绍周，黄埔高教班 5 期）、第 121 师（师长牟廷芳，黄埔 1 期）、第 185 师（师长方天，黄埔 2 期）、第 190 师（师长梁华盛，黄埔 1 期时用名梁文琰）、第 195 师（师长梁恺，黄埔 1 期）、预 6 师（师长吉章简，黄埔 2 期）等。

第 71 军军长宋希濂指挥的富金山战役，众多黄埔师生参与的万家岭大捷，都是武汉会战中的亮点。万家岭大捷，是抗战中唯一几乎全歼日本整个师团的战役。中国军队在这次会战中浴血奋战，大小战斗数百次，以伤亡40万余人的巨大代价，毙伤日军25.7万余人，大大消耗了日军的有生力量。日军虽然攻占了武汉，但其速战速决、逼迫国民政府屈服以结束战争的战略企图并未达到。此后，中国抗日战争进入战略相持阶段。

8. 南昌会战

1938年10月下旬，中国军队有计划地撤出武汉后，仍有近90个师的部队部署于武汉周围。此时，驻武汉地区的日军第11集团军实际上成为对中国军队进行野战攻击的唯一部队，与湖南及周边的江西、广西地区扼守西南大后方的中国主力部队形成对峙，并不断寻机攻击，企图以军事打击配合日本政府政治诱降的政略迫使重庆政府投降。此后，中日军队在这一地区进行了数次大规模会战。日军采取以攻为守、先发制人、各个击破的方针。南昌首当其冲。

1939年初，中日两军围绕守卫与攻占南昌，在赣北地区展开了一系列的争夺战。3月至5月，日军5个师团12万人从赣北进犯南昌，攻势极为猛烈。赣北属第9战区，中国守军为本战区所属的4个集团军10个军33个师，计20万人。中国军队的总指挥是战区司令长官陈诚，以及代理司令长官薛岳，罗卓英以战区前敌总司令的名义负总责。

这次会战中，黄埔师生指挥的部队主要有：第9战区（司令长官陈诚，黄埔1期教官）、第1集团军（总司令卢汉，黄埔昆明分校总队长；代总司令高荫槐，黄埔昆明分校副总队长；参谋长赵锦雯，黄埔官佐）、第30集团军（参谋长宋相成，黄埔官佐）；第8军（军长李玉堂，黄埔1期）、第58军（军长孙渡，黄埔昆明分校16期）、第74军（军长俞济时，黄埔1期）、第79军（军长夏楚中，黄埔1期时用名夏楚钟）；第3师（师长赵锡田，黄埔4期）、第26师（师长刘雨卿，黄埔高教班第3期）、第51师（师长王耀武，黄埔3期）、第57师（师长施中诚，黄埔高教班4期）、第58师（师长冯圣法，黄埔1期）、第76师（师长王凌云，黄埔高教班3期）、第77师（师长柳际明，黄埔教官）、第79师（师长段朗如，黄埔3期）、第98师（师长王甲本，黄埔高教班3期）、第 118 师（师长王严，黄埔 3 期）、第 141 师（师长唐永良，黄埔教官）、第 179 师（师长丁炳权，黄埔 1 期）、新 16 师（师长吴守权，黄埔 6 期）、预 9 师（师长张言传，黄埔 2 期）、预 10 师（师长方先觉，黄埔 3 期）等。

日军在南昌会战中大量施放毒气，这是中国军队在此役中伤亡惨重的重要原因之一。日军在强渡修水前进行炮火准备时，使用了全部能够发射毒气弹的火炮进行急袭，仅 3 月 20 日 19 时 20 分至 30 分的最后 10 分钟中，发射毒气弹 3000 余发。紧接着，日军野战毒气队又在 12 公里进攻正面上施放了中型毒气筒 1.5 万个（其中第 101 师团正面施放了 5000 个，第 106 师团正面施放了 1 万个），修水河中国守军阵地的 2 公里纵深内完全被毒气所笼罩。守军伤亡极重，当时中毒的团以上军官有第 26 师师长王凌云、旅长龚传文、团长唐际遇和第 105 师的团长于沚源等。[①] 部队官兵缺乏防毒手段及措施，致战斗力接近丧失，日军得以顺利渡过修水河。

次日的战斗中，日军仍使用了大量的含有窒息性毒气的特殊发烟筒和毒气弹。参加南昌会战的日军野战重炮兵第 15 联队联队长佐佐木孟久大佐，在其所著《十加部队的变迁》一书中记述："3 月 21 日拂晓是阴天，有约 3 米 / 秒的风吹向敌方，这是使用特种弹的绝好天气。按照预定计划，从拂晓开始，进行试射、校正射效，以后转入炮火准备后，140 门大炮的炮声盖住了修水河畔，实为壮烈。最后发射特种弹，亲眼目睹了浓浓的红云渗透至敌阵的情景。结束炮火准备后，前沿步兵放射特种筒，战斗进展很顺利。当炮兵按计划延伸射击后，步兵一齐进攻，突入敌阵……如入无人之境。"

南昌会战，从 3 月 17 日开始到 5 月 9 日结束，中国军队奋勇抵抗，付出了巨大代价，伤亡 51328 人，仍没有守住南昌。此役给予日军重大杀伤，毙伤日军 24000 余人，是抗战进入相持阶段以后一次具有重要意义的战役，使全世界特别是日本军事当局认识到：日军虽然占领了武汉三镇，但既未能迫使国民政府屈服，也未能重创中国军队主力，更没有摧毁中国广大军民的抗战意志。中

---

① 郭汝瑰、黄玉章主编《中国抗日战争正面战场作战记》，第 925 页，江苏人民出版社，2002 年。

国军队不仅在广袤的国土上继续抗战，还开始实施战役范围的反攻。此役在抗战史上被认为是抗日战争即将进入相持阶段之际中日军队的首次正面交锋，既是正面战场进入相持阶段后中日军队的首次大战，也是武汉会战的自然延伸和以下一系列会战的前奏，为此后中国军队会战提供了宝贵的作战经验。

9. 长沙会战

武汉会战和南昌会战，最终以武汉、南昌失守结束，但中国军队的正面抵抗，极大地消耗了日军有生力量，中国抗战从此进入战略相持阶段。湖南成为中日双方争夺的焦点，位于武汉与广州之间的长沙，成为中国军队阻止日军打通大陆交通线的最前沿堡垒。日军第 11 集团军调兵遣将，集中步兵 10 万人、陆军航空兵团约 100 架飞机及海军一部的强大兵力，企图集中打击在长沙地区的中国军队第 9 战区主力。中国军队特别重视长沙地区的防御，由第 9 战区集结重兵与日军形成战线对峙。

这次会战的时间段较长，从 1939 年 9 月至 1944 年 8 月，中国军队与侵华日军在以长沙为中心的第 9 战区进行了 4 次大规模的激烈攻防战。

在长沙会战中，任职军长、师长指挥部队作战的黄埔军校毕业生有：李玉堂（黄埔 1 期）、夏楚中（黄埔 1 期时用名夏楚钟）、张耀明（黄埔 1 期）、关麟徵（黄埔 1 期）、陈沛（黄埔 1 期）、罗奇（黄埔 1 期）、覃异之（黄埔 3 期区队长）、王耀武（黄埔 3 期）、傅仲芳（黄埔高教班 4 期）、古鼎华（黄埔 4 期入伍生队长）、郭汝瑰（黄埔 5 期）等。

第一次长沙会战（1939 年 9 月 14 日至 10 月 14 日），又称为"湘北会战"，日本称"湘赣会战"，是中国第 9 战区部队在湖南、湖北、江西 3 省接壤地区对日军进行的防御战役。此役是继第二次世界大战在欧洲爆发后日军对中国正面战场的第一次大攻势。中国军队粉碎了日军试图围歼第 9 战区主力的战略目标，消耗了日军大量人员、装备，提振了国民士气。

第二次长沙会战（1941 年 9 月 17 日至 10 月 9 日），日军称"长沙作战"，是中国军队第 9 战区在正面战场主动发起的 1941 年以来唯一的一次主动进攻战。日军为打击中国第 9 战区主力，摧毁中国军民的抗战意志，在湘北岳阳以南地区集结重兵，向在长沙地区的中国军队展开攻势。由于第 9 战区指挥失误，日军一度攻占长沙。中国军队浴血奋战，日军妄图一举歼灭第 9 战区主力的计划失败。日军全部退回到新墙河以北，中国军队收复全部失地，恢复战前态势。

第三次长沙会战（1941 年 12 月 24 日至 1942 年 1 月 16 日）。日军第 11 军 30 个大队共约 6 万人，为策应向香港进军的日军，向中国军队发动了牵制性攻击。中国军队第 9 战区 30 个师实行坚壁清野、诱敌深入的战略。此役是"珍珠港事件"爆发后，中国军队在中国战场上的第一次攻势作战，是同盟国在太平洋战争初期一连串失败中首开胜利的纪录，因此又称"长沙大捷"。此战是战略相持阶段中，中国军队获得的较大战役级别的胜利之一，是抗战时期国民党军少数值得一提的会战，甚至战略反攻阶段最大胜利的湘西会战都无法与之相比拟。

从 1939 年 9 月至 1942 年 1 月，日军先后 3 次进犯长沙地区，每次使用兵力约 12 万人。中国军队参战部队为 14 个军，发起大会战，共歼敌 13 余万人。

第四次长沙会战（1944 年 5 月底至 9 月初），又称长衡会战、湖南会战，此役也是豫湘桂大会战的中篇。这次会战是中国抗战史上敌我双方伤亡最多、交战时间最长的城市攻防战。日军为打通粤汉铁路，向湖南地区进攻。会战中的长沙之战是 1944 年 5 月 27 日至 6 月 18 日在长沙及湘北地区进行的，故称第 4 次长沙会战；在衡阳的战斗是 6 月 19 日至 9 月 14 日在衡阳及湘中地区进行的，故称衡阳保卫战。中国军队在衡阳进行了长达 48 天的抵抗。这次会战虽然给日军以沉重打击，但第 9 战区不仅未能打破日军攻取长沙、衡阳，进而控制粤汉、湘桂铁路线的战略企图，而且损耗了自己大量的有生力量和武器装备，丢掉了大片的阵地。

前二次长沙会战，中日双方都自称获得了胜利。从战术上看，双方并未分出胜败，中国军队的损失更大；但从战略上看，中国军队阻止了日军的战略目的，可以认为是抗战中的胜利。第三次长沙保卫战则是一场典型的胜仗，中国军队与日军展开殊死搏斗，终将日军击退。日军前 3 次进攻长沙，均被中国军队击退到原阵地。第四次长沙会战日军以优势兵力发动猛攻，中国军队被迫撤退。

10. 桂南会战

1939 年秋，日军为封锁中国后方，阻止中国取道越南运送物资，发动桂南战役。11 月中旬，日军在广西北部湾龙门港登陆，攻占钦州、防城后，以 1 个师团又 1 个旅团的兵力于 24 日沿邕钦公路北犯，侵占桂南重镇南宁。12 月 4 日，日军进占战略要地昆仑关。

1940 年 2 月，日军自南宁进犯宾阳，桂南会战首先在昆仑关打响。中国军队调集 4 个战区 5 个集团军的兵力参加桂南会战，以确保桂越国际交通线的安全。在以往抗日作战中，中国军队在正面战场完全是防御作战，而昆仑关战役是一场攻坚战，防守方是号称王牌钢军的日军板垣师团。此次会战，日军共调集 4 个集团军计 25 万人，正面应战日军有 4 万余人。

昆仑关大捷，是桂南会战中的经典之战，大扬中国国威军威。中国军队的主力部队是杜聿明（黄埔 1 期）的第 5 军，包括郑洞国（黄埔 1 期）、邱清泉（黄埔 2 期）、戴安澜（黄埔 3 期）所率领的 3 个师。杜聿明是中国第一个装甲兵团团长，他任军长的第 5 军是当时中国第一支也是唯一一支军级全机械化部队，所辖荣誉第 1 师，师长郑洞国；第 200 师，是中国军队的第一个也是当时唯一的机械化师，师长戴安澜，参加过台儿庄会战和武汉会战；新编第 22 师，师长邱清泉，他在黄埔军校毕业后到德国陆军大学深造，参加过淞沪会战和南京保卫战。

由杜聿明率领的第 5 军担任夺取昆仑关的主攻任务；郑洞国率领的荣誉第 1 师担任正面主攻；戴安澜率领的第 200 师为总预备队，随时准备支援荣誉第 1 师的正面战斗；邱清泉率领的新编第 22 师迂回敌后进到南宁以北，以截断昆仑关之敌退路。12 月 18 日凌晨，战斗打响。经过反复争夺血战，12 月 30 日，第 5 军重新夺回了昆仑关。

攻取昆仑关，是中国军队以空、炮、坦、步等军兵种协同配合，对日军攻坚作战的首次重大胜利。日军第 21 旅被歼超过半数，少将旅长中村正雄被击毙。中国军队牺牲也很大，仅第 5 军伤 11100 人，阵亡约 5600 人，失踪约

800 人。① 戴安澜在坚守昆仑关战斗中身负重伤，战后获国民政府颁授四等宝鼎勋章。

由黄埔将领指挥参加桂南会战的中国军队还有：第 2 军（军长李延年，黄埔 1 期）、第 6 军（军长甘丽初，黄埔 1 期）、第 9 师（师长郑作民，黄埔 1 期）、第 49 师（师长李精一，黄埔 2 期）、第 76 师（师长王凌云，黄埔高教班 3 期）、第 92 师（师长梁汉明，黄埔 1 期）、第 93 师（师长吕国铨，黄埔 2 期）、第 99 师（师长高魁元，黄埔 4 期）、第 118 师（师长王严，黄埔 3 期）、预 2 师（师长陈明仁，黄埔 1 期）等。

黄埔军校第四分校（广州分校）全体官兵奉命编组为第 120 军，辖 2 个师，参加了桂南会战。

11. 中国远征军入缅作战

中国远征军在中缅印战场上与美英盟军并肩对日作战，既是中国抗日战争正面战场的重要组成部分，也是世界反法西斯战争格局中东南亚战场的直接组成部分。

1941 年，太平洋战争爆发。12 月，日本轰炸美国珍珠港后，美英两国和中国在共同抗日的基础上结成联盟。当时的英属殖民地缅甸由于具有特殊的战略意义，受到包括中国在内的全世界的关注。为保卫滇缅公路和打通关系中国生死存亡的国际交通线中印公路，抗击日本对云南和友邻缅甸的入侵，中国与美、英两国签订《共同防御缅甸军事协定》。1942 年 1 月，国民政府军事委员会宣布，为支援英军在缅甸的对日作战，中国政府派遣远征军赴缅甸作战，与美英盟军协同作战。3 月，中国正式出兵缅甸，援英作战，开始了大规模的主动出击。时任中国战区最高统帅蒋介石，派出了他所倚重的黄埔将领统率的军队，向世界展示了中国军人的铁血风采。

中国远征军，主要由 3 支部队组成：一是 1942 年 1 月至 1945 年 3 月缅甸防御战期间入缅援英的中国远征军第一路军；二是发动缅北反攻战役的中国驻

---

① 军事科学院军事历史研究部著：《中国抗日战争史》中卷，第 505 页，解放军出版社，1994 年版。

印军；三是进行滇西反攻战役的中国军队。这次跨境作战，是中国与盟国直接进行军事合作的典范，也是甲午战争以来中国军队首次出国作战。

中国远征军高级将领中的军级以上黄埔师生有 30 多人，在抗日战争历次战役中的比例最高。

远征军统帅部的黄埔师生有：统一负责西南各战区部队作战、指挥及训练的中国战区中国陆军总司令何应钦（黄埔军校原战术总教官），第一路中国远征军副司令长官杜聿明（黄埔 1 期），第一路中国远征军第 11 集团军副总司令、第 66 军军长张轸（黄埔 4 期战术总教官），中国远征军司令长官陈诚（黄埔 1 期教官），中国驻印军副总指挥郑洞国（黄埔 1 期）。

参与前线指挥作战的高级将领，多数是黄埔军校第 1 期毕业生：宋希濂（第 11 集团军总司令）、黄杰（继任第 11 集团军总司令）、霍揆彰（第 20 集团军总司令）、梁华盛（第 20 集团军副总司令）、何绍周（第 8 军军长）、钟彬（第 71 军军长）、陈明仁（继任第 71 军军长）、史宏烈（第 6 军军长）、甘丽初（继任第 6 军军长）、胡素（新编第 1 军副军长）。

还有南京黄埔军校高教班 3 期生王凌云（第 2 军军长），黄埔 2 期生方天（第 20 集团军副总司令）、钟松（第 2 军副军长）、成刚（第 11 集团军参谋长），黄埔 3 期生张金廷（第 2 军副军长），黄埔 4 期教官叶佩高（第 54 军副军长）、黄埔 4 期生阙汉骞（第 54 军军长）、李弥（第 8 军副军长），黄埔 6 期生廖耀湘（新编第 6 军军长）、傅亚夫（第 6 军参谋长）、刘廉一（第 54 军参谋长）、冯宗毅（第 71 军参谋长）、刘建章（新编第 1 军参谋长），黄埔武汉分校 6 期生魏汝霖（第 20 集团军参谋长），黄埔 7 期生欧阳春圃（第 11 集团军高参），黄埔长沙分校生段荩荪（新编第 6 军参谋长）等。

在远征军中任师、团级指挥员的黄埔军校毕业生共有 71 人。如：戴安澜（黄埔 3 期，第 5 军第 200 师师长）、高吉人（黄埔 4 期，第 200 师师长）、郑庭笈（黄埔 5 期，第 200 师副师长）、马维骥（黄埔 2 期，第 66 军新编第 29 师师长）、胡义宾（黄埔 3 期，第 5 军第 96 师副师长）、邓军林（高教班 1 期，第 96 师副师长）、李涛（黄埔 6 期，新编第 22 师副师长）、刘放吾（黄埔 6 期，第 66 军新编第 38 师第 113 团团长）、李鸿（黄埔 5 期，新编第 38 师第 114 团团长）、柳树人（黄埔 5 期，第 200 师第 599 团团长）、凌则民（黄埔 6 期，第 96 师第 288 团团长）、刘建章（黄埔 6 期，新编第 22 师第 64 团团长）、何树屏（黄埔 5 期，新编第 29 师第 86 团团长）、胡献群（黄埔 6 期，装甲兵团团长）、洪世寿（黄埔 3 期，汽车兵团团长）等。

检索中国远征军团级以上军官的履历，至少可列出 100 多位出身于黄埔军校的军官，还有大批的黄埔军校毕业生分配到营、连、排一线部队任指挥官。

统观第一次入缅援英的中国远征军第一路军、发动缅北反攻战役的中国驻印军以及进行滇西反攻作战重组的中国远征军这 3 支部队：在中国远征军第一路军中，团级以上军官有 29 人出自黄埔军校；在中国驻印军作战序列中，有 30 个团级以上的军官出身黄埔军校；在重组的中国远征军中，有 71 个团级以上的军官出自黄埔军校。这些出自黄埔军校的团级以上军官共有 130 人，除去先后两次参战的 5 人，实际上有 125 人出身于黄埔军校。

远征军中的军级将领出自黄埔军校的比例最高，在 67% 以上，黄埔 1 期生最多，有 13 人，占 43%。师级指挥官出自黄埔军校的占 60% 以上；团级指挥官所占比例近 40%。师、团级军官多毕业于第 6 期，师级占 31%，团级占 39%。

从兵种知识结构看，这些黄埔将领主要毕业于步兵科、炮兵科、政治科、工兵科、骑兵科、通信科。其中人数最多的为步兵科，共 39 人，占 74%；人数较少的为骑兵科和通信科，均为 1 人。年龄在 35 岁至 45 岁之间。

从团级以上军官的黄埔期别看，多为第 1—7 期之间，还有少量的第 8 期、第 9 期、第 12 期毕业生。其中第 8 期、第 9 期、第 12 期各 1 人，为人数最少者。人数较多的是第 6 期，共 23 人，占 32%。

任师、团级指挥员的黄埔前 8 期毕业生有 70 多人，如戴安澜、胡义宾、潘裕昆、顾葆裕、高吉人、陈克非、龙天武、李鸿、郑庭笈、刘放吾、凌则民、李涛等人，他们在远征军中或任师长或任团长。按照 1942 年冬国民革命军陆军编制及指挥作战系统的排布，军级为基本的战略单位，军下辖师，师下辖团，由军、师、团指挥官占比即见黄埔军人可谓是位高权重。

入缅时，远征军副司令长官杜聿明亲自建立的第 200 师已扩充为第 5 军，配备炮战车 59 辆，枪战车 55 辆，各型汽车 1000 辆。他麾下的得力战将几乎都是黄埔军校出身，主要有荣誉第 1 师的郑洞国（黄埔 1 期）、第 22 师的廖耀湘（黄埔 6 期）和接任第 200 师师长的戴安澜（黄埔 3 期）。3 月 7 日，戴安澜率部最先到达缅甸同古，协同英军作战，遭日军重兵围攻，激战 12 昼夜，日军死五千，伤不胜数，遗尸遍野。远征军最后被迫放弃同古，突围北撤，戴安澜师长和第 96 师副师长胡义宾在撤退途中负伤殉国。4 月中旬，仁安羌方面英军情况紧急，英缅军总司令亚历山大急电中国远征军司令长官部求援。新编第 38 师第 113 团团长刘放吾（黄埔 6 期）率部驰援，激战 3 昼夜，成功救出被俘被困英军官兵、英美传教士、记者和家眷等 7500 余人，史称仁安羌大捷。

8 月初，中国远征军分别撤至印度及滇西集结。从缅甸撤至印度境内的远征军，在兰姆加集中进行训练，同时成立中国驻印军总指挥部。此后陆续补充兵员，空运至印度进行训练，先后成立新 1 军、新 6 军。

从 1942 年中旬开始，中国远征军接受了严格的美式军事训练，包括黄埔军人在内的军官们的军事素养、指挥作战能力大大提高，部队的武器装备，士兵的训练水平也有了明显进步，这一切促使中国远征军从第一次入缅作战时一败涂地的部队，成长为一支具有较强作战能力的威猛之师。其中，以黄埔军人担任主要指挥官的新编第 22 师的蒙关之战、杰布山隘战斗，新编第 30 师、第 50 师的密支那攻坚战，第 82 师、第 103 师的攻克松山之战，新编第 28 师的龙陵战役，指挥官表现出了较高的战术指挥水平。

1943 年 10 月，中国驻印军开始反攻缅甸。经过一年多的英勇顽强连续作战，赢得了胡康河谷、孟拱河谷战斗以及密支那、八莫等战役的胜利，并乘胜向滇西畹町推进。从缅甸撤至滇西的远征军，经过整编、补充和训练，成立中国远征军司令长官部。11 月中旬，中国远征军进攻于邦，展开了缅北会战。

1944 年 5 月 11 日，为了打通中印公路，这条被视为中国抗日战争"生命线、输血管"的国际援华唯一通道，中国远征军第 20 集团军强渡怒江天险、翻越高黎贡山，向占据在腾冲的侵华日军发起反攻，由此开启历时127天的腾冲战役，9月14日攻克腾冲城，腾冲是抗日战争以来国民党军队收复的第一个有日军驻守的县城。第198师师长叶佩高（黄埔军事教官）作为反攻作战中第一位渡过怒江的远征军将军，准确预判了主攻方向并采用"斩首行动"，指挥所部在桥头、马面关成功奇袭日军，打开了远征军全局胜利的契机。后因这一战功，国民政府授予第198师陆海空最高集体荣誉奖"飞虎旗"。

松山战役中，由于日军在此地经营时间较长，据点极为坚固，易守难攻。远征军在6月到9月的时间内，先后发动9次攻击，轮换4个师参战，最后以伤亡1万余人的高昂代价全歼守敌。战斗极为惨烈，被日军认为是第二次世界大战亚洲战场上的"玉碎之战"。战斗中，所有团长都亲率步兵冲锋，多数受伤。战后，第8军军长何绍周（黄埔1期）、荣3团团长赵发毕（黄埔9期）获青天白日勋章；由黄埔军校毕业生熊绶春、陈永思、谭国铎分任师长、副师长、参谋长的第103师，获陆海空最高集体荣誉奖"飞虎旗"。

1944年出任中国驻印军副总指挥的郑洞国（黄埔1期），积极同美方协作、协调指挥整个印缅战场的对日作战，亲自指挥了密支那攻坚战，摧毁了日军在缅北最后的战略重镇；在围攻腾冲城战役中、第54军副军长阙汉骞（黄埔4期）毅然率先采用地空协同作战的新式战法，为反攻取得了关键性的胜利。

在极端艰苦的条件下，黄埔师生浴血奋战，先后取得了同古保卫战、斯瓦阻击战、仁安羌解围战、东枝收复战、龙陵战役、腾冲战役、松山战役等战役的胜利。

缅北滇西反攻作战，是抗战以来中国军队取得彻底胜利的一次歼灭战。中国正面战场第一次大反攻并获得了彻底胜利，为抗日战争的最后胜利奠定了后方基础。这一胜利，打通了中印公路，解除了日军对中国战场西侧的威胁，打破了日军对美援物资的封锁，也牵制了日军大量的兵力，从而减轻了盟军在太平洋战场上的压力。日本在中缅印战区投入兵力总计30余万人，被歼18万余人。在这场悲壮的远征作战中，大批黄埔师生为保卫国家民族利益浴血奋战，捍卫了中国军人的尊严，赢得了世界的尊重。

12. 常德会战

1943 年 11 月 2 日至 12 月 20 日的常德会战，又称湘北战役。此时，国际形势对日本越来越不利，日军大本营"从战争全局要求出发，不允许中国派遣军进行任何进攻作战"，所以，日军第 11 军在鄂西会战结束后的 4 个月内没有向周边的中国军队第 5、第 6、第 9 战区进攻，这 3 个战区的部队也没有对日军进攻，双方形成短暂的"和平"相峙。国民政府为了与盟军协同打通中印公路，先后从第 6、第 9 战区陆续抽调 7 个军转用于云南，以及印度，准备反攻缅甸。日军为牵制中国军队不再向印、滇转用兵力，以策应其南方军作战，再次组织进攻行动，目标就是常德。

常德是湘北重镇，川贵门户，战略地位十分重要，历来为兵家必争之地。武汉失守后，这里成为重庆大后方的物资唯一补给线。日军认为攻打常德可动摇重庆国民政府的抗战信心，打击中国军队的士气，以战逼降，达到其所谓"结束中国事变"的目的。日军还策划在这里歼灭中国守军力量，摧毁第 6 战区根据地，夺取洞庭湖粮仓，掠夺战略物资，达到以战养战和巩固中国占领区的目的。同时，企图借此牵制中国军队对云南的反攻，迫使集结云南的中国远征军回师救援，以钳制中国兵力，阻止或推迟东南亚盟军的联合反攻。这就是常德会战的大背景。

1943 年 11 月初，日军调集 7 个师团约 10 万兵力进犯湘鄂西的常德地区，对第 6 战区和第 9 战区接合部发动攻击。中国军队集中第 6 战区和第 9 战区的 16 个军 43 个师约 21 万兵力迎战日军。

参加此役的黄埔军校出身的军、师级以上指挥官有 40 余人，所指挥的部队主要有：第 10 集团军（总司令王敬久，黄埔 1 期）、第 27 集团军（副总司令李玉堂，黄埔 1 期）、第 29 集团军（副总司令兼第 74 军军长王耀武，黄埔 3 期）；第 10 军（军长方先觉，黄埔 3 期）、第 18 军（军长罗广文，黄埔教官）、第 30 军（军长池峰城，黄埔高教班 1 期）、第 44 军（军长王泽浚，黄埔高教班 6 期）、第 59 军（军长刘振三，黄埔高教班 2 期）、第 66 军（军长方靖，黄埔潮州分校 2 期）、第 75 军（军长柳际明，黄埔教官）、第 79 军（军长王甲本，黄埔高教班 3 期)、第 86 军（军长朱鼎卿，黄埔高教班 3 期）、第 99 军（军长梁汉明，黄埔 1 期）、第 100 军（军长施中诚，黄埔高教班 4 期）；第 3 师（师长周庆祥，黄埔 4 期）、第 5 师（师长李则芬，黄埔 5 期）、第 11 师（师长胡琏，黄埔 4 期）、第 18 师（师长覃道善，黄埔 4 期）、第 51 师（师长周志道，黄埔 4 期）、第 57 师（师长余程万，黄埔 1 期）、第 58 师（师长张灵甫，黄埔 4 期）、第 63 师（师长赵锡田，黄埔 4 期）、第 77 师（师长郭汝瑰，黄埔 5 期；代师长韩濬，黄埔 1 期）、第 92 师（师长艾瑗，黄埔 4 期）、第 98 师（师长向敏思，黄埔 4 期）、第 121 师（师长戴之奇，黄埔潮州分校 2 期）、第 185 师（代师长李仲辛，黄埔 6 期）、第 190 师（师长朱岳，黄埔 3 期）、第 194 师（师长龚传文，黄埔高教班 3 期）、第 199 师（师长周天健，黄埔 1 期）、暂 5 师（师长彭士量，黄埔 4 期，牺牲）、暂 6 师（师长赵季平，黄埔 4 期）、暂 7 师（师长王作华，黄埔 2 期）、暂 35 师（师长劳冠英，黄埔 5 期）、暂 54 师（师长饶少伟，黄埔 6 期）、预 10 师（师长孙明瑾，黄埔 6 期）等。

常德会战中，中国军队依托阵地节节顽强阻击，迟滞日军进攻，给敌以重大杀伤。在日军 3 万优势兵力进攻下，中国军队第 57 师 9000 余人孤军誓死抵抗长达 16 天，最终收复常德等阵地。12 月 20 日，会战以中国军队的胜利而结束，计毙伤日军 4 万余人（毙 1 万余人）。中国军队伤亡 5 万余人。常德会战是抗日战争时期大规模的会战之一，也是抗战以来最有意义的胜利之一，在整个抗日战争乃至第二次世界大战中都具有重要地位，被誉为"东方的斯大林格勒保卫战"。

13. 豫湘桂会战

此役是日军于 1944 年 4 月至 12 月贯穿河南、湖南和广西 3 省的大规模进攻战役，日军称之为"大陆打通作战"或"一号作战"。日本大本营为保持本土与南洋的联系，决定打通从中国东北直到越南的大陆交通线，同时摧毁沿线地区的中美空军基地，以保护本土和东海海上交通安全，遂令中国派遣军投入累计约 51 万兵力、800 辆战车、近 7 万匹战马，在纵深 2400 公里的战线上开始攻击，发动了打通大陆交通线的作战。

这是抗战以来日军动员规模最大的一次攻势作战，也是日军在整个中日战争战略相持阶段中向正面战场发动的唯一一次有计划、分阶段、大规模的战略进攻。中国军队参战总兵力 104 个师，共约 100 万兵力。这也是中国军队抗战以来投入兵力最多的一次大会战，并且损失惨重。

黄埔军人在此役中指挥的部队有 7 个集团军（兵团）、20 多个军、30 多个师。

集团军（兵团）级：第 8 战区（司令长官胡宗南，黄埔 1 期）、第 19 集团军（总司令陈大庆，黄埔 1 期）、第 24 集团军（总司令王耀武，黄埔 1 期）、第 27 集团军（副总司令李玉堂，黄埔 1 期）、第 28 集团军（总司令李仙洲，黄埔 1 期）、第 31 集团军（总司令王仲廉，黄埔 1 期）、第 34 集团军（总司令李延年，黄埔 1 期）；独立兵团（总司令刘戡，黄埔 1 期）等。

军级：第 10 军（军长方先觉，黄埔 3 期）、第 13 军（军长石觉，黄埔 3 期时用名石世伟）、第 14 军（前军长张际鹏，黄埔 1 期）、第 27 军（军长周士冕，黄埔 1 期）、第 29 军（前军长马励武，黄埔 1 期）、第 29 军（后军长孙元良，黄埔 1 期）、第 37 军（军长罗奇，黄埔 1 期）、第 38 军（军长张耀明，黄埔 1 期）、第 57 军（军长刘安祺，黄埔 3 期）、第 62 军（军长黄涛，黄埔 6 期）、第 78 军（军长赖汝雄，黄埔 2 期）、第 79 军（军长王甲本，黄埔高教班 3 期）、第 85 军（军长吴绍周，黄埔高教班第 5 期）、第 89 军（军长顾锡九，黄埔 2 期）、第 93 军（军长陈牧农，黄埔 1 期）、第 97 军（军长陈素农，黄埔 3 期）、第 98 军（军长刘希程，黄埔 1 期）、暂 2 军（军长沈发藻，黄埔 2 期）、暂 4 军（军长谢辅三，黄埔潮州分校 1 期）、骑兵第 2 军（军长廖运泽，黄埔 1 期）。

师级：第 4 师（师长蔡剑鸣，黄埔 3 期）、第 17 师（师长申及智，黄埔 4 期）、第 20 师（师长赵桂森，黄埔 6 期）、第 22 师（师长谭乃大，黄埔 4 期）、第 27 师（师长萧劲，黄埔 6 期）、第 44 师（师长姚秉勋，黄埔 3 期）、第 47 师（师长杨蔚，黄埔 4 期）、第 54 师（师长史松泉，黄埔 6 期）、第 55 师（师长李守正，黄埔 4 期）、第 58 师（师长张灵甫，黄埔 4 期）、第 65 师（师长李纪云，黄埔 3 期）、第 83 师（师长沈向奎，黄埔 4 期）、第 85 师（前师长王连庆，黄埔 1 期；后师长陈德明，黄埔 4 期）、第 91 师（师长王铁麟，黄埔 5 期）、第 97 师（师长胡长青，黄埔 4 期）、第 98 师（师长向敏思，黄埔 4 期）、第 109 师（师长戴慕真，黄埔 6 期）、第 110 师（师长廖运周，黄埔 5 期）、第 157 师（师长李宏达，黄埔 6 期）、第 167 师（师长王隆玑，黄埔 3 期）、第 177 师（师长李振西，黄埔 6 期）、新 29 师（前师长吕公良，黄埔 6 期；后师长刘汉兴、黄埔 4 期）、暂 14 师（师长李鸿慈，黄埔 4 期）、暂第 16 师（师长吴求剑，黄埔 3 期）、暂 30 师（师长洪显成，黄埔 1 期）、暂 51 师（师长史宏熹，黄埔 2 期）、预 3 师（师长陈鞠旅，黄埔 5 期）、预 10 师（师长葛先才，黄埔 6 期）、预 11 师（师长赵琳，黄埔 3 期）、炮兵指挥部（总指挥彭孟缉，黄埔 5 期）等。

仅就师级主官看，由黄埔毕业生担任师长的主力师数量占本次会战总兵力的 1/3，而由黄埔毕业生担任军事主官的连、排级部队则占到了部队官佐的 70% 以上。从这次会战中黄埔指挥官在战场上所占比例的一个侧面，可看到在整个抗日正面战场上黄埔指挥官所占的比例也大致如此。

这次大会战，分为 3 个阶段：攻守河南中部的豫中会战；攻守长沙的长衡会战（又称衡阳保卫战）；攻守桂林与柳州的桂柳会战。

豫中会战（1944 年 4 月 17 日至 6 月 19 日），是国民党军在日本投降前一年与日本军交锋中的一次惨败，是豫湘桂大会战的上篇。日军试图通过豫中会战围歼第 1 战区主力，并打通平汉线。这是日军打通大陆交通线的"一号作战计划"的一部分，日方称该阶段为"京汉作战"或"河南会战"。日本华北方面军司令官冈村宁次指挥所部击溃了中国第 1 战区蒋鼎文、汤恩伯部的 8 个集团军，占领了河南大部。其中"许昌保卫战"是这场会战中最为惨烈的战斗之一。日军实现了最初的作战计划。

长衡会战（1944 年 5 月底至 9 月初），又称湖南会战。中国参战部队共有 13 个军，由黄埔军人任军长的有 12 个军。第 10 军坚守城池 47 天，为抗战以来固守时间最长的一次守城战。这次作战，双方伤亡都很惨重，中国军队伤亡 9 万余人，日军伤亡 6.6 万余人，其第 68 师团师团长佐久间为中将和其参谋长原真三郎以及志摩原吉旅团长被击毙。

桂柳会战（1944 年 8 月至 12 月 10 日），是豫湘桂大会战的下篇。日军为打通由平汉路经湘、桂两省至越南的陆路交通线，摧毁大西南的中美空军基地，在攻陷湖南衡阳之后，由湖南、广东分兵向广西进犯。中国第 4 战区在广西桂林、柳州等地进行防御抗敌，桂林和柳州仅数日后即沦陷。

此役 8 个月中，日军总计伤亡 30 万余人（亡 2.4 万人）。中国军队总计伤亡 50 万余人，丧失 4 个省会和 146 座城市、7 个空军基地、36 个飞机场，丧失国土 20 万多平方公里，6000 万人民陷于日军铁蹄之下。

豫湘桂会战的大溃退，是抗战以来国民党正面战场的第二次大溃退。国民政府军事委员会战略指导失误，战役指挥失当，加之国民党政府长期执行避战、观战政策，致使豫、湘、桂大片国土被占，空军基地和场站被毁。军事上的溃败，使部队大部丧失抵抗信心和战斗力。日军尽管达成作战企图，却无力保障大陆交通线畅通，也未能阻挡美机空袭日本本土。日军由于分散了兵力，反而为中国军队反攻提供了条件。

中国军队由于在此役中损失惨重，兵源不继，面临的情况颇为危急。蒋介石命令成都黄埔本校和各地分校做好准备，决定以即将毕业的第 19 期学生为排长，把军校毕业生编为 2 个师，并令经理处准备 3 个月的粮秣，准备打游击战。1945 年 4 月初，在全国反攻日军前夕，因前线急需军事干部，第 19 期学生多次奉命提前结业，将全部课程提前考试完毕，准备随时离校，开往抗日前线。为配合抗战总反攻，适应抗日前线军官补充的要求，黄埔军校成都本校决定第 19 期所有学生提前毕业，奔赴抗日战场。

14. 湘西会战

此役，又称雪峰山战役、雪峰山大捷、芷江作战，这是中国人民抗日战争的最后一次会战。

1945 年初，日军在印缅战场、太平洋战场上已经处于强弩之末，但侵华日军仍作垂死挣扎。4 月至 6 月，日军为了占领湖南芷江飞机场，维护湘桂（长沙至南宁）、粤汉（广州至武昌）两条铁路的交通，于 4 月初集结 7 个师团七八万人的兵力，在第 20 军司令官板西一良统一指挥下，采取分进合击的战略，向湖南西部发起进攻。日军以板西一郎中将司令官为战役总指挥，共投入5个师团，约10万人。4月9日，日军调集8万兵力向湘西进犯。

中国抗日战争的最后一仗，主战场在怀化溆浦县的龙潭镇、温水乡和邵阳市洞口县的高沙、江口、青岩、铁山一带。中国军队在第4方面军总司令王耀武指挥下与敌鏖战2个月。双方参战总兵力共28万余人（日军5个师团，中国军队9个军26个师），战线长达200余公里。

黄埔军人在此役中指挥的部队有：第10集团军（总司令王敬久，黄埔1期），第24集团军（总司令王耀武，黄埔1期），第27集团军（总司令李玉堂，黄埔1期）。第18军（军长胡琏，黄埔4期），该军指挥第11师（师长杨伯涛，黄埔军校武汉分校7期）、第18师（师长覃道善，黄埔4期）、第118师（师长戴朴，黄埔军校武汉分校7期）。第73军（军长韩濬，黄埔1期），该军指挥第15师、第77师（师长唐生海，黄埔3期）、第193师（师长萧重光，黄埔6期）。第74军（军长施中诚，黄埔高教班4期），该军指挥第51师、第57师（师长李琰，黄埔高教班5期）、第58师（师长蔡仁杰，黄埔5期）、暂6师（师长赵季平，黄埔4期）、第196师（师长曹玉珩，黄埔4期时用名曹森）。第94军（军长为牟廷芳，黄埔1期），该军指挥第5师（师长李则芬，黄埔5期）第43师、第121师（师长朱敬民，黄埔6期）。第100军（军长李天霞，黄埔3期，时用名李耀宗），该军指挥第19师（师长杨荫，黄埔4期）、第51师（师长周志道，黄埔4期）、第63师。第86军第13师（师长靳力三，黄埔4期时用名靳希尚）。新6军（军长廖耀湘，黄埔6期），该军指挥第14师（师长龙天武，黄埔4期）。新22师（师长李涛，黄埔6期）、青年军第207师（师长廖耀湘兼）等。

6月7日，此役以日军战败而结束。日军伤亡2.7万人，中国军队伤亡2.66万人，此役标志着中国抗日正面战场由战略防御转入战略反攻。日军遭此打击后，不敢再发动攻势，两个月后，日本宣布无条件投降。

抗战即将胜利结束时，黄埔军校第1期毕业生在抗战末期多已升任集团军、军职；黄埔前6期毕业生已经多任师职指挥官；黄埔前14期毕业生多任团、营职军官；黄埔前 19 期毕业生多任连、排职军官。在长达 14 年的持久抗战中，黄埔军校师生主要分布在中央军和一些依附于中央军的部队中。

（二）中共军队黄埔师生的抗战

1. 东北抗日联军

这支武装力量，是在中国共产党领导下的一支英雄部队，前身是东北抗日义勇军余部、东北反日游击队和东北人民革命军。1931 年"九一八事变"爆发后，国民党领导的东北军听从蒋介石的电示，对日军采取"绝对不抵抗"政策。然而，一批黄埔师生在中国共产党领导下，投身于艰苦的抗日斗争。赵尚志（黄埔 4 期）任中共满洲省委军委书记，开始创建珠河反日游击队和创建哈东游击根据地。1935 年冬，在中国共产党东北各地组织的领导下，东北抗日联军开始组建。1937 年 10 月，东北抗日联军第 2 路军成立，崔石泉（即崔庸健，黄埔军校教官）任参谋长。1940 年 2 月，赵尚志任东北抗日联军第 2 路军副总指挥，率领所部坚持抗日武装斗争。

在东北抗联中，包括东北中共地下党军事领导人，从黄埔军校走出的军人共有 16 人。他们是：杨林（黄埔教官、第 3 期队长）、崔庸健（黄埔教官、第 5 期区队长）、赵尚志（黄埔 4 期）、赵一曼（武汉分校 6 期）、李秋岳（黄埔 6 期）、李成林（黄埔 4 期）、申春（黄埔 6 期）、张适（武汉分校 6 期）、宋国瑞（武汉分校 6 期）、陈公木（黄埔 6 期）、李向之（黄埔 6 期）、潘庆由、李仁根、曹基锡、朴勋、全光。后 5 人的黄埔期别待考，前 6 人是东北抗联中著名的黄埔军人。

杨林，原名金勋，化名毕士悌、杨宁，朝鲜族。1924 年于云南陆军讲武堂第 16 期炮兵科毕业后到广州，任黄埔军校教官、第 3 期上尉队长时，参加东征战事。任叶挺独立团第 3 营营长时，参加北伐。后到莫斯科中山大学和莫斯科步兵学校学习。1930 年任东满特委军事部长，1931 年任中共满洲省委军委书记（此时改名杨林），创立"磐石工农义勇军"（南满游击队和东北抗日联军第 1 军前身）。1932 年 7 月，到江西中央苏区任红一方面军补充师师长、干部团参谋长。红军长征到达陕北后，任红 15 军团第 75 师参谋长。1936 年 2 月，在开赴抗日前线的东渡黄河战役中牺牲。

崔庸健，朝鲜族。1923 年到云南陆军讲武堂学习军事。1925 年 5 月至 1927 年 11 月，任黄埔军校教官、第 5 期区队长时，参加东征战事。黄埔军校时期用名"崔秋海"。1927 年 12 月参加广州起义。1928 年由中共党组织派遣到东北地区，时用化名"金志刚"，从事建立中共党组织和游击队的工作。1933 年 4 月，成立饶河工农义勇军，时用化名"崔石泉"，历任队长、团参谋长、师参谋长、军参谋长、抗联第 7 军军长、第 2 路军总参谋长、野营教导旅参谋长、中共东北党委书记。1945 年中国抗战胜利后，回朝鲜任保安局长。后任朝鲜人民共和国次帅、共和国副主席、最高人民委员会委员长等重要领导职务。1976 年病逝于平壤。

赵尚志，化名李育才。1925 年冬受中共党组织派遣南下广州，考入黄埔军校第 4 期。1926 年 5 月，因对蒋介石策动反共的"中山舰事件"和"整理党务案"不满，毅然退出黄埔军校，按照党的指示，回到哈尔滨市从事革命活动。任东北抗日联军总司令、第 3 军军长、第 2 路军副总指挥等职。1942 年 2 月，在黑龙江省鹤岗梧桐河对日伪作战中负重伤被俘，拒绝医治，宁死不屈，壮烈牺牲，时年 34 岁。中华人民共和国成立后，为了表彰赵尚志的抗日功绩并永远缅怀这位抗日英雄，人民政府把珠河县改名为尚志县，把他的牺牲地改为尚志村，把哈尔滨的一条主要街道命名为尚志大街。2009 年，赵尚志被国家评为"100 位为新中国成立作出突出贡献的英雄模范人物"。

赵一曼，原名李坤泰，学名李淑宁，又名李一超。黄埔军校武汉分校第 6 期毕业。1927 年 9 月，到苏联莫斯科中山大学学习。1933 年领导哈尔滨市电车工人罢工运动。曾任中共珠河县委特派员、铁北区委书记、东北人民革命军第 3 军第 1 师第 2 团政治部主任等职。1935 年 11 月，在对日伪作战中负伤被俘；1936 年 8 月在珠河英勇就义，时年 31 岁。2009 年，赵一曼被国家评为"100 位为新中国成立作出突出贡献的英雄模范人物"。

李秋岳，杨林夫人。原名金锦珠，别名张一志、柳明玉，朝鲜族。1926

年 3 月，在广州参加国民革命军东征军宣传队、平定滇桂军叛乱等军事斗争。1927 年 6 月，在黄埔军校武汉分校第 6 期毕业。后随杨林到东北地区，任中共珠河中心县委委员、妇女部部长、珠河中心县委铁北区委书记、通河特别支部书记等职。与黄埔军校同期同学赵一曼同为珠河抗日游击区的领导者和组织者，成为东北游击区著名的抗日女英雄，被群众亲切地称为"李黑子"，与赵一曼（李坤泰）并称为"黑白二李"。1936 年 8 月在通河县城被捕，9 月被日军杀害，时年 35 岁。

潘庆由，原名李起东，化名潘向允、老潘，朝鲜族。东北抗联创建者之一。黄埔军校毕业后，相继参加北伐战争、南昌起义和广州起义，后到苏联学习。曾任中共满洲省委巡视员、吉东局组织部长等职。1933 年在珲春县牺牲。朝鲜领导人金日成在回忆录《与世纪同行》中提及对他早期革命生涯产生重大影响的人有 3 个，其中之一就是鼓励他树立朝鲜人"主体意识"的潘庆由，书中写道："在我的抗日革命历程中，像见到潘省委时那样，就朝鲜革命的命运和路线问题坦诚、认真、热烈而又深入地进行讨论的，恐怕只有这一次。潘省委对于革命，是个有自己独到见解的理论家……自从见到了潘省委以后，我更深切地认识到进行革命斗争，既要有实践家，也必须有能够引导和驾驭实践的理论家。"当年 43 岁的潘庆由，鼓励刚刚 20 岁出头的金日成"希望你做一个朝鲜的胡志明"，这话在 10 多年后变成现实。

东北抗日联军，是 20 世纪上半叶中国人民抵抗日本帝国主义侵略的伟大民族解放战争的重要组成部分，在中国革命史上有着不可磨灭的伟大功绩。在日本侵略者的大后方，他们坚持长达 14 年的艰苦斗争，牵制了数十万日伪正规军，有力地支援了全国的抗日战争。他们英勇无畏的牺牲精神，是中华民族争取独立、宁死不屈精神的集中体现；他们英勇悲壮、可歌可泣的斗争事迹，极大地振奋了中华民族争取独立、反抗侵略的伟大民族精神。

2. 八路军

1937 年"七七事变"次日，中国共产党向全国发出通电，表明驱逐日寇、捍卫中华民族的决心。7 月 9 日，彭德怀、贺龙、刘伯承、林彪（黄埔 4 期）、徐向前（黄埔1期）、叶剑英（黄埔军校教授部副主任）、左权（黄埔1期）、聂荣臻（黄埔军校政治部秘书兼政治教官）等红军将领，联名致电国民政府，请求立即将红军改编为国民革命军，奔赴抗日前线杀敌。8月，中共中央洛川会议后，中共中央军委改组，担任重要军事职务的著名黄埔将领有：周恩来（黄埔军校政治部原主任）任军委副主席，叶剑英（黄埔军校教授部副主任）、林彪（黄埔4期）、徐向前（黄埔1期）任军委委员。

8月22日，国民政府军委会宣布将中国共产党领导的工农红军编为国民革命军第8路军（后改称第18集团军），成立总指挥部。蒋介石以军事委员会委员长名义发布命令，委任朱德、彭德怀为总指挥、副总指挥（9月11日改称总司令、副总司令），叶剑英（黄埔教官）为参谋长，左权（黄埔1期）为副参谋长。八路军下辖第115师、第120师、第129师。每师辖2旅，每旅辖2团，每师定员1.5万人。全军共4.6万人。国共两党实现了第二次合作，两党黄埔军校同学再次并肩作战，抗御外侮。

八路军总部成立后，随即东渡黄河，开赴抗日前线，左权与总司令朱德、副总司令彭德怀、政治部主任任弼时、政治部副主任邓小平一起，到山西太行山地区开辟华北敌后抗日根据地。

在中共领导的抗日武装力量的营、团职以上干部中，有60余人出自黄埔军校。

八路军的师、旅级黄埔著名将领有：林彪（第115师师长，黄埔4期）、聂荣臻（第115师副师长，黄埔军校政治部原秘书兼政治教官）、周士第（第120师参谋长，黄埔1期）、张宗逊（第120师第358旅旅长，黄埔5期）、陈伯钧（第359旅旅长，黄埔6期）、徐向前（第129师副师长，黄埔1期）、倪志亮（第129师参谋长，黄埔4期）、陈赓（第129师第386旅旅长，黄埔1期）等。

南方8省13个地区的红军游击队改编为新四军，军长为叶挺，副军长为项英（黄埔军校武汉分校政治教官），政治部主任为袁国平（黄埔4期），第1支队司令员为陈毅（黄埔军校武汉分校文书、中共党团书记）。

时在延安中共中央军委总参谋部工作的黄埔军校毕业生还有：第1局局长

郭天民（黄埔6期）、第2局局长曾希圣（黄埔4期）。1939年，郭天民先后任晋察冀军区副参谋长、第2分区司令员、冀察军区司令员，巩固和发展了冀察抗日根据地。曾希圣1940年秋到新四军，任新四军渡江指挥部指挥长、新四军第7师兼第19旅政委，一直坚持该地区的斗争。谭希林（黄埔5期）任陕甘宁保安司令部参谋长，1940年任新四军第2师第6旅旅长兼政委、第7师师长等，开辟了江北、路东地区的抗日游击战争。陶铸（黄埔5期）1937年赴鄂中地区进行抗战宣传，组织抗日武装，参与开辟鄂中游击区，后到延安军委总政治部任秘书长兼宣传部长。他们都对抗日战争、部队建设和政治宣传工作作出了突出贡献。

叶剑英（黄埔教官）率领共产党人员参加举办南岳游击干部训练班，发挥了重要作用，取得了很大的成功。通过办班，向国民党军中高级军官宣传了毛泽东《论持久战》思想和关于游击战的战略技术，宣传了共产党的抗日路线、方针、政策，使学员们认识到了游击战的重大意义，并且实际演练了游击战的战法，增强了持久抗战的必胜信心。许多学员在毕业以后，运用游击战术，活跃在各地抗日战场上，配合八路军、新四军作战。还有很多人效仿共产党军队的做法，直接或间接地支持敌后游击队，开展游击战争，打击敌人。叶剑英率中共代表团参加举办南岳游击干部训练班，尽管时间不长，但在国共合作的抗日战争史上，有着重大的游击战指导作用。

在国民党军队于正面战场奋勇抵抗之时，中国共产党领导的八路军、新四军及其他人民武装，挺进敌后，广泛开展独立自主的游击战争，建立抗日民主根据地，逐步开辟了广大的敌后战场。

平型关大捷，又称平型关伏击战，是八路军第115师于1937年9月25日在平型关附近伏击日军的战斗。1937年9月，侵华日军占领晋北大同后，分兵两路向雁门关、平型关一线进攻，进逼太原。为了配合友军作战，阻挡日军的攻势，八路军第115师师长林彪（黄埔4期）和副师长聂荣臻（黄埔教官）率部开抵平型关地区集结待机，伏击日军。日军坂垣第5师团第21旅1个大队和后勤人员成了瓮中之鳖，被全部歼灭。

八路军第 115 师在平型关之战中，共击毙日军 1000 余人，击毁汽车 100 余辆，马车 200 余辆，缴获步枪 1000 余支，机枪 20 余挺，火炮 1 门，以及大批军用物资。[①] 八路军伤亡约 700 人（第 685 团 223 人、第 686 团 286 人、第 687 团 200 多人）。

八路军抗日首战，即取得了平型关大捷。这次胜利，切断了平型关后方日军的补给线路，打破了日军不可战胜的神话，打击了日军的侵略气焰，震动全国，鼓舞了全国军民的斗志和抗战必胜的信念，振奋了全国人心，意义深远。这是中国军队出师华北前线的第一个大胜仗，也是中国全面抗战开始后的第一个大胜仗。

通过平型关战斗，八路军进一步明确了开展"独立自主的山地游击战"才是唯一正确的战略方针。此后，第 115 师分出一部建立根据地，主力转入广阳地区，取得了广阳战斗的胜利。八路军在山西雁门关、代县阳明堡机场等地广泛配合晋绥军作战。在山西战场仅两个月时间内，八路军就与国民党军队协同作战 100 余次，减轻了国民党军正面战场的压力。

1937 年 10 月 17 日出版的《解放》周刊刊登了林彪《平型关战斗的经验》，总结了 12 条与日军作战的经验，以供友军分享。在平型关战斗中立下奇功的林彪师长，不久因赴苏联疗养枪伤，从此也就没有再出现在抗日战场。

1937 年 11 月，聂荣臻等率八路军第 115 师进驻山西五台山地区，创建了敌后第一个抗日根据地——晋察冀抗日根据地。1938 年冬，聂荣臻指挥黄土岭战斗，击毙日军"名将之花"阿部规秀中将。1940 年 8 月，在百团大战中，聂荣臻组织指挥了正太、津浦、平汉、北宁等铁路的破袭战。1943 年秋，聂荣臻回延安，程子华（黄埔军校武汉分校 6 期）继任晋察冀军区代理司令员兼政治委员。

八路军第 129 师副师长徐向前（黄埔 1 期）与师长刘伯承、政委张浩（后由邓小平继任）一道，以太行山区为中心，开创了晋冀豫抗日根据地。徐向前

---

① 　军事科学院军事历史研究部：《中国抗日战争史》中卷，第 40 页，解放军出版社，1994 年版。

参与指挥了广阳、响堂铺等战斗和晋东南反"九路围攻"。1938年4月，徐向前率第129师和第115师各一部进入河北南部，开辟冀南抗日根据地。1939年6月，徐向前到山东，任八路军第1纵队司令员，统一指挥山东、苏北、皖北八路军各部队，坚持抗日游击战争。

八路军第129师第386旅旅长陈赓（黄埔1期），参与了神头岭、响堂铺、长乐村等战斗的指挥，继而转战平汉路中段、晋西北和冀南平原，1940年任太岳纵队司令员。

第129师参谋长倪志亮（黄埔4期）参与本师作战指挥，后任晋冀豫抗日根据地军区司令员、晋冀豫边区游击纵队司令员。

1937年12月，八路军第120师参谋长周士第（黄埔1期）与师长贺龙、政委关向应一道，创建晋西北抗日根据地。1938年12月，周士第与贺龙、关向应率部推进到冀中。周士第先后担任晋绥军区参谋长、副司令员，仅1941年到1942年间，参与指挥部队粉碎了日军的大小"扫荡"30余次。

第120师第358旅旅长张宗逊（黄埔5期），1938年11月，率部在五台山滑石片地区歼灭日军1个大队，配合晋察冀军民粉碎了日军对五台山根据地的进攻。同年12月，张宗逊随贺龙、关向应率部推进到冀中，参与指挥部队粉碎了日军的多次扫荡。

第120师第358旅第716团团长宋时轮（黄埔5期），带领部队开辟雁北抗日根据地，任雁北支队队长兼政委，1938年任八路军第4纵队司令员，与邓华一起率部挺进冀东创建抗日根据地。

李运昌（黄埔4期）在1938年任中共冀热边特委书记，坚持冀热边游击斗争。

程子华（黄埔军校武汉分校6期）在1939年任冀中军区政委，与吕正操等把当地的抗日武装整编为八路军第3纵队，总结和推广了平原游击战争的经验，指挥冀中军民击败了日军多次围攻和扫荡。后任晋察冀军区代理司令员兼政治委员。

百团大战，是中国共产党领导下的八路军与日军在华北敌后晋察冀边区进

行的一次规模最大、持续时间最长的带战略性进攻的战役。1940 年 8 月下旬至
12 月初，八路军第 129 师、第 120 师、晋察冀军区部队在八路军总部统一指挥
下，在河北、山西发动了以破袭正太铁路（石家庄至太原）为重点的战役。八
路军出动 105 个团 40 万兵力、20 万民兵，向以正太路为中心的华北敌占主要
交通线开始总破击。历时 3 个半月，史称"百团大战"。

参与指挥"百团大战"的黄埔师生主要有：左权（黄埔 1 期）、聂荣臻（黄
埔教官）、徐向前（黄埔 1 期）、陈赓（黄埔 1 期）、周士第（黄埔 1 期）、倪志
亮（黄埔 4 期）、李运昌（黄埔 4 期）、程子华（黄埔武汉分校 6 期）等。

百团大战分为 3 个阶段：第一阶段，1940 年 8 月 20 日至 1940 年 9 月 10
日，主要任务是摧毁正太路交通。八路军在华北地区同时出动 105 个团 40 万兵
力、20 万民兵，向以正太路为中心的华北敌占主要交通线开始总破击。第二阶
段，1940 年 9 月 22 日至 1940 年 10 月上旬，主要任务是继续破坏日军的交通
线，并摧毁日军深入抗日根据地的主要据点。第三阶段，1940 年 10 月上旬到
1941 年 1 月 24 日，主要任务是反击日军的报复性"扫荡"。

据八路军总部 1940 年 12 月 10 日的统计，百团大战仅前 3 个半月期间，
"敌后军民共作战 1824 次，毙伤日、伪军 2.5 万余人，俘日军 281 人、伪军 18
万余人，破坏铁路 470 余公里、公路 1500 余公里，摧毁大量敌碉堡和据点，缴
获大批枪炮和军用物资"。[1] 此役重击了日伪军的嚣张气焰，重度破坏了日军在
华北的主要交通线，收复了被日军占领的部分地区，给日军的"囚笼政策"以
沉重打击，迟滞了日军的南进步伐，有力地配合了国民党军正面战场的作战，
提高了共产党和八路军的威望，在抗日局面比较低沉时振奋了全国人民的信心。

日本防卫厅防卫研究所战史室所著《华北治安战》中记述："共军乘其势力
显著增强，突然发动的'百团大战'，给予华北方面军以极大打击。""此次共军
采取与过去游击战完全不同的战术，乘日军不备，突然以大部队的运动战进行
攻击。""盘踞华北一带的共军，按照第 18 集团军总司令朱德部署的所谓'百团

---

① 《中国共产党简史》，第 87 页，人民出版社、中共党史出版社，2021 年版。

大战'，于 1940 年 8 月 20 日夜，一齐向我交通线及生产地区（主要为矿区）进行奇袭。特别是在山西，其势更猛，在袭击石太路及同蒲路北段警备队时，并炸毁和破坏铁路桥梁及通信设施，使井陉煤矿等数设备遭到彻底破坏。此次袭击，完全出乎我意料之外，损失甚大，需要长时期和巨款方能恢复。""遭受共军'百团攻势'的日军，从各地的兵团直到各军、方面军，均由痛苦的经验中取得宝贵的教训，改变了对共产党的认识，从而采取各项治安施策。"①

3. 新四军

1937 年 10 月，坚持南方游击战的红军游击队改编为新四军，叶挺任军长。黄埔军校师生在新四军中担任重要职务的主要有：副军长项英（黄埔军校武汉分校教官）、政治部主任袁国平（黄埔 4 期）、第 1 支队司令员陈毅（黄埔军校武汉分校文书、中共党委书记）。

项英尤其重视部队的教育训练和干部的队伍建设，努力提高部队的军政素质，对新四军的部队建设和抗日根据地建设有重要贡献。

陈毅坚决贯彻执行中共中央独立自主发展敌后游击战争的战略方针，开辟了以茅山为中心的抗日根据地，指挥了著名的黄桥之战，与八路军南下部队会师，奠定了苏北抗日民主根据地的基础，打开了华中抗战的局面。

袁国平擅长宣传鼓动工作，重视思想教育，善于及时总结经验、提出政治工作任务，为坚持大江南北的敌后抗战作出了重要贡献。

正是这些杰出领导人卓有成效的工作，使新四军在抗日烽火中由小到大，由弱到强，逐渐发展成为华中地区坚持敌后抗战的主力军。

由军事科学院编撰的《中国军事百科全书》，共收录八路军、新四军在抗战中的 25 场经典战役，除上述平型关大捷（1937 年 9 月）、百团大战（1940 年 8 月至 12 月）之外，还有以下重大战斗：雁门关伏击战（1937 年 10 月），阳明堡战斗（1937 年 10 月），广阳伏击战（1937 年 11 月），反八路围攻（1937 年 11 月、12 月），神头村伏击战（1938 年 3 月），响堂铺伏击战（1938 年 3 月），

---

① 《日本军国主义侵华资料长编》（《大本营陆军部》摘译），第 575—583 页，四川人民出版社，1987 年版。

午城战斗（1938 年 3 月），反九路围攻（1938 年 4 月），町店战斗（1938 年 6 月），齐会战斗（1939 年 4 月），大龙华战斗（1939 年 5 月），上下细腰涧战斗（1939 年 5 月），梁山战斗（1939 年 8 月），陈庄歼灭战（1939 年 9 月），黄土岭战斗（1939 年 11 月），黄崖洞保卫战（1941 年 11 月），田家会战斗（1942 年 5 月），韩略村战斗（1943 年 10 月），岱崮战斗（1943 年 11 月），淮南反扫荡（1941 年 4 月），淮北反扫荡（1942 年 11 月至 12 月），大悟山反扫荡（1942 年 12 月），车桥战斗（1944 年 3 月）。

4. 延安黄埔同学会

1937 年 11 月，八路军后方留守处在延安召开纪念孙中山先生诞辰和追悼在抗日战争中牺牲的烈士的大会，毛泽东为大会亲拟了 3 条标语，由郭化若写成大字贴在会场上。其中一条标语内容是："国共合作的基础如何？孙先生云：共产主义是三民主义的好朋友。抗日胜利的原因安在？国人皆曰：侵略阵线是和平阵线的死对头。"从毛泽东所拟的这条标语，可看出中国共产党对国共合作的重视和真心诚意。会后，毛泽东对郭化若说："民族统一战线是取得抗战胜利的一个法宝，一定要多做统一战线的工作。蒋介石是靠黄埔军校起家的，国民党军队的军官中有一大批黄埔生，你也是黄埔出来的，可以利用同学关系做说服工作，扩大抗日力量。"[①]

郭化若根据毛泽东的指示，给一些黄埔同学写信，着重讲了国共合作对于救亡图存的重大意义，很快陆续收到一些同学的回信。后来，重庆黄埔同学会总会的陈宏谟（黄埔 6 期）到延安，他在与郭化若交谈中说："国共两党中都有黄埔生，他们各事其主，但爱国之心是大多数人素有的，同时老同学之间的感情问题也很复杂。"陈宏谟的话引起郭化若的思考，联想到毛泽东的那条标语，提议创办一个由共产党领导的黄埔同学会。[②]

郭化若的建议得到了毛泽东、朱德的大力支持。毛泽东说："组织黄埔同学会，这个办法好。"并指示郭化若立即付诸行动，认真做好这一工作。郭化若联

---

① 《郭化若回忆录》，第 139 页，军事科学出版社，1995 年版。
② 《郭化若回忆录》，第 140 页，军事科学出版社，1995 年版。

络了一些在延安工作的黄埔同学，他们都热情地表示支持。

1941 年春，抗战开始时到八路军第 129 师任副师长的徐向前调回延安工作，黄埔军校第 1 期毕业的他自然是"黄埔老大哥"，他表示赞同组织一个中国的黄埔同学会。经过商量，在延安的黄埔军校的 100 余名师生，决定用徐向前、郭化若两人的名义发起成立"延安黄埔同学会"。为了争取国民党军队中的黄埔同学，延安黄埔同学会接受重庆总会的指导，挂分会的牌子。但宗旨和总会截然不同，公开声明是为了"加强抗日，坚持抗战"。9 月 20 日，延安黄埔同学会召开筹委会，推选吴奚如（黄埔 2 期）、方治中（黄埔 4 期）、宋时轮（黄埔 5期）分任宣传、组织、总务工作。筹委会拟定了同学会会章，规定凡黄埔军校本校、分校各期各兵科及中央各军事学校毕业或肄业同学均可报名入会。

10 月 4 日下午，延安黄埔同学会正式召开成立大会。10 月 6 日的延安《解放日报》以"加强团结，研究学术　延安成立黄埔同学分会"为题做了详细报道。

大会主席徐向前首先致辞，他说："在延安黄埔同学甚多，各依所长从事政治、军事、经济、文化等工作，但因联系尚不密切，未能充分收到互相研究，互相砥砺的效果。"他强调说："黄埔有革命的光荣历史与优良传统，为发扬黄埔传统精神，而更加推动革命工作，成立同学会极为必要。"

第 2 战区副司令长官、八路军总司令朱德在会上高度评价了黄埔军校对中国革命的历史贡献。他说："黄埔在革命创造上、革命军队上、革命学术上，有其贡献。它特别是国共合作的好学校，我非常钦佩它的光荣的历史地位。惜大革命后国共分裂，对于中国民族与黄埔同学来说，都是很不幸的。现在国家民族正处在生死存亡之秋，黄埔同学更需要团结，以贯彻抗战到底。"[①]

曾任黄埔军校教授部副主任、八路军总参谋长的叶剑英在会上发表了热情讲话。他说："黄埔同学在革命史上地位，是光荣而重要的。在抗战中，只要 30万黄埔同学真正全部发扬黄埔精神，谁敢中途妥协？谁敢进行内战？"[②]

---

① 中共中央文献研究室编：《朱德年谱》，第 243 页，人民出版社，1986 年版。

② 中国人民解放军军事科学院编：《叶剑英年谱》，第 358 页，中央文献出版社，2007 年版。

国民党政府军委会派驻八路军第 120 师联络参谋陈宏谟在讲话中说："今天黄埔同学有 30 万人以上，当师长者 200 余人，实为抗战之主力。当世界反法西斯的统一线建立时，黄埔同学更应加紧团结，反对内战，勿演过去悲剧。"他在讲话中，十分生动地举例说："当初本人当排长时，因国共战争而夺一个山头，我先占领山头，举起手来正准备抛下手榴弹，但对方率队冲上来的，不是别人，而是我们黄埔同期同班的好同学，两人相对默然了。"[①]

黄埔学生代表陶铸、郭化若、李逸民等相继在会上讲话，对延安黄埔同学会成立表示祝贺。大会通过了延安黄埔同学会章程，选举徐向前（黄埔 1 期）、林彪（黄埔 4 期）、左权（黄埔 1 期）、陈赓（黄埔 1 期）、罗瑞卿（黄埔 5 期）、曾希圣（黄埔 1 期）、吴奚如（黄埔 2 期）、郭化若（黄埔 4 期）、李逸民（黄埔 4 期）、陶铸（黄埔 5 期）、许光达（黄埔 5 期）、陈伯钧（黄埔 5 期）、宋时轮（黄埔 5 期）、陈宏谟（黄埔 6 期）、吕文远（黄埔 6 期）等 15 人为理事，孟庆树（黄埔 6 期女生队、王明的妻子）等 5 人为候补理事。大会一致通过了致校长蒋中正电和黄埔同学会总会电。致蒋校长的电文中写道："学生等为了团结抗战，发扬黄埔的革命传统和作风，并相互切磋研究军事学术起见，经于本月在延安召集在延同学，成立黄埔同学会分会，登记与到会者百余人，一致通过加强黄埔同学的团结，促进全国团结，努力研究军事学术，并电祝校长健康！敬盼电示南针。"[②]

正式成立后的延安黄埔同学会，相继在延安和敌后举办了各种形式的活动，为团结抗战作出了重要贡献。

（三）华侨黄埔毕业生的抗战

抗战时期，广大港澳同胞、海外华侨华人，与祖国同呼吸、共命运，以各种方式参加和支持祖国人民抗战。许多华侨青年冲破各种阻力回到大陆参加抗日，其中约有 2000 多人考入黄埔军校，各期都有华侨青年学生。华侨黄埔毕业

---

① 1941 年 10 月 6 日延安《解放日报》。
② 《郭化若回忆录》，第 140 页，军事科学出版社，1995 年版。

生为抗战流血、流汗，尽心尽力，或成功或成仁，各有千秋，名垂史册。

华侨青年考入黄埔军校人数较多的期别，比较集中的是第四分校（广州分校）第 17 期的华侨总队。1938 年广州沦陷后，黄埔军校第四分校由广东迁至广西宜山，再迁移贵州独山。1940 年，中国抗战进入最为艰苦时期，国内外同胞同仇敌忾的情绪也愈发激昂，成千上万的青年投入抗战阵营。海外同胞也不落后于人，纷纷请缨杀敌，于是在海外各地侨区掀起了从军抗日的热潮。为使这批青年获得正确的报国途径，黄埔军校建议延揽海外侨胞青年子弟回国受训。国民政府军委会命令第四分校筹设华侨入伍生总队，并专请侨务委员会及战时驻东南亚各国领事馆等海外侨务机构协助招生。黄埔军校第四分校前身是广州分校，而广州分校之前就是黄埔本校，其中教官以广东人居多，而侨生中也以广东人为主，所以将训练侨生的任务交给了第四分校。

1940 年 6 月，第四分校第 17 期新生入伍，成立两个总队，共 2629 人。7 月，奉命实施乙种编制。该分校申请招考海外侨胞青年子弟回国受训，专请侨务委员会及战时驻东南亚各国领事馆负责招生，共招生 254 人，成立了华侨大队。从 1940 年 6 月至 1941 年初，黄埔军校第 4 分校从我国港澳地区及新加坡、马来西亚、印尼、缅甸、越南、泰国、菲律宾、欧美各地，共招收 1000 多名华侨学生，进入第四分校接受入伍教育，合编为华侨总队。后为保持黄埔军校传统的番号，于 1942 年初改为军校第 17 期第 26 总队。华侨总队这一期学生，大多数人入校前在海外各地工作过一段时间，因此平均年龄比同期其他总队稍大一点。

在桂北会战期间，黄埔军校第四分校（广州分校）全体官兵奉命编组为第 120 军，辖 2 个师，参加桂南会战。出色地完成任务后，迁移到贵州独山。

1942 年 6 月，华侨总队同学学成毕业，正值抗战中期战争激烈进行之际，部队急需基层军官补充，大部分同学分发到陆军各野战部队，立即投入抗日作战，表现了黄埔军人的本色及爱国华侨的情操。另有约 200 名毕业生选送到贵州息烽所设的训练班，接受特种训练，期满后潜入南洋各自侨居地，去做敌后工作。时值太平洋战争爆发第二年，日军大肆南进，东南亚各地多为日军控制，这种深入虎穴的秘密工作，必须具备胆大心细的精神才可以担当，这批毕业生有些作了地下无名英雄，有些作了殉难的烈士。

黄埔军校比较集中地成批招收华侨学生，还有 1940 年 4 月第七分校（西安分校）第 10 总队特科学生，约 400 人。这批青年从江南的沦陷区招来，多为两广与华侨学生，他们步经粤、桂、黔、川，开赴甘肃天水受训，后移牛东受训。本期华侨同学从军校毕业后，立即分赴抗日战场，有部分同学分配到入缅远征军中，为抗战胜利作出了独特的贡献。

（四）在校黄埔师生的直接参战

黄埔同学在抗日战争时期的直接参战，并不只是毕业生，还有在校学生，以及没有来得及毕业提前分赴前线的肄业生。

捐款和募捐飞机。黄埔军校的课堂始终直接连通着抗日战场，在校师生以各种方式支持、支援前方抗战。1932 年 10 月，为支援东北义勇军抗击日寇，黄埔军校师生捐款 12000 银圆，由本校军官训练班训育主任亲自前往送交。1933 年 2 月，军校决定为前线抗击日寇侵略，募捐订购飞机，黄埔师生捐款82000 余元，用于购买飞机 1 架，命名为"黄埔第一号"。

提前毕业参战。因抗日前线急需干部，成都本校第 19 期学生曾数次分批奉命提前结业。1944 年贵州独山失守后，中国军队兵源不继，颇为危急。黄埔军校做好准备，决定以第 19 期学生为基层军官，将军校编为 2 个师，令经理处准备 3 个月的粮秣，准备打游击战。各总队奉命提前将全部课程考试完毕，同学们准备随时离校奔赴抗日前线。1945 年 4 月初，为配合抗战总反攻，应前线急需补充军官的要求，军校又决定第 19 期所有学生提前毕业，准备毕业考试。7月 2 日，第七分校（西安）第 19 期第 12 总队炮科、通信科学生，也因战场急需人才，提前毕业，直接奔赴抗日战场。

第四分校（广州分校）学生参战。1940 年 2 月，昆仑关战役打响，日军自南宁进犯宾阳。黄埔军校第四分校奉命编组全体官兵为第 120 军，辖 2 个师，参加桂南作战。完成任务后，迁移到贵州独山。1944 年 8 月，桂林、柳州一线战局紧张，该分校奉命组织黔桂边区防守司令部，其组成由该分校优秀教官担任，师生们沿黔桂边区各要隘地区修筑防御工事，完成任务后转移到贵阳附近的湄潭县，以此作为新校址。该分校师生两次参加抗日作战，3 次迁移校址，学生在战火中得到了锤炼。

第六分校（南宁分校）学生参战。1944 年 5 月中旬，黄埔军校第六分校师生奉命参加著名的龙虎关战役。龙虎关位于湖南与广西两省交界处，也是保卫广西的第一道防线。该分校师生兵分两路出发：一路以第 11 总队第 7、第 8 队为主，途经临桂、大墟；另一路以第 9、第 10 队及练习营为主，途经良丰、白沙、阳朔。教育处教官大部分安排为作战参谋、联络参谋，一部分派作情报、后勤补给、军需等，学校军医处改作野战医院。该分校第 19 期第 11 总队回民大队的学生，经过短期军事训练后即投入此役，与众将士一起共同阻击上万日军的进攻，谱写了回族黄埔学生抗战史上的光辉一页。当时《广西日报》《扫荡报》《云南日报》等，均以头版头条大字标题报道"龙虎关大捷"的消息，称侵犯龙虎关的日寇遭到我军校师生英勇阻击，3 天歼敌 300 余人。

黄埔师生用自己的实际行动，践行了孙中山先生的教诲。他们在寸土寸血的鏖战中，奋勇拼杀，舍生忘死，用鲜血和生命诠释了民族大义和浩然之气；他们以"不怕死、不要命"的英雄气概，为"爱国、牺牲"的黄埔精神注入了鲜活的内涵；他们与其他在抗日战争中流血牺牲的将士们一起，为打败日本帝国主义、争取抗日战争和世界反法西斯战争的胜利发挥了重要作用，作出了巨大贡献，永远受到中国人民及世界爱好和平人民的尊敬与怀念。

（五）黄埔军人是抗日战场上的重要指挥力量

《孙子兵法》曰："夫将者，国之辅也。辅周则国必强，辅隙则国必弱。""故知兵之将，生民之司命，国家安危之主也。"[①] 古人亦云："千军易得，一将难求。"战争的胜利原因固然不是单一的某一种因素，但军队作战指挥能力始终是最为重要的原因。一名优秀的将领，对国家和军队都起着举足轻重的作用，有时甚

---

① 　陈宇：《孙子兵法精读》，第 66 页，第 32 页，当代世界出版社，2008 年版。

至可以决定一场战争的胜败或者一个国家的兴亡。

黄埔军校是中国军事近代化进程中具有里程碑意义的军事院校。在 1924 年至 1927 年间，大多数在黄埔军校学习的军人，接受了苏式现代军事教育的培养和熏陶，而当时的苏联吸收了第一次世界大战的新经验，其训练与作战方式接近了当时的世界先进水平。此后在 1928 年至 1938 年间，黄埔军人又得到了世界军事科技强国德国顾问们的指导、训练和教育。抗战时期黄埔军人的军事素质，多少都有苏军、德军军事教育的影响。

抗战后期，中国军队主要是远征军，曾有着程度不同的美式军事教育和训练。黄埔军人在自身的努力和美军的帮助下，掌握新式武器的使用方法，提升战术理念，作战能力大大提高。经过整训和接受美式装备的部队和原来相比，轻重武器的配备趋于完善，火力大为加强。同时，通信、运输器材的完备，为指挥和协调作战提供了基本条件。特别是中国远征军在改编后的训练中加强了通信和战车防御炮的操练，注重陆空协同和营以下部队的独立作战，山地及丛林复杂地形的作战训练，士气也非常旺盛，战斗力大大提高。经过整训的中国远征军在 1944 年 5 月开始的滇西大反攻中，打出了军威国威。

因此，站在战争理论和实战经验前沿的黄埔军校，培养出的军事人才也是世界一流的，抗日战争的实践也充分证明了这一点。

黄埔军校是造就叱咤战争风云人物的"孵化器"，培育了众多的国共两党高级将领，成为近现代中国杰出军政人才的摇篮。在中国革命进程中，从东征到北伐，再到抗日战争，黄埔军校广大师生是编撰中国近现代史不可缺位的重要军事力量。国民党自身建立的军校有很多，但没有一所像黄埔军校这样对政局变迁和民族兴衰有过重大影响。抗战时期中国军队中的"黄埔系"，不仅构成了中央军所统辖军队的骨干力量，而且国民政府政权的主要成员也均与黄埔军校有或多或少的关联。

黄埔军人是当时中国抗日战场上具有较高军事素养的一个群体，黄埔军校出身的许多中高级优秀将领，他们的历史功绩不是直接体现在直面敌人、冲锋陷阵，而是站在战略战术的高度，"运筹帷幄之中，决胜千里之外"，每当战局面临艰难险阻的关键时刻，是他们挺身而出扭转了危险形势，促成了一场又一场战役的胜利。

侵华日军总司令冈村宁次对中国军队的战斗力有相当研究，他在 1939 年曾说："看来敌军抗日力量的中心不在于四亿中国民众，不是政府要人的意志，也不是以各类杂牌军混合而成的 200 万军队，乃是以蒋介石为核心，以黄埔军校系统青年军官阶层为主体的中央军。在历次会战中，它不仅是主要的战斗原动力，同时还严厉监督着逐渐丧失战斗力意志而徘徊犹豫于去留的地方杂牌军，使之不致离去而步调一致。因此，切不可忽视其威力。黄埔军校教育之彻底，由此可见。有此军队存在，要想和平解决事变，无异是缘木求鱼。"[①]

在全国抗日战场上，出自黄埔军校的黄埔将领是战场上的主要指挥力量。在全面抗战期间，黄埔师生几乎无役不与，承担着重大战役的指挥重任。中国军队计有 200 多名黄埔军校师生担任师长以上军职，指挥了全国 2/3 的精锐部队与日本侵略军作战。众多黄埔将领不仅在战略战术上发挥自己所学所长，运筹帷幄，同时也把"爱国、牺牲、团结、担当"的黄埔精神带到战场的每个角落。特别是担任军、师、团级的军官，他们担负着战略战术的制定、战场上战术运用、战斗指挥等重要任务。他们经历了战争的血火洗礼，既有空前傲人的成绩，也有兵败撤退时以血泪洗面的困境，为中国抗日战争和世界反法西斯战争的最后胜利作出了重大牺牲。

"一·二八"和"八一三"的两次淞沪抗战，张治中（黄埔军校教育长）先后带兵参战，指挥以黄埔师生所率部队为主的中央军予日本侵略者以重创。

徐州会战中，李宗仁（黄埔军校领导人）指挥黄埔 1 期毕业的胡宗南、黄杰、桂永清、宋希濂、俞济时等，取得台儿庄大捷等辉煌战果。

上高会战中，第 74 军军长王耀武（黄埔 3 期）指挥部队，取得全面胜利，当时被誉为"抗战以来最精彩的一战"。

鄂西会战中，第 18 军第 11 师师长胡琏（黄埔 4 期）指挥"石牌保卫战"，

---

① 日本防卫厅防卫研究所战史室编：《中国事变·陆军作战史》第 2 卷第 1 分册，第 197 页，中华书局，1979 年版。

痛击来犯之敌，创造一次为数不多的以弱胜强的经典战例。

桂南会战中，杜聿明（黄埔1期）指挥部队浴血奋战昆仑关，树立了中国抗战史上屈指可数的几次"大捷"的丰碑。

在敌后战场，八路军副总参谋长左权（黄埔1期）指挥部队开展游击战，粉碎了敌人一次又一次的扫荡，取得了黄崖洞保卫战等战斗的胜利，他系统总结、创新游击战术，被誉为"中国游击战术创始人之一"。林彪、聂荣臻指挥平型关伏击战，取得了八路军对日作战的第一场胜利，平型关大捷是中国抗战史上的第一座"大捷"丰碑。

在远征印缅作战中，何应钦（黄埔军校战术总教官）以中国战区中国陆军总司令的身份积极促成中美整训中国军队计划，扭转了当时中国军队缺兵少员，装备、素养落后的被动局面，为西南抗战提供了各方面的保障和准备；第11集团军总司令宋希濂（黄埔1期）指挥龙陵之战，3次围攻后攻克龙陵；第20集团军总司令霍揆彰（黄埔1期）指挥腾冲会战，收复古城腾冲；第8军军长何绍周（黄埔1期）指挥松山战役，连续6次围攻松山，最终爆破攻克松山主峰高地；戴安澜（黄埔3期）指挥同古保卫战，创下了缅甸防御战期间作战规模最大、坚守时间最长、歼灭敌人最多的战斗纪录；第66军新编第38师第113团长刘放吾（黄埔6期）解救了被日军围困的数千英军，在国外树起了由黄埔军人指挥作战的"仁安羌大捷"丰碑。

在这场伟大的民族解放战争中，黄埔师生奋勇作战、顽强拼搏、赴汤蹈火、不怕牺牲，担负起救亡图存、救国救民的责任，为抗击日本帝国主义、实现中华民族的独立和解放立下了不朽功勋。正是他们以及千万抗战勇士的牺牲，才换来了全民族抗战的胜利，推动了世界反法西斯战争的胜利进程。

三、黄埔师生每役必有壮烈牺牲

轰轰烈烈的抗日战争，在全国各地燃烧起全民抗战的怒火。中国军队各部武装力量在民族大义感召下，并肩战斗，作出了巨大牺牲。黄埔师生是抗日战场上的灵魂人物，是抗战的中坚力量和民族精英。在古北口长城，在上海闸北罗店，在平型关，在昆仑关，在白山黑水，在异域印缅，他们冲锋陷阵，活跃在最前沿，伤亡最大，牺牲也最为壮烈。"不要钱，不要命，爱国家，爱百姓"的黄埔牺牲精神，鼓舞着一批又一批黄埔军人肩负起保卫中华民族的历史使命。在民族存亡的危急时刻，在历次重大战役、会战中，他们为救国救民，祭刀请缨，血洒疆场。据不完全统计，从黄埔军校走出的知名抗战英烈和高级将领有200余人为国捐躯。时任基层军官的历届黄埔毕业生众多，为国尽忠殉难者更是难计其数，有资料统计多达 2 万余人。

（一）黄埔著名英烈忠骨遍布抗日战场

在长达 10 多年的抗日战场上，黄埔师生是几乎无役不与，牺牲也就几乎无役不在，全国各地遍布黄埔英烈的忠骨。从统计资料看，黄埔师生牺牲比较大的作战地、时段，主要集中在两次淞沪抗战、南京保卫战、徐州会战、武汉会战、常德会战、入缅作战以及东北抗联作战等战斗中。

1932 年"一·二八"淞沪抗战，是典型的以弱抗强、以寡敌众之战。此役中，牺牲的出身黄埔军校的连职以上军官主要有：第 521 团副团长汤皋（黄埔 4 期），第 523 团连长雷翼龙（黄埔 4 期），第 523 团连附邹冠雄（黄埔 4 期），第 524 团连长李富德（黄埔 4 期），第 524 团连附云昌绵（黄埔 4 期），第 155 旅连长云昌藩（黄埔 4 期），第 524 团团长马聪（黄埔 5 期），第 261 旅连长张超（黄埔 5 期），第 261 旅连附伍子宪（黄埔 5 期）等。还有多名刚从军校毕业的排职黄埔军人在此役中牺牲。这些英烈，是牺牲在抗日战场上最早的一批黄埔军人。

1933 年 3 月至 5 月的长城抗战，第 149 团团长王润波（黄埔 3 期）牺牲。

1937 年"八一三"淞沪会战，是"七七事变"中国全面抗战爆发后的首次大规模对日作战，有许多黄埔师生参战和牺牲，仅营职以上黄埔军人为国捐躯者就有 30 余人。主要有：第 9 集团军第 88 师第 264 旅旅长黄梅兴（黄埔 1 期），第 18 军第 67 师第 201 旅旅长蔡炳炎（黄埔 1 期）；第 74 军第 58 师第 174 旅旅长吴继光（黄埔 2 期），税警总团上校副总团长（职级同副师长）兼第 5 团团长丘之纪（黄埔 3 期），第 401 团副团长汪化霖（黄埔 3 期），第 4 军第 90 师第 270 旅旅长宫惠民（黄埔 4 期），第 1 师副旅长兼第 2 团团长杨杰（黄埔 4 期），第 54 军第 98 师第 583 团团长路景荣（黄埔 4 期），第 4 团团长李友梅（黄埔 4 期），第 88 师第 262 旅第 524 团副团长谢晋元（黄埔 4 期），第 113 团团长秦庆武（黄埔 6 期），第 583 团 3 营营长姚子青（黄埔 6 期）等。主动请缨到上海参战的黄埔军校教导总队，出征将士 7000 余人，死伤竟高达 4000 余人。

1937 年 10 月至 11 月的太原会战中，第 12 旅副旅长张本禹（黄埔 3 期）、第 510 团团长刘眉生（黄埔 5 期）牺牲。

1937 年 12 月的南京保卫战中，牺牲的团职以上黄埔军校毕业生有 10 余人。教导总队第 1 旅参谋长万全策（黄埔 1 期），第 156 师参谋长姚中英（黄埔 2 期），教导总队第 3 旅副旅长雷震（黄埔 2 期），第 262 旅旅长朱赤（黄埔 3 期），第 259 旅旅长易安华（黄埔 3 期），第 264 旅旅长高致嵩（黄埔 3 期），第 174 旅副旅长刘国用（黄埔 3 期），第 262 旅副旅长华品章（黄埔 4 期）等。南京是黄埔军校本校所在地，黄埔师生为保卫校园和首都而血战到底，因此，伤亡极为惨重，牺牲在此役中的团职以下黄埔军人更是不计其数。

1938 年上半年的徐州会战，第 20 集团军直属第 23 师中将师长李必蕃（黄埔 2 期训练处长）、第 23 师少将参谋长黄启东（长沙分校大队长）、第 27 军第 46 师第 138 旅少将旅长马威龙（黄埔 4 期）、第 48 军第 173 师副师长周元（南宁分校 5 期高教班）、第 85 军第 89 师第 528 团上校团长李友于（黄埔 4 期）、第 89 师第 529 团上校团长罗芳珪（黄埔 4 期）、第 52 军第 25 师第 75 旅第 150 团上校团长高鹏（黄埔 4 期）、第 75 军第 6 师第 18 旅第 34 团上校团长李仁民（黄埔 7 期）、第 27 军第 46 师第 276 团上校团长毛麟义（潮州分校 2 期）等，在此役中牺牲。

1938 年下半年的武汉会战，第 12 军暂编第 20 师司令部参谋长兼副师长王祯祥（黄埔 1 期）、山东军管区司令部少将副司令李大中（黄埔 1 期）、第 63 军第 153 师第 459 旅上校旅长钟芳峻（黄埔 3 期）、第 75 军第 13 师第 37 旅少将副旅长汪成钧（黄埔特训班 4 期）、预备第 9 师第 35 团上校团长毛岱钧（黄埔高教班 5 期）、第 87 军第 198 师第 572 旅上校团长李秉君（黄埔特训班 4 期）、第 75 军第 13 师第 37 旅第 73 团上校团长田耘之（黄埔 5 期）、空军第 4 大队上尉大队长李桂丹（黄埔 8 期）等，在此役中牺牲。

1939 年 3 月的南昌保卫战，第 79 军少将参谋处长王禹九（黄埔高教班）牺牲。

1939 年 5 月的随枣会战，第 49 师参谋处主任兼第 4 团团长蓝挺（黄埔 3 期）牺牲。

1939 年 9 月至 1944 年 8 月，日军先后 4 次进犯湖南长沙地区。前 3 次进攻长沙，均被中国军队击退。第 4 次长沙会战日军以优势兵力发动猛攻，中国军队被迫撤退。第 37 军参谋长周名琳（黄埔 6 期）、第 10 军第 190 师副师长赖传湘（黄埔 4 期）、暂编第 2 军第 8 师第 15 团团长刘世焱（黄埔 2 期）、第 284 团团长黄红（黄埔 5 期）等，在此役中牺牲。

1939 年 11 月至 1940 年 1 月的桂南会战，第 2 军副军长兼第 9 师师长郑作民（黄埔 1 期）、第 26 团团长夏驿（黄埔 5 期）、第 600 团团长邵一之（黄埔 6 期）、第 782 团团长韦灿（南宁分校 6 期）、第 27 团团长牛凤山（黄埔 7 期）等牺牲。

1941 年 1 月至 2 月的豫南会战，第 22 纵队副司令兼河南第 8 军分区保安副司令燕鼎九（黄埔 4 期）、第 330 团团长陈钦文（黄埔 6 期）等牺牲。

1941 年 5 月的中条山会战，第 27 师师长王俊（黄埔 3 期）、副师长梁希贤（黄埔 5 期）、参谋长陈文杞（黄埔 5 期）、第 12 师政治部主任李石安（黄埔 4 期）、第 100 团团长薛金吾（黄埔 4 期）、第 42 师参谋处长余开纬（黄埔 6 期）牺牲。

1942 年初至 1945 年 4 月，中国远征军先后出动 40 万余人赴缅作战，伤亡近 20 万人。其中黄埔军校出身的军官有 1.2 万余人参战，占参战部队军官总数的 70%，其中 5700 余人伤亡，近一半黄埔军官伤亡。此役中，殉国的 13 位少将（含追赠）以上的中国远征军高级将领中，有9人毕业于黄埔军校。此役中捐躯异域的知名黄埔军人，黄埔3期有第200师师长戴安澜、第96师副师长胡义宾、第5军高参张炎（剑虹）；黄埔5期有第599团团长柳树人、第36师副师长兼政治部主任闵季连；黄埔6期有第87团团长陈海泉、第288团团长兼腊戍警备副司令凌则民、第5团团长李颐、战车训练班副主任唐铁成；黄埔7期有远征军兵站部参谋长兼滇缅警备司令李竹林；黄埔11期有装甲师师长冯子扬等。

1942年5月在山西辽县（今左权县）对日军反"扫荡"作战中，八路军副总参谋长左权（黄埔1期）牺牲，他是中共军队在抗战时期牺牲的职级最高的将领。

1943年11月至12月的常德会战中，牺牲的黄埔军校毕业生中有4名师长、2名团长，他们是：第73军暂编第5师少将师长彭士量（黄埔4期），第150师师长许国璋（黄埔5期），第10军预备第10师师长孙明瑾（黄埔6期），第10师参谋长代师长陈飞龙（黄埔6期），第74军第58师参谋长兼第57师第169团团长柴新意（黄埔3期），第596团团长叶迪（黄埔4期）。

1944年4月至6月的豫中会战中，第29师师长兼河南许昌守备司令吕公良（黄埔6期）、新编第29师副师长黄永准（黄埔5期）、第87团团长李培芹（洛阳分校6期）、第8师副师长王剑岳（黄埔5期）、第60团团长曹和光（黄埔9期）牺牲。

1944年10月至11月的桂林保卫战中，第31军参谋长吕旃蒙（黄埔5期）、第392团团长吴展（南宁分校2期）牺牲。

1945年4月至6月的湘西会战中，暂编第6军参谋长徐亚杰（成都本校教官）牺牲。

东北地区抗日联军的作战，贯穿整个抗日战争全过程，这在中国军队各支武装力量的抗战史上是绝无仅有的。他们进行了14年艰苦卓绝的武装斗争，不仅作战环境极为恶劣，而且坚持时间最长，因此，牺牲也相当大，在抗战末期，人员所剩无几。牺牲的黄埔将领多达10余人，主要有：中共延吉区委员会书记曹基锡（黄埔 5 期），1932 年牺牲。东北抗联创建者之一、中共满洲省委巡视员、吉东局组织部长潘庆由（黄埔 5 期），1933 年牺牲。中共满洲省委委员、东满军委书记、北满特委书记宋国瑞（黄埔 6 期），1933 年牺牲。中共延吉县委军事部长、珲春县委军事部长申春（黄埔 6 期），1934 年牺牲。中共珠河中心县委委员、珠河中心县委铁北区委书记、通河特别支部书记李秋岳（黄埔 6 期），1935 年牺牲。中共满洲省委巡视员、延吉县委书记陈公木（黄埔 6 期），1935 年牺牲。汤原游击总队参谋长李仁根，1926 年入黄埔军校（期别待考），1935 年牺牲。东北抗联第 3 军第 2 团政委赵一曼（黄埔 6 期），1936 年牺牲。东北抗日救国军宣传部部长、勃利县委书记李成林（黄埔 4 期），1936 年牺牲。东北抗日联军总司令、第 3 军军长、第 2 路军副总指挥赵尚志（黄埔 4 期），1942 年牺牲。

　　黄埔军校出身的抗日英烈牺牲地，除以上所列比较集中的作战地域之外，还有许多重大战役、战斗战场。

　　中国空军中也有黄埔军人血洒长空。1937 年 10 月 17 日，刘粹刚（黄埔 9 期）在执行飞行任务时夜间迫降，人机俱焚而殉国。刘粹刚在 1932 年黄埔军校还未毕业时考入中央航空学校第 2 期，他在淞沪抗战爆发后奉命参战，从 8 月 16 日首开纪录到 10 月中旬，共击落敌机 11 架，是中国军队的空中英雄。

　　抗日战争时期，为国捐躯的黄埔军校第 1 期至第 5 期学生，据记载列入"将领"阵列的共有 26 人。其中，共产党军队 5 人：1941 年牺牲的梁锡祜（黄埔 1 期，新四军教导总队负责人）、袁国平（黄埔 4 期，新四军政治部主任、中共中央东南分局委员、中革军委新四军分会委员）；1942 年牺牲的赵尚志（黄埔 4 期，东北抗日联军第 3 军军长）、左权（黄埔 1 期，八路军副参谋长兼第 2 纵队司令员）、冯达飞（黄埔 1 期，新四军教导队教育长、新编第 2 支队副司令）。国民党军队 21 人：1937 年殉国的黄梅兴（黄埔 1 期，陆军第 88 师第 264 旅旅长）、蔡炳炎（黄埔 1 期，第 18 军第 201 旅旅长）、张本禹（黄埔 3 期，第 4 师第 12 旅副旅长）、吴继光（黄埔 2 期，第 58 师第 174 旅旅长）、朱赤（黄埔 3 期，第 88 师第 262 旅旅长）、高致嵩（黄埔 3 期，第 88 师第 264 旅旅长）、姚中英（黄埔 2 期，第 156 师参谋长）、杨杰（黄埔 4 期，第 1 军第 1 旅副旅长兼第 2 团团长）；1940 年殉国的丁炳权（黄埔 1 期，第 8 军第 197 师师长）、郑作民（黄埔 1 期，第 2 军副军长兼第 9 师师长）；1941 年殉国的谢晋元（黄埔 4 期，第 88 师第 524 团团长）、赖传湘（黄埔 4 期，第 10 军第 190 师副师长）、燕鼎九（黄埔 4 期，第 1 战区游击挺进军第 22 纵队副司令官）、梁希贤（黄埔 5 期，第 80 军新编第 27 师副师长）、陈文杞（黄埔 5 期，新编第 27 师参谋长）、朱实夫（黄埔 4 期，新编第 3 师副师长）；1942 年殉国的戴安澜（黄埔 3 期，第 5 军第 200 师师长）、胡义宾（黄埔 3 期，第 5 军第 96 师副师长）；1943 年殉国的周复（黄埔 3 期，苏鲁战区政治部主任）、彭士量（黄埔 4 期，第 73 军暂编第 5 师师长）；1944 年殉国的王剑岳（黄埔 5 期，第 57 军第 8 师副师长）等。

在这场悲壮的伟大抗战中，大批出自黄埔军校的军人，为战争的最终胜利，为捍卫国家民族利益，征战疆场，抛头颅洒热血。他们以骄人的战绩捍卫了中国军人的尊严，以誓死战斗的牺牲精神，赢得了中国人民的尊重，同时也书写了自己的辉煌军事生涯。

（二）黄埔无名英烈成千上万

从 1931 年"九一八事变"到 1945 年 9 月抗战胜利，中国军民在抗日战争时期共伤亡 3500 余万人，其中军人达 380 余万人。中国军队与日军展开 22 次大型会战，1117 次中型战役，28931 次小型战斗，320 多万将士阵亡。其中，陆军阵亡 3211418 人；空军阵亡 6164 人，毁机 2468 架；海军舰艇毁损殆尽，所有舰艇全部打光。中下级军官阵亡数万人，团职军官阵亡 1228 人。其中史载著名英烈，往复冲杀肉搏成仁者 82 人，身陷绝境自戕蹈死者 25 人，身陷囹圄视死如归者 14 人。有 261 名将军（上将 21 人、中将 73 人、少将 167 人）为国捐躯，其中有 97 人毕业于黄埔军校。[①]

当时国民革命军中央军中的基层军官大多数是黄埔毕业生，黄埔军校在校

---

① 黄埔军校同学会主编：《黄埔师生与抗日战争》（上册），第 34 页，华文出版社，2017 年版。

学生有的还未到毕业时间，就因前线急需基层军事官佐而提前毕业离校，分派到作战部队。当时的作战环境极其艰难残酷，伤亡极大。众多刚走出黄埔军校大门的毕业生，在淞沪抗战中正式走上全面抗战的历史舞台。1936 年 8 月，第 10 期黄埔同学毕业分派到部队，经淞沪抗战和南京保卫战，到 1937 年底已经伤亡过半。1937 年 9 月，黄埔军校昆明分校第 11 期同学，因抗日前线急需基层指挥官，提前毕业，其中分派到第 58 军的 117 名同学，经过 3 次长沙会战，牺牲多达 60 余人。第 16 期毕业的 100 多人分派到部队担任排长，一年多后再统计仅剩不到 20 人。战斗之激烈、悲壮，由此可见一斑。

黄埔第 3 期毕业生宋瑞珂回忆说：在 3 个月的淞沪会战中伤亡的连长、排长共有数千人，其中大多数是黄埔毕业生。这时，黄埔第 11 期刚毕业就派赴淞沪战场，第 8 期至第 10 期多是连长、排长基层军官，他们毕业后大多数被分配在中央军服役。淞沪会战，中国方面的军队首先是以中央军为主力，如张治中率领的第 9 集团军第 36、第 87、第 88 师，后来又赶到的还有陈诚率领的第 18 军和胡宗南率领的第 1 军等。黄埔第 11 期毕业生王海峤回忆说："由于有的同学刚报到就上火线，往往连胸章（符号）也来不及发，以至于牺牲后连姓名都不为人所知。"

黄埔师生是中国远征军的骨干力量，远征军中的连、排级基层军官大多数由黄埔军校的毕业生担任。他们怀着对国家和民族的无限忠诚，在同古战役、仁安羌大捷、密支那战役、收复腾冲、血战松山、争夺龙陵等异常艰险的滇缅战场上，用血肉之躯阻挡了日本侵略者的进攻。在远征军（包括驻印军）先后出动的 31 万多人中，黄埔军校出身的军官 12000 人，其中伤亡 5700 余人。据多位担任远征军基层军官的黄埔军校毕业生回忆，在战场上，营、连、排长多为黄埔同学，一场战争打下来，这些基层军官损伤巨大。有人作为幸存者，在战场上也多次负伤。

陆嘉昌，黄埔军校第 14 期炮兵科毕业，参加过阿克春战役、同古战役、南坎战役、八莫战役，曾任新编第 38 师炮兵连连长、第 200 师第 600 团副营长。他在回忆阿克春战役所在营的损伤情况时说："一场战斗下来，在 3 天的时间里，

2 个排长和 1 个连长牺牲了，3 个排长和 2 个连长负伤了。"

冈天民，1938 年考入成都中央陆军军官学校炮兵科，毕业后留校任助理教官。1942 年入西安陆军大学西北参谋班深造。"冈天民在校期间因成绩优异，被委任为炮兵某部山炮连连长，随中国远征军赴缅甸作战。为打通滇缅公路，他率领山炮连作为尖刀连在云南芒市、畹町和缅甸密支那等地打击日军，为大部队全歼敌军立下第一功，升为副营长。一次奉命带领全营官兵在桂滇边境阻击日军 3 个师团一个星期。在等待独山援兵到达期间，顽强坚守阵地，在日军飞机重炮轰炸下浴血奋战七天七夜，消灭日军一个师团。战斗结束后，炮兵营仅余 7 名勇士，加上他一共活下来 8 个人。"①

参加过松山战役、龙陵战役的第 8 军荣誉第 1 师排长黄天，所在部队在攻打松山滚龙坡时损伤巨大，他在参加松山战役时被日军的炮弹击中，被送到野战医院抢救幸存，他回忆说："抗日战争胜利 50 周年后的一次聚会上，我们的团长，起义后做了省政府参事，难过地说'我们的营、连、排长都死尽了'。我就举手，'报告首长，还剩我一个'。我们两个抱着痛哭。"②

远征军第 11 集团军总司令宋希濂（黄埔 1 期）回忆："1944 年远征军和驻印军在滇缅边境及缅北所进行的反攻，是一个胜利的战争。日军第 18 师团、第 56 师团全部歼灭，其第 2 师团、第 33 师团亦损失甚重。日军费了将近两年的时间，在缅北地区及滇缅边境利用地形，择要构筑坚固工事，加上日本军国主义者平时在部队中所施行的'武士道精神'的教育，在战争时真正做到了战到最后一人。因而这场战争是艰苦的，牺牲是很大的，单是远征军方面，死伤人数即达 4 万多人。"③

何止是在淞沪战场、中缅印战场，在全国各个抗日战场，牺牲的黄埔军校毕业的基层军官，有的留有姓名，相当多数人没有留下姓名，成为无名英烈。

---

① 北京市人民政府公安局第十一分局《特种户口调查表》，1961 年。冈亚枢:《我的家族史》附件二——《悼念我的长子天民》，1980 年。

② 广东革命历史博物馆、云南省保山市博物馆、云南腾冲国殇墓园管理所编著《中国远征军中的黄埔军人》，第 168—169 页，社会科学文献出版社，2014 年版。

③ 《鹰犬将军——宋希濂自述》，第 181 页，中国文史出版社，1986 年版。

成千上万的黄埔英烈在战报上变成了冷冰冰的数字，许多壮烈的场景与细节被炮火荡平。

黄埔军校毕业生在各个抗日战场上都是奋勇牺牲，不论是中高级军官，还是基层军官，他们浴血奋战在战斗最激烈的前线。黄埔军人在沙场上的牺牲是巨大的，他们始终抱着救亡图存、收复国土、统一中国的决心，最终以巨大的牺牲赢得了战争的胜利，用实际行动深刻阐释了以爱国、牺牲为核心内涵的黄埔精神。

黄埔学子驰骋抗战疆场，英勇杀敌，为国捐躯的显赫战功，赢得了人民的尊敬和怀念。中华人民共和国成立后，有的被追认为革命烈士，有的新建或重修陵园。

（三）黄埔师生牺牲多壮烈

长达 10 余年的抗日战争，检验了中国的战争实力，也考验了国民的心理素质和政治素养，有的人当了汉奸，这里面既有平民百姓，也有正规部队的军人。而在黄埔军人这个队伍中，却绝少出叛徒和汉奸，他们以高昂的精神投入血与火的抗日战争，慷慨赴死，牺牲时的场景尤为壮烈激昂。

1932 年"一·二八"淞沪抗战，是中国军队在上海第一次对日本侵略者的沉重打击，极大地鼓舞了中华民族抗击日寇的勇气。但战斗之惨烈，牺牲之巨大也极为罕见。许多黄埔同学在殉职前，写下了决心誓死保卫国家的遗书，报国壮志气贯长虹。

第 87 师第 259 旅第 517 团（团长张世希，黄埔 1 期）在 3 月 2 日的一天激战中伤亡近 1000 人，牺牲 1 名营长、2 名连长、2 名连附、6 名排长，大多数是黄埔军校毕业生。张治中（黄埔军校教育长）将军主动带兵杀敌，率领第 5 军（含黄埔军校教导总队）从南京开赴上海参战，黄埔将士再显英勇。庙行之战，歼敌 3000 多人。张治中所率领的第 5 军，计官长（排长以上军官）阵亡 83 名，受伤 242 名，失踪 26 名；士兵阵亡 1533 名，受伤 2897 名，失踪 599 名。合计 5380 名。此役后，张治中返回南京中央陆军军官学校，仍任校务委员会委员兼教育长，宣讲淞沪抗战牺牲精神，对在校黄埔学生影响巨大。

第517团第1营少校营长朱耀章（黄埔5期）主动申请上前线，在牺牲前两天作词《月夜巡视阵线有感》，后半阕写道："月愈浓，星愈稀，四周妇哭与儿啼。男儿百战死，壮士十年归。人生上寿只百年，无须留连，听其自然！为自由，争生存，沪上鏖兵抗强权。踏尽河边草，洒遍英雄泪，又何必气短情长。宁碎头颅，还我河山！"深深表达了一个黄埔军人誓死抗战的爱国壮志和豪情。战前，他代表全旅188名官佐向国民政府军委会请缨，获准后进发上海，与日军进行肉搏战，多次打退敌人的进攻。日军以优势兵力猛扑，阵地被截成数段。战斗从拂晓打到近黄昏，阵地被敌突破，部队奉命突围。朱耀章身先士卒，直扑日军阵地，与日军进行肉搏战，多次打退敌人的进攻。军长张治中在回忆录中记述："第1营营长朱耀章身中7弹，殉国成仁，尤为伟烈！"[①]此役之惨烈、牺牲之巨大，实属罕见。警戒浏河地区的黄埔军校教导总队1个连及少数义勇军，在登陆日军强大炮火和步兵攻击下，抗击众敌，顽强坚持，大多数牺牲。

王润波，被称为"中国抗日战争殉国将军第一人"。1926年1月，他从黄埔军校第3期毕业后，留校任第4、第5、第6期教官，后参加北伐战争。1932年冬，年仅27岁的王润波升任第17军第25师第149团上校团长。1933年1月，日军逼近长城，妄图进犯平津。王润波团奉命从徐州星夜兼程驰援古北口。途经密云时，王润波给母亲写了最后一封信，他写道："日寇占领了东三省，又来大肆进犯长城，为救民族危亡，儿将率领部队北上，奔赴长城，誓与日寇拼死斗争，与古北口共存亡，望勿以儿为念。"战斗打响前夕，王润波向全团官兵讲话："我们即将开赴前线，日寇侵我河山，凡是中华儿女莫不切齿痛恨，保国卫民，人人有责。北上抗日，乃是军人神圣职责，我们决心效命疆场，愿为祖国洒热血，不让日寇进长城。"3月11日，第25师师长关麟徵（黄埔1期）亲率第149团，与敌激战。日军的一个火力点，将第149团官兵压在谷地。在这危急之际，王润波一手执枪，跃出掩蔽体，团警卫排紧跟其后。在短兵肉搏中，

---

① 《张治中回忆录》，第105页，中国文史出版社，1985年。

王润波被日军炮弹击中，壮烈殉国，尸骨无存，时年 28 岁。此役极为惨烈，第 149 团全团仅存 5 人（4 人重伤，1 人轻伤），第 25 师伤亡 4000 余人，日军也尸横遍野。蒋介石等 23 名国民政府军政要员为王润波烈士题写"为国牺牲""血溅长城，心揄汉族""宁为玉碎，不为瓦全"等挽联，追晋陆军少将。1987 年，四川省人民政府批准追认王润波为革命烈士。2015 年 8 月，王润波入选民政部公布的第二批 600 名著名抗日英烈和英雄群体名录。

赵一曼，抗战时期的黄埔著名女英烈，黄埔军校第 6 期女生队毕业，东北人民革命军第 3 军第 1 师第 2 团政治委员。她率部与日军浴血奋战在白山黑水之间，1935 年 11 月在珠河铁北地区与日军作战中，为掩护部队，腿部负重伤后在昏迷中被俘。日军为了从赵一曼口中获取有价值的情报，找了一名军医对其腿伤进行了简单治疗后，连夜进行审讯。在狱中，赵一曼受尽酷刑、宁死不屈，没有吐露任何信息，并忍着伤痛怒斥日军侵略中国的各种罪行。她伤势严重，生命垂危，日军为得到重要口供，将她送到哈尔滨市立医院进行监视治疗。在住院期间，赵一曼利用各种机会向看守她的警察与女护士进行反日爱国主义思想教育，受到教育的两人决定帮助赵一曼逃离日军魔掌。途中不幸再次被捕。赵一曼被带回哈尔滨后，日本军警对她进行了老虎凳、灌辣椒水、电刑等酷刑。但她始终坚贞不屈，没有吐露任何实情。日军知道从赵一曼的口中不可能得到情报，决定把她押回珠河县处死"示众"。赵一曼在就义之时，留下了对儿子的期盼："母亲对于你没有能尽到教育的责任，实在是遗憾的事情。母亲因为坚决地做了反满抗日的斗争，今天已经到了牺牲的前夕了。希望你，宁儿啊！赶快成人，来安慰你地下的母亲！在你长大成人之后，希望不要忘记你的母亲是为国而牺牲的！"1936 年 8 月 2 日，日军将赵一曼绑在大车上，在珠河县城游街示众。赵一曼在牺牲之前，面对敌人的屠刀，高呼"打倒日本帝国主义""中国共产党万岁"等口号，英勇就义于珠河县（今黑龙江省尚志县）城小北门外，年仅 31 岁。

1937 年"八一三"淞沪会战，第 67 师师长李树森（黄埔 1 期）被敌机扔下的炸弹炸伤右臂，副师长黄维（黄埔 1 期）代理师长，前赴后继，率部继续抵抗日军。面对日军的猛烈进攻，黄维率部苦守 7 天，打到最后，所部 3 个团长，1 人战死，2 人重伤，师部仅留下了 1 个电报员，文书、炊事员都拿枪冲上了战场。战后整编，活着的人连 1 个团也凑不够。此役后期，参加会战的全国各地部队蜂拥在撤出上海的道路上，胡宗南（黄埔 1 期）于 11 月 20 日致函戴笠（黄埔 6 期）称："黄埔部队多已打完，无人支撑，其余当然望风而溃。"由这个侧面，也可看到黄埔军人的英勇作战及巨大牺牲。

罗店争夺战历时 37 天，战况惨烈。中国军队夺回罗店达 13 次，牺牲营长以上军官 24 人，歼灭日军近 1 万人。罗店，被日军称为"血肉磨坊"。第 583 团营长姚子青（黄埔 6 期）率部抗击日军陆、海、空军三方夹击，全营 500 余名官兵死伤惨重。苦守一周后，姚子青率残部与攻入城区的日军肉搏血战，牺牲前仍然拼力呼喊："弟兄们，杀身成仁，报效国家的时候到了！"全营官兵无一生还，全部壮烈殉国。残暴的日军侵略者也被中国勇士的精神和顽强意志所折服，在战后将中国战死者的尸体收殓掩埋，并列队鸣枪致敬。后人赞颂姚子青营"宝山保卫战"的壮烈："五百健儿齐殉国，中华何止一田横。"

谢晋元（黄埔 4 期），被誉为"八百壮士第一人"。"七七事变"后，已是旅部中校参谋主任的他怀着抗日救国的激情奔赴抗日最前线。"八一三"淞沪会战时，任第 88 师第 262 旅副团长，他和团长一起在上海闸北地区阻击日军，并亲率第 524 团 1 营坚守阵地，掩护第 88 师主力后撤。完成任务后，谢晋元所部 450 余人扼守位于苏州河畔的四行仓库，为迷惑敌人，对外号称 800 人。就在这座钢筋水泥结构的 7 层大楼上，他们凭借赶修的简易防御工事，拉开"八百壮士"最悲壮的一幕。谢晋元带头书写遗嘱，率部打退日军一次又一次的猛烈攻击，日军始终无法攻入仓库大楼。在连续 4 天的血战中，谢晋元率部毙敌 240 余人，伤敌无数，本团仅伤亡 37 人。谢晋元早已决心死守到底，决不撤退，作诗自励："勇敢杀敌八百兵，抗敌豪情以诗鸣；谁怜爱国千行泪，说到倭奴气不平。""八百壮士"孤军奋战，赢得上海各界的广泛同情和支持。后迫于租界当局的压制和国民政府军委会的命令，谢晋元率部含泪撤至租界，他本人最后一个离开仓库阵地。1941 年 4 月，谢晋元遭叛兵杀害。"八百壮士"的佳话名扬天下，被编入中学历史教科书。

1941年5月，日军调集6个师团、近4个混成旅、3个飞机飞行团、总兵力约10万人，对中条山一线的中国军队16个师约15万人发起进攻，史称中条山会战，或晋南会战。殊死搏斗，空前悲壮，中国军队有7名少将以上军衔将领及4.2万名将士为国捐躯，尤为壮烈的是新编第27师的3位主官全部牺牲，他们都是黄埔毕业生。

第80军新编第27师师长王竣（黄埔3期）率部扼守中条山根据地的黄家庄、羊皮岭、门坎山、曹家川、马泉沟、台岩一线，阵地几度易手，损失惨重。5月9日，日军重新集结，再次猛扑。危急时刻，有人建议王竣向上级请示，转移阵地，向后撤退。王竣慨然回答："未歼敌耻尔！何面目见人？军人不成功，便成仁，当与诸军死此！"众将士听此豪言壮语，视死如归，与敌人展开残酷的血战，坚守阵地3昼夜，最终弹尽粮绝，阵地被敌攻破。王竣身受重伤，壮烈牺牲在台岩阵地上，时年39岁。师参谋长陈文杞（黄埔5期）高呼："有敌无我，有我无敌；不成功，便成仁，此其时矣！"在与敌拼杀中，他的右臂被砍断，仍奋力拼杀，后身中数弹，壮烈牺牲，时年37岁。时身患疾病的副师长梁希贤（黄埔5期）在临战前夕本应到后方医院治疗，但他得知日军即将发动进攻的消息，毅然决定留在前线。在师长王竣、参谋长陈文杞同在台寨阵地牺牲后，梁希贤作为战场上的最高指挥官，率部坚守台寨阵地，与日军展开血战。在部队拼光后，梁希贤为不被日军生俘，投黄河殉国，时年43岁。

在中条山会战中，第80军军长孔令恂、副军长高卓东战死。该军新编第27师与日军激战竟月，全师官兵前赴后继，师长王俊、副师长梁希贤、参谋长陈文杞先后壮烈牺牲。一个师的主官如此全部阵亡，在中外战争史上并不多见。此役是抗日战争进入相持阶段后，正面战场国民党军在山西范围内的唯一一场大规模对日作战。中国军队由于事前准备不足，缺乏统一指挥，除少数突围外，大部溃散，也尤显前线将士牺牲之壮烈，"黄埔出身的连、排长70余人决不当俘虏，大义凛然集体自杀"。①

东北抗日联军高级将领赵尚志（黄埔4期），多年奋战在抗日最前线。"九一八事变"后，他相继担任中共满洲省委军委书记、东北反日联合军总司令、东北人民革命军第3军军长兼第1师师长、北满抗日联军总司令、东北抗日联军第3军军长兼第7师师长等职务。他戎马一生，领导指挥北满地区抗日游击队，频繁出击，英勇作战，打退敌人的多次"讨伐"，取得了巨大胜利，在哈东、汤原、江北等广大地区建立和扩大抗日根据地。1942年2月，他率部抗击敌人，负重伤被俘。在审讯时，他坚贞不屈，忍着剧烈疼痛对日伪警察说："我一个人死去，这没有什么。我就要死了，还有什么可问？"说完这句话后，闭口不语。英勇就义时，年仅34岁。为纪念赵尚志烈士，1947年珠河县第一届工农兵代表大会决定将县名改为尚志县。

八路军副总参谋长左权（黄埔1期），是抗日战争时期中共军队牺牲将士职务最高者。他是八路军游击战术创始人之一，提出的对日作战15条原则，对有效打击歼灭日军有着重要的指导作用。他与八路军其他将领一起，指挥了晋东南反9路围攻、粉碎了日军对晋察冀边区的围攻作战，参与组织了百团大战，振奋了全国军民坚持抗战的信心。他直接指挥的黄崖洞保卫战，被中共中央誉为1941年以来反"扫荡"的模范战斗。他辅佐朱德总司令、彭德怀副总司令指挥八路军作战，深入晋东南开展游击战争，建立抗日根据地。1942年5月，日军在晋东南集结3万兵力，发动了对解放区惨绝人寰的大"扫荡"，推行"治安强化"政策。此时，八路军总部转移到山西省辽县麻田镇。左权心系周围的整个党、政、军机关安危，命令部下将彭德怀安全护送出去，不顾个人安危，指挥司令部突围。当队伍冲向敌人第三道封锁线时，左权发现担文件箱的战士没有跟上来，立即令警卫员回去找。警卫员刚走，敌人又扑了上来，一颗炮弹在左权面前爆炸，左权被弹片击中头部，壮烈殉国。哀讯传出，震动八路军全体将士。左权在牺牲前的抗战5年中，从未离开前线。中共中央北方局和八路军

---

① 2015年《黄埔》杂志增刊，第937页。

野战政治部颁发了《关于追悼左权同志的决定》。为纪念左权烈士，晋冀鲁豫边区政府在 1943 年 9 月决定将辽县改名左权县。

戴安澜（黄埔 3 期），曾参加古北口长城抗战、台儿庄大战等著名战役。1939 年，戴安澜晋升为第 5 军第 200 师师长，这是中国第一支机械化部队。是年冬，日军进犯广西南宁，戴安澜指挥所部与日军争夺南宁东北屏障昆仑关，半个月内 3 次收复昆仑关，歼敌 6000 余人，击毙日军前线指挥官中村正雄少将。战斗中，戴安澜身负重伤，却不退出战场，表示："军人既以身许国，安能计及个人生死。"1941 年 12 月，戴安澜对第 200 师能以远征军主力入缅甸作战而兴奋不已，表示："如得远征异域，始偿男儿志愿！"1942 年 3 月 7 日，戴安澜奉命率部作为第 5 军先头部队赴缅作战，打响了中国远征军入缅后的第一战——同古（东瓜）保卫战。第 200 师与数倍于己之敌激战，击毙日军 5000 余人。后又收复棠吉，屡建奇功。5 月，中英联军实行总撤退，第 200 师撤至缅北郎科地区热带密林时遭日军伏击，戴安澜不幸胸腹各中一弹。士兵们用树枝做担架，抬着戴安澜回撤。5 月 26 日，当他们撤到缅甸茅邦村时，这里距离祖国只有三五天的行程。生命垂危的戴安澜在昏迷中醒来后，他让士兵把他扶起来，朝着北方——祖国的方向，喃喃地说："反攻，反攻，祖国万岁！"壮烈牺牲，时年 38 岁。第 200 师入缅作战历时 137 天，所部 1 万余人，回国时仅剩 4000 余人。

戴安澜的卓越战功和爱国壮举，在国内外产生重大影响。中国战区参谋长史迪威赞誉："近代立功异域，扬大汉之声威殆以戴安澜将军为第一人。"1943 年 4 月，国民政府在广西全州隆重举行戴安澜追悼大会。蒋介石的挽词是"浩气英风"，周恩来的挽词是"黄埔之英，民族之雄"。毛泽东的挽诗写道："外侮需人御，将军赋采薇。师称机械化，勇夺虎罴威。浴血东瓜守，驱倭棠吉归。沙场竟殒命，壮志也无违。"毛泽东一生只为两位将军写过挽词，一位是共产党元帅罗荣桓，另一位就是国民党中将戴安澜。戴安澜是中国远征军将领中殉国第一人，也是中缅印战场上牺牲职级最高的中国将领，因其战功卓著，美国政府授予懋绩勋章。1956 年，中央人民政府追认戴安澜为革命烈士。

彭士量（黄埔4期），1943年任第73军暂编第5师师长，驻防鄂西、湘北一带抗击日军，日军称暂5师为不可轻侮之师。11月14日，彭士量率部在石门县新关镇安乐村溇水河畔与敌激战，日军数次冲上阵地与暂5师官兵白刃肉搏。彭士量激励部队，说："石门一地，事关全盘战局得失，我们要与石门共存亡，要用我们的血肉换取整个战役的生机。"石门阻击战至午后，暂5师伤亡已十之八九。傍晚时分，阵地工事几乎全被摧毁。在坚守8昼夜后，15日拂晓，彭士量集合所剩无几的部队，向石门西郊突围。行至新安以南岩门口附近时，几架日机轰炸和扫射，彭士量身中数弹。弥留之际，他怒目圆睁，向天怒吼："大丈夫为国家尽忠，为民族尽孝，此何恨焉！"壮烈殉国，年仅39岁。

在装殓彭士量烈士的遗体时，官兵们从他的上衣口袋中发现两份遗书。一份是写给本师全体官兵的遗嘱："余献身革命，念年于兹，早具牺牲决心，以报党国，兹奉命守备石门，任务艰巨，当与我全体官兵同抱与阵地共存亡之决心，歼彼倭寇，以保国土；倘于此次战役中，得以成仁，则无遗恨。惟望我全体官兵，服从副师长指挥，继续杀敌，达成任务。"在写给妻子的遗书中嘱托道："余廉洁自守，不事产业，望余妻刻苦自持，节俭生活，善侍翁姑，抚育儿女，俾余子女得以教养成材，以继余志。"1944年2月14日，彭士量葬于南岳衡山忠烈祠。1985年，民政部授予彭士量革命烈士称号。2014年9月1日，彭士量被列入国家公布的第一批300名著名抗日英烈和英雄群体名录。

柴意新（黄埔3期），在校期间加入中国共产党，曾参加淞沪、南京、武汉、鄂西等战役。1943年，他任第74军第57师少将参谋长兼第169团团长。11月，第57师奉命坚守常德城，柴意新奉命率团投入常德保卫战。18日，柴意新以一个团仅1000余人的兵力对抗近1万之敌。柴意新鼓励全团官兵："人在城在，为国尽忠，血战到底！"激战8天，常德东门城墙被日机炸开一个缺口，日军蜂拥而入。柴意新指挥将士与敌展开白刃格斗。到30日，一线战士伤亡殆尽，柴意新高呼："只要还有一个人，还剩一口气，都要与敌人继续战斗！"12月1日，柴意新率领伤残人员，退守城西南一角，一天之内又率部打退日军5次强攻。战至2日下午，全团仅剩12个人，仍继续顽强战斗。

12 月 3 日拂晓前，师长余程万（黄埔 1 期）召开紧急会议，决定以第 169 团余部和第 171 团一部共 51 人，由柴意新指挥，掩护突围。柴团长临危受命，坚定地说："师长为全师希望所寄，希望师长早日突围，我在此死守，等师长率援军来解围。"时年仅 17 岁的文书吴荣凯，要求随柴意新团长一同留下来掩护突围，但柴意新一把推开他，说："你还小，留下没什么用。"吴荣凯明白这是柴团长给他生路，后来他泪流满面地回忆说："柴团长为了国家，毅然决然的留下来赴死！"柴意新率部与日军展开肉搏，反复冲杀 10 余次，留下的 51 个人全都成了血人。敌人越来越多，他们提着手榴弹冲向敌阵，与敌人同归于尽。柴意新在黎明时分作最后冲锋时，不幸中弹，壮烈殉国，时年 45 岁。柴意新是常德会战期间牺牲在常德城内的最高将领，1944 年 9 月追晋陆军中将，2014 年入选国家首批 300 名著名抗日英烈和英雄群体名录。

为有牺牲多壮志，黄埔军人殉国多壮烈。黄埔师生是中国抗战的中坚力量，是战场上的灵魂人物，因此在一些主要作战中也决定着战斗的胜负、战役的进展、战争的走向。他们或承担某一战区、某一兵种的指挥重任，或负责率领某一营、某一连、某一排战士冲锋陷阵，或参与制定战术、文宣动员、后勤保障等。在国难当头的危急时刻，他们挺身而出，团结抗敌，在不同的战斗岗位、不同的职守领域奋力拼杀，为夺取抗战胜利尽职尽责，最终汇聚成就了黄埔这个大集体的辉煌。他们用自己的生命和热血，铸就了赫赫战功和无上的荣誉，也铸就了一段彪炳千秋的巍巍中国抗战史。

黄埔英烈把"爱国、牺牲、团结、担当"的黄埔精神旗帜插在国门之上，也向全世界展现了优秀黄埔将领的铁血风骨，赢得了传颂万代的英雄美名，也赢得了世界舆论和各国人民的尊敬。

全面抗战开始时的淞沪会战进行 1 个月时，美国记者铁尔特曼冒着战火到罗店、吴淞两个阵地考察，他在战地报道中写道："卫守邻近上海长四十里罗店、吴淞区战线之华军，遭遇机械化武力极重大之集合，而利用之者，复为以悍战闻名之日军，然仍不屈不挠，应付裕如，其英武与纪律，诚值得受最高之赞誉者也。"英国《泰晤士报》刊登报道称："中国军队守卫（上海）76 天之后，尚有死守四行仓库的八百孤军，困于强敌，力持不屈，使人敬佩之至。"

常德会战中，第 74 军 57 师师长余程万（黄埔 1 期）率部奋勇作战，抵御强敌于常德，震惊中外。这时正值中美英 3 国首脑在埃及首都开罗举行峰会，商讨对日作战的计划。开罗会议上，美国总统罗斯福通过媒体得知常德战场的惨烈状况，特意向蒋介石询问了守城部队番号和主将姓名，将余程万的名字记在笔记本上。

中国远征军在印缅期间，第 66 军新编第 38 师第 113 团团长刘放吾（黄埔 6 期），在军力、装备均处于劣势的情况下，经过两昼夜的激战击溃日军，取得仁安羌大捷，救出被困于绝境的英军、美国记者及传教士 7500 多人。这一壮举轰动英美，数十年广为传颂。1992 年，英国首相撒切尔夫人接见 93 岁的刘放吾，再三感谢他解救英军的壮举。

在长期抗战中，黄埔军人是支撑起这场空前惨烈持久战的一个重要基本力量。黄埔师生精诚团结，前仆后继，为民族生存而牺牲，在历次会战、战役中均以精神补足劣势装备之缺陷，以劣势的兵力击败优势的敌人，而取得辉煌的战绩，其慷慨壮烈的表现，在古今中外战史上都鲜见。这些胜利，一方面由于国共两党统帅部战略指导的正确，另一方面是各部队的黄埔军人，本着大无畏的牺牲精神，勇气冲天，奋力争先，效死赴义，才获得了如此巨大的黄埔战绩。

第五章 | 分道扬镳大抉择

　　抗日战争胜利后，中国面临着是建立一个无产阶级领导的人民大众的新民主主义的国家，还是建立一个大地主大资产阶级专政的半殖民地半封建的国家的两种命运、两种前途的选择。国民党要独吞抗战胜利果实，中国共产党则实行了争取和平、民主，反对内战，但准备内战的方针。为实现这一总任务，中国共产党进行了国共谈判，参加军事调停，争取成立民主联合政府，停止内战，实现和平。同时，对国民党发动的内战及摩擦，进行有理、有利、有节的斗争。当国民党自恃军力强大，撕毁和平协议，向中国共产党领导的解放区发动进攻，开启全面内战，中国共产党及其领导的人民军队则义无反顾地投入与国民党军队决战的斗争。

　　在这场持续 4 年之久关系国共生死的决战中，曾经同立救国救民初衷，共集孙中山先生麾下，同堂上课，合唱"打倒列强除军阀"，共一战壕东征北伐的国共黄埔师生，各为其主，各划己船，再次卷入这场民族内斗，兵戎相见，在许多重要战场关键战役中担当主角，进行对决。得到人民群众支持的正义战争，最高统帅部运筹帷幄的英明决断，使一线领军的中共黄埔师生思维空前活络，聪明才智超常发挥，一次又一次地打败国民党黄埔师生。国民党黄埔师生阵亡、被俘、投诚、起义于战场各皆有之，昔日的校长蒋介石也带着幸存的同僚和学生悻悻出走，躲避于孤岛台湾，终老未能回归大陆。中国共产党及其领导的人民军队取得了两种命运、前途大决战的胜利，建立了人民当家做主的中华人民共和国，奠定了中华民族复兴的坚实基础。

一、国共决战时期的黄埔军校

抗日战争胜利后，国民政府军事委员会即对全国军事院校进行整理。首先，裁撤抗战期间设立的各分校（少数予以保留）和各战区的训练团；其次，由军训部选择校址，将在西南、西北有关院校迁回内地。陆军军官学校本校留在成都继续举办，在国共决战期间完成抗日战争时期招收的第 20、第 21 期学生的学业，招收第 22、第 23 期，本校在此时期共有 4 期毕业生 10548 人。

第 20 期

1944 年 3 月 20 日，本期学生在成都南校场入伍，成立第 1 总队，编为 10 个队。8 月 20 日分科，取消总队编制，改大队兵科制，合编为步兵第 1 大队，辖 3 个中队，分驻西校场、南校场。1946 年春，南宁第六分校归并本校，一部编入本期。成立步、骑、炮、工、辎、通 6 个科：步兵科 4 个中队；骑兵科 1 个独立中队；炮兵科 1 个大队（辖 2 个中队）；工兵科 1 个大队（辖 2 个中队）；辎重兵科 1 个独立中队；通信兵科 1 个大队（辖 3 个中队）。

本期学生在校期间，适逢抗战胜利。1946 年 12 月 25 日，本期举行毕业典礼，共毕业 1116 人[①]。

第 21 期

从 1944 年 5 月起，本期各地学生陆续到成都本校入伍，先编成 4 个队。1945 年 1 月 3 日，在成都预备入伍，5 月 1 日正式入伍。11 月 1 日训练期满分科，分驻西校场、北校场、南校场及皇城。

西校场特种兵督练区，分为炮兵科 1 个大队（辖 3 个中队）；骑兵科 1 个大队（辖 2 个中队）；工兵科 1 个大队（辖 3 个中队）；通讯科 1 个大队（辖 3 个中队）；战车科 1 个独立中队。战车中队成立较迟，延长 1 个学期，于 1948 年 6 月 16 日毕业。其余在 1946 年 12 月毕业。共有 1352 人。北校场、南校场步兵督练区，分为第 1、第 2 大队（辖 6 个中队，550 人），入伍时间较早，

---

① 蒋中正：《黄埔建军三十年概述》，第 60 页，台北黄埔出版社，1954 年版。本数字为本期第 1 总队学生总数，多数资料引用为本期毕业人数。

1947 年 8 月 28 日毕业，共有 984 人。皇城步兵训练区，分为步兵科 3 个大队（辖 9 个中队），1947 年 12 月 25 日毕业，共有 864 人。本期本校共毕业 3200 人。[①]

此时，各分校及特种兵各分校奉令裁撤，陆续归并本校。有资料统计加上西安督训处等地分校，本期毕业共有 6038 人[②]。

1947 年 8 月 9 日，陆军军官学校改隶陆军总司令部。10 月 1 日，蒋介石辞去所兼任各军事学校校长，关麟徵（黄埔 1 期）任陆军军官学校（黄埔军校）校长。

第 22 期

学生来自北平、上海、广州、长沙、台湾、昆明、西安、兰州、成都各招生区，还有越南、朝鲜等各国政府保送者，皆为高中毕业学生或曾在部队服役者。

本期恢复总队制。第 1 总队，1947 年 7 月在双流入伍。编成为：1 个步兵大队（辖 4 个中队）；1 个炮兵大队（辖 3 个中队）；1 个工兵大队（辖 2 个中队）；1 个骑兵大队（辖 2 个中队）；1 个通信兵大队（辖 2 个中队）；1 个辎重兵独立中队。1949 年 3 月毕业，计 1358 人。第 2 总队，1948 年 7 月 7 日在双流入伍。12 月 2 日入伍期满分科，编为步兵科，分为 3 个大队（辖 9 个中队），另有 1 个通信独立中队。1949 年 7 月毕业，计 974 人。第 3 总队，由预备班学生卒业升学编成。分为 3 个大队（辖 8 个中队），另有 1 个工兵独立中队。1949 年 7 月毕业，计 865 人。本期本校毕业共有 3197 人。[③]

第 23 期

本期学生的招考工作酝酿于 1948 年年初。按照惯例，在第 21 期毕业生离校腾出营房后，即开始招收第 23 期新生，时第 22 期学生正在校学习训练中。1948 年 7 月 16 日，军校校长关麟徵发出招收第 23 期学生的通知及布告，7 月

---

① 蒋中正：《黄埔建军三十年概述》，第 61 页，台北黄埔出版社，1954 年版。

② 陈宇：《中国黄埔军校》，第 29 页，解放军出版社，2007 年版。

③ 蒋中正：《黄埔建军三十年概述》，第 61—62 页，台北黄埔出版社，1954 年版。

19 日在《黄埔日报》刊出并开始张贴，月底军校派出招生人员到各招生区。

招考第 23 期学生广告如下：

第一条：投考资格

一、隶中华民国国籍，品行良好，思想纯正者。二、曾在高中以上学校毕业者。三、年龄在 18 岁以上，22 岁以下者。四、身长在 158 公分以上合于本校体格检查之规定者。

第二条：报名手续

一、呈缴高中以上毕业证书（证书不符者不得报名，考试不及格者其证书由招生办事处发还）。二、呈缴最近脱帽半身照片 4 张。三、填具报名单、志愿书、保证书（先将证书交由招生办事处审查相符后，领取报名单志愿书、保证书填缴）。

第三条：考试项目

一、体格检查（不及格者不得参加学科考试）。二、心理测验（不及格者不得参加学科考试）。三、国文、政治、历史、地理、物理、化学、代数、几何、三角、外国文（英、俄文二种报名时任择一种报考）。四、口试。

第四条：报名日期自 37 年 7 月 25 日起至 8 月底止（成都区招生办事处设本市白下路文殊院，考试日期由该处定期公布）。

第五条：录取学生在校修业期满后（预定一年半），呈请陆军总司令部转请国防部分发各部队以少尉任用。

第六条：在校时遇学生在修业期间所需军械、服装、书籍、文具、食宿由本校照规定分别给于或贷于并另照规定发给津贴其贷于物品，毕业后应一律缴回。

第七条：学生在修业期间无故退学或潜逃者，保证人应负赔偿之责或由校通知其原籍地方政府令其家属赔偿之。

第 23 期学生尤以四川籍、东北籍、陕西籍者占多数，其原因主要有二：一是在该期招生之际，全国各地除西南、西北外，大部分地区已解放；二是东北解放较全国各地早，一些较富裕家庭的子弟为躲避解放区的土改运动而流亡外地，怀着对共产党的不理解或憎恨心情考入国民党军校。从对第 1 总队 1504 人的籍贯统计看：四川籍有 170 人，占 11.3%；陕西籍有 226 人（其中秦地 192 人，陇地 34 人）占 15%；东北籍 445 人（其中辽宁省 347 人）占 29.6%。其他各地：安徽 109 人；福建 2 人；江苏 25 人；浙江 12 人；山东 20 人；青海 3 人；湖北 17 人；广东 11 人；广西 5 人；云南 74 人；新疆 57 人；北平 98 人；蒙古 3 人；湖南 63 人；江西 18 人；山西 12 人；热河 12 人；河北 89 人；河南 39 人。

第 23 期有 3 个总队，各总队的入伍、升学、分科时间不一样，现分述如下：

第 1 总队学生，于 1948 年秋先后来自沈阳、贵州、西安、兰州、重庆、成都、北平、广州、新疆等地招生区。同年 11 月，该总队新生经军校复试后，12 月 1 日于四川新都入伍，编为入伍生总队，分 3 个大队，辖 10 个中队。1949 年 3 月 1 日入伍期满，即到成都天回镇附近进行野营训练。12 日，到成都校本部分科升学，分为 1 个步兵大队，辖 4 个中队；1 个炮兵大队，辖 3 个中队；1 个工兵大队，辖 2 个中队；1 个通信兵大队，辖 2 个中队。除步兵大队驻于成都北校场外，其他大队驻西校场。

同年 4 月，第 2 总队分科升学，该总队的骑兵大队与辎重兵大队亦驻于西校场，于是，在西校场形成了一个训练特种兵的营地。为便于管理教育，9 月，校部将第 2 总队的骑兵大队和辎重兵大队编入第 1 总队，合步、骑、炮、工、辎、通诸兵种为第 23 期第 1 总队。第 1 总队计有毕业生 1504 人。

第 2 总队学生，于 1948 年冬先后来自南京、北平、沈阳、徐州、南昌、长沙、桂林、迪化、成都等地。1949 年 1 月 17 日，在双流县入伍，编为入伍生第 2 总队，辖 2 个大队，第 1 大队辖第 1、第 2、第 3、第 4 中队，第 2 大队辖第 5、第 6、第 7 中队。于同年 5 月 2 日升学分科，迁驻成都，编为 2 个步兵大队，辖 5 个中队；1 个骑兵辎重大队，辖 2 个骑兵中队，1 个辎重兵中队。步兵第 1 大队辖第 1、第 2、第 3 中队，驻成都市内皇城；步兵第 2 大队，辖第 4、第 5 中队，又奉令增辖军官教育队技术训练班第 7 期，其第 1、第 2 组改编为本总队第 13、第 14 中队（实际上按顺序应称谓第 6、第 7 中队）。步兵第 2 大队计有 4 个中队，驻成都北校场校本部。11 月，又将原辖第 1 总队的步兵大队编为本军校的步兵第 1 大队，所辖各中队分称为第 1、第 2、第 3、第 4 中队，仍属第 1 总队建制；原驻皇城的步兵大队迁驻北校场，改称为第 2 大队，所辖各中队，分称为第 5、第 6、第 7 中队；原第 2 大队改称为第 3 大队，所辖各中队，分称为第 8、第 9、第 10、第 11 中队。第 2 总队计有步兵第 2、第 3 大队，有学生 1128 人，于 1949 年 12 月初仓促毕业。第 2 总队计有毕业生 711 人。

第 3 总队学生，主要来自陕西、川中各地，有部分学生系招考本期第 1、第 2 总队学生时的落考青年或备取生。军校因生源紧张，把有些本来不合标准的考生也招入学校，故本总队的学生文化程度及身体素质较前两个总队略差。第 3 总队辖 2 个大队，计有 9 个步兵中队 1 个工兵中队。计有毕业生 820 人。又据台湾 1984 年第 44 卷第 6 期《传记文学》所载刘乃衡《大陆时期之中央军校》文中所记，本期第 3 总队有学生 820 人。

第 23 期共计毕业 3035 人[①]。

1949 年 9 月，关麟徵调任陆军总司令，张耀明（黄埔 1 期）接任陆军军官学校校长。与第 23 期同时在校的还有刚招收的第 24 期学生，创办的勤务团、游干班和组建的 6 个教导团等。1949 年 11 月 20 日，第 24 期举行新生入学考试，后组建一个总队，计有学生 2000 余名，不久便"夭折"。该期大部随第 23 期学生总队一并起义，依旧惯例海峡两岸均不"入期"。

1949 年 12 月初，川西形势急剧变化，军校开始西移。担任守卫蒋介石任务的第 2 总队在蒋介石离校飞台后，亦全队西移新津，与先几天到达此地的军校其他几个学生总队汇合。12 月 17 日，军校令学生各总队及所属部队开往大邑县城集中。第 2 总队在安仁镇到大邑县城途中与中共游击队发生激烈遭遇战，总队长李邦藩（黄埔 3 期）等阵亡。第 2 总队解体，后在成都被收容起义。24 日，军校教育处长兼教育长李永中（黄埔 3 期）、徐幼常（黄埔 5 期）、第 1 总队总队长萧平波（黄埔 6 期）等率第 1、第 3 总队在郫县宣布起义。

---

① 陈宇：《暮色黄埔——黄埔军校在大陆最后一期写真》，第 61 页，解放军出版社，2013 年版。

1950 年 6 月，军校起义人员经过学习后，分别进行遣返、参加人民解放军等善后工作，全部起义人员都得到了适当安排。

第 23 期是黄埔军校在大陆的最后一期，黄埔军校也结束了在大陆的历史。

黄埔军校在大陆共开办 23 期，本校共有毕业生 49041 人[①]。此外，还有隶属于黄埔军校的各分校、培训班和干训团等毕业生约 16 万人，共计有毕业生约 21 万人。

二、争取和平，进步黄埔师生担当重任

日本一宣布投降，国民党为独吞胜利果实，一面命令其所属武装"积极推进"，沦陷区地下军及各地伪军"负责维持地方治安"；一面命令八路军、新四军"就原地驻防待命"，"勿再擅自行动"。国民党军队向沦陷区内中国共产党领导的抗日根据地的"推进"和阻止中国共产党领导的武装收复失地，导致国共摩擦直至局部内战，引起中国人民强烈反对和国际民主力量的热烈关切。因此，国共两党举行重庆和平谈判和接受美国的军事调停，成立军事三人小组以及军事调处执行部。

（一）重庆谈判，黄埔师生故旧唱主角

基于国内外要求中国在抗战胜利后不要战争和平建国的压力，国民党总裁蒋介石于 1945 年 8 月 14 日、8 月 22 日、8 月 23 日，3 次电邀中共中央主席毛泽东到重庆和平谈判。蒋的最后一次电邀的当天，中共中央召开政治局扩大会议，讨论蒋邀请毛泽东去重庆谈判的问题。会议通过认真分析国际国内形势后认为："蒋不易下决心打内战，和平是可能的，和平、民主、团结三大口号是有现实基础的。"[②] 因此，中国共产党的方针是，争取和平、民主，反对内战独裁，要求国民党政府承认解放区的民选政府和抗日军队，承认各党派合法地位，立

---

① 本数字是根据当前所见文献资料而综合的一个阶段性研究成果，有待新的文献资料完善和修正。

② 《1945 年 8 月 23 日中央关于目前时局与我党方针致各战略区电》。

即召开各党派和无党派代表人物的会议，商讨抗战结束后的各项重大问题，制定民主的施政纲领，结束训政，成立举国一致的民主的联合政府，以避免内战，奠定今后和平建国的基础。

8月26日，中共中央发出通知，告诉全党，毛泽东将赴重庆谈判；说明中共谈判方针，准备作出必要的以不损害人民根本利益为原则的让步，以换取和平局面；并提醒全党不要因为谈判而放松对蒋介石的警惕和斗争。

8月28日，毛泽东偕同周恩来（原黄埔军校政治部主任，时中共中央书记处书记、中央军委副主席）、王若飞从延安飞抵重庆，随从人员中有与李济深、蔡廷锴等关系颇深的杨德华（黄埔6期）。张治中（原黄埔军校第3期入伍生总队长、第4期步兵军官团团长，时国民党中常委、国民政府军委会政治部部长）和赫尔利（美国驻华大使）特于前一天到延安迎接。

重庆谈判历时43天，其中正式谈判会议12次，时间为9月4日、9月8日、9月10日、9月11日、9月12日、9月15日、9月19日、9月21日、9月27日、9月28日、10月2日、10月5日。

谈判主要围绕中共提出的以下11条建议展开：（一）以和平、民主、团结为统一的基础。（二）承认蒋介石在全国的领导地位。（三）承认国共两党、各党各派合法平等地位。（四）承认解放区政权及抗日部队。（五）严惩汉奸，解散伪军。（六）重划受降地区，中共应参加受降工作。（七）停止一切武装冲突。（八）实现政治民主化、军队国家化。（九）政治民主化办法：由国民政府召集各党派及无党派代表人物的政治会议；确定省、县自治，实行普选。解放区解决办法：由中共推荐山西、山东、河北、热河、察哈尔5省的主席和绥远、河南、安徽、江苏、湖北、广东6省的副主席以及北平、天津、青岛、上海4市的副市长；中共参加东北行政组织。（十）军队国家化之必要办法：中共部队改编为16个军48个师，集中于苏北、皖北及陇海路以北中共驻地；设北平行营及北平政治委员会，由中共推荐人员分任并参加军事委员会及其所属各部工作。（十一）党派平等合法之必要办法：释放政治犯，取消特务机关，等等。第九、十两项是双方争执的焦点。

重庆谈判国共双方领衔为蒋介石（黄埔军校校长）和毛泽东，主要谈判代表：国方张群、张治中、邵力子（原黄埔军校政治部主任，时国民政府参政会秘书长）、王世杰；共方周恩来、王若飞。周恩来、张治中、邵力子为黄埔故旧，占主要谈判代表 50%。周恩来与邵力子先后担任黄埔军校政治部主任。前者任职期间，呕心沥血，健全政治部组织机构，建章立制，奠定了黄埔军校政治管理机构和国民革命军政治工作基础，被誉为“军队政工的开山祖”。后者接力后，萧规曹随，放手让鲁易、熊雄等中共党员的副职去大显身手，遂使黄埔政工光前裕后，大放异彩。张治中在黄埔任职期间，与周恩来秉性意气相投，灵犀相通，配合默契，合作愉快，建立深厚私谊，在校中左右两派纠斗中“站在中间偏左”，“被目为‘红色教官’‘红色团长’”，“动了参加共产党的念头”。①后来，国共关系破裂，分道扬镳。强势一方的邵力子和张治中都保留着中华民族优良传统中做人做事的底线，没有因政治立场的不同而穷凶极恶，欲置对方于死地。张治中多次放弃带兵的机会，到军校任职，逃避到一线打内战，与故旧战友学生部属兵戎相见。邵力子原为中共早期党员，历来主张国共和解，被称为“和平老人”。

谈判会场的气氛呈现出多样性。从总体来说，会议气氛是友好的，见面时彬彬有礼，相互问候，国方主动关心共方在渝的饮食起居。谈判时和颜悦色，各抒己见，希望通过谈判国共形成共识，达成和解，共同和平建国。当谈判出现意见重大分歧时，观点针锋相对，会场气氛紧张严肃，双方也力求避免疾言厉色，刺激对方，伤害感情。

10 月 10 日，国共双方代表签署了《政府与中共代表会议纪要》（即《双十协定》）。《纪要》规定“和平建国的基本方针”，“在蒋主席领导之下，长期合作，坚决避免内战”，“政治民主化、军队国家化及党派平等合法，为达到和平建国必由之途径”；“由国民政府召开政治协商会议”；关于双方军队整编问题，“中共愿将其所领导的抗日军队由现有数目缩编至 24 个师至 20 个师”，并迅速

①《张治中回忆录》（下），第 664 页，文史资料出版社，1985 年版。

将其在南方 8 个地区的抗日军队北撤。具体计划"双方同意组织三人小组（军令部、军政部及第 18 集团军各派一人）进行之"。关于解放区政权和国民大会问题，《纪要》规定"提交政治协商会议解决"。双方军队的整编方案未达成协议。尽管如此，重庆谈判结果是有积极意义的。张治中回忆："凡是具有定见远见的人，对于这个协议应该感到满足；特别是亲身参加商谈的我们，真是几经折衷，舌敝唇焦，好容易才得到这样的结果，自然更感到愉快。"①

黄埔故旧的亲情厚谊还在谈判桌外为维护国共关系重大问题发挥重要作用。为了确保毛泽东的安全，周恩来把当年的学生张镇（黄埔 1 期，时国民党军队宪兵司令）找来，提出安全保卫毛泽东的要求。张镇遵照周恩来所嘱，不敢掉以轻心，亲自护送毛泽东到下榻的寓所，并命令与他关系密切的湖南常德老乡蔡隆仁（黄埔 4 期步科生，时宪兵 1 团团长）具体负责，对毛泽东采取特别保卫。蔡不敢敷衍了事，每天亲自查岗查哨，不分昼夜，不避风雨，尽职尽责完成任务。张镇因此举被中共誉为"有特殊贡献的朋友"，周恩来临终曾交代中央有关部门负责人罗青长，不要忘记张镇等做的这件好事。

（二）军事调停，黄埔师生各施奇招

《双十协定》签订并公布后，国共武装冲突并没有停止。国民党军进犯解放区受到打击后，11 月重新部署，发动新的进攻。11 月 5 日，何应钦在北平召开华北"剿共"会议。会后，令华北国民党军分兵 3 路重点进攻张家口、承德、沈阳，全面内战一触即发。美国总统杜鲁门调整对华政策，派已经退休的前陆军参谋长、五星上将马歇尔为总统特使，到华进行军事调停，成立了由美国代表马歇尔、国民党代表张治中（起初是张群）、共产党代表周恩来组成的军事"三人委员会"。

为了避免国共双方的军事冲突，在"三人委员会"领导下，1945 年 12 月初在北平成立了"军事调处执行部"（简称"军调部"），办公地点设在协和医院。军调部由 3 名委员组成，美国、国民党、共产党各派 1 名代表，由美方代

---

① 《张治中回忆录》（下），第 729 页，文史资料出版社，1985 年版。

表担任主席，一切事宜均须 3 名委员一致通过，3 名委员均有否决权。军调部只对"三人委员会"负责，下设 38 个执行小组，分赴各地执行停止内战的任务，禁止双方军队接触，妥善处理双方军队的相处与整编问题。

军调部 3 方首席代表及参谋长分别是：美国罗伯逊（又译名饶伯森）、海斯，国民党郑介民（黄埔 2 期生，时军令部第二厅中将厅长）、蔡文治（黄埔 9 期生，时陆军总司令部中将副参谋长），共产党叶剑英（黄埔军校教授部副主任，时中共中央军委副总参谋长）、罗瑞卿（黄埔 6 期生，时晋察冀军区副政委）。各自团队中还有不少黄埔故旧，如国方代表团办公室主任唐保黄（黄埔 8 期生）、整军处处长陈瑜（成都中央军校上校战术教官）、中原和长春执行小组邓为仁（黄埔 8 期）、本溪执行小组郑明新（潮州分校第 1 期，比照黄埔 3 期生），共方代表团执行处长宋时轮（黄埔 5 期）、朝阳执行小组代表李逸民（黄埔 4 期）、本溪执行小组代表许光达（黄埔 5 期）、热河执行小组代表陈伯钧（黄埔 6 期）等，而国共首席代表及主要助手参谋长则是百分之百的黄埔师生。

为落实《双十协定》，以周恩来为首的中共代表在毛泽东回延安后继续留在重庆，与国民党多轮多番谈判。同时，苏、美、英 3 国也关注中国政局，于 12 月 27 日发表在莫斯科召开的 3 国外长公报。公报认为"必须在国民政府下有一统一与民主之中国，国民政府各级机构中民主党派之广泛参与及内部冲突之停止"。1946 年 1 月 10 日，国共代表签署的《关于停止国内军事冲突、恢复交通的命令和声明》与《关于停止国内军事冲突的协议》同时公布。命令规定 1 月 13 日停战，"所有中国境内军事调动，一律停止"，但东北除外。[①] 尽管如此，国共还是"关内小打，关外大打"。

停战协定使军调部的操作有了准则，加压工作担子，也把国共代表推到风口浪尖，正面交锋。在关于军事冲突、恢复交通等关键问题的"调处"时，双方各有原则和底线。国民党以执政党自居，天下是他们的，"认共为匪"，中共必须无条件服从，否则即用武力解决。在他们势力触角暂时无法达到之处，或

---

① 《周恩来年谱》（1898—1949），第 637 页，中央文献出版社，1989 年版。

他们"在战场上不利的时候，他们就强烈要求派出执行小组，企图挽救其不利处境"①。因此，往哪些地区派出执行小组，就成为国共双方首先争执的重大问题。为此，共产党也确定争取派遣小组的原则："一是我军力量薄弱的地区，要争取派遣小组，防止敌人进攻；二是蒋军集结重兵的地区，要配置执行小组，以监视敌军的调动；三是敌人可以利用的港口，应争取派小组，以防对方通过港口运兵；四是敌人准备进攻的重点地区，必须派出小组，制止敌人的进攻和揭露他们的阴谋。"②双方代表为着"坚持原则"，八仙过海，各显神通，各出奇招，针锋相对。但是，国方代表面对不同的共方代表，有时会注意师生礼仪，给对方留些面子。

1946 年 1 月 12 日，军调部召开预备会议，因国共首席代表尚未到达北平，由参谋长参加，国方是蔡文治，共方因罗瑞卿还没到位，由耿飚代理出席。会上，"谈判和辩论的焦点集中在政治原则上"。蔡文治首先发言，言辞激烈，对中共极尽诬蔑之能事，甚至谩骂中共为"共匪"。耿飚也不示弱，表明中共和平建国的立场和摆出坚守这个立场的事实后，也给予回击痛斥，会议闹得不欢而散。③

1 月 16 日下午，军调部召开会议，商讨翌晨前往东北国共军事纠纷点调停的行动计划。叶剑英与郑介民这对昔日师生首次交锋，谈及的主要问题是是否需要前去东北、中途逗留锦州及出发时间等。一番礼仪后，他们从各自利益所虑，把简单问题复杂化，互出横炮，相互为难，争得不可开交，宕延老半天时间，"最后大家一致同意 17 日被指派的调查小组成员，须于该日上午 9 时，在罗伯森的办公室集合，听候指示，然后由该处直接前往机场"④。

郑明新和许光达两个黄埔同学同为第 29 执行小组，到东北本溪参加调处。1946 年 3 至 4 月间，国民党为抢占中长路各战略要地，3 月下旬集中 5 个军 11

---

① 《李聚奎回忆录》，第 242 页，解放军出版社，1986 年版。

② 《李聚奎回忆录》，第 243—244 页，解放军出版社，1986 年版。

③ 《耿飚回忆录》，第 345—346 页，江苏人民出版社，1998 年版。

④ 乐炳南：《郑介民将军生平》，第 246 页，台湾时英出版社，2010 年版。

个师的兵力，在沈阳南北两个方向沿中长路及安（东）沈（阳）路，向中共发动进攻。在占领辽阳、抚顺、鞍山、营口、铁岭后，即分兵南北向四平、本溪进攻。国民党志在必得，不惜血本，集重兵 5 个师进攻本溪。中共中央认为四平、本溪"两仗如能打胜，东北局面即可好转"[①]。同时，也希望通过阻敌，"挫敌锐气，争取时间，以待停战到来"[②]。郑明新和许光达依责参加调处，各事其主，各找指责对方破坏停战的道理。但国民党军从关内进兵东北，攻占中共根据地，并不接受调处停止进攻，这个不争的事实让郑明新及美国代表感到十分被动，调处终告无效。郑明新眼看调处工作有虚无实，中途离开执行小组，另图新职。

在调处期间，国民党黄埔代表为对付中共，屡有下作之举：

建平县（原属热河省，后划归辽宁省）位置重要，是承德的东大门，南扼北宁线，战略位置重要，原先为中共地盘。国民党费尽心机想霸占，以宴请为名，灌醉朝阳第 26 执行小组中共陈代表，让他签下"我方游击队从建平县撤出去"和"共同保护朝阳到绥中的公路"的协议。后中共改派李逸民为代表，并赋予揭露国民党阴谋诡计及宣告前协议无效的任务。李逸民不负组织之重望，与美方和蒋方代表斗智斗勇，在蒋方代表故伎重演摆设的酒桌上反制美、蒋代表，让蒋方代表马庭钰当场醉酒趴下，让美方代表汉夫在宴席上承诺前协议无效。

宋时轮是军调部中共执行处长，是叶剑英委员的重要助手，在军调部三级（委员会、参谋长联席会议和执行处长联席会议）会谈中，处于谈判第一线。他富有斗争经验，国民党代表把他看成是一个不好对付的谈判对手，对他一直怀恨在心，欲除之而后快。因此，当宋时轮 5 月 15 日下午 6 时由北新桥乘车返北京饭店，途经灯市口八面槽南口时，预设在该处的国民党特务向他开枪行刺，车上玻璃被击穿，幸好人未受伤。叶剑英闻讯向国民党当局提出严重抗议并要求作出交代。显而易见，这是郑介民等指使国民党保密局北平站干的。当美方

---

①　陈康：《决战的历程》，第 101 页，安徽人民出版社，1991 年版。

②　陈康：《决战的历程》，第 103 页，安徽人民出版社，1991 年版。

代表出于程序过问此事时，郑介民与蔡文治做贼心虚，支支吾吾，互相推诿，敷衍了事，在美方代表面前丢尽了脸。

1946 年 6 月底，国民党公然撕毁《停战协定》和《政协决议》，向解放区发起全面进攻，马歇尔宣布调停失败，三人军事小组及北平军调部相继解散，中国人民和平建国之梦破灭，国共黄埔师生只能在战场上各为其主兵戎相见，为中国两个前途和两种命运进行角逐。

三、全面内战国共阵营中的黄埔师生

抗日战争胜利后，国共由局部内战发展到全面内战。从事军事工作的早期黄埔师生经过近 20 年的历练和奋进，到了国共命运大对决时，大多数已成为国共军队的中流砥柱，甚至是国共政治军事角斗场上的主角，具有举足轻重的作用。

（一）国民党军队阵营中的黄埔高级将领

抗日战争胜利后，国民党对其军事机关进行"检讨"，认为有关机构事权不一，联系协同不便，行政效率难以发挥，决定对之改组。首先是撤销国民政府军事委员会，成立国防部，军事系统进行相应改革。对军队整编，改以"师"为战略单位，有整编军、整编师、整编旅。到 1947 年 8 月，即"南麻、临朐战役后，国民党军队的整编师又全部恢复成军，旅改师扩编为 3 个步兵团"[1]。但隶属关系变化频繁，编制、番号非常混乱。"军改"后，参与国共决战的国民党黄埔高级将领主要有：

蒋介石：中国国民党总裁（黄埔军校校长）

何应钦：重庆行营主任、国民政府第二任国防部长（黄埔军校总教官）

陈　诚：国防部参谋总长、东北行营主任（黄埔军校教官）

---

① 《郭汝瑰回忆录》，第 195 页，中共党史出版社，2009 年版。

顾祝同：陆军总司令兼郑州"绥靖"公署主任、徐州"绥靖"公署主任、国防部参谋总长（黄埔军校战术教官）

刘　峙：郑州"绥靖"公署主任、徐州"剿总"总司令（黄埔军校战术教官）

陈继承：北平警备司令、华北"剿总"副总司令（黄埔军校战术教官）

钱大钧：重庆"绥靖"公署副主任兼西南军政长官公署副长官（黄埔军校兵器教官）

张治中：西北行营主任兼新疆省主席（黄埔军校3期入伍生队代总队长、4期军官生团长）

周至柔：空军总司令（黄埔军校兵器教官）

程　潜：武汉行辕主任、长沙"绥靖"公署主任（黄埔军校校务委员）

李宗仁：北平行辕主任、国民政府副总统、代总统（南宁分校总负责人）

卢浚泉：第6兵团司令（黄埔军校3期区队长）

柳际明：整编第75师师长（黄埔军校军事教官）

胡宗南：第1战区司令长官、西安"绥靖"公署主任、西南军政长官公署副长官兼参谋长（黄埔1期）

杜聿明：东北保安司令长官、东北"剿总"副总司令、徐州"剿总"副总司令（黄埔1期）

郑洞国：东北保安副司令长官、代司令长官、东北行辕主任、东北"剿总"副总司令兼第1兵团司令（黄埔1期）

梁华盛：东北保安副司令长官、东北"剿总"副总司令兼沈阳防守司令（黄埔1期）

范汉杰：东北保安副司令长官、国防部参谋次长、陆军副总司令兼郑州指挥所主任、第1兵团司令官、冀热辽边区司令官、东北"剿总"副总司令兼锦州指挥所主任（黄埔1期）

李延年：徐州"绥靖"公署副主任、徐州"剿总"副总司令兼第9"绥靖"区司令长官、第6兵团司令、京沪杭警备副总司令兼第2兵团司令、福州"绥

"靖"公署副主任（黄埔1期）

李默庵：第1"绥靖"区司令、长沙"绥靖"公署副主任兼第17"绥靖"区司令官（黄埔1期）

孙元良：第16兵团司令、第10编练司令部司令（黄埔1期）

宋希濂：华中"剿总"副司令兼第14兵团司令、川湘鄂边区"绥靖"公署主任（黄埔1期）

黄　维：联勤总司令部副总司令、第12兵团司令官（黄埔1期）

王敬久：第2兵团司令官、第1编练司令部司令（黄埔1期）

李仙洲：徐州"绥靖"公署济南第2"绥靖"区副司令官（黄埔1期）

李玉堂：第10"绥靖"区司令官（黄埔1期）

李铁军：河西警备司令、西安"绥靖"公署副主任（黄埔1期）

李良荣：第1兵团2纵队司令、整编第23军军长兼第9"绥靖"区司令官、第2编练司令部司令、福州"绥靖"公署副主任、第22兵团司令官兼厦门警备司令（黄埔1期）

李　文：华北"剿总"副总司令、西安"绥靖"公署副主任、第5兵团司令官（黄埔1期）

董　钊：整编第1军军长、第18"绥靖"区司令官（黄埔1期）

刘　戡：整编第29军军长（黄埔1期）

霍揆彰：第16"绥靖"区司令官、第11兵团司令官（黄埔1期）

关麟徵：陆军副总司令、中央军校校长、陆军总司令（黄埔1期）

张耀明：整编第38师师长、南京首都卫戍总司令、中央军校校长（黄埔1期）

邓文仪：国防部新闻局局长、政工局局长（黄埔1期）

刘永尧：国防部军职人事司司长兼参谋次长、代国防部长（黄埔1期）

袁守谦：华中"剿总"政务委员会委员兼秘书长、东南军政长官公署政务委员会委员兼秘书长（黄埔1期）

俞济时：军务局局长、国民党总裁办公室主任（黄埔1期）

王叔铭：空军副总司令兼参谋长（黄埔 1 期）

桂永清：海军副总司令、海军代总司令（黄埔 1 期）

牟庭芳：第 94 军军长兼天津警备司令（黄埔 1 期）

甘丽初：广州"绥靖"公署参谋长、桂林"绥靖"公署副主任兼桂东军政长官（黄埔 1 期）

何绍周：云南警备总司令、第 6 编练司令部司令（后改第 19 兵团司令）兼第 49 军军长（黄埔 1 期）

余程万：整编第 26 师师长、第 26 军军长兼云南"绥靖"公署主任（黄埔 1 期）

冷　欣：陆军总司令部参谋长、京沪杭警备总司令部第一副总司令（黄埔 1 期）

陈明仁：第 71 军军长、华中"剿总"副总司令、武汉警备司令兼第 29 军军长、第 1 兵团司令兼长沙"绥靖"公署副主任（黄埔 1 期）

陈大庆：南京卫戍区副司令官兼第 1 "绥靖"区副司令官、京沪杭警备副总司令兼淞沪警备司令（黄埔 1 期）

陈　铁：东北"剿总"副总司令、第 8 编练司令部司令、贵州"绥靖"公署副主任（黄埔 1 期）

陈　沛：南京卫戍总司令部副总司令、第 45 军军长（黄埔 1 期）

袁　朴：第 16 军军长（黄埔 1 期）

黄　杰：长沙"绥靖"公署副主任、国防部次长兼第 5 编练司令部司令（黄埔 1 期）

王仲廉：整编第 26 军军长、第 4 兵团司令官（黄埔 1 期）

侯镜如：第 92 军军长、第 17 兵团司令官、福州"绥靖"公署主任（黄埔 1 期）

韩　濬：第 73 军军长（黄埔 1 期）

罗　奇：北平警备总司令部副总司令、京沪杭警备总司令部副总司令、陆军副总司令（黄埔 1 期）

杜从戎：国民政府总统府参军（黄埔 1 期）

刘希程：第 19 "绥靖" 区副司令官、国防部第 3 纵队司令（黄埔 1 期）

黄珍吾：南京首都警察厅厅长、福州 "绥靖" 公署副主任兼福建省保安司令（黄埔 1 期）

曾扩情：川陕甘边区 "绥靖" 主任公署副主任（黄埔 1 期）

石祖德：总统府侍卫室侍卫长、第 1 编练司令部副司令（黄埔 1 期）

李及兰：第 6 "绥靖" 区副司令官、国防部参谋次长、广州 "绥靖" 公署副主任兼广州卫戍总司令（黄埔 1 期）

张世希：郑州 "绥靖" 公署参谋长、首都卫戍副总司令、第 7 "绥靖" 区司令官（黄埔 1 期）

张雪中：整编第 22 军军长、第 9 编练司令部司令、福州 "绥靖" 公署副主任（黄埔 1 期）

周振强：浙西师管区司令官兼金华城防指挥（黄埔 1 期）

傅正模：上海师管区司令官、第 1 兵团副司令官（黄埔 1 期）

廖运泽：第 8 "绥靖" 区副司令、暂编第 1 纵队司令官（黄埔 1 期）

邱清泉：第 5 军军长、第 2 兵团司令（黄埔 2 期）

罗历戎：第 3 军军长（黄埔 2 期）

覃异之：第 8 兵团副司令官兼第 52 军军长（黄埔 2 期）

郑介民：保密局局长、国防部第 2 厅厅长、国防部次长（黄埔 2 期）

沈发藻：陆军副总司令（黄埔 2 期）

方　天：国防部第 5 厅厅长、国防部参谋次长、江西 "绥靖" 公署主任（黄埔 2 期）

李士珍：中央警官学校校长（黄埔 2 期）

胡靖安：江西省保安司令（黄埔 2 期）

成　刚：第 102 军军长、第 14 军军长（黄埔 2 期）

李正先：第 5 兵团副司令官兼第 27 军军长（黄埔 2 期）

陈金城：整编第 45 师师长（黄埔 2 期）

刘子奇：整编第 29 军整 36 师 123 旅旅长（黄埔 2 期）

严　正：新编第 248 师师长（黄埔 2 期）

黄祖埙：第 91 军军长（黄埔 2 期）

田载龙：新编第 1 军 1 师师长（黄埔 2 期）

熊仁荣：第 12 军副军长（黄埔 2 期）

钟　松：整编第 36 师师长、第 5 兵团副司令官（黄埔 2 期）

洪士奇：陆军总司令部供应司令部副司令（黄埔 2 期）

张炎元：国防部第 2 厅副厅长、广东保安副司令（黄埔 2 期）

史宏熹：整编第 51 师师长（黄埔 2 期）

田　齐：新编第 1 军新 1 师师长（黄埔 2 期）

刘凤鸣：第 57 军副军长（黄埔 2 期）

吉章简：交警总局总局长、第 21 兵团副司令官（黄埔 2 期）

吕国铨：桂东师管区司令官、第 26 军军长（黄埔 2 期）

阮　齐：湖北省军管区司令官（黄埔 2 期）

余锦源：整编第 72 师师长、第 72 军军长（黄埔 2 期）

吴克定：第 231 师师长（黄埔 2 期）

张汉初：整编第 76 师整 24 旅旅长（黄埔 2 期）

李　忠：华北"剿总"第 104 军副军长（黄埔 2 期）

李精一：第 14 军副军长（黄埔 2 期）

杨文瑔：整编第 75 师师长（黄埔 2 期）

邓士富：新编第 7 军整 173 师师长（黄埔 2 期）

陈　衡：第 79 师师长、第 71 军副军长（黄埔 2 期）

陈孝强：第 78 军 196 师师长（黄埔 2 期）

郑　彬：第 81 师师长、第 68 军副军长（黄埔 2 期）

祝夏年：整编第 15 师副师长（黄埔 2 期）

赵　援：国防部设计司司长、第 124 军军长（黄埔 2 期）

徐树南：第 20 军副军长兼政治部主任（黄埔 2 期）

彭巩英：第 26 师师长、第 49 军副军长代军长（黄埔 2 期）

彭佐熙：第 26 军副军长、第 8 兵团副司令官（黄埔 2 期）

彭克定：第 98 军 42 师师长、副军长（黄埔 2 期）

廖　昂：整编第 76 师师长（黄埔 2 期）

赖汝雄：整编第 76 师副师长代师长、第 9 编练司令部副司令（黄埔 2 期）

蔡　荣：第 5 兵团副司令官（黄埔 2 期）

蔡劲军：海南反共救国民党军队总指挥（黄埔 2 期）

潘超世：第 13 编练部副参谋长、第 302 师师长（黄埔 2 期）

汤敏中：第 14 编练司令部快速纵队司令（黄埔 2 期）

王耀武：第 2 "绥靖" 区司令官（黄埔 3 期）

王　严：整编第 11 师副师长、整编第 51 师师长、第 51 军军长、第 12 兵团副司令官（黄埔 3 期）

王中柱：第 103 军军长（黄埔 3 期）

王继祥：徐州 "绥靖" 主任公署第 13 快速纵队司令部司令官、山东 "绥靖" 军第 1 快速纵队司令官（黄埔 3 期）

毛邦初：空军副总司令（黄埔 3 期）

方　敦：第 118 军军长（黄埔 3 期）

石　觉：东北保安司令长官部第 2 "绥靖" 区司令部司令官、华北 "剿总" 第 9 兵团司令官、京沪杭警备总司令部副总司令（黄埔 3 期）

刘安祺：第 71 军军长、第 7 兵团司令官、第 11 "绥靖" 区司令官、第 21 兵团司令官（黄埔 3 期）

刘伯龙：第 89 军军长（黄埔 3 期）

刘秉哲：第 28 军军长（黄埔 3 期）

刘宗宽：西南军政长官公署代参谋长（黄埔 3 期）

李天霞：整编第 83 师师长、徐州 "剿总" 第 1 "绥靖" 区司令部副司令官、第 73 军军长（黄埔 3 期）

李　勃：第 6 兵团副司令官（黄埔 3 期）

李用章：第 3 军 7 师师长（黄埔 3 期）

李才桂：第 41 军暂 1 师师长（黄埔 3 期）

李大中：山东省军管区司令部副司令（黄埔 3 期）

李德生：第 127 军副军长（黄埔 3 期）

杨德亮：整编第 42 师师长、第 7 兵团副司令官兼第 17 军军长（黄埔 3 期）

杨　勃：第 94 军副军长（黄埔 3 期）

杨维泉：徐州"剿总"教导总队总队长、预备第 20 师师长（黄埔 3 期）

郑挺锋：第 94 军军长（黄埔 3 期）

吴求剑：第 85 军军长（黄埔 3 期）

吴振刚：第 85 军代军长（黄埔 3 期）

何　奇：整编第 17 师 48 旅旅长（黄埔 3 期）

黄　淑：整编第 8 师 166 旅旅长、第 9 军军长（黄埔 3 期）

廖　慷：第 5 军副军长兼 45 师师长、整编第 205 师师长（黄埔 3 期）

舒　荣：整编第 12 师长、第 12 军军长（黄埔 3 期）

段霖茂：整编第 57 师师长（黄埔 3 期）

沈开樾：第 13 军副军长（黄埔 3 期）

陈颐鼎：整编第 70 师师长（黄埔 3 期）

陈希平：第 14 兵团副司令官（黄埔 3 期）

陈震东：第 72 师师长（黄埔 3 期）

陈芝范：浙江省交警总队总队长（黄埔 3 期）

宋瑞珂：整编第 66 师师长（黄埔 3 期）

张廷孟：空军总司令部东北第 1 军区司令部司令官、东北"剿总"空军指挥部指挥官（黄埔 3 期）

张　新：整编第 29 军 76 师 24 旅旅长（黄埔 3 期）

张金廷：整编第 9 师副师长、师长（黄埔 3 期）

汪　泽：第 79 军副军长（黄埔 3 期）

金亦吾：华中"剿总"第 14 兵团参谋长兼第 7 纵队副司令（黄埔 3 期）

金式祁：第 10 军代军长（黄埔 3 期）

倪祖耀：第 9 编练司令部副司令（黄埔 3 期）

林卧薪：第 13 军副军长兼政治部主任（黄埔 3 期）

胡　琨：整编第 49 师 26 旅旅长（黄埔 3 期）

胡国泽：第 27 军副军长（黄埔 3 期）

胡蕴山：第 70 军副军长（黄埔 3 期）

姚秉勋：青年军第 202 师师长（黄埔 3 期）

姜云清：第 89 军副军长（黄埔 3 期）

钱法铭：第 121 师师长（黄埔 3 期）

莫我若：整编第 78 师师长（黄埔 3 期）

夏季屏：国防部常务次长（黄埔 3 期）

唐生海：第 77 军副军长（黄埔 3 期）

黄绍美：湖北省军管区副司令（黄埔 3 期）

康　泽：第 15 "绥靖" 区司令官（黄埔 3 期）

康　庄：整编第 17 师师长、第 17 军军长（黄埔 3 期）

曹　毅：第 48 师师长（黄埔 3 期）

蒋当翊：第 92 军军长（黄埔 3 期）

赵　琳：第 71 军 91 师师长，整编第 32 师副师长、代师长，第 32 军军长（黄埔 3 期）

韩文焕：滇黔边 "绥靖" 公署第 101 军军长（黄埔 3 期）

谢孟良：暂编第 303 师师长（黄埔 3 期）

蔡剑鸣：第 13 军 4 师师长（黄埔 3 期）

熊绶春：第 14 军军长（黄埔 3 期）

糜藕池：川黔 "绥靖" 公署独立第 1 师师长（黄埔 3 期）

刘裕经：第 16 军副军长（黄埔 3 期）

叶　成：整编第 78 师师长（黄埔 3 期）

莫　敌：桂北军政区副司令、新编第 13 军 39 师师长（黄埔 3 期）

邓忠梅：第 90 军副军长（黄埔 3 期）

赵公武：第 52 军军长（潮州分校 1 期，比照黄埔 3 期）

毛人凤：国防部保密局局长（潮州分校 1 期，比照黄埔 3 期）

谢辅三：华中"剿总"第 5 纵队司令官（潮州分校 1 期，比照黄埔 3 期）

郑明新：第 52 军副军长（潮州分校 1 期，比照黄埔 3 期）

胡　琏：整编第 11 师师长、整编第 18 军军长、第 12 兵团副司令官、第 2
编练司令部司令（黄埔 4 期）

李　弥：第 8 军军长、整编第 8 师师长、整编第 8 军军长、第 13 兵团司令
官（黄埔 4 期）

张灵甫：整编第 74 师师长（黄埔 4 期生）

高魁元：整编第 11 师副师长、第 18 军军长（黄埔 4 期）

高吉人：第 5 军副军长、整编第 5 军 70 师师长、第 2 兵团 70 军军长（黄
埔 4 期）

刘玉章：第 52 军 2 师师长、第 52 军军长（黄埔 4 期）

刘　平：第 15 军军长（黄埔 4 期）

刘　英：第 3 军 32 师师长兼石家庄警备司令（黄埔 4 期）

罗　列：整编第 1 师师长、整编第 1 军军长、西安"绥靖"公署副主任兼
参谋长（黄埔 4 期）

严　明：整编第 29 军 90 师师长（黄埔 4 期）

阙汉骞：整编第 54 师师长、第 54 军军长、第 6 兵团副司令官、浦东兵团
司令（黄埔 4 期）

林伟俦：第 62 军军长（黄埔 4 期）

覃道善：整编第 3 师师长、第 10 军军长（黄埔 4 期）

胡长青：整编第 69 师师长、第 99 军军长、第 69 军军长（黄埔 4 期）

陈林达：第 52 军 195 师师长（黄埔 4 期）

邱维达：整编第 74 师师长、第 74 军军长（黄埔 4 期）

周志道：整编第 83 师师长、第 100 军军长（黄埔 4 期）

周庆祥：整编第 32 师师长（黄埔 4 期）

沈向奎：整编第 10 师 83 旅旅长、新编第 8 军军长、第 103 军军长、第 25 军军长（黄埔 4 期）

向凤武：第 71 军副军长、军长（黄埔 4 期）

向敏思：整编第 79 师副师长、第 110 军军长（黄埔 4 期）

唐化南：第 70 军 193 师师长、第 70 军军长（黄埔 4 期）

谢义锋：整编第 78 师师长、整编第 13 师师长、第 69 军军长（黄埔 4 期）

韩增栋：整编第 88 师师长（黄埔 4 期）

潘裕昆：新编第 1 军 50 师师长（黄埔 4 期）

杨宝谷：第 88 军副军长、代军长，第 6 兵团副司令官（黄埔 4 期）

葛先才：第 109 军 196 师师长、海南防卫总司令部第 3 路暂 7 军军长（黄埔 4 期）

李正谊：第 52 军 25 师师长（黄埔 4 期）

姚国俊：整编第 38 师副师长、第 38 军军长（黄埔 4 期）

吴啸亚：整编第 208 师师长（黄埔 4 期）

赵锡田：整编第 3 师师长（黄埔 4 期）

王作栋：整编第 17 师师长（黄埔 4 期）

曹天戈：第 8 军副军长、第 8 兵团副司令官兼第 8 军军长（黄埔 4 期）

曹振铎：整编第 73 师师长、第 73 军军长（黄埔 4 期）

顾葆裕：第 14 兵团副司令官、第 124 军军长（黄埔 4 期）

顾锡九：整编第 36 师副师长、第 123 军军长（黄埔 4 期）

钟　纪：整编第 7 师师长、第 11 编练司令部司令官（黄埔 4 期）

徐　保：整编第 76 师师长（黄埔 4 期）

许良玉：整编第 1 师副师长兼 1 旅旅长、第 3 军军长、第 76 军军长、第 5 兵团副司令官（黄埔 4 期）

方　靖：第 79 军军长（潮州分校 2 期，比照黄埔 4 期）

戴之奇：整编第 69 师师长（潮州分校 2 期，比照黄埔 4 期）

李本一：第 3 兵团副司令官兼第 7 军军长（南宁分校 1 期，比照黄埔 4 期）

张光玮：桂黔边"绥靖"区司令官兼新编第 6 军军长（南宁分校 1 期，比照黄埔 4 期）

马拔萃：第 56 军军长（南宁分校 1 期生，比照黄埔 4 期）

刘孟濂：第 27 军军长（黄埔 5 期）

刘镇湘：第 64 军军长（黄埔 5 期）

李日基：第 76 军军长（黄埔 5 期）

李志鹏：第 23 军军长（黄埔 5 期）

李尽萱：第 9 军军长（黄埔 5 期）

陈克非：第 20 兵团司令官（黄埔 5 期）

陈士章：第 25 军军长（黄埔 5 期）

陈春霖：第 44 军军长（黄埔 5 期）

唐守治：新编第 38 师师长、青年军第 206 师师长、第 80 军军长（黄埔 5 期）

张　涛：第 89 军军长（黄埔 5 期）

张文鸿：第 48 军军长（黄埔 5 期）

张绍勋：第 14 兵团 122 军军长（黄埔 5 期）

沈澄年：整编第 75 师师长（黄埔 5 期）

严　翊：第 47 军军长（黄埔 5 期）

劳冠英：第 74 军军长（黄埔 5 期）

杨熙宇：第 16 兵团 47 军军长（黄埔 5 期）

杜　鼎：第 100 军军长（黄埔 5 期）

周伯涛：第 8 军军长（黄埔 5 期）

郑庭笈：第 9 兵团 49 军军长（黄埔 5 期）

徐志勖：第 22 兵团副司令官（黄埔 5 期）

卿云灿：第 72 军军长（黄埔 5 期）

梁东新：第 6 兵团副司令官（黄埔 5 期）

盛家兴：第 93 军军长（黄埔 5 期）

龚传文：第 79 军军长（黄埔 5 期）

廖　肯：新编第 100 军军长（黄埔 5 期）

胡家骥：海南防卫总司令部第 50 军军长（黄埔 5 期）

张湘泽：第 126 军军长（南宁分校 2 期，比照黄埔 5 期）

廖耀湘：第 9 兵团司令官（黄埔 6 期）

李　涛：第 9 兵团新 6 军军长（黄埔 6 期）

李宏达：第 62 军军长（黄埔 6 期）

李振西：第 38 军军长（黄埔 6 期）

邹平凡：武汉守备军总指挥兼新编第 21 军军长（黄埔 6 期）

盛　文：成都防卫总司令部总司令（黄埔 6 期）

鲁　元：华中军政长官公署第 58 军军长（黄埔 6 期）

杨　达：整编第 9 军军长（黄埔 6 期）

刘劲持：第 98 军军长（黄埔 6 期）

吴仲直：第 75 军军长（黄埔 6 期）

谷炳奎：第 14 编练司令部 10 军军长（黄埔 6 期）

赵子立：第 127 军军长（黄埔 6 期）

熊新民：第 1 兵团副司令官兼第 71 军军长（黄埔 6 期）

彭　锷：第 71 军军长（黄埔 6 期）

罗友伦：第 6 军军长（黄埔 7 期）

杨伯涛：第 12 兵团 18 军军长（黄埔 7 期）

黄　翔：第 92 军军长（黄埔 7 期）

罗贤达：第 66 军军长（长沙分校 5 期，比照黄埔 7 期）

曹永湘：整编第 75 军 16 师师长（黄埔 8 期）

李仲辛：整编第 66 师师长兼开封城防司令（黄埔 9 期）

罗　活：桂南军政区司令兼新编第 11 军军长（南宁分校 6 期，比照黄埔 9 期）

王景渊：第 19 兵团 49 军军长（黄埔 12 期）

（二）解放军阵营中的黄埔师生

周恩来：中共中央军委副主席（黄埔军校政治部主任）

叶剑英：中共中央军委副总参谋长（黄埔军校教授部副主任）

王　诤：军委作战部副部长（黄埔6期）

徐向前：陕甘宁晋绥联防军副司令员、华北军区野战军第1兵团司令员、华北军区第一副司令（黄埔1期）

周士第：晋绥军区副司令员、第一野战军18兵团司令员（黄埔1期）

阎揆要：陕甘宁晋绥联防军副参谋长、第一野战军参谋长（黄埔1期）

张宗逊：吕梁军区司令员兼政委、西北野战军副司令员兼第1纵队司令员（黄埔5期）

许光达：雁北军区司令员、西北野战军第3纵队司令员、第一野战军2兵团司令员（黄埔5期）

张希钦：吕梁军区参谋长、晋绥野战军第2纵队参谋长、第一野战军2军参谋长（黄埔6期）

谈国帆：西北军区三原军分区副司令员（黄埔2期）

方复生：晋绥野战军第358旅参谋长（黄埔4期）

陈　赓：晋冀鲁豫军区第4纵队司令员、陈谢兵团司令员（黄埔1期）

王世英：晋冀鲁豫军区副参谋长、华北军区副参谋长（黄埔4期）

曾希圣：晋冀鲁豫军区副参谋长、豫西军区司令员（黄埔4期）

靖任秋：桐柏军区参谋长（黄埔4期）

魏　巍（白天）：东北民主联军总司令部参谋处处长、华北军区第13纵队参谋长、第一野战军18兵团60军副军长（黄埔4期）

郭天民：冀察军区司令员、晋察冀野战军第2纵队司令员兼政委、鄂豫军区副司令员、第4兵团副司令员（黄埔6期）

周仲英：晋冀鲁豫军区司令部交际处处长、军区第8纵队副政委、华北军区野战军第1兵团副政委（黄埔6期）

胡超伦：冀南军区第 1 军分区副司令员，第二野战军 5 兵团 16 军副参谋长（黄埔 6 期）

陈光舜：晋冀鲁豫军区第 17 师 50 团参谋长（黄埔 16 期）

王启明：冀鲁豫军区第 4 纵队参谋长、第 4 兵团 14 军副军长兼参谋长（河北军事政治学校 2 期，比照黄埔 8 期）

林　彪：东北人民自卫军总司令、东北民主联军总司令、第四野战军总司令（黄埔 4 期）

李运昌：东北人民自卫军第二副司令、冀察热辽军区副司令员（黄埔 4 期）

程子华：东北人民自卫军副政委、冀察热辽军区司令员、第四野战军 13 兵团司令员（黄埔 6 期）

杨至诚：东北人民自卫军总后勤部政委、第四野战军军需部长（黄埔 5 期）

倪志亮：辽北军区司令员、嫩江军区司令员（黄埔 4 期）

曹广化：东北民主联军第 4 纵队 10 师政治部主任（黄埔 4 期）

陶　铸：辽西军区政委、东北民主联军第 7 纵队政委、第四野战军政治部副主任（黄埔 5 期）

陈葆华：东北民主联军合江省军区副司令员（黄埔 4 期）

张如屏：东北民主联军合江省军区政治部主任（黄埔 6 期）

彭明治：东北人民自卫军新 4 军 3 师 7 旅旅长、第四野战军 13 兵团第二副司令员（黄埔军校军士教导队）

张学思：辽宁军区司令员（黄埔 10 期）

陈奇涵：辽南军区司令员、辽宁军区司令员、东北军区参谋长（黄埔军校学生队队长）

陈伯钧：合江军区司令员、第四野战军 45 军军长、第 12 兵团副司令员（黄埔 6 期）

陈葆华：合江军区副司令员（黄埔 4 期）

莫文骅：东北民主联军辽东军区副政委兼政治部主任、东北野战军第 4 纵队政委（南宁分校 6 期，比照黄埔 9 期）

常乾坤：东北民主联军航空学校校长（黄埔 3 期）

吴溉之：东北民主联军军政大学副政委、通化军区政委（黄埔 4 期）

何德全：东北民主联军东满护路军司令员（黄埔 7 期）

朱虚之（朱文麟）：东北军区司令部第 3 处（通信处）政委（黄埔 8 期）

王　辛：东北军区松江军事部副部长（黄埔 12 期）

黎　元（关俊彦）：东北民主联军吉黑纵队第 1 大队政委、第 10 纵队 29 师 85 团团长（黄埔 11 期）

阮　庆（阮庆才）：东北民主联军开元警备司令部副司令（黄埔 11 期）

贾　克：东北军区后勤部参谋处长（洛阳分校军官训练班 10 期，比照黄埔 14 期）

聂荣臻：晋察冀军区司令员兼第一野战军司令员（黄埔军校政治部）

萧　克：晋察冀军区副司令员兼第二野战军司令员、晋察冀野战军司令员（黄埔军校宪兵教练所）

罗瑞卿：晋察冀军区副政委兼第二野战军政委、晋察冀野战军政委（黄埔 6 期）

张开荆：冀察冀军区野战军第 1 纵队参谋长、华北军区第 20 兵团 66 军 98 师师长（黄埔 6 期）

高存信：晋察冀军区司令部炮兵室主任、华北军区炮 4 师师长、特种兵司令部司令员（黄埔 10 期）

方之中：华北军区第 20 兵团俘训旅旅长（黄埔 4 期）

吕文远：华北军区特工部副部长（黄埔 6 期）

刘　型：中原军区政治部副主任（黄埔 5 期）

陈　毅：新四军军长、华东军区司令员、第三野战军司令员（武汉分校政治教官）

陈锐霆：华东军区司令部参谋处长、华东野战军特种兵纵队司令员（河北军事政治学校，比照黄埔 7 期）

宋时轮：山东野战军参谋长、华东野战军第 10 纵队司令员、第 9 兵团司令

员（黄埔 5 期）

　　袁仲贤：华东军区胶东军区副司令员、华东军区副参谋长、第 8 兵团政委兼参谋长（黄埔 1 期）

　　袁也烈：华东军区渤海军区司令员、山东军区第二副司令员兼参谋长（黄埔军校政治部干事、4 期入伍生指挥员）

　　谭希林：山东野战军第 3 纵队 7 师师长（黄埔 5 期）

　　郭化若：鲁南军区副司令员、华东野战军第 4 纵队政委、第 9 兵团政委（黄埔 4 期）

　　张震球：华中军区第 7 军分区司令员、渤海纵队副司令员、第三野战军 33 军第一副军长（黄埔 5 期）

　　周文在：华东野战军第 11 纵队政治部副主任（黄埔 6 期）

　　钟剑魂：华中军区解放第 1 军军长（黄埔 3 期）

　　徐楚光：华中军区解放第 1 军参谋长（黄埔 5 期）

　　王作尧：山东军区两广纵队副司令员（燕塘分校 7 期）

　　邬　强：山东军区两广纵队副司令员（南宁分校 5 期，比照黄埔 8 期）

　　李振亚：琼崖独立纵队参谋长（南宁分校 2 期，比照黄埔 5 期）

　　吴克之：琼崖独立纵队第 1 支队长（广州分校 11 期）

　　符洛哥：琼崖独立纵队第 3 支队长（燕塘分校 7 期）

　　白马山：琼崖独立纵队第 4 支队长（黄埔 7 期）

　　朱家壁：桂滇黔边区游击队副司令员（黄埔 8 期）

　　杨德华：桂滇黔边区游击队政治部主任（黄埔 6 期）

　　吴汉超：闽粤赣边纵队第 4 大队副大队长（潮州分校 2 期，比照黄埔 4 期）

　　左洪涛：粤赣湘边区游击队政治部主任（黄埔 6 期）

　　曾天节：东江纵队第 4 支队长（黄埔 6 期）

　　杨应彬：粤桂边纵队参谋长（中央军校四分校 17 期）

四、国共黄埔师生再度对决

中国共产党领导的人民解放战争从抗日战争结束后局部内战起始，到大陆全部解放时止，历时整整 5 载；从内战全面爆发到大陆解放，仅用 4 年时间；到建立中华人民共和国，仅仅 3 年。在此期间，中共领导的人民军队与国民党军作战 114700 次，其中重大战役 150 多场[①]。在这些重大战役战场上随时可见黄埔师生的身影，国共双方的主将几乎是黄埔师生，从这点上说：解放战争是国共黄埔师生的对决。

（一）战四平，杜聿明、林彪初交手

东北地区，地如鸡首，是中国极其重要的工业基地和军事战略要地。占据东北，就能控制华北。抗日战争胜利后，国共两党都睁大眼睛盯住东北，志在必得。中共捷足先登，国民党不甘落后，派出重兵争夺东北，双方在 1945 年 12 月开始交战。国民党军重兵压境，至 1946 年 3 月至 4 月间，东北地区的国民党正规军已有 6 个军 18 师（从北平临时抽调来的第 94 军第 5 师未计在内），连地方团队，总兵力达 31 万余人。解放军且战且退，向北巩固，向南防御，交战的重点放在中长路各战略要地。1946 年 3 月下旬，国民党军由沈阳沿中长路北上，步步进逼四平，以夺取长春、哈尔滨为目标。中共中央则认为占领长春、哈尔滨，对东北乃至全国大局有极大影响，命令林彪"死守四平，挫敌锐气，争取战局好转"。林彪表态"当坚决执行，死守四平"。四平保卫战于 4 月中旬开始。

东北国民党军队的主帅是杜聿明，毕业于黄埔 1 期，1945 年 10 月 26 日始任职东北保安司令长官。杜回忆："自从在山海关发动反人民战争起，我总是日

---

① 丁荫奎等编：《中共党史事件人物录》，第 737 页，上海人民出版社，1983 年版；另参见陈康编著的《决战的历程》中列举的重要战役统计。

夜不停地亲临前线，指挥国民党军向解放军进攻。"① 后因肾病离开东北前线到北平手术，约 2 个月后的 4 月 16 日返回沈阳，再执帅印，指挥东北战事，"让郑洞国继续向四平街进攻"②。

国民党军先后投入四平战役的有 10 个师，如下：

新 1 军之新 30 师、新 38 师、第 50 师。军长孙立人，师长分别为唐守治、李鸿、潘裕昆。

新 6 军之新 22 师、第 14 师。军长廖耀湘，师长分别为李涛、龙天武。

第 71 军之第 87、88、91 师。军长陈明仁，师长分别为黄炎、胡家骥、赵琳。

第 52 军之第 195 师，军长赵公武，师长陈林达。

第 60 军之第 182 师，军长曾泽生，师长白肇学。

以上国民党军的军、师主官除了孙立人，全是黄埔师生。

解放军"以全东北主力 13 个旅 39 个团中的 20 个团"③ 参战，林彪亲自指挥，并将自己的指挥部设在梨树县城附近的一个村庄。原新四军 3 师师长兼政委的黄克诚手下的猛将彭明治时为原新四军 3 师 7 旅旅长，该部抗战胜利后从华中调入东北，是四平保卫战解放军主力之一。林、彭均出自黄埔。

四平战役大致为 3 个阶段：第一阶段，1946 年 4 月 17 日至 26 日，国民党军连续进攻，解放军顽强抵抗；第二阶段，4 月 27 日至 5 月 13 日，国共两方形成对峙局面；第三阶段，5 月 14 日至 5 月 18 日，国民党军增援猛攻，解放军顽强抵抗后作战略性之转移、撤退。

四平之战历时 32 天，双方伤亡惨重，解放军伤亡 8000 余人，国民党军伤亡万余人。

这场战役，对林彪来说，"杀敌一千，自损八百"，但得到了"城市防御战

---

① 杜聿明：《国民党破坏和平进攻东北始末》，全国政协文史委编：《辽沈战役亲历记》，第 479、486 页，中国文史出版社，1985 年版。

② 杜聿明：《国民党破坏和平进攻东北始末》，全国政协文史委编：《辽沈战役亲历记》，第 479、486 页，中国文史出版社，1985 年版。

③ 参见东北民主联军总部 1946 年整理的《四平保卫战》。

不能作为一般的作战方针"①的可贵经验；对杜聿明来说，占领了四平，但背上了包袱，处处设防，兵力分散，在战略上失去强大武力优势和部队的机动性。

（二）闻夏临浮，陈赓力战胡宗南和董钊皆告捷

陈赓、胡宗南、董钊同为黄埔 1 期同学，在东征和巩固广东革命政权战斗中同一战壕，并肩作战，第一次国共合作破裂后，各为其主。陈赓与董钊没交过手，与胡宗南则是死对头。土地革命战争时期，陈赓与胡宗南有两次对垒：第一次在鄂豫皖苏区，陈赓时任红四方面军第 12 师师长，胡宗南时任国民党中央军第 1 师师长。虽然两人没有直接交锋，却是两军方阵中的劲敌，在同一个战略区内的不同方位带兵厮杀，各逞骁勇。第二次在山城堡，陈赓时任红 1 师师长，胡宗南时任国民党中央军第 1 军军长，胡宗南战败，损折 2 个主力团。抗日战争胜利后，陈赓任晋冀鲁豫军区第 4 纵队司令员，手下只有 3 个旅和一些地方部队；胡宗南任第一战区司令官，手中掌握 11 个军，34 个师旅，几十万人马。董钊在胡麾下任整编第 1 军军长，先后管辖 5 个整编师。

1946 年 7 月 3 日，胡宗南部整编第 1 师、第 27 师等 6 个整编旅，结合临汾、新绛地区阎锡山部第 61 军等 5 个旅，共 7 万余人，向冀南、太岳解放区进攻，先后占领解放区闻喜、夏县、茅津渡、胡张镇等地，企图打通同蒲路南段，消灭晋冀鲁豫野战军第 4 纵队和太岳军区主力。原驻于闻喜的第 4 纵队已北上接受晋绥军区司令员贺龙指挥，拟"逐一夺取介休、灵石、霍县、孝义及兑九峪等地，与吕梁打成一片，大约月底可开始此战役"②。7 月 11 日，陈赓获悉国民党军已进占闻喜，经请示同意星夜撤回侯马以南、绛县以西地区，准备伺机歼敌。

7 月 13 日，胡宗南部整 1 师 167 旅进到闻喜，整 27 师 31 旅进到堰掌镇、胡掌镇地区，整 27 师 47 旅进到夏县，其余尚在夏县以南。国民党军先头部队

---

① 1946 年 5 月 27 日中共中央致电各战略区指示。参见陈康：《决战的历程》，第 116 页，安徽人民出版社，1991 年版。

② 1946 年 7 月 2 日中央军委致贺龙、李井泉、陈赓电。参见陈康：《决战的历程》，第 230 页，安徽人民出版社，1991 年版。

深入解放区 40 余里。陈赓决定乘胡宗南与阎锡山两部尚未靠拢之时，利用两敌矛盾，集中主力各个击破敌人。他作了如下战斗部署：

1. 以第 4 纵队 10 旅全部和第 11、13 旅各一部共 6 个团攻歼敌右翼突出的第 3 旅；

2. 以第 11 旅的两个团进至侯马地区阻击临汾、新绛地区的阎军南援；

3. 以第 13 旅一个团监视曲沃守敌；

4. 以太岳军区第 24 旅及第 1、2 军分区部队进到临汾以北箝制阎军；

5. 以太岳第 5 军分区部队进到运城附近牵制和阻击运城之敌北援。

7 月 13 日夜，陈赓部对整第 31 旅发起进攻。首先在朱村、胡掌镇地区全歼第 31 旅旅部及其第 91 团，14 日在如意下晁地区歼敌第 92 团，并歼灭了由闻喜南援的第 167 旅 2 个营。16 日，又歼灭了由水头镇北援的第 78 旅 1 个营。经此两战，胡宗南部缩守闻喜、安邑等城镇，陈赓部没战机可寻，闻喜战役结束。是役经 4 个晚上作战，陈赓部共消灭胡宗南部整 27 师所属炮兵一部、第 31 旅全部（6500 人），整 1 师之 167、78 旅 3 个营，总计 8000 余人。

胡宗南自恃强大，不甘心败在陈赓手下，亲自飞运城部署，令整 1 师 1 旅沿同蒲路北进，整 30 师沿铁路东侧，经绛城、翼城以北，企图压陈赓部主力于洪洞、赵城地区，与南下之阎锡山第 34 军南北夹击。

陈赓等纵队首长分析敌情认为，敌军进攻的第一个目标是浮山县城，整 1 师可能沿临（汾）浮（山）公路前进。临浮公路两侧多为新区，地势平，来敌可能大意，有战机可寻且有胜算。陈赓再次发挥他指挥战争灵活机动的特点，要求上级改变 4 纵北调计划，而留于临浮地区寻机歼敌。

陈赓判断准确。9 月 21 日，胡宗南部开始向浮山进攻。整 30 师 27 旅由翼城沿浮翼公路攻击；整 1 师之 167 旅由史村沿 27 旅左侧向贺家庄攻击；整 1 师 1 旅先遣部队第 2 团开始沿临浮公路东进。

陈赓决定歼灭胡宗南的"天下第一旅"。临浮公路是东西走向，全长约 40 公里。陈赓采取于敌第 2 团半路设伏、诱临汾敌第 1 旅旅部及其第 1 团东援而后打援、阻浮山之敌之西援。

22 日晚，4 纵集中 3 个旅向进入设伏地区的敌第 2 团攻击；另以第 11 旅 1 个团向临汾警戒并准备打援（后第 10 旅转入打援）；再以第 13 旅 1 个团和太岳军区第 2 军分区部队佯攻浮山，造成敌之错觉。

23 日，整 1 旅 2 团被 4 纵 4 个团集中围困于官雀村，临汾援敌第 1 旅旅部率第 1 团及第 78 旅一部向 4 纵 10 旅打援阵地进攻。当天，第 2 团被全歼。24 日，东援之敌进攻失败，被第 10 旅反包围，并于拂晓前被全歼。阻援之第 13 旅，且战且退，在阻击任务完成后飘然而去，全身而退。

临浮之战，陈赓部毙伤胡宗南部 2000 余人，俘整 1 旅中将旅长黄正诚以下 2500 余人，追击时歼敌近千人，共歼敌 5000 余人。最有意义的是号称国民党军"天下第一旅"的整 1 军 1 师之 1 旅折戟晋南，让胡宗南、董钊等痛心痛肝，伤心得如丧考妣。

（三）争张垣，黄埔校友激战怀来

1946 年 9 月 10 日，蒋介石令北平行辕（主任李宗仁）和第 11 战区（司令长官孙连仲）、第 12 战区（司令长官傅作义）部署向中共晋察冀首府张垣（张家口）进攻，9 月 25 日部署就绪，29 日下总攻令。国民党军总计 7 万人，分东西对进，合击张垣。为保卫张垣，晋察冀军区组织了两条战线：一是东战线，在怀来阻击由南口、青龙桥、怀柔等地而来的敌军；二是西战线，在平汉线阻击由集宁西来的敌军。

东战线的国民党军，主要有第 16、53、94 军等；解放军则是晋察冀野战军第 1、2、4 纵队等。两军主将基本是黄埔校友：

国民党军：第 16 军军长袁朴（黄埔 1 期），所辖第 22 师师长冯龙（中央军校七分校军官队总队长）、94 师师长陈鞠旅（黄埔 5 期）、第 109 师师长严映皋（黄埔 5 期）；第 94 军军长牟庭芳（黄埔 1 期），所辖第 5 师师长邱行湘（黄埔 5 期）、第 43 师师长留光天（黄埔 6 期）、第 121 师师长朱敬民（黄埔 6 期）；第 53 军（原东北军）军长周福成，所辖第 116 师师长刘润川、第 130 师师长王理寰、暂编第 30 师师长张儒彬。

解放军：晋察冀野战军司令员萧克（黄埔军校宪兵教练所），政委罗瑞卿（黄埔6期），第1纵队司令员杨得志，第2纵队司令员郭天民（黄埔6期），第4纵队司令员陈正湘。

9月29日，袁朴率第22、94师由平北沿平绥路向解放军阵地南园、岔道攻击，其第二梯队第109师和第53军130师进至青龙桥一带。郭天民指挥其纵队第5旅15团按预定方案在岔道、南园，依阵地积极防御，30日打退对方7次攻击。至10月2日袁朴部占岔道、南园程家窑子、黄土梁、大小泥河、榆林堡、东西花园、康庄地区。第53军116师于10月1日出击一渡河、沙浴口，后进攻九渡河、黄花城，企图经永宁向怀来东北迂回，解放军独立第5旅阻击。10月3日，袁朴令第94师及109师1个团猛攻怀来以东阵地火烧营、大小泉。郭天民令其第5旅14团坚守阵地，杀敌800人。

经过5天机动防御，3日晚解放军反击。郭天民纵队1个团向康庄，杨（得志）苏（振华）纵队5个团向东西花园攻击，战斗4小时，将第109师师部一部及第325团全部、第327团1个营歼灭，俘敌千余，毙伤2000余人。第53军116师3个团进至九渡河，独立第5旅激战6小时，将116师击退至西台、东宫，后撤怀柔，独立第5旅追至四渡河。

10月4日晚，杨苏纵队向大庄、南辛堡等地攻击，郭天民纵队向马围子攻击，因袁朴部集中，仅歼500人。6日，正面国民党军集结3万余，解放军兵力不足，不能歼敌，乃以郭天民纵队守怀来，杨苏纵队转移攻击向延庆进攻之敌。

国民党军沿平绥路正面进攻受挫后，其参谋总长陈诚（黄埔教官）到南口视察，决将战役预备队第94军43、121师从马刨泉、横岭迂回怀来。萧克、罗瑞卿得知后，令郭天民率第5旅和第4旅之12团继守怀来，第1纵队和刚调来的第4纵队10旅30团等机动部队，在马刨泉地区伏击。10月8日，全歼第43师127团。9日，第53军130师1个团向延庆进攻，激战竟日，歼敌300人。10月10日，1纵第3旅、2纵第4旅和1、2纵各1部，向马刨泉之略庄第121师攻击，将其师部及1个团全歼。至此，晋察冀野战军成功阻北平方向西进之敌于怀来，使其未能西进张垣，又消灭对手 7000 余人。

（四）莱芜之战，陈诚误陷陈毅之迷魂阵

陈诚和陈毅同为"黄埔老师"，前者为第一次国共合作前期黄埔校本部的老师，后者为后期黄埔武汉分校的老师，后来各为本党、军的举足轻重人物。内战全面爆发以来，两人还没有直接交手博弈。争夺鲁南，挂帅运筹帷幄。莱芜之战，陈毅巧设迷魂阵；陈诚不识战争机理，亦步亦趋，深陷陈毅和粟裕巧布之迷魂阵，损兵折将。

1947 年 1 月下旬，枣庄、峄县战役即将结束之际，国民党徐州绥署主任薛岳制定了鲁南会战计划，调集 23 个整编师 53 个旅的兵力，分南北两线再犯鲁南，进攻华东中共首府临沂，企图与解放军在临沂决战。时任国民党军队参谋总长的陈诚不放心一线主官，坐镇徐州，直接指挥这一战役。蒋介石也亲飞徐州，面授机宜，并计划从冀南、豫北战场抽调第 5 军及整编第 75、85 师等部至鲁西南地区，以阻晋冀鲁豫野战军东援或华东野战军西去。

国民党为实现鲁南会战的企图，采取了以临沂、蒙阴为目标，南北对进，夹击解放军的部署。南线，由整编第 19 军军长欧震指挥 8 个整编师 20 个旅，组成突出集团，分 3 路由陇海路沿沂河、沭河北犯，进攻临沂；北线，由第 2 "绥靖" 区副司令官李仙洲（黄埔 1 期）指挥第 12 军（军长霍守义）、整编第 46 师（师长韩炼成，比叙黄埔 3 期）、第 73 军（军长韩濬，黄埔 1 期），共 9 个师（旅），为辅助突出集团，由淄川、博山、明水经莱芜、新泰南犯，企图乘虚进占蒙阴，扰华东野战军后方，击其侧背，配合南线进攻。

针对国民党军进攻临沂和要围歼华东野战军于鲁南的企图和部署，陈毅等华东野战军首长遵从中共中央关于调动敌人分散兵力和集中主力歼敌一部的指示，多次拟定作战方案并加以实施，但国民党军老是各路齐头并进，紧紧靠拢，使解放军战机难以出现。后来，陈毅等经侦察，发现北线之敌孤军深入至莱芜、新泰一带，且兵力分散。陈毅等决定主力隐蔽快速北上，发起莱芜战役，围歼北线之敌。为迷惑对手，华东野战军除留下第 2、3 纵队伪装全军模样于南线采

取正面部署节节阻敌外，主力第 1、4、6、7、8 等纵队，立即离开临沂，日夜兼程，隐蔽北上。同时，布置地方武装进逼兖州，并在运河上架桥，造成解放军将西渡运河模样，以迷惑对方。2 月 10 日晚，华东野战军主力分 3 路日行百里，冒雪北上，预定 10 天内到达战区集结地并完成随时作战准备。

当解放军自费县向西北运动时，第 2"绥靖"区司令官王耀武（黄埔 3 期）对解放军行动生疑，要求其北线南进部队后撤。但陈诚等误判解放军放弃临沂是"伤亡巨大，不堪再战"，可能向黄河以北"窜逃"，乃严令王耀武部迅速南进，确保新泰、莱芜，并派有力部队向蒙阴、大汶口阻击解放军，又令南线整编第 11、64 师等部西开临城，沿津浦路北进，兜堵解放军。王耀武不敢坚持自己的判断，只好按照陈诚命令，于 17 日复令整第 46 师重占新泰、第 73 军 193 师进占颜庄。

19 日，解放军进至莱芜、颜庄时，陈诚才"迷途知返"，觉察到陈毅的意图是要围歼李仙洲集团，乃仓促将整第 46 师由新泰后撤颜庄，第 73 军 193 师由颜庄退莱芜，在博山的第 73 军 77 师南下莱芜归建。但是，陈诚这些补救措施为时已晚。陈毅等华野首长已决以第 8 纵队一个师协助第 1 纵队攻莱芜，第 4 纵队仍攻颜庄，以第 8、9 纵队迅速进至和庄附近地区隐蔽，首歼南下莱芜的第 77 师。整第 46 师师长韩练成与华野有秘密联系，将其部列为最后攻击目标。

20 日拂晓，战役开始。第 8、9 纵队在博山南莱芜以北 60 多里的和庄一带，伏击第 77 师，战至 21 日拂晓，将其全歼，师长田君健（中央军校高教班 4 期）被击毙。解放军对莱芜一线的全面攻击也于 20 日晚发起。战至 23 日 17 时，战斗结束。

是役，华野主力在 3 昼夜内干净、彻底歼灭李仙洲集团 1 个指挥部，2 个军，7 个师（旅），5.6 万人，加上地方阻击战，共歼敌 7 万余人。其中，李仙洲、韩濬等高级将领被俘。华野以临沂一座空城及伤亡 6594 人的代价，换取了歼敌有生力量的重大胜利，使山东解放区的渤海、鲁中、胶东 3 区重新联成一片。

（五）沙家店，钟松遇张宗逊落荒而逃

为策应南线作战，西北野战军在榆林作战后，向增援榆林国民党军队发起攻势，发动沙家店战役。

沙家店之战，国民党军的一线主将是刘戡（黄埔1期）和钟松，解放军的则是彭德怀和张宗逊（黄埔5期）。刘戡时任整编第29军军长，钟松为刘戡所辖的整编第36师师长；彭德怀时任西北野战军司令员兼政委，张宗逊为西北野战军副司令员兼第1纵队司令员。钟松是黄埔2期生，原为1期生，录取后生病，病愈后编入2期炮科，是中国青年军人联合会的骨干，在校加入中共。周恩来回忆"中山舰事件"后蒋介石在国民革命军第1军及黄埔军校"清党"，"只有39个人退出共产党"，钟松就是其中之一。[①]

1947年8月13日，解放军撤围榆林后，援榆国民党军整编第36师123、165旅由钟松率领进抵榆林城。同时，整编第1、29军共8个旅，分由董钊、刘戡率领，越过石湾、安定地区向绥德、米脂北进，命令钟松部南下，企图将西北野战军歼于米脂、葭县、榆林地区，或驱渡黄河，退出陕甘宁边区进入晋西。

国民党军的行动计划很快被解放军情报部获悉。8月14日8时，中央军委指示彭德怀：钟松明日必向镇川前进，其目的是占米脂；刘戡5个旅16日上午可到绥德，明天集中8个旅打钟松于归德、镇川以东、以北山地，是好机会，不知部署来得及否。[②]彭德怀接到指示后马上部署，并于当天14时向中央军委报告。

8月18日上午，整编第36师123旅及165旅493团进至乌龙铺以北之刘家沟，被许光达（黄埔5期）率领的第3纵队一部及绥德军分区第4、6团钳制于该地。钟松率整36师师部及第165旅（欠493团）由镇川堡取道乌龙铺前进。进至常高山时，被第2纵队及教导旅攻击。因攻击过早，迂回部队未赶到，

---

① 《周恩来选集》（上卷），第121页，人民出版社，1980年版。

② 转引陈康：《决战的历程》，第487页，安徽人民出版社，1991年版。

钟松率部南退,暂时躲过一劫。钟部退至泥沟则以北、张家坪以南地区构筑工事。张宗逊亲率第 1 纵队赶至沙家店附近地区隐蔽集结。

8 月 19 日,刘戡率整 29 军军部及整 90 师进至神泉堡、葭县、李家庄地区,未增援整 36 师。钟松急令刘子奇(黄埔 2 期)率其第 123 旅向沙家店师部驻地增援,但刘子奇因惧怕遭遇解放军伏击,仅令配属其指挥的第 165 旅之 394 团先行,其主力两个团(第 367、368 团)未敢出动,19 日进至乌龙铺以北刘家沟。

钟松部兵力的分散及刘戡没有及时发兵增援,给了西北野战军主力分割包围而歼的机会。19 日黄昏,张宗逊指挥第 1、2 纵队和独 1 旅将整 36 师师部及第 165 旅分割包围。8 月 20 日拂晓,解放军发起攻击。张宗逊亲率所部分别向沙家店以东、以南等高地攻击。第 123 旅于 20 日晨 4 时由乌龙铺向沙家店驰援,被教导旅、新编第 4 旅(后整编为西北野战军第 6 纵队)包围于常高堡。至此,钟松部已被解放军分割两地,全被包围。

是日,彭德怀发布动员令,号召全歼钟松部。第 1、2 纵队等密切配合,向整 36 师师部和 165 旅阵地发起猛攻,其气势锐不可当。钟松部官兵无法招架,死的死,伤的伤,投降的投降,形势急转直下。到下午 5 时左右,国民党军的主要阵地已全部被解放军拿下。钟松和第 165 旅旅长李日基(黄埔 5 期)各自带领残兵败将负隅顽抗,约半小时多所剩无几,只好化装成士兵,乘隙逃脱。李日基"逃过初一逃不过十五",后任第 76 军军长,于第 2 年的 11 月 28 日在陕西永丰被彭德怀部俘虏。

刘子奇的第 123 旅被解放军包围于常高堡后,其命运如钟松和李日基,不堪一击。之后兵败如山倒,他成了解放军的俘虏。

沙家店之战,彭德怀、张宗逊指挥西北野战军主力,除整 36 师师部及 165 旅各一部漏网外,基本全歼整 36 师两个半旅,共毙伤俘敌 6000 余人,解放军伤亡 1800 余人。解放军乘胜进军,收复了米脂、葭县、吴堡等县城及其广大地区。

沙家店之战的胜利意义重大。它粉碎了国民党军将解放军歼于葭县西北地区或驱逐出陕北去黄河东的狂妄计划,胡宗南三大主力之一全军覆灭,扭转西北战局；它揭开内线反攻的序幕，成为西北解放军由内线防御到内线反攻的转折点，是西北解放军收复失地的开始。

（六）清风店，聂荣臻急转兵迎击罗历戎

聂荣臻曾是黄埔军校政治部秘书和政治教官，解放战争时期任晋察冀军区司令员兼政委。罗历戎系黄埔 2 期学生，曾任国民党军第 3 军军长。他们同为四川人。抗日战争胜利后的国共纷争，使这对黄埔师生、四川老乡成为河北方面的国共军队领军人，1947 年初冬在河北清风店对决，学生打不过老师，成为俘虏。

全面内战爆发后，从总体上看，晋察冀解放军面对强敌仗打得不是很顺手，1947 年 9 月在大清河反"清剿"战役中，还打了一个"背水攻坚的战役，战役的结果是一个消耗仗"，"以 6000 余人伤亡歼敌 3 个整营又 4 个整连 5270 余人"，① 得不偿失。

大清河战役后，中共中央军委去电指示，要求晋察冀军区休整后，"根据具体情况抓紧部署下一个战役"，以破坏华北国民党军出关援助东北计划。"恰好在 9 月中旬，因东北我军对敌发起强大攻势，蒋介石命令驻在华北的敌 92、94 军和 13 军，各抽调一个师出关增援。于是，我们决定利用华北敌人兵力不足的时机，向保北守敌再次出击。"②

聂荣臻给晋察冀野战军规定了"力争运动中歼敌"的方针，野司马上制定了具体作战方案：首先以 2、4 纵队及独 7 旅，由东向西，3 纵由西向东，打下徐水、容城，扫清固城、保定间点堡，开辟打援战场。以一部扼守徐水，主力准备于徐水附近歼灭援敌。如傅作义军连同保定绥署集中主力 12 团以上来援，我则西转，隐蔽于遂城、姚村以西山沿，诱敌向遂城、姚村追击，我则以一部扼守该两点，主力由两翼出击迂回，分股歼灭之。③

---

① 陈康：《决战的历程》，第 509、510 页，安徽人民出版社，1991 年版。

② 《耿飚回忆录》，第 406 页，江苏人民出版社，1998 年版。

③ 陈康：《决战的历程》，第 509、510 页，安徽人民出版社，1991 年版。

10月11日，徐水战役开始。晋察冀野战军各部按计划进行，国民党军第94军5、43师，独立第95师共6个团，第16军94师及109师4个团，分两路南援和西援徐水。

正当解放军阻援之际，驻守石家庄的罗历戎于16日率第3军军部及其主力第7师，第16军22师66团，共1.7万余人，孤军北上，企图会同由平津出援之军夹击解放军于保北徐水固城地区。该部17日经正定陷新乐，18日陷定县。

学生的突袭行动没法瞒过老师。17日下午，聂荣臻获悉这一情报，马上通报野战军司令部，并要求司令员杨得志、副司令员杨成武、参谋长耿飚马上制定新的作战方案。"二杨"和耿飚在20多分钟内制定了"以一部兵力钳制保北之敌，以主力南下围歼第3军"作战计划并报告聂荣臻审批。具体作战部署是：以第2纵队5旅，第3纵队7、8旅及冀中独立第7旅，由第2纵队司令员陈正湘统一指挥，于徐水南、保定北地区阻击徐水附近地区之敌南下，并继续围攻徐水。野战军司令部率第4纵队全部及第2纵队4、6旅，第3纵队9旅，向保定南望都、阳城隐蔽急进，迎击罗历戎所部，务求将敌包围于距保定仅50里的方顺桥以南，不使其与保定敌沟通。聂荣臻完全同意根据敌情变化"急转兵"的方案，交代立马实施。

罗历戎部沿石（家庄）保（定）北上，沿途均为解放区，遭到冀中军区独立第8旅及冀中、冀晋两区地方武装阻击、袭扰，行动迟缓，17日到新乐，18日方进至定县，19日由定县继续北进，当日停于清风店及其周围东南合、西南合、西合营、高家佐、东同房地域。

解放军南下部队以一天一夜徒步行军250里的绝快速度，于19日黄昏到达预定位置，决心于20日拂晓发起总攻。19日晚，部队按攻击方向开始运动。西面，第3纵队指挥6、9旅进至北合、清风店地区；东、北两面，第4纵队进至合营、大小瓦房地区；第12旅主力进至东、西市邑，控制了唐河渡口，断敌退路；冀中军区独立第8旅在白堡、齐堡等村沿唐河布防。至此，已完成了对罗历戎部的战略包围。

20日拂晓，解放军发起攻击。上午，第6、9旅首先攻击清风店及南北合，第 11 旅克东同房，第 12 旅克胡房，将对手压缩于高家佐、东西南合、南合营、于各营、西同房等村内。21 日继续攻击，第 9 旅攻克高家佐。第 10 旅攻克南合营。东南合之敌经第 11 旅攻击后缩回西南合。同时，第 11 旅克西同房，第 10 旅克南合营。至下午，罗历戎部被压缩于西南合一村。22 日拂晓，第 9、4 旅分别从东、西、西北、南面进行攻击。7 时，罗历戎等 300 余人被独 8 旅俘获。战至 11 时，罗历戎部被全歼，战斗结束。

清风店之战，晋察冀野战军歼敌 1.7 万余人，其中俘 1.1 万余人。罗历戎、杨光钰（第 3 军副军长，黄埔 2 期）、李用章（第 7 师师长，黄埔 3 期）、吴铁铮（第 3 军副参谋长，黄埔 3 期）等黄埔高级将领都在被俘之列。

10 月 23 日，中共中央、中央军委分别致电聂荣臻、杨得志等，祝贺战役胜利，认为此战役创晋察冀歼灭战新纪录，对晋察冀区战斗作风之进一步转变有巨大意义。

聂荣臻没有忘记罗历戎等黄埔学生，战役结束后不久，偕萧克、罗瑞卿会见罗历戎、杨光钰、李用章、吴铁铮等人。聂荣臻等没有以胜利者姿态出现在罗历戎等战俘跟前，而是嘘寒问暖，让战俘们感到获得了人的基本尊严。接着，校友们进行一番既有叙旧又有战争与政治感悟性的交谈。战俘深受感动，有的不久被释放，在石家庄战役中给解放军帮了大忙。聂荣臻回忆："因为我在黄埔兼过政治教官，他们见到我后，都称呼我为老师。吴铁铮是黄埔军校第 3 期学生，他原来是共产党员，在'中山舰事件'之后退了党，堕落成了革命叛徒。他见了我，显得十分羞愧，无地自容的样子。"[1]

（七）宜川瓦子街，许光达围宜打援，刘戡、严明等亡命

沙家店战役后，西北野战军转入战略进攻的战役方向选择。经反复研究，决定选择陕中，这样既可大量歼敌，调回胡宗南南调中原之兵，又可创造解放大西北的有利态势。要入陕中，必须占领由陕北入陕中的门户黄龙、麟游地区。在黄龙区，胡宗南部以 4 个旅守洛川，以整 76 师 24 旅两个团守宜川。西北野

---

① 《聂荣臻回忆录》（下），第 657 页，解放军出版社，1984 年版。

战军决心首先夺取宜川、黄龙、郃阳、韩城 4 城，后扩大战果，解放洛河两岸及黄龙山麓各城镇，尔后收复延安，解放麟游地区。为此，彭德怀、张宗逊制定了"围城打援"的战法，即包围宜川，诱敌东援，在半路上设伏围歼。

1948 年 2 月中旬，西北野战军从北向南、从东向西赶往战区集结。许光达（黄埔 5 期）的第 3 纵队和罗元发的第 6 纵队担任围攻宜川和打援双重任务。许光达首先的对手是整 76 师（师长徐保，黄埔 4 期）之 24 旅，其旅长张汉初（黄埔 2 期），是黄埔学长，刚接任旅长不久。其前任张新（黄埔 3 期），去年 10 月的清涧战役中被俘。

22 日，许光达部经云岩、平陆堡进至宜川城西、城北，6 纵进至城东、城南。24 日，许光达和罗元发各率其部包围张汉初一部，27 日，突破张部防御，先后占领张部防御要点老虎山、虎头山、万灵山、外七郎山等地，将张部压缩于城内。

胡宗南获悉解放军进军陕中，焦虑不安，急令刘戡率部增援。26 日，刘戡亲率整 29 军军部，整 27、90 师共 4 个旅 8 个团的兵力，由洛川、黄陵开进，沿洛（川）宜（川）公路驰援宜川，27 日到达瓦子街。

刘戡麾下的师旅主官尽是黄埔生：整 27 师师长王应尊，黄埔 5 期，其第 31 旅旅长周由之，黄埔 7 期，第 47 旅旅长李达，黄埔 6 期；整 90 师师长严明，黄埔 4 期，其第 53 旅旅长邓宏义，黄埔 5 期，第 61 旅旅长杨德修，黄埔 7 期。整 29 军参谋长刘振世和整 90 师参谋长曾文思也是黄埔生，前者为中央军校高教班 4 期，后者为黄埔 4 期。

胡宗南和刘戡都轻视西北野战军，以为以一个整编军的实力出援，解放军无论如何也啃不动，径直沿洛宜公路冒进，正好钻进解放军为之准备的口袋中。彭德怀、张宗逊命令除 3、6 纵各一个旅继续攻城外，其余主力 9 个旅全部集中在瓦子街以东南北高地打援。

28 日，刘戡率部继续东进，在任家湾、丁家湾地区遭 6 纵教导旅 2 团、3 纵独立 5 旅 13、15 团抵抗。他误认为解放军阻援部队仅 1 个纵队，乃继续前进。29 日，解放军以机动防御诱刘戡部进入距宜川城西南 10 余公里之乔儿沟至铁笼湾间的狭窄地区。同日晨，1 纵攻占瓦子街，断敌退路，经激战，歼灭整 90 师师部一部及搜索连全部。刘戡集结突围，严明则自恃兵强，仍要东援，乃向瓦子街以南高地集结。1 纵 358 旅攻击瓦子街南山邓宏义之第 53 旅阵地，激战竟日，将邓旅击溃，其副旅长韩指针（黄埔 7 期）被击毙。4 纵骑兵第 6 师与李达之第 47 旅在任家湾北山激战、对峙。2 纵于砖庙梁攻击刘戡部右翼。

3 月 1 日 9 时，彭德怀下达打援总攻命令，打援的 5 路大军以泰山压顶之势扑向刘戡部。以 3、6 纵各一部位于正面，主力用于侧后。1 纵沿洛宜公路由西向东，2 纵由南向北，4 纵由北向南，3 纵由东北向西南，6 纵由东南向西北，战至 17 时，援敌全部被歼，无一漏网。刘戡眼看逃生无望，当俘虏又不甘愿，拉手榴弹自裁。严明、周由之、李达在混战中被击毙。刘振世、曾文思、李奇亨等高级将领被俘。

攻城部队于 27 日攻占宜川城外围，第二天宜川守军数次向外七郎山、虎头山阵地反扑，被击退。29 日，许光达的 3 纵独立 2 旅一部攻入城里，遭凤翘山守军瞰射，被迫撤出。彭德怀、张宗逊担心攻下宜川援敌逃走，下令停止攻城。3 月 1 日援敌歼灭后，3 月 2 日继续攻城。许光达部由小北门攻入城中，夺取七郎山。3 月 3 日 8 时，全歼整 76 师 24 旅，张汉初被俘。

宜瓦之战，西北野战军共歼胡宗南部 5 个旅，毙伤俘 29845 人。西北野战军亡 1059 人，伤 4193 人。西北野战军打通南进道路，调回胡宗南增援中原部队 5 个旅，减轻中原解放军的压力。不到一年的磨练，西北野战军能一次消灭对手一个整编军，战力空前提高。蒋介石对宜瓦之战国民党军的失败非常痛心和气恼，电斥胡宗南："宜川丧师，为国民党军队'剿匪'最大之挫折，而其为无意义之牺牲，良将阵亡，全军覆没，悼恸悲哀，情何以堪！"[1]

（八）上蔡城下，宋时轮攻胡琏之必救

1948 年 6 月 16 日晚，由陈士榘、唐亮指挥的华东野战军第 3、8 纵队采取

---

[1] 《1948 年 3 月 13 日蒋介石致胡宗南手启电》，转引自《胡上将宗南年谱》，沈云龙主编：《近代中国史料丛刊续编》第 49 辑，第 216 页，台北文海出版社。

远距离奔袭手段，攻击开封。在陈唐兵团围攻开封期间，国民党军从四面来援，解放军分路阻援。由驻马店北援的国民党军是其"王牌军"之一，胡琏（黄埔4期）的整编第11师。负责阻援这一路之敌的首先是华东野战军宋时轮（黄埔5期）的第10纵队。这对黄埔学兄弟在上蔡城下缠斗3天，难分难解，互有胜负。开封城被解放军攻克，宋、胡再缠斗已没意义，各自退兵。

6月16日，率部在叶县、舞阳地区休整补充的宋时轮接到粟裕的命令："陈唐主力即将攻取开封，为确保胜利，你部迅速东进，赶至平汉路东、上蔡以北布防，阻敌胡琏部于洪河以南。"[①] 宋时轮马上命令所部第28、29师即刻行动，自己和纵队副参谋长王作尧（燕塘分校7期）随第29师行动。

在急行军的路途中，宋时轮得到先头侦察队的报告：胡琏部已占领上蔡，指挥部设在城里，其部主力已北渡洪河，向开封方向疾进。宋时轮认为，部队急行军已人疲马乏，如由东向北追击援敌，既追不上，还会使部队疲于奔命，消耗体能，达不到战斗目的。倒不如就地攻击上蔡城胡琏指挥部，调动敌军回救。胡琏有着国民党军队众多高级将领"拥兵自重和求生自保"的鲜明通病，一定会调兵回头救援。

宋时轮命令部队加快行军速度。第29师师长萧锋和第28师师长王德贵执行命令坚决，两师一前一后，风驰电掣，很快就逼近上蔡郊外。宋时轮命令走在前头的29师发起对上蔡之敌的攻击，并交代："进攻上蔡城只许佯攻，不准真攻，但又必须狠打。"因为，宋时轮对对手胡琏不敢小觑。毛泽东主席曾写信警告华东野战军和中原野战军的领导："胡琏狡如狐，勇如虎。宜趋避之，以保实力，待机取胜。"[②] 再说胡琏手下有3个整编旅——第11、49、118旅，3个旅长分别为王元直（黄埔6期）、何竹本（黄埔6期）、尹钟岳（中央军校高教班1期），都是黄埔生，都非等闲之辈。

第29师兵分3路攻击上蔡：85团攻击城北单庄、小集一线，并占领麦仁店、李庄；86团攻占西洪桥、刘桥、葛庄、坡赵村等地；87团进占董庄、圈

---

① 郭胜伟：《同室操戈——黄埔将帅战场争锋录》，第287页，中共党史出版社，2008年版。

② 《金门风云》（胡琏将军百年纪念专刊），第21页，台湾黎明文化事业股份有限公司，2005年版。

刘。胡琏果然中计，急令北上的 3 个整编旅立刻掉头南回，渡洪河，直奔上蔡，企图吃掉宋时轮纵队。

18 日 8 时，回援的胡琏部首向第 29 师，发起攻击。胡琏指挥本部的步兵、炮兵、坦克相互配合，向宋时轮部发起一番又一番的猛攻。宋时轮指挥部队沉着应战，根据不同的地形和阵地，以团、营为单位配备兵力，阻击对手的进攻。当第 28 师赶到后，兵力不再捉襟见肘，他更为从容不迫，还设置了二道纵深阵地，以节节抵抗对手的进攻，咬住对手，缠敌于上蔡地区。当天深夜，宋时轮乘胡琏部停止进攻的间隙，把部队撤到第二防线，将纵队指挥部迁到常湾，第 28 师转樊庄、罗阁、蒋庄、萧坡一带，第 29 师移王阁、下地关、百尺集、雷庄一带，并与同时担任阻敌任务的中原野战军第 1、3 纵队取得联系。

经过近 3 天的激战，整编第 11 师死伤 5000 多人，第 10 纵队亡 860 余人。18 日当天，陈唐兵力主力攻克开封，胡琏见面对解放军 3 个纵队，取胜无望，弄不好还有可能被围歼，连忙带领部队南撤于汝南城。宋时轮见阻敌的解放军也精疲力尽，无力追击退敌，收兵休整。

（九）塔山，阙汉骞、侯镜如等黄埔学兄撼不动程子华

1948 年 10 月初，东北野战军进至锦州城下，锦州会战开始。蒋介石为策划援救锦州守军，10 月 2 日亲飞沈阳，决将沈阳国民党军主力第 9 兵团等部组成西进兵团，由廖耀湘（黄埔 6 期）指挥，由新民地区南下；以烟台第 39 军 2 个师，北平傅作义指挥第 62 军、独 95 师，第 92 军 21 师，分由烟台、秦皇岛、塘沽海运葫芦岛，会同据守锦西的第 54 军及暂 62 师，组成东进兵团，由第 17 兵团司令官侯镜如指挥，由锦西北上，企图南北对进，夹击进攻锦州之东北野战军主力部队。

国民党军队援锦东进兵团前后指挥官及各军、师主官基本是黄埔生：

前期指挥官阙汉骞，第 54 军军长，黄埔 4 期；后期指挥官侯镜如，黄埔 1 期。

第 54 军辖 8、198 师，暂编第 57 师。第 54 军参谋长杨中藩，黄埔 6 期；

第 8 师师长周文韬，黄埔 6 期；第 198 师师长张纯，黄埔 5 期；暂 57 师师长廖定藩，黄埔 10 期。

第 62 军军长林伟俦，黄埔 4 期，辖 67、151、157 师。第 67 师师长李学正，中央军校高教班 5 期；第 151 师陈植，黄埔 6 期；第 157 师师长何宝松，燕塘军校军官研究班。

第 17 兵团参谋长张伯权，黄埔 7 期；第 92 军 21 师师长李荻秋，黄埔 6 期。

第 39 军军长王伯勋，辖第 103 师，第 103 师师长曾元三，黄埔 7 期。

第 2 师师长平尔鸣，黄埔 4 期；暂 62 师师长刘梓皋，黄埔 6 期；独 95 师师长朱致一，黄埔 6 期。

担任阻击锦西援敌东进兵团的东北野战军主官是程子华和黄克诚。程子华，时任东北野战军前方第二指挥所（后改第 2 兵团）司令员，黄埔 6 期；黄克诚，时任第二指挥所政委，没有黄埔背景。他们指挥着东北野战军第 4、11 纵队及独 4、6 师，在塔山至虹螺岘一线固守防御。第 4 纵队司令员吴克华，政委莫文骅（南宁分校 6 期，比照黄埔 9 期），辖第 10 师师长蔡正国，第 11 师师长周光，第 12 师师长江燮元；第 11 纵队司令员贺晋年，政委陈仁麒，辖第 31 师师长欧致富，第 32 师师长詹大南，第 33 师师长周仁杰；独 4 师师长李道之，独 6 师师长韩梅村（黄埔 3 期）。

10 月 10 日，国民党军队援锦东进兵团 9 个师开始向塔山一线解放军阵地进攻，10 日至 11 日，因侯镜如回北平搬兵，由阙汉骞指挥，之后由侯镜如指挥。以塔山为重点，每日以 3 至 5 个师的兵力轮番攻击。解放军英勇顽强，左凭渤海湾，右依虹螺岘高地，巧妙地构筑防御阵地和配置火力，击退对手每天 3 次以上的总攻击，阵地屹立不动。14 日，解放军攻锦部队突入锦州后，东进兵团组织敢死队，向解放军反复冲锋，企图救援 40 公里外的锦州之敌。解放军有些阵地几番易手，失又复得；有些阵地短兵相接，展开刺刀战，将敌击退。至 15 日全歼锦州守军时为止，程子华指挥该部连续 6 昼夜阻击战，毙伤俘东进兵团 5 个团长以下 7700 余人。

塔山之战，国民党军队黄埔高级将领如云，解放军黄埔将领只有"两华一村"（程子华、莫文骅、韩梅村）；塔山之战，国民党军队大炮、坦克、军舰、飞机等陆海空武装火力齐全，解放军只有陆军常规武器。但国民党军队东进兵团就是撼不动解放军的塔山阵地，撼不动程子华。除了中央军委和东北野战军领导中枢正确的运筹帷幄，广大解放军将士的用命，人民群众的后勤保障，程子华直接的正确指挥和独到的阵地防御技术指导对战斗的胜利做出巨大贡献。

塔山阻击战之前，程子华带领阻击部队领导成员亲临现场，察看地形，选择有利的防御阵地。防御阵地确定后，程子华认为："构筑好防御阵地的工事很重要，使它能够保护自己，消灭敌人，使敌人无法越过我们的阵地一步。"为此，他提供了当年在冀中与日军作战构筑防御工事的成功经验，"建议塔山村的防御工事也用这个办法，得到大家的赞同"。① 实践证明，程子华提供的防御工事在塔山阻击战中收到了很好的效果。亲临战场的国民党军指挥官回忆："各种美制火炮向塔山地区解放军轰炸半小时后，步兵跟着前进，在炮兵轰炸时，塔山地区为炮火烟幕所掩盖。除解放军炮兵向国民党军阵地还击外，没有发觉解放军的动静，好像阵地上没有守兵一样。俟我步兵接近障碍物地带，解放军的轻重火力突然猛烈射击，打得我第一线步兵抬不起来头来。障碍物步兵不能接近，炮兵又破坏不了，陷入进退两难的境地。两天来我攻击部队各师伤亡很大，攻击受挫。"② 阻击任务完成后，解放军撤走，林伟俦等将领到塔山视察，面对着解放军奇妙的防御工事惊叹不已，当时要是知道这是他的学弟程子华设计的，情何以堪？

（十）锦州战役，范汉杰等黄埔校友成为林彪的阶下囚

历史车轮驶入 1948 年，形势对国民党越来越为不妙，仗打得越来越糟糕，人民解放军节节胜利，中国革命战争已进入战略大决战阶段。9 月 2 日，战略决战序幕由人民解放军在济南揭开。当济南战役打得不可开交中，9 月 12 日，

① 《程子华回忆录》，第 313 页，解放军出版社，1987 年版。

② 侯镜如：《第 17 兵团援锦失败经过》，《辽沈战役亲历记》，第 218 页，中国文史出版社，1985 年版。

东北野战军又在东北发起辽沈战役。

辽沈战役第一阶段是锦州战役，亦称北宁线作战，由东北野战军司令员林彪亲临指挥，主要目的是攻克锦州，歼灭范汉杰集团，实现"关门打狗"的战略目的，进而全歼东北国民党军队卫立煌集团。这又是一场国共黄埔师生主导的战场大对决，双方的主帅分别是林彪和范汉杰。之前，林彪对东北作战方针有自己的想法，但毛泽东及中共中央军委主张东北决战开局必须在锦州下手。林彪坚决服从，并精心作如下部署：

（1）以第3、4、7、8、9、11纵队及炮兵纵队主力，第2纵队5师、冀察热辽军区3个独立师，歼灭义县至昌黎一线之敌，尔后相机夺取锦州、锦西、山海关。

（2）以第1、2（欠第5师）、5、6、10纵队，位于沈阳西北新民地区及长春、沈阳间，开原地区，阻止沈阳敌向锦州或长春增援，并随时准备参加攻锦作战和歼灭长春逃敌。

（3）以第12纵队及6个独立师、炮兵纵队一部及内蒙古军区骑兵第2师等部，继续围困长春。

9月12日，东北野战军发起北宁线作战。先在滦县至山海关、山海关至兴城、锦州至义县、锦州北郊4个地区展开，尔后合力围攻锦州。到27日，以上作战任务基本完成，北宁线山海关以东至义县间，除锦州、锦西两孤立据点外，全为解放军控制。为此，林彪又作出新的部署：

以第4、11纵队及独4、6师在塔山至虹螺岘一线固守防御，抗击锦西援敌；以第5、6纵队（欠17师）在彰武东南地区实行防御，诱西进兵团北进，使其离开沈阳，以第10纵队配属第1纵3师位于新民以西、以北地区实行防御，阻击沈阳援敌；以第2、3、7、8、9纵队及炮兵纵队、坦克部队攻锦州；第1纵队主力位高桥东南，为攻锦及阻援预备队；以第12纵队位于四平，预歼长春逃敌。

10月5日，为靠前指挥，林彪将东北野战军锦州前线指挥部设置位于锦州西北约18公里处的翠岩山脚下的小山村——牤牛屯，率罗荣桓、刘亚楼、谭政等东北野战军领导班子成员进驻。为了掌握真实的敌情，他还登上离锦州城不到 10 公里的帽儿山勘察地形。

锦州是关内通往东北的门户，是国民党重要战略基地，设立东北"剿总"锦州指挥所，由东北"剿总"副总司令范汉杰（黄埔 1 期）兼主任，其参谋长为李汝和（黄埔 6 期），辖有第 6 兵团及其他部队，第 6 兵团司令官卢浚泉（黄埔 3 期区队长）。锦州国民党守军兵力及部署如下：

新编第 8 军，军长沈向奎，黄埔 4 期。辖暂编第 54 师，师长黄建镛，黄埔 6 期；暂编第 55 师，师长安守仁；第 88 师，师长黄文徽，黄埔 6 期。

第 93 军，军长盛家兴，黄埔 5 期。辖暂编第 18 师，师长景阳，黄埔 8 期；暂编第 20 师，师长王世高；暂编第 22 师，师长李长雄，黄埔 8 期。

第 6 兵团直属 184 师，师长杨朝纶。

第 79 师两个团，该部系由沈阳空运锦州的援军。

锦州指挥所直属野炮营、105 榴弹炮连（第 54 军拨来）和日式战车连。

锦州指挥所兵力部署："（1）暂编第 54 师担任锦州东面紫荆山至东南面松山的防守任务；暂编第 55 师于 9 月末始担任南山防守任务；第 79 师（缺一个团）于 9 月末空运到达后，担任笔架山（女儿河东侧高地）防守任务；第 88 师为指挥所总预备队。（2）第 6 兵团直属第 184 师及第 93 军（缺暂编第 20 师），担任锦州西面在女儿河车站西侧高地起向西北延伸至 188 高地，经二郎洞至东面合成燃料厂、黑山团管区前缘高地及配水池、旧市政府前缘之线防守任务；暂编第 20 师驻义县，担任该地防守任务。"[①]

10 月 9 日，解放军攻锦部队发起攻击，经 5 昼夜激战，扫尽锦州城外据点，并构筑交通壕进逼城下。14 日 11 时发起总攻，迅速突入城内。经 31 小时激战，至 15 日 18 时，全部解决战斗。守军冀热辽边区司令部所辖第 6 兵团部、第 93 军及第 184 师、第 79 师，共 8 个整师，及其他特种部队、地方部队，全部歼灭。俘范汉杰及卢浚泉等以下高级军官 36 人，其他被俘官兵 88400 余人，共歼

---

① 卢浚泉：《锦州国民党军被歼记》，《辽沈战役亲历记》，第 73 页，中国文史出版社，1985 年版。

敌 10.8 万余人。

卢浚泉在黄埔军校担任过第 4 期入伍生的营长，与林彪有师生之谊，历史上也有过进步的表现，且被解放军围困于长春的第 60 军是他的旧部。历史上有着这层关系，在攻击锦州城之际，林彪曾派人坐马车送他一封劝他弃暗投明战场起义的信，他没收到。被俘的第二天，林彪在百忙之中抽出时间接见他，要他与第 60 军军长曾泽生通电弃暗投明，他立即遵嘱。林彪还交代部下要在他生活保健方面给予很好的照顾，这使他很受感动，好多年后还念念不忘。

五、隐蔽战线的中共黄埔人

在中国两大命运大决战中，人民解放军在战场上的节节胜利，战斗在国民党军队核心要害部门的"中共隐蔽战线战士"功不可没。这群"中共隐蔽战线战士"中有着不少中共黄埔人，他们在一些关系人民解放军胜败的战略战役关节点，发挥特殊作用，使人民解放军未雨绸缪，捷足先登，转危为安并获取胜利。这些中共黄埔人，有的是受中共组织派遣，潜伏于国民党阵营的"职业革命者"；有的则是早年追随进步，后混迹国民党官场，目睹国民党倒行逆施反动腐败，对国共两党认真比较鉴别辨认，选边站队到中国共产党阵营来的"自觉革命者"。

（一）郭汝瑰

郭汝瑰，原名郭汝桂，1907 年 9 月 15 日生，四川铜梁尹家市人。家庭为"一个家道衰落的书香之家"，其父郭锡柱小有文化。早年就读于成都高等师范附属小学和成都联合中学。1926 年 4 月，考入黄埔 5 期入伍生总队，编在第 2 团 3 营 11 连，正式升入第 5 期学生队，编在政治科大队第 14 队。12 月，随政治科大队由广州迁到武汉。

1927 年 4 月，郭汝瑰从黄埔军校武汉分校提前毕业，被吴玉章派回四川，到国民革命军第 20 军工作，历任军政治部科员，独立旅军士队区队长，独立旅

1团2营连长、3营营长等职。先后参加四川倒杨森、倒刘湘等军阀混战。1929年，经袁镜铭介绍加入中共。1930年，在蒋介石压迫其堂兄郭汝栋"清洗"其部队中的共产党的情况下，郭汝栋将他送日本留学。1930年冬，郭汝瑰进入日本陆军士官学校第24期学习。此后，便与共产党脱离组织关系。

"九一八事变"后，郭汝瑰愤然罢学回国。当年12月，考入陆军大学第10期学习。1935年3月毕业，再进陆大研究院第3期学习，未及毕业，担任陆大战史教官。后历任第18军14师参谋长，第54军参谋长，第20集团军参谋长，第20集团军73军暂编5师师长等职，参加淞沪会战、南京保卫战、武汉会战、第三次长沙会战等抗日战争。1944年3月至1945年2月，以副武官名义到英国考察国防机构组织情况。回国后，任军政部军务署副署长兼国防研究院副院长。1945年5月，通过任廉儒介绍认识董必武，与中共建立联系，并提出恢复党籍的愿望。

抗日战争胜利后，郭汝瑰历任军事三人小组国民党代表张治中随员，国防部第五厅副厅长，参谋总长办公厅少将副厅长，国防部第五厅厅长、第三厅（作战）厅长，陆军总司令（顾祝同）部徐州司令部参谋长，第22兵团中将司令官兼第72军军长等职，在国民党这些重要位置上，向中共提供了大量具有战略价值的军事情报，并改动国民党军对解放军不利的作战计划，最后率部起义。郭汝瑰为人谦虚低调，在其回忆录没有披露他在这方面的具体事例，但从他提到"我与共产党的直接联系人是任廉儒同志"，"国民党还都南京以后……往来宁沪两地与我联络"，"至此（指再任国防部第三厅厅长）以后，往来宁沪更密，传递的情报也更多"等表述及有关资料[1]记载，仅列若干事迹如下：

第一，透露《国民党军队战斗序列方案》，中共得以未雨绸缪。1945年5月8日，德国战败投降，日本日薄西山，国际反法西斯战争全面胜利在即，蒋介石马上着手研究如何除去中共武装这个心头之患。军政部几经策划，制定了《国民党军队战斗序列方案》，为绝密文件，时任军政部军务署副署长的郭汝瑰

---

① 《郭汝瑰回忆录》，第286页，中共党史出版社，2009年版。

参与编制。方案主要内容是：防止日军投降后，武器装备落入八路军、新四军之手；迅速装备胡宗南2个军、傅作义1个军，于日军投降后，抢先进入天津、北平、张家口一线，阻止八路军、新四军东进；向西南、华南抽调重兵，沿平汉、津浦路北上，逼近华北解放区。郭汝瑰将方案复制下来，私下通过任廉儒转交给董必武。中共中央得到情报后，先下手为强。8月9日，毛泽东发表《对日寇的最后一战》，号召"八路军、新四军及其他人民军队，应在一切可能条件下，对一切不愿投降的侵略者及其走狗实行广泛的进攻"。10日、11日，朱德连续发布7道受降和进军命令，命令各解放区抗日武装部队向敌伪发出通牒，限其在一定时间内缴械投降，命令各地人民军队迅速前进收缴敌伪武器，并命令冀热辽边区人民军队迅速深入东北。毛泽东的号召和朱德的命令发布后，各解放区迅速举行全面大反攻。到9月2日，八路军、新四军共歼灭日伪军23万多人，攻克和收复县城139座，据点740多个，并使各解放区联成一片。

第二，传递国民党军队对山东解放区重点进攻的作战部署，特别交代对整编第74师要小心。1947年5月，国民党军队对山东解放区重点进攻。国民党最高军事会议一结束，郭汝瑰回家后就将作战部署抄录一份，交给前来联系的任廉儒，并且特别叮嘱这一次战斗序列有整编第74师，全部美式装备，要解放军特别小心。华东野战军接到情报后，根据敌情从容部署，紧抓主要矛盾，决计"百万军中取上将之首"，集中兵力围歼整74师。果然，在孟良崮战役中，全歼整74师，使国民党军队重点进攻山东解放区计划流产。

第三，传递国民党军队徐蚌地区的军事部署和诱使蒋介石制定有利解放军的战略战役决策。1948年10月，淮海战役前夕，何应钦在国防部召开作战会议，提出"守江必守淮"的主张，决定集中优势兵力于徐州、蚌埠之间的津浦铁路两侧，寻机与解放军决战。并责成郭汝瑰制定作战方案，送蒋介石审批。此方案尚未下达到有关国民党军队，就被郭汝瑰报达到解放军指挥部。以后，徐州"剿总"决定坚守蚌埠，郭汝瑰又诱使蒋介石改在徐州外围作战，增加了国民党军在移动中被解放军分割围歼的机会。后来，国民党军在淮海地区一个"剿总"、5个兵团都是在运动中被解放军分割围歼的。对此，"身受其害"的时为徐州"剿总"副司令长官杜聿明，在徐蚌会战事中，对蒋介石的如此下策愤愤不平，在他日后写的《淮海战役始末》提到："这里，我心忐忑不安，觉得上了蒋介石的当，并认为蒋介石、顾祝同是完全听信郭汝瑰这个小鬼（因他是军校5期毕业生，人又矮小，所以我称他小鬼）的摆布，才造成这种糟糕局面。我想责问郭汝瑰为什么不照原定计划主力撤到蚌埠附近，正在犹豫不决之际，见顾祝同等人同意郭汝瑰报告这一方案，觉得争也无益，一个人孤掌难鸣，争吵起来，反而会失去了蒋介石的宠信。"①

第四，再次诱使蒋介石朝令夕改，使杜聿明集团进退失据，被解放军围歼于陈官庄。1948年11月28日，蒋介石在南京召集紧急会议，认为黄维兵团已无力突围，必须集中一切兵力与我决战方能挽救。杜聿明见郭汝瑰也在会场，故意提出从机械化部队行军困难的东南方向撤军方案。"然后他邀蒋介石进入地图室右侧房间，二人密谋"②。杜向蒋献计：让黄维兵团固守牵制解放军，徐州部队撤出徐州，经永城到达蒙城、涡阳、阜阳间地区，以淮河为依托向解放军进攻，以攻势解黄维之危。蒋介石同意，但在会上宣布杜的从东南方向撤军方案。杜的密计不利于解放军分割围歼国民党军队的行动。郭汝瑰先是把公开方案的情报传出去，后发现杜聿明实施的是另一种方案，找机会向蒋介石吹风，说杜聿明"是避战而不求战，则可能在永城胶着，或者向西南崩溃，这样蚌埠方面情况会马上转紧"③。与此同时，刘斐在蒋介石面前"批评杜聿明只是逃跑，不打，顾虑杜聿明趁共军分离向西南逃走，消极避战"④，蒋介石朝令夕改，命令杜聿明停止南撤，向西接应双堆集的黄维兵团。结果杜聿明集团30万人被解放军围困于陈官庄，全军覆没。

之后，郭汝瑰还把国民党江防和江南作战计划的情报交给他的联络人。1949年12月上旬，在四川宜宾率第22兵团部及第72军起义，回归革命阵营。

---

① 《郭汝瑰回忆录》，第336页，中共党史出版社，2009年版。
② 《郭汝瑰回忆录》，第240页，中共党史出版社，2009年版。
③ 《郭汝瑰回忆录》，第240页，中共党史出版社，2009年版。
④ 《郭汝瑰回忆录》，第241页，中共党史出版社，2009年版。

此举，破坏了蒋介石固守大西南的计划。蒋介石到台湾后曾说，没有想到郭汝瑰是最大的共谍。

（二）韩练成

韩练成，1909 年 2 月 5 日生，宁夏同心县预望堡人。父亲韩正荣早年曾在清军董福祥部队当兵。1920 年冬，家乡大地震，幸免于难，整家逃荒至宁夏固原。安家毕，一边念私塾，一边帮家里做工干活。1924 年夏，传来黄埔军校第 3 期招生消息，父母决定送韩练成去"上学做军官"[1]。因不够中学学历，其母亲从东家借了甘肃省立第二中学毕业生韩圭璋的文凭，从此改名为"韩圭璋"，改出生年月为 1908 年 2 月。阴差阳错，到了银川，投考后却被西北陆军第 7 师军官教导队录取。世事无常，6 年后，韩练成的"黄埔梦想"成真，被蒋介石"特许军校 3 期毕业，列入学籍"。

韩练成从教导队结业后，历任国民军联军第 4 军排长、连长，国民革命军第二集团军第 4 军步兵营长、团长、骑兵团团长，暂第 17 师中校参谋，第 15 路军 64 师独立团团长。在中原之战的商丘火车站战斗中救蒋有功，"赏穿黄马褂"[2]。

1932 年秋，韩练成入中央陆军军官学校政训研究班第 1 期学习。大革命失败前夕，韩练成追求进步，靠近刘志丹，被刘确定为党员发展对象。后革命形势急转直下，与刘志丹联系中断，韩练成的加入中共之愿未遂。这段历史被国民党揪住不放，在政训班被禁闭审查，后遇蒋介石，得以解脱并受重用，官运亨通，后由 170 师少将师长进第 16 集团军中将参谋长兼中央军校第六分校（桂林）教育长。

韩练成不忘初心，"筹划秘密联络共产党"，1942 年 6 月终于在重庆与周恩来秘密会见。"经周恩来介绍正式加入中共情报系统，成为周恩来在蒋介石身边

---

[1] 韩兢：《隐形将军》，第 9、26 页，群众出版社，2008 年版。
[2] 指被蒋介石指定为黄埔 3 期学生。

464

布下的一颗秘密棋子"①，被蒋纬国称为"是隐藏在老总统身边时间最长、最危险的'共谍'"②。在国民党阵营，韩练成对推动解放战争胜利的主要贡献有：

第一，保护琼崖纵队。日本宣布投降后，韩练成担任国民党第46军军长兼海南岛防卫司令官、行政院接收委员会主任委员，集海南党、政、军权于一身，接受日军投降。国民党当局不承认海南岛中共领导的琼崖纵队的合法地位，命令韩练成给予"剿灭"。韩练成接受周恩来的委托，一面想方设法联系琼崖纵队；一面千方百计掩护琼崖纵队，限制蔡劲军指挥的海南岛保安团的扩编，解散将被国民党改编的伪军并枪毙其首领詹松年。当他与琼崖纵队产生误会遭袭受伤伤愈后重掌军权，"马上终止了对琼纵的进剿"③，使琼崖纵队得以继续生存，为后来海南岛顺利解放留下有力的武装接应。

第二，向董必武报告国民党最高作战会议的内容。1946年10月下旬，国民党在南京召开最高级军事会议，制订全面内战的战略计划，对西北、山东两战场作具体的战略部署。韩练成列席会议。会后，韩练成在上海北四川路白崇禧公馆会见董必武，把国民党最高作战会议的内容和盘托出给董必武。

第三，莱芜战场刻意搅局使解放军轻易取胜。1947年2月，国民党徐州绥署主任薛岳制订了鲁南会战计划，调集23个整编师53个旅的兵力，分南北两线再犯鲁南，进攻华东中共首府临沂，企图与解放军在临沂决战。华东野战军多方寻找战机，经侦察发现北线之敌，孤军深入至莱芜、新泰一带，且兵力分散。华东野战军决定主力隐蔽快速北上，发起莱芜战役，围歼北线之敌。北线之敌系国民党第2"绥靖"区王耀武集团，由第2"绥靖"区副司令官李仙洲指挥第12军（军长霍守义）、整编第46师（师长韩练成）、第73军（军长韩浚），共9个师（旅）所组成。当王耀武最终发现解放军真正意图，决定将南下的北线部队撤退时，韩练成刻意搅局：一是设法使第73军和整46师相互靠拢，造成华东野战军集中兵力聚歼；二是故意拖延撤退时间，使解放军赢得合围的时间；

---

① 罗青长：《序》，《隐形将军》，群众出版社，2008年版。

② 韩兢：《隐形将军》，第1页，群众出版社，2008年版。

③ 韩兢：《隐形将军》，第87页，群众出版社，2008年版。

三是自己借口脱离部队，使整 46 师指挥中枢瘫痪，群龙无首，失去战力。华东野战军在 3 昼夜里歼敌 5.6 万余人，加地方阻击战，共歼敌 7 万余人，自己伤亡 6594 人。

第四，向蒋介石建议采纳整编第 74 师择地固守吸引"共军"主力围而歼之的作战方案。1947 年 4 月，蒋介石命令国民党陆军总司令顾祝同指挥 3 个兵团共 13 个整编师 34 个旅约 30 余万兵力，采用"集团滚进"战术，向山东解放区发动重点进攻，企图聚歼华东野战军于沂蒙山区。5 月上旬，国民党军进军顺畅，整 74 师已首进鲁中腹地沂蒙山区，与华东野战军会战在即。"5 月 11 日，在鲁中会战的战况分析会后，蒋介石把韩叫到办公室"，询问他对几种作战方案的想法。韩练成时为国民政府参军处高参，建议蒋介石采纳"以整编第 74 师为中心，吸引共军主力，再发动 10 至 12 个整编师围歼共军这个方案"①。蒋介石果然采纳韩的建议方案，结果使整 74 师进入军事"绝地"孟良崮，丧失武力优势，被华东野战军全歼，国民党军对山东重点进攻失败。

1948 年冬，韩练成身份暴露，从上海至香港再转大连，胜利"归队"，受到毛泽东和周恩来的亲切接见。翌年 3 月，出任解放军第一野战军副参谋长，开始新的征程。

（三）熊向晖

熊向晖，原名熊彙荃，1919 年 4 月生，安徽凤阳人。仪表不俗，记忆力强，博学多才。长大后追求进步，考入清华大学，1936 年 12 月加入中国共产党，同时为中华民族解放先锋队清华分队负责人之一。抗日战争全面爆发后，受中共组织派遣，参加湖南青年战地服务团，被分配到时任国民革命军第 1 军胡宗南部服务。胡宗南在接见其军中服务团成员中，看中了熊向晖，认为他"少年英俊，才识超群"，决定将他"培养成栋梁之材"。②

熊向晖得到胡宗南的重用是周恩来意料之中的。因为就中共阵营而言，周

---

① 韩兢:《隐形将军》，第 114 页，群众出版社，2008 年版。

② 熊向晖:《我的情报与外交生涯》，第 7—8 页，中共党史出版社，2005 年版。

恩来对胡宗南最为熟悉。周恩来与胡宗南在黄埔是师生关系，又有一定的交情。"中山舰事件"及"整理党务案"后，蒋介石与周恩来的袍泽关系终止，胡宗南为蒋介石失去周恩来这种有力助手而感到无比惋惜。周恩来也重视胡宗南，1936 年 9 月初，致函他，希望他"力排浮议，立停内战"①。"西安事变"期间，宋子文到西安谈改组南京政府事，周恩来同意"严重或胡宗南长军政"②。

周恩来认为这是一个向国民党军队"插楔子"的好机会，决定派遣熊向晖到胡宗南身边潜伏，由董必武向熊向晖转达他的 3 点指示：一是不急于找党；二是隐蔽党员身份，不发展党员，不参与服务团的领导工作，保持不左不右、爱国进步的政治面目，准备参加国民党，保持定力，政治上与胡宗南同步；三是在国民党里，对人可以略骄，宁亢勿卑。总之，周恩来的意图是：熊向晖是安插到国民党军重要部位的"鼹鼠"，要"冬眠"一段时间，是闲棋冷子，到一定的火候和关键时刻才开始活动。

熊向晖果然得到胡宗南的重用。首先，胡宗南把熊向晖派送到地处西安王曲的中央陆军军官学校第七分校插班学习，学习期限为 1938 年 5 月至 1939 年 3 月，是为黄埔 15 期。毕业后，胡宗南任命他为自己的侍从副官、机要秘书。

熊向晖这枚闲棋冷子在关键时刻发挥巨大作用。主要大事如下：

第一，传递重要情报，揭露和粉碎国民党军"闪击延安"的阴谋。1943 年春夏之交，蒋介石秘密下达《对陕北奸区作战计划》，胡宗南调集重兵，准备"闪击延安"。熊向晖及时将胡宗南的秘密军事计划告知他的情报联络人王石坚，由王通过八路军驻西安办事处的密台迅报延安。③中共中央获悉后，由时任第 18 集团军总司令朱德致电胡宗南，揭露其为挑起反共内战不惜撤调抗日河防大军，"陷国家民族于危亡之境"的行为。国民党见事机败露，只好罢兵收场，避免了抗战期间的"皖南事变"重演。

---

① 中共中央文献研究室编：《周恩来年谱》（1898—1949），第 320 页，中央文献出版社，1989 年版。

② 《周恩来选集》（上），第 71 页，人民出版社，1980 年版。

③ 熊向晖：《我的情报与外交生涯》，第 15、29、35、65 页，中共党史出版社，2005 年版。

第二，传递胡宗南部围歼中原解放军李先念部情报，推迟国民党发动全面内战的时间。1946 年 4 月 11 日，"蒋介石密令胡宗南，决定用 5 天时间围歼中原解放军李先念部，5 月 4 日发起进攻，5 月 9 日结束战斗。我（指熊向晖，作者注，下同）迅即通知王石坚。后王告我，周恩来先期向马歇尔、徐永昌揭露这一阴谋，予以制止"。①

第三，传递胡宗南密谋偷袭陕北计划。"1946 年 5 月 18 日，胡宗南向蒋介石提出《攻略陕北作战计划》，要采取'犁庭扫穴'、直捣延安的闪电行动。我照例迅告王石坚。过了几天，我又告王，蒋介石命胡'暂缓'。"②

第四，向周恩来、董必武提供国民党即将发动全面内战的重要数据。抗日战争胜利后，国民党对中共时战时和，打打停停，直到 1946 年春，是"关内小打，关外大打"，战和形势扑朔迷离，让人难以判断把握，即便是中共要人有时也拿捏不准。1946 年 6 月 10 日中午，熊向晖到南京梅园新村中共代表团驻地与周恩来、董必武密谈。周恩来问他"蒋介石会不会发动全面内战"，他"列举所知的情况，指出蒋早就策划全面内战，'复员整军'只是汰弱留强、汰疏留亲，'战区'将改成'"绥靖"公署'，就是适应全面内战的体制，全面内战的军事部署已经完成……发动全面内战为期不远，胡进攻陕北将是最后一着"。③ 这来自第一手最真实的资料，使周恩来坚定了全面内战即将爆发的判断，中共得以进行顶层设计，未雨绸缪，从容应战。

第五，透露胡宗南部的军事行动。1946 年 10 月中旬，胡宗南借口解放军有进攻榆林意图，再次向蒋介石提出突袭延安、侵占陕北的作战计划，要求从山西调回整编第 1 军，会同他在陕甘的部队，于 11 月初开始行动。熊向晖迅即告诉王石坚，中共中央立马布置延安疏散。后蒋复电暂缓，命他继续打通同蒲路，攻取长治，与阎锡山部夹击晋冀鲁豫解放军，消灭其主力。熊向晖又马上将这情况通知王石坚，使中共中央对胡宗南部去向了如指掌。

---

① 熊向晖：《我的情报与外交生涯》，第 29 页，中共党史出版社，2005 年版。

② 熊向晖：《我的情报与外交生涯》，第 29 页，中共党史出版社，2005 年版。

③ 熊向晖：《我的情报与外交生涯》，第 34—35 页，中共党史出版社，2005 年版。

第六，及时详细报告胡宗南部进攻延安作战计划及有关情况。胡宗南部进攻陕北计划酝酿已久，定案于 1947 年 3 月初。熊向晖好不容易于 3 月 2 日晚在南京获得"攻略延安方案"抄件，即细阅强记于脑。第二天从南京赶到西安，当天晚上详告王石坚，包括后来胡宗南部推迟 3 天发起进攻的情报也及时传递。中共中央掌握了国民党军的进攻方案及准确的进攻时间，针对对手方案，摆兵布阵，粉碎敌人进攻。

1947 年 5 月 21 日，熊向晖离开胡宗南到西安再转南京，准备赴美国留学事宜。7 月，到美，先后在密西根和俄亥俄州大学学习，得硕士学位。1949 年 5 月回国，后从事国家外交工作。

周恩来对熊向晖说：1947 年胡宗南进攻延安，事先得到你的情报，中央作了准备；[1] 周恩来对张治中等国民党要人说：蒋介石的作战命令还没有下达到军长，毛主席就先看到了。[2] 陕北战场解放军的胜利，熊向晖功大莫焉！

（四）赵炜

赵炜，原名赵敏，1919 年农历九月二十四生，河北文安人。少年时期家境贫寒，被迫走出家门去当学徒。为了生计，赵炜进入黄埔军校桂林分校第 1 大队 3 中队当学员，是为黄埔 16 期，1939 年 10 月毕业。

毕业后，赵炜作为少尉见习官，分配到第五战区汤恩伯的第 31 集团军所属第 13 军独立团机枪连训练新兵。见习期满，升任中尉排长。在此期间，受同学朱建国的影响，阅读一些毛泽东著作及中共人士的文章，人生观发生很大的转变，把中国的前途寄希望于共产党。

抗日战争胜利后，赵炜从第五战区日侨战俘管理处转到国民党东北保安司令部当少校参谋。在从上海赴东北的途中在天津，见到已在第 11 战区长官部任作战参谋的朱建国。长谈之后，决定为中共做情报工作，并在北平见到王石坚，确定工作关系。李克农批准他为代号 902 情报员。

---

① 熊向晖:《我的情报与外交生涯》，第 65 页，中共党史出版社，2005 年版。
② 熊向晖:《我的情报与外交生涯》，第 67 页，中共党史出版社，2005 年版。

到了东北沈阳后，赵炜任国民党东北保安司令部机要室的主管少校参谋，借此位置，开始为中共提供情报。中共给他安排的单线联系人先后是袁泽和沈秉权。

传递东北国民党军第四次进攻南满作战计划和下假命令。赵炜首次传出情报是把国民党军第四次进攻辽东具体作战计划传递给袁泽，由他转发给东北解放军指挥部。南满国民党军第三次进犯临江失败后，采取以一部兵力依靠优势装备扼守要点，以主力集中机动使用的办法，集中 10 个师的大部兵力约 20 个团 10 万之众，于 1947 年 3 月下旬起，以新宾（兴安）、通化线为枢纽，分路向解放军临江地区发动第四次宽大正面的进攻，企图第一步占领辉南、金川、柳河、桓仁，打通通（化）柳（河）线，封锁解放军；第二步进攻临江。国民党军宽正面进攻一周后，改为兵分 3 路，以中路为主要突出集团，两翼掩护，攻击八道江。中路为第 13 军 89 师和第 54 师 162 团。解放军得到情报，已在兰山设伏，诱使中路敌军进攻。为请君入瓮，使国民党军队进入陷阱，赵炜紧接以东北保安长官司令部的名义，起草一道命令，经作战科长、参谋处长签字，参谋长赵家骧画行签名，发给第 13 军。命令要求该军车运至清原后火速急行军至新宾三源浦，迅速进入阵地，进行强攻，占领兰山制高点，不得有误。

4 月 2 日，第 89 师和第 162 团进入解放军预设战场。4 月 3 日 6 时，东北民主联军第 3 纵队 7、8 师和第 4 纵队 10 师主力发起进攻，当即将敌压缩在兰山。战至 16 时，第 89 师及第 162 团除 400 余人逃跑，全部被歼。俘敌副师长、代理师长张效堂以下 7500 余人。解放军仅伤 319 人，亡 7 人。国民党军中路被歼后，其他各路纷纷后撤，解放军乘胜追击，扩大战果，迫使国民党军由攻势转入守势，杜聿明的"南攻北守，先南后北"战略破产，东北战场解放军转入反攻。

赵炜将四平战役中国民党军调动部署及时告知他的联系人。1947 年 6 月，东北民主联军发起攻击四平战役。其时，赵炜随郑洞国到开原前线指挥所任参谋，将四平守军第 71 军城防部署、防御工事和长春新 7 军、沈阳新 6 军增援的兵力部署告诉来开原取情报的沈秉权。

除此之外，赵炜还将每月一本的东北国民党军团以上兵力驻地表的绝密文件偷带给联络人，由他们通过地下电台发报给中共中央情报部。他的一系列出色情报工作获得中共中央情报部嘉奖。

1947年9月，中共北平情报机关被国民党破获，赵炜暴露。他成功地逃脱国民党的追捕，到达解放军队伍，在中共情报机关任职，继续为解放战争的胜利作贡献。

（五）杨荫东

杨荫东，1922年2月生，陕西合阳同家庄乡人。幼年丧母，赖曾祖母赵氏抚育。6岁入私塾，13岁入百良镇小学学习。1937年9月加入中华民族解放先锋队，11月赴延安陕北公学接受革命教育。

1938年夏，受中共中央派遣，杨荫东加入杨虎城所部国民革命军，在王屋深山、中条山南麓接受军事教育，参加抗日战争。同年9月，加入中国共产党。在国民党发动第一次反共高潮中，中共第38军工委贯彻中共中央"荫蔽精干，长期埋伏，积蓄力量，以待时机"的方针，派他考入中央军校第七分校（西安分校）"镀金"，是为黄埔16期。1942年，又派他考入国民党步兵学校深造。

1944年国民党发动第三次反共高潮，蒋介石为瓦解经受中共政治改造的第38军，调该军军长赵寿山到胡宗南所属第3集团军任总司令。经毛泽东同意，中共第38军工委选派杨荫东任赵的随从参谋，到甘肃武威就职，在赵寿山和孙蔚如身边做地下工作。此期间，在重庆陆军大学"甲级将官班"连学两期，获得大兵团作战知识，结识一批国民党高级将领。

1946年1月，为应付全面内战，原中共第38军工委书记蒙鼎钧遵照周恩来副主席指示，派杨荫东在西安建立"军事情报组"，深入胡宗南内部核心，获取战略情报。1947年1月，杨打入西安绥署第7补给区司令部，任司令办公室少校参谋，后升任中校参谋。4月，由于杨提供情报，我军取得蟠龙大捷，受西北野战军司令部嘉奖。8月，陈谢大军太岳兵团进攻豫西，杨及时提供胡宗南作战计划情报，周恩来奖给杨所在情报组黄金40两。1948年2月，在瓦子街战役中，又因提供情报准确及时，受到彭德怀司令员嘉奖。1949 年 12 月，余秋里在四川剑阁找到杨荫东，并电西北局派人接回西安，分配到西北社会部，不久调中央调查部。

（六）刘景素

刘景素，1911 年 2 月 4 日生，江油县城武都镇人。其父刘绳初系同盟会会员，曾任行军参谋，一生追随中山先生从事反清反北洋军阀政府的革命斗争。他自幼即受到革命思想的熏陶，铭记父训立志报国，早在龙绵师范学校求学时便积极追求真理，投身于革命的洪流。

1930 年考入中央军校武汉分校第 8 期步兵科，毕业后被分到川军孙震部供职。"七七事变"后随其姐夫、时任第 22 集团军总司令孙震出川抗日，与八路军并肩转战于晋东的榆次、阳平、临汾、洪洞一带。并参加太原会战、徐州会战、武汉会战等重大战役，出生入死，立下赫赫战功。

1938 年在四川绵阳招募新兵期间，秘密加入中国共产党。此后即接受地下党的指示，利用与孙震的亲戚关系，长期潜伏在国民党军队中做统战、情报工作。很快便在所率领的第 731 团内发展了数十名党员，并在第 1 营各连建立党小组。

出川抗战以来，刘景素转战山西、山东、湖北等地，亲自指挥和参加了大小战斗几十次，都成功地完成了战略任务，特别是在湖北大洪山的一次战斗中，他一战成名，名噪襄樊，这就是有名的"袁家台子阻击战"。

1939 年底，日寇集结重兵进犯襄樊地区，刘景素奉命率第 731 团赴大洪山南阻击敌军，又奉中共鄂中特委传达的中原局指示，伺机将部队留在大洪山区加入新四军游击队序列，以共同开辟敌后抗日根据地。他于袁家台子一线重创日寇后，转移迂回于大洪山密林深处，迅速与新四军游击队司令部取得联系，多次给进犯的日寇以毁灭性的打击。后从大局出发，又奉党的指示回到国民党军队。临行前为新四军留下了部队内的党员骨干力量和大量的军械。但回到国民党军队后却受到种种攻讦、陷害和多次严密的审查。由于他机智巧妙地利用了中央军与川军之间的矛盾和自己与孙震的有利关系，仅被摘掉兵权，调后方考察思想。但之前他营救过包括陶铸之妻曾志在内的 5 位中共地下党之事，还是被第 22 集团军内军统分子发现并向孙震举报。孙震大怒，面对压力，将他调离部队，遣送回川接受审查。

1939 年底，刘景素回到成都，以商人的身份掩护秘密为党工作，利用姐姐刘琼华（孙震夫人）的街房和资金经商，于长顺下街开办西城招待所、西城酒家、西城商行（实为中共南方局领导的秘密联络点），在中共单线联系人陈于彤的领导下秘密从事地下工作，3 处生意收入除生活开支外，均上交党组织作了活动经费。

1942 年 10 月，根据中共中央制定的"隐蔽精干，长期埋伏，积蓄力量，等待时机"的方针，董必武于重庆曾家岩 50 号接见了他，指示他设法回到孙震部队中去争取重掌兵权，伺机发挥作用。

1943 年 2 月，刘景素重返襄樊抗日前线，但却并不为孙震所用。在司令部赋闲期间，广泛联络黄埔同学和爱国官兵，在第 22 集团军总部及各基层部队作了很多统战工作。

抗战胜利不久，蒋介石发动了内战。刘景素在积极争取掌握兵权的同时，尽最大努力团结一切可以团结的反蒋爱国力量，随时盼等着党组织的指示以伺机行动。

1947 年 6 月，孙震任命他为第 41 军 122 师 366 团团长。1948 年，在未得到党组织的明确指示时，他在郑州一带的战事中多次有意扰乱国民党军战略部署，设法配合解放军作战。在冯傅集的一次遭遇战中，他撤退时有意留给解放军 2 门大炮、4 挺机枪和 1 车军用物资。

1949 年 5 月，刘景素任川鄂"绥靖"公署独立纵队少将副司令，10 月升任司令。这时得到中共川西临时工委的明确指示后，便积极配合中共党组织做川鄂"绥靖"公署副主任董宋珩及 16 兵团一些中高级将领的策反工作。孙震逃离万县后，他布置兵力保卫兵工厂、弹药库及交通、邮电、银行等要害部门，直到解放军第二野战军临近万县时，方遵照中共川西工委的决定率部西撤。12 月

21 日，率独立纵队在新都附近与董宋珩、曾甦元等联名通电起义，回归革命队伍。

（七）左洪涛

左洪涛，原名左仲勋，曾用名左微波、彭国定，1906 年 8 月生于湖南省邵阳县（今属邵东县）周官桥乡左家台。1926 年 8 月，投笔从戎，考入黄埔军校 6 期，编入入伍生第 1 团 3 营 1 连。在校期间，受共产党员的师生影响，靠近中共组织，反对国民党右派。

1927 年，蒋介石发动"四一二"反革命政变后，白色恐怖笼罩军校，左洪涛为了逃过反动派的捕杀，辗转至武汉，加入张发奎第 4 军的军官教导团，参加秘密群众组织工农兵委员会，并加入中国共产党，后随教导团参加广州起义。

广州起义失败后，左洪涛赴上海，参加共产党的地下工作，先后任上海江湾区委宣传部干事、吴淞区委宣传部部长等。1930 年 4 月，因指挥数千人在法租界大世界门前举行声援南京和记蛋厂工人罢工斗争的游行示威，被捕入狱。1932 年 2 月，刑满释放，回上海继续从事共产党的地下工作。由于叛徒出卖，第二次被捕入狱，受严刑拷打，残酷折磨，但始终保守党的机密，被判刑 5 年。在狱中，面对非人的待遇，左洪涛写了《沉痛呼声》一文，控诉国民党镇压抗日救亡运动、残酷迫害政治犯的罪行。此文由《生活知识》杂志刊出后，在国民党统治区引起强烈反响，各界爱国人士纷纷组织声援。

1936 年"西安事变"后，国共统一战线建立，蒋介石被迫释放政治犯，左洪涛得以出狱。随后遵照周恩来的指示，经郭沫若介绍与一批文化界知名人士和中共党员加入张发奎的第 8 集团军，组成战时服务队，在国民党军队内开展抗日工作。左与服务队中的 10 名中共党员组成特别支部并任书记。

左洪涛的人品、才华和做事精神，得到张发奎的认可和信任，被委任为机要秘书。除了协助已任第 4 战区司令长官的张发奎从事抗日工作外，还劝说过张停止有违国共合作的行动，帮助进步人士脱离危险。

1946 年 1 月 25 日，由中共代表方方、国民党代表黄伟勤和美方代表米勒组成的军调部第 8 执行小组抵达广州，与张发奎接洽，开始对广东国共双方的军事力量进行调处。张发奎断绝中共代表小组与外界的联系，使中共在谈判中完全处于被动地位。

左洪涛时任广州行营副官处代理处长，冒着生命危险与特务周旋，收集谈判进展情况，及时将情报送达上级组织。在他的努力下，方方与东江纵队领导人曾生、尹林平取得了联系。在广州行营中将参事李章达家里，左洪涛还设法安排方方与曾生、尹林平派来的代表何盈华见面。

3 月 9 日，尹林平飞抵重庆，举行了中外记者招待会，详细介绍了华南人民抗日武装发展情况，揭露国民党否认广东存在中共武装部队，阻碍军事调处执行小组开展工作的企图，中外舆论一片哗然。同一天，蒋介石电召张发奎赶到重庆。在重庆，面对周恩来的有理有据的责问，张发奎不得不如实地对外公布中共一方在广东的武装力量。

谈判虽然取得成功，但问题并没有就此解决。蒋介石命令张发奎在中共武装部队陆续集结之时，"聚而歼之""一网打尽"。在这千钧一发之际，参谋处的"特支"成员杨应彬（中央军校四分校 17 期）截获了这份无比珍贵的情报。左洪涛当即找到正在广州的香港《华商报》总经理萨空了，委托萨空了火速返回香港，将情报转交尹林平，尹林平即刻电周恩来、叶剑英。周、叶得到情报后，立即向军调部揭露蒋介石的阴谋。在共产党的有力反击下，加上国内外和平人士和舆论的关注，蒋介石、张发奎停止偷袭中共集结部队的计划，东江纵队 2500 多名抗日将士安全北撤。

1946 年 9 月，左洪涛安全撤至香港，回到组织怀抱，在新的战线继续为中国人民解放事业奋斗。

六、毅举义旗，走向光明的国民党军黄埔师生

解放战争时期，中国共产党的反对独裁内战、争取和平民主团结的政治主

张和统一战线政策在国民党军中产生了极大影响，争取了上至"剿总"司令、集团军总司令、省政府主席，下至警察局长、师旅长等大批国民党爱国将领率部起义，其中有许多黄埔师生。据统计，在整个解放战争期间，国民党军队师以上重大起义 60 余起，起义兵力达 114 万余人（不含投诚人员），驾机起义 43 架，大小舰艇 73 艘，地区性起义面积达 553 万平方公里，占全国总面积一半以上。这些义举，大大加快了人民解放战争的进程。

表 5-1　三大决战之前率部起义的国民党军黄埔高级将领

姓　名	黄埔期别	担任职务	起义时间	起义地点
乔明礼	高教班 4 期	第 11 战区河北民军少将总指挥	1945 年 10 月 30 日	河北邯郸
范龙章	高教班 3 期	新 8 军 6 师少将师长	1945 年 10 月 30 日	河北邯郸
李济深	早期校领导	军事参议院上将院长	1946 年 3 月	江苏南京
李奇中	黄埔 1 期	昆明防守司令部中将参谋长	1946 年	上海
潘朔端	黄埔 4 期	第 60 军 184 师师长	1946 年 5 月 30 日	辽宁海城
马逸飞	黄埔 11 期	第 60 军 184 师参谋长	1946 年 5 月 30 日	辽宁海城
王启明	河北军政学校 2 期	第 32 军少将参谋长	1947 年 4 月 2 日	河南汲县
韩梅村	黄埔 3 期	热河阜新市长兼东北保安第 3 支队少将司令	1947 年 5 月 1 日	热河凌源
张宗衡	高教班 3 期	军政部第 5 补训处少将副处长	1948 年 6 月	山东
李　规	黄埔 6 期	整编第 36 师 28 旅少将旅长	1948 年 8 月	陕西大荔

表 5-2　三大决战以来率部起义的国民党军黄埔高级将领

姓　名	黄埔期别	担任职务	起义时间	起义地点
曾泽生	区队长、高级班	第 60 军中将军长	1948 年 10 月 17 日	吉林长春
姜弼武	黄埔 5 期	第 60 军政工处少将处长	1948 年 10 月 17 日	吉林长春
白肇学	军官训练班、入伍生连长	第 60 军 182 师少将师长	1948 年 10 月 17 日	吉林长春
李树民	黄埔 15 期	第 60 军少将代参谋长	1948 年 10 月 17 日	吉林长春
欧阳午	黄埔 6 期	第 60 军暂 52 少将师长	1948 年 10 月 17 日	吉林长春

续表

姓　名	黄埔期别	担任职务	起义时间	起义地点
方传进	军官研究班政治科	新 7 军少将高参	1948 年 10 月	吉林长春
谢树辉	黄埔 6 期	新 1 军暂 53 师少将副师长	1948 年 10 月 31 日	辽宁沈阳
宋文彬	黄埔 1 期	北平警备司令部少将高参	1949 年 1 月	北平
郑邦捷	黄埔 7 期	第 13 军 4 师少将师长	1949 年 1 月	北平
巫剑峰	黄埔 7 期	第 13 军 299 师少将师长	1949 年 1 月	北平
严映皋	黄埔 5 期	第 16 军 109 师少将师长	1949 年 1 月	北平
何宝松	燕塘分校军官研究班	第 62 军 157 师少将师长	1949 年 1 月	北平
何钧衡	黄埔 7 期	国防部平津运输司令部少将副司令	1949 年 1 月	北平
刘儒林	黄埔 4 期	第 92 军少将副军长	1949 年 1 月	北平
张伯权	黄埔 7 期	第 92 军 21 师少将师长	1949 年 1 月	北平
周中砥	黄埔 7 期	第 92 军 56 师少将师长	1949 年 1 月	北平
王凤岐	黄埔 8 期	第 92 军 142 师少将师长	1949 年 1 月	—
丁宗先	黄埔 4 期	第 35 军少将副军长兼 262 师师长	1949 年 1 月	北平
徐宪章	黄埔 4 期	第 31 军少将参谋长	1949 年 1 月	北平
刘措宜	黄埔 6 期	华北"剿总"新兵训练总队少将总队长	1949 年 1 月	北平
王锡侯	黄埔 3 期	华北"剿匪"总队少将部员	1949 年 1 月	北平
丘清英	潮州分校 2 期	第 8 "绥靖"区少将高参	1949 年 1 月	安徽合肥
陈树华	黄埔 4 期	国防部史政局少将副局长	1949 年 4 月	北平
张　奇	高教班 3 期	第 106 军 282 师少将师长	1949 年 2 月 7 日	安徽芜湖
王晏清	黄埔 6 期	第 45 军 97 师少将师长	1949 年 3 月 24 日	江苏南京
汪世鎏	早期战术教官、军官团副团长	兵役部中将参议	1949 年春	湖北武汉
侯连瀛	早期教官	第 14 集团军总部少将高参	1949 年 4 月	江苏南京
骆周能	高教班	第 21 军 230 师少将师长	1949 年 4 月	江苏江阴
金　声	黄埔 5 期	海军总司令部办公厅少将主任	1949 年 4 月	上海
李　田	黄埔 7 期	苏南师管区少将副司令	1949 年 4 月	上海

续表

姓　名	黄埔期别	担任职务	起义时间	起义地点
齐国楷	河北军政学校2期	江苏保安总队少将总队长	1949年4月	江苏常州
田西原	黄埔6期	鄂西北游击少将司令	1949年4月	湖北保康
张大华	黄埔7期	广东绥署少将高参	1949年4月	广东广州
梅含章	黄埔8期	镇海要塞少将副司令兼守备队总队长	1949年4月	—
王汉昭	南宁分校6期	安徽省保安第5旅少将旅长	1949年4月23日	安徽绩溪
厉百川	黄埔3期	苏州城防司令部少将司令	1949年4月26日	江苏苏州
段中宇	黄埔9期	上海港口司令部少将副司令	1949年5月	上海
陈柬夫	黄埔6期	浙江保安第2旅少将副旅长	1949年5月	浙江黄岩
谭乃大	黄埔4期	浙江第9行政督察专员兼中将保安司令	1949年5月	浙江
吕钦璜	黄埔6期	浙北师管区少将司令	1949年5月3日	浙江杭州
廖运升	黄埔4期	第85军110师少将师长	1949年5月4日	浙江义乌
叶芳	黄埔7期	第5军200师少将师长	1949年5月7日	浙江温州
张轸	黄埔4期战术总教官	华中军政长官公署中将副长官兼第19兵团司令官	1949年5月15日	湖北金口
张继烈	黄埔4期	第128军314师少将师长	1949年5月15日	湖北金口
秦鼎新	黄埔5期学生队中校队附	第19兵团少将高参代参谋长	1949年5月14日	湖北金口
邬浩	黄埔6期	武汉警备司令部少将副司令	1949年5月	湖北武汉
伍昌续	黄埔4期	国防部少将高参	1949年5月	湖北武汉
刘济瀛	黄埔4期	七分校留守处少将主任	1949年5月	陕西西安
武纬	黄埔5期	渭潼警备司令部少将司令	1949年5月19日	陕西渭南
王子伟	黄埔4期	西安团管区少将司令	1949年5月20日	陕西西安
高星垣	黄埔6期	联勤总部第10补给区少将副司令	1949年5月27日	上海
杨步飞	黄埔1期	国防部第一区军法执行部中将主任	1949年5月	上海
王之宇	黄埔1期	第17兵团中将高参	1949年5月	上海
李锡佑	黄埔15期	第6兵团3处少将处长	1949年5月	上海

续表

姓 名	黄埔期别	担任职务	起义时间	起义地点
陈尔晋	黄埔 8 期	第 3 编练司令部少将副司令兼参谋长	1949 年 5 月	上海
萧续武	黄埔 5 期	第 96 军少将副军长	1949 年 6 月 3 日	福建永春
刘希程	黄埔 1 期	第 19 "绥靖" 区中将副司令官兼豫西分区司令官	1949 年 6 月 10 日	河南灵宝
李文定	黄埔 6 期	国防部第 3 纵队少将参谋长	1949 年 6 月 10 日	河南灵宝
许靖黎	黄埔 4 期	国防部第 3 纵队少将副参谋长兼新 3 师师长	1949 年 6 月 10 日	河南灵宝
陈 达	黄埔 6 期	第 102 军 314 师少将师长	1949 年 6 月	湖南宁乡
刘采廷	黄埔 2 期	国民党中将	1949 年 7 月	江西铜鼓
张先正	高教班 9 期	交警教导总队少将总队长	1949 年 7 月	湖南
侯镜如	黄埔 1 期	福州绥署中将副主任	1949 年 8 月	福建福州
林梦飞	黄埔 5 期	厦门警备司令部少将参谋长	1949 年 8 月	福建泉州
程 潜	校委	长沙绥署主任兼湖南保安上将司令	1949 年 8 月 4 日	湖南长沙
唐生智	长沙分校常委、校委	国民党中央委员、上将	1949 年 8 月 4 日	湖南长沙
陈明仁	黄埔 1 期	第 1 兵团中将司令官兼长沙警备司令	1949 年 8 月 4 日	湖南长沙
李默庵	黄埔 1 期	长沙绥署中将副主任	1949 年 8 月 4 日	湖南长沙
唐 星	战术总教官、学生总队长	长沙绥署中将副主任	1949 年 8 月 4 日	湖南长沙
方鼎英	中将教育长	湖南省参议会参议员	1949 年 8 月 4 日	湖南长沙
贺光谦	黄埔 1 期	国防部中将部员兼点验督导组组长	1949 年 8 月 4 日	湖南长沙
周建陶	黄埔 1 期	国防部中将部员	1949 年 8 月 4 日	湖南长沙
王劲修	黄埔 1 期	湖南 "绥靖" 总司令部中将副总司令	1949 年 8 月 4 日	湖南长沙
陈纯道	黄埔 1 期	长沙绥署中将高参	1949 年 8 月 4 日	湖南长沙
仇硕夫	教官	长沙绥署中将高参	1949 年 8 月 4 日	湖南长沙
苏文钦	黄埔 1 期	长沙绥署少将高参	1949 年 8 月 4 日	湖南长沙

续表

姓　名	黄埔期别	担任职务	起义时间	起义地点
李骧骐	黄埔 2 期	长沙绥署少将高参	1949 年 8 月 4 日	湖南长沙
宋仁楚	黄埔 5 期	长沙绥署少将高参	1949 年 8 月 4 日	湖南长沙
杨敏先	高教班 2 期	长沙绥署少将高参	1949 年 8 月 4 日	湖南长沙
朱明章	高教班 4 期	长沙绥署少将高参	1949 年 8 月 4 日	湖南长沙
唐生明	黄埔 4 期	第 1 兵团中将副司令	1949 年 8 月 4 日	湖南长沙
张元祐	早期高级战术教官	第 1 兵团中将高参	1949 年 8 月 4 日	湖南长沙
孙常钧	黄埔 1 期	第 1 兵团中将高参	1949 年 8 月 4 日	湖南长沙
唐金元	黄埔 1 期	第 1 兵团少将高参	1949 年 8 月 4 日	湖南长沙
刘梓馨	黄埔 1 期	第 1 兵团少将高参	1949 年 8 月 4 日	湖南长沙
申茂生	黄埔 1 期	第 1 兵团少将高参	1949 年 8 月 4 日	湖南长沙
王认曲	黄埔 1 期	第 1 兵团少将高参	1949 年 8 月 4 日	湖南长沙
王 梦	黄埔 1 期	第 1 兵团少将高参	1949 年 8 月 4 日	湖南长沙
张耀枢	黄埔 1 期	第 1 兵团少将高参	1949 年 8 月 4 日	湖南长沙
陈 劼	黄埔 1 期	第 1 兵团少将高参	1949 年 8 月 4 日	湖南长沙
姚渐逵	黄埔 4 期	第 1 兵团少将高参	1949 年 8 月 4 日	湖南长沙
郭雨林	黄埔 6 期	第 1 兵团少将高参	1949 年 8 月 4 日	湖南长沙
汤季楠	黄埔 1 期	第 14 军少将副军长兼 63 师师长	1949 年 8 月 4 日	湖南长沙
刘塪浩	黄埔 6 期	第 71 军 88 少将师长	1949 年 8 月 4 日	湖南长沙
刘纯正	黄埔 4 期	第 14 编练司令部少将设计委员	1949 年 8 月 4 日	湖南长沙
沈仲文	黄埔 6 期	长沙警备司令部少将高参	1949 年 8 月 4 日	湖南长沙
苏本善	黄埔 6 期	华中军政长官公署少将视导兼湖南省财政厅长	1949 年 8 月 4 日	湖南长沙
李亚雄	黄埔 5 期	交警第 2 总队少将总队长	1949 年 8 月 4 日	湖南长沙
吴博夫	高教班 2 期	长沙警备司令部政工少将处长	1949 年 8 月 4 日	湖南长沙
文于一	黄埔 4 期	第 100 军少将副军长	1949 年 8 月 4 日	湖南长沙
黄寿卿	黄埔 6 期	第 100 军少将参谋长	1949 年 8 月 4 日	湖南长沙
文蔚雄	黄埔 4 期	第 1 兵团少将副参谋长	1949 年 8 月 4 日	湖南长沙
陈 庚	黄埔 6 期	第 1 兵团少将副参谋长	1949 年 8 月 4 日	湖南长沙

续表

姓　名	黄埔期别	担任职务	起义时间	起义地点
王伯庚	黄埔 3 期	陆军总司令部少将部员	1949 年 8 月 4 日	湖南长沙
姜和瀛	黄埔 4 期	宪兵司令部第 10 团少将团长	1949 年 8 月 4 日	湖南长沙
赵可夫	黄埔 3 期	湖南省干训团中将教育长	1949 年 8 月 4 日	湖南长沙
李有莘	黄埔 4 期	湖南保安司令部少将高参	1949 年 8 月 4 日	湖南长沙
周笃恭	黄埔 6 期	湖南保安第 2 师少将师长	1949 年 8 月 4 日	湖南长沙
张际泰	高教班 2 期	湖南保安第 3 师少将师长	1949 年 8 月 4 日	湖南长沙
袁戒趋	高教班 2 期	常德团管区少将司令	1949 年 8 月 4 日	湖南长沙
伍光宗	黄埔 3 期	湖南省军管区中将高参兼新化县县长	1949 年 8 月 12 日	湖南新化
张　玺	黄埔 4 期	湘西纵队少将副司令	1949 年 8 月	湖南邵阳
向　超	中高教班 3 期	湖南省政府田粮处少将处长	1949 年 8 月	湖南洞口
宋　涛	早期学生队大队长	邵阳警备司中将副司令	1949 年 8 月	湖南邵阳
贾伯涛	黄埔 1 期	华中"剿总"政务委员会办公厅中将秘书长	1949 年 8 月 27 日	香港
王连庆	黄埔 1 期	国防部中将部附	1949 年 8 月 27 日	香港
张显岐	高级班军事科	第 64 军中将副军长	1949 年 9 月 22 日	广东始兴
陈叔钵	洛阳分校军官训练班 4 期	第 120 军 173 师少将代师长	1949 年 9 月 11 日	甘肃岷县
王　度	黄埔 9 期	第 32 兵站分监部少将分监	1949 年 9 月 19 日	绥远
白海风	黄埔 1 期	整编骑 2 旅中将旅长	1949 年 9 月 23 日	内蒙古阿拉善旗
沈芝生	黄埔 4 期	第 91 军 246 师少将师长	1949 年 9 月 24 日	甘肃酒泉
李焕南	军官第 1 补习班	第 120 军 173 师少将师长	1949 年 9 月 24 日	甘肃酒泉
王治岐	黄埔 1 期	甘肃省政府代主席兼第 5 兵团中将副司令官	1949 年 12 月 9 日	甘肃武都
王灏鼎	黄埔 4 期	第 119 军 247 师少将代师长	1949 年 12 月 9 日	甘肃武威
莫我若	黄埔 3 期	整编第 78 师中将师长	1949 年 9 月 25 日	新疆
陈德法	黄埔 1 期	整编第 78 师中将副师长兼迪化警备司令	1949 年 9 月 25 日	新疆

姓 名	黄埔期别	担任职务	起义时间	起义地点
刘抡元	黄埔 8 期	整编第 78 师 178 旅少将旅长	1949 年 9 月 25 日	新疆
罗汝正	黄埔 4 期	整编第 78 师 179 旅少将旅长	1949 年 9 月 25 日	新疆
朱鸣刚	黄埔 7 期	整编第 78 师 227 旅少将旅长	1949 年 9 月 25 日	新疆
侯又生	黄埔 1 期	西北军政长官公署少将高参	1949 年 9 月 25 日	新疆
陈永昶	黄埔 9 期	国防部战地视察组少将视察官	1949 年 9 月 25 日	新疆
郭全梁	军训 3 班	整编骑 1 师少将副师长	1949 年 9 月 25 日	新疆
侯 生	黄埔 4 期	整编第 42 师少将副师长	1949 年 9 月 25 日	新疆
陈 俊	黄埔 5 期	整编第 42 师 128 旅少将旅长	1949 年 9 月 25 日	新疆
杨廷英	黄埔 6 期	新疆警备总司令部骑 4 旅少将旅长	1949 年 9 月 25 日	新疆
马平林	黄埔 4 期	新疆警备总司令部骑 9 旅少将旅长	1949 年 9 月 25 日	新疆
文升乔	黄埔 8 期	新疆警备总司令部军官训练班少将教育长	1949 年 9 月 25 日	新疆
王信文	黄埔 6 期	西北行辕军垦处少将处处长	1949 年 9 月 25 日	新疆
王根僧	黄埔 3 期入伍生中队长	南疆警备司令部少将副司令	1949 年 9 月 25 日	新疆
王业鸿	黄埔 6 期	皖南指挥所少将副指挥官	1949 年秋	广东广州
丘企藩	黄埔 1 期	新 7 军 3 师少将师长	1949 年 11 月	湖南江华
林 栖	黄埔 7 期	新 8 军少将副军长	1949 年 11 月	湖南邵阳
李治安	黄埔 6 期	湘南保安第 2 军少将副军长	1949 年 12 月	湖南宁远
段远谋	黄埔 3 期	重庆师管区少将副司令	1949 年 11 月 23 日	四川合川
刘宗宽	黄埔 3 期	西南军政长官公署中将代参谋长	1949 年 11 月 30 日	重庆
赵 援	黄埔 2 期	第 124 军中将军长	1949 年 11 月	重庆北碚
杨熙宇	黄埔 5 期	第 47 军中将军长	1949 年 11 月	重庆
陈大业	黄埔 6 期	联勤总部第 4 补给区少将副司令	1949 年 11 月	重庆
王绪镒	黄埔 4 期	第 6 编练司令部新兵纵队中将司令	1949 年 12 月	重庆
杭鸿志	高教班 4 期	陆军大学兵学研究院中将主任	1949 年 12 月 1 日	重庆

续表

姓　名	黄埔期别	担任职务	起义时间	起义地点
方仲吾	黄埔 7 期	陆军大学教官兼特别班第 8 期少将主任	1949 年 12 月 1 日	重庆
庞齐高	高教班 5 期	陆军大学少将兵学教官	1949 年 12 月 1 日	重庆
石子雅	黄埔 2 期	重庆"反共保民军"第 3 师少将师长	1949 年 12 月	重庆北碚
龙泽汇	黄埔 8 期	第 93 军中将军长	1949 年 12 月 9 日	云南昆明
吴汉超	黄埔 8 期	第 93 军少将参谋长	1949 年 12 月 9 日	云南昆明
张中汉	黄埔 9 期	第 93 军 277 师少将师长	1949 年 12 月 9 日	云南昆明
周开勋	高教班 2 期	第 6 编练司令部中将副司令	1949 年 12 月 9 日	云南昆明
卓　立	黄埔 7 期	第 6 编练司令部少将参谋长	1949 年 12 月 9 日	云南昆明
冯春申	黄埔 1 期	第 6 编练司令部少将高参	1949 年 12 月 9 日	云南昆明
王治熙	黄埔 6 期	第 6 编练司令部少将高参	1949 年 12 月 9 日	云南昆明
姚秉勋	黄埔 3 期	总统府少将高参	1949 年 12 月 9 日	云南昆明
赵锦雯	早期教官	云南绥署中将参议	1949 年 12 月 9 日	云南昆明
尹龙举	黄埔 12 期	云南绥署少将高参	1949 年 12 月 9 日	云南昆明
周宗岐	黄埔 8 期	云南绥署少将高参	1949 年 12 月 9 日	云南昆明
杨肇骧	黄埔 14 期	昆明警备司令部少将参谋长	1949 年 12 月 9 日	云南昆明
王　栩	黄埔 8 期	宪兵第 13 团少将团长	1949 年 12 月 9 日	云南昆明
严中英	黄埔 8 期	云南省第 6 区行政督察专员兼少将保安司令	1949 年 12 月 9 日	云南昆明
杨　馨	黄埔 6 期	第 100 军少将副军长	1949 年 12 月 9 日	云南昆明
李韵涛	高教班 3 期	第 74 军少将副军长	1949 年 12 月 9 日	云南昆明
杨中平	黄埔 6 期	国防部西南运输司令部少将司令	1949 年 12 月 9 日	云南昆明
李慕郅	黄埔 6 期	国防部西南运输司令部少将副司令	1949 年 12 月 9 日	云南昆明
何新文	黄埔 6 期	联勤总部工程署工兵司少将司长	1949 年 12 月 9 日	云南昆明
柴　钊	黄埔 6 期	陆军总部少将副参谋长	1949 年 12 月 22 日	云南曲靖
吴河清	黄埔 6 期	陆军总司令部第 2 署少将司长	1949 年 12 月	云南曲靖

续表

姓 名	黄埔期别	担任职务	起义时间	起义地点
张与仁	黄埔4期步兵军官团团长	新3军中将副军长	1949年12月	云南姚安
田仲达	黄埔6期	第9军少将副军长兼3师师长	1950年1月3日	云南曲溪
沈 鹏	黄埔5期	陇南警备司令部中将司令	1949年12月11日	四川成都
徐孔嘉	黄埔4期	第72军少将参谋长	1949年12月11日	四川宜宾
丁冠英	军官研究班	第7编练司令部干训班少将副主任	1949年12月11日	四川宜宾
庞佑屿	高教班5期	国防部挺进军第9纵队少将司令	1949年12月13日	四川渠县
柏 良	黄埔5期	国防部挺进军少将副总指挥	1949年12月15日	四川渠县
卿云灿	黄埔5期	自贡警备司令部少将司令	1949年12月16日	四川乐山
胡国泽	黄埔3期	西南军政长官公署第365师少将师长	1949年12月	四川成都
张醴泉	黄埔6期	西南第1路游击总司令部2纵队少将副司令	1949年12月	四川成都
周惠元	黄埔1期	川康绥署少将高参	1949年12月	四川彭县
胡秉璋	黄埔6期	国防部少将部员兼总统府战地视察官	1949年12月	四川成都
田豫生	黄埔10期	第14兵团少将参谋长	1949年12月	四川成都
冉漫池	成都分校军训班	新11军少将副军长	1949年12月	四川成都
杨觉天	黄埔1期	陕西绥署总司令部少将参谋长	1949年12月	四川成都
姚国俊	黄埔4期	第19"绥靖"区中将高参	1949年12月	四川成都
吴光远	黄埔6期	宪兵司令部少将高参	1949年12月	四川成都
吴起舞	黄埔4期	中央军校训导处少将处长	1949年12月	四川成都
胡声扬	黄埔3期	西安绥署少将高参	1949年12月	四川成都
张荣甲	黄埔6期	西安绥署少将高参	1949年12月	四川成都
胡映光	黄埔7期	西安绥署大巴山防守工程委员会少将组长	1949年12月	四川成都
吕纪化	黄埔6期	西安绥署整编骑2旅少将旅长	1949年12月	四川德阳

续表

姓　名	黄埔期别	担任职务	起义时间	起义地点
邬国贤	黄埔 9 期	湘鄂边区绥署第 1 "绥靖"分区少将副司令	1949 年 12 月	四川巴中
刘骞	黄埔 3 期	四川第 14 区行政少将督察专员兼保安司令	1949 年 12 月	四川江油
邵春起	洛阳分校军官训练班 2 期	新 6 军 17 师少将师长	1949 年 12 月	四川江油
刘子潜	黄埔 1 期	豫陕鄂边区绥署中将参议	1949 年 12 月	四川川北
李华骏	黄埔 4 期	川北师管区少将司令	1949 年 12 月	四川彭县
陈孟熙	黄埔 5 期	川西师管区少将副司令	1949 年 12 月	四川乐山
李彦生	黄埔 3 期	川西师管区少将副司令	1949 年 12 月	四川乐山
陈肃	黄埔 5 期	交警第 6 总队少将总队长	1949 年 12 月	四川乐山
何煜荣	洛阳分校	国防部新兵训练处教导总队中将司令	1949 年 12 月	四川温江
邱仲丕	高教班	国防部挺进军第 10 纵队少将参谋长司令	1949 年 12 月	四川西充
吴渤海	军官研究班	国防部少将高参	1949 年 12 月	四川郫县
田钟毅	高教班 7 期	国防部中将部员	1949 年 12 月	四川成都
吴锡照	黄埔 6 期	交警总局少将参谋长	1949 年 12 月	四川成都
李世鹏	黄埔 8 期	第 3 兵团少将高参	1949 年 12 月	四川成都
王杰	黄埔 8 期	第 18 兵团少将副参谋长	1949 年 12 月	四川成都
曾颖	黄埔 4 期	第 18 兵团少将高参	1949 年 12 月	四川成都
甘印森	黄埔 8 期	第 44 军少将参谋长	1949 年 12 月	四川成都
余农治	黄埔 6 期	第 44 军 349 师少将副师长	1949 年 12 月	四川内江
刘谷卿	黄埔 8 期	新 9 军少将副军长	1949 年 12 月	四川成都
刘钊铭	黄埔 5 期	第 57 军少将副军长兼 125 师师长	1949 年 12 月	四川邛崃
王祚炎	黄埔 5 期	川南师管区少将副司令	1949 年 12 月	四川宜宾
雷启鹏	黄埔 6 期	川鄂绥署中将高参	1949 年 12 月	四川
王大中	黄埔 10 期	第 95 军少将参谋长	1949 年 12 月 15 日	四川郫县
曾甦元	黄埔 6 期	第 16 兵团中将副司令	1949 年 12 月 21 日	四川什邡
杜庸	黄埔 11 期	第 16 兵团少将参谋长	1949 年 12 月 21 日	四川什邡

姓　名	黄埔期别	担任职务	起义时间	起义地点
张子完	黄埔6期	第47军少将副军长	1949年12月21日	四川什邡
张则荪	黄埔8期	第47军301师少将师长	1949年12月21日	四川什邡
王克俊	高教班3期	第21军中将军长	1949年12月21日	四川大邑
吴泽炫	黄埔11期	第21军少将参谋长	1949年12月21日	四川大邑
胡祥麟	高教班1期	第79军少将参谋长	1949年12月22日	四川什邡
何少桓	黄埔12期	第47军少将参谋长	1949年12月22日	四川什邡
乔茂才	黄埔3期	江漳联合办事处少将军事组长	1949年12月22日	四川中坝
刘荡平	黄埔6期	新3军少将副军长	1949年12月22日	四川成都
杨凤举	黄埔7期	西南第1路游击总指挥部第6纵队少将副司令	1949年12月22日	四川成都
周树德	成都分校7期	川陕甘绥署第7军少将军长	1949年12月22日	四川广汉
张仰虞	黄埔4期	川陕甘绥署第7军少将副军长	1949年12月22日	四川广汉
李永中	黄埔3期	中央军校少将教育处处长	1949年12月23日	四川郫县
任星炳	黄埔6期	西南民主联军第10纵队少将参谋长	1949年12月23日	四川成都
向廷瑞	高教班5期	第20军少将军委委员	1949年12月23日	四川广汉
曹勋	黄埔2期	西南军政长官总部中将高参	1949年12月24日	四川成都
陈克非	黄埔5期	第20兵团中将司令	1949年12月24日	四川郫县
方暾	黄埔3期	第118军中将军长	1949年12月24日	四川郫县
刘平	黄埔4期	第15军少将军长	1949年12月24日	四川郫县
廖传枢	黄埔6期	第15军少将参谋长	1949年12月24日	四川郫县
王庚白	黄埔4期	第15军169师少将代师长	1949年12月24日	四川郫县
邱健	黄埔7期	第15军64师少将师长	1949年12月24日	四川郫县
向敏思	黄埔4期	第110军中将军长兼15兵团副司令官	1949年12月24日	四川郫县
孙织天	黄埔4期	第110军少将副军长	1949年12月24日	四川郫县
孟祥武	黄埔10期	第110军少将参谋长	1949年12月24日	四川郫县
朱济猛	黄埔4期	第110军140师少将师长	1949年12月24日	四川郫县
李维勋	黄埔5期	第108军少将副军长	1949年12月24日	四川郫县
张荣宪	黄埔8期	第108军少将参谋长	1949年12月24日	四川郫县

续表

姓　名	黄埔期别	担任职务	起义时间	起义地点
贾应华	黄埔 11 期	第 15 兵团少将参谋长	1949 年 12 月 24 日	四川郫县
凌谏衔	黄埔 6 期	第 15 兵团少将高参	1949 年 12 月 24 日	四川郫县
赵 玑	黄埔 6 期	联勤总部少将高参	1949 年 12 月	四川郫县
陈子干	黄埔 4 期	西安绥署干部储训团中将团长	1949 年 12 月 24 日	四川绵竹
吴峻人	黄埔 5 期	第 124 军少将代军长	1949 年 12 月 25 日	四川新繁
赵子立	黄埔 6 期	第 19 兵团中将司令官兼河南省主席	1949 年 12 月 25 日	四川巴中
李德生	黄埔 3 期	第 127 军少将副军长	1949 年 12 月 25 日	四川巴中
庞国钧	黄埔 4 期	第 127 军 312 师少将师长	1949 年 12 月 25 日	四川巴中
赵 瓒	黄埔 6 期	宪兵司令部第 14 团少将团长	1949 年 12 月 25 日	四川成都
何沧浪	黄埔 6 期	第 18 兵团少将参谋长	1949 年 12 月 25 日	四川成都
陈 定	黄埔 6 期	第 18 兵团少将高参	1949 年 12 月 25 日	四川成都
钟定天	黄埔 5 期	第 65 军 187 师少将师长	1949 年 12 月 25 日	四川成都
陈 华	黄埔 5 期	第 90 军少将副军长	1949 年 12 月 25 日	四川成都
沙 靖	黄埔 6 期	宪兵第 6 团少将团长	1949 年 12 月 25 日	四川成都
陈德林	黄埔 5 期	联勤总部第 44 补给分区少将副司令	1949 年 12 月 25 日	四川成都
方 霖	军官研究班政治科	川康"反共救国军"第 3 纵队中将司令	1949 年 12 月 25 日	四川成都
严 正	黄埔 7 期	第 66 军 144 师少将师长	1949 年 12 月 25 日	四川绵竹
乔曾希	黄埔 12 期	成都市民众自卫总队少将总队长	1949 年 12 月 25 日	四川绵竹
陈中凡	黄埔 10 期	第 76 军 336 师少将师长	1949 年 12 月 25 日	四川三台
陈鞠旅	黄埔 5 期	第 5 兵团中将副司令官	1949 年 12 月 26 日	四川什邡
姚升瀛	黄埔 4 期	第 127 军中将副军长	1949 年 12 月 26 日	四川巴中
姚少一	黄埔 8 期	第 127 军少将参谋长	1949 年 12 月 26 日	四川巴中
朱鼎卿	高教班 1 期	第 3 兵团中将司令官兼暂 8 军军长	1949 年 12 月 26 日	四川金堂
张整军	黄埔 8 期	暂 8 军 24 师少将师长	1949 年 12 月 26 日	四川金堂
吴 韬	黄埔 6 期	第 3 兵团少将副参谋长	1949 年 12 月 26 日	四川金堂

续表

姓　名	黄埔期别	担任职务	起义时间	起义地点
邱伟民	黄埔6期	第3兵团独立旅少将旅长	1949年12月26日	四川金堂
杨达	黄埔6期	暂9军中将军长	1949年12月26日	四川金堂
杨汉烈	黄埔16期	第20军少将军长	1949年12月26日	四川金堂
李鼎	武汉分校	第20军349师少将师长	1949年12月26日	四川金堂
尹呈佐	黄埔7期	第98军少将副军长	1949年12月26日	四川梓潼
周兆楷	黄埔10期	第98军少将参谋长	1949年12月26日	四川梓潼
刘劲持	黄埔6期	第98军中将军长	1949年12月26日	四川阆中
朱则鸣	黄埔4期	第98军158师少将师长	1949年12月	四川内江
乔治	黄埔10期	第1军少将参谋长	1949年12月27日	四川邛崃
王元虎	军官研究班	新12军少将副军长兼1师师长	1949年12月29日	四川温江
朱冕群	黄埔6期	新12军少将副军长	1949年12月29日	四川温江
陈俊英	洛阳分校军官训练班	第38军55师少将代师长	1950年1月	四川茂县
陈德明	黄埔4期	第49军275师少将师长	1949年11月3日	贵州金河
宋思一	黄埔1期	贵州绥署中将副主任	1949年12月	贵州贵阳
陈铁	黄埔1期	贵州绥署中将副主任	1949年12月	贵州贵阳
糜藕池	黄埔3期	贵州独立第1师少将师长	1949年12月	贵州贞丰
刘镇国	黄埔1期	贵州第2"绥靖"司少将副司令	1949年12月1日	贵州遵义
李剑霜	黄埔3期	第2军164师少将师长	1949年12月中旬	贵州威信
万式炯	高教班5期	黔桂边区"绥靖"司令部中将副司令	1949年12月17日	贵州安龙
王景渊	高教班4期	第49军少将军长	1949年12月10日	贵州普安
陈永思	高教班3期	第49军249师少将师长	1949年12月10日	贵州普安
张涛	黄埔5期	第89军少将军长	1949年12月7日	贵州普安
吴行中	军官研究班	第19兵团少将高参	1949年12月7日	贵州普安
冯剑飞	黄埔1期	"反共抗俄同盟军"中将总指挥	1950年春	贵州盘县
陈泰运	黄埔1期	东北"剿总"锦西指挥所中将副主任	1950年1月	贵州贵阳

续表

姓 名	黄埔期别	担任职务	起义时间	起义地点
霍冠南	南宁分校 6 期（比照 9 期）	华中区桂北军政区少将副司令兼参谋长	1949 年 12 月 13 日	广西百色
刘立道	黄埔 1 期	黔桂边区"绥靖"司令部少将秘书长	1949 年 12 月 22 日	广西西隆
马中骥	南宁分校 1 期	第 6 军官总队少将总队长	1949 年 11 月	广西南宁
邓 兴	南宁分校 5 期高级班	新 16 军 46 师少将师长	1949 年 12 月 27 日	广西西隆
周 竞	南宁分校 5 期	桂西军政区少将参谋长	1950 年 1 月	广西金城
莫若国	黄埔 4 期	桂西民兵团少将副总指挥	1950 年 1 月	广西金城
张士智	黄埔 4 期	新 5 军少将副军长	1950 年 1 月	陕西城固

七、投诚、被俘、阵亡的国民党军黄埔高级将领

在两种前途两种命运的大决战中，战争初期处于劣势的人民军队在以毛泽东为主席的中共中央、中央军委的正确领导下，消灭国民党军队 807 万人，其中投诚 63 万余人，生俘 458 万余人，毙伤 171 万余人。国民党黄埔将领是国民党军队的领导骨干和军事基石。在战争中，他们有的在局部战场形势不利和战争后期人民解放军节节胜利的情况下，率部向人民解放军投诚；有的在战场上或阵中脱逃后被俘；有的则在战场上阵亡（被击毙或自戕）。

（一）投诚的国民党军黄埔高级将领

表 5-3　投诚的国民党军黄埔高级将领

姓 名	黄埔期别	投诚职务	投诚时间	投诚地点
谢代蒸	黄埔 6 期	新 5 军 195 师少将师长	1948 年 1 月 7 日	辽西公主岭
张光前	潮州分校战术教官	闽粤赣边区"剿匪"总部少将高级顾问	1948 年 5 月 30 日	粤东
聂松溪	黄埔 5 期	山东省保安司令部中将副司令	1948 年 9 月 27 日	山东济南

姓 名	黄埔期别	投诚职务	投诚时间	投诚地点
何大刚	黄埔 6 期	吉林省保安旅少将旅长	1948 年 10 月 10 日	吉林长春
郑洞国	黄埔 1 期	东北"剿总"中将副总司令兼第 1 兵团司令官、吉林省主席	1948 年 10 月 19 日	吉林长春
李 鸿	黄埔 5 期	新 7 军中将军长	1948 年 10 月 19 日	吉林长春
史 说	黄埔 6 期	新 7 军少将副军长	1948 年 10 月 19 日	吉林长春
龙国钧	黄埔 6 期	新 7 军少将参谋长	1948 年 10 月 19 日	吉林长春
陈鸣人	黄埔 7 期	新 7、38 师少将师长	1948 年 10 月 19 日	吉林长春
梁铁豹	黄埔 5 期	新 3 军暂 59 师少将师长	1948 月 10 日 22 日	辽西战役
秦祥征	特训班 1 期	沈阳第 2 守备总队少将总队长	1948 年 11 月 1 日	辽宁沈阳
郑殿起	战术研究班 3 期	辽北团管区少将司令	1948 年 11 月 2 日	辽宁沈阳
周 藩	黄埔 6 期	第 64 军少将副军长	1949 年 1 月 10 日	河南永城
钟世谦	黄埔 7 期	第 64 军 159 师少将师长	1948 年 11 月 20 日	淮海战场
韦镇福	南宁分校	第 12 兵团少将副参谋长	1948 年 12 月	淮海战场
余锦源	黄埔 2 期	第 72 军中将军长	1949 年 1 月 10 日	河南永城
高 健	黄埔 7 期	第 16 兵团少将副参谋长	1949 年 1 月 10 日	河南永城
袁 英	黄埔 3 期	第 28 军暂 7 师少将师长	1949 年 4 月 29 日	安徽广德
陶子贞	黄埔 6 期	国防部暂编第 2 纵队干训班少将教育长兼暂 3 师代师长	1949 年 4 月	安徽旌德
陈郁萍	黄埔 7 期	广州行辕少将高参	1949 年 5 月 14 日	广东兴宁
单 栋	黄埔 5 期	第 123 军少将副军长	1949 年 5 月 24 日	上海
倪 弼	黄埔 1 期区队长	苏浙区监察委员会中将行署委员	1949 年 5 月 28 日	上海
贺钺芳	黄埔 4 期	国防部战地视察组第 5 组少将组长	1949 年 5 月	上海
刘昌黎	黄埔 6 期	青年军第 209 师少将师长	1949 年 5 月	上海浦东
侯定远	武汉分校	浙江保警总队少将总队长	1949 年 5 月	浙江杭州
陈履旋	黄埔 3 期	浙西师管区少将副司令	1949 年 5 月	浙江青田
李 强	黄埔 1 期	暂 15 军中将副军长	1949 年 5 月	江西遂川
李以劻	高教班 2 期	第 121 军中将副军长	1949 年 8 月 18 日	福建福州

续表

姓　名	黄埔期别	投诚职务	投诚时间	投诚地点
孟恒昌	黄埔 12 期	第 68 军少将代参谋长兼漳州戒严司令	1949 年 9 月	福建厦门
李祝三	黄埔 8 期	第 128 军少将参谋长	1949 年 9 月 20 日	宁夏中宁
冯济安	黄埔 5 期	第 91 军 191 师少将师长	1949 年 9 月 24 日	甘肃酒泉
郑荫桐	黄埔 3 期	第 109 军 154 师少将代师长	1949 年 10 月 10 日	广东博罗
张子云	高教班 3 期	国防部少将部员兼第 8 兵团总参议	1949 年 10 月 17 日	福建厦门
陈襄谟	黄埔 5 期	第 15 军少将参谋长	1949 年 10 月	湖南石门
刘建章	黄埔 6 期	湖南第 6 区行政督察专员兼少将保安司令	1949 年 11 月	湖南邵阳
聂鹏升	黄埔 6 期	湖南省第 8 区行政督察专员兼少将保安司令	1949 年 11 月 7 日	湖南保绥
任盛濂	黄埔 6 期	贵州省镇远区行政督察专员兼少将保安司令	1949 年 11 月 24 日	贵州镇远
郭炳祺	南宁分校	柳州警备司令部少将参谋长	1949 年 12 月 4 日	广西柳州
桂超亚	黄埔 4 期	陕西第 11 区少将保安副司令兼宁陕县县长	1949 年 12 月 5 日	陕西宁陕
李　穰	黄埔 6 期	交警第 2 旅少将旅长	1949 年 12 月 6 日	湘南
秦国祥	南宁分校	第 56 军 330 师少将师长兼南宁警备司令	1949 年 12 月 9 日	广西恩乐
刘维楷	南宁分校 1 期	第 7 军 172 师少将师长	1949 年 12 月 13 日	广西百寿
李志熙	黄埔 6 期	第 21 军 26 师少将师长	1949 年 12 月 21 日	四川大邑
莫　敌	南宁分校高级班	桂北军政区少将副司令官兼新 13 军 39 师师长	1949 年 12 月 22 日	广西永福
郭大任	黄埔 6 期	宪兵司令部第 2 团少将团长兼成都城防司令部副参谋长	1949 年 12 月 25 日	四川成都
王应尊	黄埔 5 期	西安绥署干训团学生总队中将总队长	1949 年 12 月 27 日	四川新津
乐　典	黄埔 6 期	西安绥署少将高参兼干训团学生总队 2 大队大队长	1949 年 12 月 27 日	四川邛崃
索本勤	军官训练班 1 期	西安绥署少将高参兼干训团学生总队 1 大队大队长	1949 年 12 月 27 日	四川邛崃

续表

姓　名	黄埔期别	投诚职务	投诚时间	投诚地点
何昆雄	黄埔 1 期	湖南省第 3 区行政督察专员兼少将保安司令	1949 年 12 月	湖南长沙
胡复威	黄埔 10 期	第 57 军少将参谋长	1949 年 12 月 29 日	四川邛崃
阳丽天	南宁分校 6 期（比照 9 期）	新 15、新 40 师少将师长	1949 年 12 月 29 日	广西田东
周道昌	黄埔 6 期	湖北"绥靖"第 16 旅少将旅长	1949 年底	湖北宣恩
李介民	黄埔 3 期	川南师管区少将司令	1949 年 12 月	四川泸州
吴鹤云	黄埔 6 期	国防部新兵编训处中将处长	1949 年 12 月	重庆
杨　显	黄埔 1 期	新 8 军中将军长	1949 年 12 月	四川仪陇
施友荪	黄埔 6 期	联勤总部运输署少将署长	1950 年 11 月	四川成都
欧阳明	黄埔 6 期	第 69 军 84 师少将师长	1950 年 1 月 7 日	四川梓潼
李振西	黄埔 6 期	第 38 军少将军长	1950 年 1 月 22 日	四川茂县
岑建英	南宁分校高级班	黔桂边区"绥靖"司令部独 1 师少将师长	1950 年 1 月 22 日	广西凌云
施有仁	黄埔 8 期	第 38 军少将副军长	1950 年 1 月 23 日	四川茂县
庄村夫	黄埔 6 期	豫鄂皖边区"绥靖"总司令部中将总司令	1950 年 1 月 24 日	重庆
张　谆	黄埔 8 期	西安绥署干训团少将总队长	1950 年 1 月 28 日	四川成都
曾晴初	黄埔 3 期	四川水上少将警察局局长	1950 年初	四川成都
吴邦治	黄埔 4 期	新 5 军少将参谋长	1950 年 1 月	四川通江
孙进贤	黄埔 5 期	第 9 军少将军长兼 170 师师长	1950 年 2 月 6 日	云南镇源
石玉湘	黄埔 8 期	第 2 军少将副军长兼暂 7 师师长	1950 年 3 月 9 日	湖南麻阳
陈振仙	黄埔 5 期	第 124 军少将副军长	1950 年 3 月	四川西昌
岭光电	黄埔 10 期	西南军政长官公署"反共救国军"第 3 路少将副总指挥	1950 年 4 月 10 日	四川西昌
周淘滪	黄埔 4 期	第 17"绥靖"区澧县指挥所少将主任	1950 年 10 月	湖南长沙
陶　松	南宁分校 5 期（比照 8 期）	湖北第 2 区行政督察专员兼少将保安司令	1950 年归国	—

（二）被俘的国民党军黄埔高级将领

表 5-4　被俘的国民党军黄埔高级将领

姓　名	黄埔期别	被俘职务	被俘时间	被俘地点
杜聿明	黄埔 1 期	徐州"剿匪"总部中将副总司令	1949 年 1 月	河南陈官庄
李仙洲	黄埔 1 期	第 2 "绥靖"区中将副司令官	1947 年 2 月 23 日	莱芜战役
宋希濂	黄埔 1 期	华中"剿匪"总部中将副总司令	1949 年 12 月 19 日	四川峨眉
范汉杰	黄埔 1 期	东北"剿总"中将副总司令兼锦州指挥所主任	1948 年 10 月 15 日	锦州战役
卢浚泉	黄埔 3 期区队长	第 6 兵团中将司令	1948 年 10 月 15 日	锦州战役
汤　尧	早期兵器教官	陆军中将副总司令兼第 8 兵团司令官	1950 年 1 月 23 日	云南元江
黄　维	黄埔 1 期	第 12 兵团中将司令官	1948 年 12 月 15 日	淮海战役
韩　濬	黄埔 1 期	第 73 军中将军长	1947 年 2 月 23 日	莱芜战役
罗历戎	黄埔 2 期	第 3 军中将军长	1947 年 10 月 22 日	清风店战役
廖　昂	黄埔 2 期	整编第 76 师中将师长	1947 年 10 月 11 日	陕西清涧
陈金城	黄埔 2 期	第 96 军中将军长	1948 年 4 月 2 日	山东潍县
王耀武	黄埔 3 期	第 2 "绥靖"区中将司令官	1948 年 9 月 29 日	济南战役
康　泽	黄埔 3 期	第 15 "绥靖"区中将司令官	1948 年 7 月 16 日	襄樊战役
董益三	黄埔 6 期	第 15 "绥靖"区 2 处少将处长	1948 年 7 月 16 日	襄樊战役
文　强	黄埔 4 期	徐州"剿匪"总部前进指挥部中将副参谋长	1949 年 1 月	淮海战役
曹天戈	黄埔 4 期	第 19 兵团副司令兼第 8 军中将军长	1950 年 1 月 23 日	滇南战役
林伟俦	黄埔 4 期	第 62 军中将军长兼天津防守副司令	1949 年 1 月	天津战役
向凤武	黄埔 4 期	第 71 军中将军长	1948 年 10 月 28 日	辽西战役
邱行湘	黄埔 5 期	整编第 206 师少将师长	1948 年 3 月 13 日	洛阳战役
郑庭笈	黄埔 5 期	第 49 军中将军长	1948 年 10 月 28 日	辽西战役

姓 名	黄埔期别	被俘职务	被俘时间	被俘地点
李 涛	黄埔 6 期	新编第 6 军中将军长	1948 年 10 月 28 日	辽西战役
廖耀湘	黄埔 6 期	第 9 兵团中将司令官	1948 年 10 月 28 日	辽西战役
黄 炎	黄埔 6 期	第 71 军 87 师少将师长	1948 年 10 月 28 日	辽西战役
马励武	黄埔 1 期	整编第 26 师中将师长	1947 年 1 月 20 日	鲁南战役
杨文泉	黄埔 2 期	整编第 72 师中将师长	1947 年 4 月 26 日	山东泰安
李则尧	黄埔 6 期	整编第 72 师 34 旅少将旅长	1947 年 4 月 25 日	山东泰安
杨本固	成都分校军官训练班	整编第 72 师新 13 旅少将旅长	1947 年 4 月 26 日	山东泰安
陈颐鼎	黄埔 3 期	整编第 70 师中将师长	1947 年 7 月 14 日	鲁西南战役
罗哲东	黄埔 4 期	整编第 70 师少将副师长	1947 年 7 月 14 日	鲁西南战役
宋瑞珂	黄埔 3 期	整编第 66 师中将师长	1947 年 7 月 28 日	鲁西南战役
赵锡田	黄埔 2 期	整编第 3 师中将师长	1947 年 9 月 6 日	定陶战役
段霖茂	黄埔 3 期	整编第 57 师中将师长	1947 年 9 月 9 日	山东莱芜
林 达	黄埔 4 期	新编第 5 军中将军长	1948 年 1 月 7 日	沈阳公主屯
张绩武	黄埔 7 期	津浦路护路司令部中将司令官	1948 年 11 月 16 日	淮海战役
钟 彬	黄埔 1 期	第 14 兵团中将司令官	1949 年 11 月 22 日	四川白涛镇
熊新民	黄埔 6 期	第 1 兵团中将副司令官兼第 71 军军长	1949 年 12 月 10 日	广西十万大山
曾扩情	黄埔 1 期	川陕甘边区绥署中将副主任	1949 年 12 月	四川
邱维达	黄埔 5 期	第 74 军中将军长	1949 年 1 月 10 日	淮海战役
吴绍周	高教班 5 期	第 12 兵团中将副司令官兼第 85 军军长	1948 年 12 月 15 日	安徽蒙城双堆集
侯吉晖	特别班 1 期	第 12 兵团中将政治部主任	1948 年 12 月 15 日	安徽双堆集
刘嘉树	黄埔 1 期	第 17 兵团中将司令官	1950 年 1 月 6 日	广西平而关
周振强	黄埔 1 期	浙西师管区中将司令官	1949 年 5 月	浙江金华
杨光钰	黄埔 2 期	第 3 军中将副军长	1947 年 10 月 22 日	清风店战役
方 靖	潮州分校 2 期（比照 4 期）	第 79 军中将军长	1949 年 2 月	荆门战役
王凌云	高教班 3 期	河南第一路挺进军中将总指挥	1949 年 4 月	渡江战役

续表

姓　名	黄埔期别	被俘职务	被俘时间	被俘地点
郭一予	黄埔 1 期	徐州"剿匪"总部中将办公室主任	1949 年 1 月	淮海战役
李 琰	高教班 5 期	第 73 军少将副军长	1947 年 2 月 23 日	莱芜战役
周剑秋	黄埔 5 期	第 73 军少将参谋长	1947 年 2 月 23 日	莱芜战役
杨 明	长沙分校（比照 6 期）	第 73 军 15 师少将代师长	1947 年 2 月 23 日	莱芜战役
萧重光	黄埔 6 期	第 73 军 193 师少将师长	1947 年 2 月 23 日	莱芜战役
海竞强	南宁分校高级班	第 46 师 188 旅少将旅长	1947 年 2 月 23 日	莱芜战役
甘成诚	南宁分校 5 期（比照 8 期）	整编第 46 师 175 旅少将旅长	1947 年 2 月 23 日	莱芜战役
姚 尧	黄埔 6 期	第 73 军 193 师少将副师长	1947 年 2 月 23 日	莱芜战役
陈传钧	黄埔 5 期	整编第 74 师 51 旅旅长	1947 年 5 月 16 日	孟良崮战役
皮宣猷	黄埔 6 期	整编第 74 师 51 旅少将副旅长	1947 年 5 月 16 日	孟良崮战役
陈嘘云	黄埔 4 期	整编第 74 师 57 旅少将旅长	1947 年 5 月 16 日	孟良崮战役
熊仁荣	黄埔 2 期	整编第 12 军少将副军长	1948 年 7 月	山东兖州
谢清华	黄埔 3 期	整编第 70 师 140 旅旅长	1947 年 7 月 16 日	鲁西南战役
刘镇湘	黄埔 5 期	第 64 军中将军长	1948 年 11 月 22 日	淮海战役
陈士章	黄埔 5 期	第 25 军中将军长	1949 年 8 月 17 日	福建福清
黄 淑	黄埔 3 期	第 9 军中将军长	1949 年 1 月 5 日	淮海战役
王继祥	黄埔 3 期	整编第 83 师中将副师长	1948 年 9 月 29 日	济南战役
王 然	黄埔 3 期	国防部战地视察组少将组长	1948 年 9 月 29 日	济南战役
盛永兴	黄埔 5 期	第 93 军中将军长	1948 年 10 月 15 日	辽宁锦州
李纪云	黄埔 3 期	整编第 31 旅少将旅长	1947 年 3 月 24 日	陕西清化砭
李昆岗	黄埔 6 期	整编第 1 军 167 旅少将旅长	1947 年 5 月 4 日	蟠龙战役
李奇亨	黄埔 4 期	整编第 27 师少将副师长	1948 年 3 月 1 日	陕西宜川
刘振世	高教班 4 期	整编第 29 军参谋长	1948 年 3 月 1 日	陕西宜川
隰可庄	黄埔 10 期	整编第 29 军少将副参谋长兼特务团团长	1948 年 3 月 1 日	陕西宜川
袁鸿逵	黄埔 1 期	第 6 编练司令部中将高参	—	—

姓　名	黄埔期别	被俘职务	被俘时间	被俘地点
王士翘	黄埔 5 期	整编第 66 师 199 旅少将旅长	1947 年 7 月	鲁西南战役
涂焕陶	黄埔 6 期	整编第 66 师 185 旅旅长	—	—
王玺涛	黄埔 7 期	第 96 军少将副参谋长兼政工处长	1948 年 4 月 24 日	山东潍坊
王　岳	黄埔 4 期	第 10 军少将副军长	1948 年 12 月 15 日	淮海战役
王青云	黄埔 4 期	第 9 军 253 师少将师长	1949 年 1 月 9 日	淮海战役
马　策	黄埔 4 期	总统府中将参军	1949 年 4 月	江苏南京
李子亮	黄埔 4 期	第 4 军少将副军长	1949 年 4 月 29 日	安徽广德
罗　旷	黄埔 5 期	第 4 军少将参谋长	1949 年 4 月 29 日	安徽广德
唐　连	南宁分校 1 期	第 4 军 90 师少将师长	1949 年 4 月 29 日	安徽广德
袁　英	黄埔 3 期	第 28 军暂 7 师少将师长	1949 年 4 月 29 日	安徽广德
欧阳秉炎	黄埔 4 期	第 88 军少将副师长	1949 年 4 月	渡江战役
王　庚	黄埔 6 期	国防部少将部员	1949 年 5 月	上海
王三祝	黄埔 16 期	第 40 军 9 纵队少将司令	1949 年 5 月 7 日	河南安阳
王士谊	黄埔 9 期	骑 15 旅少将旅长	1949 年 9 月 17 日	甘肃民乐
马展鸿	黄埔 6 期	第 7 军少将副军长	1949 年 10 月	衡宝战役
王云沛	黄埔 2 期	浙江保安司令部少将副司令	1949 年 10 月 17 日	浙江温江
卫持平	黄埔 6 期	贵阳警备司令部少将副司令	1949 年 12 月	贵州兴仁
方涤瑕	黄埔 5 期	宪兵司令部少将参谋长	1949 年 12 月 27 日	四川成都
李九思	高教班 8 期	第 13 兵团中将副司令官	1948 年 12 月	淮海战役
庄村夫	黄埔 6 期	豫鄂皖边区"绥靖"总司令部中将总司令	1949 年 12 月	四川巴县
胡靖安	黄埔 2 期	江西省中将保安司令	1949 年 5 月 22 日	江西南昌
李用章	黄埔 3 期	第 3 军少将副军长兼 7 师师长	1947 年 10 月 22 日	河北望都
杨天民	高教班 3 期	整编第 15 师少将副师长	1947 年 11 月 4 日	河南伏牛山
刘　英	黄埔 4 期	第 3 军 32 师少将师长	1947 年 11 月 12 日	河北石家庄
路可贞	黄埔 4 期	整编第 3 师少将副师长	1947 年 12 月 26 日	河南西平
李英才	黄埔 6 期	第 5 兵团少将参谋长	1947 年 12 月 26 日	河南西平
留光天	黄埔 6 期	新编第 5 军 43 师少将师长	1948 年 1 月 7 日	辽宁新民

续表

姓　名	黄埔期别	被俘职务	被俘时间	被俘地点
胡晋生	黄埔 4 期	第 52 军 25 师少将师长	1948 年 2 月 19 日	辽宁鞍山
郑明新	潮州分校 1 期（比照 3 期）	第 52 军副军长兼 195 师少将师长	1948 年 2 月 25 日	辽宁营口
李友尚	黄埔 4 期	整编第 96 军参谋长兼整 45 师少将参谋长	1948 年 4 月 24 日	山东潍坊
杨维翰	黄埔 4 期	整编第 58 师少将参谋长	1948 年 6 月 2 日	河南宛东
李资深	高教班 8 期	交警第 8 总队少将总队长	1948 年 6 月 25 日	河北昌黎
沈澄年	黄埔 6 期	整编第 75 师少将师长	1948 年 7 月 2 日	河南睢县
林曦祥	黄埔 6 期	整编第 75 师少将副师长	1948 年 7 月 2 日	河南睢县
罗辛理	黄埔 8 期	第 2 "绥靖" 区少将参谋长	1948 年 9 月 24 日	济南战役
晏子风	高教班 5 期	整编第 2 师中将师长	1948 年 9 月 24 日	济南战役
唐孟恪	高教班 6 期	整编第 2 师少将副师长	1948 年 9 月 24 日	济南战役
龙　矫	黄埔 4 期	整编第 73 师副师长	1948 年 9 月 24 日	济南战役
钱伯英	黄埔 8 期	整编第 73 师 77 旅少将旅长	1948 年 9 月 24 日	济南战役
万又麟	黄埔 6 期	整编第 17 军 48 师少将师长	1948 年 10 月 6 日	陕西澄县
殷开本	黄埔 8 期	第 93 军少将参谋长	1948 年 10 月 15 日	辽宁锦州
李文昭	黄埔 6 期	新编第 8 军少将参谋长	1948 年 10 月 15 日	辽宁锦州
黄文徽	黄埔 6 期	新编第 8 军 88 师少将师长	1948 年 10 月 15 日	辽宁锦州
邹玉桢	黄埔 4 期	第 49 军 105 师少将师长	1948 年 10 月 25 日	辽宁黑山
景　阳	黄埔 8 期	第 93 军暂 18 师少将师长	1948 年 10 月 15 日	辽宁锦州
李长雄	黄埔 8 期	第 93 军暂 22 师少将师长	1948 年 10 月 15 日	辽宁锦州
黄建镛	黄埔 6 期	新编第 8 军暂 54 师少将师长	1948 年 10 月 15 日	辽宁锦州
顾心衡	黄埔 6 期	第 28 军少将副军长	1948 年 10 月 25 日	湖北应城
杨　焜	黄埔 4 期	第 9 兵团少将参谋长兼新 3 军副军长	1948 年 10 月 28 日	辽西战役
文小山	黄埔 6 期	新编第 1 军少将副军长兼 30 师师长	1948 年 10 月 28 日	辽西战役
李定陆	黄埔 6 期	新编第 3 军少将参谋长	1948 年 10 月 28 日	辽西战役
许　颖	黄埔 6 期	新编第 3 军 14 师少将师长	1948 年 10 月 28 日	辽西战役
罗莘球	黄埔 7 期	第 49 军 195 师少将师长	1948 年 10 月 28 日	辽西战役

续表

姓　名	黄埔期别	被俘职务	被俘时间	被俘地点
罗英	黄埔 6 期	新编第 6 军 22 师少将师长	1948 年 10 月 28 日	辽西战役
张麟阁	黄埔 9 期	东北"剿总"新编骑兵司令部少将参谋长	1948 年 10 月 29 日	辽西新民
李嵩	黄埔 6 期	第 60 军暂 52 师少将师长	1948 年 10 月 19 日	吉林长春
杨自立	黄埔 5 期	第 44 军 162 师少将师长	1948 年 11 月 19 日	江苏碾庄
宋健人	黄埔 6 期	第 63 军参谋长	1948 年 11 月 12 日	江苏新安
黎天荣	黄埔 7 期	第 63 军 152 师少将代师长	1948 年 11 月 12 日	淮海战役
杨荫	军官政治研究班	第 100 军少将副军长	1948 年 11 月 15 日	江苏碾庄
李日基	黄埔 5 期	第 76 军少将军长	1948 年 11 月 25 日	陕西永丰
高宪岗	黄埔 9 期	第 76 军少将参谋长	1948 年 11 月 25 日	陕西澄县
杨伯涛	黄埔 7 期	第 18 军少将军长	1948 年 12 月 15 日	安徽蒙城
汪匣峰	高教班 4 期	第 47 军少将军长	1948 年 12 月 7 日	淮海战役
陈玲	高教班 10 期	第 47 军 125 师少将师长	1948 年 12 月 7 日	河南永城
陈远湘	黄埔 4 期	第 41 军少将副军长	1948 年 12 月 6 日	河南永城
覃道善	黄埔 4 期	第 10 军少将军长	1948 年 12 月	淮海战役
夏建勋	黄埔 7 期	第 10 军 114 师少将师长	1948 年 12 月 15 日	淮海战役
贾璜	江宁军官补习班	第 11 兵团少将参谋长	1948 年 12 月 24 日	河北张家口
王元直	黄埔 6 期	第 18 军少将副军长兼 11 师师长	1948 年 12 月	淮海战役
王昌奎	黄埔 8 期	第 74 军副军长兼 58 师少将师长	1949 年 4 月	渡江战役
周穆深	黄埔 6 期	第 10 军少将参谋长	1948 年 12 月	淮海战役
尹钟岳	高教班 1 期	第 18 军 118 师少将师长	1948 年 12 月	淮海战役
吴宗远	黄埔 10 期	第 14 军 85 师少将代师长	1948 年 12 月	淮海战役
周开成	黄埔 5 期	第 8 军少将军长	1949 年 1 月 9 日	淮海战役
李芢萱	黄埔 5 期	第 9 军少将副军长、第 64 军军长	1949 年 1 月 10 日	河南永城
姚轻耘	黄埔 6 期	第 64 军 159 师少将副师长	1948 年 11 月	淮海战役
杨绪钊	黄埔 6 期	第 8 军 170 师少将师长	1949 年 1 月 10 日	河南永城

续表

姓　名	黄埔期别	被俘职务	被俘时间	被俘地点
邓军林	军官研究班	第 70 军少将军长	1949 年 1 月 10 日	河南陈官庄
龚时英	黄埔 7 期	第 70 军 32 师少将师长	1949 年 1 月 10 日	淮海战役
郭吉谦	黄埔 8 期	第 5 军副军长、代理军长	1949 年 1 月 9 日	淮海战役
饶启尧	高教班	第 94 军 43 师少将师长	1949 年 1 月 15 日	天津战役
陈　植	黄埔 6 期	第 62 军 151 师少将师长	1949 年 1 月 15 日	天津战役
罗先之	黄埔 7 期	第 86 军 284 师少将师长	1949 年 1 月 15 日	天津战役
李汉萍	黄埔 6 期	第 2 兵团少将参谋长	1949 年 1 月	淮海战役
文文修	黄埔 8 期	第 12 兵团少将代理参谋长	1949 年 1 月	淮海战役
袁剑飞	黄埔 12 期	第 8 军少将参谋长	1949 年 1 月 8 日	河南陈官庄
黄铁民	黄埔 3 期	徐州"剿总"前指总务少将处长	1949 年 1 月 10 日	河南永城
周　朗	黄埔 5 期	第 5 军 200 师少将师长	1949 年 1 月	淮海战役
褚静亚	黄埔 6 期	第 76 军副军长兼 20 师少将师长	1949 年 3 月 1 日	陕西泾阳口
戴戎光	黄埔 6 期	江阴要塞少将司令兼江防司令	1949 年 4 月 21 日	江苏江阴
刘剑石	黄埔 8 期	第 37 军少将参谋长	1949 年 4 月	渡江战役
郭奉先	黄埔 6 期	第 47 军暂 2 师少将师长	1949 年 4 月 29 日	渡江战役
丘士深	黄埔 5 期	国防部工兵署中将副署长	1949 年 4 月	渡江战役
李慎言	黄埔 6 期	第 99 军 268 师少将师长	1949 年 4 月 29 日	安徽广德
陶子贞	黄埔 6 期	暂编第 3 师少将代师长	1949 年 4 月	安徽旌德
徐继泰	高教班 5 期	第 123 军 334 师少将师长	1949 年 5 月 5 日	上海
孙宗玖	高教班 4 期	江苏省保安第 1 旅少将旅长	1949 年 5 月 16 日	上海浦东
陈中和	黄埔 3 期	国防部第 7 视察组少将视察官	1949 年 5 月	浙江西江
孙铁英	洛阳军官训练班	第 36 军 165 师少将师长	1949 年 6 月 12 日	陕西眉县
周上凡	黄埔 6 期	川湘鄂"绥靖"公署第 7 "绥靖"区少将司令	1949 年 7 月	湖北荆江
任同堂	黄埔 6 期	第 6 兵团少将参谋长	1949 年 8 月 17 日	福建福清
任培生	黄埔 5 期	第 25 军少将副军长	1949 年 8 月 17 日	福建福州
谷允怀	黄埔 5 期	第 74 军 216 师少将师长	1949 年 8 月 17 日	福建福州
屈芷馨	黄埔 10 期	闽南暂编纵队少将副参谋长	1949 年 8 月	福建

续表

姓　名	黄埔期别	被俘职务	被俘时间	被俘地点
孟恒昌	黄埔 12 期	第 68 军少将参谋长兼 81 师师长	1949 年 10 月	福建漳厦
凌云上	南宁分校 2 期（比照 5 期）	第 7 军少将副军长	1949 年 10 月 8 日	衡宝战役
邓达之	南宁分校 8 期（比照 11 期）	第 7 军少将参谋长	1949 年 10 月 11 日	衡宝战役
张瑞生	南宁分校	第 7 军 171 师少将师长	1949 年 10 月 17 日	衡宝战役
刘月鉴	南宁分校	第 7 军 172 师少将师长	1949 年 10 月 10 日	衡宝战役
李祖霖	南宁分校	第 48 军 176 师少将师长	1949 年 10 月 11 日	衡宝战役
张绍勋	黄埔 5 期	第 122 军少将军长	1949 年 10 月 15 日	湖南大庸
谢淑周	黄埔 6 期	第 122 军 217 师少将师长	1949 年 10 月 15 日	湖南大庸
霍远鹏	黄埔 6 期	湖南省人民"反共救国军"第 1 纵队少将司令	1949 年 10 月 15 日	湖南大庸
刘庄如	特训班、高级战术研究班	湖北"绥靖"总部行动总队少将总队长	1949 年 11 月 29 日	四川利川
阮　齐	黄埔 2 期	湖北"绥靖"总司令部中将副总司令	1949 年 12 月	重庆
陈绍恒	广州分校	第 125 军 362 师少将师长	1949 年 12 月 5 日	广西灵山
熊新民	黄埔 6 期	第 1 兵团中将副司令官兼 71 军军长	1949 年 12 月 10 日	广西十万大山
鲍志鸿	黄埔 6 期	第 71 军少将副军长	1949 年 12 月 8 日	广西上思
吴　涛	黄埔 6 期	第 71 军 87 师少将师长	1949 年 12 月 6 日	广西大塘
倪寿昌	黄埔 11 期	第 71 军 88 师少将师长	1949 年 12 月 10 日	广西上思
郭文灿	黄埔 5 期	第 99 军少将副军长	1949 年 12 月 22 日	广西上思
伍国光	黄埔 7 期	第 97 军少将参谋长	1949 年 12 月 14 日	广西宁明
李本一	南宁分校 1 期（比照 4 期）	第 3 兵团中将副司令官兼第 7 军军长	1949 年 12 月 17 日	广西博白
沈蕴存	黄埔 6 期	国防部第 2 厅少将副厅长	1949 年 12 月 13 日	云南昆明
敖明权	黄埔 6 期	第 36 军少将副军长	1949 年 12 月 17 日	四川成都
周　斌	黄埔 6 期	第 17 军少将参谋长	1949 年 12 月 19 日	四川三台
何汉西	黄埔 11 期	第 65 军 160 师少将师长	1949 年 12 月 27 日	四川新津

续表

姓　名	黄埔期别	被俘职务	被俘时间	被俘地点
沈开樾	黄埔3期	第3军少将副军长	1949年12月	四川蒲江
邓宏义	黄埔5期	第3军少将参谋长兼17师师长	1949年12月	四川邛崃
郭永镳	黄埔4期	第63军少将副军长	1949年12月	广东钦州
陈燕茂	黄埔9期	第63军少将参谋长	1949年12月1日	广西合浦
刘耀寰	早期炮兵教官	暂编6军16师中将师长	1949年12月25日	广西合浦
樊玉书	黄埔9期	第90军53师师长	—	—
刘昆阳	南宁分校	第7军224师少将师长	1949年12月	广西博白
覃戈鸣	南宁分校4期（比照7期）	第56军329师少将师长	1949年12月	广西象县
沈　策	黄埔6期	西南军政长官公署少将副参谋长	1950年3月31日	西昌彝区
周士冕	黄埔1期	西南军政长官公署中将政治部主任	1950年4月1日	西昌彝区
杨也可	黄埔5期	第8军少将参谋长	1950年1月25日	云南元江
刘庸之	黄埔8期	第100军少将参谋长	1950年2月6日	广西平而关
朱光祖	西北军官训练班	第1军1师少将师长	1950年3月29日	四川西昌
刘孟廉	黄埔5期	第27军中将军长兼西南军政长官"反共救国军"第3路总指挥	1950年6月	川西雷马屏峨
周静吾	高教班2期	川鄂边区绥署少将高参	1950年3月28日	四川成都
李学正	高教班5期	豫陕边区挺进军少将副总指挥	1951年2月	四川通江
傅立贤	黄埔10期	第124军少将参谋长	1950年	四川
姚轻耘	黄埔6期	第64军159师少将副师长	1948年11月	淮海战役
李宏达	黄埔6期	第62军少将军长	1950年4月	淮海战役
王　雄	黄埔1期	广州行辕少将高参	1950年5月	海南战役
王学臣	黄埔6期	第29军234师少将师长	1951年	云南昆明
廖宗泽	黄埔4期	保密局成都川康区少将区长	1951年1月12日	四川华蓉
宋清轩	高教班7期	晋陕边区挺进纵队中将司令	1952年	—
王旭夫	黄埔4期	川康挺进军少将总指挥	1953年5月20日	西康阿坝

（三）阵亡的国民党军黄埔高级将领

表 5-5　阵亡的国民党军黄埔高级将领

姓　名	黄埔期别	阵亡职务	阵亡时间	阵亡地点
戴之奇	潮州分校 2 期（比照 4 期）	整编第 69 师少将师长	1946 年 12 月 18 日	安徽沭阳
刘　戡	黄埔 1 期	整编第 29 军中将军长	1948 年 3 月 1 日	陕西宜川
邱清泉	黄埔 2 期	第 2 兵团中将司令官	1949 年 1 月 10 日	河南陈官庄
张灵甫	黄埔 4 期	整编第 74 师中将师长	1947 年 5 月 16 日	孟良崮战役
蔡仁杰	黄埔 5 期	整编第 74 师少将副师长	1947 年 5 月 16 日	孟良崮战役
李毅民	黄埔 4 期	山东警备第 1 旅少将旅长	1946 年 11 月 13 日	山东齐东
田君健	高教班 4 期	第 73 军 77 师少将师长	1947 年 2 月 23 日	莱芜战役
何　奇	黄埔 6 期	整编第 17 师 48 旅少将旅长	1947 年 3 月 5 日	陕西庆阳
卢　醒	高教班 9 期	整编第 74 师 58 旅少将旅长	1947 年 5 月 16 日	孟良崮战役
李群峨	黄埔 4 期	河南第 11 区行政督察专员兼少将保安司令	1947 年 9 月 17 日	河南陕州
唐保黄	黄埔 8 期	第 71 军暂 51 师少将师长	1947 年 10 月 17 日	辽宁阜阳
罗永年	黄埔 6 期	第 52 军 2 师少将副师长	1948 年 2 月 19 日	辽宁鞍山
严　明	黄埔 4 期	整编第 90 师少将师长	1948 年 3 月 1 日	陕西宜川
李　达	黄埔 6 期	整编第 27 师 47 旅少将旅长	1948 年 3 月 1 日	陕西宜川
周由之	黄埔 7 期	整编第 27 师 31 旅少将旅长	1948 年 3 月 1 日	陕西瓦子街
徐　保	黄埔 4 期	整编第 76 师少将师长	1948 年 4 月 27 日	陕西宝鸡
李仲莘	黄埔 6 期	整编第 66 师少将师长	1948 年 6 月 22 日	河南开封
马培基	黄埔 8 期	整编第 2 师 211 旅少将旅长	1948 年 9 月 28 日	济南战役
刘声鹤	黄埔 7 期	第 100 军 44 师少将师长	1948 年 11 月 11 日	淮海战役
王作栋	黄埔 4 期	第 38 军 17 师少将师长	1948 年 11 月 23 日	陕西蒲城
张君嵩	黄埔 1 期	粤桂边区"清剿"指挥部中将副总指挥	1948 年 12 月 19 日	广东湛江
熊绶春	黄埔 3 期	第 14 军中将军长	1948 年 12 月	淮海战役
张益熙	黄埔 5 期	第 16 兵团少将参谋长	1948 年 12 月 6 日	河南陈官庄
王梦庚	黄埔 6 期	第 74 军 51 师少将师长	1949 年 1 月 10 日	淮海战役

续表

姓　名	黄埔期别	阵亡职务	阵亡时间	阵亡地点
廖定藩	洛阳分校	第 54 军暂 57 师师长	1949 年 4 月 21 日	渡江战役
王敬鑫	一分校 3 期	第 30 军 30 师少将师长	1949 年 5 月	陕西凤翔
赵　仁	黄埔 10 期	第 1 军 167 师少将师长	1949 年 12 月 1 日	重庆
李邦藩	黄埔 7 期	中央军校教育处少将副处长兼 23 期学生总队第 2 总队长	1949 年 12 月 21 日	四川大邑
汪承钊	黄埔 6 期	第 36 军 165 师少将师长	1949 年 12 月 23 日	四川新津
王菱舟	黄埔 9 期	第 57 军 214 师少将师长	1949 年 12 月 26 日	四川新津
庞仲乾	黄埔 7 期	第 69 军少将副军长	1949 年 12 月	四川
柯愈珊	黄埔 6 期	陕鄂边区指挥部少将指挥官	1950 年 1 月	湖北竹溪
石建中	黄埔 10 期	第 8 军少将副军长兼 42 师师长	1950 年 1 月 22 日	滇南战役
黄维一	黄埔 7 期	西南军政长官公署少将高参	1950 年 3 月 30 日	四川西昌
胡长青	黄埔 4 期	第 7 兵团中将司令官兼"反共救国军"第 2 路总指挥	1950 年 3 月 31 日	西康
甘丽初	黄埔 1 期	桂东军政区中将司令官兼新 10 军军长	1950 年冬	广西大瑶山
伍文湘	黄埔 4 期	桂东师管区少将副司令	1950 年	广西

第六章 | 投身建设新中国

1949 年 10 月 1 日，中华人民共和国在北京成立。这标志着 100 多年来中国人民反帝反封建斗争取得了根本性胜利，一个旧时代的结束和一个新时代的开始。但整体上看，中华人民共和国所面临的内外敌对势力仍然十分强大，经济上、文化上、科技上贫穷落后的局面依旧。因此，自中华人民共和国成立后至改革开放前夕的数十年间，围绕巩固新政权、建设新社会这两大主题，党领导人民进行了艰苦的斗争和探索。在此过程中，在大陆的黄埔同学作为一个有知识、有文化的重要群体，也积极参与到社会主义革命和建设中来，并为此作出了巨大贡献；同时，特殊的历史背景，也使他们在各种政治运动中，受到不同程度的影响。

一、领导和推动华南与西南地区解放

在 1949 年 10 月 1 日中华人民共和国中央人民政府成立典礼上，朱德总司令宣读《中国人民解放军总部命令》："我们的战斗任务还没有最后完成，残余的敌人还在继续勾引外国侵略者，进行反抗中华人民共和国的反革命的活动。我们必须继续努力，实现人民解放战争的最后目的。"[1] 当时，我军四大野战军有两支已经基本完成了相应的军事任务，第一野战军解放了大西北，第三野战军解放了华东地区，而第二野战军仍处于解放大西南的战事之中，第四野战军

---

① 刘统：《决战：中原西南解放战争（1945—1951）》，第 464 页，上海人民出版社，2017 年版。

仍处于追歼白崇禧集团的战事之中。所以，当时还未得到解放的省份均位于华南和西南地区，如广东、广西、四川、重庆、贵州、云南、海南、西藏等。这些地区未解放大体上有两个原因：首先，这些地区的地理环境大多是山区，崇山峻岭阻道，交通状况比较落后，解放军进军速度比较慢；其次，这些地区仍存在有规模较大、实力较强的国民党残余部队，比如广东的余汉谋集团、广西的白崇禧集团、云南的龙云集团、四川贵州一带的宋希濂集团等等。在解放上述地区的过程中，黄埔师生继续发挥着重要作用。

（一）领导华南和大西南解放战争的中共将领

渡江战役后，国民党军主力丧失殆尽，残存部队纷纷溃退到华南、西南和台湾等地，妄图负隅顽抗。1949 年 5 月，中共中央军委决定，第二野战军和第一、第四野战军各一部，在第二野战军司令员刘伯承、政治委员邓小平和西北军区司令员贺龙指挥下，进军西南。为领导西南地区工作，中共中央决定由邓小平、刘伯承、贺龙等人组成中共中央西南局，邓、刘、贺分任第一、二、三书记。11 月 1 日，人民解放军开始向西南进军。11 月 15 日，贵阳解放。28 日，在川南歼灭了宋希濂部主力，迫使国民党当局再迁成都。30 日，解放了重庆。12 月 9 日，国民党云南省政府主席兼云南"绥靖"公署主任卢汉、国民党西康省政府主席刘文辉等通电起义，云南、西康两省宣告和平解放。10 日，蒋介石等人逃往台湾。此时，我军以强大兵力形成对成都的合围，迫使敌军 5 个兵团先后宣布起义。27 日，成都解放。接着，人民解放军又胜利进行了滇南战役和西昌战役，西南战役结束。西南战役，人民解放军解放了川、康、滇、黔全部或大部，以及湘、鄂、陕、甘等省最后的 50 余座城市，解放了除西藏以外的西南地区。作战中，解放军把强大的军事进攻和有效的政治争取紧密结合起来，加速了战役的进程。此战，人民解放军共歼灭国民党军 10 个兵团部、49 个军部、133 个师，共计 93 万人，解放西南数省广大地区，彻底粉碎了蒋介石集团企图盘踞西南地区、伺机卷土重来的意图。在上述过程中，聂荣臻、陈毅、叶剑英、陈赓等黄埔师生作出了突出贡献。

聂荣臻主持总参工作，指挥消灭国民党残余力量。聂荣臻是人民解放军的创始人和主要领导人之一。在黄埔军校创立初期，聂荣臻曾任其政治部秘书兼政治教官。中华人民共和国成立之初，他被中央人民政府人民革命军事委员会任命为中国人民解放军副总参谋长，协助总参谋长徐向前开展工作。但因徐向前因病疗养，总参的工作一直是由聂荣臻代管的。在主持总参谋部工作期间，协助中央军委和毛泽东指挥人民解放军消灭国民党蒋介石留在大陆的残余武装力量和土匪 190 多万人，解放大陆全部领土。[①]

陈毅与东南沿海地区解放。陈毅是中国人民解放军的创始人和主要领导人之一，早期在黄埔军校曾任武汉分校政治部文书和该校中共党委书记。中华人民共和国成立前夕，陈毅任中国人民解放军第三野战军司令员兼政委、华东军区司令员、上海市军事管制委员会主任、上海市市长、华东军政大学校长。中华人民共和国成立后，陈毅继续指挥三野主力部队，陆续消灭福建厦门、浙江舟山等地的国民党残余力量，华东大陆及沿海大部分岛屿均被解放。三野总兵力也发展到 82 万余人。[②]

叶剑英与华南地区解放。叶剑英是中国人民解放军的创始人和主要领导人之一，早期在黄埔军校，曾任该校政治教官。上海解放后，为了消灭盘踞在华南一带的国民党军，解放广东，进而建立巩固的南大门，中共中央决定组成新的中共中央华南分局，由叶剑英任分局第一书记，张云逸任第二书记，方方任第三书记。同时确定，第二野战军 4 兵团、第四野战军 15 兵团组成 1 个独立兵团，由叶剑英统率，向华南进军。1949 年 8 月中旬，叶剑英离开北平南下，9 月初到达江西赣州，同参加解放广东的军队、地方的负责同志会合。他们之中有：第 4 兵团领导人陈赓、郭天民、刘志坚，第 15 兵团领导人邓华、赖传珠、洪学智，两广纵队领导人曾生、雷经天，原华南分局书记方方等。[③]10 月，叶剑英率部发起广东战役，解放广州，并出任广东省政府主席兼广州市市长。

---

① 王永均编著：《黄埔军校三百名将传》，第 623 页，广西人民出版社，1989 年版。

② 郭胜伟编著：《同室操戈：黄埔将帅战场争锋录》，第 48 页，中共党史出版社，2008 年版。

③ 范硕、金立昕编著：《叶剑英元帅》，第 135—136 页，四川人民出版社，2009 年版。

1950 年初，叶剑英主持制定了解放海南岛作战方针和战役计划。5 月，第 15 兵团 2 个军解放海南岛。从 1949 年 10 月到 1954 年 10 月，叶剑英主要在华南和中南地区工作，历任中南军政委员会副主席、中南军政大学第六分校校长兼政委、中南行政委员会副主席、中南军区代理司令员、中共中央中南局代理第一书记、华南军区司令员、中共华南分局第一书记、华南垦殖局局长、广东省政府主席兼广州市市长、广东军区司令员兼政委等职。①

林彪与中南地区的解放。林彪是中国人民解放军的创始人和主要领导人之一，毕业于黄埔军校 4 期步兵科。1949 年 3 月，东北野战军改称中国人民解放军第四野战军，林彪任司令员和前委书记，罗荣桓任政委。4 月，林彪率第四野战军向湖北、湖南、江西进军。5 月，中央决定第四野战军与华中军区（由中原军区改称）机关合并，林彪任中共中央华中局第一书记、第四野战军兼华中军区司令员，罗荣桓任华中局第二书记和第四野战军兼华中军区第一政委，邓子恢任第三书记兼第二政委。从 1949 年 7 月至 12 月，第四野战军在第二野战军 4 兵团配合下，先后进行了宜沙战役、湘赣战役、衡宝战役、广东战役、广西战役等重要战役，共歼敌 39 万余人，解放中南广大地区。1949 年 12 月，中央决定第四野战军兼华中军区改称第四野战军兼中南军区，野战军党的前委改称中南军委分会，林彪任第四野战军兼中南军区司令员和中南军委分会书记及中南军政大学校长。整个解放战争时期，在林彪、罗荣桓等指挥下，第四野战军从 10 余万人发展到 150 多万人（不含留在东北的 34 万余人），从东北一直打到海南岛，转战东北、华北、中南 10 余省，共歼灭国民党军队 180 余万人。②

陈赓与华南、西南地区解放。陈赓是黄埔军校 1 期毕业。1949 年 2 月任第二野战军 4 兵团司令员兼政治委员。10 月，指挥第 4 兵团协同 15 兵团发起广东战役，解放广州，歼灭国民党余汉谋部主力 6.2 万余人（陈兵团各部歼敌 4.9

① 汤少云主编，中国人民解放军军事科学院军事百科部编：《开国将帅》，第 37—38 页，山西人民出版社，2005 年版。

② 危仁条等主编：《江西现代革命史辞典》，第 435 页，华东师范大学出版社，1993 年；王永均编著：《黄埔军校三百名将传》，第 436—437 页，广西人民出版社，1989 年版。

万余人）。陈赓及其所部的英勇表现和杰出战绩也受到了中共中央华南分局第一书记叶剑英的高度评价：他表扬第 4 兵团深受毛泽东思想的哺育，是英勇坚强，具有高度阶级觉悟的部队；指出广州这么大的城市，物资又这么多，部队到了城边，发现是空城，不进城而去猛烈追歼逃敌，如果没有很高的觉悟是做不到的。

广东大部分地区解放后，摆在陈赓兵团进军路上的敌人，就是正在缩回广西老巢的白崇禧集团。这时，第四野战军主力集结在湘桂边境，陈赓率部陈兵雷州半岛，堵住敌人向海南岛的逃路，形成了能够南北合击白崇禧集团的有利形势。11 月 7 日至 12 月 11 日间，陈赓率部协同第四野战军发起广西战役，全歼国民党白崇禧集团，其中包括国民党华中长官公署直属队和 3 个兵团部、12 个军、25 个整师，以及 2 个兵团部、10 个师的大部，共计 16.79 万余人。其中，陈赓所部歼敌 7 万余人。广西战役也歼灭了国民党残存于大陆的最大一股武装力量，加速了解放的进程。

随后，陈赓率部归建第二野战军，并自 1949 年 11 月开始随部向大西南进军。1949 年 12 月至 1950 年 2 月间，率部与第四野战军 38 军发起滇南战役，歼灭国民党军 2.7 万人，解放了云南省南部和西部广大地区，粉碎了国民党当局在滇南建立"反共基地"的企图。2 月 20 日，第 4 兵团进驻昆明，陈赓出任西南军区副司令员、云南省人民政府主席、云南军区司令员等职。[①]3 月 12 日至 4 月 7 日间，第 4 兵团和第 18 兵团各一部又协同发起西昌战役，歼灭国民党西南军政长官公署代长官胡宗南所部 3 万余人，解放县城 18 座，粉碎了其据此建立"游击根据地"的企图。西昌战役后，国民党在大陆的正规部队全部肃清。国民党彻底失去大陆控制权。

在解放战争 3 年多的时间里，陈赓率部转战晋、豫、陕、鄂、皖、苏、赣、闽、湘、粤、桂、云、贵、川、西康等 15 省，歼敌 70 余万，解放县市 206 座，

---

① 中国中共党史人物研究会编：《中共党史人物传·军事卷》，第 36—37 页，中共党史出版社，2010 年版。

为人民解放战争的胜利，立下不朽战功。①

郭天民，湖北黄安（今红安）人，黄埔军校6期毕业，并在黄埔军校加入中国共产党。1949年2月，第二野战军4兵团成立，陈赓任司令员兼政委，郭天民任副司令员兼参谋长。4月，协助陈赓率第4兵团南下，参加渡江战役；10月，参加广东战役；12月，参加粤桂边围歼战；1950年1月，又参加了滇南战役，解放云南，胜利完成党中央、毛主席赋予的大迂回、大包围的作战任务。②

周士第，广东海南岛乐会（今琼海县）新昌村人，黄埔军校1期毕业，并在黄埔军校加入中国共产党。1949年5月，徐向前因病休养，周士第继任第18兵团司令员兼政委和党委书记。5月底，率部向西北进军，先后参加扶眉战役和秦岭战役。11月，又率18兵团和第7军向大西南进军，连续解放汉中、广元、绵阳等40多座县城，歼敌7万余人。12月30日，成都和平解放后，周士第率部进驻成都，任成都市军事管制委员会副主任兼成都市市长。1950年1月，川西军区成立，又兼任司令员。2月，第二野战军领导机关和率18兵团入川的西北军区机关一部合并，组成西南军区，贺龙任司令员，邓小平任政委，周士第任副司令员。在此期间，周士第还担任中共中央西南局委员、西南军政委员会委员等职。解放战争时期，周士第率部转战山西、陕西、四川等省，歼灭数十万国民党军队，战绩卓著。③

以上所述只是出身黄埔的中共高级将领，还有大批中下级指战员参与了消灭国民党残余力量、解放华南和大西南地区的战役战斗，甚至献出了年轻的生命。因篇幅所限，兹不一一记述。

（二）率部起义投诚的国民党官兵

早在抗战胜利初期，中共中央就发出《中共中央书记处关于成立国军工作

---

① 王永均编著：《黄埔军校三百名将传》，第347页，广西人民出版社，1989年版。

② 王永均编著：《黄埔军校三百名将传》，第661页，广西人民出版社，1989年版。

③ 汤少云主编，中国人民解放军军事科学院军事百科部编：《开国将帅》，第99—100页，山西人民出版社，2005年版。

部的指示》，要求在中央军委和中央局、分局设立国民党军队工作部，选派一批干部，打入国民党军队、军事院校和军事机关工作中工作，长期埋伏，结交朋友，积蓄力量，等待时机。[1] 全面内战爆发后，中央军委明确提出要利用国民党官兵厌战心理，加紧争取瓦解工作，以促成我军的胜利。在此思想指导和地下党的推动下，东北、华中、西南、华南战场上的许多国民党将领率领部队起义或投诚，加入中国人民解放军。据统计，从 1945 年 9 月至 1949 年底，国民党军队起义投诚近 500 起，其中师以上重大起义事件多达 60 余起，总计有 153 个整师，1000 多名将领，177 万官兵。[2] 其中，1949 年 7 月至 1950 年 6 月，解放军歼敌 238 万，其中起义投诚占 46%。[3] 这其中就有如曾泽生、郑洞国、陈明仁、侯镜如、郭汝瑰、罗广文、陈克非、李振等一批黄埔出身的国民党将领率部起义。许多起义部队在加入人民解放军后，又参加了解放西南等战役，为全国大解放作出了重要贡献。

曾泽生与大西南解放。曾泽生是云南永善县大兴镇人，1925 年考入黄埔军校 3 期，1927 年又入黄埔军校高级班学习，毕业后曾任滇军第 98 师军士队队长、营长、副团长等职。抗战时期，任第 60 军团长、师长、军长等职，参加过著名的台儿庄战役。全面内战爆发后，率所部第 60 军赴东北，先后任国民党东北第 4 "绥靖" 区副司令、吉林守备司令、第 1 兵团副司令，并兼 60 军军长，1948 年 10 月在长春率部起义。起义后的部队改编为人民解放军第 50 军，曾泽生任军长。1949 年 6 月，曾泽生率部经山海关南下，9 月，到达湖北当阳地区，10—11 月中旬参加鄂西战役，与四野 42、47 军和二野 3 兵团 11、12 军，联合歼灭国民党川湘鄂边区 "绥靖" 公署主任宋希濂所部主力 4 万余人。战后，第 50 军调归二野，随部向四川进军。12 月，参加成都战役，与二野兄弟部队协同歼灭成都地区的国民党胡宗南集团、川鄂边区 "绥靖" 公署主任孙震所部、川

---

① 中国人民解放军政治学院党史教研室：《中共党史参考资料（第 18 册）》，第 57 页。

② 长舜、荆尧、孙维吼、蔡惠霖：《百万国民党军起义投诚纪实（上）》，第 1 页，中国文史出版社，1991 年版。

③ 南开大学等编：《中国现代史资料选编 5：第三次国内革命战争时期》，第 486 页，黑龙江人民出版社，1981 年版。

湘鄂边区"绥靖"公署主任宋希濂所部等共 32 万人。蒋介石残留在大陆的最后一支主力部队被歼灭，其以西南为基地与新中国对抗、待机反攻的企图被粉碎。

陈明仁等与湖南和平解放。湖南和平解放与黄埔师生的共同努力密不可分。领衔起义的程潜曾任黄埔军校校务委员，时任国民党长沙"绥靖"公署主任兼湖南省政府主席；陈明仁则为黄埔 1 期毕业，时任国民党军第 1 兵团司令官，两人既是同乡又是师生关系。史料记载，1949 年 4 月，程潜邀请唐生智到长沙，并担任由湖南各界人士组成的"湖南人民自救委员会"主任委员，为湖南和平解放做筹备工作，唐生智曾任黄埔军校长沙分校校务委员会常务委员。8 月，4 期毕业生唐星出任国民党长沙"绥靖"公署中将副主任，积极协助程潜的起义准备工作，并担任国民党方面的和平谈判代表团首席代表，同以金明为首席代表的解放军和平谈判代表团进行和平谈判。① 8 月 4 日，程潜、陈明仁、唐生明等发表起义通电，唐生智等 104 人发表响应通电，长沙和平解放。唐生明系唐生智胞弟，黄埔 4 期毕业生。11 月，起义部队改编为中国人民解放军第 21 兵团，陈明仁任司令员，唐生明任副司令员。时任解放军武汉警备司令部副政治委员兼政治部主任、第 12 兵团副政治委员以及第四野战军湖南和平谈判代表团代表的唐天际，出任改编后的第 21 兵团政委。唐也是黄埔 4 期毕业生。此外，参加起义的唐星、王认曲、王梦、文于一、刘埙浩、汤季楠、孙常钧、陈纯道、陈劼、李有莘、李谦、宋特夫、张元祐、张耀枢、姜和瀛、郭雨林、唐金元、程邦昌、程炯、谢一中等人也是黄埔同学。② 可以说，解放战争时期全国各战场的国民党军和平起义，以湖南和平解放得益于黄埔师生最大。

郭汝瑰发动宜宾起义。郭汝瑰，四川铜梁人，黄埔军校 5 期毕业。早年加入过中国共产党，后因出国留学脱离组织关系。抗战胜利前夕与党组织重新建立了联系。1947 年 3 月，郭汝瑰升任国民党国防部第三厅（作战）厅长。5 月，调任陆军总司令（顾祝同）部徐州司令部参谋长。次年 7 月，再度调任国防部

---

①　王永均编著：《黄埔军校三百名将传》，第 662—678 页，广西人民出版社，1989 年版。

②　中国人民政治协商会议湖南省委员会文史资料研究委员会：《湖南文史资料第 36 辑》，第 164—185 页，湖南文史杂志社，1989 年版。

作战（第三）厅厅长，参与蒋介石对辽沈、平津、淮海三大战役的指挥工作，向中共提供了一些重要军事情报。1949 年 1 月，郭汝瑰被任命为陆军第 72 军中将军长，驻防四川泸州，并兼任叙泸警备司令。后升任 22 兵团中将司令官，兼 72 军军长。在此期间，根据党的指示，加紧了起义的准备工作。12 月 11 日，郭率 72 军 1 万余人在四川宜宾起义，重新回到革命营垒。12 月 19 日，我新华社公布了郭汝瑰率部起义的消息：

"国民党七十二军全部万余人，在军长郭汝瑰和师长赵德树率领下，于 11 日在四川西南的宜宾起义。郭将军等已将起义经过报告刘伯承和邓小平两将军。刘、邓两将军已复电嘉慰。"[1]

这一消息发布后，震撼了尚未起义、投诚的国民党部队。1950 年 3 月，郭汝瑰所率起义部队编入中国人民解放军川南军区。6 月，郭调任川南行署委员兼交通厅厅长。[2] 郭汝瑰的起义行动，"使蒋介石企图拒守长江，确保叙泸，以利其在川西与解放军决战的战略部署迅速瓦解，并截断了国民党残余部队由四川逃向云南、缅甸的退路"[3]。

陈克非发动郫县起义。陈克非，浙江天台人，黄埔军校 5 期政治科、陆军大学特别班 5 期、将官训练班 2 期毕业。1949 年，任国民党军第 20 兵团中将司令官。1949 年 12 月 22 日，陈克非向胡宗南汇报工作时，发现胡已逃离大陆，遂与罗广文共同商讨起义。23 日上午 9 时，召集各军军长参会，黄埔军校同学、第 118 军军长方曦第一个表示赞成。当日深夜，陈克非即草拟了通电起义的文稿：

北京，毛主席、朱总司令：

我率第二十兵团全体官兵，于 1949 年 12 月 24 日脱离国民党建制和指挥，

---

① 《国民党 72 军全部万余人在宜宾起义 刘、邓两将军电复郭汝瑰军长嘉慰》（新华社西南前线 19 日电），原载重庆《新华日报》1949 年 12 月 20 日第一版，中国人民政治协商会议四川省宜宾市委员会文史资料研究委员会：《宜宾文史资料选辑·第 6 辑》（宜宾和平解放专辑），第 146 页，1987 年版。

② 王永均编著：《黄埔军校三百名将传》，第 662—666 页，广西人民出版社，1989 年版。

③ 全国政协文史和学习委员会编：《国民党将领谈国共大决战：起义投诚》，第 593—594 页，中国文史出版社，2007 年版。

站到毛泽东领导的共产党的旗帜下，遵守三大纪律八项注意，愿为革命事业而奋斗到底。

第二十兵团司令陈克非亥回于郫县。①

12 月 24 日上午，陈克非通知各军军长、师长来兵团司令部开会，讲明起义的意义，最终，在起义通电稿上签名的有：陈克非、方刘平（由参谋长廖传枢代签）、段成涛、蒋治英、段国杰、傅碧、罗广文。

为了对起义表示诚意，防止不明大义的分子从中破坏，陈克非又于 25 日在郫县参议会礼堂召集了兵团少校以上军官会，讲话强调："为革命、为生命、为部队、为事业，都是我们所应采取起义的原因"，要求各部起义后"务必遵守共产党所颁布的三大纪律、八项注意"。他还指出："选择起义之路，是生路，是光明之路，是为大家所乐意要走的路。大家对起义既无意见，就是表示赞同了。希望会后大家回去严饬所部，明大义，别是非，听命令，守纪律。"② 至此，第 20 兵团顺利地实现了起义。部队起义后，分驻在安岳、乐至及宜宾等地集训，一部分部队还担负了当地的剿匪任务。1950 年 4 月，根据中央军委命令，该兵团 12000 多名官兵改编为解放军第 167 师，归 50 军指挥。第二野战军还派来了军事代表刘泳柏等 100 多人的代表团，组织全师官兵学习，提高为人民服务的思想觉悟。后该部调归中南军区，入住湖北天门县，陈克非任中南军区高参兼第 50 军副军长，方暾任 50 军 167 师师长。9 月，第 167 师并入第 50 军 150 师，部分官兵随部队参加了抗美援朝。③

罗广文发动安德起义。罗广文，四川忠县（今重庆忠县）人，日本陆军士官学校炮兵科毕业，曾任黄埔军校少校兵器教官和军官队队长。中华人民共和国成立后，蒋介石为保住西南一隅，作最后挣扎，决定以第 7 编练司令部为主

---

① 陈克非：《国民党军第二十兵团从鄂西溃退入川到起义的经过》，天合县政协文史资料研究委员会编：《天合文史资料》（第 4 辑），第 137 页，1988 年版。

② 中国人民政治协商会议全国委员会文史资料研究委员会编：《文史资料选辑合订本第 7 册（总 23—25）》，第 81—83 页，中国文史出版社，1986 年版。

③ 长舜、荆尧、孙维吼、蔡惠霖：《百万国民党军起义投诚纪实（下）》，第 1372—1373 页，中国文史出版社，1991 年版。

组建国民党第 15 兵团，任命罗广文为兵团司令兼 108 军军长，并作出"确保重庆、保卫四川"为核心的部署。但在人民解放军的迅猛攻势下，罗部在重庆一带遭受重创。

与此同时，解放军第二野战军司令部也通过各种关系，特别是国民党起义将领邓锡侯等人劝说、敦促罗广文进行战场起义，罗广文最终决定通电起义。1949 年 12 月 22 日上午，罗广文派兵团参谋长贾应华，第 108 军参谋长张荣宪去郫县，联络陈克非第 20 兵团一致行动，准备起义。次日晨，胡宗南由成都飞逃海南岛。罗广文感到起义时机与条件已经成熟。24 日上午，罗广文、贾应华、张荣宪等在郫县会见了邓锡侯的秘书杨永浚等人，决定即日宣布起义，并当场由杨永浚草拟起义通电稿，罗广文、第 110 军军长向敏思等均签名通电。下午，罗等赴彭县拜访刘文辉、邓锡侯，并会见二野工作人员朱德钦等人。25 日，贾应华偕同朱德钦到郫县第 15 兵团驻地，召开团以上军官会议，请朱德钦讲了共产党对起义部队的政策。接着召集兵团所属连以上军官大会，由罗广文宣读了起义通电。从此，第 15 兵团所属 2.2 万余名官兵，脱离了反动阵营，回到了人民的怀抱，走上了光明大道。刘伯承、邓小平、贺龙 3 将军对罗广文率部起义表示热烈欢迎，复电嘉勉。罗广文部的起义，加速了国民党在大陆最后一大反动力量的灭亡和成都的解放。[1]1949 年 12 月 28 日《人民日报》发表了罗广文、陈克非两部起义的专题报道。[2]

除以上外，大批出身黄埔的国民党中下级军官，积极参与战场起义，其影响与贡献同样不容小觑。惜因资料所限，难以一一详述。

---

[1] 赵秀崑等：《罗广文在四川练新军和率第十五兵团起义经过》，中国人民政治协商会议全国委员会文史资料研究委员会编：《文史资料选辑》（第 50 辑），第 56—77 页，文史资料出版社，1964 年版。

[2] 全国政协文史和学习委员会编：《国民党将领谈国共大决战：起义投诚》，第 541—542 页，中国文史出版社，2007 年版。

二、起义、投诚和被俘人员的改造与新生

随着人民解放军在战场上日益呈现出摧枯拉朽之势，大批国民党军政人员走向起义或投诚的道路，少数负隅顽抗者，或者被歼灭，或者沦为俘虏乃至战犯。1950 年 7 月 30 日，中国人民解放军总部发布《解放战争四年综合战绩》公报，我军在 1946 年 7 月至 1950 年 6 月间，共歼灭国民党军 2 个战区总部，1 个"剿匪"前进总部，3 个军政长官公署，8 个"绥靖"公署，2 个警备总部，1 个长官司令部，3 个"绥靖"区司令部，1 个边区司令部，35 个兵团部，4 个整编军部（内 3 个兼整编师）、183 个军（整编师）部，573 个整师（旅），包括师以下部队共 5542470 人，非正规军共 103 个师（旅）共 2528880 人。两项共计 8071350 人，其中，被俘 4586750 人，毙伤 1711110 人，投诚 633510 人，起义 846950 人，接受和平改编 293030 人。投诚、俘虏、击毙的高级将领 1668 名。其中投诚 273 人，俘虏 1310 人，击毙 85 人。[①] 如何改造这些被俘和起义投诚人员，使之成为新生政权的建设力量，成为新政权一项重大政治任务。围绕这个问题，中共中央在不断总结经验基础上，曾出台过一系列文件政策，并取得了一系列巨大成就。

（一）起义和投诚人员的改造

解放战争时期，许多黄埔同学在各个战场上随部起义或投诚，加入人民解放军。为了适应新的政治环境，提高其政治素养，使其紧密地融入人民军队，为建设新中国作出贡献，这批同学绝大部分都接受了程度不同的思想教育和政治改造。特别是西南战役结束后，起义、投诚和被俘的国民党军队数目之大，是解放战争中最多的，有番号的单位达 100 多个，人员达 90 万。这是一项极其复杂，而且政策性很强的工作。

遵照毛泽东"包下来"的原则，改造起义部队的方针是：宜集不宜散，宜

---

① 长舜、荆尧、孙维吼、蔡惠霖:《百万国民党军起义投诚纪实（下）》，第 1627 页，中国文史出版社，1991 年版。

养不宜赶，集中整理，认真改造，分别对象，逐步处理，使之各得其所，不便散之四方，且不为蒋介石利用，扰乱社会。中共西南局和西南军区在 1950 年 1 月 10 日发出《关于处理与改造起义、投诚的国民党军队的指示》。根据指示精神，西南军区政治部将起义、投诚的原国民党军队，区分为 5 种不同类型，有步骤地开展工作：

第一类，系地方实力派刘文辉、潘文华、邓锡侯、卢汉等人所属的部队。原则上，按他们的实际人数进行整编，给以番号，干部以其原有者为主，由我们派少数得力干部去帮助其改造。

第二类，蒋军嫡系胡宗南、孙震、罗广文、陈克非、杨汉烈、朱鼎卿、张涛、王景渊等人所属部队。这部分人数最多，受反动教育（影响）较深，但程度上各有所不同，亦应分别对待。在总的方针上是混编。在方法上，第一步是原有建制分由军区或军负责整编。第二步是按其实有人数，大约 1 万人 1 个师为标准编成军师，尔后再与我们的军、师编在一起，对多余军官，则组成专门训练机构（如在军大和军大分校中设立高级研究班或教导队等）集中学习。第三步是待政治条件成熟后，实行混编。在实行第一步时，各部分仍按原番号集中整训。不改名义，不戴解放军的符号军帽。实行第二步时，应酌情照顾其高级将领，给以适当职务。对其中表现较好者，亦可分配到军师里担任主官，对其中最坏者，亦可采取彻底的混编办法，但对其将领和某些军官则可以照顾。

第三类，系乘混乱收编部队者。如王赞绪、彭杰部和民主联军等所属之部队。这部分人背景较为复杂、处理也不容易。我们的办法是：第一步，应严禁其扩大部队，并限期开至指定地点，集中整编。第二步，将部队中的老弱及劳动农民资遣返乡生产。其余的，则分编在人民解放军中，逐步改造（流氓分子不可遣散）。对多余的军官除录用一部分外，也集中在学校训练改造。

第四类，系地方团队及游杂武装。对这类部队，则限其易地集中整编，或两三县的集中一处，或在军分区内集中一处。总之，以不留在本地为原则。集中后，应将其中劳动人民出身者另行集中，进行短期阶级教育，然后将大部资遣返乡生产。对于少数表现较好的分子，则留在县基干队。对游民分子则编入正规部队内改造。军官由军分区办训练班改造。

第五类，系被俘部队。其中俘虏兵补入部队，俘虏军官送入俘官队训练，俘虏军官的待遇，和起义、投诚军官应有所区别。

上述政策制定以后，西南军区组织了 4 个军事工作团，由军区副参谋长李夫克、军区干部部长黄立清等负责，先后分别赴起义、投诚的原国民党军的第 16 兵团、第 7 兵团、第 24 军、第 95 军。其他较大兵团或军则调整地区，拨给各军区管理，也派遣了军事工作团。具体分工是：川东军区负责原第 18 兵团及 235 师，川南军区负责原第 72 军，川北军区负责原第 127 军，贵州军区负责原第 89 军等部，云南军区负责原暂编第 12、13 军，川西军区负责原来的 88 个单位。

2 月 20 日，西南军区发出《关于派工作团到各起义部队进行工作的命令》，抽调部分解放军官兵组成工作团，派往起义、投诚原国民党军队。这些工作团人数一般为 100—300 人不等。最多的是川南军区派往原 72 军的工作团，干部战士达 1400 余人。工作团到达起义、投诚部队后，先与各部队的上层人物，研究如何贯彻执行西南军区的有关命令、指示，协商整训方法、步骤。在征求一般军官的意见之后，订出整训方案，并组成各级军政委员会。在此基础上，召开排以上军官联欢大会，宣布西南军区命令，介绍我们的方针、政策和态度，进行学习动员，揭穿谣言。然后由其上层军官介绍到军、师、团等单位的军事代表。军代表到基层以后，以团为单位召开全体官兵大会，宣传政策。再通过座谈会和个别谈话、访问，解除他们的疑虑和抵触情绪，进而组织他们学习有关文件、报纸，提高他们的认识和觉悟，为下一步整编创造条件。有的军代表采取诉苦会、对比会等形式，启发士兵认识两种社会、两种军队、两种士兵的不同性质，很快地提高了绝大部分士兵的阶级觉悟，他们积极要求参加人民解放军，争取早日摘掉国民党军队的帽子，取消旧番号，当一名光荣的解放军战士。①

---

① 《王新亭回忆录》，第 435—440 页，解放军出版社，1992 年版。

许多投诚和起义的黄埔同学，在上述教育和改造过程中，也实现了人生的转折，下表 6-1 是其中部分人员之代表。

表 6-1　接受政治与思想改造的黄埔同学简表

姓名	届别	籍贯	在国民党军中的任职、起义情况	接受改造方式和地点
王德泉	7 期	临淄	历任排长、连长、营长等职。1949 年 12 月随云南省主席卢汉参加起义	解放军西南军政大学云南分校高级研究班学习
胡理修	成都分校 1 期	阆中	历任国防部上校附员、第 85 军参谋长、124 军副军长等职。1949 年 12 月随第 16 兵团起义	解放军西南军政大学高级研究班学习
平继元	10 期	泰安	历任排长、营长、上校参谋长等职。1949 年 12 月在成都起义	华东军政大学教学研究班、华东军区教导总队学习
赵纯佑	10 期	—	历任连长、团长、少将高级参议等职，北平和平解放时随部队起义	华北人民革命大学天津分校学习
戴惠林	11 期	莱州	第 7 兵团新 8 军 22 师 65 团中校副团长、政工主任。1949 年 11 月在四川万县随部起义投诚	解放军西南军政大学学习
许万寿	11 期	北沙河	历任排长、连长、营长、团长、旅长	哈尔滨解放军军官教导团学习
王振奎	12 期	广饶	陆军总部郑州指挥部中校参谋，川鄂"绥靖"公署中校参谋，川鄂绥署大竹指挥所参谋组组长。1949 年 10 月在四川起义	华东军政大学第 7 总队、华东军区教导总队学习
孙大章	14 期	聊城	历任区队长、连长、营长、副团长等职	华北军政大学学习，半年思想改造，一年军事战术教育
田沛然	14 期	平原	历任要塞工程兵排长、机械筑路工兵连长、机械修理连长，中校团监察官。1949 年 12 月在成都起义	西南军政大学川西分校学习
李守范	第一分校 14 期	荣成	历任排长、连长、营长。1949 年随所在部队在成都起义	西南军政大学学习
丁来祥	第六分校 15 期	济南	曾任兰州空军无线电台报务员，兰州陆军通讯兵学校通讯技术人员训练站副队长。1948 年随部队起义	第一野战军、西北军区受训

续表

姓名	届别	籍贯	在国民党军中的任职、起义情况	接受改造方式和地点
李连培	19 期	莱阳	曾任少尉区队副、中尉区队副、营长等职。1949 年 12 月在大邑县起义	第二野战军 12 军 34 师随营学校学习
王健萍	21 期	阳信	曾任西安火车站宪兵队队长。后随军起义	西南军政大学川北分校学习
杨　为	22 期	济南	在 47 军任见习参谋。1949 年 12 月参加起义	华东军政大学学习
丁树仁	23 期	寿光	毕业后参加起义	西南军政大学川西分校学习
姜希壮	23 期	蓬莱	毕业后参加起义	西南军政大学川西分校学习
孟繁英	23 期	肥城	毕业后参加起义	西南军政大学川西分校学习
张天一	23 期	阳信	毕业后参加起义	西南军政大学川西分校学习
延顺生	23 期	广饶	毕业后参加起义	西南军政大学川西分校学习
张维洲	23 期	垦利	毕业后参加起义	西南军政大学川西分校学习
陈镇中	23 期	泰安	毕业后参加起义	西南军政大学川西分校学习
郭毅杰	23 期	桃源	毕业后参加起义	西南军政大学川西分校学习
杨　达	1933 年高教班	沔阳	历任国民党军第 294 旅参谋主任、第 75 军 13 师参谋长、第 6 战区司令部少将高参、整编第 66 师 99 旅旅长、第 99 军 99 师师长、湖北"绥靖"总司令部副总司令、暂编第 9 军中将军长。1949 年 12 月 26 日在四川成都起义	第 18 兵团高研班、西南军政大学川西分校学习

　　从黄埔同学对军政训练和思想改造的认识来看，他们对于思想改造的态度也各有不同，有人认为经过学习、讨论，对马列主义、毛泽东思想有了初步认识；学习生活紧张、活泼、心情愉快，同学们开阔了眼界，接受了很多的新知识，"不仅认识了蒋介石打着三民主义的招牌，对外屈从于帝国主义，对内建立独裁专政的反动实质，而且知道了中国共产党、毛主席领导中国人民，不怕流血牺牲，立志推翻三座大山进行新民主义革命，建立中华人民共和国的艰苦战斗历程。同学们深刻体会到，中国有了这样的党，这样的领袖，这样的军队，真乃国家之幸，民族之福，前途大有希望。在学习中，看到解放军干部无论职

位高低，都是艰苦朴素，平易近人，官兵一致，吃苦在前，享受在后，尊重部下，爱护学生。这些优良作风和国民党军官相比，真是天壤之别。我们认识到了国民党失败、共产党成功之必然"①。这也正是思想改造和军政训练的目的所在。

总体来说，虽然有个别的抵触情绪，但从相关回忆资料看，起义后的军政培训对大多数人来说都是难忘的经历，他们收获了新的思想、新的朋友，同时迈出了走向新生活的第一步。结束培训后，根据分配，他们中有的继续在军队中服役，有的回到了家乡，在不同的舞台上开始了人生中又一个崭新的阶段。

经过思想改造后，起义投诚的人员或者留在部队继续工作，或者转任地方，大多得到了妥善安置。

郭汝瑰率部起义后，经过一番整理，部队情绪较安定。1950年春节前夕，奉川南军区命令，部队由宜宾、江安等地开赴富顺县。2月上旬，川南军区派去牟海秀等排以上干部67人，赴72军具体进行改造工作，由牟海秀为副军长，组成军政治部，范朝福为政治部主任。军事代表是牟海秀，副军事代表是陈云中、范朝福；233师军事代表是李开道，34师军事代表是胡国钧，教导师军事代表是刘政柱。其主要任务是了解情况，进行政治教育，做上层工作，稳定部队。并将该军之政工人员及编余军官，调至隆昌川南军区教导总队学习。2月下旬，川南军区召开了72军团以上军官会议。军区杜义德司令员、李大章政委均在会上讲了话。启发中上层军官澄清一些模糊观念，看清形势，明确方向。他们回部队后，召开干部会认真传达，首先表明自己的政治态度。如699团团长廖觉雄曾说，不论共产党成功或失败，他是跟到底了，为人民大众做点好事。3月10日至15日，川南军区从军大、补训师、补训团等单位抽调了干部、战士1402人到72军工作。裁并了机构，缩编了部队，将3个师并成2个师、6个团，每团3个营，每营4个连。基层单位都配了军事代表，深入开展思想发动工作，在基层干部和士兵中培养了一批积极分子。展开工作后，战士普遍靠

① 中共淄博市委统战部档案。

近了军事代表，与军事代表交朋友说知心话，让军事代表教唱革命歌曲，学文化，公差勤务很积极，部队有明显的进步。34 师 102 团协助地方征粮，活捉土匪 18 人，缴获了枪支子弹。有的部队帮助驻地群众担水、担粪，初步改善了军民关系。72 军起义后，绝大多数官兵按照川南军区的指示认真学习，改造思想，但也有极少数人内心不愿起义投向人民，在潜伏敌特怂恿煽动下部分部队叛变。对此，郭汝瑰进行了果断处置，予以围歼。通过半年的整训，72 军面貌大有改观。随后，根据川南军区命令，部队进行了改编，大部分士兵补入人民解放军第 10 军，并于 1951 年开赴华北；一部分补入人民解放军第 18 军，并于 1951 年进军西藏。各级军官都得到了安排，有的安置在解放军内工作，有的转业回乡参加生产建设。军长郭汝瑰调任川南行署委员兼交通厅厅长。[①]

罗广文部队起义后，刘伯承、邓小平、贺龙 3 将军不断给予鼓励和指示，及时派来了人民解放军军事代表团帮助指导工作。部队很快走上正轨，服从命令，听从指挥，在地方恶势力的干扰下，却从未发生过叛变现象。1950 年 2 月 19 日，遵照中央军委命令，第 15 兵团开赴华东改造整编，西南军区派出以杜子华为首的军事代表团进行协助指导。3 月中旬，部队由四川简阳驻地开往浙江，沿途受到政府和人民群众的欢迎和欢送，使部队深受教育和鼓舞。5 月上旬，部队顺利地到达指定地点——浙江余杭。在浙江军区领导下，部队经过近半年时间的学习改造。10 月下旬，整编工作开始，士兵分别编入人民解放军第 21、22 军，成为光荣的人民战士，捍卫祖国东南边陲。起义军官，按党的政策，各得其所，妥善安置，或继续留在军内工作，或转业地方工作，回乡参加生产建设。兵团司令罗广文调任山东省人民政府林业厅厅长，并兼全国政协委员。[②]

肖作霖，湖南邵阳人，黄埔军校 6 期学员，陆军大学甲级将官班受训，曾任国民党行政院兵役部国民兵司中将司长。抗战胜利后曾在南京主办《大道报》，

---

① 成都军区政治部联络部李玉等编：《西南义举：卢汉刘文辉起义纪实》，第 225—228 页，四川人民出版社，1988 年版。

② 全国政协文史和学习委员会编：《国民党将领谈国共大决战：起义投诚》，第 542 页，中国文史出版社，2007 年版。

著文批评蒋介石政权。1948 年秋，程潜回湖南任长沙"绥靖"公署主任兼湖南省政府主席、国民党湖南省党部主任委员。肖作霖随其到长沙，任湖南省保安司令部中将副司令，并兼任湖南党政军联合办公室中将主任和长沙警备司令。期间，他积极协助程潜从事和平解放运动，参与组织、部署程潜、陈明仁在长沙起义的准备工作，并于 1949 年 8 月追随程潜、陈明仁在长沙通电起义。起义后，肖作霖曾任湖南首届各界人民代表会议协商委员会委员，出席了中华人民共和国开国大典，历任中南军政委员参事、武汉市人民政府参事、市建设局副局长等职。

据统计，黄埔 1 期生留在大陆最为集中的是湖南省。三湘弟子在湖南辛亥革命先驱暨军政元老程潜将军带领下，1 期生在 1946—1949 年整个内战期间是战场起义最多的群体。中华人民共和国成立后，各省市相继设立人民政府参事室，由于湖南省起义的将领较多，湖南省人民政府参事室设有参事 447 名，是当时参事人数最多的省份，其中 1 期生就有 15 名。

表 6-2　湖南省人民政府参事室的黄埔同学（1 期）[1]

姓名	黄埔届别	参事任职时间	其他任职情况
汤季楠	1 期	1950—1992	湖南省政协第 1—4 届常委，第 1—3 届省人大代表，第 5、6 届常委
戴 文	1 期	1950—?	湖南省武汉市人民政府参事室副主任
程邦昌	1 期	1950—1974	湖南省政协第 1—3 届委员
谢任难	1 期	1950—1970	—
孙常钧	1 期	1950—1952	—
王认曲	1 期	1951—1966	—
王 梦	1 期	1955—1968	—
张耀枢	1 期	1955—1969	—
陈 劼	1 期	1955—1991	—
陈纯道	1 期	1955—1966	解放军第 21 兵团司令部高级参谋
唐金元	1 期	1955—1972	—

---

[1]　陈予欢：《初露锋芒：黄埔军校第一期生研究》，第 306 页，中山大学出版社，2007 年版。

续表

姓名	黄埔届别	参事任职时间	其他任职情况
申茂生	1 期	1956—1974	—
欧阳棻	1 期	1966—1974	湖南省政协第 1—3 届委员
黄　鹤	1 期	1983—2003	湖南省政协第 5 届委员
刘镇国	1 期	1985—1986	—

还有部分起义投诚的军官接受改造后转任地方政协。有关这方面情况，后文详述。

（二）被俘人员的改造与安置

新政权巩固后，处理战犯问题提上了党的议事日程。国民党战犯主要是指在解放战争中俘获的，犯有严重罪行的国民党军队的将、校级军官，国民党政府省主席和厅（局）长级官员，国民党、三青团中央委员会委员，省（市）党部书记和委员，以及特务系统的处（站）长以上人员。依据这个标准，被列为战犯者总计有 926 人之多。由于"黄埔系"在国民党军政领域中的特殊地位，这些战犯中自然也包括了许多黄埔同学，特别是像杜聿明、宋希濂、王耀武、李仙洲等著名将领。

在处理战犯问题上，中共在广泛听取各界人士特别是民主党派意见基础上，确定了"惩办与宽大相结合"，"劳动改造与思想教育相结合"的基本政策，以及"一个不杀，分批释放"的方针。在具体执行过程中，公安部根据战犯自身特点又进一步制定了"思想改造为主，劳动改造为辅"的方法。通过思想改造，使战犯彻底摒弃旧有的反动思想，从根本上扭转错误的思想认识，使其由养尊处优的剥削者逐渐转变为自食其力的劳动者。[1]

国民党战犯数量众多，被俘的时间也各不相同，对国民党战犯的改造和管理也经历过几个阶段。以第 1 期同学王耀武为例，他在 1948 年 8 月的济南战役中被俘。1949 年秋，华东人民解放军成立了华东军区解放军官训练团总团，初

---

① 张旭东、张坤：《国民党战犯改造始末》，《百年潮》2016 年第 6 期。

期地址设在苏州，该团编成 4 个队，第 1 队成员是将官级，第 2、3 两队是中校、上校，第 4 队则以政工人员、中统、军统、特工人员及部分县长、行政专员，厅局、省政府、省党部委员等为主。除王耀武外，还有庞镜塘、陈金城、牟中琦、刘镇湘等。1956 年，中共中央又决定进一步加快对国民党被俘军官的改造进程。在全国范围内，由军管转交地方管理，移交给西南的重庆、中南的武汉、华东的济南。另外按当时的政策规定，党的方面凡属国民党省党部书记长以上，政的方面凡省主席以上，军的方面凡中将军级以上，特的方面凡中统、军统负责一省范围的站长以上，均集中北京，归中央公安部负责管教。[①] 王耀武和庞镜塘随全国各地的高级战犯一起，被关押在北京功德林，后来又转至秦城公安部农场，进行集中的改造。

在战犯管理方式方法上，讲究严格管理与人道主义相统一，并提倡战犯之间相互监督，开展思想斗争。思想改造的方式主要有：

一是读书讨论。战犯管理所中有马列著作，有毛主席著作的单行本，也有一些中外文艺作品，如丁玲、高尔基的小说等。学习内容有形势教育，主要是读报纸；政治思想教育，主要是学习马列和毛主席的著作。学习的方式多种多样，有集体学习，有自学，有典型发言，集体讨论，也有小组讨论。目的是提高思想觉悟，认清自己过去的罪恶。将近 200 名战犯被编成几个学习小组，从战犯中选派正、副组长。采取战犯相互帮助批评的方式，而不是由管理人员直接来批评犯了错误或不接受教育改造的人，更绝对禁止打人或骂人。通过阅读和讨论，战犯旧有的封建思想逐渐崩溃，逐渐接受了新的思想。同时，战犯们还被组织参加史料编写工作，在促进学习的同时，也能够为相关历史研究作出贡献。例如王耀武参与编纂《国民党统治中国二十二年史料》一书的工作，从1953 年至 1955 年底，用时 3 年多，按大革命时期（东征北伐）、十年内战时期、八年抗战时期、三年反人民战争时期分类，每一个研究组均负责整理编纂缮写成册上报。全书收集素材达千万字以上，影响和贡献都极大。

---

① 李以劻：《记王耀武将军的后半生》，中国人民政治协商会议全国委员会文史资料研究委员会编印：《文史资料选辑》第 16 辑，第 123 页，1988 年版。

　　二是现场教育，即外出参观。自 1956 年 2 月至 8 月，被关押的 900 多名国民党战犯参观了大江南北的十几座城市和单位。在东北，参观了长春第一汽车制造厂、科学院机电研究所、东北工业陈列馆等。在天津参观了动力机器厂、自行车厂、第二工人文化宫和体育馆。在武汉，参观了长江大桥、华中工学院和武汉钢铁公司等。为组织好在押战犯参观，公安部专门进行细致研究和安排，参观期间的伙食费也增加了补贴。战犯们通过参观，亲眼看到了中华人民共和国在短短几年间，工农业生产发展了，人民生活水平提高了，社会安定，欣欣向荣，各方面都发生了巨大变化。第一个五年计划的一大批工业建设项目，还有建设武汉长江大桥这样的巨大工程，都是旧社会没有的，战犯们想也未曾想到，如今竟拔地而起了。对于身陷囹圄的国民党战犯来说，能够外出参观无疑令人兴奋。王耀武在参观后给他在九龙的女儿写信说："政府为了使我们在学习上多得益处，不惜人力物力的消耗，在五一那天叫我们参观了五十万人庆祝大会，给我们搭了看台，还在休息室预备了各种书报杂志，对我们用食的菜饭及茶水也照顾得无微不至，不仅我深深的感激政府，让你们知道这种情况也是铭感肺腑的。"① 李仙州当时看到游行队伍中有拿向日葵花的，很惊奇地说："看呀！他们拿的葵花。"庞镜塘说："这表示向太阳。"② 这段发生在二位黄埔同学之间的对话体现了他们对改造期间的待遇和改造方式比较满意，思想上的转变也比较顺利。

　　三是劳动改造。其目的是让他们真正从情感上体会劳动人民，接受改造。以抚顺战犯管理所为例，他们组织国民党战犯进行生产劳动始于 1958 年。开始组织战犯劳动时，对他们进行劳动教育的过程并不顺利，职位高的国民党战犯轻视体力劳动，对参加劳动甚至表示厌恶，职位低的国民党战犯则希望以劳动替代政治学习，甚至要求到所外去参加劳动，以便于为获释后谋生计。因此在改造战犯的过程中，扭转犯人的思想，让其放下架子，拿起劳动工具，做一名

---

① 张旭东、张坤：《国民党战犯改造始末》，《百年潮》2016 年第 6 期，第 54—55 页。

② 张旭东、张坤：《国民党战犯改造始末》，《百年潮》2016 年第 6 期，第 54—55 页。

真正的劳动者，是改造过程中一项艰巨的任务。[①] 国民党高级战犯来到北京集体改造后，1957 年 10 月 28 日在秦城农场进行了劳动改造，根据体力和身体情况分配不同任务，体力好的干比较重的活，如植树掘坑，种植葡萄。王耀武、杜聿明、曾扩情、康泽、卢溶泉、范汉杰、宋希濂等年龄较大、身体较差的战犯则做些轻活。

对战犯的思想改造，并没有影响到对其各种权益的保证。战犯管理所中实行 "三个保障" 政策：第一，保障人格不受侮辱，不打不骂；第二，保障生活，享受相当于一个中农生活水平的主副食待遇；第三，保障健康，救死扶伤，实行革命的人道主义。总结成 12 个字就是 "思想改造从严，生活待遇从优"。据杨伯涛回忆，在生活方面，管理所规定了作息时间，每天可以在花圃庭院作各种体育活动，如打太极拳等。在文娱方面，设有图书室，里面有各种书籍报刊，有围棋、象棋、扑克牌、乒乓球等文体活动。每届重大节日则举行文娱晚会，自编节目自导自演。这里不像是监狱，而像是一所学校，充满了学习的气氛。有尽情消遣的园地，使人不感寂寞，轻松愉快地过日子，情绪相当安定。

管理所对战犯们的卫生保健工作，也给予足够的重视。战犯们平均年龄在60 上下，多数患有各种疾病，管理所医务人员每日按时诊断，精心治疗。1957年，战犯们被安排到公安部医院进行体格大检查，按体验结果对症处理，如补牙镶牙，医治牙疾，使许多人能够恢复正常饮食，维持健康；安排到医院验光，解决了老花眼、近视眼等丧失视力的问题，及时配上光度适合的眼镜。[②] 1957年，中共中央为了加速对集中在北京的战犯改造，将名单通报给了在京的爱国民主人士，征得他们的同意，前往管理所访问战犯，先后到管理所访问的有程潜、张治中、傅作义、邵力子、卫立煌、章士钊、刘斐、陈铭枢、蒋光鼐、蔡廷锴、卢汉、郑洞国、侯镜如、陈明仁、张难先、唐生明、萧作霖等多人。他们除致以抚慰之情外，主要是传达党的宽大政策，以摆事实、讲道理的诚恳态

---

① 蔡雨：《新中国政府改造国民党战犯问题研究》，长春理工大学硕士学位论文，2014 年。

② 中国人民政治协商会议全国委员会文史资料研究委员会《从战犯到公民》编辑组编：《从战犯到公民：原国民党将领改造生活的回忆》，第 45—46 页，中国文史出版社，1987 年版。

度，批判国民党反动当局的反人民行径，介绍中华人民共和国振奋人心的建设成就和大好形势。他们的到来大大地扫除了战犯们忧心忡忡、阴沉绝望的悲观情绪，使他们萌发向往新生，愿意接受中国共产党的领导，走社会主义道路的愿望。①

自 1956 年起，毛泽东主席和周恩来总理就开始考虑在适当时间开始特赦国民党战犯。1959 年 8 月 24 日，毛泽东提出要以国庆十周年纪念的名义，赦免一批确实改恶从善的战犯及一般正在服刑的刑事罪犯。②据此，中共中央于 9 月 14 日向全国人大常委会建议："在庆祝伟大的中华人民共和国成立十周年的时候，对于一批确实已经改恶从善的战争罪犯、反革命罪犯和普通刑事罪犯，宣布实行特赦是适宜的。"③10 月 4 日，中华人民共和国最高人民法院宣布了特赦释放的战犯名单。首批特赦的战犯共 33 人，在功德林一号战犯管理所里有杜聿明、王耀武、曾扩情、宋希濂、陈长捷、杨伯涛、郑庭笈、邱行湘、周振强、卢浚泉等 10 人，除陈长捷外，其他皆为黄埔军校师生。自此之后，1960 年、1961 年、1963 年、1964 年、1966 年和 1975 年又相继实施专门针对战犯的 6 次特赦，全部战犯均已被特赦。其中，除刘嘉树、马励武、陈琪、周倂陶、夏日长、孙天放、杨显等数人因病在狱中去世，以及个别人因组织越狱而被处极刑外，所有被羁押之黄埔同学，均亦同步释放。

---

①　中国人民政治协商会议全国委员会文史资料研究委员会《从战犯到公民》编辑组编：《从战犯到公民：原国民党将领改造生活的回忆》，第 47 页，中国文史出版社，1987 年版。

②　王香平：《新中国特赦的决策过程及其经验启示》，《党的文献》2009 年第 5 期；王存福：《特赦国民党战犯始末》，《党史天地》2005 年第 7 期。

③　毛泽东：《关于特赦战犯的提议（1959 年 8 月 24 日）》，《党的文献》1995 年第 2 期。

表 6-3　中华人民共和国成立后特赦战犯中的黄埔同学简表[①]

姓名	黄埔期别	国民党时代的任职简况	特赦时间
杜聿明	1 期	东北保安司令长官部司令，徐州"剿总"副总司令	1959 年 12 月 4 日
曾扩情	1 期	国民党四川省党部主任委员	1959 年 12 月 4 日
宋希濂	1 期	川湘鄂边区"绥靖"公署中将主任	1959 年 12 月 4 日
周振强	1 期	浙江省浙西师管区司令	1959 年 12 月 4 日
王耀武	3 期	第二"绥靖"区司令长、山东省政府主席	1959 年 12 月 4 日
郑庭笈	5 期	陆军少将，第 89 师师长	1959 年 12 月 4 日
杨伯涛	7 期	第 18 军军长	1959 年 12 月 4 日
邱行湘	5 期	青年军整编第 206 师师长兼洛阳警备司令	1959 年 12 月 4 日
卢浚泉	轮训班	第 6 兵团司令	1959 年 12 月 4 日
罗祖良	5 期	第 6 兵团司令部第 4 处处长	1959 年 12 月 4 日
李仙洲	1 期	第 2 "绥靖"区副司令	1960 年 11 月 28 日
范汉杰	1 期	东北"剿总"副总司令兼锦州指挥所主任	1960 年 11 月 28 日
罗历戎	2 期	第 3 军中将军长	1960 年 11 月 28 日
宋瑞珂	3 期	第 66 军中将军长	1960 年 11 月 28 日
董益三	武汉分校6 期	第 15 "绥靖"区司令部第 2 处少将处长	1960 年 11 月 28 日
何文鼎	1 期	第 7 兵团副司令	1961 年 12 月 25 日
韩濬	1 期	第 73 军军长	1961 年 12 月 25 日
廖耀湘	6 期	第 9 兵团中将司令	1961 年 12 月 25 日
康泽	3 期	第 15 "绥靖"区中将司令	1963 年 4 月 9 日
黄志圣	5 期	第 64 军 159 师师长	1963 年 4 月 9 日
刘雪门	3 期	国民党第 9 "绥靖"区总务处长（少将薪）	1964 年 12 月 28 日
方靖	潮州分校2 期	第 79 军军长	1966 年 4 月 16 日

① 陈予欢：《初露锋芒：黄埔军校第 1 期生研究》，第 304—305 页，中山大学出版社，2007 年版；陈予欢：《沧海横流：黄埔五期风云录》，第 157、158、172—173、182、187 页，台北秀威资讯科技股份有限公司，2014 年版；王永均编著：《黄埔军校三百名将传》，第 69、74、444 页，广西人民出版社，1989 年版。

续表

姓名	黄埔期别	国民党时代的任职简况	特赦时间
杨光钰	1期	第 3 军副军长	1966 年 4 月 16 日
黄　维	1期	第 20 兵团中将司令	1975 年 3 月 19 日
郭一予	1期	徐州"剿总"办公室主任	1975 年 3 月 19 日
周公辅	1期	高级参谋	1975 年 3 月 19 日
黄　鹤	1期	第 1 兵团司令部高级参谋	1975 年 3 月 19 日
文　强	4期	徐州"剿总"前进指挥部中将副参谋长	1975 年 3 月 19 日
郭文灿	5期	第 97 军副军长	1975 年 12 月 15 日
刘镇湘	5期	陆军少将	1975 年 12 月 15 日
熊新民	6期	第 1 兵团少将副司令兼 71 军军长	1975 年 12 月 15 日

　　获释后的战犯都得到了妥善安排。1959 年 12 月，首批 10 名被特赦人员受到周恩来总理接见。根据他们个人意愿，杜聿明、宋希濂、王耀武、周振强、郑庭笈、杨伯涛 6 人被分配到北京大兴县红星人民公社旧宫大队当农民，其他 4 人离开北京：曾扩情去沈阳，陈长捷去上海，卢浚泉去昆明，邱行湘去南京。[①] 王耀武等归北京市统战部部长廖沫沙领导，被安置在果木队工作，向工人农民学习（每月工资 60 元），以了解工农生产实际情况，树立劳动观点、群众观点。王耀武在这一年中，学会了培植葡萄、草莓、苹果、梨子的方法。

　　在京继续劳动的 6 位黄埔同学在生活上和思想上受到了党和国家领导人的关心，特别是同样有黄埔背景的周恩来、陈赓等人，在联络感情和思想改造方面发挥了重要作用。1960 年 4 月，有关方面提出请陈赓出面邀约被特赦的 6 名黄埔同学聚谈，中共中央统一战线工作部副部长徐冰陪同。这 6 人中，杜聿明、宋希濂、周振强都是陈赓在黄埔 1 期的同学，杜聿明还和陈赓同队，宋希濂又是湖南同乡，王耀武是黄埔 3 期，郑庭笈是 5 期毕业，而自称是"黄埔小老弟"的杨伯涛是 7 期。陈赓在席间亲切地询问他们在红星公社学习和劳动的情况，征求他们有什么意见需要提出，有什么困难问题需要解决。客人们争相谈论各自的经历，从硝烟弥漫的战争年代，他们被俘后在各个拘留所的学习生活，一

---

① 穆欣：《陈赓大将》，第 745 页，新华出版社，1985 年版。

直谈到特赦获释后的感想。陈赓和他们畅谈国家建设的形势，阐述党的路线政策，解答他们还有疑虑的问题，大家深受感动。他们回到红星公社以后，6个人联名给陈赓写了一封感谢信。八九月间，陈赓再次邀请他们聚谈，起义的黄埔同学郑洞国、陈明仁、侯镜如、唐生明等参加活动。10月19日，周恩来总理安排张治中以黄埔军校教育长身份，邀请在京的黄埔同学在颐和园聚会，周恩来、邓颖超及陈赓、邵力子、屈武、郑洞国、侯镜如、黄雍、李奇中、覃异之、周嘉彬、唐生明等携夫人参加，中央统战部专门派人到红星公社接杜聿明等6人。[①] 周恩来总理亲切地同杜聿明等6人交谈，从他们的家庭到他们的生活，询问他们在红星公社的锻炼情况，同他们纵谈国内外的大好形势。周恩来总理最后对杜聿明等人说，你们是第一批特赦的，要做好改造的标兵。你们是得到特赦了，但是过去的历史罪恶还是客观存在，是不能改变的，不能因为特赦就一起抹掉了，而人的思想行为是可以改变的，赦人不赦罪，大家要引以为戒，继续改造自己。[②]

获得释放的黄埔师生，在党和国家的关怀下重获新生，经过一段时间劳动锻炼后，多安排在政协从事文史工作，有的被特邀参加全国政协，任政协全国委员会文史资料研究委员会委员，有的被任命为政府参事，从不同层面不同岗位为中华人民共和国作出了一定贡献。

三、领导剿匪平叛斗争

1949年秋，在人民解放军正以排山倒海之势向全国进军时，国民党蒋介石为了挽救其垂危的命运，抛出了最后一张王牌，即命军统局长毛人凤草拟出台了"关于大陆失陷后，组织全国性游击武装的应变计划"。根据该计划，国民党在大陆残余力量发动了对新生政权的疯狂围攻。据不完全统计，仅1950年2月

---

① 程舒伟、郑瑞峰：《周恩来与黄埔军校》，第340页，中央文献出版社，2014年版。

② 程舒伟、郑瑞峰：《周恩来与黄埔军校》，第351页，中央文献出版社，2014年版。中共中央文献研究室编：《周恩来年谱1949—1976》（中卷），第359页，中央文献出版社，2007年版。

6—13 日的 8 天中，全国各地被土匪包围的县城有 34 座，被杀害的各地方干部、工作人员、征粮队员、解放军指战员达万余人之多。[①] 由于土匪横行，严重影响了社会秩序和新兴政权的巩固，中共中央、中央军委向全党、全军、全国人民发出了《剿灭土匪，建立革命新秩序》的号召书。1950 年 2 月 6—10 日，中共中央西南局委员会召开第一次全体会议。会议明确指出："剿匪已成为西南全面的中心任务"，"农村工作在一个阶段内，皆应以剿匪反霸为中心"，[②] 在会上，西南局第一书记邓小平针对当时的情况，要求全区部队迅速适应新情况，投入剿匪斗争。在这场巩固新生政权的重要斗争中，许多黄埔同学参与其中，包括叶剑英、罗瑞卿、张希钦、张宗逊、熊顺义等高级将领。

叶剑英主持两广地区剿匪。1949 年底至 1953 年，叶剑英领导了华南地区的剿匪斗争、经济建设、民主改革以及广州的市政建设等各项重大工作，取得了显著成效。1949 年 11 月，叶剑英明确提出，要把"剿匪肃特，巩固治安"作为广东当前军事工作的主要任务之一。12 月，华南分局和广东军区联合发出《剿匪指示》，对剿匪的步骤和具体政策等问题作了明确规定。1950 年初，叶剑英和广东军区负责人，根据中南军区的指示，分析了广东土匪的特点，制定了 1950 年剿匪计划，确定了以"政治为主，军事为辅"的剿匪方针，制定了贯彻"首恶必办，胁从不问，立功受奖"和剿匪"必须军政结合，剿抚兼施"原则的有效措施与各项政策。1949 年底至 1950 年 3 月，广东军区部队除参加解放海南岛及沿海岛屿战斗外，其余均投入剿匪工作。1950 年 3 月至 4 月，叶剑英多次主持召开剿匪工作会议，并向部队下达了"土匪不灭，决不收兵"的命令。至 1951 年 5 月，广东境内的 10 万多大股土匪、小股土匪和散潜土匪基本肃清。

1950 年 11 月 21 日，叶剑英、陶铸遵照毛泽东的指示前往广西南宁市，指导开展剿匪工作。11 月 30 日，叶剑英在南宁主持召开了中共广西省委扩大会

---

① 熊顺义：《粉碎反共救国军总部活捉女匪首赵洪文国》，山东省人民政府参事室编：《山东参事文选》第 5 辑，第 90 页，1996 年版。

② 李达口述、郭江明整理：《新中国建立初期西南地区的剿匪斗争》，《军事历史研究》2014 年第 4 期。

议，讨论部署广西剿匪工作。会上，叶剑英传达党中央、毛泽东关于剿匪工作的指示，并作了重要讲话。他指出，今天的广西，是人民的广西，战斗的广西，是比邻越南、负有国际任务的广西。可是，广西虽然解放了，人民有了自己的政权，但广大农村的封建势力尚未摧毁，公开的反动武装尚未消灭，土改尚未完成。群众普遍有 4 个要求：要肃清土匪特务、要吃饭、要有人身安全、要有土地进行生产。这 4 个要求中，最主要的是剿匪，匪不肃清，其他都谈不到。叶剑英在广西同省委、军区的负责人一起研究了广西的匪情，落实了剿匪具体部署，组织了 10 多个团的兵力开展进剿、驻剿和清剿。至 1951 年 5 月 1 日，广西按照党中央、毛泽东的要求，如期完成任务。据统计，广西在 1 年又 8 个月的剿匪斗争中，共歼灭土匪 46.3 万余人，缴获各种枪支 50 万余支。叶剑英领导两广剿匪工作取得了重大胜利，为华南地区政权的巩固和经济的恢复，以及祖国南大门边防的巩固，创造了重要的条件。①

罗瑞卿领导北平剿匪及镇压反革命运动。中华人民共和国成立时，为从根本上解决积弊已久的社会顽疾，罗瑞卿提出要首先解决反动党团骨干分子问题。他说："对反动党团骨干分子、特务分子、宪兵等采取登记自首的政策，在于解散反动组织，禁止他们的反动活动，并把他们的面目公开于群众面前。这样一方面会提高群众的警惕性，一方面便于我们今后更主动、更有计划地打击敌人。"②他非常强调在此项工作中要严格执行党的政策，进行区别对待。他指出："对党团分子，只登记区分部委员以上骨干分子，以免打击面过宽。"罗瑞卿兼任了北京市公安局局长，直接领导了北京市反动党团登记工作，严密组织对国民党警、宪、特等敌伪人员的查处。在剿匪斗争中，坚决贯彻执行党中央"军事打击、政治瓦解、发动群众三者相结合"的方针和"镇压与宽大相结合"的政策，鼓励登记自新。到 1949 年 9 月底，共登记特务分子 3533 名，反动党团骨干分子 3243 名，缴获枪支 98 支，证件 2337 个，基本上摧毁了国民党潜

---

① 李祯苏主编：《叶剑英风范》，第 142—143 页，广东旅游出版社，2003 年版；丁家昕等：《中国元帅叶剑英》，第 385—388 页，甘肃人民出版社，2003 年版。

② 张树德主编：《罗瑞卿大将》，第 130—135 页，四川人民出版社，2009 年版。

伏在北平的反动力量，全国反动党团特务组织也基本得以摧毁。整治工作为中华人民共和国的建设创造了良好的政治环境，受到了党中央和毛泽东的大力称赞。[①]1950 年 10 月 9 日，毛泽东指示罗瑞卿等起草了《关于镇压反革命活动的指示》，并于 10 月 10 日下发全党执行（"双十指示"）。罗瑞卿在第二次全国公安会议上，传达贯彻了"双十指示"，部署开展镇反运动。1950 年底，在全国范围内轰轰烈烈地开展了镇压反革命运动。镇反运动开始后，曾一度出现"宽大无边"的倾向。针对这一倾向，10 月，中共中央又发布《关于纠正镇压反革命活动的右倾偏向的指示》。从 1950 年 12 月起，中国共产党领导全国人民开展了大规模的镇压反革命运动。这次运动打击的重点是土匪（匪首、惯匪）、特务、恶霸、反动会道门头子和反动党团骨干分子。镇反运动采取在党委领导下，实行全党动员、群众动员，使公安、司法机关同广大群众相结合，并吸收各民主党派和民主人士参加的方法，让人民群众自觉地起来检举和揭发反革命分子。为了进一步巩固新生的人民政权，中共中央和中央人民政府于第二年初，由罗瑞卿主持起草了《中华人民共和国惩治反革命条例》，经党中央和毛泽东审定，于当年 2 月发布。该条例规定了"镇压与宽大相结合"的方针和"首恶者必办，胁从者不问，立功者受奖"等处理反革命案件的政策，使镇反斗争有了法律的武器和量刑的标准。镇反运动集中打击了土匪、恶霸、特务、反动党团骨干分子和反动会道门头子等 5 方面的反革命分子，基本上肃清了国民党在大陆上残留的反革命势力，使社会秩序出现了安定的局面，巩固和加强了人民民主专政，有力地支持、配合了土地改革和抗美援朝斗争。1954 年 5 月 17 日，罗瑞卿在第六次全国公安会议上所作的《进一步加强人民公安工作，为保障国家社会主义建设和社会主义改造的顺利实施而斗争》的报告，对镇反运动作了全面总结。[②]

　　张希钦与新疆剿匪。新疆和平解放之后，匪患也十分严重，在新疆境内的国民党残余势力的组织下，发生了多起反共叛乱。自 1950 年的 3 月至 7 月，在

---

① 张树德主编：《罗瑞卿大将》，第 127 页，四川人民出版社，2009 年版。

② 张树德主编：《罗瑞卿大将》，第 130—135 页，四川人民出版社，2009 年版。

昌吉、阜康、奇台、木垒、巴里坤、迪化（今乌鲁木齐市）、南山以及伊宁、若羌等地，共发生叛乱 8 起，计 3.5 万人，各类枪械 6000 多支，裹胁群众 7 万一8 万，总人数达 10 多万人。主要的几股匪徒有乌斯满、贾尼木汗、尧乐博斯，原国民党哈密专员乌拉孜拜、哈里伯克、胡赛音等。面对新疆境内的反动残余势力所酿成的叛乱和匪患，驻疆解放军迅速组织了力量，投入剿匪斗争。新疆军区成立了剿匪总指挥部，王震司令员亲任指挥，指挥部设在奇台县，时任新疆军区参谋长的张希钦任指挥部参谋长。剿匪指挥部成立后，自 1950 年 3 月起，首先对惯匪乌斯满进行了剿除。7 月击溃了乌斯满、尧乐博斯股匪，活捉了贾尼木汗。8 月中旬，开始分兵 3 路围剿迪化南山之乌拉孜拜、司迪克、瓦里股匪。经军民密切配合，终于在 11 月 23 日，将残匪围困在克木布尔卡什沙窝一举歼灭。1951 年新疆军区的剿匪重点转向南疆。在西北军区"联指"统一指挥下，任务由喀什军区具体实施。围剿分 3 个阶段进行。第一阶段围剿铁木里克之哈里伯克股匪；从 1951 年 3 月 1 日至 15 日，围剿进入第二阶段，配合甘、青主力部队围剿台吉乃尔胡赛音股匪；从 4 月 6 日至 6 月 9 日，第三阶段对库兹尔塔什之马五宗股匪进行了围剿。铁木里克战役，前后历时半年，战斗6 次，俘敌 12 人、毙 28 人、伤 18 人、投降 107 人，缴枪 45 支、弹 4000 余发、马 277 匹、驼 233 峰、羊 7476 只、帐房 51 顶。经长达 6 个月的围堵追剿，哈里伯克、胡赛音、马五宗等股匪的主力基本被歼灭，残余匪首如丧家之犬四处潜逃。哈里伯克残余逃往西藏扎麻芒保一带，后亡命国外；胡赛音及余股后于1952 年被迫投降。大规模军事围剿自 1952 年 9 月起停止了，转为展开宣传攻势，1952 年，先后对北疆的谢尔德曼和南疆铁木里克的胡赛音等匪徒进行了强大的政治争取工作，北疆地区匪徒先后被政治瓦解，从 11 月 6 日起，又对铁木里克的胡赛音等匪徒展开了劝降工作，最终用宣传争取的方式将遗留的匪患彻底解决。持续 3 年的剿匪战斗取得了很大的胜利，共计毙伤叛匪 1152 名，俘匪4865 名，归降 42419 名，共计 48436 名。缴各类枪支 7150 支，各类弹药 16.3

万发，缴大小牲畜 16.7 万只。^①这些成绩与以王震、张希钦为代表的剿匪总指挥部的统一指挥有密不可分的关系。张希钦将军离开新疆军区后，先后任军事科学院战争理论部部长，南京军区副司令员兼参谋长。1955 年被授少将军衔。

张宗逊平定大西北。张宗逊，陕西渭南人。1926 年入黄埔军校 5 期学习，同年由中国社会主义青年团转入中国共产党。1949 年 2 月，西北野战军改称第一野战军，下辖 7 个军，彭德怀任司令员兼政委，张宗逊任副司令员。在解放战争时期，张宗逊参加指挥陕中、扶邱、兰州等重要战役，对人民解放战争的胜利，特别是对大西北的解放立下战功。1950 年 4 月 23 日，第一野战军前委下发《关于剿匪问题给各军区的指示》。强调："各剿匪部队、驻防部队，应以镇压反革命活动，维持地方为重要任务。""人民解放军对于反革命的武装叛乱，应坚决镇压，在实行坚决镇压的同时，丝毫不放松政治瓦解工作。"指出："对少数民族中反革命的武装叛乱也应坚决镇压"，"镇压与打击的只是反革命的叛乱事件与反动分子，对少数民族的广大人民，绝对保护其利益，不容丝毫侵犯"。10 月，张宗逊代理西北野战军暨西北军区司令的职务，指挥所部完成了围歼国民党军队残余和剿灭土匪的任务，完全平定大西北。^②彭德怀与张宗逊曾深入新疆、甘肃、宁夏、青海视察工作。每到一地，他都表彰当地驻军取得剿匪的成绩，指示要坚持下去，彻底根绝匪患。他严肃指出：肃清匪特，是关系西北的社会秩序安定，恢复生产和发展经济，改善人民生活的大事。他要求各省党政军领导同志要认真解决历史上遗留下来的民族问题，忠实地执行党的民族政策，大力培养各少数民族自己的优秀干部，把各族人民团结得像一个和睦的家庭一样。11 月 23—25 日，第一野战军暨西北军区又在兰州召开剿匪会议，总结经验教训，提出新的战斗任务。会上，副司令员张宗逊作了总结报告，参谋长阎揆要对今后剿匪工作作出部署。会议号召各部队要树立"剿匪为主、长期

---

① 中共新疆维吾尔自治区委员会党史研究室等编：《新疆平叛剿匪》，第 357—372 页，新疆人民出版社，2000 年版。

② 贺海轮、刘杰编：《中国共产党延安时期与延安精神研究系列丛书 1：延安时期著名人物》，第 47 页，陕西人民出版社，2015 年版；王永均编著：《黄埔军校三百名将传》，第 409 页，广西人民出版社，1989 年版。

剿匪"的思想，"反对和平麻痹、斗志松懈与贪生怕死的可耻行为"。随后，西北军区指示各省驻军，对一些顽匪坚决继续采取以军事打击为主策略。提出要坚持"打得稳，打得准，打得狠"以及"镇压与宽大相结合，打击与争取相结合"的方针。第一野战军暨西北军区先后出动2个兵团部、11个军、39个师（旅）、70个团共14.4万余人。[①]六载风雨，战绩斐然：第一野战军暨西北军区共歼灭匪特12.9万人，缴获各种枪械3.6万多支，子弹18.1万余发，各种炮370多门，炮弹3900多枚，电台37部，各种牲畜19.2万头（匹）。截至1953年10月，西北境内已无大股匪特活动。[②]

熊顺义剿灭赵洪文国"三省游击军"。在西南地区出没的所谓"反共救国军""人民同盟军"等反共武装中，被称为"游击之母""双枪老太婆"的赵洪文国所率领的三省游击军是其中的代表之一。赵洪文国在抗战时期在海内外都享有较高声誉，在内战爆发后，走上了反共的道路，成为了三省游击军的司令。据统计，这伙匪徒共杀害我小分队队员、征粮干部、进步群众300余人；在红庙乡烧毁房屋200多间；抢杀耕牛105头，猪、羊、鸡、鸭不计其数，给群众造成了极大的伤害。他们流窜到绵竹地区后，解放军决定展开清剿行动。

这次剿匪战斗的主力部队122师即是由熊顺义率领的起义部队。他率队于1950年2月先后两次进山清剿，给匪徒极大的打击，散匪又逐渐向什邡、彭县高山深谷中的红白庙场等较大集镇聚集。122师与茂县军分区合作，集中力量给予土匪重点打击。[③]122师任务为向就近的红白庙场匪巢进攻，军分区部队分工向其他几个匪穴进攻，经过近一个月的战斗，以122师为主力的解放军部队终于取得了剿匪斗争的胜利。捣毁了国民党三省游击军总指挥部，活捉了总指挥赵洪文国，打死打伤近百人，俘虏几百人，缴获了大批轻重机枪、半自动步枪和手枪，解决了这股横行多时的匪徒。剿匪结束后，熊顺义及全师受到了西

①　袁志刚、袁俊宏：《戈壁凯歌：西北大剿匪》，第11—12页，解放军出版社，1999年版。
②　袁志刚、袁俊宏：《戈壁凯歌：西北大剿匪》，第429—430页，解放军出版社，1999年版。
③　熊顺义：《我起义后在西南剿匪的回忆》，《肝胆相照五十年》，第459页。

南军区贺龙司令员和邓小平政委的嘉奖。[1]

四、参加抗美援朝战争

朝鲜内战爆发后，美国杜鲁门政府悍然派兵进行武装干涉，发动对朝鲜的全面战争，并不顾中国政府多次警告，越过三八线，直逼中朝边境的鸭绿江和图们江，出动飞机轰炸我国东北边境城市和乡村，把战火烧到了新生的中华人民共和国国土之上。在此危急关头，应朝鲜党和政府的请求，中共中央和毛泽东同志高瞻远瞩，审时度势，毅然决然地作出了抗美援朝、保家卫国的历史性决策，以大无畏的英雄气概果敢承担起保卫和平的历史使命。1950 年 10 月 19 日，我英雄的中国人民志愿军将士，在司令员兼政治委员彭德怀同志率领下，肩负民族的期望，高举保卫和平、反抗侵略的正义旗帜，雄赳赳，气昂昂，跨过鸭绿江，同朝鲜人民和军队一道，历经两年零九个月舍生忘死的浴血奋战，赢得了抗美援朝战争的伟大胜利。这是中朝两国人民和军队团结战斗的伟大胜利，是维护世界和平与人类进步事业的伟大胜利。[2] 抗美援朝战争极大地提高了我国的国际地位，为我国的社会主义建设赢得了一个相对和平的国际环境。

梳理抗美援朝战争史，我们会发现许多黄埔同学曾经参与其中，并作出了杰出贡献，这其中既有高级将领，也有普通战士。

（一）参加抗美援朝战争的高级将领

志愿军副司令员陈赓。1951 年 4 月，陈赓任中国人民志愿军第 3 兵团司令员兼政委，率部入朝，参加抗美援朝战争。6 月，又任志愿军副司令员，协助彭德怀指挥志愿军同美伪军作战。1952 年 4 月，陈赓曾经根据彭德怀的指示，在志司召开了各军参谋长会议，解决有关坑道作战的一系列问题，从战术问题

---

① 熊顺义：《粉碎反共救国军总部活捉女匪首赵洪文国》，《山东参事文选》第 5 辑，第 108 页。

② 习近平：《在纪念中国人民志愿军抗美援朝出国作战 60 周年座谈会上的讲话》，《人民日报》2010 年 10 月 26 日第 3 版。

到挖掘技术都交流了经验，更进一步统一了对坑道工事在当前防御作战中的作用的认识，即坑道必须与野战工事相结合，必须与防御兵力相适应，必须有作战与生活设备，并统一了坑道工事的规格标准。陈赓指出，对坑道工事要有正确的认识。坑道工事要提倡，这是劣势装备的军队对付优势装备敌人最好的办法。如果坑道构筑不得法，自然也有成为坟墓的危险性。这次会议以后，志愿军坑道工事便在统一的要求及组织下，有了进一步的发展。会后，15 军接防的阵地，连一条坑道工事也没有挖。陈赓闻讯，便令 3 兵团所属的 12 军、60 军抽调部队，帮助 15 军挖掘坑道工事。组织四五班轮换，并请国内工业部门解决炸药和打炮眼工具、抽调飞机等。仅经几个月的时间，就在阵地上挖成了完整的坑道体系。以后在赢得世界声誉的上甘岭战役中，15 军和 12 军阵地经受住了世界战争史上空前集中火力的最严重考验。整个战役历时 43 天，一直在 3.7 平方公里狭窄地段内进行，敌人共向这里倾泻炮弹 190 多万发，最多的一天达 50 多万发，投掷炸弹 5000 多枚，最多的一天达 500 枚，山顶土石打松一米多深。但是由于我军英勇顽强，积极主动，各兵种密切协同，正面抗击，坚持坑道与不断的反冲击，上甘岭战役取得胜利，这进一步显示出我军防御的稳定性，显示了坑道工事在朝鲜战场的巨大作用。同时也证明了我军诸兵种协同作战指挥的艺术也有相当的提高，并且获得了依托坑道进行顽强防御比较系统的经验。[①]1952 年 6 月，朝鲜民主主义人民共和国首相金日成授予陈赓一级独立自由勋章。[②]

志愿军副司令员宋时轮。湖南醴陵人，黄埔军校 5 期生，在校期间加入中国共产党。1949 年 2 月任解放军第三野战军第 9 兵团司令员。4 月，率部参加渡江战役，上海解放后兼任淞沪警备区司令员。1950 年 11 月，率部参加抗美援朝战争，1951 年 6 月至 1952 年 7 月任中国人民志愿军第三副司令员，参与

① 穆欣：《陈赓大将》，第 702—706 页，新华出版社，1985 年版。

② 王永均编著：《黄埔军校三百名将传》，第 347 页，广西人民出版社，1989 年。

指挥第二、五次战役和上甘岭战役。[①]

　　首任驻朝鲜大使倪志亮。倪志亮，北京人，黄埔军校 5 期步兵毕业，在校期间加入中国共产党。参加过 1927 年广州起义，以及鄂豫皖革命根据地的创建和各次反"围剿"作战，曾任红四方面军参谋长兼红军大学校长、八路军 129 师参谋长、晋冀豫军区司令员。解放战争时期历任辽北军区司令、嫩江和嫩南军区司令员、东北军政大学副校长、中南军政大学副校长兼武汉警备副司令员等职。1950 年 7 月，倪志亮被任命为中华人民共和国驻朝鲜民主主义人民共和国大使。出国前，毛泽东主席和周恩来总理作了指示：我们是大国，首先应注意团结驻在国；应注意重大的问题，少管日常琐事。周恩来还以外交部长的身份，要求驻朝大使倪志亮注意观察朝鲜战局的最新动向，随时报告。

　　倪志亮为此加强了大使馆对战局战况、作战双方态势、兵力装备增减、朝方社情民情的深入了解。根据派人调查及同朝方联络获得的情报，8 月下旬，倪志亮组织使馆人员认真研究战争形势，分析美军和南朝鲜军在西海岸频繁侦察活动等迹象，认为朝鲜人民军在洛东江前线已不可能取得进展。在此基础上，倪志亮指导撰写了一份《目前朝鲜战争局势报告提纲》，详细阐明朝鲜战场的态势和朝鲜后方的主要情况。凭着几十年革命战争积累的军事指挥经验和素养，倪志亮察觉到朝鲜人民军面临着巨大忧患。在这份报告中，他敏锐地提出了一个重要观点，就是美军很可能会在朝鲜人民军的侧后实施登陆作战，"估计可能在仁川或其他地区登陆"。[②] 然后派政务参赞柴军武迅速赶回国内，向总参谋部和外交部汇报。此时，正是朝鲜釜山前线战局僵持的阶段，也是美军秘密准备仁川登陆的前夕。柴军武向聂荣臻作汇报时，特别提出了一个观点，就是美军正在积极准备反攻，很可能会在朝鲜人民军的侧后实施登陆作战，而地点很可能在仁川。倪志亮判断的理由是：仁川是汉城的门户，占领仁川可以直捣汉城，可以一举切断人民军的后勤补给线，同时又可以和釜山防御圈里的美军相互呼

---

　　① 中国人民解放军军事科学院军事百科部编：《开国将帅》，第 89 页，山西人民出版社，2005 年版；中共中央党史研究室第一研究部：《中国共产党第七次全国代表大会名录》，第 473 页。

　　② 柴成文：《目前朝鲜战争局势报告提纲》（1950 年 9 月 8 日），中央档案馆存档。

应。事后证明，倪志亮和柴军武的判断是准确的。聂荣臻当天将这个汇报提纲呈送毛泽东，毛泽东阅后当即批示：请周约柴军武一谈，指示任务和方法。第13兵团同柴去的军事人员是否要来京与柴一道面授机宜，请周酌定。① 这个汇报提纲是当时中国掌握的关于朝鲜战局的第一手资料，为党中央正确决策抗美援朝提供了重要支持。

10月4日下午，中共中央政治局扩大会议决定，由彭德怀率志愿军入朝作战。10月8日，毛泽东发出命令：将东北边防军改为中国人民志愿军，迅即向朝鲜境内出动，协同朝鲜同志与侵略者作战并争取光荣的胜利。② 在志愿军部队入朝前夕，倪志亮结合人民解放军的纪律，特地拟制《部队进入朝鲜应注意事项》共11条内容，于10月9日上报给周恩来、聂荣臻、彭德怀、高岗，提出志愿军入朝后，要按照朝鲜风俗习惯，注意以下各点：

（一）供房屋家具均按系统找各该面里洞的委员长（区村长）交流。

（二）所有民房进门就是炕，故进门必须脱鞋，并不准进厨房与内屋。

（三）尊重长者，老头称爷爷（哈拉波吉），老太太称奶奶（哈拉末尼），在老年人面前最好不吸烟、不饮酒。

（四）禁止叫朝鲜人为高丽人或高丽棒子。

（五）不与青年妇女讲话。

（六）尊重神主（祖先牌位），不要移动它。尊重坟墓，一般不动坟墓周围的地（当然作战时挖工事是会被原谅的）。

（七）使用群众的劳动力要计划工资（如做饭带路等），少数人外出遇到困难时，也可以给点，不求群众帮助。

（八）群众习惯不饮开水只喝冷水，部队须带相当药品以防肚痛。

（九）群众多识汉字，没翻译时可以汉字进行笔谈。

---

① 中共中央文献研究室编：《毛泽东年谱（1949—1976）》（第一卷），第185页，中央文献出版社，2013年版。

② 中共中央文献研究室编：《毛泽东年谱（1949—1976）》（第一卷），第206—207页，中央文献出版社，2013年版。

（十）一般群众对公务人员与军队害怕讨厌，但服从性好，所以须避免过多动员人力。

（十一）群众未受过长期战争锻炼，所以民工接近前线必须有干部掌握，以免混乱与逃跑。[①]

根据这些情况，中央军委指示中国人民志愿军第 13 兵团政治部专门向部队发出入朝后群众纪律守则和公约，其中特别规定："除更严格执行我三大纪律八项注意，保持我党、我军的荣誉，要遵守当地风俗。"中国人民志愿军具有人民军队长期形成的优良传统，加上入朝前各部队进行政策纪律教育，部队入朝后更是严格维护群众纪律，充分尊重朝鲜各级政府和人民群众，帮助朝鲜人民积极进行各项建设工作，赢得了朝鲜政府和人民群众的衷心拥戴。朝鲜百姓竭诚援助中国人民志愿军，让房、送柴草、借粮、帮助救扶伤员等，中国人民志愿军与朝鲜人民患难与共，军民亲如一家，从而保证了抗美援朝作战的胜利。

10 月 19 日，以彭德怀为司令员兼政治委员的中国人民志愿军奉命开赴朝鲜战场。入朝后，根据敌人分兵冒进的情况，决定立即改变原防御作战计划，而采取在运动中歼敌的方针，以一部在黄草岭、赴战岭地区钳制东线之敌，以主力于西线歼灭敌人。到 1951 年春，以苏联空军为主，中朝苏空军完成了掩护鸭绿江大桥的任务，对中朝联军的运输线也起到了重要的保障作用。中、朝、苏 3 方空军的联合行动，倪志亮在其间做了大量穿针引线的联络工作。[②]

美军遭受一系列失败，迫使杜鲁门政府不得不寻找和平解决朝鲜问题的途径。毛泽东和周恩来等领导人得到这一信息后，立即通过倪志亮邀请金日成于 6 月 3 日到北京磋商。中朝两国领导人进行了研究、商讨，最后决定，同意进行停战谈判。倪志亮经过多方奔走，弄清朝、美两方关于谈判的有关时间、地点、人数等细节后，遂于 7 月 3 日致电毛泽东，请示派遣涉外军官名额及和谈

[①] 《部队进入朝鲜应注意事项》，解放军档案馆存档。

[②] 中国人民解放军《中国人民解放军高级将领传》编审委员会，中国中共党史人物研究会《中国人民解放军高级将领传》编撰委员会：《中国人民解放军高级将领传·第 33 卷》，第 314 页，解放军出版社，2013 年版。

日期：

（一）据李奇微涉外局本日午后一时卅五分发表李奇微之通知称：关于停战谈判，希望能在七月十日或以前，在开城举行，并提议双方各派涉外军官三人于七月五日在开城接洽举行预备会议。

（二）金首相的意见，对此拟同意七月十日举行谈判，唯对双方各派涉外军官三名于七月五日举行之预备会议拟改在七日举行。

（三）我方应派之涉外三人：朝鲜二人、志愿军一人。

以上意见，特此转报，请您指示。[①]

很快，毛泽东给倪志亮发来一份电报，同意驻朝鲜使馆政务参赞柴军武以中校名义担任中国人民志愿军联络官，参加停战谈判。7月6日，倪志亮、柴军武陪同李克农、乔冠华会见金日成，双方协商了中朝代表团的组成。10日，停战谈判即正式拉开帷幕。

作为抗美援朝战争战火中的大使，倪志亮在敌我情况极其复杂，战争环境特别危险，工作、生活条件非常艰苦的情况下，坚决认真地贯彻执行了中共中央的指示，妥善协调了中、朝、苏3方关系，起到重要的桥梁纽带作用，得到周恩来的多次表扬。同时，倪志亮的工作也受到朝鲜人民和金日成的高度赞扬，被授予朝鲜民主主义人民共和国最高勋章——一级国旗勋章。[②]1955年9月，倪志亮被授予中将军衔，荣获一级八一勋章、一级独立自由勋章和一级解放勋章。[③]

3次入朝作战的曾泽生。如前所述，曾泽生率部起义后，其所部被改编为第四野战军第50军，曾泽生继续担任军长，并率部进军大西南，立下不朽战功。抗美援朝后，第50军作为第一批入朝部队参战。在第一次战役中，第50军与英27旅交手，攻至铁山地区。因英军退得快，第50军斩获不多。在第二

---

① 倪志亮向毛泽东请示派涉外军官名额及和谈时期电（1951年7月13日），中央档案馆存档。

② 新华社平壤1951年10月3日、4日电。

③ 中国人民解放军《中国人民解放军高级将领传》编审委员会、中国中共党史人物研究会《中国人民解放军高级将领传》编撰委员会编：《中国人民解放军高级将领传：第33卷》，第304—317页。

次战役中，第 50 军于西线进攻英 27 旅和美 24 师一部，兜着敌军屁股追击，协助兄弟部队解放了北朝鲜全境。在第三次战役中，第 50 军突破敌临津江防线，从正面向汉城推进。在高阳以北的碧地里地区，第 50 军击破了美 25 师 1 个营的阻击，又在仙游里地区击退了英 29 旅皇家来复枪团第 1 营。英 29 旅组织了 1000 余兵力和 200 门大炮拼死反击，均被志愿军击退。志愿军乘夜向装备"百人队长式"重坦克、火力充足的皇家重坦克营发动猛攻，提着爆破筒、扛着炸药包从四面扑来的志愿军士兵，使英军顾此失彼，防线终被突破。到了天亮，皇家重坦克中队被全部歼灭，第 50 军取得了骄人战绩。

1951 年 1 月，第 50 军一部同 39 军以及朝鲜人民军一起攻入了汉城。在第四次战役中，为打破美韩军队的北进攻势，志愿军采取了"西顶东攻"的战略。第 50 军位于战线的最西部，在汉城以南地区，背临汉江，迎头挡住美 3 师、美 25 师、英 29 旅和土耳其第 1 旅的道路。这场阵地防御战进行得艰苦卓绝。敌军火力十分猛烈，炮弹像下雨一样。面对优势的敌军，死战不退的第 50 军官兵们以血肉之躯苦苦坚守着阵地。最惨烈的时候，一天就有三四个连队全部牺牲在阵地上。营连一级的建制很快就打散了架，只好以团级单位进行防守。打了不到半个月，第 50 军就已伤亡过半，全军勉强能成建制投入战斗的只有 4 个营又 4 个连的部队。因伤亡过大，很多阵地丢失了。曾泽生只好收缩兵力，固守要点，尽力迟滞敌军的北进。一直打到 1951 年 2 月初，因汉江面临解冻，第 50 军不得不放弃阵地，撤至汉江北岸。在这里，第 50 军继续阻击攻势不减的敌军。在 50 多天的防御作战中，共计毙伤俘敌 1.1 万余人，击毁坦克装甲车 70 余辆，击落击伤敌机 15 架，缴获各种枪支 1800 余支、汽车 17 辆、火炮 34 门。

1951 年 3 月 15 日，曾泽生率第 50 军回国休整。7 月 4 日，再次率领 50 军第二次入朝，担任西海岸防御及抢修前线机场任务。1951 年 10—11 月，指挥 50 军渡海攻岛作战（大小和岛空战），先后解放清川江北敌占岛屿。1951 年底，曾泽生因病回国休养。1953 年 1 月，又入朝回到 50 军。1955 年 4 月 19 日率领 50 军回国驻防丹东。曾泽生在朝鲜战场上共进行大小战斗 95 次，歼敌 14492 人。1953 年获朝鲜民主主义人民共和国一级国旗勋章。1955 年被授予中国人民解放军中将军衔，并获中华人民共和国一级国旗勋章。

战功赫赫的刘儒林。刘儒林是菏泽市成武县人，1926 年于黄埔军校 4 期步科毕业。1949 年 1 月，他响应中国共产党的号召，随傅作义将军在北平起义，为北平的和平解放作出了很大贡献。所在部队经解放军改编后，继续任第 67 军副军长，改编后刘儒林在 67 军很受尊重，文件、电报都让他看，重要会议都让他参加，请他发言。在工作上安排他主管炮兵工作，发挥他的特长；在生活上，也给了他多方面的照顾。部队也能够自觉支持刘副军长的工作，接受他的指挥和领导。改编后积极开展工作，所分管的工作干得很出色。抗美援朝战争爆发后，67 军于 1951 年奉令入朝作战，关于是否带刘儒林入朝作战也引发了一些讨论，杨成武曾专门指示："对于这件事需要全面考虑。第一，得开诚布公征求他本人的意见，尊重他本人的意愿。第二，入朝作战很艰苦，刘儒林同志有风湿病，身体能否吃得消，也得考虑。"[1] 刘儒林本人主动提出了要求，刘儒林自己还特地花钱做了一件皮袄，以便入朝后穿，预防犯病。最终刘儒林成为志愿军的一员，踏上了朝鲜战场，依旧分管炮兵工作。

第 67 军刚刚踏上朝鲜战场，就参与了反击敌人"特种混合支队作战试验"的作战，不但取得了可观的战果，更重要的是获得了打击敌人坦克部队的经验，对 20 兵团乃至整个志愿军的军心、士气和战术技术方面提高起到了积极作用。之后的月峰山战役中，美军在北汉江以西，连续 3 天发动了猛烈攻势，第 67 军依托已建立的阵地进行防御，他们的防线始终没有被敌人的坦克、飞机、大炮所突破，胜利地粉碎了敌人的全面进攻，3 天共歼敌 1.7 万多人，重创了侵朝美军第 7 师。后来，《人民日报》还头版报道了这一重大胜利，宣布 67 军创造了朝鲜战场日歼敌最高记录。[2] 在被称为"抗美援朝最后一战"的金城战役中，第 67 军作为中路集团的主力，与同属第 20 兵团的其他各军一起，圆满完成了战役任务，在金城以南 30 公里的正面上突破了南朝鲜军 4 个师的坚固设防地带，收复土地约 178 平方公里，拉直了金城以南的东西战线，改善了防御态势，

---

① 《杨成武回忆录》，第 862 页，解放军出版社，2007 年版。

② 《杨成武回忆录》，第 949 页，解放军出版社，2007 年版。

给李承晚政权很大打击，直接促进了朝鲜停战协定的早日签字。

入朝作战的两年时间里，第 67 军可谓战功累累，刘儒林作为副军长作用不可忽视。在起义改编后，刘儒林逐渐由一位前国民党将军，成长为人民解放军的高级指挥员，为祖国的荣誉、自由和独立以及邻邦的安宁作出了极大的贡献。

此外，许光达、方之中等解放军高级将领也以不同形式参与到抗美援朝战争中，并作出巨大贡献。

（二）参加抗美援朝战争的黄埔同学

除以上出身黄埔的解放军高级将领外，还有大批出身黄埔的中下级指战员，参加了抗美援朝战争，并在各个领域作出巨大贡献。仅以山东为例，如下表6-4。

表 6-4　参加抗美援朝战争的山东黄埔同学

姓名	届别	籍贯	抗美援朝战争前经历	抗美援朝期间职务
庄兴元	6 期	滕县	历任国民革命军排长、连长、营长、团长，参加过北伐和抗日战争，1949 年在贵州起义	志愿军炮兵部队服役
王映新	15 期	惠民	曾任抗日军政大学一分校训练部科员、115 师 686 团管理员、作战教育股股长、东北民主联军第 1 纵队教导大队 1 队队长、司令部作战科教育参谋，参加了辽沈战役	志愿军第 38 军司令部作战科教育参谋
王延洲	16 期	日照	曾任中美军混合飞行团第 3 大队飞行员，解放军东北航校教员	志愿军空 2 师飞行员
宋进海	18 期	梁山	曾任国民党 13 军 89 师排长、连长等职，1949 年随傅作义和平起义	志愿军第 68 军 604 团宣传教育干事
朱振廷	21 期	武城	曾任国民党第 67 军炮兵队长、排长，1949 年 9 月起义	志愿军第 67 军 188 师炮兵团文化教员
傅柏龄	21 期	寒亭	曾任国民党青年军工兵营排长	志愿军后勤直属 2 大站 6 分站计划组长

续表

姓名	届别	籍贯	抗美援朝战争前经历	抗美援朝期间职务
贺志刚	21 期	济宁	曾任国民党军排长，1949 年 1 月，在北平参加起义	志愿军某部副连长、师教导队队长
赵殿玉	21 期	高青	曾任国民党军排长、连长，1949 年 10 月随军和平起义	志愿军第 64 军后勤部从事汽车运输工作
欧阳纪声	22 期	宁远	曾在第 7 编练司令部学兵团训练学兵，1949 年 12 月参加起义	志愿军第 10 军后勤总医院第 2 医务所文化干事
侯存义	22 期	滨州	1949 年随部队在成都起义	志愿军第 60 军 180 师司令部军务处见习员
刘俊英	22 期	高唐	1949 年 12 月随部队在绵竹起义	志愿军第 27 军排长
张天一	23 期	滨州	1949 年随部队在成都起义	志愿军第 60 军 180 师连职工股见习干事
姜希壮	23 期	蓬莱	1949 年随部队在成都起义	志愿军第 11 军 545 团 1 营军事教员
郭毅杰	23 期	桃源	1949 年随军校在成都起义	志愿军第 60 军 180 师政治部宣传科干事
柴金星	23 期	泰安	1949 年 12 月随军校起义	志愿军第 60 军 180 师 539 团司令部炮兵室参谋
延顺生	23 期	广饶	1949 年随军校在成都起义	志愿军第 60 军 179 师山炮营军事教员
庄子超	第一分校军训班 4 期	莒县	曾任国民党军少、中尉排长，上尉连长，少校连、营长，中校站长，1949 年参加绥远起义	志愿军第 37 军 322 团供给科科长

作为战斗员，黄埔同学在抗美援朝战场上不怕牺牲，英勇作战，创造了非凡战绩。志愿军空 2 师飞行员王延洲在掩护战友轰炸大小和岛的战斗中，创造了以螺旋桨战机对战喷气式战机的空战奇迹：

我护航的歼击机群眼看轰炸机群被敌咬住，副大队长王天保刚击退一架偷袭的敌机，突然又有 7 架敌机恶狠狠地围了上来。王天保是东北老航校第三期飞行学员，我教过他飞行，技术过硬。他凭着勇敢和机智，在敌群中又钻又闯，接连击落击伤敌机 4 架。我正想支援王天保，忽见 3 号、4 号僚机落后，即呼叫他们赶快跟上来。与此同时，发现在后上方许多黑点，好似一大群苍蝇嗡嗡地愈来愈近，肉眼看准是 F-86 "油挑子"。我急忙呼叫僚机 2、3、4 号，将炮弹上膛，打开炮和照相机电门，刚说完话，敌机黑乌鸦似的一大群向我机群俯冲下来，炮火嗖嗖地从我机翼下飞过。我带领的 2 号徐振东、3 号周宗汉、4 号何岳新，迎战敌机，上下翻腾，左右冲杀，一面以自己的炮火吸引 F-86，一面横冲直撞，以翼形成屏障，全力保护杜-2 机群。

拉-11 是苏制螺旋桨驱逐机，时速极限 700 公里，而号称 "佩刀式" 的 F-86 时速 1100 公里，无论是时速、升限、火力，拉-11 都无法与 F-86 相比，何况敌机 34 架，而我拉-11 才 16 架。我中队 3 号机、4 号机不幸在空战中被击中起火，周宗汉、何岳新两位战友光荣牺牲。这真是出师未捷身先死，怎不令人泪水满襟。心头痛恨无以复加，我身为长机，一定要报此深仇大恨。在惊险的格斗中，只有积极捕捉猎物。我获得两次射击目标的机会：第一次，尾随攻击我轰炸机群的敌机，距离很近，我咬牙瞪眼，右手食指扣紧机炮扳机，射击了一串炮弹，这架 F-86 中弹，狼狈逃窜。此时，又一次机会来临，一架 F-86 紧随我轰炸机群之后，在上升右转弯时，正闯入我瞄准十字框光环之内，机不可失，我一阵炮弹，发发命中敌机身，顿时火光冲天，浓烟四起，敌机拖着浓烟一头栽向海中，见龙王爷去了。接着我一掉机 2 头紧咬着一架 F-86，这家伙很鬼，急忙拉杆爬高，眨眼不见踪影。我击落敌机一架，击伤一架，总算为死去的战友报了仇。螺旋桨飞机跟喷气飞机搏斗，创造了世界空战史上的奇迹。[1]

战斗中，王延洲击落击伤敌机各 1 架，荣立二等功。

情报是战争胜利的关键，在第二次战役中，志愿军第 38 军全歼了美军精锐部队第 8 师和一个运输队，取得了我军入朝作战的第一个歼灭战。第 38 军至此被称为 "万岁军"，驰名中外。这一重要战斗的背后也离不开黄埔同学的关键贡献。为全歼敌人，军部派侦查科长张奎印带一个小分队深入敌后侦察敌情，破坏敌人的交通线。当时担任 38 军作战科副科长的王映新，毕业于第六分校 15

---

① 王延洲口述，吴昌华整理：《一位空战老兵的非凡人生》（九），《黄埔》2012 年第 3 期。

期步兵科，正是由他负责与侦查科长张奎印（电影《奇袭》中杨伟才的原型）联络。出发前，他们将地图标上暗码，制定成暗语，以防被敌方窃听。王映新保持和小分队的联系并及时将小分队的活动情况报告首长，保证了首长随时掌握小分队情况并给予及时指挥，使得小分队弄清敌情及时炸毁了清川江上的康平桥，切断了敌人的退路。这是此次战役最终获得成功的重要保障。[①]

宣传动员工作也是战场上的重中之重，23 期同学郭毅杰在抗美援朝时期在 180 师担任宣传干事，他这样回忆自己的战场经历：

战役开始后，我们宣教科的 5 名干事，下到各个连队，同战士并肩战斗，在阵地上冒着敌机的狂轰滥炸、炮火的密集袭击，我们毫不畏缩，克服山地作战、大雨滂沱等艰难险阻，战胜食物吃尽、忍饥挨饿的煎熬。在这样的战斗环境里，我们边战斗边采集，不断积累英模材料，在《战地快报》上发表。

我们宣教科在（第五次）战役期间，直接和连队战士并肩战斗，并且出版《战地快报》共 8 期，大大地鼓舞了战斗士气，荣获先进集体称号。我因在战场上奋不顾身，英勇战斗，并收集英模事迹，写成 4 篇稿件，在《战地快报》上发表，荣立三等功一次。[②]

在分散突围的关键时刻，郭毅杰在黄埔所受的军事教育发挥了关键作用，他对同志们说："一定要沉住气，千万别慌张。我们绕开敌人炮弹密集封锁地带，深夜下四点是最佳突围时间，我们快速奔丛林下山。"当夜正好大雨倾盆，他率领宣教科的同志摸黑顺利突出重围，回到 60 军的集结地新谷院。[③]

在没有硝烟的战场上，依然少不了黄埔同学忙碌的身影。抗美援朝时，由于西方国家的封锁，加上中华人民共和国成立初期物资的匮乏，前线急需的物资供不应求。杜中夫作为既懂得军事器材装备，又通晓外语的专门人才，受陈毅司令员之命，到香港采购军用物资，对外公开的身份是香港合众公司技术顾

---

① 张耀辉：《我的岳父王映新》，《黄埔》2010 年第 2 期。

② 郭毅杰：《参加抗美援朝战争》，《黄埔人生：黄埔军校山东同学传记资料选编》上册，第 66—67 页。

③ 郭毅杰：《参加抗美援朝战争》，《黄埔人生：黄埔军校山东同学传记资料选编》上册，第 66—67 页。

问。他充分发挥自己的聪明才智，在极其复杂困难的情况下，冲破西方国家设置的重重障碍，利用当年黄埔同学的关系，同多个国家多方人士斡旋，圆满地完成了上级交给的任务，为抗美援朝战争的胜利作出了贡献。[①]

抗美援朝开始后，毕业于黄埔军校二分校 17 期步兵科的梅设元，不但自己亲赴战场，他的妻子也成为一名抗美援朝的铁路员工。他们毫不犹豫地把全部私人积蓄黄金 50 两（包括妻子的陪嫁首饰），捐献给国家购买飞机大炮。作为一名军人，梅设元作战勇敢顽强，曾两次荣获三等功。[②]

抗美援朝是中华人民共和国的"立国之战"，在这场反对帝国主义侵略的伟大的正义战争中，黄埔同学活跃在战场的各个角落，在作战、侦察、宣传、后勤工作中，都发挥了自己的作用，践行了"爱国革命、亲爱精诚，团结合作，不怕牺牲"的黄埔精神。

五、奋斗在建设新中国的各条战线上

随着全国解放，剿匪平叛的胜利，以及抗美援朝战争的胜利，中华人民共和国也逐渐进入了和平建设时期。黄埔师生作为一个有知识、有文化、有着丰富政治和军事斗争经验，特别是有着比较突出的行政与社会管理能力的群体，继续活跃在建设中华人民共和国的各条战线上，为社会主义革命和建设作出了巨大贡献。

（一）黄埔师生与中华人民共和国的政治经济建设

如前所述，早在革命年代，许多黄埔同学就加入中共，并历经战火洗礼，跻身中共高层。革命胜利后，他们在中华人民共和国的政治经济建设中，继续发挥着重要作用。

---

① 杜素雅：《丹心一片赤子情——忆我的父亲杜中夫》，《山东黄埔》2010 年第 6 期。

② 刘存香、杨丽：《梅设元——从黄埔军校走出来的一位军人》，《黄埔人生：黄埔军校山东同学传记资料选编》上册，第 475 页。

其一，从党的层面来说，许多黄埔师生位居中共中央最高层，参与了关乎党和国家发展的若干重大规划与决策。如周恩来、叶剑英、徐向前、陈毅、聂荣臻、林彪、萧克、许光达、宋时轮、陶铸、张宗逊、王铮、程子华、陈奇涵等，在中共八届、九届、十届中央委员会的选举中，当选为中央委员、候补委员或监察委员，部分当选为政治局委员、常委、乃至中央副主席。①

表 6-5　部分黄埔师生的党政任职简况（1949—1976）②

姓名	期别	党内职务	政府职务
周恩来	政治部主任	中共八、九、十届中央政治局常委，八、十届中央副主席	国务院总理、外交部长
李济深	副校长	—	中央人民政府副主席
叶剑英	教授部副主任	中共八届、九届中央政治局委员，十届中央政治局副主席	—
郭沫若	武汉分校政治教官	中共九届、十届中央委员	—
李富春	武汉分校政治教官	中共八届中央书记处书记、政治局常委，九届、十届中央委员	国务院副总理、国家计委主任
徐向前	1 期	中共八届中央政治局委员，九、十届中央委员	—
袁仲贤	1 期	—	中国驻印度大使、外交部副部长
王一飞	2 期	中共中央编译局副局长	北京图书馆副馆长
谢宣渠	2 期	—	情报总署专员、内务部参事、国务院参事
陈采夫	3 期	—	湖南省水利厅副厅长
刘宗宽	3 期	—	川东行署委员

---

①　王永均编著：《黄埔军校三百名将传》，第 34、115 页，广西人民出版社，1989 年版。

②　陈予欢：《雄关漫道：黄埔军校第四期生研究》，第 296—297 页，中山大学出版社，2009 年版；陈予欢：《沧海横流：黄埔五期风云录》，第 451—452 页，台北秀威资讯科技股份有限公司，2014 年版；王永均编著：《黄埔军校三百名将传》，第 34、46、81、115、131—132、260、670 页，广西人民出版社，1989 年版；曾庆榴：《共产党人与黄埔军校》，第 371 页，广州出版社，2013 年版；杨牧主编：《黄埔军校名人传略》（第 3 卷），第 8 页，河南人民出版社，1990 年版。

续表

姓名	期别	党内职务	政府职务
王世英	4期	中共八届中央监察委委员会常委、副书记	山西省人民政府省长
吴溉之	4期	中共八届中央监察委员	—
林 彪	4期	中共七届中央政治局委员，八届、九届中央政治局常委、副主席	—
萧 克	4期	中共八届中央委员，十届中央候补委员	—
李运昌	4期	—	交通部常务副部长、司法部副部长
雷经天	4期	—	广西省人民政府副主席、华东政法学院院长、上海社会科学院院长
潘朔端	4期	—	昆明市市长
唐 星	4期	—	武汉市副市长
许光达	5期	中共八届中央委员	—
张宗逊	5期	中共八届中央候补委员，十届中央委员	—
宋时轮	5期	中共八届、十届中央候补委员	—
陶 铸	5期	中共八届中央委员，中央书记处常务书记、中央政治局委员、政治局常委	国务院副总理
刘立青	5期	—	铁道部副局长
王 诤	6期	中共十届中央委员	—
程子华	武汉分校6期	中共八届中央委员	商业部部长、国家建委副主任、国家计委常务副主任
陈奇涵	6期	中共八届中央候补委员，九、十届中央委员	—
张如屏	6期	—	武汉水利电力学院院长兼党委书记
阳翰笙	政治教官	全国文联副主席、党组书记	中国人民对外文化协会副会长

续表

姓名	期别	党内职务	政府职务
张庆孚	政治教官	—	林业部副部长
王昆仑	潮州分校政治教官	—	政务院政务委员、北京市副市长
方鼎英	教育长、代理校长	—	湖南省人民政府参事室主任、司法厅厅长
胡公冕	政治科大队长	—	政务院参事、国务院参事
唐生智	长沙分校校务委员会常委	—	湖南省人民政府副省长

其二，部分黄埔师生脱去军装，从事党政管理和经济建设工作，包括许多起义和投诚人士，也应邀在政府中担任了重要职务。

以各自岗位为基础，他们在中华人民共和国的政治经济发展中，作出了创造性贡献。有关这方面的资料也比较多，仅举数例如下。

国务院总理周恩来。中华人民共和国成立后，周恩来一直担任政务院、国务院总理职务。面对百废待兴的局面，他和毛泽东、刘少奇、朱德等人一起，制定了党的社会主义建设的路线、方针、政策，并进行了精心的规划和巨大的组织工作。我国发展国民经济的前几个五年计划，都是他主持制定和组织实施的。他主张经济建设必须积极稳妥，综合平衡，这种主张对于第一个五年计划的顺利完成和后来经济调整工作的迅速收效，起了重要作用。他对社会主义时期的统一战线工作、知识分子工作和科学文化工作，给予了特殊的关注，指导这些工作取得了重大成绩。我国的工业、农业、国防、科技、教育、文艺、卫生、体育等各项事业，人民军队的革命化、正规化、现代化建设等等，无不浸透了周恩来的大量心血。①

在国际事务中，周恩来参与制定和执行重大的外交决策。1950年1月，他陪同毛泽东到莫斯科，同斯大林进行谈判，讨论中苏双方有关的政治、经济问题。1954年4月，率中国代表团出席日内瓦会议。这次会议解决了印度支那问

---

① 周丽：《周恩来的奉献》，第100—116页，吉林出版集团有限责任公司，2014年版。

题，使越南（除南方外）、老挝、柬埔寨 3 国的独立得到国际承认。他代表中国政府和人民倡导在国与国之间遵循互相尊重领土主权、互不侵犯、互不干涉内政、平等互利、和平共处五项原则，在国际上产生了深远影响。1955 年 4 月，率中国代表团到印度尼西亚出席万隆会议，为亚非国家的团结反帝事业作出了贡献。1972 年 2 月，同访问我国的美国总统尼克松进行会谈，协助毛泽东打开了关闭 20 多年的中美两国人民友好往来的大门，开辟了中美关系的新前景。同年 9 月，同访问我国的日本内阁总理大臣田中角荣进行会谈，协助毛泽东实现了中日关系正常化。周恩来还先后访问过欧、亚、非几十个国家，接待过大量来自世界各国的领导人和友好人士，增进了中国人民与世界各国人民的友谊。[①]

"文革"期间，周恩来顾全大局，任劳任怨，为使党和国家还能进行许多必要的正常的工作，尽量减少其所造成的损失，保护了大批党内外干部。1975 年，在第四届全国人民代表大会上，代表党中央提出本世纪内实现工业、农业、国防和科学技术现代化的宏伟规划。1972 年后，周恩来身患癌症，但一直带病坚持工作，直至逝世，把有限的生命完全献给了党和人民。[②]

外交部长陈毅。1958 年 2 月，在一届人大五次会议上任命陈毅为外交部部长。此后，他便一直兼任外交部长，主要从事外交工作。在毛泽东和周恩来领导下，他参与制定和执行了党的重大外交决策，先后访问过欧、亚、非几十个国家，接待过大量访问我国的各国领导人和友好人士，增进了中国人民与世界人民的友谊，提高了我国在世界的地位和威望，对我国的外交工作作出了重大贡献，成为我国的杰出外交家。[③]

国务院副总理陶铸。陶铸，湖南祁阳人，黄埔军校 5 期毕业生。中华人民共和国成立后，陶铸转入地方工作，先后任中共广西省委代理书记、中共中央华南分局代理书记、中共广东省委第一书记、广东省省长、广州军区政委、暨南大学校长、中共中央中南局第一书记、广州军区第一政委等职。1965 年调任

①　周丽：《周恩来的奉献》，第 117—170 页，吉林出版集团有限责任公司，2014 年版。

②　周丽：《周恩来的奉献》，第 173—182 页，吉林出版集团有限责任公司，2014 年版。

③　李平：《中国人民解放军高级将领传：第 3 卷》，第 1—104 页，解放军出版社，2007 年版。

国务院副总理，协助周恩来总理开展工作。"文革"开始后，为限制和减少其冲击和损失，主持制定了《关于工业交通企业和基本建设单位如何开展文化大革命运动的通知》，要求各级党委大抓生产。为防止农村混乱的蔓延，他还根据周总理指示，亲自为《人民日报》撰写《抓革命，促生产》的社论，号召各地农村"一定不要误农时，集中全力，抓好今年的秋收"，提出"学校的红卫兵和革命学生，不要到那些地方去干预他们的工作部署"。随后，他又根据中央办公会议的精神和毛主席、周总理指示，亲自主持起草了《关于抓革命、促生产的通知》（即"工业六条"）和《关于县以下农村文化大革命的规定》（即"农村五条"）。这两个文件对缓解当时工交战线和农村的混乱情况，尽量维持工农业生产和其他生产建设事业基本正常地进行发挥了积极作用。[①]

　　国家计委常务主任程子华。程子华，山西解县人（今运城市盐湖区），黄埔军校武汉分校 6 期毕业。1949 年末，中央任命程子华为山西省委书记、省政府主席、省军区司令员兼政委。从此，他结束了 22 年的戎马生涯，投身中华人民共和国的经济建设事业中。1950 年 10 月，他调任全国合作社联合总社副主任、主任、党组书记，领导了全国供销合作社系统的创建，提出并经中央批准在全国推广对手工业社会主义改造的 3 种形式和对农村私营商业的社会主义改造的 3 种形式，完成了对手工业和农村私营商业的社会主义改造。1956 年后，任国务院财贸办公室副主任、商业部长、中华全国合作社联合总社干部学校校长、国家建委副主任。1961 年，任国家计委常务副主任。在国家计委工作期间，正值国民经济困难时期，他认真贯彻中央关于"调整、巩固、充实、提高"的八字方针，有效地缩短了基本建设战线，促进了工农业生产的恢复和发展。1964 年后任中共中央西南局书记处书记兼西南三线建委常务副主任。他根据毛泽东同志提出的"建设要快，但不要潦草"的指示，深入实际，调查研究，统一规划，综合平衡，突出重点，精心组织，发动各部门通力合作，在极端困难的情

---

　　① 郑笑枫、舒玲：《陶铸传》，第 15—16、327—329 页，中共党史出版社，2008 年版；中共中央文献研究室编：《周恩来年谱（1949—1976）》（下卷），第 59—61 页，中央文献出版社，2007 年版。

况下,艰苦创业,建设了一批以攀枝花钢铁基地为重点的厂矿和军工企业。① "文革"期间，他虽受到严重冲击，并被错误地长期关押，但他立场坚定，毫不动摇。在狱中，在双手严重残疾、生活难以自理、没有任何资料的情况下，写出了长达万言的《关于西南三线建设的情况总结》。②

农垦部副部长刘型。刘型，江西萍乡人，黄埔军校武汉分校学生。中华人民共和国成立后，刘型转入地方工作，先后任中共湖南省委常委兼秘书长、省委城市企业部部长、省人民检察署检察长。1952 年调任新成立的北京地质学院党委书记兼院长，为时长达六年，为我国培养了大批地质人才。1958 年 10 月，出任农垦部副部长，分管橡胶和热带作物的生产工作，直到"文革"爆发。在此期间，他虚心向专家请教，以科学严谨的态度，深入海南、云南等地考察，孜孜不倦地攻读了许多专业技术著作，仅仅两年内就访问数千人次，并在此基础上主持起草和修改了第一部橡胶生产技术规程，为我国天然橡胶事业的创建和发展作出了重要贡献。③

（二）黄埔师生与政协人大事业的创立和发展

人民政协是中国共产党领导下的爱国统一战线组织、多党合作政治协商的重要机构，是中国特色的国家治理体系的重要制度安排。在全国人大成立之前，人民政协还一度发挥着全国人民代表大会的职权，谋划和决策中华人民共和国的各项基本制度架构和重大人事安排。黄埔师生作为在党内外都有着重要影响的一个群体，在人民政协创建和发展的各个阶段都发挥了重要影响。

1. 参与新政协的筹建及早期工作

随着中国革命的加速推进，成立新的中央政府以取代反动的国民党政府的重大任务已经提上了议事日程，因此，从 1948 年开始，中共中央即开始着手筹备新政治协商会议，以讨论和确定新政府的各项规章制度、组织体系和人事安

---

① 程子华:《程子华回忆录》，第 244—327 页，中央文献出版社，2005 年版。

② 程子华:《程子华回忆录》，第 336—338 页，中央文献出版社，2005 年版。

③ 王永均编著:《黄埔军校三百名将传》，第 147 页，广西人民出版社，1989 年版；中共党史人物研究会编:《中共党史人物传》(第 14 卷)，第 353—356 页，陕西人民出版社，1984 年版。

排。其中，遴选新一届政协委员成为做好以上工作的基础和前提。1949 年 6 月
15 日，新政协筹备会第一次全体会议在中南海勤政殿开幕，新政治协商会议筹
备会在北平举行，毛泽东被推选为筹备会常务主任。9 月 21—30 日第一届中国
人民政治协商会议在北京召开，会议审议通过了《中国人民政治协商会议组织
法》《中国人民政治协商会议共同纲领》《中华人民共和国中央人民政府组织法》
《中国人民政治协商会议第一届全体会议宣言》等一系列重要文件；会议还决定
了中华人民共和国的国名、国都、国歌和国旗，选举了中央人民政府主席、副
主席、委员；特别是选出了第一届全国政协委员 180 人，并选毛泽东为主席，
周恩来、李济深、沈钧儒、郭沫若、陈叔通为副主席。许多黄埔师生参与了以
上工作，并当选为全国政协委员乃至常委、副主席。谨择要举数例如下：

全国政协副主席、主席周恩来。作为党的主要领导人之一，周恩来先是被
推选为新政协筹备会的副主任委员，并在随后的第一次全会上当选为副主席。
此后他又在 1954 年 12 月、1959 年 4 月、1964 年 12 月先后当选为政协第二、
三、四届全国委员会主席，历任该职达 21 年。[①]

全国政协副主席李济深。李济深曾任黄埔军校副校长，曾因反对国民党蒋
介石而被其"永远开除党籍"。1948 年初，李济深领导创立了中国国民党革命
委员会，提出推翻国民党独裁统治，实现中国独立、民主与和平的政治主张，
并出任该党主席。民革的成立使国民党内左派爱国民主力量联合起来，特别是
吸引了许多国民党籍的倒戈将领和被俘释放的军政人员。1949 年 6 月，李济深
代表民革出席了政协筹备会，被推选为筹备会副主任委员，并正式当选全国政
协副主席，他曾在筹备会开幕式深情地讲话指出："新政治协商会议筹备会，是
建设一个符合人民愿望的中华人民共和国的开始，我们是以非常的欢欣鼓舞的
心情来参加的。"[②]

全国政协常委张治中。张治中是安徽巢湖人，曾任黄埔军校入伍生总队代
理总队长、武汉分校教育长。1949 年 3 月，作为国民党政府的首席代表，赴北

① 王永均编著：《黄埔军校三百名将传》，第 492—493 页，广西人民出版社，1989 年版。
② 李济深：《李济深自述》，第 104 页，安徽文艺出版社，2013 年版。

平同以周恩来为首席代表的中共和谈代表团举行和谈。和谈失败后，在周恩来劝说下留居北平，并发表《对时局的声明》，宣布与蒋介石集团决裂。6 月，应邀参加了新政治协商会议筹备会。9 月，又作为特邀代表参加全国政协第一届全体会议，当选为第一届全国政协委员。1953 年 2 月，又被进一步增选为政协第一届全国委员会常委。此后，他在 1954 年 12 月、1959 年 4 月和 1964 年 12 月召开的政协第二、三、四届全国委员会上继续当选常务委员。[1] 在此期间，民革中央成立和平解放台湾委员会，张治中出任主任委员，以其与国民党的历史关系，不断尝试推动台湾回归，完成祖国统一。

全国政协委员、常委邵力子。浙江绍兴人，曾任黄埔军校秘书长兼政治部主任。1949 年 3 月，与张治中等作为国民党南京政府和平代表团成员，赴北京谈判；谈判失败后，留在北京，并宣布同国民党反动当局彻底决裂。6 月，作为主席团成员，参加了新政治协商会议筹备会。9 月，参加中国人民政治协商会议第一届全体会议，并当选为全国政协委员。10 月 1 日，参加了开国大典。此后，他在 1954 年 12 月、1959 年 4 月和 1964 年 12 月，连续当选为全国政协第二、三、四届常委。[2] 和平解放台湾委员会成立后，邵力子任第一副主任委员。他经常通过广播、通讯、讲话等方式，对台湾军政人员开展争取工作，推动国家统一事业。

全国政协委员、常委季方。江苏南通人，曾任黄埔军校特别官佐。长期从事反对国民党蒋介石反动统治的斗争，是中国农工民主党创始人和主要领导人之一。1949 年 6 月，季方和彭泽民等 5 人代表农工党出席了新政协筹备会。9 月，被选为华东解放区代表，参加了全国政协第一届全体会议，参与创建中华人民共和国的各项工作，并当选第一届全国政协委员。此后，他还连续当选第二届全国政协委员，第三、四届全国政协常委。改革开放后，季方还曾出任第五、六届全国政协副主席。[3]

---

① 王永均编著：《黄埔军校三百名将传》，第 420 页，广西人民出版社，1989 年版。

② 王永均编著：《黄埔军校三百名将传》，第 330 页，广西人民出版社，1989 年版。

③ 王永均编著：《黄埔军校三百名将传》，第 457—459 页，广西人民出版社，1989 年版。

　　全国政协副秘书长、常委施复亮。施复亮，又名施存统，浙江金华人，曾任黄埔军校武汉分校政治部主任。1945年12月，与黄炎培、章乃器等人发起成立中国民主建国会，并任该会常务理事。1948年5月，响应中国共产党的"五一号召"，代表民建到解放区参加新政治协商会议筹备工作。9月，出席中国人民政治协商会议第一届全体会议，并在该会上当选为全国政协委员兼政协副秘书长，1953年2月又被补选为一届政协常委。此后，他还在政协第二、三、四届全国委员会上继续当选为常委；并在1954年9月、1959年4月和1965年1月，召开的第一、二、三届全国人民代表大会上，当选为全国人大常委。①

　　参加首届全国政协会议的代表杜中夫。杜中夫，广东佛山人，黄埔军校14期毕业。抗战期间参加过台儿庄大战、南昌战役及信阳、潢川罗山、武汉战役等多次战斗。解放战争时期，他任人民解放军坦克兵教员、队长和营长、三野特种兵司令部战车团队长等职，参加过潍坊、济南和淮海战役，曾先后荣立二等功5次，三等功多次，发明奖一次。1949年8月，杜中夫与三野司令员粟裕等12人被推选为华东军区出席第一届中国人民政治协商会议代表，并全程参加了首届全国政协会议，以及天安门广场为烈士英雄纪念碑奠基典礼、中苏友好协会会议等活动。政协会议闭幕后，10月1日下午3时，他还和全体代表跟随毛主席登上天安门城楼，庆祝中华人民共和国的诞生。会议结束后，杜中夫到各部队巡回作报告。②杜中夫之后一直在解放军装甲部队工作。

---

　　①　中共党史事件人物录编写组编：《中共党史事件人物录》，第623页，上海人民出版社，1983年版。

　　②　杜素雅：《丹心一片赤子情——忆我的父亲杜中夫》，《黄埔》2011年第6期。

表6-6　全国政协部分黄埔师生简表（1949—1978）①

姓名	黄埔期别	届别	时间
周恩来	政治部主任	第一届全国政协副主席 第二、三、四届全国政协主席	1949 1954、1959、1964
李济深	副校长	第一、二届全国政协副主席	1949、1954
徐向前	1期	第一届全国政协委员	1949
陈明仁	1期	第一届全国政协委员 第三、四届全国政协常委	1949 1959、1964
陈铁	1期	第一、三、四届全国政协委员	1954、1959、1964
侯镜如	1期	第二届全国政协委员 第四届全国政协常委	1954 1964
傅正模	1期	第二届全国政协委员	1954
周士第	1期	第三、四届全国政协常委	1959、1964
彭杰如	1期	第二、三、四届全国政协委员	1954、1959、1964
黄雍	1期	第二、三、四届全国政协委员	1954、1959、1964
郑洞国	1期	第三届全国政协委员 第四届全国政协常委	1959 1965
廖运泽	1期	第三、四届全国政协委员	1959、1964
宋希濂	1期	第四届全国政协委员	1964
杜聿明	1期	第四届全国政协委员	1964
范汉杰	1期	第四届全国政协委员	1964
阎揆要	1期	第四届全国政协委员	1964
王耀武	3期	第四届全国政协委员	1964
徐介藩	3期	第四届全国政协委员	1964
李运昌	4期	第三、四届全国政协常委	1959、1964
王世英	4期	第三、四届全国政协常委	1959、1964

　　①　陈予欢：《初露锋芒：黄埔军校第1期生研究》，第375页，中山大学出版社，2007年版；陈予欢：《风云际会：黄埔军校第三期生研究》，第299—301页，中山大学出版社，2007年版；陈予欢：《雄关漫道：黄埔军校第四期生研究》，第297—298页，中山大学出版社，2009年版；陈予欢：《沧海横流：黄埔五期风云录》，第452—453页，台北秀威资讯科技股份有限公司，2014年版；王永均编著：《黄埔军校三百名将传》，第46、76、771页，广西人民出版社，1989年版；杨牧等编：《黄埔军校名人传略》（第3卷），第55页，河南人民出版社，1990年版。

续表

姓名	黄埔期别	届别	时间
李逸民	4 期	第四届全国政协委员	1964
吴溉之	4 期	第二、三、四届全国政协常委	1954、1959、1964
倪志亮	4 期	第三、四届全国政协委员	1959、1964
唐天际	4 期	第二、三届全国政协委员 第四届全国政协常委	1954、1959 1964
唐生明	4 期	第二、三、四届全国政协委员	1954、1959、1964
郭化若	4 期	第一、二届全国政协委员， 第三、四届全国政协常委	1949、1954 1959、1964
陶 铸	5 期	第二、三届全国政协委员	1954、1959
陈克非	5 期	第三、四届全国政协委员	1959、1964
郭汝瑰	5 期	第四届全国政协委员	1964
谭希林	5 期	第四届全国政协委员	1964
廖运周	5 期	第一届全国政协委员	1949
程子华	6 期	第三届全国政协委员	1959
王昆仑	潮州分校政治教官	第一届全国政协常委 第三、四届全国政协委员	1949 1959、1964
方鼎英	教育长兼代理校长	第二届全国政协常委 第三、四届全国政协委员	1954 1959、1964
成仿吾	教官兼兵器处处长	第一届全国政协委员	1949
沈雁冰	武汉分校政治教官	第一、二、三届全国政协常委 第四届全国委员会副主席	1949、1954、1959 1964
张治中	武汉分校教育长	第一、二、三、四届全国政协常委	1953、1954、1959、 1964
覃异之	2 期	第三、四届全国政协委员	1959、1964
程 潜	校务委员	第一届全国政协委员	1949
刘 型	武汉分校 5 期	第三、四届全国政协委员	1959、1964
邵力子	秘书长兼政治部主任	第一、二、三、四届全国政协常委	1949、1954、1959、 1964

2. 陆续加入政协工作的黄埔师生

首届全国政协会议结束后，根据工作需要，又有不少黄埔师生通过各种渠道参加到政协工作中来，特别是被俘改造后的国民党高级将领。他们有的是在全国政协，有的是在各地方政协，并作出了重要贡献。试举数例如下：

杜聿明：1960 年，杜聿明与王耀武、宋希濂、周振强、郑庭笈、杨伯涛等人在北京中朝友好红星公社劳动锻炼体验生活一年后，次年 2 月被任命为全国政协文史资料研究委员会专员。1964 年 12 月，被特邀为第四届全国政协委员；1978 年 2 月又当选为第五届全国政协常委。期间，他还担任文史资料研究委员会军事组副组长，撰写了大批极富价值的文史资料。①

王耀武：1961 年 2 月，王耀武也被任命为全国政协文史资料研究委员会专员。1964 年 12 月，又被特邀为四届全国政协委员。期间，他撰写了 20 多万字的文史资料，其内容涉及北伐、十年内战、抗日战争、解放战争等各时期的若干重大战役，具有特别重要的史料价值。

宋希濂：1961 年 2 月，被特赦后的宋希濂与杜聿明等一同应邀出任全国政协文史资料研究委员会专员。后当选为第四届全国政协委员，第五、六、七届全国政协常务委员。在此期间，宋希濂撰写了大批文史资料，记录和反映国民党政府的政治、经济、军事等历史，其中部分后来以《鹰犬将军·宋希濂自述》（中国文史出版社，1986 年版）、《淞沪会战》（中国文史出版社，2010 年版）等为题出版，并产生了广泛而重要的影响。

宋瑞珂：鲁西南战役被俘后，宋瑞珂先在华北军区教导团教导大队学习，担任学习组长、学习委员、俱乐部副主任。1948 年，与陈颐鼎、李用章等同学写了《国民党军队沿革史》一书；1952 年担任教导队研究组组长时，他又与同是战犯的杨伯涛、吴绍周、覃道善、林伟涛、夏建勋、樊明渊、侯吉晖、刘杰等人共同撰写了《美国战略战术之研究》一书。② 被特赦后，到上海市政协文史资料研究委员会担任文史专员、政协委员。在这期间，他撰写了《山东青岛早期黄埔同学二三事》《回忆淞沪抗战》《回忆陈诚》《陈诚军事集团的兴起与没落》《围攻宣化店中原战区的经过》《蒋军第十一师被击溃经过》等百余万字的

①　王永均编著：《黄埔军校三百名将传》，第 206 页，广西人民出版社，1989 年版。
②　宋华斐：《我的父亲宋瑞珂》，《崂山文史资料》第 4 辑，第 232—293 页，1991 年版。

战争回忆录和文史资料，留下宝贵的历史遗产。其中部分后来曾以《宋瑞珂文史资料选集》、《宋瑞珂北伐抗战回忆录》（上海市黄埔军校同学会，2007 年版、2012 年版）等为题结集出版。

庞镜塘：山东菏泽人，曾任黄埔军校政治教官。1949 年在济南战役中被俘时，任国民党山东省党部主任兼省"绥靖"统一指挥部副主任。被俘后，庞镜塘曾在华东军区解放军官训练团、公安部第十三局学习改造，并于 1960 年 11 月被第二批特赦。庞镜塘被特赦后定居沈阳，并于 1962 年始任沈阳市政协委员、文史专员，撰写了一大批具有重要价值的回忆资料，如《关于〈莱芜蒋军被歼记〉一稿的补充材料》《关于孙中山先生遗稿的一次意外发现》《朱家骅献九鼎碰壁记》《CC 系反对杨永泰的一幕》《我在济南战役中的经历和见闻》《国民党中央组织部见闻》《国民党"健党运动"之内情》《"健党运动"和最后一次集中建议》《国民党与三青团的内部矛盾与合并》《"中央俱乐部"——CC 的组织及其活动》《国民党反动派在济南实行反共措施的片断回忆》《蒋介石的一次反共思想测验》《日寇投降后冈村宁次的一个反共建议》《国民党中央组织部概述》《中统初涉洪湖根据地》等等。此外，1970—1974 年他在新民县大柳屯村插队劳动期间，与广大群众建立了深厚的感情，把自己平时省吃俭用积蓄的 3000 元人民币，捐献给该村办电，受到干部群众的称赞。[1]

1954 年 9 月，第一次全国人民代表大会召开。此后，全国人大代替全国政协行使国家最高权力机关的职能。在此过程中，许多党内外的黄埔师生也陆续参加到其中，或者作为大会代表，或者当选为大会常委乃至副委员长。因篇幅所限，有关这方面情况不再详述，谨择要列表 6–7 如下：

---

[1] 政协山东省菏泽市委员会文史资料委员会编印：《菏泽乡人萍踪》，第 44—47 页，1993 年版。

表 6-7　全国人大部分黄埔师生简况表（1954—1975）①

姓名	黄埔期别	届别	时间
叶剑英	教授部副主任	第一、二、三届全国人大常委	1954、1959、1965
徐向前	1期	第一、二届全国人大常委 第三届全国人大副委员长	1954、1959 1965
陈明仁	1期	第一、二、三届全国人大代表	1954、1959、1964
周士第	1期	第一届全国人大代表	1954
阎揆要	1期	第一届全国人大代表	1954
彭明治	1期	第四届全国人大代表	1975
彭杰如	1期	第四届全国人大代表	1975
常乾坤	3期	第三届全国人代代表	1964
王世英	4期	第一、三届全国人大代表	1954、1964
吴溉之	4期	第一届全国人大代表	1954
唐天际	4期	第四届全国人大常委	1975
刘儒林	4期	第四届全国人大代表	1975
陶　铸	5期	第三届全国人大代表	1964
杨至成	5期	第三届全国人大常委	1965
程子华	6期	第一届全国人大常委、第三届 全国人大代表	1954、1964
王　净	6期	第一、二、三届全国人大代表	1954、1959、1964
陈伯钧	6期	第二、三届全国人大代表	1959、1964
陈奇涵	6期	第三、四届全国人大常委	1965、1975
王昆仑	潮州分校政治教官	第一、二、三届全国人大常委	1954、1959、1965
成仿吾	兵器处处长	第一、二、三、四届全国人大 代表	1954、1959、1965、1975
沈雁冰	武汉分校政治教官	历届全国人大代表	1954—

① 陈予欢：《初露锋芒：黄埔军校第一期生研究》，第 374 页，中山大学出版社，2007 年版；陈予欢：《雄关漫道：黄埔军校第四期生研究》，第 297—298 页，中山大学出版社，2009 年版；陈予欢：《沧海横流：黄埔五期风云录》，第 452 页，台北秀威资讯科技股份有限公司，2014 年版；王永均编著：《黄埔军校三百名将传》，第 131、376、379、458—459、784 页，广西人民出版社，1989 年版；杨牧等编：《黄埔军校名人传略》第 3 卷，第 55 页，河南人民出版社，1990 年版。

姓名	黄埔期别	届别	时间
季 方	特别官佐	第一、二、三、四届全国人大常委	1957、1959、1965、1975
张治中	武汉分校教育长	第一、二届全国人大常委 第三届全国人大副委员长	1954、1959、1965
邵力子	秘书长兼政治部主任	第一、二、三届全国人大常委	1957、1959、1965
唐生智	长沙分校校务委员会常务委员	第一届全国人大代表 第二、三届全国人大常委	1954、1959、1965
曾泽生	黄埔军校高级班	第一、二、三届全国人大代表	1954、1959、1964

政协与人大是中国特色社会主义政治体制的主要构成部分，是党领导人民进行社会主义革命和建设的重要政治保障。大批黄埔师生活跃其中，其对中华人民共和国政府各项事业发展的贡献，不言而喻。需要补充强调的是，以上所述人与事主要是国家层面的政协与人大，更多的黄埔师生活跃在地方政协与人大，惜因资料和篇幅所限，不能一一记述。

（三）黄埔师生与中华人民共和国的国防和军队建设

黄埔师生以军事见长，许多黄埔人是人民军队的创建者、领导者，在革命年代积累了丰富的军事斗争经验，功绩卓著，因而在 1955 年实行军衔制度时，许多人跻身元帅将军之列。例如，10 大元帅中的林彪、陈毅、徐向前、聂荣臻、叶剑英，10 位大将里的陈赓、罗瑞卿、许光达以及萧克等 8 位上将，倪志亮等 9 位中将，袁也烈等 11 人为少将。中华人民共和国成立后，他们继续在国防和军队建设领域里作为生力军，发挥广泛而重要的影响。

表 6-8　中华人民共和国首批授衔中的黄埔师生简况表 [①]

姓名	黄埔期别	授衔	中华人民共和国成立后担任主要职务
叶剑英	教授部副主任	元帅	中共中央副主席、中央军委副主席、全国人大常委会委员长
陈 毅	武汉分校政治部文书	元帅	中央政治局委员、中央军委副主席、国防委员会副主席、国务院副总理、外交部长、上海市人民政府首任市长
聂荣臻	政治部秘书、教官	元帅	中共中央政治局委员、中央军委副主席、国防委员会副主席、解放军代总参谋长、国务院副总理、国家科委主任、国防科委主任
徐向前	1 期	元帅	中共中央政治局委员、中央军委副主席、国防委员会副主席、国务院副总理、国防部部长
林 彪	4 期	元帅	中共中央副主席、中央军委副主席、国防委员会副主席、国务院副总理、国防部部长
陈 赓	1 期	大将	中央委员、国防委员会委员、军事工程学院院长、副总参谋长、国防科委副主任、国防部副部长
许光达	5 期	大将	国防委员会委员、装甲兵司令员、国防部副部长
罗瑞卿	武汉分校	大将	中央书记处书记、公安部部长、国务院副总理、中央军委秘书长、解放军总参谋长、国防委员会副主席
宋时轮	6 期	上将	国防委员会委员、第 9 兵团司令员、华东军政委员会委员、志愿军副司令员、解放军高级步兵学校校长兼政委、军事科学院院长
萧 克	4 期	上将	中央委员、国防委员会委员、军训部部长、训练总监部部长、国防部副部长、军政大学校长、军事学院院长兼政委
张宗逊	5 期	上将	中央委员、国防委员会委员、副总参谋长兼训练总监部副部长、总参军训部部长、总后勤部部长
杨至成	5 期	上将	国防委员会委员、武装力量检查部副部长、军事科学院副院长
陈奇涵	政治大队队长	上将	中央委员、国防委员会委员、江西省政协主席、解放军军事法院院长、最高人民法院副院长

----

① 曾庆榴：《共产党人与黄埔军校》，第 370—371 页，广州出版社，2004 年版；王永均编著：《黄埔军校三百名将传》，第 34、258、312、356—357、376、379、382—383、395—396、409、599、661、716、724、733、784、801 页，广西人民出版社，1989 年版；陈予欢：《初露锋芒：黄埔军校第一期生研究》，第 376 页，中山大学出版社，2007 年版；陈予欢：《沧海横流：黄埔五期风云录》，第 452 页，台北秀威资讯科技股份有限公司，2014 年版。

姓名	黄埔期别	授衔	中华人民共和国成立后担任主要职务
陈伯钧	武汉分校	上将	国防委员会委员、军事学院学术研究部部长、教育长、代院长、高等军事学院院长
周士第	1期	上将	国防委员会委员、防空兵司令员、训练总监部副部长
陈明仁	1期	上将	国防委员会委员、第21兵团司令、第55军军长
郭天民	6期	上将	国防委员会委员、解放军训练总监部副部长
倪志亮	4期	中将	驻朝鲜大使、解放军武装力量监察部副部长
郭化若	4期	中将	淞沪警备司令部司令、南京军区副司令员、军事科学院副院长
唐天际	4期	中将	湖南省军区司令员、解放军防空部队政委、解放军总后勤部副部长、全国人大常委
常乾坤	3期	中将	空军副司令员、空军学院副院长、空军工程学院院长
阎揆要	1期	中将	军委情报部部长、武装力量监察部副部长、济南军区副司令员、军事科学院副院长
谭希林	5期	中将	中国驻捷克大使、武装力量监察部副部长、北京军区副司令员
王 铮	6期	中将	军委第三局局长、邮电部党组书记、军委通信部部长、军事电子学研究院院长、第四机械工业部部长、副总参谋长
彭明治	1期	中将	中国驻波兰大使、河北军区司令员、武装力量监察部副部长
曾泽生	高级班	中将	第50军军长、国防委员会委员、全国政协常委
袁也烈	政治部干事	少将	华东军区海军司令员、政治委员、海军副参谋长、国家水产部副部长
徐介藩	3期	少将	中国驻苏联大使馆参赞、志愿军司令部办公室主任、装甲兵工程学院副院长
方之中	4期	少将	第66军参谋长、河北省军区副司令员
曹广化	4期	少将	第二十步兵学校政委、防化学兵部政委、解放军军事检察院检察长、中央军委纪委副书记
洪 水	4期	少将	军委条令局副局长、《战斗训练杂志》社长
李逸民	4期	少将	解放军公安部队政治部副主任、军委直属部队政治部主任、《解放军报》总编、总政治部文化部部长
白 天	4期	少将	军事学院战役战术教授会主任、军委军训部训练局副局长、第一炮兵技术学校校长、哈尔滨市副市长

续表

姓名	黄埔期别	授衔	中华人民共和国成立后担任主要职务
张开荆	5期	少将	平原省军区副司令员、黑龙江军区司令员、沈阳军区副参谋长、吉林省副省长
廖运周	5期	少将	解放军高级炮兵学校校长、吉林省体委主任
周文在	5期	少将	福州军区干部部部长、副政委
朱家璧	8期	少将	昆明警备司令部司令、省公安厅厅长、省军区副司令员

国民党的许多起义和投诚人员也被吸纳进了相关组织中，并发挥着相应作用。如程潜、张治中、郑洞国、侯镜如、陈铁、覃异之等都先后被推选为国防委员会成员，程潜、张治中并担任了该委员会副主席。

以各自工作岗位为基础，他们对中华人民共和国前30年的国防和军队建设，作出了突出贡献。有关他们的历史事迹已经有广泛而翔实的撰述。此处仅举4例：

两弹一星的奠基者聂荣臻。1954年，聂荣臻被任命为中央军委副主席，主管军工和军队武器装备工作。1956年6月，他又被任命为国务院副总理，主管全国的科学技术工作，前后历时10年。1956年4月，航空工业委员会成立，聂荣臻兼主任，负责组织领导我军导弹和飞机的研究工作。10月，出任全国科学规划委员会主任兼党组书记，主管全国科学技术工作。1958年10月，根据聂荣臻建议，航空工业委员会与国防部第五部合并成立国防部国防科学技术委员会（简称国防科委），统一领导全军武器装备的科学研究工作，聂荣臻兼主任。同时，他还向中央建议，将国务院的科学规划委员会和国家技术委员会合并，成立专门领导全国科学技术研究工作的职能机构国家科学技术委员会，该委员会正式成立后，聂荣臻又兼任主任。这样，国家科委、国防科委和中国科学院（院长郭沫若）三大科研机构，都由聂荣臻抓总牵头，直接对党中央、国务院和中央军委负责。在聂荣臻主持下，先后制定了《1956—1967年科学技术发展远景规划纲要（草案）》（即"十二年科学规划"）、《关于自然科学研究机构当前工作的十四条意见（草案）》（即"科学十四条"），主持研究和生产了导弹、原子弹、氢弹、卫星和其他尖端武器装备，一举奠定了我国军事强国的地位。[①]

装甲兵之父许光达。1950 年 4 月，许光达任中国人民解放军装甲兵司令员兼政治委员，开展组建装甲兵的各项工作。9 月，在北京主持成立装甲兵领导机关，兼任第一所坦克学校——中国人民解放军战车学校校长。许光达重视军事学术研究，主持编写和审定装甲兵战斗条令、教程和教范，撰写《陆军的发展趋向及装甲兵的运用》等多篇论文，提出机械化是陆军发展的必然趋势、没有技术就没有装甲部队等重要观点，强调政治工作与技术工作相结合、军事训练与实战需要相结合。许光达领导的装甲兵部队发展壮大，成为人民解放军现代化建设的一支骨干力量。

公安部部长、总参谋长罗瑞卿。中华人民共和国成立后，罗瑞卿担任首任公安部部长。1950 年 11 月，中国人民解放军公安部队成立，罗瑞卿又兼任司令员和政治委员。1959 年 9 月，被任命为中央军委秘书长、解放军总参谋长。1961 年 11 月，任国防工业办公室主任。在主持公安、政法工作的 10 余年中，罗瑞卿主持在全国范围内组织开展打击盗匪运动、禁烟禁毒运动、禁娼与改造妓女运动、镇压反革命运动，对加强社会主义公安、法制建设，建立新型的公安、政法干部队伍，巩固新生政权，保障社会主义革命和建设事业的顺利发展，作出了重要贡献。在主持总参工作期间，对加强党对军队的绝对领导，发展国防尖端武器，建设强大的陆军、空军和海军，也作出了重要贡献。

中华人民共和国空军奠基人常乾坤。常乾坤，山西省垣曲人，1925 年考入黄埔军校学习，同年，加入中国共产党。1926 年又考入广州航空学校，后奉派赴苏联入红军航空学校学习。是中共最早的飞行员之一。解放战争时期，曾任东北民主联军航空学校校长、军委航空局局长。中华人民共和国成立后，任中国人民解放军空军副司令员兼训练部部长。抗美援朝初期，中共中央、毛泽东主席决定空军参战。空军参战后，同朝鲜人民空军并肩作战，需要统一指挥。

---

① 张同乐主编：《20 世纪中国经世文编 6 中华人民共和国卷 1》，第 368—374 页，中国和平出版社、天津教育出版社，1998 年版；李平：《中国人民解放军高级将领传》（第 3 卷），第 320—402 页，解放军出版社，2007 年版。

1951 年 1 月 7 日，军委副主席周恩来致电朝鲜民主主义人民共和国首相金日成，提议按照联合司令部的组织原则，成立中朝空军的联合集团军司令部。1 月 10 日，空军党委遵照中央军委关于成立联合空军集团军司令部的指示，确定由常乾坤提出联合集团军司令部所需各种人员的编制。1 月 28 日，常乾坤率领新组成的前线指挥所 60 余人，由北京启程赴朝。2 月 5 日到达平壤以北之君子里，后在三神炭矿建立了指挥所。3 月 15 日中朝联合空军正式成立，隶属于中国人民志愿军。1951 年 3 月 30 日，中央军委授权中国人民志愿军任命刘震为中朝联合空军司令员，王琏（朝方）、常乾坤兼任副司令员，常乾坤分工负责在朝鲜境内修建机场和筹措作战物资。经过中朝军民的共同努力，终于在 1951 年 9 月以前，共修好 6 个喷气机机场和 10 余个土跑道机场，并组织修建了一批仓库，储备了大量军用物资。因其杰出贡献，朝鲜民主主义人民共和国政府授予其自由独立勋章。①

　　抗美援朝结束后，中央军委任命常乾坤为空军第二副司令员兼军事学校部部长。那时苏联专家逐步撤走，是中华人民共和国开始自办航校阶段。常乾坤按照空军党委的要求，扎扎实实地做了 4 项工作：第一，组织实施航校体系化建设，将 10 所航校分成 7 所培养空勤人员、3 所培养地勤人员的航校，并新建第十二、十三、十四航校，使空军各类航空技术人员的培训成龙配套，形成不同层次的网络。第二，努力提高航校的教学质量，组织人员修改教学制度、飞行训练提纲及教学大纲，统一编写教材。第三，召开教学代表会议，系统总结推广教学经验，宣传先进事迹。第四，建立预科教育制度，提升学员质量。1958 年 9 月，常乾坤兼任空军学院副院长，遵照中央军委有关指示，成立空军党委条令编审委员会，历时 7 年，共编写出各种条令、条例、教材、操典、大纲、教范、教科书、技术原理等 306 本，对空军建设起了重要作用。此外，他还兼任航空军工产品定型委员会副主任委员，组织参与了对国产初教-5、歼-5、

---

　　① 王淇、陈志凌主编，中共党史人物研究会编：《中共党史人物传·第 51 卷》，第 220—222 页，陕西人民出版社，1994 年版。

运-5、直-5、初教-6、歼-6、歼-7 等型飞机的试制和研讨工作，均获得成功。[①]

（四）黄埔师生与中华人民共和国的文化教育事业

许多黄埔师生在进入军校工作学习之前，本身即接受过中高级教育，从事过文化和教育工作，在军校期间乃至军校毕业后，也长期从事文化和教育工作，并积累了丰富的经验。和平建设时代到来，更是为他们发挥各自所长创造了难得的机会，他们也因此而创造出了前所未有的成就，大大地推动了社会主义中国的教育文化事业发展。

1. 推动教育事业的发展

首先是在高等军事教育领域，一批高级将领投身其中推动建设与发展。前文所述之陈赓创建哈尔滨军事工程学院、许光达创建装甲兵学校、常乾坤创建航空学校最具代表性。此外，陈伯钧在中华人民共和国成立后，也开始进入军事教育领域，先是任中南军区军政大学湖南分校校长，1950 年 12 月至 1957 年 9 月间，又相继担任解放军军事学院训练部副部长、副教育长兼学术研究部部长、教育长、副院长等职，积极协助院长刘伯承开展工作。1957 年后调任高等军事学院副院长，并在 1962 年 9 月接替叶剑英担任院长。陈伯钧在军事教育领域连续工作 24 年，为人民解放军培养了大批优秀的中高级干部。杨至成在中华人民共和国成立后也逐渐转向军事教育领域，先后任中南军区军需学校校长、军事科学院副院长兼院务部部长、高等军事学院副院长等职。倪志亮在中华人民共和国成立后，先是担任中南军政大学副校长（校长由林彪兼任），在结束驻朝大使任期后，又担任解放军后勤学院副教育长、教育长等职。郭天民在中华人民共和国成立后，历任解放军军事学院高级系主任、解放军训练总监部副部长兼院校部部长等职。徐介藩任解放军装甲兵工程学院副院长，盛家兴任解放军军事学院教员，等等。

---

① 黄勋会、王振川：《运城六大文化撷英》，第 132—134 页，山西人民出版社，2019 年版；中国人民解放军《中国人民解放军高级将领传》编审委员会、中国中共党史人物研究会《中国人民解放军高级将领传》编撰委员会编：《中国人民解放军高级将领传：第 36 卷》，第 70—91 页，解放军出版社，2013 年版。

其次是推动地方普通高等教育发展，其中以成仿吾最具代表性。成仿吾，湖南省新化人，著名革命文学团体创造社的发起人之一，曾任黄埔军校政治教官、兵器研究处代处长。革命年代，他就曾担任过中共中央党校教务主任、华北联合大学校长等职。中华人民共和国成立后，先后担任中国人民大学副校长、教育部机关刊物《人民教育》编委会主任委员、东北师范大学校长兼党委书记、山东大学校长兼党委书记、山东省文联主席、中共中央党校顾问等职。期间，他尤其重视教育理论和教育实际问题的研究，并以此为指导，为党和国家培养了一大批革命和建设人才。

再次是推动初中等教育的发展。中华人民共和国成立后，教育开始在普通民众和乡村中大规模普及，对师资的需求也特别大。受过良好文化教育，又大多接受过中共的组织审查和思想改造的黄埔同学就成了其最好的选择之一，他们既有足够的业务水平，政治上也有很大热情，同时这也是解决其复员转业问题的良好途径。这些因素共同决定了教育工作成为黄埔同学转业地方后从事最多的职业。他们走上教师岗位的过程各不相同，有的是经过在其他学校深造后从教的，有的是遣返回乡后从教的，有的是转业回乡后从教的，有的是回乡先务农后从教的，他们都为中华人民共和国的教育事业作出了重要贡献。

2. 推动文化艺术事业的发展

以郭沫若、沈雁冰、臧克家等人最具代表性。

中国文联主席郭沫若。郭沫若，四川乐山人，著名革命文学团体创造社的发起人之一，广州时期即兼任黄埔军校教官，后在武昌分校担任政治教官。中华人民共和国成立后，郭沫若历任中央人民政府委员、政务院副总理兼文化教育工作委员会主任，中国科学院院长兼哲学社会科学部主任、历史研究所第一所所长，中国文联主席等职，成为全国科学文化教育事业的主要组织者、领导者，主持了全国大学和中学教育工作会议、文化工作会议、文化教育工作会议等一系列重要会议，制定或审查了大量极其重要的发展规划，并推动实施。其中以下4点尤为重要：

第一，特别重视对青少年的教育。他在第一次全国少年儿童工作干部大会上，热情呼吁："不准让一个少年儿童在精神上饿死！"为此，他在百忙之中亲自撰写了《中国少年儿童队队歌》，以示期待、关爱与引领。

第二，重视文字改革。他亲自起草了关于文字改革的书面建议递呈毛泽东，主张文字拼音化，建议成立专门的文字改革机构。在他推动下，中国文字改革研究委员会成立，他在成立会上讲话强调，"中国文字改革是一个长远的问题"，"应该采取慎重的态度"，他坚持走拼音化的道路，并主张"横写右行"，以减少目力损耗。在他的倡导下，《光明日报》率先改为横排，并在全国范围内推广实行。

第三，重视科研组织和科研队伍建设，积极营造良好的工作生活环境和条件。作为中国科学院院长，1950 年初，他代表政府与中国科学院，喜迎著名地质学家李四光归国投身中国的科学事业；9 月，他致电世界保卫和平大会主席、著名物理学家约里奥·居里，呼吁全世界科学家谴责美国当局无理阻挠钱学森、赵忠尧等科学家归国。特别是 1958 年，在他倡议、组织下，中国科学技术大学创立，他还亲自担任其第一任校长，勉励全校师生攻克尖端科学技术，"共同踏破科学的高峰并创造科学的更高峰"。为了培育新的一代科技英才，他还把自己的稿费捐作中国科技大学奖学基金。

第四，重视中华人民共和国文艺事业的发展。重视文艺工作者队伍的建设，注重对旧文艺的改造和文艺工作者的思想改造。他在《一年来的文教工作》（1950 年）报告中指出，"中华人民共和国的文化教育在本质上已经起了变化"；在 1953 年 9 月召开的中国文联第二次代表大会开幕式上，他发表《团结一心，创作竞赛》的开幕词，号召文艺工作者相互竞赛，创作出无愧于伟大时代的伟大作品。

此外，在处理各种公务之余，他还继续从事其文学创作事业，以饱满的政治热情，讴歌新时代。据不完全统计，仅创作于 1949 年 10 月至 1952 年 12 月间的诗歌就达 22 组。这一时期的诗作仅编辑出版的就有《新华颂》（1953）、《百花齐放》（1958）、《长春集》（1959）、《潮集》（1959）、《骆驼集》（1959）、

《东风集》（1963）等。①

文化部部长沈雁冰。沈雁冰（茅盾），浙江桐乡人，新文化运动的先驱，革命文艺的奠基人之一，曾任黄埔军校武汉分校政治教官。中华人民共和国成立后，他担任文化部部长长达 15 年之久。在此期间，他积极贯彻党的文艺方针政策，强调把国家利益、民族利益放在第一位，开展各项工作。其中以下 3 点尤为引人注目：

第一，重视文物遗产保护。在他推动下，文化部成立后即专设国家文物局，并由郑振铎主持其工作，开创了中华人民共和国保护文物的全新局面，作出了突出成就。此外，他也重视文化遗产的宣传传播，曾组织各国驻华使节参观敦煌文物展览；重视人才队伍建设，推动嘉奖文物研究保护人员。

第二，重视群众文化工作。经常深入一线，推动群众文化工作。例如，1958 年赴东北开展调查访问工作期间，他出席了沈阳市的青年业余作者大会并作报告。他还深入哈尔滨工人中间，与工人文学小组进行座谈，并为工人们的"萌芽"文学小组题词："前年萌芽，去年开花，今年结果，在党的阳光照射之下，在厂党委的辛勤培养之下，萌芽将在全厂广播种子。"1960 年夏，中央召开全国文教群英会，推动群众文化的普及工作。他在群英会上作《不断革命，争取文化艺术工作的持续跃进》的专题报告，为文化的普及工作鼓与呼。

第三，带头创作，讴歌新时代。尽管承担着繁重的行政任务，但仍笔耕不缀，留下许多传世佳作，特别是关于社会主义文艺理论问题的作品，如《夜读偶记》（百花出版社，1958 年版）、《鼓吹集》（作家出版社，1959 年版）、《人文鼓吹续集》（作家出版社，1962 年版）、《关于历史和历史剧》（作家出版社，1962 年版）、《读书杂记》（作家出版社，1963 年版），等等。②

诗人臧克家。臧克家，山东诸城人，黄埔军校 5 期（武汉分校）学生，著名的爱国民主人士。中华人民共和国成立后，曾任中华全国文学工作者协会委员，民盟中央文教委员会委员，中国作家协会理事、书记处书记，《诗刊》主编等职。

---

① 魏红珊：《郭沫若》，第 268—271 页，四川人民出版社，2003 年版。

② 宋凤英：《新中国首任文化部部长茅盾》，《党史纵览》2010 年第 4 期。

期间，他撰写发表了大批宣传新文艺思想、讴歌新社会新发展的诗论、诗歌、散文、随笔，如《在文艺学习的道路上》（上海新文艺出版社，1955 年版）、《杂花集》（北京出版社，1958 年版）、《一颗新星》（作家出版社，1958 年版）、《春风集》（作家出版社，1959 年版）、《李大钊》（作家出版社，1959 年版）、《欢呼集》（人民文学出版社，1959 年版）、《给少年们的诗》（少年儿童出版社，1961 年版）、《凯旋》（作家出版社，1962 年版）等。特别是经臧克家联系，1956 年《诗刊》创刊号首次发表了毛泽东诗词 18 首，在全国产生了巨大影响。以此为基础，他又与周振甫合作撰写了《毛主席诗词讲解》，并由中国青年出版社在 1957 年正式出版，有力地促进了毛泽东诗词的传播和普及。

此外，还有大批黄埔师生耕耘在基层文化教育战线。

当然，也不能否认，在"文革"期间，在"左"倾错误思想指导下，许多黄埔师生因其特殊的历史背景也受到很大冲击，蒙冤受屈者不在少数，这里面既有中共党员，也有大批党外人士。

第七章 ｜ 共筑统一复兴梦

斗转星移，时间轮转进入 20 世纪 70 年代末 80 年代初，国际国内形势发生了翻天覆地的变化，中国的国际地位不断提升，国际处境大为改善、向好发展，美国与台湾当局"断交"、中美建交，一个中国原则得到国际社会普遍认可。特别是随着中国共产党第十一届三中全会的召开，中共中央作出把党和国家的工作重心转移到经济建设上来、实行改革开放的历史性决策，国家发展进入快车道。与此同时，中国共产党对台大政方针作出重大调整，出台了一系列政策、措施，积极改善两岸关系，推动祖国和平统一。国际形势的变化、大陆对台方针政策调整，给予国民党当局巨大压力，使其铁板一块的大陆政策不得不有所松动，两岸关系出现微妙的变化，台海局势呈现突变的前奏。海内外广大黄埔同学向时而动，积极响应中央对台方针政策，充分发挥优势作用，助推两岸关系融冰解冻、改善发展，勠力反"独"促统，投身祖国现代化建设，为实现祖国完全统一和中华民族伟大复兴不遗余力、竭诚奉献，书写了崭新的历史篇章。

一、集结队伍再出发

20 世纪 70 年代末、80 年代初，在祖国大陆对台大政方针的巨大影响和感召下，台海局势正发生着前所未有的深刻变化，两岸关系处在剧变的前夜，两岸几十年老死不相往来的隔绝状态有所松动，这无疑为海内外广大黄埔军校师生推动两岸关系发展、促进祖国的和平统一提供了重要契机，他们积极响应中

央对台政策的变化与调整，充分利用自身与两岸联系密切的优势，重整队伍、
抖擞精神、焕发朝气再出发，在海内外纷纷成立黄埔同学组织及相关团体，为
发挥黄埔军校同学群体的特殊作用搭建平台。

（一）黄埔军校同学会应运而生

面对国际形势重大深刻变化、台海局势的急剧发展，部分黄埔军校同学敏
锐地意识到其中的先机，作为从孙中山先生亲自倡导成立的黄埔军校走出来的
黄埔人，秉持爱国情怀和黄埔精神，为改善两岸关系、推动祖国和平统一奔走
呼号。为了进一步凝聚黄埔人群体力量、更好地发挥黄埔人的作用，一些黄埔
同学倡议成立黄埔军校同学会。对此，中共中央高度重视，给予关怀和支持，
经过认真筹备，在 1984 年黄埔军校建校 60 周年纪念日，黄埔军校同学会正式
成立。

1. 时代背景

国际形势发生重大、深刻变化。20 世纪 70、80 年代，国际形势发生重大
深刻变化，中国的国际处境有了极大改善，国际地位大大提升，国际影响力不
断增强。其中一个重大标志性事件就是 1971 年 10 月第 26 届联合国大会通过第
2758 号决议，恢复中华人民共和国在联合国的一切合法权利，并驱逐台湾当局
的 "代表"，[①] 中华人民共和国得到国际社会的普遍承认。与此同时，中美关系
的坚冰在融化，自 1969 年尼克松总统上台，美国的全球战略发生了重大调整，
战略重心西移，收缩亚洲，加强欧洲，为此 "联华抗苏"，美对华政策重大调整
给中美关系改善和发展带来了前所未有的契机。

其实，为了缓和台海地区的紧张局势，为国家发展营造有利的外部环境，
中国政府自 1950 年代中期起，即开始与美国对话，探寻解决中美两国争端之
道。至 1970 年 2 月，中美两国共举行了 136 次大使级会谈，[②] 遗憾的是未取得
重大突破性进展。直到 20 世纪 70 年代，随着美国全球战略重心西移，加之美

---

① 傅铸：《曲解联大第 2758 号决议于法不容》，《人民日报》2022 年 4 月 15 日第 16 版。
② 《中美大使级会谈的缘起和作用》，《学习时报》2022 年 8 月 5 日第 8 版。

着意打"中国牌"，亟欲"联华抗苏"，对华关系得到了较快发展，1972年2月，美国总统尼克松访问中国，中美双方在上海签署了《中华人民共和国和美利坚合众国联合公报》（又称《上海公报》），开启中美关系正常化进程。公报称："美国方面声明：美国认识到，在台湾海峡两边的所有中国人都认为只有一个中国，台湾是中国的一部分。美国政府对这一立场不提出异议。"①

此后，中美关系继续前行，1975年12月，美国总统福特应邀访华，双方关系得到进一步加强，为中美建交奠定了基础。1978年12月，两国签署《中华人民共和国和美利坚合众国关于建立外交关系的联合公报》（简称《中美建交公报》），美国政府接受了中国政府提出的建交三原则，即美国与台湾当局"断交"、废除《美台共同防御条约》以及美国从台湾撤军。次年1月1日，中美两国正式建立外交关系。中美建交联合公报声明："美利坚合众国承认中华人民共和国政府是中国的唯一合法政府。在此范围内，美国人民将同台湾人民保持文化、商务和其他非官方联系"；"美利坚合众国政府承认中国的立场，即只有一个中国，台湾是中国的一部分"。②自此，对立多年的中美关系实现正常化。

在中美建交的1979年1月，应美国总统卡特的邀请，时任中国国务院副总理的邓小平对美国进行国事访问，使中美关系得到进一步加强，翻开了中美关系史的新篇章。1982年8月17日，两国政府签署了《中华人民共和国和美利坚合众国联合公报》（又称《八一七公报》），美方承诺"它不寻求执行一项长期向台湾出售武器的政策，它向台湾出售的武器在性能和数量上将不超过建交以来近几年的水平，准备逐步减少它对台湾的武器出售，并经过一段时间导致最后解决"。③

中美三个联合公报的签署，无疑是中美关系发展的指导性文件，其不仅对

---

① 《台湾问题与中国的统一》（白皮书），《中国台湾问题（配套资料）》，第151页，九州出版社，2015年版。

② 《台湾问题与中国的统一》（白皮书），《中国台湾问题（配套资料）》，第151页，九州出版社，2015年版。

③ 《台湾问题与中国的统一》（白皮书），《中国台湾问题（配套资料）》，第151—152页，九州出版社，2015年版。

改善、发展中美关系具有重大的意义，也对推动两岸关系的改善、发展，对台海局势的和平稳定发挥了重大作用。美中不足的是，美国政府并没有完全执行和落实中美三个联合公报的相关精神和规定，相反，同时出台了所谓的"与台湾关系法"及对台"六项保证"等挺台"法案"，使中美关系的发展阻力重重、复杂曲折。

大陆对台政策作出重大调整。中华人民共和国成立后，中共中央和中华人民共和国政府为了早日结束两岸隔绝状态、完成祖国统一大业，进行了不懈努力。20世纪50年代初，解决台湾问题就被提上议程，根据中国人民政治协商会议第一届全体会议1949年9月29日通过的《中国人民政治协商会议共同纲领》①关于"完成统一中国事业"的精神，提出"解放台湾"为"解放全中国"的一部分，宣示维护国家主权和领土完整的坚定立场，打破美国干涉中国内政并欲将台湾地区变为其太平洋上"不沉航空母舰"的迷幻美梦。

20世纪50年代中后期，中共中央提出和平解决台湾问题的重大思路，毛泽东主席、周恩来总理多次表达了与国民党实现第三次国共合作、和平统一的意愿，提出了"和为贵""爱国不分先后，以诚相见、来去自由"的基本原则。根据毛主席和周总理的指示精神，中共中央发出《关于加强和平解放台湾工作的指示》②，专门成立了由周总理直接领导的中央对台工作小组。60年代初，为推动国共谈判以和平解决台湾问题的筹划，中央提出"一纲四目"，表明台湾"统一于中国"后可"自行管理"。

20世纪70年代，中国国际地位不断提高，先后实现中日、中美关系正常化，中华人民共和国在联合国席位和一切合法权利得以恢复，一个中国格局成为国际社会共识，大陆对台工作力度明显增大，特别是1978年12月，党的十一届三中全会重新确立了解放思想、实事求是的思想路线，形成了以邓小平同

---

① 《1949年全国政协大事记》，中国政协网，1950年1月1日，http://www.cppcc.gov.cn/zxww/2017/12/25/ARTI1514166497981494.shtml。

② 孙泽学：《关于"和平解放台湾"方针研究的几个问题》，中共中央党史和文献研究院网，2017年8月3日，https://www.dswxyjy.org.cn/n1/2019/0621/c428059-31174523.html。

志为核心的中央第二代领导集体，确立了以经济建设为中心并实行改革开放的发展战略，大陆的发展速度明显加快，解决台湾问题的信心倍增，对台大政方针作出重大调整，采取了一系列强有力的举措。十一届三中全会后，邓小平同志创造性地提出"和平统一、一国两制"的重大战略决策，提出要把台湾回归祖国、实现祖国和平统一大业提到具体议事日程。并提出寄希望于台湾同胞，也寄希望于台湾当局的两个"寄希望"，寄语台湾同胞和国民党人"渡尽劫波兄弟在，相逢一笑泯恩仇。"

1979 年元旦，全国人民代表大会常务委员会发表《告台湾同胞书》，明确指出"坚持一个中国立场""反对台湾独立"，是两岸"共同的立场""合作的基础"，肯定台湾方面当时坚持一个中国、反对"台独"的政治立场，明确坚持"一中"、反对"台独"是两岸关系改善和发展的政治基础。1981 年全国人大委员长叶剑英提出"九条建议"（又称"叶九条"），1982 年《宪法》新增第三十一条，1983 年邓小平提出"六条设想"，昭示和平统一祖国大政方针开始，形成"和平统一、一国两制"基本方针，主张通过国共两党对等谈判，实现祖国和平统一。在一个统一的国家的前提下，大陆实行社会主义，台湾现行的社会经济制度不变，推动台海两岸"三通四流"，拆除两岸的人为藩篱。祖国大陆对台方针政策的调整，对台海局势产生了极其重大深远的影响。

台海局势进入剧变前夜。国际形势的深刻变化，中美关系的正常化，以及大陆对台政策的重大调整，对国民党当局无疑产生了前所未有的巨大压力，其在台湾实行的"戒严"体制，以及在此基础上奉行的"汉贼不两立"、与大陆"不接触、不谈判、不妥协"①的"三不"政策难以为继。

自 1972 年尼克松访华，中美关系出现松动，国民党当局就极为恐慌，担心美国将其抛弃，尤其 1979 年中美正式建交，台湾当局与美国"断交"，美国不再承认"中华民国政府"，让国民党当局承受巨大压力。美国根据"与台湾关系法"，国会透过听证、通过决议案，以及行政部门以"美国在台协会"为媒介，

---

① 《三不政策》，中国台湾网，2013 年 1 月 9 日，http：//lib.taiwan.cn/shetai/201301/t20130109_3528563.htm。

持续对台湾地区的所谓自由、民主、人权发展表达关心，台湾地区实行30年之久的"戒严"体制饱受诟病，加之80年代发生的多起弊案与涉外人权案件，如"陈文成事件"①"江南命案"②等，更增添了外界包括美国方面的强烈不满，不断施压国民党当局，呼吁加快政治革新步伐。

而岛内要求解除"戒严令"，求民主、求自由的呼声也是一浪高过一浪，除了非国民党的党外人士持续主张改革和"解严"外，中小企业主和专业人士为主的新兴中产阶级也倾向支持政治改革。党外人士还直接冲破"党禁"，在台湾成立民主进步党（简称民进党），直接挑战现行体制，使得国民党当局的压力骤增。虽然国民党当局掌握着庞大的政治资源，并有着强大的选举动员能力，但党外诉求改革主张，透过定期的选举仍然吸引相当的支持，这也迫使国民党当局不得不重视日益高涨的"解严"等政治革新要求。

在两岸关系方面，岛内外对国民党当局"以不变应万变"的顽固僵化"三不"政策极为不满，自1949年以来两岸几十年的隔绝所引发的人间悲剧遭到诟病。台湾部分报刊公开发文批评"三不"政策催生分离意识，有台湾民意代表公开呼吁尽快结束"三不"政策，诸多台湾同胞甚至不顾当局的禁令，通过各种途径返回大陆探亲、观光、通商、祭祖，特别是几十万跟随蒋介石退台的退伍老兵问题更为严重。他们只身前往台湾，诸多亲人包括父母、兄弟姐妹、子女等均留在大陆，几十年的隔绝，更加深了他们对亲人的思念，所谓落叶归根，在他们身上体现得更为突出。特别是华航飞行员王锡爵不满当局的隔绝政

---

① 陈文成，生于台湾，1975年赴美留学，后在卡内基美隆大学统计系担任助理教授，并加入美国国籍。1981年5月20日，陈文成携妻儿从美国返台探亲，因其与岛内党外人士关系甚密，曾捐款给台湾的《美丽岛杂志》，于7月2日早上，被台警备总部约谈，晚间离开警总，赴友人邓维祥教授家中聊天并共进宵夜。但是他深夜离开邓维祥家后，并未返家。7月3日清晨，被人发现陈尸于台湾大学研究生图书馆旁的草地上。此即"陈文成事件"或"陈文成命案"。

② 1984年10月15日，美籍华裔作家刘宜良（笔名江南），因撰写《蒋经国传》揭密台上层矛盾斗争而得罪国民党当局，遭台湾情报局雇用的台湾黑道分子刺杀身亡。因江南具有FBI线民的身份，美方对此案高度重视，大力侦查，逼得台湾当局不得不承认江南案为该地区情报局官员主使，但仍强调本案乃情报局官员独断专行所致，非高层授意，并逮捕了情报局长汪希苓、副局长胡仪敏、第三处副处长陈虎门等人以设法息事宁人，缓解美方不满。

策，毅然驾机归乡，更激发了老兵们对返乡探亲的强烈向往，他们集会游行请愿，要求当局尽快开放探亲，压得国民党当局喘不过气。据粗略统计，自 1984 年 6 月至 1986 年 12 月，从台湾经各种途径秘密回大陆探亲访友的黄埔同学就有 1300 多人，思乡之情暗潮汹涌，探亲像滚滚洪流难以阻挡。

面对这种局面，加之时任台湾地区领导人蒋经国感到自己时日无多，也有意在自己余生中，加快政治革新步伐，推动两岸关系改善，寻求自己的历史定位。其在国民党中常会宣示："时代在变、环境在变、潮流也在变，因应这些变迁，执政党必须以新的观念、新的作法，在民主宪政的基础上，推动革新措施。"[①] 正是蒋经国的思想转变，带来了台湾的"解严"和开放探亲。1987 年 7 月 14 日，蒋经国发布命令，宣告台湾地区包括台湾本岛和澎湖地区自 15 日零时起解除"戒严"，开放党禁。当年 9 月 16 日，国民党当局又有了新动作，蒋经国在国民党中常会上宣布将开放大陆探亲，[②] 台海冷战的僵局被打破，两岸交流之门就此被打开。

黄埔军校同学会就是在这样的大背景下应运而生。

2. 筹备与成立

黄埔军校同学会的成立，偶然之中有必然。说它偶然，主要是几位早期黄埔同学在一次座谈会上临时动议。但这也是形势发展使然。当时，两岸"和平统一已成为国共两党的共同语言"。[③] 中央对推动两岸关系的改善和发展，对促进祖国的和平统一高度重视，十分注重团结各方力量加强对台工作，黄埔军校同学自是一股不可忽视的重要力量，重视他们，发挥他们的作用自在情理之中，可谓历史发展的必然。黄埔军校同学拟成立联谊组织，为促进祖国统一发挥积极作用，既是情怀所系，也是必然要求。

---

① 《1987 年 7 月 14 日，台湾宣布解除戒严》，人民网，2017 年 7 月 14 日，http://m.people.cn/n4/2017/0714/c2771-9333837.html。

② 《1987 年蒋经国宣布开放百万台湾老兵大陆探亲揭密》，华夏经纬网，2016 年 1 月 13 日，http://last.huaxia.com/jlyhz/201601/t20160113-11364045.html。

③ 邓小平：《中国大陆和台湾和平统一的设想》，《中国台湾问题》，第 224 页，九洲图书出版社，1998 年版。

在 1983 年春节前座谈会上，侯镜如、郑洞国、黄维等几位早期黄埔同学，在中央对台大政方针调整变化的感召下，面对台海新局势，共同提出成立黄埔军校同学联谊组织，以便更好地凝聚黄埔同学合力，充分发挥黄埔同学作用，为推动两岸关系发展、促进祖国和平统一作出新贡献。

对成立黄埔军校同学联谊组织的建议，中央高度重视，在邓小平同志关怀下，经中央书记处议定，同意成立黄埔军校同学会，建议提名徐向前元帅为黄埔军校同学会会长、聂荣臻元帅等为黄埔军校同学会顾问。至此，成立黄埔同学会正式提上日程。

在筹备过程中，徐向前、聂荣臻、程子华等领导同志极为重视、十分关心，对该团体的名称、宗旨等重大问题，反复研究磋商，确定名称为黄埔军校同学会，宗旨为"发扬黄埔精神，联络同学感情，促进祖国统一，致力振兴中华"[1]。

1984 年是黄埔军校建校 60 周年，6 月 16 日上午，在北京人民大会堂隆重举办黄埔军校建校 60 周年纪念大会。这是中华人民共和国成立以来首次高规格的校庆活动，党和国家领导人、海内外黄埔军校校友和有关人士出席了纪念会。会上宣布黄埔军校同学会成立，通过了同学会章程，明确黄埔军校同学会是由黄埔军校同学组成的爱国群众团体，确定了同学会会长徐向前，顾问聂荣臻、许德珩，副会长程子华、侯镜如、郑洞国、宋希濂、李默庵，秘书长李赣驹，副秘书长程元。（理事会名单见下表 7-1）

表 7-1 黄埔军校同学会首届理事会名单（1984 年 6 月 16 日）

职务	姓名（期别）
会长	徐向前
顾问	聂荣臻、许德珩
副会长	程子华、侯镜如、郑洞国、宋希濂、李默庵

---

① 《黄埔军校》，第 570 页，华艺出版社，1994 年版。

续表

职务	姓名（期别）
理事	徐向前（1期）、聂荣臻（教官）、许德珩（教官）、程子华（5期）、侯镜如（1期）、郑洞国（1期）、宋希濂（1期）、李默庵（1期）、蔡文治（9期）、李仙洲（1期）、黄维（1期）、阎揆要（1期）、郭化若（4期）、黄杰（女，5期）、覃异之（2期）、郭汝瑰（5期）、宋瑞珂（3期）、曹广化（4期）、唐生明（4期）、温佐慈（2期）、赵子立（6期）、沈策（6期）、萧作霖（6期）、李以劻（高教班2期）、李奇中（1期）、林伟俦（4期）、戴坚（7期）、沈蕴存（6期）、廖运周（5期）、陈修和（5期）、廖秉凡（6期）、黄翔（6期）、张伯权（7期）、高存信（10期）、翁业宏（18期）、李赣驹（17期）、程元（18期）
秘书长	李赣驹
副秘书长	程元

下午，黄埔军校同学会召开了理事会第一次会议。徐向前会长主持会议并讲话。他说："我们黄埔军校同学会成立的目的和宗旨就是，发扬黄埔精神，联络同学感情，促进祖国统一，致力振兴中华。我们在座的校友，有的年过花甲，有的年逾古稀，像我，已经是年过八旬的人了。我们要为国家、民族的昌盛和统一，有多少热就发多少光。"①

会后，党和国家领导人李先念、徐向前、乌兰夫、习仲勋、杨尚昆、叶飞、杨静仁、程子华、杨成武、肖华、陈再道、吕正操等在人民大会堂会见了与会的海内外黄埔校友，并合影留念。领导同志和黄埔校友们热情握手，互致问候，亲切交谈。国家主席李先念发表讲话明确指出：争取早日实现国家的统一，是摆在我们大家面前的三大任务之一。统一祖国是人心所向、大势所趋，坚信祖国迟早要统一。李先念主席祝愿在场的老朋友健康长寿，亲眼看到中华民族的大团结、大统一。

黄埔军校建校60周年纪念会的成功召开和黄埔军校同学会的成立，海内外媒体作了大量报道。新华社于会议当天发了通稿，《人民日报》从6月17日到19日连续3天对大会进行了深入报道，港澳和海外相关媒体予以转载，在海内外引起强烈反响。国内黄埔同学闻讯后欢欣鼓舞，纷纷申请加入黄埔军校同学

---

① 黄埔军校同学会：《黄埔军校同学会简史（1984—2013）》，第11页。

会。大家表示，同学会是自己的家，今后更是报国有门了。海外黄埔同学得知消息后都异常激动，一些黄埔同学专程回国申请入会。

黄埔军校同学会成立后，集中开展黄埔同学普查，积极吸纳会员。黄埔军校成立于战火纷飞的年代，建校之后至黄埔军校同学会成立，经历了60年的变迁，从军校走出的学生，除在战争中阵亡或因其他原因离世的，都散布于全国乃至世界各地，涉及各行各业。黄埔军校同学会的成立，正是对这股力量的高度重视，为了更广泛地联络同学，黄埔军校同学会在各地有关方面支持和帮助下，开展了大陆黄埔同学普查，至1986年8月查明黄埔同学33913人，发展会员22476人，从1期到23期和台湾凤山军校学生都有，分布遍及全国29个省、市、自治区，其中湖南省最多，有会员3032人。至1987年9月，查明大陆黄埔同学升至37942人，入会人数达32037人。至1988年3月，会员达到4万余人的高峰。① 此后，同学人数开始自然减员。会员职业庞杂，包括从事工业、农业、教育、医务工作，也有机关干部和工程技术人员，还有的在中国人民解放军各军兵种供职甚至担任领导职务。这些是黄埔军校同学群体发挥作用的基础，是促进祖国统一、致力振兴中华的重要力量。

同时，热情帮助部分同学落实政策。自1984年6月至1986年8月，黄埔同学会和各地区同学会处理来信65753件，接待来访19423人次，② 对黄埔同学的来信、来访，基本做到了事事有答复、件件有着落，做到接待热情，积极配合党和政府并协助有关部门落实有关政策。对黄埔同学中有关起义投诚人员、平反冤假错案、解除亲属株连、归还房屋财产、落实离退休待遇、安置台湾人员回大陆定居等方面问题都积极进行帮助，使同学中一些需要落实政策的问题逐步得到解决。此后相当长一段时间，仍继续为同学们解决存在的实际问题。一些政治水平高、有一定工作能力、年纪较轻、在台湾和海外有一定影响的同

---

① 《在黄埔军校同学会理事扩大会议上的工作报告》（1986年11月9日）；《在黄埔军校同学会第二次工作会议上的讲话》（1988年4月25日）。

② 《在黄埔军校同学会理事扩大会议上的工作报告》（1986年11月9日）。

学，还被安排担任省文史馆馆员、省参事室参事，省、市、县各级政协委员等职务。对于贫困同学，尤其丧失劳动力的鳏寡孤独同学，积极争取政府资助，并发动同学帮扶。大陆黄埔同学中历史遗留问题绝大多数得到妥善解决，生活显著改善，极大调动了黄埔同学的积极性。

创办《黄埔》杂志为黄埔同学立言。《黄埔》杂志是在黄埔军校同学会会长徐向前元帅亲自倡导下设立，属黄埔军校同学会会刊。1987 年，台湾当局放宽台湾老兵回大陆探亲政策之后，徐帅适时提出，为了宣传党的对台方针政策，宣传黄埔军校同学会的宗旨，"成立《黄埔》杂志社是必要的"①，并责成同学会机关向新闻出版署提出申请。1987 年 11 月 9 日，新闻出版署批准《黄埔》杂志为公开出版发行刊物。1988 年 4 月 29 日，《黄埔》杂志社编辑委员会正式成立，宋希濂为主任委员，郭化若、阳翰笙为顾问，程元为副主任委员。有关领导为《黄埔》杂志创刊号题词，邓颖超题写"高举爱国主义的火炬，为祖国统一做贡献"。徐向前题写"为黄埔同学立言，为祖国统一尽力"。聂荣臻题写"海峡两岸都是炎黄子孙，黄埔校友自当共促祖国统一"。许德珩题写"望海内外校友遵循中山先生遗训，发扬黄埔精神，为完成祖国统一大业而奋斗"。程子华题写"黄埔同学对统一祖国大有作为"。侯镜如题写"高擎起爱国主义的旗帜，投身于祖国统一的伟业"。1988 年 6 月 15 日，《黄埔》杂志创刊号新闻发布会在人民大会堂台湾厅召开，发布会由黄埔军校同学会秘书长、《黄埔》杂志社编辑委员会副主任委员程元主持，全国政协副主席程思远、杨成武出席，中央统战部副部长武连元讲话。在京的《人民日报》海外版、中央广播电台等 11 家新闻媒体出席祝贺，给《黄埔》杂志极大的鼓舞。《黄埔》杂志内容涵盖时政、历史、军事、文化等方面，是介绍黄埔军校历史、反映黄埔人物事迹、传播黄埔精神的权威刊物。

---

① 孙儒：《〈黄埔〉杂志是在徐帅的亲自关怀下创办的》，《黄埔》杂志 2018 年第 4 期。

（二）各地方黄埔军校同学会相继成立

黄埔军校同学会成立后，为了更好发挥联系黄埔同学的桥梁纽带作用，在党和政府关怀下，推动相继成立了各地区黄埔军校同学会和各省（区、市）黄埔军校同学会。

1. 成立八大地区同学会

黄埔军校同学会成立后，为更好地展开工作，做好团结、引导、服务黄埔同学的工作，在有关部门推动下，8 个地区黄埔同学会相继成立。

广州黄埔军校同学会 1985 年 3 月 11 日成立，主要负责广东、广西地区的相关工作。

武汉黄埔军校同学会 1985 年 3 月 12 日成立，主要负责湖北、湖南、河南地区的相关工作。

上海黄埔军校同学会 1985 年 3 月 19 日成立，主要负责上海、浙江、福建地区的相关工作。

成都黄埔军校同学会 1985 年 3 月 20 日成立，主要负责四川、云南、贵州、西藏地区的相关工作。

石家庄黄埔军校同学会 1985 年 4 月 17 日成立，主要负责河北、山西、内蒙古、天津地区的相关工作。

南京黄埔军校同学会 1985 年 4 月 18 日成立，主要负责江苏、山东、安徽、江西地区的相关工作。

沈阳黄埔军校同学会 1985 年 4 月 28 日成立，主要负责辽宁、吉林、黑龙江地区的相关工作。

西安黄埔军校同学会 1985 年 5 月 14 日成立，主要负责陕西、甘肃、宁夏、新疆、青海地区的相关工作。

同时，在地区黄埔军校同学会所在地之外的省（区、市）相继建立了联络组，办理地区黄埔军校同学会委托的工作。地区黄埔军校同学会成立后，经申请成为黄埔军校同学会的团体会员。

1985 年 6 月，在北京召开了黄埔军校同学会第一次会员代表大会，通过了《黄埔军校同学会第一次会员代表大会决议》，确定了黄埔同学的范围和黄埔军校同学会团体会员条件，批准了 8 个地区同学会和留美黄埔军校同学及其家属联谊会为团体会员。

2. 成立省级黄埔同学会

随着形势的发展，各地区黄埔军校同学会的组织形式已不能适应工作需要，特别是各地区同学会跨省工作，既不便于领导，也不利于发挥同学会作用。

面对这种情况，一些黄埔同学呼吁尽快调整、充实地区黄埔军校同学会。1986 年黄埔军校同学会理事会扩大会议上，多位理事要求适时成立各省（区、市）黄埔军校同学会。1987 年春，在全国政协六届五次会议上，高存信、宋希濂、程元、郭汝瑰、张伯权、黎原等多位具有黄埔军校背景的政协委员，联名提交了关于建立各省、市、自治区黄埔军校同学会的提案。在徐向前会长关怀下，经国务院领导和有关部门批准，成立各省、自治区、直辖市黄埔军校同学会，同时撤销 8 个地区黄埔军校同学会。自此，省级黄埔军校同学会纷纷成立。

1987 年 3 月 17 日，安徽省黄埔军校同学会率先成立。

湖南省黄埔军校同学会，1988 年 1 月 7 日成立。

北京市黄埔军校同学会，1988 年 6 月 16 日成立。

江苏省黄埔军校同学会，1988 年 8 月 11 日成立。

广西壮族自治区黄埔军校同学会，1988 年 8 月 15 日成立。

辽宁省黄埔军校同学会，1988 年 8 月 16 日成立。

广东省黄埔军校同学会，1988 年 8 月 20 日成立。

上海市黄埔军校同学会，1988 年 9 月 8 日成立。

黑龙江省黄埔军校同学会，1988 年 9 月 20 日成立。

河北省黄埔军校同学会，1988 年 10 月 8 日成立。

四川省黄埔军校同学会，1988 年 10 月 14 日成立。

云南省黄埔军校同学会，1988 年 10 月 27 日成立。

湖北省黄埔军校同学会，1988 年 11 月 26 日成立。

浙江省黄埔军校同学会，1988 年 11 月 30 日成立。

吉林省黄埔军校同学会，1988 年 12 月 6 日成立。

陕西省黄埔军校同学会，1988 年 12 月 13 日成立。

贵州省黄埔军校同学会，1988 年 12 月 13 日成立。

宁夏回族自治区黄埔军校同学会，1988 年 12 月 20 日成立。

甘肃省黄埔军校同学会，1989 年 1 月 23 日成立。

内蒙古自治区黄埔军校同学会，1989 年 4 月 5 日成立。

福建省黄埔军校同学会，1989 年 4 月 24 日成立。

青海省黄埔军校同学会，1989 年 5 月 17 日成立。

山东省黄埔军校同学会，1989 年 5 月 20 日成立。

江西省黄埔军校同学会，1989 年 7 月 4 日成立。

新疆维吾尔自治区黄埔军校同学会，1989 年 12 月 23 日成立。

海南省黄埔军校同学会，1990 年 12 月成立。

河南省黄埔军校同学会，1990 年 12 月 28 日成立。

天津市黄埔军校同学会，1996 年 1 月成立。

重庆市黄埔军校同学会，1990 年 1 月成立（当时重庆市为计划单列市）。1997 年重庆市升为直辖市后成为省级黄埔军校同学会。

山西黄埔军校同学会，2015 年 11 月 16 日成立。

至此，大陆成立了 30 个省级黄埔军校同学会，仅西藏自治区未成立黄埔军校同学会。各地同学会通过健全组织机构，加强领导力量，充实工作队伍，密切联系纽带，广泛团结散布各地的黄埔同学，为发挥积极作用提供了有力的组织保障。在地方黄埔军校同学会组织机构创立和调整过程中，黄埔军校同学会积极呼吁、多方奔走，做了大量工作，加快这一进程。黄埔军校同学会还通过建立相应机制、邀请地方同学会参加有关会议活动等方式，加强与各地黄埔军校同学会的沟通协调，促进上下联动，形成一盘棋格局。

（三）台港澳海外黄埔军校同学团体陆续成立

1. 台湾黄埔组织成立

台湾"中央军事院校校友总会"于 1988 年 9 月 3 日在台北市成立，当时名为"中华民国中央军事院校校友会"，并依台军当时既设之军事院校，分别成立陆军官校、海军官校、空军官校、政战学校、中正理工学院、"国防医学院"、"国防管理学院"、空军机校、空运通校、警备学校、宪兵学校、海军陆战队学校、陆军士校、海军士校等 14 个军事院校校友会。1993 年，为发展地区性校友联谊组织，又于台北、高雄两市及 21 县市成立校友联谊会。1995 年更名为"中华民国中央军事院校校友总会"，各县、市联谊会同时更名为"某某市、县中央军事院校校友会"，原 14 个军事院校校友会名称不变。该会当时在海外还有 19 个校友分会。2004 年该会会员总数约 6 万人。[①]

该会荣誉理事长有彭孟缉、宋长志，历任理事长分别是王多年、王升、朱致远、李桢林。李桢林曾任"陆军总司令"和"三军大学校长暨行政院国民党军队退除役官兵辅导委员会主任委员"。

该会的成立，是为砥砺会员贯彻国民革命历史使命，发扬黄埔"亲爱精诚"校训及忠贞爱国志节，联系友谊，增进校友情感交流，济助校友及遗族，凝聚校友团结向心。该会注意吸纳离退年青校友入会，促进社会祥和，绵密联系校友，提供健康资讯及艺文欣赏。举办多种纪念活动及校友自强联谊活动，促进情感交流，加强海外校友联系。拓展海外校友分会组织，向有成就之社会实业团体、人士暨校友，筹募会务发展经费，以利会务之推展。

"中央军事院校校友总会"下辖的 14 个分会之一陆军军官学校校友会，成立于 1988 年 12 月 4 日，会员人数最多。该会成立之目的在于求谋陆军官校校友合法权益与福祉，增进同学情感，凝聚黄埔子弟意志与力量。该会各班期均有同学会，各县、市分别成立地区校友联谊会；按时发行《黄埔校友通讯》；

[①] 《黄埔情缘：黄埔军校建校 80 周年暨黄埔军校同学会成立 20 周年纪念专刊》，第 58 页，2004 年版。

经常办理喜庆祝贺、丧病慰助、资料提供、函电查询等；经常组织各项有益于校友身心的活动。

"台北市中央军事院校校友会"于1997年6月8日成立。庞雄为理事长。2004年有校友1万多名，系居住台北的台湾14个军事院校的退役军人。[①]该会贯彻"中央军事院校校友总会"宗旨，改善社会不良风气，促进政治安定、社会团结和谐，举办校友旅游活动，帮助校友寻亲及落叶归根，举行理、监事会议，召开区联谊会议，服务校友，并与大陆、海外各黄埔同学会联系及交流，增进情谊。出版会刊《校友会讯》，作为沟通的桥梁及团结的纽带，借此凝聚更多校友，增进共识与共鸣。

1991年元月1日，台湾一批老中青三代退除役黄埔将校，在台北市成立了台湾中华黄埔四海同心会，秉于已往从军报国、东征北伐、抗战救国的荣绩，精诚团结，"擎起反台独、反分裂、救台湾、救同胞、谋和平、谋统一的大义旌旗"，"肩负艰苦奋斗的重担，担起促进两岸和平繁荣的时代使命"。[②]本会章程明确以退役退体之陆、海、空、联勤、宪兵、政战、情报学校及各期、班、队校友为会员。该会创会人为邓文仪（黄埔军校1期毕业，曾任"总统府"第三局局长，陆军中将），历任会长有：刘璠、张炎元、蒋纬国、刘定邦、黄幸强、谢元熙。他们"为服务校友、服务社会、服务国家、彰显公平正义、光大黄埔精神而勠力奋斗"。会员"秉持团结、负责、牺牲的情操，共体时艰，和衷共济，推动会务，为实现创会宗旨而努力"。[③]该会为团结两岸黄埔同学，数度以亲爱精诚情感，组团访问祖国大陆，祭奠黄帝陵、中山陵，寻根谒祖，密切交往，为发扬黄埔精神、促进金瓯无缺而奔走。

台湾中华黄埔协会是2002年2月2日在台中市成立的民间团体。会长为连行健。该会的成立，源于黄埔"亲爱精诚"校训，为的是加强离退校友的团结

---

① 《黄埔情缘：黄埔军校建校80周年暨黄埔军校同学会成立20周年纪念专刊》，第58页，2004年版。

② 《台湾、香港和海外部分黄埔同学会简介》，《黄埔》杂志纪念专刊（2004年），第59页。

③ 《台湾、香港和海外部分黄埔同学会简介》，《黄埔》杂志纪念专刊（2004年），第59页。

情谊。连行健表示，"当年我们作为热血青年考入黄埔军校，是为了国家统一、民族解放，我个人从南洋以华侨身份回国参加抗战，投入革命熔炉，也是为了报效祖国；今天，我们这些热爱台湾的老兵，自傲具有永世难忘的'台湾情'，身上流的是'炎黄血'，胸怀一颗至死不变的'中国心'。该会将助力建设一个现代化的新中国；促进两岸和平统一；黄埔子弟永远发扬黄埔精神，加强两岸交流，促进和谐团结，协力政党沟通国事，共创 21 世纪中国人的辉煌"。①

2. 港澳黄埔组织成立

香港特别行政区黄埔军校同学会，于 2001 年 6 月在香港注册成立，由丁伯跌任会长，张扩强任副会长兼秘书长。其后丁会长因年迈请辞，张扩强继任会长，王玉龄任副会长，孙宗鉴为理事长。据该会章程，除具有香港身份证之黄埔同学外，举凡海外任何地方之黄埔同学、眷属、后代，皆具备香港黄埔同学同样资格，均可加入该会，以达致"天下黄埔是一家，亲爱精诚永不忘"之理想，为维系国家团结统一共同尽心竭力。该会吸纳了一些港外会员，如美国的王伸权（黄埔 28 期），巴西的杨新熙（黄埔 25 期），台湾的张正煌（黄埔 22 期）、李效廉（黄埔 16 期）、连行健（黄埔 17 期）、刘爱理（黄埔 17 期庞雄夫人）、赵士骧（台湾海军少将）、宋炯（台湾海军少将）、林宪同等，促进会务蒸蒸日上，共襄国家统一事业。

澳门辛亥·黄埔协进会。2005 年 5 月在澳门注册成立，是以辛亥革命参与者或黄埔军校校友后裔及亲属为骨干的非牟利团体。创会会员 30 余人，现有会员 300 余人。该会宗旨是继承和发扬辛亥、黄埔之革命、奋斗精神，并研究之；增进海峡两岸暨港澳的往来与交流，从而推动澳门的建设与发展；团结全球各地友人，致力于振兴中华，为促进祖国和平统一大业贡献力量。林园丁任理事长。

3. 海外黄埔团体成立

在美洲、东南亚、澳洲等地都有黄埔同学及其亲属成立的社会团体。据有

---

① 《台湾、香港和海外部分黄埔同学会简介》，《黄埔》杂志纪念专刊（2004 年），第 59—60 页。

关资料显示，美国的黄埔团体最多，曾有旅美黄埔军校同学及其家属联谊会、美国大华府地区黄埔军校同学会、旧金山旅美黄埔校友会、洛杉矶旅美黄埔军校同学会、美西黄埔亲友联谊会、南加州旅美陆军官校同学会、芝加哥美中陆军官校同学会、芝加哥黄埔校友会、休士顿陆军官校同学会、"中央军事院校校友总会纽约分会"、美东黄埔陆军军官学校同学会、中华黄埔四海同心会大纽约区联谊会、大纽约地区中华黄埔联谊会、台湾退伍军人协会美东分会、纽约荣光联谊会、中华黄埔四海同心会美南联谊会、美国黄埔之友社、美国黄埔基金会，等。加拿大曾有加拿大黄埔军校同学后裔联谊会、加拿大安省黄埔同学会、多伦多加东陆军官校同学会、温哥华加西陆军官校同学会、"台湾中央军事院校校友总会加西分会"。巴西曾有中南美洲黄埔军校同学会、巴西黄埔军校同学会、巴西中国退伍军人联谊会。泰国曾有黄埔军校同学会（泰国留华同学会暨黄埔校友会清迈联络处）。澳大利亚有黄埔军校联谊会。马来西亚、德、法等国也曾有黄埔校友及其亲属团体。

美国的旅美黄埔校友会。亦称旧金山旅美黄埔校友会，成立于 1979 年，会址设于美国旧金山市，并向所在地政府机构登记，为非营利社团。其成员包含海峡两岸暨香港、澳门及世界各地移居美国的黄埔军校同学。该会成员包含台湾三军各军事院校毕业的同学，其中单一军种同学较多的又分别设立同学会，如空军同学会、政战同学会、中正理工学院（兵工学校）同学会、海军同学会等陆续成立。组织虽多元化，但活动则实行单轨制。该会会长先后由谢莽、朱安琪、江钜源、周凌军、古铣贤、高文俊、张曙担任。该会以联络校友互助团结为主，经费来源端赖热心校友捐助。

美国大华府地区黄埔军校同学会。1986 年 3 月在美国华盛顿注册成立，由居住在大华府周边地区（华盛顿特区、马里兰州、弗吉尼亚州、西弗吉尼亚州、特拉华州）的台湾各军事院校毕业生组成，后期也吸纳了部分在台服过预备役的军官，会员曾逾 150 人。该会坚持孙中山三民主义和大中国思想，支持两岸最终统一，坚决反对"台独"。会长先后有李大千、郑文彬，均出生于台湾。

旅美黄埔同学会。2005 年从南加州旅美陆军官校同学会中分离出来，百余名成员全部为来自台湾的退役军人，宗旨是发扬黄埔精神、振兴中华民族、造福炎黄子孙，在侨界有一定影响力。现任会长为程大卫（程家绥）。

美东黄埔陆军军官学校同学会。曾是海外黄埔组织中非常活跃的一个，也是纽约地区重要的台胞组织，与台湾政界人士、退役军人关系比较密切，长期反对"台独"分裂活动，积极推动中国和平统一事业。该会主要成员在纽约，会员多为国民党海外支部成员。历任理事长有张学海（黄埔33期，中国国民党党员、曾任驻美东支部常务委员，台军陆军师副参谋长、"总统府"侍从武官、驻加拿大"台北经济文化代表处"一等秘书、简任专员）、陈庆国（黄埔33期，纽约荣光联谊会会长）等。

洛杉矶旅美黄埔军校同学会。2006年在洛杉矶成立，其前身为1977年成立的陆军军官学校旅美同学会，成员300余人，大都是后期黄埔同学。宗旨是在"亲爱精诚"的黄埔校训之下，团结海内外黄埔同学乃至所有中华子孙，捍卫中华民族的领土完整、主权独立与尊严，反对任何分割中国的世界强权，为国家和平统一尽心力，为振兴中华民族，建设强大、昌盛的中华人民共和国贡献力量。

大孟菲斯黄埔精神传承会，2012年由黄胜利、杨守礼夫妇成立，会长为杨守礼，其夫人黄胜利是黄埔1期、著名将领黄雍之女。

"中央军事院校校友总会加西分会"，系台湾"中央军事院校校友总会"海外分会之一，由旅居大温哥华地区的台湾各军事院校退伍校友发起，于1991年6月16日成立，邓策中为召集人。历任理事长有：欧阳谷、魏一飞、萧荷恩、董秀洪、周述贤、刘徽焘。他们积极推动会务，为校友服务，加深袍泽手足情谊，团结加西黄埔同学。该会除每年举行黄埔军校校庆活动外，也常举办座谈会，对促进两岸完全统一、造福中华民族子孙、共创中国美好未来抱持热忱。

巴西的中南美洲黄埔军校同学会，创立于1991年2月17日，发起人之一罗大诚为首任会长，刘百龄为名誉会长，樊玉书、谢家驹、肇雷为顾问，鞠荆卿为秘书长。台湾26期同学罗钧武任接任会长，罗大诚为永久名誉会长。该会以联谊、互助、团结、合作、尊长重道、发扬黄埔精神、促进中国和平统一为宗旨。该会在黄埔军校创建日、抗战胜利日、保卫钓鱼岛、港澳回归等重大节点和重大事件开展了大量活动。

泰国黄埔军校同学会。由旅居泰国的黄埔14期同学，著名侨领、实业家、慈善家，泰国石油巨子丁家骏先生发起成立。丁家骏还曾任黄埔军校同学会理事、副会长，1997年去世。现任会长为陈鸿彰，该会更名为泰国黄埔校友会，会员为当地与黄埔军校有关联的人士，主要是黄埔亲属。

澳大利亚黄埔军校联谊会，2010年6月在澳大利亚堪培拉成立。该会系由旅居澳大利亚的黄埔同学及其亲属组成的联谊性社团，会长陈蔚东是黄埔二代。

二、力促两岸关系发展

近半个世纪以来，台海形势风云变化、跌宕起伏，因应国际国内台海形势变化及两岸政策调整，黄埔同学勇敢迈步，打破坚冰，开启接触，扩大交流，深化交往，不惧逆流，克难前行，为推动两岸关系不断向前发展发挥了独特的作用，作出了重要的贡献。

（一）打破僵局迈开步

20世纪70、80年代，国际形势发生深刻变化，中美关系实现正常化，大陆对台政策作出重大调整，海内外黄埔同学敏锐地洞察先机，积极行动起来，努力消解隔阂，打破海峡坚冰，拆除人为藩篱，推动两岸交流交往。

1. 大陆黄埔同学奔走呼吁

配合祖国大陆对台政策的重大调整，在黄埔同学积极推动下，1984年6月，黄埔军校建校60周年纪念会在北京人民大会堂隆重召开。这是1949年以来中国政府首次举行黄埔军校建校纪念活动。党和国家领导人、海内外黄埔军校校友和有关人士出席了纪念会。会上，宣读了中共中央政治局常委、黄埔军校教官叶剑英元帅的题词："发扬黄埔精神，致力振兴中华。"中共中央政治局委员、黄埔军校教官聂荣臻元帅的题词："团结共勉，统一祖国。"会上还发布了中共中央政治局委员、黄埔1期同学、徐向前元帅致全体校友同仁的信，呼吁携手共襄祖国统一大业，全文如下：

诸位校友、诸位同仁：

甲子建校，又逢甲子。值此黄埔军校建校纪念之际，谨向与会的校友、同仁表示热烈祝贺。

60年前，国民革命处于危难关头。中国民主革命的伟大先行者孙中山先生，在共产国际和中国共产党的支持、帮助之下，毅然创办黄埔军校，为建立国民革命武装培养骨干。吾等一批批热血青年，怀抱救国救民的崇高愿望，从五湖四海汇集广东黄埔，本着"亲爱精诚"的精神，高唱"怒潮澎湃"的校歌，同场操练，同窗切磋。在东征、北伐之役，同学们跃马挥刀，奋勇杀敌，战功辉煌，驰誉中外。国共两党第一次合作时期的黄埔，以其特殊的贡献为中国革命谱写了光辉篇章。纪念黄埔建校60周年，吾等十分眷念那个充满生机的岁月，那个国共两党团结合作的年代。虽至后来出现了人所共知的不幸局面，然而在民族存亡之时，诸位黄埔志士以国家民族利益为重，再度携手，共同抗战，直至赢得最后胜利。纪念黄埔，人们将永远不会忘记为中华民族统一、富强而捐躯的老同学、老同事。

岁月不居，逝者已矣。余亦年过八旬。令人欣喜的是，60年来，中国大地发生了地覆天翻的变革，中华民族已屹立于世界民族之林。中山先生为之奋斗的理想，已经或者正在成为现实。今天，祖国大陆政通人和，百业待兴。然而，国家尚未完全统一，民族有待繁荣富强。为了早日结束台湾与大陆分离的不幸局面，完成祖国统一大业，中国共产党多次发出呼吁，胡耀邦、叶剑英、邓小平、邓颖超等同志多次发表讲话和谈话，明确宣布了和平统一祖国的大政方针，得到台湾同胞和海外侨胞的热烈拥护。近年来台湾海峡形势趋于缓和，令人高兴。曾记中山先生尝言："统一是中国全体国民的希望。能够统一，全国人民便享福；不能统一，便要受害。"国家要统一，是人心所向，民族意愿，是不可阻挡的历史潮流。深盼出席会议诸君暨在台湾、香港和旅居海外的各位校友、同仁，切记中山先生教导，发扬黄埔精神，惟以国家统一、民族强盛为己任，抛嫌释怨，携手合作，为统一祖国、振兴中华贡献余力，为中国革命和自己的历史增光添彩。

谨此共勉，并祝健康。

徐向前

1984 年 6 月 16 日

全国政协副主席、黄埔 5 期同学程子华在会上发表讲话。他回顾了黄埔军校的成立历程，指出完成中国统一是孙中山先生的遗愿，也是全国人民的愿望。中共中央和国家领导人提出和平统一祖国的大政方针和政策。希望海峡彼岸的校友重温孙中山先生对祖国统一的嘱托，把民族大义和国家利益放在第一位，学习孙中山先生的伟大榜样，拿出当年黄埔的精神和勇气来，为促成祖国的和平统一和繁荣作出贡献。

原国民党高级将领、黄埔 1 期同学郑洞国，从美国回来参加纪念活动的黄埔 1 期同学李默庵、黄埔 6 期同学沈蕴存、黄埔 9 期同学蔡文治，黄埔 18 期同学、程潜先生之子程元，在发言中表示海内外黄埔校友当秉承孙中山先生遗教，发扬黄埔精神，为祖国的完全统一和繁荣富强贡献力量。他们还吁请蒋经国先生为国家民族的利益和子孙后代的幸福着想，捐弃前嫌，接受国共两党对等谈判，实现第三次国共合作，让海峡两岸的同胞早日团圆。

热情邀请和接待来大陆探亲、参访、旅游的香港、台湾、海外黄埔同学及其亲属回国参访、参加活动，联络感情，增进情谊。1985 年 6 月，旅美黄埔同学及其家属联谊会会长蔡文治先生及夫人来京参加黄埔同学活动，受到胡耀邦、张爱萍等领导同志接见。黄埔 13 期同学、美籍华人王善从参加黄埔会员代表大会后感慨地说："我从台湾到美国定居七八年，这是第一次回到大陆参加会议、到各地参观学习，心情很激动，思绪万千，使我看到新中国各地经济建设成就，人民生活得到很大的改善。抗日时期的西安城仍留在我的记忆中，古城而今大变样。重庆在抗日时期，被日本鬼子的飞机轰炸得破烂不堪，现在城市建设面目一新。"来自香港的黄埔 18 期生曹浩诚说："我在 1949 年随国民党部队去台湾，前些年到香港定居，离开大陆时我的女儿仅 3 岁，由我妹妹代养，长期失去联系。此次回大陆参加黄埔会员代表大会，得知我女儿还活着，而且政府把她培养成为人民教师，我非常感动。台湾当局宣传大陆人民处在水深火热之中，凡是在台湾有亲属关系的都被管制等。今天，我见到大陆人民生活的现状，与台湾宣传的很不一样。"1986 年 4 月，香港、海外来京列席全国政协会议的黄埔同学齐聚一堂，为国家建设和统一大业建言献策。座谈会上，香港、海外同学畅谈了黄埔军校同学会成立以来在联络海内外同学感情、促进祖国统一方面所产生的深远影响和作用，同时对黄埔军校同学会今后工作提出建议。美国休斯顿华侨协会主席、黄埔 5 期同学王正明应邀参加了纪念北伐战争 60 周年座谈会，与老长官郑洞国、郑庭笈等同学促膝交流当年参战体会及对现今的启示，表示回去在休斯顿华侨中团结更多同胞为统一贡献绵薄之力。原国民党元老李石曾秘书、美籍黄埔同学张堃，原台湾"国防部航空委员会三军后勤上校处长"、台湾黄埔同学吴乃屏，黄埔军校总教官何应钦侄女何荣芳等回来探亲谒祖，都受到大陆黄埔同学的热情接待，他们看到祖国锦绣河山和经济社会建设情况，更真切感受了同学深情、同胞真情。

　　走出去建立联络渠道。一些黄埔同学利用出国、出境探亲、旅游等机会，积极联络当地黄埔同学及亲属。程元赴美国、加拿大联络同学，与纽约、旧金山、温哥华当地黄埔同学组织接触，广泛联络了北美黄埔同学，敦睦同学情谊，促成周凌军等同学来访。1985 年 9 月文强同学赴美探亲，在美会见了很多黄埔同学，介绍中央关于统一祖国的大政方针和十一届三中全会以来拨乱反正的生动事例，摆明祖国四化建设对人才、资金、技术等方面的需求，通过推心置腹的交谈，加深了海外黄埔同学对大陆的了解、增进了同学情谊，还邀请他在台湾的堂弟到大陆参访。赵子立同学赴欧洲、美国探亲期间，会见了一些黄埔同学及亲属，鼓励他们在当地成立黄埔同学及亲属联谊团体，着力扩大影响，广泛团结黄埔同学及其亲属后代为祖国和平统一和现代化建设贡献力量。黄维同学在香港旅行期间，见到来自台湾的同学故旧，畅叙黄埔情缘，拓宽了联系面。1986 年初，旅居美国的黄埔同学沈策到台湾探亲，广泛联系岛内黄埔同学，介绍对台方针政策，鼓励他们放下包袱，与海内外黄埔同学一道，为改善两岸关系发挥积极作用。

2. 台湾黄埔同学勇破坚冰

1986 年发生了一起石破天惊、搅动两岸的重大事件。5 月 3 日，台湾中华航空公司波音 747 货机机长、黄埔 30 期同学王锡爵因思乡情切，渴望与父老亲人团聚，毅然驾机回到祖国大陆。一石激起千层浪，王锡爵的义举在两岸乃至华人世界引起巨大反响，令台湾当局承受巨大压力，被外界称为"打破两岸坚冰第一人"①。

王锡爵，出生于四川遂宁，1943 年 8 月就读四川灌县的国民党军队空军幼年学校，1949 年随校迁往台湾东港，1951 年空军官校毕业后进入台湾空军服役，1967 年退役转入台湾中华航空公司工作，是一名优秀飞行员。自青少年时期去台湾，从此与亲人天涯相隔成"断肠人"，几十年别离之苦，内心充满离愁和愧疚，精神饱受折磨、年近花甲的他得知高龄的父亲尚健在，决意回大陆侍奉尽孝。遂在 1986 年 5 月 3 日执飞由曼谷前往香港的途中改道降临广州白云机场，表达急切的心愿"要和家人团聚，要求到祖国大陆定居"。

大陆有关方面对他表示热烈欢迎。王锡爵 5 月 6 日，按照相关方面的安排，当他驾机抵达北京首都机场时，中国民航局局长胡逸洲亲自迎接。面对欢迎人群王锡爵激动地表示："回到祖国大陆是我多年的心愿。今天我回来了，感到非常高兴！""祖国提倡大陆和台湾实现通商、通邮、通航，今天可以说是大陆与台湾的首航。我希望海峡两岸今后常往来，大家可以回来看望自己的亲人、朋友。"田纪云副总理在人民大会堂四川厅接见了王锡爵和从他老家遂宁赶来相见的父老兄弟。田纪云对王锡爵回到祖国大陆定居表示欢迎，称赞："王先生的行动，表达了炎黄子孙实现和平统一祖国的共同愿望，是顺应历史潮流之举。王先生这次回来定居，还实现了同多年分离的家人团聚，对此表示热烈的祝贺！"田纪云还明确表示："按照'一国两制'的构思，首先实现通航、通邮、通商，进一步实现祖国的和平统一，是符合中华民族的根本利益的。我们愿意用双方

---

① 《〈四川人在台湾〉出版，讲述四川与台湾的"缘"》，中国台湾网，2016 年 1 月 13 日，https://culture.taiwan.cn/jlyhz/201601/t2016113_11364045.htm。

都能接受的方式，积极促进海峡两岸多方面的交往与合作，为和平统一祖国进行坚持不懈的努力。"①

对华航事件的处理拉开了两岸接触商谈的序幕。于此次事件，中央高度重视，中央领导获悉此事后第一时间即指示要及时表明我们的立场和态度，妥善处理此次事件。应该说，大陆对事件处理得极其妥善、明快，在两岸、在国际社会产生了积极影响。华航飞机抵穗当日，我民航局致电台湾华航，阐明事件性质，邀请他们尽快派人来北京商谈有关人、机、货的处理问题。而台湾方面最初极力回避与大陆正面接触，提出委托香港国泰航空公司或国际红十字会等与大陆交涉。大陆坚持"不让第三者插手"，重申这是纯属两个民航公司之间的业务性商谈，并不涉及政治问题，还表示可在他们认为方便的地方商谈。最终双方在香港商谈，除了强烈要求在大陆定居的王锡爵，其他人（随机还有一位副机长及一名机械师）、机、物（机上装载货物）无条件返还台湾。

华航事件的圆满解决极具意义。直接参与该事件解决的原中共中央台湾工作办公室主任杨斯德曾表示，这件事的成功解决，扩大了影响，赢得了人心，打破了台湾当局的"三不"政策，为促进祖国统一大业，开启了良好的开端。②而更为直接的影响是，这一事件在两岸及海外引起强烈反响，尤其是大陆对事件的理性、人道主义决定，使得王锡爵驾机回乡的个人行为，引起了广泛的关注与同情，台湾社会舆论甚至国民党党政内部纷纷质疑"三不"政策，提出应该允许老兵回乡探亲，给台湾当局以巨大压力，对促成翌年台湾开放老兵回大陆探亲可谓临门一脚，王锡爵称这次是"大陆与台湾的首航"，是为打破两岸僵局、推动开放探亲的非常之举，在实现自己小家梦圆的同时也拉开了两岸同胞骨肉团圆的序幕。

---

① 《田纪云接见王锡爵时的谈话(1986.05.07)》，国台办网站，2008 年 6 月 5 日，http://www.gwytb.gov.cn/zt/zylszl/lhjl/la2008q/gaikuang/agree/201101/t20110108_1684739.htm。

② 李立：《我亲历"华航事件"谈判——访原中共中央台湾工作办公室主任杨斯德》，《两岸关系》杂志 2002 年第 5 期，第 40—43 页。

3. 积极推动台湾开放两岸探亲

国民党败退台湾时带去几十万军队，许多普通士兵退役后仍是孤身一人，在台湾举目无亲、生活艰难，热切希望回到大陆与亲人相见。大陆实行和平统一方针后，一直鼓励台湾同胞回大陆与亲人团聚，但国民党当局坚持"反共"政策，严禁两岸民众往来，引起国民党老兵强烈不满。1986年底老兵开始透过街头示威抗议、议会陈情、向媒体喊话等途径，发起要求返乡探亲的请愿活动，得到岛内外广泛同情和支持。1987年春节前夕以徐向前元帅为代表的大陆黄埔同学通过在《人民日报》海外版发表《新年寄台湾港澳海外黄埔校友》方式，向岛内和港澳、海外黄埔同学表示热情问候，回首峥嵘岁月，追忆同学深情，赞赏"诸位校友，身在海外，心系祖国。近几年来，在发扬黄埔精神，联络同学感情上，海内外黄埔校友，共同作出了有益的贡献"。感叹"人到老年，愈加怀旧，众多校友，离乡背井多年，他乡辞旧岁，异地迎新春，自是别有一番滋味在心头"。向广大校友表示真诚关切并热忱欢迎大家"在适当时机，欣然命返。或旅游一睹旧貌新颜；或探亲畅叙离愁别绪；或访友共抒夜雨归情"。在黄埔同学中引起强烈共鸣。①

在岛内日益高涨的老兵返乡探亲运动声浪里，1987年7月台湾当局宣布解除"戒严"，允许民众前往香港旅游，但仍不准进入大陆。此举使两岸许多离散的亲人纷纷前往第三地会面。8月，国民党决定全面调整有关政策，采取官民区分原则，允许民间探亲。10月14日，国民党中常会决定，除现役军人及现任公职人员外，凡在大陆有血亲三等亲以内之亲属者，得登记赴大陆探亲。②次日，台湾当局宣布有关台湾民众赴大陆探亲的具体办法。至此，两岸长期隔绝的状态被打破，两岸关闭的大门终于被撬开。

对此，祖国大陆热诚欢迎台湾同胞来大陆探亲和旅游，保证来去自由。大陆黄埔同学迅速作出积极反应。1987年10月22日，黄埔军校同学会负责人发

① 徐向前：《新年寄台湾港澳海外黄埔校友》，《人民日报》（海外版），1987年1月13日。
② 《中国民航局与台湾华航举行两岸第一次公开对话》，共产党员网，2021年5月17日，https://www.12371.cn/2021/05/17/V1DE1621207441743880.shtml。

表《袍泽情深、桑梓谊重、骨肉团圆、终有时日》的谈话，在《人民日报》刊发。反映广大黄埔同学心声。谈话中对台湾当局的作法表示肯定，海峡两岸被人为隔绝 38 年之后，传来台湾同胞可以公开来大陆探亲的消息，袍泽情深，桑梓谊重，骨肉团圆，终于有了这值得庆幸的时日。

大陆黄埔同学团体主张"天下黄埔是一家"。不论前后期，不论身处大陆，还是身处台湾，大家还是同学。他们认为，目前在大陆、台湾和海外尚有数万黄埔老兵，他们大多年事已高，怀旧有加，思乡心切，念及当年雄姿英发的同窗学子，尤记东征、北伐和浴血抗战。唐代大诗人李白诗云："此夜曲中闻折柳，何人不起故园情。"大陆有可爱的田园、祖宗的庐墓、难忘的母校，更有分别多年的亲友故旧。来大陆旅游一睹旧貌新颜，探亲畅叙离愁别绪，访友共抒久违深情，实为多年难逢之幸事，恨不捷足先登为快。

大陆黄埔同学团体承诺将尽最大努力协助台湾黄埔同学回大陆探亲，尽力为他们大陆行提供方便，给予照顾。黄埔同学在大陆主要城市、各省区设有黄埔军校同学联络机构，欢迎同学们来大陆联谊晤聚，并愿为校友寻亲访故、旅游观光、开展经济交往和学术文化交流等尽力提供服务。

大陆黄埔同学还希望台湾当局能够扩大开放，允许大陆同胞前往台湾探亲，仅以众多黄埔同学而言，他们不少亲属、学长在台湾，其中年迈体弱、行动不便者众，难以亲赴大陆，若仅单向允许台湾民众赴大陆探亲访友，不允许大陆人民赴台探亲，校友前往探视，他们也难以与亲人、学友相见。所以，开放探亲不应只是单向，而应双向进行，也在情理之中。有些校友的父母亲属当年去了台湾，不幸客死他乡，前往扫墓祭奠，以尽人子孝道，更是人之常情。为此，殷切希望台湾当局能够像大陆方面一贯主张的那样，允许大陆同胞前往台湾探亲、祭奠，保证来去自由，尽快取消不合情理的限制，大陆黄埔同学情殷意切盼望这一天早日到来。

大陆黄埔同学对台湾当局开放探亲的回应态度非常明晰，台湾当局仅单方面开放台湾相关民众赴大陆探亲，是远远不够的，尤其是对于不少老兵，包括出身黄埔军校的部分校友，他们年事已高、风烛残年，已无法离台到大陆探亲，他们想念在大陆的亲人、校友，在大陆的亲人、校友也想念他们，然而却只能隔海相望、相思、相念，如此，对这些来日无多的老者，是残忍的，是不人道的。他们来不了大陆，大陆的亲人、校友可以去台湾探视他们。所以，大陆黄埔同学呼吁台湾当局要扩大开放，扩大探亲范围，要双向开放探亲。

黄埔同学还呼吁尽早开放两岸新闻媒体。早在 1988 年 9 月 22 日，黄埔杂志社、瞭望周刊社、台声杂志社、团结报社、华声报社、中央人民广播电台对台广播部 6 家新闻单位联合举办黄埔同学中秋茶话会，黄埔军校同学会副会长、黄埔杂志社首任社长程元代表 6 家媒体致辞时，就曾向台湾当局、向台湾新闻界表示真诚地欢迎台湾新闻界的同行们在方便的时候回到大陆联谊晤聚，并将竭尽所能，为台湾媒体新闻采访、寻亲访故、旅游观光、学术交流、经贸活动等提供方便。为了增进海峡两岸民众的相互了解和共识，推动两岸全方位开放和双向交流，也希望台湾方面同意大陆方面派记者到台湾去采访、观光，热切希望台湾新闻界同行们共同努力，促其早日实现两岸的新闻界交流互访。后两岸新闻媒体得以开放，双方互派记者驻点采访，黄埔同学发挥了应有作用。

时序转进，岁月更新。20 世纪 90 年代首个春节前夕，88 岁高龄的徐向前元帅和 90 岁高龄的聂荣臻元帅联名向在台和旅居海外的黄埔军校师长、同学致以节日问候。[①] 两位老帅深情地回顾："65 年前，吾辈在黄埔济济一堂，聆听中山先生训示，接受国共两党爱国革命教育，志在打倒列强，铲除军阀，统一祖国，振兴中华。几十年来，历经东征、北伐、抗日，广大黄埔师生为达此目的，付出巨大牺牲，做出重大贡献。光复台湾是黄埔师生和全国人民共同奋斗的结果。"他们指出："和平奋斗，统一祖国，是黄埔师生历史使命。两岸师生及海外同学、同事，当力促国共第三次合作，实现祖国统一的千秋功业。如今，台湾当局中有人违背一个中国立场，或则假手舆论蛊惑人心，或则纵横捭阖以售其奸，图谋将台湾同大陆分离，制造'两个中国'。国家必须统一，民族必须团结。我黄埔师生当发扬爱国、革命传统，团结奋起，反对任何形式的分裂活

---

① 新华社发布徐向前、聂荣臻谈话（1990 年 1 月 19 日）。

动。"他们真诚表示："在此台海风云变幻之际,我们关心在台黄埔师生,关心黄埔师生子女和先烈遗属。我们深切期望海峡两岸和旅居海外师生,焕发爱国、革命精神,同心勠力,为按照'一国两制'构想,实现祖国统一大业,恪尽职责。岁月不居,人生苦短。我们已是九十老人,深盼两岸黄埔师生早日欢聚,共叙师生之情,同窗之谊。祖国尚未统一,同学仍须努力!"该谈话经《人民日报》及其海外版、中央电视台和中央人民广播电台报道后,在海内外特别是台湾引起了强烈反响。《台湾时报》以"盼两岸黄埔师生协力,促成国共第三次合作"为题作了报道。两帅谈话对团结海峡两岸及海外黄埔师生,坚持"一个中国"原则,反对"台独",反对分裂,坚持"和平统一、一国两制"方针,共同奋斗,早日实现祖国和平统一大业,起到了积极的推动作用。

4. 邓文仪来访及两岸黄埔组织交往

在两岸黄埔同学交流往来中,台湾黄埔 1 期同学邓文仪的大陆行是一个标志性事件,是两岸黄埔同学往来的重大突破,影响重大深远。尤其是邓文仪来访受到邓小平同志在人民大会堂的历史性接见,终于打破台湾当局"不接触、不谈判、不妥协"政策的枷锁,打通了两岸黄埔同学交流通道,架起了两岸黄埔同学往来的桥梁。

邓文仪,1905 年生,字雪冰,湖南醴陵人,黄埔军校 1 期毕业,曾任 3 期区队长。1925 年 10 月被派往莫斯科中山大学学习。1927 年后曾任黄埔军校代理政治部主任、蒋介石侍从秘书、南昌行营调查科长,1935 年任驻苏大使馆武官。1937 年后任战干团政治部主任兼政治总教官、成都中央军校政治部主任。1945 年后任国防部新闻局局长、政工局局长,国民党第六届中常委。1949 年后任国民党台湾省党部主任委员、"内务部次长"等职,在台湾政界颇有影响力。

黄埔同学会为促成台湾同学来访作了充分的酝酿。台湾岛内的黄埔同学成立"中央军事院校校友会",以增进同学感情,凝聚黄埔同学向心力。1989 年9 月,该会理事、旅美黄埔 15 期生周乐军转达滕杰和邓文仪等校友希望与黄埔军校同学会联系的意愿。11 月,周乐军来京参加黄埔军校同学理事会扩大会议,就邓文仪来访事宜作了沟通,侯镜如、宋希濂等老同学表示欢迎。1990 年

1月，徐向前、聂荣臻元帅发表的春节谈话在黄埔同学中引起热烈反响。2月，经周乐军接洽侯镜如同邓文仪通了电话，表示愿意与在台同学建立联系，欢迎他方便时来京。4月上旬，周乐军带来邓文仪给侯镜如的信，信中表示：徐向前、聂荣臻元帅谈话"大义明示""深获同心"，为"共谋统一祖国大业之发展"，"将于5月上旬来北京访问"。

5月9日，邓文仪率团来京。年近九旬的徐向前元帅在身体欠佳的情况下，坚持会见了黄埔老同学邓文仪，他深情期望"两岸黄埔师生携起手来，为实现祖国统一而奋斗"。91岁高龄的聂荣臻元帅在寓所亲切会见邓文仪一行。聂帅坐着轮椅在客厅门口亲切地打招呼"同学们好！"在座的黄埔同学不约而同立正敬礼"聂老师好！"会见充满了师生久别重逢的喜悦和历久弥深的黄埔情缘。5月16日，邓小平在人民大会堂亲切会见了邓文仪，把台湾同学首次大陆访问推向高潮。

邓小平与邓文仪是莫斯科中山大学第1期同班同学。邓小平1926年1月从巴黎到莫斯科，进入中山大学第1期7班学习。这个班云集了国共两党有较长党龄和革命经验的学员。共产党方面有邓小平、左权等，国民党方面有邓文仪、蒋经国等。邓文仪说，国共两党的尖子人物都在这个班，很有名，有"理论家班"之称。邓小平是这个班里中国共产党组组长。邓小平和邓文仪都经历过两次国共合作，分别在国共两党身居高层要位，时隔64年，邓小平作为中国共产党第二代领导核心、改革开放和现代化建设总设计师，在北京与老同学邓文仪会面，可谓一次历史性的会见。邓小平在与邓文仪的谈话中希望他"在台湾多联络黄埔同学，为实现祖国和平统一做贡献"。①

直到1990年10月底，台湾《新新闻》周刊第一次向社会披露了这一重要消息，在岛内和海外引起轰动。周刊用两版大字通栏标题，以整版封面照片及封面故事《邓小平首次接见台湾来访客》，详细报道了事情的经过和对邓文仪的专访，并评论道："无论其动作或会谈内容，意义均非比寻常……这是邓小平首

---

① 中共中央文献研究室编：《邓小平年谱（一九七五——一九九七）》（下），第1313页，中央文献出版社，2004年版。

次接见来自台湾的访客，而且邓小平还送给邓文仪他们二人合影的照片，可以证实……国共斗争时的宿敌，两岸分歧时的对手，再演变成北京人民大会堂握手会谈，过程相当具有戏剧性……"[1] 这次会见对增进两岸黄埔师生交流往来，团结携手，共担历史使命，为改善、发展两岸关系，加快祖国统一步伐，起到了极大鼓舞和推动作用。

邓文仪首开大陆之行先河，特别是邓小平的亲切会见，在台湾黄埔同学中引起积极反响。在台黄埔同学中不少代表人物先后来访大陆，就和平统一祖国问题交换意见，并建立沟通渠道。其中，比较有影响的有黄埔 1 期生肖赞育紧随邓文仪的脚步来大陆访问。肖赞育是莫斯科中山大学第 1 期学生，同邓小平也是同期同学，曾任蒋介石侍从室秘书、三处副主任、成都中央军校政治部主任、武汉行营政治部主任等职，授予陆军中将衔。1990 年 10 月，肖赞育来大陆访问，国务院副总理吴学谦在钓鱼台国宾馆亲切会见。肖赞育表示："完成统一，黄埔同学有责任。不管今后遇到什么困难，我都要为统一献力。"台湾同学突破禁令来访，表明两岸同胞血浓于水，兄弟阋墙终有竟时，这种感情是任何力量也阻挡不住的。为了国家统一、民族兴旺、骨肉团圆，海峡两岸黄埔同学又走到一起来了。

两岸黄埔组织开启交流。邓文仪回到台湾后，积极联络黄埔同学，与黄埔 1 期同学刘咏尧、袁朴、刘璠等酝酿在台湾成立黄埔组织。1990 年 8 月，组成 138 人参加的筹委会。经过多方努力，1991 年 1 月 1 日在台北正式成立台湾中华黄埔四海同心会，其宗旨是：联合黄埔同学，推动祖国统一。邓文仪任名誉会长，刘璠任会长，黄埔 2 期生张炎元、黄埔 4 期生何志浩任会长，黄埔 8 期同学张琦任执行长。邓文仪在成立大会上讲话，表示："国家一天不统一，我们的责任就未了。因此我要特别地呼吁我们全体同学，只要我们一息尚存，为了国家统一，为了人民幸福，我们要牺牲，我们要奉献，我们更要努力奋斗！"蒋纬国以黄埔 10 期生身份出席大会并讲话，呼吁在台黄埔同学要以整体力量，

---

[1]　黄埔军校同学会编：《黄埔军校同学会简史（1984—2013）》，第 50 页。

共同为促进中国的和平统一而努力。

台湾中华黄埔四海同心会成立后，两岸黄埔同学联络更加便利。1991 年 2 月，台湾中华黄埔四海同心会执行长张琦来北京访问，就两岸黄埔同学共同推进祖国和平统一问题交换意见。聂荣臻元帅抱病会见张琦，给予勉励。从此，两岸黄埔军校同学团体在黄埔情缘基础上建立起亲诚互信、友好交往的联系交流交往渠道。4 月 3 日至 23 日，邓文仪、刘璠、张琦率台湾"中华黄埔四海同心会谒陵访问团"一行 31 人来大陆访问。他们先后抵达广州、西安、北京、南京等地访问，一路寻根祭祖，弘扬爱国精神，申明力促祖国统一之大义。访问期间，与聂帅夫人、黄埔 6 期生张瑞华，黄埔 1 期生李默庵、黄埔 2 期生覃异之、黄埔 6 期生赵子立、黄埔 16 期生杨荫东等进行了深入交流。中共中央总书记江泽民在京亲切接见了邓文仪一行。江总书记对两岸黄埔军校同学团体建立联系给予肯定和鼓励，介绍了"和平统一、一国两制"实现国家统一的方针政策，热诚希望海峡两岸黄埔同学共同努力，为早日实现祖国和平统一作出应有贡献。①

1992 年 12 月，台湾中华黄埔四海同心会召开第二届会员大会，重申其宗旨是"反'台独'，反分裂，救国家，救同胞，谋和平，谋统一"。出版《专辑》介绍该会组团访陆情况，发表了江泽民会见访问团的合影及在大陆参访活动的 30 幅照片。邓文仪著文表示："只要一息尚存，为了祖国统一，为了人民的幸福，我们要牺牲！我们要奉献！"张炎元在文章中表示："誓与那些数典忘祖主张'台独'和'一中一台'，破坏国家和平统一的阴谋分子，周旋到底。"台湾中华黄埔四海同心会副会长蒋纬国提出："海峡两岸应尽早展开双边谈判，以促成和平统一的具体实现。"

1993 年 8 月，刘咏尧率团赴北京访问，受到黄埔同学会和有关方面热烈欢迎，并与在京的一些同学面晤畅叙、期盼金瓯无缺。刘咏尧当年 15 岁考入黄埔军校，成为黄埔 1 期最小的学员，1925 年底赴莫斯科中山大学理论家班学习。

---

① 万伯翱：《功勋已记五凤楼——记历经三次重大起义的爱国名将侯镜如》，《瞭望》杂志海外版，1991 年 5 月 15 日。

曾任中正大学校长、"国防部"次长，1951 年被授予上将军衔，有"儒将"之称，著有《政治学概论》《人事行政论丛》《人生哲学论》《经济学概论》《中国国民党党史》《九十忆往》等。刘咏尧主张祖国和平统一，临终仍感叹一生最大的遗憾是"没有看到祖国河山归于一统"。

港澳、海外黄埔同学躬身入局。旅居美国的著名爱国将领、黄埔 1 期同学李默庵、宋希濂等身在海外、心系祖国，常在当地华文报刊发表文章赞誉、支持祖国，呼吁同学们发扬黄埔精神，为促进祖国统一和繁荣富强贡献力量。1990 年 9 月，李默庵回国访问，91 岁高龄的聂荣臻元帅在寓所亲切会见了他。会见中，师生愉快地回顾了 60 多年前黄埔建校初期往事，谈到许多军校师长和同学，充满历久弥新的师生情谊。聂帅语重心长地嘱咐：广大黄埔师生应一本革命初衷，团结起来，为统一祖国、振兴中华奋斗。李默庵深受感召，决心回国效力。在有关方面关怀和黄埔军校同学会积极协调下，李默庵在北京定居，担任黄埔同学会领导职责，团结带领广大黄埔同学发挥更大作用。1991 年 5 月，黄埔 14 期同学丁家骏率领泰国黄埔校友会访问团回国参访，与国内黄埔同学和黄埔军校同学会进行深入交流。丁家骏是著名实业家、慈善家，泰国"石油大王"，积极促进中泰友好，关心、支持祖国建设发展，表示将联络带动更多海外黄埔同学和侨胞，继续发扬黄埔精神，为推动国共第三次合作、实现两岸和平统一不懈奋斗、竭诚奉献。香港黄埔同学李以劻、廖秉凡担任黄埔军校同学会理事，团结联络在港同学，积极发挥作用。大陆一些黄埔同学受邀参加，台湾中华黄埔四海同心会一些成员也组团赴港参加军转民产品博览会，蒋纬国、刘璠、张炎元等均以台湾中华黄埔四海同心会职务名义送了花篮，在港黄埔同学与来自大陆和台湾的同学共聚一堂、联谊交流，探讨加强合作、共同为两岸关系改善发展和早日实现统一添砖加瓦。

（二）扩大深化促发展

自 20 世纪 90 年代中期以后，在两岸隔绝状态结束迸发的张力和海协会、台湾海基会授权商谈达成"九二共识"基础上，两岸人员往来和经济文化交流逐步发展起来，但李登辉逐步背离一个中国原则、加紧图谋制造"两个中国"，导致两岸关系紧张动荡。台湾首度政党轮替期间，以陈水扁为首的民进党当局在"台独"道路上越走越远，尤其是推动"宪政改造"和"以台湾名义申请加入联合国的公投"、谋求"法理台独"，使两岸关系再度紧张动荡，陷入严重危机。2008年5月台湾政局发生重大积极变化，两岸关系实现从紧张动荡走向和平发展的重大转折，其后8年两岸关系处于前所未有的大发展时期，总体面貌发生重大变化。身处这样的时代，海内外黄埔同学躬身入局，立足各自特色优势，在跌宕起伏中前行，积极参与支持开展交流交往，为促进和平发展发挥了积极作用。

1. 海内外黄埔同学及相关团体交往逐步拓宽

首先，与台湾中华黄埔四海同心会等民间团体的交往在持续热络中走向常态化。一些层次高、影响大的同学积极发挥作用，特别是1997年1月蒋纬国致信黄埔军校同学会李默庵以后，海峡两岸黄埔同学会联系逐渐热络。同年9月，蒋纬国先生离世，李默庵会长致电台湾中华黄埔四海同心会表示哀悼，并寄语会中同仁共同为统一祖国、振兴中华矢志奋斗。黄幸强担任会长后，冲破台湾当局的阻挠，率团到大陆访问，受到国务院副总理钱其琛、全国政协副主席王兆国等领导亲切会见。在京期间，两岸黄埔同学会联合举行黄埔军校建校77周年纪念会。2002年5月，黄幸强再次率团来访，与所到之地黄埔同学进行交流。此后经年，台湾中华黄埔四海同心会监事乐可铭、执事周乐军，继任会长谢元熙、副会长梁世锐、原执行长张琦等受邀率团，先后到北京、江苏、上海、浙江等多地参访，两岸黄埔人共同感受祖国日新月异变化，抒发期盼两岸早日实现统一的心声，积极建言献策，在持续交流交往中建立了深厚的情谊。2002年6月台湾中华黄埔协会参访团一行40人到大陆参加庆祝黄埔军校建校78周年纪念会，李运昌、杨荫东、林上元、黎原等同学与参访团成员亲切交流。

与岛内其他黄埔组织及相关团体的联系逐步增多。2003年，台湾退役空军将领组团到大陆参访，与在京一些黄埔同学欢聚。2006年，台湾装甲兵退役将领抗战史迹参访团、台湾桃园龙潭退伍军人协会参访团相继来访。许历农等退役将领赴武汉参加辛亥革命95周年纪念会，与当地黄埔同学及团体交流。中国国民党黄复兴党部主任委员王文燮率团赴江苏参访，黄埔军校同学会负责人专程赴会。特别是2006年11月，台湾"中央军事院校校友总会"参访团来大陆参加纪念孙中山诞辰140周年有关活动，这是台湾"中央军事院校校友总会"对祖国大陆的首访，与黄埔军校同学会和江苏省黄埔同学会等建立联系。2007年先后有许历农率台湾新同盟会大陆参访团来访，台湾高雄市退伍军人协会和各省同乡会联合会一行39人组织联合参访团来大陆参访。

黄埔军校同学会主动邀请岛内和海外黄埔组织组团参加重大活动。比如邀请台湾、海外黄埔组织负责人及亲属20多人赴四川、重庆、湖北参访并参加国庆57周年庆祝活动。2008年4月，首次组织两岸百名退役将军黄帝故里拜祖大典致敬团，其中邀请台湾中华黄埔四海同心会、陆军官校校友会、国民党黄国雄党部退役将军80名，出席庄严隆重的戊子年黄帝故里拜祖大典，规模之大、层次之高前所未有。[①] 邀请包括台湾陆军官校校友会、中国国民党黄复兴党部等联合组织部分退役将领来京观看奥运会、残奥会，参加相关活动，共同感受中华民族共同的世纪盛会，共同体验作为中华儿女的骄傲和自豪。邀请台湾中华黄埔四海同心会、台湾新同盟会等组织40余名退役将领参加己丑年清明公祭黄帝典礼。

两岸关系进入和平发展轨道后，两岸黄埔同学及相关团体的交流迅猛发展。2009年6月，台湾海军官校校友会组团参加纪念黄埔军校建校85周年座谈会并赴北京、山东参访。8月，台湾空军官校校友会组团到北京、安徽访问。11月，台湾政战校友会参访团赴海南参加琼台两岛黄埔同学联谊活动。2010年，先有王文燮上将率中国国民党黄复兴党部、陆军官校校友会一行50人出席以"同根同祖同源、和平和睦和谐"为主题的庚寅年黄帝故里拜祖大典，受到中共中央政治局常委、全国政协主席贾庆林等中央领导同志的亲切接见；继有陈履安、陈廷宠等退役将领出席在南京举行的纪念抗日战争胜利65周年黄埔论坛；

---

① 《海峡两岸百名退役将军拜谒黄帝故里》，央视网，2008年4月9日，http://news.cctv.com/taiwan/20080409/100103.shtml。

再有罗文山率台湾中华黄埔四海同心会访问团赴辽宁参访，台湾高雄"中央军事院校校友会"组团来京沪进行文化交流。2011年台湾黄埔同学及相关团体来访更多，其中有3个"首次"：台湾中华战略学会首次组团来访，赴曲阜祭拜孔子，并与专家学者及黄埔军校同学会交流；台湾南部青溪协会首次组团来访，台湾青溪协会是全台义务备役军人管理组织；台湾中华擎天联谊总会首次组团来访，该会主要由台湾政治作战学校毕业的退役将领和出生于黄埔眷村二、三代的代表性人士组成。

在请进来的同时，黄埔同学适时组团入岛内访问。2009年8月，林上元会长率代表团赴台交流，实现首次黄埔军校同学会团组入岛访问的"破冰之旅"。访问团在台湾拜会了多个黄埔组织，与"中央军事院校校友总会"、中国国民党黄复兴党部、退伍军人协会进行友好交流，同郝柏村、许历农、陈履安、黄幸强、李桢林、蒋介石亲属等黄埔同学及相关人士晤面叙谈，接触了警察、工商、教育、新闻、法律等团体和人士。2010年6月，黄埔军校同学会代表团再次入岛访问，拜会了"中央军事院校校友会"、台湾中华黄埔四海同心会、空军官校校友会，与台湾海基会前副理事长焦仁和、台湾道教法师协会理事长吴光辉等交流，拜访了中国国民党黄复兴党部及花莲、台东、屏东、高雄等县市党部新任主委。

各省（区、市）黄埔同学及其团体与台湾黄埔组织、退役军官联络也在增多。云南黄埔同学会接待了台湾24期以后海陆空黄埔同学多个访问团，江苏黄埔同学会多次接待台湾黄埔同学回故乡访问活动，北京黄埔同学会开辟"黄埔会客厅"举办两岸黄埔同学恳谈会，吉林黄埔同学会接待了台湾陆军官校校友会东北之旅参访团，广东黄埔同学会接待多批在台黄埔同学及亲属来访，湖南、广西黄埔同学会分别组团赴台进行文化交流，这些活动拓展了两岸黄埔同学的联系面。

与港澳海外黄埔同学联络交流渐趋频繁。香港黄埔同学李以劻、廖秉凡担任黄埔军校同学会理事，联络港区黄埔同学在两岸交流交往中发挥积极作用。尤其自香港地区黄埔军校同学会成立以后，与两岸黄埔同学及相关团体的交往交流增加。澳门辛亥革命与孙中山文化研究会、澳门辛亥·黄埔协进会邀请两岸、海外黄埔同学及团体赴澳门参加有关活动，开展交流，增进合作。美国是海外黄埔同学的主要聚居地之一，一些旅美爱国黄埔同学及团体在当地华侨中享有声望和影响，黄埔军校同学会主动走出去加强交往。1998 年 7 月，应美国旧金山旅美黄埔校友会会长周凌军邀请，程元副会长率团访美。这是黄埔军校同学会成立以来首次组团出访，先后访问了旧金山、纽约、洛杉矶 3 座城市，与旅居当地的黄埔同学及亲属欢聚畅谈，增进相互了解，加深彼此情谊。在纽约，当地有关团体组织黄埔同学、亲属和华侨华人、华文媒体约 200 人聚会交流，《侨报》《世界日报》《星岛日报》等华文报纸作了报道，引起热烈反响。2004 年后，林上元、王锡爵等分别率团多次赴美与各地黄埔同学及亲属百余人交流，增进同学情谊，加强团体合作。海外黄埔同学组团来访日益增多。自孙大公（黄埔 28 期生）率陆军官校旅美黄埔同学会 "溯源之旅" 访问团冲破亲台势力威胁阻挠首次回祖国大陆访问后，旅美黄埔校友会詹道良，美东黄埔陆军官校同学会理事长张学海，旅美黄埔军校同学会会长程大卫，西雅图黄埔军校同学会创会会长王仲权，旧金山旅美黄埔校友会荣誉会长周凌军，洛杉矶旅美黄埔军校同学会副理事长唐矼熙，"中央军事院校校友会温哥华分会" 理事长刘徽焘，中南美洲黄埔军校同学会名誉会长罗大诚、理事宋南屏等陆续率团回国参访，增进 "天下黄埔是一家" 的深情厚谊，共同为两岸关系发展和祖国和平统一奔走效劳。

2. 打造品牌活动把交流引向深入

海内外黄埔军校同学及相关团体在相互交往、增加频次、拓展联系面的同时，重点打造一些品牌活动，深耕细作、持续推进，推动两岸交流交往走向深入。

持续举办黄埔论坛扩大影响。2005 年适逢抗战胜利 60 周年，黄埔军校同学会以 "黄埔精神与抗日战争" 为主题在京举办首届黄埔论坛。[①] 全国政协副秘书长齐续春、民革中央原副主席李赣骝、黄埔军校同学会副会长程元到会并

---

① 《"黄埔精神与抗日战争" 专题研讨会在北京举行》，中国新闻网，2005 年 9 月 9 日，https://www.chinanews.com/news/2005/2005-09-09/8/623574.shtml。

讲话。美国旧金山旅美黄埔校友会会长古铣贤、美国洛杉矶旅美黄埔军校同学会副理事长程大卫、台湾中华黄埔四海同心会会长谢元熙、上海市黄埔军校同学会秘书长徐国华等作主题发言。部分在京同学、海内外黄埔校友和亲属，以及海协会、民革中央、全国台联等有关方面负责人，中央人民广播电台、中国革命军事博物馆、广东革命历史博物馆、广东农民运动讲习所纪念馆、广东黄埔军校旧址纪念馆和有关高校研究院所数十名专家学者，共同就黄埔师生在抗日战争中的贡献、黄埔精神在其中的作用及对振兴中华、促进祖国统一的启示等进行了深入探讨。此后，基本上每年一届，迄今已在北京、广州、上海、南京、武汉、成都、昆明、长沙、中山、长春、贵阳、南昌等城市举办 15 届，始终不忘初衷，铭记历史，面向未来，坚持立足黄埔特色，结合形势发展变化，结合相关重大历史事件和时间节点精心选取主题，积极邀请台港澳海外黄埔同学及相关团体、单位和专家学者参加研讨，结合参观考察深化论坛效果，逐渐发展成为海内外黄埔同学及亲属等接触交流的重要平台，成为弘扬黄埔精神、推动两岸关系发展、增进反"独"促统共识的重要载体，成为具有一定知名度和影响力的品牌活动。

黄埔情·海峡两岸退役将领高尔夫球邀请赛是新形势下黄埔军校同学会创建的两岸退役将领接触交流的新平台。2009 年 5 月在厦门举办了"黄埔情·中评杯——第一届海峡两岸退役将军高尔夫球邀请赛"。[①] 两岸 38 名退役高级将领参赛、以球会友。其间恰逢端午佳节，还穿插了联欢晚会和茶叙活动。全国政协原副主席、中国工程院院长徐匡迪专程为获奖嘉宾颁奖。此次活动引起了两岸暨香港、澳门和海外媒体的高度关注，台湾《中国时报》和《联合报》等主流媒体均以显著位置对活动进行大幅报道。此后，这项受两岸退役将领欢迎的联谊活动相继在南京、成都、杭州、青岛、佛山、武汉、大连、西安、郑州举办，持续 10 届，参加的两岸退役将领共有 300 多人（次）。举行相对规范又不失轻松的团体赛、个人赛、友谊赛，两岸退役将领同场竞技或联手对垒。赛

---

① 《2009 年黄埔军校同学会举办第一届海峡两岸退役将军高尔夫球邀请赛》，黄埔军校同学会网站，2014 年 3 月 10 日，http://www.huangpu.org.cn/zt/jxznl/lan/201405/t20140522_6196749.html。

事间隙穿插书画笔会、联欢会、茶叙或交流，文体相济，相得益彰。还视情组织参观考察和公益慈善活动，比如第三届赛事期间举办了以纪念辛亥革命百年为主题的"黄埔情"两岸退役将军书画作品展，展出了近百幅两岸退役将军的作品及连战、吴伯雄、宋楚瑜、王金平、郁慕明、许历农、蒋孝严等为此次活动题词，并向遭遇地震、重建家园的汶川县映秀镇同胞赠送全体参赛人员签名的"爱心无极"巨幅书法作品。第十届高尔夫球赛期间适逢农历三月三日黄帝诞辰，两岸退役将军同原全国人大常委会副委员长桑国卫、黄埔军校同学会会长林上元一道，赴新郑参加戊戌年黄帝故里拜祖大典，到向阳山瞻仰炎黄二帝巨型塑像，感受"同根同祖同源、和平和睦和谐"的渊源和意蕴。一些参赛者表示，正是黄埔情这根纽带，把两岸退役将军联结起来了，昔日对手成球友，亲和第一莫相仇。两岸都是中国人，中国人不打中国人！两岸退役将军以"黄埔情"为依托、以高尔夫球赛为载体的联谊活动走过十载，以球会友、书画联谊、参观考察、茶叙交流，从历史中汲取智慧和动力，从兵戎相见、相互敌视到冰释前嫌、笑泯恩仇，再到如兄如弟、骨肉情深，"两岸一家亲"的理念已深深印入两岸退役将军的心中。反对分裂、追求统一、实现民族振兴既是黄埔的初衷和光荣传统，也是历史大势和必然要求，两岸军人在其中担负义不容辞的责任和使命，兄弟同心、其利断金，同圆共享中国梦日益成为广泛共识。

连续组织京剧入岛公益演出。2007 年 12 月，应台湾传统伦理文化发展协会等台湾社团邀请，黄埔军校同学会率北京京剧艺术交流团赴台湾南部展演。交流团以北京京剧院副院长陆翔为团长，国家一级演员、著名程派传人、梅花奖获得者迟小秋担纲主演，先后在屏东科技大学、高雄市长青综合服务中心等地举办 4 场公益演出，表演了《四郎探母》《文姬归汉》《天女散花》《三岔口》等传统曲目，观众济济一堂，产生热烈反响。在台期间，访问团与当地学生、社区居民等进行了友好交流。至 2014 年，连续举办 8 届，在台北、高雄、台南、屏东等地及一些高校巡演，演员阵容逐渐扩大，多时达五六十人，演出剧目精良，内容有折子戏、全本戏、武戏等，观众每届五六千人次，时常场内爆满、场外摆放大屏幕"加座"供拿不到票的观众"解馋"。形式上也有创新，有时还安排交流分享，富有情趣地"科普"京剧的由来、行当、脸谱、唱腔、服饰等，并伴以示范、体验，增强互动性。京剧入岛公益演出连续举办，从北至南再向东，从老年、中年到青年，受到普遍欢迎，这表明京剧作为中华民族传统文化的瑰宝，在台湾拥有广泛的民众基础，特别是将历史上忠孝节义故事以国粹艺术形式呈现出来，很能引起台湾同胞共情，以京剧艺术为缩影和代表之一的中华传统文化是"两岸一家亲"的重要根脉和纽带。巡演间隙，交流团成员与岛内诸多黄埔组织和相关团体，与社会各界人士，面对面接触交流，在给广大台湾同胞特别是中南部民众带来京剧艺术饕餮盛宴的同时，引起共同传承弘扬中华优秀传统文化的和鸣与共振。

青少年艺术交流是黄埔军校同学会开拓的赴台交流新领域。2009年1月与中国舞蹈家协会联手，并借助北京博览同盟文化交流中心和深圳市青少年芭蕾舞团等社会资源，首次组织小小艺术家舞蹈交流团，以弘扬中华文化、强化精神纽带为主旨，深入台湾中南部，与内埔小学、侨智小学客家舞蹈班的学生同台演出、交流联谊，用舞蹈架起两岸青少年沟通心灵的桥梁。参与交流的台湾内埔小学此后还应邀组团来大陆参加"小荷风采"舞蹈大赛，深化了两岸青少年在交流互动中结下的情谊。尔后，与中国舞蹈家协会联合，由首都师范大学、北京博览同盟文化交流中心、台湾民主文教基金会协助，于2011年1月、2012年2月、2013年2月3次组织青少年音乐舞蹈交流展演。大陆青少年文化艺术交流团入岛交流活动，实现了跨行业、跨单位、跨地区力量的聚合，巩固了两岸青少年交流的平台，取得了一举多得的效果。这是黄埔组织在对台交流中向青少年拓展的有益尝试，青少年是国家和民族的未来，组织这样的交流活动，就是希望以生动活泼的舞蹈艺术来促进两岸青少年相互了解，推动两岸青少年良性互动，增进两岸青少年的情感交流和心灵融通，累积两岸青少年中华民族大家庭意识。

开展与台湾基层民众的交流交往。黄埔同学及其团体以广泛团结台湾同胞为主线，投入与岛内中南部民众、中青年、中小企业主、中下阶层人士的联系交往，通过岛内黄埔组织拓展与眷村二、三代的接触，增进共识，厚植民意基础。2009 年 6 月，经台湾黄埔组织接洽，国民党高雄县党部书记长率高雄县村长、乡民代表和民众服务社理事长团组，到北京参观八达岭长城、奥运场馆及国家大剧院，赴河北廊坊市广阳区农业科技园和九州镇奶字房村考察交流，所到之处大陆黄埔同学及团体热情接待、真诚交流，开辟了参与基层交流的新领域。此后几年里，随着两岸大交流的铺展，黄埔同学及团体参与接触交流交往的基层参访团组日益增多。有的年份多达十几个团组，有的团组规模达三四十人。从类别上看，有民众服务社、农会负责人等；有县市议员、乡镇长、村里长等基层民意代表、公务人员；有律师、会计师、医师等专业人士；有中小企业主；有基层社团负责人；有台湾眷村二三代；等等。以中南部、中下层、中青年为主，大多数人与黄埔有一定关联。他们许多是首次来大陆，通过参观考察始有见闻、增进了解，亲身感受到中华民族文化之灿烂、大陆建设发展之成效、两岸一家亲之真诚、为民者得民心之启示。不少人反映跟他们之前听到的宣传很不一样，对一些说法要重新思考、重新认识。有的人感慨："来时不想来，走时不想走，非走不可时，还想再次来！"有的人以诗抒怀："浮云已开两岸亲，悬桥牵系兄弟情。亲情血缘永绵延，珍惜携手创新局。"[1] 有的人表示将介绍或带领更多朋友乡亲过来走走看看。

（三）克难前行不止步

民进党自 2016 年在台湾再度执政以来，阻挠和破坏两岸关系发展，在岛内大肆渲染"恐中""反中"舆论氛围，抹黑、污蔑两岸交流合作，竭力煽动两岸敌意和对立。外部势力频频介入，大打"台湾牌"，加之新冠肺炎疫情爆发并持续蔓延，内外因素交织叠加，台海形势更加复杂严峻，两岸关系和平发展受到严重冲击。但海内外黄埔人仍然秉持大义，克难前行，努力推动联系交流不断线、不止步。

---

① 王力可、孙立极：《台湾眷村与北京社区的亲密接触》，《人民日报》（2013 年 10 月 24 日），第 20 版。

1. 台湾黄埔组织及退役将领克难参加交流

民进党重新执政以后，拒不承认"九二共识"，两岸民间交流交往受到限制和影响。一些黄埔组织仍顶着压力参与交往。2016年7月，台湾中华黄埔三军退将总会与台湾中华民族团结协会联合参访团赴宁夏、青海参观考察；台湾中华战略学会组团到广州参加"黄埔师生与北伐战争"研讨会，与两岸专家学者、大陆黄埔同学亲属等围绕黄埔师生在北伐战争中的地位与作用、黄埔精神的历史意义与时代价值等议题进行研讨交流。11月，为纪念辛亥革命95周年，台湾陆军官校校友会、台湾中华黄埔四海同心会、台湾中华黄埔三军退将总会、花莲退伍军人协会、澎湖黄复兴党部等台湾黄埔组织联合组成"辛亥革命寻访之旅"参访团赴陆参访。台湾振兴中华民族暨文经促进协会两度组团先后赴广西、北京参访；台湾中华擎天协会连续3年组团，先后赴云南、湖南、黑龙江和内蒙古体察多元一体的中华民族文化，与所到之地黄埔同学、亲属及相关团体联谊交流。2017年5月，台湾中华民族团结协会、台湾中华黄埔三军退役将官总会、台湾中华黄埔四海同心会、台湾中华黄埔退役将官服务总社、台湾青溪协会总会、中国国民党黄国荣党部等联合组织参访团赴江西井冈山、鹰潭参访。2018年3月，台湾中华擎天协会、中国国民党黄国荣党部、花莲退伍军人协会等台湾黄埔组织退役校官参访团赴云南，拜谒腾冲国殇墓园，参观滇西抗战纪念馆，考察滇台农业合作示范区等，开展交流合作；继而有台湾空军官校将校参访团赴京冀参观考察交流。台湾中华黄埔四海同心会曾两次组团分别赴湖北、北京和山东、江苏参访，寻根谒祖，返乡省亲，感受中华传统文化，增进黄埔情谊。

为了进一步阻止两岸交流，民进党当局通过修改"国安五法①"等，推动关于"中共代理人"的"修法"，出台"反渗透法"，把两岸民间交流扣上危害"国安"的帽子，实行制裁。"退辅会"发出警告，严禁退役将领赴大陆参访，

---

① 所谓的"国安五法"，系指台湾地区立法机构于2019年度通过"修法"三读的五项涉及"国安"的"法律"，包括修订"刑法"部分条文、"国家安全法"部分条文、"国家机密保护法"部分条文、"两岸人民关系条例"增订条文以及该"法"部分条文。

制造"寒蝉效应"。即使遭遇民进党当局的重重阻挠，但也隔不断两岸黄埔同学走亲走近的强烈愿望。比如，台湾中华擎天协会、中国国民党彰化黄国彰党部、台湾振兴中华民族暨文经促进协会组织的台湾基层黄埔组织联合参访团 44 人赴江苏、上海参访。台湾南部地区正义联盟、中国国民党高雄市党部、中国国民党黄国屏党部等黄埔组织中的中青年 33 人赴湖北交流参观考察。台湾中南部基层人士一行 32 人赴湖北、湖南参访，成员来自高雄市及下辖三民、盐埕、新兴、前金、苓雅、楠梓、冈山、路竹、阿莲等区民众服务社，拜谒常德会战阵亡将士纪念碑，参观荆州古城、武陵源、岳阳楼等，考察潜江现代农业产业园、小龙虾交易中心，与所到省市的黄埔同学及亲属交流，增进了解，深化交流，扩大共识，开展合作。台湾中南部以黄埔二代为主体的亲属团赴成都、重庆参观考察，拜访世界文化遗产都江堰、大足石刻，参观成都规划馆、重庆两江新区规划馆、成都大熊猫繁育研究基地，考察重庆台商工业园、璧山国家高新区台商工业园党群服务中心、猪八戒网络公司等，与 92 岁高龄的重庆市黄埔军校同学会刘永庆会长交流，感受中华民族辉煌的历史文化和黄埔历久弥深的情缘。以台湾太仆联谊会为主体，并有黄埔眷属、子弟参加的丝绸之路参访团，赴北京、新疆、甘肃、陕西参访，对古代丝绸之路的历史遗迹及而今"一带一路"建设、沿途经济社会发展、民生和生态环境状况等有了更多了解和亲身感受，与所经之地的黄埔同学、亲属及相关团体联谊交流，感受"天下黄埔是一家""两岸同胞一家亲"的生动现实。

2. 坚持开展文教和艺术交流

在组织北京市部分中学教师赴台交流取得良好成效基础上，2016 年 6 月、2017 年 6 月，黄埔军校同学会连续两次组织京津冀中学教师文化教育交流团赴台访问交流。先后共有北京市、天津市、河北省 16 所中学近 50 名教师参加，与台北强恕高中、台北金瓯女中、大甲致用高中、高雄大荣中学、桃园复旦中学、新竹义民高中、南投暨南大学附属中学等多所学校开展教学观摩、交流座谈、校园考察等活动，增进两岸中学教师之间的了解与合作，提升教学水平，共同弘扬中华文化，教育引导青年树立正确的历史观、民族观、国家观、文化观。

为表达对伟大的民族英雄、伟大的爱国主义者、中国民主革命的伟大先驱孙中山先生的崇敬，针对重新执政的民进党当局对纪念孙中山诞辰150周年未作安排，甚至有民进党"立委"还提出要废除在台湾学校和行政机关悬挂的孙中山遗像，2016年11月，黄埔军校同学会组织书画艺术交流团赴台访问，特意从孙中山生活、战斗过的北京、江苏、湖北、广东、香港等地遴选书画名家参加，在台北孙中山纪念馆举办"弘扬中山精神携手振兴中华——纪念孙中山先生诞辰150周年书画展"，用书画艺术形式宣传孙中山先生的思想、精神和历史功绩，穿插举办书画笔会、座谈交流、拜会参访等活动，强化两岸共同记忆和联接。

艺术交流以传统艺术和民族音乐为主打。应台湾传统伦理文化发展协会邀请，2016年9月，中华传统艺术交流访问团一行13人赴台交流。由于民进党当局限制和设阻，台湾"移民署"和"文化局"迟迟不予批准，致使赴台时间一拖再拖。尽管如此，在取得许可后的很短时间内，邀请中国广播艺术团一级演员、歌唱家魏金栋担纲，北京京剧院、北京巨亿天华国际传媒有限公司、四川川剧团、南京市杂技团的演艺人员参与，使此次入岛交流涉及艺术门类多：有民族歌曲、流行歌曲、二胡演奏、古筝弹奏、京剧表演、对口相声、杂技魔术、川剧变脸，形式多样，内容丰富，亦动亦静，亦柔亦刚，美轮美奂，充分展现了中华民族传统文化艺术百花盛开的繁荣景象。4场小型演出和2场大型演出，场场观众爆满，气氛热烈。在澎湖文艺中心，通过澎湖县地方党部和黄国荣党部的召集，当地眷村、社区民众千余人观看；在高雄冈山高中，全体师生近千人皆来观看，盛况空前，反响热烈。

2017年10月，黄埔军校同学会组织中华传统文化艺术交流团赴台展演交流。交流团由中国音乐学院笛子演奏家、著名教育家、指挥家曹文工担任指挥，著名男高音歌唱家周强、何鹏飞，青年唢呐演奏家张倩渊及中国音乐学院声歌系、国乐系师生25人组成。克服办理手续过程中的多次刁难，及赴台前夕曾发生大陆演出团队在台高校遭到部分绿营人士抵制和冲击的事件的影响，全体成员以高度的责任感和高超的演奏才艺为台湾同胞献上精彩的艺术盛宴。此次展演突出中华民族传统文化艺术主题，以民歌民乐民曲为载体，在台湾艺术大学、台北世新大学、暨南国际大学、高雄师范大学 4 所高校举行"中国民族音乐知多少"专场演出，为台湾同胞带来少数民族歌曲、地方戏曲演唱，唢呐独奏，琵琶、古筝二重奏，京胡、二胡、大提琴等器乐合奏，种类繁多、精彩纷呈，吸引了台湾高校师生，台湾中华道教文化团体联合总会、台湾中华擎天协会、台湾中华黄埔四海同心会、退伍军人协会、夏潮联合会、台湾中国和平统一党等众多岛内黄埔组织和统派组织有关负责人、理监事、会员以及社会各界人士计数千人前来观演，演出场场爆满，观众掌声雷动、好评如潮。有评论指出，精彩绝伦的艺术表演将思乡故土情、同胞骨肉情展现得淋漓尽致，恰如其分的艺术诠释彰显了中华文化的无穷魅力，特别富有亲和力；在民族音乐的律动中，两岸同胞同根同源、同宗同文意识油然而生，认同感得到了强化；中华民族传统文化艺术是两岸共同拥有的宝贵财富，是根植于两岸同胞血脉中的共同基因，是两岸中华儿女无法割裂的精神纽带，是联结融通两岸同胞心灵的黏合剂，是促进两岸同胞心灵契合的催化剂，也是抵御"去中国化"逆流的防波堤。

2022 年 9 月，四川省黄埔军校同学会首次联合台湾中华梅花文化艺术交流协会、台北市中山黄埔文经交流协会，在台北市议会展厅成功举办"天府神韵进宝岛——川台黄埔书画联展"活动，为岛内黄埔退役将领与四川黄埔后代搭建了共书民族大义、同叙两岸亲情的新桥梁。川台两方面共组织 100 余幅作品参展。9 月 2 日，书画联展开幕式在台北市议会展厅举行，台湾中华黄埔会会长、"中央军事院校校友会"理事长、中国国民党黄复兴党部主任委员出席并致辞。中国国民党前主席洪秀柱发表视频致辞。台湾原"三军大学"校长夏瀛洲、中国国民党前主席吴敦义、时任台北市市长柯文哲、前新竹市市长林政则、台湾孙文学校总校长张亚中莅会。台北市市长蒋万安发来贺信。台湾退役将领、艺术家和各界代表近 300 人出席开幕式。四川方面通过视频连线参与，四川省政协副主席、民革四川省委会主委欧阳泽华，国民革命军 33 集团军总司令张自忠之孙、原民革四川省委会副主委张庆成，黄埔军校 10 期同学、黄埔教官曾繁悌之子，原四川省科协常务副主席曾祥炜等线上出席并视频致辞。

2022年12月30日至2023年1月3日，黄埔军校同学会与大陆和台湾的有关单位在北京、台北、高雄同时举办黄埔情——两岸"同扬文化·喜迎新春"书画联展暨送春联活动。开幕式以视频连线的方式同时在三地现场举行，全国政协副主席、民革中央主席郑建邦发表视频致辞，黄埔军校同学会副会长陈知庶，海峡两岸关系协会原副会长王在希，中国国民党前主席洪秀柱，台湾海峡交流基金会前董事长林中森，台湾前"陆军总司令"、二级陆军上将陈廷宠等与会嘉宾在北京主展场和台北、高雄分展场致辞，互致祝福，喜迎新春，共同表达两岸弘扬中华文化的意义、使命和责任，呼吁两岸共同守护、尊崇、弘扬中华文化，推动两岸交流合作，特别是以中华文化、民族精神凝聚两岸同胞，促进心灵契合，共筑中华民族伟大复兴中国梦。中华海外联谊会、民革中央、海峡两岸关系协会、全国台联、中国和平统一促进会、北京市黄埔军校同学会等有关单位负责人，台湾黄埔组织、退役将领及亲属、统派人士以及两岸知名书画家、专家学者等近300人出席现场活动。大家互致新年祝福，挥毫泼墨，写春联、书"福"字，举行"万福送万家"活动，互动频繁、反响热烈，两岸一家、期盼团圆的气氛浓郁。

3. 加强与常住大陆台青、台生联系

在民进党限制、阻挠和新冠肺炎疫情影响下，两岸交流雪上加霜，与岛内黄埔组织的正常交流难以为继，黄埔同学及团体积极探索新领域、新途径、新方式。

本着热忱欢迎台湾青年来祖国大陆追梦、筑梦、圆梦的初心，2020年12月，黄埔军校同学会举办"在京高校台湾新生中华文化体验营"活动。经台湾黄埔二代牵线搭桥，推荐了42名在京台生参加，他们来自北京大学、清华大学、中国人民大学、北京中医药大学等7所高校，都是近两年入校生，绝大多数人是第一次到大陆的"首来族"。考虑到学生的时间和防疫情况，仅占用双休日，以简单、欢乐、快捷的方式，安排聚餐联谊、长城览胜、座谈交流、滑雪体验等活动，颇受欢迎，在轻松愉快交往中增进了解、建立联系、沟通想法、

关心帮助台生的生活和成长。此后，在 2021、2022 年分别在冬奥会河北崇礼场馆、北京首钢园区连续举办两场"在京高校台生中华文化体验营"活动，共有 60 多名与黄埔有一定渊源的台生，利用假日体验滑雪、参观场馆，感受北京冬奥盛况、冬奥文化、冬奥精神。看到呼之欲出的冬奥比赛场馆及配套设施——云顶滑雪场、国家跳台滑雪中心"雪如意"、冬奥场馆规划展厅、京张高铁太子城车站，台生们惊奇在崇礼这样一个此前没有任何雪上运动基础的国家级贫困地区，如何能在短时间内完成"凤凰涅槃"，承接冬奥会 2/3 的雪上项目。通过参观滑雪大跳台，领悟胸怀大局、自信开放、迎难而上、追求卓越、共创未来的北京冬奥精神；通过参观首钢三号高炉，台生们感受中华民族从站起来、富起来到强起来的伟大飞跃；通过参观台湾会馆，台生们认识因民族弱乱而产生的台湾问题必将随着民族复兴而解决的历史大势。台生们表示要充分利用在大陆学习生活时光，多感受北京，多了解大陆，架起两岸沟通交流的桥梁，做两岸融合发展、祖国统一和民族复兴的亲历者、实践者、参与者、贡献者。

依托黄埔情缘开展系列活动。2021 年 10 月，与台湾湖南商会共同举办"情缘黄埔"常住大陆台湾青年锦绣中华甘肃行活动。参访团 22 名成员，来自北京、天津、上海、广州、南京、西安等 10 余座城市，其中有在岛内完成全部教育阶段后到大陆求职的台青，有在大陆高校毕业后留在大陆发展的台青，有正在大陆高校就读的台生，大家因黄埔而结缘。结合"一带一路"、中国革命史、民族团结与乡村振兴、新发展理念等要素，参访团走进敦煌了解莫高窟的前世今生，参观西路军纪念馆追寻中国革命的红色记忆，考察现代设施农业、高新科技企业惊叹西部城镇的飞速发展，入户走访少数民族家庭体验脱贫攻坚与乡村振兴给普通百姓生活带来的真切变化。对于绝大多数第一次参访甘肃的台湾青年，此次参访不仅是视觉的冲击、文化的洗礼，更让大家看到了不再是荒芜、贫瘠的河西走廊，看到了跨越式发展的西部，内心受到很大触动。

2021 年 11 月，黄埔军校同学会和台湾黄埔军校同学后代联谊会合作，组织 21 位常住祖国大陆台胞参加"情缘黄埔"抗战史迹寻访川渝行活动。成员以黄埔同学及眷属、黄埔后代、抗战英烈后代为主，邀请抗战史、黄埔史专家参与，8 天时间寻访了 10 处抗战史迹，拜谒了 3 处纪念碑和英烈墓，参观了 4 处历史文化遗址，基于对各处抗战史迹的亲眼所见、亲耳聆听，加之讲解员和地方相关人士的介绍，以及抗战史、黄埔史专家的深度阐释，使台胞们仿佛有穿越时空、置身历史场景的感觉，不仅对全民族抗战的历史有了较全面的了解，也看到了对国民党军队抗战史实的客观展陈，更认识到抗日民族统一战线的地位和作用，以真实的历史史料对曾经在岛内接受的"抗战史观"进行纠偏，形成诸多共识。通过追寻黄埔先辈足迹，缅怀爱国义举和英勇事迹，从而大力弘扬"爱国革命"的黄埔精神，增进了常住大陆后期同学和亲属的中华民族共同体意识。2022 年 7 月，以全民族抗战爆发 85 周年为契机，再度组织"情缘黄埔"抗战史迹寻访辽宁、北京行活动。参与的部分台湾黄埔同学亲属、台商、台青、台生多为青年人，因为黄埔情缘迅速建立友谊、交流热络，通过寻访多处抗战遗迹，参观抗战纪念馆、"九一八"历史博物馆、东北抗联史实陈列馆等，重温黄埔先辈的赤诚奉献和爱国革命的黄埔精神，增强了作为黄埔后人的荣耀感和使命感。团员们表示，这是一次抗战史迹寻访之旅、传统文化体验之旅、爱国主义教育之旅，由此进一步深化了自己的黄埔情、坚定了自己的中国心、清晰了自己的统一梦。

2022 年 8 月，《黄埔》杂志社以"中华传统文化在两岸的传承与弘扬"为主题，线下线上结合举办"文脉中华"沙龙。邀请北京联合大学朱松岭教授、首都师范大学艾尤教授、中国政法大学郭继承副教授，及来自台湾的黄埔军校同学后代联谊会负责人、现就职于北京大学的台湾青年体育文化交流发展协会负责人担任主讲嘉宾，从不同角度阐释中华传统文化的内涵、外延，剖析中华传统文化在不同历史时期的传承，以及当下弘扬中华传统文化对祖国统一事业所具有的现实意义。两岸青年兴味盎然，围绕主题踊跃互动，共同探讨传承与弘扬中华文化的方向与路径。

三、挺立反"独"促统潮头

国民党当局退踞台湾后，总体上坚持一个中国政策，对主张分离甚至"台独"的言论及人士严厉打击，"台独"分子或被投入监狱，或流亡海外。但随着蒋经国去世，李登辉上台并巩固其执政地位后，开始背弃一个中国原则，甚至公然抛出"特殊两国论"①，力图制造"两个中国"。同时，姑息纵容"台独"活动，促成海外"台独"分子回流，使"台独"势力逐渐坐大。尤其几经政党轮替，民进党两度成为执政党，顽固推行"台独"路线，陈水扁图谋"一边一国"，推动"宪改"，"入联公投"，企图谋取"法理台独"；蔡英文继续奉行"台独"路线，拒绝承认一个中国原则和"九二共识"，挟洋自重，倒行逆施，在分裂道路上越走越远。对此，海内外黄埔同学秉持民族大义，发扬黄埔精神，积极开展正面宣传，坚决反对任何"台独"分裂言行，坚定维护祖国主权领土完整，坚决捍卫中华民族根本利益。

（一）持续宣传对台方针政策

1949 年国民党退踞台湾后的 30 多年里，两岸处于军事对峙状态，台湾当局对大陆实行敌视和隔绝政策，颁布了一系列禁止两岸往来的规定，违者以"通敌""资匪""叛乱"等罪名论处。蒋经国接任后还提出"不接触、不谈判、不妥协"的"三不"政策，继续禁止台湾民众与大陆交往，两岸人民几无往来。20 世纪 70 年代末，国内外形势发生巨大变化，大陆方面开始实行争取祖国和平统一的大政方针，台湾当局严禁两岸往来、噤声和平统一言论的政策愈来愈遭到台湾社会反对。进入 80 年代以后，国民党威权统治下，在台湾岛内随着经济发展而来的政治多元化及党外运动逐渐兴起，人们要求民主、解除"戒严"

---

① "特殊两国论"，或称"两国论"，系指 1999 年 7 月 9 日，当时台湾地区领导人李登辉接受德国之声录影专访时，对于台湾地区与大陆之关系的一个诠释。即：1991 年"修宪"之后，将台湾地区"范围"限定于台、澎、金、马，台湾地区正副领导人与"国会议员"仅为台湾地区选出，并承认大陆的合法性。台湾和大陆的关系是"国家与国家"，或"至少是特殊的国 (state) 与国 (state) 的关系"，而非"一合法政府、一叛乱政府"，或"一中央政府、一地方政府"的"一个中国"内部关系。

的呼声渐高。特别是台湾社会各界人士受到改革开放影响，强烈要求国民党当局正视时势变化、调整大陆政策、放松对两岸交往限制的呼声日益强烈。形势所迫，蒋经国提出"政治革新"主张，解除"戒严令"，开放"党禁""报禁"，特别是在国民党老兵返乡探亲请愿运动冲击下开放台湾居民赴大陆探亲，两岸隔绝状态被打破，两岸人员往来和经济文化等领域的交流随之逐步发展起来。然而，由于长期隔绝及国民党当局的歪曲宣传，台湾民众对大陆了解很少、认知偏狭。黄埔同学及团体作为民间交往渠道和民间交流使者，义不容辞地担负起志愿者和宣传员的责任。据不完全统计，自 1984 年后的近 20 年间，大陆各地黄埔同学及亲属，与台港澳及海外同学和亲友单通信一项即高达 15 万封之多。[①] 这些信件既有表达问候祝福、询问起居生活的温馨关切，也有老有所为、情趣爱好的切磋交流，还有对两岸经济社会发展、改革开放所带来变化情况的经常沟通，其中一个突出特点是两岸关系、两岸政策、两岸统一等话题逐渐成为关注热点和交流重点。尤其在重大节点、对重大政策的出台、重大形势变化等，除通信渠道以外，其他途径如公开谈话、刊发文章、座谈研讨、论坛活动、参访交流等逐渐被广泛运用，日益活跃起来。

1. 长期坚持和宣介"一国两制"方针

"一国两制"是思想解放的产物，其产生和形成经历了一个过程。20 世纪 70 年代末，国际形势发生深刻变化，和平与发展成为时代两大主题，特别是中美关系实现了正常化。从国内看，党和国家在十一届三中全会后，将工作重心逐渐转移到经济建设上，需要创造一个有利的政治环境和经济环境。正是基于中国长远发展的整体战略和当时国内外形势的现实考虑，以邓小平为核心的第二代中央领导集体在毛泽东、周恩来关于争取和平解放台湾思想的基础上，确立了和平统一的大政方针，逐步提出"一国两制"科学构想。

十一届三中全会公报首次以"台湾回到祖国怀抱，实现统一大业"来代替"解放台湾"口号。1979 年元旦，全国人大常委会发表《告台湾同胞书》，郑重

---

① 《黄埔情缘：黄埔军校建校 80 周年暨黄埔军校同学会成立 20 周年纪念专刊》，第 63 页，2004 年版。

宣布了关于台湾回归祖国、实现国家和平统一的大政方针。这是新时期中国共产党和中国政府对台方针政策的重要宣示，"表明了我们的态度是真诚的，是合情合理的"。1981 年 9 月 30 日，全国人大常委会委员长叶剑英对新华社记者发表谈话，进一步阐述了台湾回归祖国、实现和平统一的九条方针政策。其要点是：建议举行中国共产党和中国国民党两党对等谈判，实行第三次国共合作。提出"通邮、通商、通航、探亲、旅游以及开展学术、文化、体育交流"的主张。提出国家统一后，"台湾可作为特别行政区，享有高度的自治权，并可保留军队"，"台湾现行社会、经济制度不变，生活方式不变，同外国的经济、文化关系不变，私人财产、房屋、土地、企业所有权、合法继承权和外国投资不受侵犯"。提出"台湾当局和各界代表人士，可担任全国性政治机构的领导职务，参与国家管理"。这是党和政府在新时期对台方针政策的进一步具体化。

1982 年 1 月 11 日，邓小平同志会见美国华人协会主席李耀滋时说："对台湾九条方针是以叶剑英副主席的名义提出来的，实际上就是'一个国家，两种制度'。"这是邓小平首次提出"一个国家，两种制度"的概念。同年 12 月 4 日，全国人大五届五次会议通过新修订的《中华人民共和国宪法》，其中第 31 条规定："国家在必要时得设立特别行政区。在特别行政区内实行的制度按照具体情况由全国人民代表大会以法律规定。"① 所谓"建立特别行政区"，指的就是"一国两制"，由此"一国两制"载入中国的根本大法，为实行"一国两制"提供了宪法保证。

1983 年 6 月 26 日，邓小平在会见美国西东大学教授杨力宇时，进一步阐述了实现台湾和祖国大陆和平统一的构想。② 其要点是：（1）解决台湾问题的核心是祖国统一。和平统一已成为国共两党的共同语言，从而构成了第三次国共合作的基础。（2）坚持一个中国，制度可以不同，但在国际上代表中国的，只

① 中共中央台湾工作办公室、国务院台湾事务办公室：《中国台湾问题》，第 38 页，九州出版社，2015 年版。

② 中共中央文献研究室编：《邓小平年谱（一九七五——一九九七）》，第 917—918 页，中央文献出版社，2004 年版。

能是中华人民共和国。（3）不赞成台湾"完全自治"的提法，"完全自治"就是
"两个中国"。自治应有一定的限度，条件是不能损害统一的国家利益。（4）统
一后，台湾作为特别行政区，可以实行与祖国大陆不同的制度，可以有其他省
市自治区所没有而为自己所独有的某些权力。拥有立法权和司法权，终审权不
须到北京。台湾还可以有自己的军队，只是不能构成对祖国大陆的威胁。祖国
大陆不派人去台，不仅军队不去，行政人员也不去。台湾的党政军等系统，都
由台湾自己来管。中央政府还要给台湾留出名额。（5）和平统一不是祖国大陆
把台湾吃掉，也不是台湾把祖国大陆吃掉，所谓"三民主义统一中国"是不现
实的。（6）实现统一的适当方式是举行国共两党平等会谈，实行第三次国共合
作，不提中央与地方谈判，双方达成协议以后，可以正式宣布。但不允许外国
势力插手，否则那只能意味着中国还未独立，后患无穷。这六条使"一国两制"
的构想更加完备、充实和系统化。①

1984年2月22日，邓小平会见美国乔治城大学战略与国际问题研究中心
代表团时指出："我们提出的大陆与台湾统一的方式是合情合理的。统一后，台
湾仍搞它的资本主义，大陆搞社会主义，但是是一个统一的中国。一个中国，
两种制度。"② 同年5月，六届全国人大二次会议上，国务院总理赵紫阳所作的
《政府工作报告》正式向国家立法机关提出"一个国家，两种制度"的构想并获
得通过。

"一国两制"是邓小平理论的重要组成部分，是中国共产党坚持解放思想、
实事求是的思想路线，把马克思主义的普遍真理与解决台湾问题、香港问题、
澳门问题的具体实践相结合的产物，是社会主义学说和理论的新发展。"一国两
制"构想充分体现了维护国家领土和主权完整的原则性，充分尊重台湾的历史
和现实，也考虑到国际范围内的实际情况。经过邓小平的阐述，以及中央其他

---

① 邓小平：《中国大陆和台湾和平统一的设想》，《邓小平文选》（第三卷），第30—31页，人民出
版社，1993年版。

② 邓小平：《稳定世界局势的新办法》，《邓小平文选》（第三卷），第49—50页，人民出版社，
1993年版。

领导人的论述，"一国两制"构想的内容得到极大丰富。特别是解决香港问题、澳门问题的实践，证明"和平统一，一国两制"方针是切实可行的。

1984年，黄埔军校同学会成立，组织同学认真学习"一国两制"方针政策，了解其产生和形成过程，掌握其意涵和要义，为做好宣介工作奠定厚实基础。黄埔同学利用会议、接待来访、出访、会面、交谈、书信等方式，通过发表讲话、发放资料等形式，掀起了广泛宣传热潮。特别是针对台湾出现的污蔑、歪曲、误读"一国两制"的言行，作了大量批驳、引导工作。自"一国两制"构想提出后，台湾一些政治势力就采取各种手段、借各种理由、抓住各种时机，挑战和防范、反对和歪曲"一国两制"，对"一国两制"蓄意进行大肆妖魔化、污名化。同时极力煽动敌视"一国两制"的民众情绪，部分民众则受一些政治势力的影响、蛊惑而错读误解"一国两制"。对此，广大黄埔同学及其团体予以谴责、批驳和正面引导，他们大力宣传"一国两制"是和平统一祖国的亲诚惠容之策，是充分尊重历史、尊重现实、照顾到各方利益、顺乎民心的重大举措；阐明用"一国两制"的办法解决台湾与大陆的和平统一问题，是科学的，充满着中国人的智慧，也是前所未有的，更是切实可行的。重点引导台湾黄埔同学正确理解大陆对台政策，特别是"一国两制"方针，秉持民族大义，再次捐弃前嫌，消除疑虑、误解和歧见，聚同化异，增进共识。

2. 持续宣传对台方针政策及实践成果

"一国两制"是解决台湾问题的基本方针和实现国家统一的最佳方式。党的对台方针政策，不断丰富和发展，黄埔同学及团体的对台对外宣传也始终围绕中心、服务大局，与时俱进、持续开展。

20世纪90年代以后，以江泽民同志为主要代表的中国共产党人，提出发展两岸关系、推进祖国和平统一进程的八项主张 [①]，表示坚持一个中国原则，是实现和平统一的基础和前提；海峡两岸和平统一谈判可以分步骤进行；努力实现和平统一，但不承诺放弃使用武力；面向21世纪，大力发展两岸经济交流与

---

① 冯兴：《1995："江八点"——我党对台政策的延续和发展》，中国经济网，2009年1月19日，http://views.ce.cn/fun/corpus/ce/fx/200901/19/t20090119_18003231.shtml。

合作；两岸同胞要共同继承和发扬中华文化的优秀传统；进一步寄希望于台湾同胞；欢迎台湾各党派、各界人士同我们交换有关两岸关系与和平统一的意见；双方领导人以适当身份互访。强调"我们不承诺放弃使用武力，决不是针对台湾同胞，而是针对外国势力干涉中国统一和搞'台湾独立'的图谋的"等。推动两岸双方达成体现一个中国原则的"九二共识"，开启两岸协商谈判，实现两岸授权团体负责人首次会谈，持续扩大两岸各领域交流合作。坚决开展反对李登辉分裂祖国活动的斗争，沉重打击"台独"分裂势力。实现香港、澳门顺利回归祖国，实行"一国两制"，对解决台湾问题产生积极影响。黄埔同学多次召开座谈会认真学习、广泛宣传，大家普遍认为这些主张和实践是针对台湾岛内和两岸关系发展变化的新情况、新问题作出的，丰富了"和平统一、一国两制"的内容，不仅为突破两岸政治僵局提供了新的条件，且对促进祖国和平统一具有深远意义，黄埔同学表示坚决拥护与支持。《人民日报》刊发题为《两党对等商谈祖国统一合情合理，希望台湾方面采取措施积极响应》的文章，对黄埔同学学习宣传江泽民"八项主张"情况作了专门报道。

两岸关系和平发展思想进一步完善和发展党的对台工作理论。胡锦涛同志多次就"一国两制"构想发表重要讲话，在2003年3月参加十届全国人大一次会议台湾代表团审议时强调，要坚定不移地坚持"和平统一、一国两制"的基本方针和"八项主张"。2005年3月，胡锦涛同志在看望参加全国政协十届三次会议的部分代表时，在强调"和平统一、一国两制"的同时，发表了新形势下促进两岸关系和平稳定发展的"四点意见"①。3月14日，中华人民共和国第十届全国人民代表大会第三次会议通过《反分裂国家法》②，坚决挫败陈水扁"法理台独"图谋。同年4月，胡锦涛总书记在会见国民党主席连战时，首次提出了构建和平稳定发展的两岸关系新主张。2006年4月，胡锦涛再次会见连战时，

---

① 即强调坚持一个中国原则决不动摇，争取和平统一的努力决不放弃，贯彻寄希望于台湾人民的方针决不改变，反对"台独"分裂活动决不妥协。

② 《中华人民共和国主席令》，中国政府门户网站，2005年6月21日，http://www.gov.cn/ziliao/flfg/2005-06/21/content_8265.htm。

进一步就推动两岸关系和平发展提出"四点意见"，首次正式提出"和平发展理应成为两岸关系发展的主题"。2007 年 10 月召开的中共十七大，报告明确"牢牢把握两岸关系和平发展的主题"。2008 年 5 月国民党重新执政后，12 月 31 日，胡锦涛同志在纪念全国人大常委会《告台湾同胞书》发表 30 周年座谈会上讲话，提出从政治、经济、文化、社会、涉外事务、军事安全等方面推动两岸关系和平发展的"六点意见"：恪守一个中国，增进政治互信；推进经济合作，促进共同发展；弘扬中华文化，加强精神纽带；加强人员往来，扩大各界交流；维护国家主权，协商涉外事务；结束敌对状态，达成和平协议。① 胡锦涛同志提出的两岸关系和平发展思想，诠释了两岸关系中"发展"与"统一"的辩证关系，成为实现两岸和平统一并以"一国两制"解决复杂敏感的台湾问题的指导纲领和具体设想。这些讲话发表后，迅速传遍海峡两岸，令所有关心两岸前途的人士为之瞩目，在广大黄埔同学中引起强烈反响。黄埔同学及其亲属认真组织学习、广泛进行宣传，大家普遍认为，这些意见反映了祖国大陆的对台政策更加务实、灵活，体现了祖国大陆的最大诚意和善意，符合两岸人民意愿，对于引导两岸关系健康发展具有重要意义，不仅具有很强的针对性，对对台工作也具有很强的指导性。黄埔同学和团体还着力宣传两岸关系发展的积极进展，诸如两岸制度协商谈判取得丰硕成果、实现两岸全面直接双向"三通"、签署实施《海峡两岸经济合作框架协议》，给两岸关系面貌带来的深刻变化。

党的十八大以来，以习近平总书记为核心的党中央全面把握两岸关系发展变化，丰富和发展国家统一理论和对台方针政策，推动两岸关系朝着正确方向发展，形成新时代中国共产党解决台湾问题的总体方略，提供了新时代做好对台工作的根本遵循和行动纲领。2017 年 10 月，中共十九大确立了坚持"一国两制"和推进祖国统一的基本方略，强调："绝不允许任何人、任何组织、任何

---

① 胡锦涛:《携手推动两岸关系和平发展，同心实现中华民族伟大复兴》，《胡锦涛文选》第三卷，第 190—193 页，人民出版社，2016 年版。

政党、在任何时候、以任何形式、把任何一块中国领土从中国分裂出去！"①2019
年1月，习近平总书记在《告台湾同胞书》发表40周年纪念会上发表重要讲
话，郑重提出了新时代推动两岸关系和平发展、推进祖国和平统一进程的重大
政策主张：携手推动民族复兴，实现和平统一目标；探索"两制"台湾方案，
丰富和平统一实践；坚持一个中国原则，维护和平统一前景；深化两岸融合发
展，夯实和平统一基础；实现同胞心灵契合，增进和平统一认同。②2021年7
月，习近平总书记在庆祝中国共产党成立100周年大会上更进一步指出："要坚
持一个中国原则和'九二共识'，推进祖国和平统一进程。包括两岸同胞在内的
所有中华儿女，要和衷共济、团结向前，坚决粉碎任何'台独'图谋，共创民
族复兴美好未来。任何人都不要低估中国人民捍卫国家主权和领土完整的坚强
决心、坚定意志、强大能力！"③2022年8月发布《台湾问题与新时代中国统一
事业》白皮书，进一步重申台湾是中国的一部分的历史事实、法理事实和现状
不容置疑也不容改变，展现中国共产党和中国人民追求祖国统一的坚定意志和
坚强决心，全面系统阐述中国共产党和中国政府在新时代推进实现祖国完全统
一的立场、方针和政策。2022年10月，中共二十大明确"坚持和完善'一国
两制'，推进祖国统一"，作出坚持贯彻新时代党解决台湾问题的总体方略，牢
牢把握两岸关系主导权和主动权，坚定推进祖国统一大业的全面部署。

　　黄埔同学和亲属倍受鼓舞，认真组织学习，深刻领会、积极宣传新时代党
解决台湾问题的总体方略和一系列政策，表示要深刻领会总体方略的内涵，坚
持中共中央对对台工作的集中统一领导，坚持在中华民族伟大复兴进程中推进
祖国统一，坚持在祖国大陆发展进步基础上解决台湾问题，坚持"和平统一、
一国两制"的基本方针，坚持一个中国原则和"九二共识"，坚持推动两岸关

---

① 《习近平同志在中国共产党第十九次全国代表大会上的报告》，《习近平著作选读》第二卷，第
47页，人民出版社，2023年版。

② 国务院台湾事务办公室、国务院新闻办公室：《台湾问题与新时代中国统一事业》（白皮书），
第12页，人民出版社，2022年版。

③ 习近平：《在庆祝中国共产党成立一百周年大会上的讲话》，《习近平著作选读》第二卷，第
487—488页，人民出版社，2023年版。

系和平发展、融合发展，坚持团结台湾同胞、争取台湾民心，坚决粉碎"台独"分裂图谋，坚决反对外部势力干涉，坚决不承诺放弃使用武力。总体方略是解决台湾问题、实现祖国统一的最新理论成果，科学回答了在民族复兴伟大进程中实现祖国统一的时代命题，具有重大历史、理论和现实意义。同时，还向台湾黄埔同学、岛内民众和海外侨胞大力宣传近 10 年来中国共产党和中国政府采取的一系列引领两岸关系发展、促进祖国和平统一的重大举措及取得的突出进展，包括实现 1949 年以来两岸领导人首次会晤、直接对话沟通，成为两岸关系发展道路上一座新的里程碑；双方两岸事务主管部门在共同政治基础上建立常态化联系沟通机制，两部门负责人实现互访、开通热线；在一中原则和"九二共识"基础上推进两岸政党党际交流，与台湾社会各界共同努力探索"两制"台湾方案；践行"两岸一家亲"理念，完善促进两岸交流合作、保障台湾同胞福祉的制度安排和政策措施，逐步为台湾同胞在大陆学习、创业、就业、生活提供同等待遇，持续率先同台湾同胞分享大陆发展机遇；团结广大台湾同胞，排除"台独"分裂势力干扰阻挠，克服新冠肺炎疫情影响，保持了两岸同胞交流合作的发展态势；维护台海和平稳定和中华民族根本利益；妥善处理台湾对外交往问题，巩固发展国际社会普遍坚持一个中国原则的格局。黄埔同学纷纷表示，要在习近平新时代中国特色社会主义思想和新时代党解决台湾问题的总体方略指导下，坚定反"独"促统，为推进祖国统一进程不遗余力。

（二）大力弘扬黄埔精神

黄埔同学坚持正确舆论导向，深入挖掘资源，以重大节点、重要纪念日为切入点，通过多种方式营造声势扩大影响，大力弘扬爱国革命的黄埔精神，凝聚团结奋斗动能。

1. 举行有关纪念活动

黄埔军校是黄埔同学的母校，对于黄埔同学有着特别意义；而抗日战争则是中华民族反侵略斗争史上极其光辉的一页，是世界人民反法西斯战争胜利的一曲凯歌，更彰显了包括黄埔师生在内的中国军民不甘受辱、顽强御敌的爱国革命精神，记载着他们为国家、为人民建功立业、作出重大贡献的英雄事迹，是他们生平最感自豪、光荣的事，所以每逢母校建校日、抗战重大日子，同学们都要举办各种纪念活动，弘扬黄埔与抗战精神，增强矢志奋斗的精神动力。

纪念黄埔军校建校周年活动。1990 年 6 月 16 日，在全国政协礼堂举行纪念黄埔军校建校 66 周年活动。侯镜如作《实现祖国和平统一是黄埔军校同学的历史使命》的讲话。1991 年 6 月 26 日，黄埔同学在北京举行纪念中国共产党成立 70 周年暨国共两党创办黄埔军校 67 周年座谈会，多位黄埔同学发言，共同回顾黄埔军校的历史作用，热情歌颂中国共产党 70 年所走过的光辉历程，敦促台湾国民党当局及早进行直接对等协商，促进祖国和平统一大业的早日实现。1994 年 6 月 16 日全国政协在人民大会堂举行的黄埔军校建校 70 周年暨黄埔军校同学会成立 10 周年纪念大会，邀请了海外及台湾黄埔同学 50 余人参会。2004 年 6 月 17 日在北京人民大会堂举行的黄埔军校 80 周年纪念大会，中共中央政治局常委、全国政协主席贾庆林出席并发表重要讲话。同日，黄埔军校建校 80 周年暨黄埔军校同学会成立 20 周年招待会在人民大会堂举行，海内外黄埔同学及亲友、各界来宾 200 人出席。2014 年 6 月 17 日，纪念黄埔军校建校 90 周年座谈会在北京人民大会堂召开。中共中央政治局常委、全国政协主席俞正声在座谈会上发表讲话表示祝贺，并向海内外黄埔师生及亲属致以诚挚的问候，希望海内外黄埔同学继承优良传统，弘扬黄埔精神，为深化两岸关系和平发展、促进祖国和平统一、实现中华民族伟大复兴中国梦作出新的更大贡献。

纪念抗战重大事件。1987 年 7 月 7 日，黄埔同学举行"七七事变"50 周年座谈会，程子华发表《发扬黄埔精诚团结精神，完成祖国统一大业》的讲话；侯镜如作《碧血丹心，精忠报国》的演讲。1995 年 6 月，在北京举办纪念中国人民抗日战争、世界反法西斯战争胜利 50 周年座谈会，国共两党多位黄埔出身的高级将领、部分德高望重的老同学，海外特邀嘉宾，以及一些已故著名抗日将领的亲属等百余人参会。全国政协原副主席、曾任八路军 120 师副师长萧克主持座谈会时指出，今天回顾 50 年前的这场战争，就是要发扬中华民族爱国主义的光荣传统，发展新时期的爱国统一战线，促进海峡两岸的交流与祖国和平统一大业的早日完成。他告诫大家，帝国主义霸权思想是根深蒂固的。昔日支持蒋介石打内战，今天帮助李登辉搞分裂，总想插手中国内政，企图制造"一中一台""两个中国"，我们决不允许。

2005 年是中国人民抗日战争胜利和台湾光复 60 周年，黄埔同学参与了一系列纪念活动。9 月 3 日，在人民大会堂举行的纪念中国人民抗日战争暨世界反法西斯战争胜利 60 周年大会，中共中央总书记、国家主席胡锦涛出席纪念大会并发表重要讲话，90 名台湾和海外黄埔同学代表出席纪念大会，55 名黄埔同学荣获抗日战争胜利 60 周年纪念章，大大振奋了黄埔同学的精神。29 个省（区、市）黄埔同学共同发表《致参加抗战的黄埔师生及其亲属的慰问信》[1]，分送海内外黄埔同学及亲属。10 月 25 日，30 余位台湾退役将领及知名人士参加了在人民大会堂举行的台湾光复 60 周年纪念大会，全国政协主席贾庆林在会上发表重要讲话。黄埔同学还通过不同形式参加纪念北伐战争 80 周年、辛亥革命 95 周年的相关活动。一系列活动的举行，进一步弘扬了"爱国、革命"的黄埔精神，为反"独"促统凝聚了人心、汇聚了力量。

2. 悼念、纪念黄埔前辈继承革命遗志

每逢黄埔老一辈革命家如孙中山、周恩来、徐向前、聂荣臻及黄埔知名人士诞辰、去世等重要日子，黄埔同学都举行悼念或纪念活动，缅怀他们的丰功伟绩，学习他们为国为民不懈奋斗的崇高精神和品格，激励黄埔同学和亲属继承先辈遗志，完成他们未竟的事业。

纪念黄埔军校创始人孙中山。1986 年 10 月，黄埔同学举行纪念孙中山先生诞辰 120 周年大会，黄埔 1 期同学李默庵发表题为《中华民族大团结，以振兴中华——纪念孙中山先生诞辰 120 年》的讲话，呼吁海内外广大黄埔同学发扬爱国、革命的黄埔精神，响应中山先生"革命尚未成功，同志仍需努力"的号召，反"独"促统，为国家的早日统一而努力。1996 年 11 月，在纪念孙中山先生诞辰 130 周年之际，借助黄埔军校重修落成，两岸及香港部分黄埔同学

---

① 黄埔军校同学会：《黄埔同学会致参加抗战的黄埔师生及其亲属的慰问信》，《人民政协报》2005 年 9 月 5 日。

及其亲属在修缮后的黄埔军校本部举行纪念活动。2006 年 11 月，黄埔同学与中山大学共同举办"纪念孙中山诞辰 140 周年·孙中山与中国的未来"高峰论坛，部分黄埔同学及知名黄埔同学后代等出席论坛。同年 11 月，北京、江苏两地黄埔军校同学在南京联合举办纪念孙中山诞辰 140 周年活动，台湾"中央军事院校校友总会"派团组参加。2016 年 11 月，黄埔军校同学会、广东省政府在孙中山先生故乡中山市中山纪念堂举行纪念孙中山先生诞辰 150 周年大会，全国政协副主席齐续春出席开幕式并致辞，广东省省长朱小丹、中国国民党荣誉副主席蒋孝严、新党主席郁慕明等出席开幕式并发言。来自海内外的各界人士 1000 余人出席纪念大会。

纪念黄埔军校元老廖仲恺、政治部主任周恩来。1997 年 4 月，黄埔同学举行纪念廖仲恺诞辰 120 周年活动，追忆其为黄埔军校建校、党军创建及军校教育、训育国民革命栋梁之材所作出的巨大奉献，表达对这位"黄埔的慈母""党军的慈母"的崇敬之情。1998 年 2 月，黄埔同学举行"周恩来与黄埔军校"座谈会，隆重纪念周恩来总理诞辰 100 周年，黄埔同学等各方人士 60 余人与会座谈，共同回顾周恩来光辉一生，追忆周恩来为黄埔军校政治建设立下的历史功绩以及对黄埔师生的亲切关怀。同年 4 月，黄埔同学会举办纪念周恩来诞辰 100 周年活动，同学们赴南京、淮安瞻仰，并与台北军事院校校友会访问团成员进行交流。

悼念、纪念两位黄埔出身的老帅。1990 年 9 月 21 日，黄埔 1 期同学、中国人民解放军的缔造者之一，长期担任党、国家和军队重要领导职务的卓越领导人徐向前元帅在北京逝世，享年 88 岁。他虽然遗言不搞遗体告别、不开追悼会，但成千上万群众却以各种方式自发地寄托对这位德高望重的老帅的哀思，广大黄埔师生更是悲痛万分，噩耗牵动了祖国和世界各地黄埔同学的心。封封唁电、唁函，道道电话，跨过台湾海峡，越过大洋，飞过祖国的山山水水，载着绵绵的哀情汇集到北京，寄托对徐帅最为深切的悼念。9 月 23 日黄埔同学会部分领导以及台湾、海外同学周凌军、潘君密等代表广大黄埔同学前往徐帅寓所灵堂吊唁，向徐帅遗像敬献花篮。美国华盛顿海外统一黄埔军校同学会全体同学在唁电中表示"我等力当秉承指示'祖国尚未统一，同学仍需努力'，加紧完成使命，而慰在天之灵"。台湾"中央军事院校校友会"派理事代表亲往北京吊唁。

徐帅在海峡两岸的黄埔同学中，享有崇高的威望。早在 1941 年，为了团结抗战，共产党内的黄埔同学便在延安成立了黄埔同学分会。当时他就担任了分会主席，领导共产党中的黄埔同学与国民党黄埔同学携手抗战，为打败日本帝国主义作出了突出贡献。徐帅任黄埔军校同学会会长、名誉会长达 7 年之久，为黄埔军校同学会的创建和发展，为团结海峡两岸同学、推进祖国和平统一大业付出了巨大努力。黄埔军校同学会的组织建设、思想建设、作风建设以及各项工作的开展，都凝聚着徐帅的心血。在临终前数月，他还抱病会见了台湾来的前期同学，共话祖国统一大业，将毕生的精力都献给了振兴中华和实现祖国统一的宏伟事业，表现了一个伟大无产阶级革命家、军事家的崇高爱国主义精神。徐帅在自己的客厅里常年挂着两幅地图，一张是《中华人民共和国地图》，一张是《台湾海峡地图》，足见他对台湾回归祖国的深切关注。

1991 年 11 月 8 日，黄埔同学与首都各界人士怀着无比崇敬的心情，来到人民大会堂，隆重集会纪念徐向前元帅 90 诞辰。中共中央总书记、中央军委主席江泽民，国家主席、中央军委第一副主席杨尚昆，国务院总理李鹏等党和国家领导人出席纪念大会。邓颖超、聂荣臻分别致信。多位领导发言盛赞徐帅的高尚品质和为中国革命和社会主义建设作出的巨大贡献，号召大家学习徐帅的高尚品质。2001 年 9 月 11 日，纪念徐向前元帅诞辰 100 周年"徐向前与黄埔军校"座谈会在北京举行，黄埔同学深情回顾徐帅早年在黄埔军校的故事，及对黄埔同学的关心。老一辈无产阶级革命家的后代、徐向前元帅的亲属及部分黄埔同学参加座谈会。

1992 年 5 月 14 日，黄埔军校教官、中国人民解放军的缔造者之一，长期担任党、国家和军队卓越领导人的聂荣臻元帅在北京逝世，享年 93 岁。海内外黄埔师生惊悉聂荣臻元帅与世长辞，顿时陷入无比沉痛之中。黄埔 1 期李默庵、黄埔 2 期覃异之等黄埔同学前往聂帅寓所灵堂吊唁并敬献花篮。88 岁的李默庵，悲切地向聂帅亲属说："聂老师一生功在国家，功在黄埔！"聂荣臻元帅逝世后，海内外黄埔同学以各种方式表示沉痛悼念。台湾中华黄埔四海同心会副执行长周乐军到聂帅寓所吊唁，并代表邓文仪、刘璠、刘咏尧、王叔铭等多位黄埔同学敬送挽联："荣臻大元帅千古：百战沙场，功耀华夏，星沉南海千古恨；一代人杰，勋尊元帅，月冷西山万民悲。"① 旅美黄埔同学蔡文治、中南美黄埔军校同学会会长罗大诚也发来唁电，表示沉痛哀悼。聂帅逝世激发了两岸及海外广大黄埔师生为促进国共第三次合作、和平统一祖国的责任感和紧迫感。大家纷纷表示要遵照聂帅训示，为早日实现祖国和平统一不懈努力！

1999年9月，黄埔同学在中山公园中山堂举办庆祝国庆50周年暨喜迎澳门回归及纪念聂帅诞辰100周年书画展。同年11月，中央军委在重庆举办聂荣臻元帅100年诞辰纪念活动。黄埔同学会"聂荣臻与黄埔军校"座谈会同时进行，知名黄埔同学代表、黄埔同学亲属等参加。同年12月，黄埔军校同学会在人民大会堂重庆厅举办聂荣臻元帅诞辰100周年纪念光盘首发式，部分黄埔同学参加活动。2004年12月，解放军总装备部、国防科工委等单位在北京举行纪念聂荣臻元帅诞辰105周年活动，部分黄埔同学出席。

纪念其他黄埔英杰。2005年3月，中央军委在人民大会堂举行纪念左权将军诞辰100周年座谈会，部分黄埔同学及其亲属与会。黄埔18期同学林上元代表黄埔同学讲话表示，左权将军戎马一生，鞠躬尽瘁，把毕生精力献给了中华民族的独立与解放事业，建立了卓著的历史功勋。今天我们纪念他，就要学习他忠诚人民、舍己为人的高风亮节，弘扬他崇高的爱国精神，激励广大黄埔同学继续发扬"爱国、革命"的黄埔精神，以国家富强、民族昌盛为己任，告慰左权将军在天之灵。

1997年5月，黄埔同学会举行纪念戴安澜将军殉国55周年座谈会，部分参加援印缅远征军作战的黄埔同学、从事援缅远征军战史研究的学者及戴安澜将军战友、亲属故旧参加了座谈会。此后，多次举办纪念活动。2012年5月，

---

① 《祖国尚未统一同学仍须努力》，聂荣臻元帅网，2018年3月5日，http://nrz.org.cn/index.php?s=news&c=show&id=6870。

江苏和安徽两省黄埔同学在芜湖联合举办戴安澜将军抗日殉国 70 周年纪念活动。2017 年 5 月，北京、安徽、江苏、上海黄埔同学、亲属及戴安澜家乡代表百余人在芜湖举办戴安澜烈士殉国 75 周年纪念活动。2022 年 6 月 16 日，江苏、安徽、台湾黄埔同学及亲属举行以"缅怀抗战先烈·弘扬黄埔精神·促进祖国统一"为主题的纪念戴安澜将军殉国 80 周年研讨会，会议采用线上线下相结合的形式，在南京设主会场，在合肥、芜湖、高雄设分会场，通过网络远程联线互动。大家表示，纪念戴将军，就是要学习他崇高的精神品质，传承"爱国、革命"的黄埔精神，发扬中华儿女英勇不屈、团结御侮的抗战精神，广泛团结海内外黄埔同学、亲属，与时代同步伐，与民族共命运，肩负起历史和时代赋予的使命，促进祖国统一大业。

3. 出版发行纪念品、书籍、影像制品扩大影响

自 1984 年起制作出版发行多种有关黄埔的纪念品，加强黄埔宣传，扩大黄埔影响，弘扬黄埔精神，激发广大黄埔同学及其亲属的荣耀感、使命感。

1984 年 6 月，为纪念黄埔军校建校 60 周年，出版发行《黄埔军校建校 60 周年纪念册》。同年 7 月，纪念册在海外及台湾地区发行，由文化部外联局协助向 130 个国家和地区发行 2000 余册，引发热烈反响。纪念册传到台湾，何应钦（原黄埔军校总教官）看了以后，认为这个纪念册符合黄埔军校历史。在台的一些高级将领认为，纪念册大量报道他们在东征、北伐和抗日战争中，在各个战场浴血奋战的功勋，非常高兴。在海外，旅居比利时的黄埔 5 期同学詹剑青看到纪念册后，激动得给徐帅写信，表示："国家不能分裂，必须要统一。在海外要为海峡两岸和平统一尽力。"1987 年 7 月，出版了《纪念全面抗战爆发 50 周年专辑》。

1994 年，为纪念黄埔军校建校 70 周年推出了一系列作品。5 月，黄埔军校建校 70 周年纪念币、纪念章陆续发行，两种纪念品的设计是许多黄埔同学的集体创作，尤其是北京市黄埔同学会推荐的四名擅长美工的同学，为此倾注了大量心血，纪念章图案寓意深刻，校门代表黄埔军校，校门下面横杠是个"一"字，表示第一次国共合作，"一"字里面的两手相握，既有两岸携手之意，又表

示黄埔同学团结一致，共竟祖国统一大业；两手左右的"亲爱精诚"校训一目了然。纪念币、纪念章面世后，很受青睐。1994 年 6 月 16 日，中国邮票总公司发行的黄埔军校建校 70 周年纪念邮票面世，这是中华人民共和国成立 40 多年来首次为黄埔建校发行纪念邮票，也是 70 年来第一套纪念黄埔军校建校的邮票，充分体现了党和国家对黄埔军校的高度评价。北京、广州、香港等地同学会也制作了邮品。这对扩大黄埔军校及其同学会的影响，发扬爱国、革命的黄埔精神深具意义。6 月，40 余万字的《黄埔军校》面世，该书系统地反映了黄埔军校历史沿革，汇集了 800 余名黄埔人士的简历概况，收录了 26 篇回忆黄埔往事的文章，是一部较全面反映黄埔军校概况的编著。同时，"海峡两岸黄埔同学书画展"在中国人民革命军事博物馆开展，共展出大陆、台湾和海外黄埔同学书画作品 700 余幅。出版发行《黄埔军校同学会成立 10 周年纪念画册》《黄埔军校建校 70 周年暨黄埔军校同学会成立 10 周年纪念专刊》，包括"中山颂歌""千秋大业""访谈录""校园内外""碧血丹心""烽火驰骋""赤诚奉献""海峡情深"等栏目，呈现文章、诗词 500 余篇（首），照片 700 余幅，及歌曲、篆刻等形式多样的纪念作品。

进入新世纪后，每逢黄埔军校重大纪念日都有纪念献礼。2004 年编辑出版《黄埔情缘——黄埔军校建校 80 周年纪念专刊》，后又相继拍摄了电视纪录片《黄埔情》和《黄埔军人》，生动展示黄埔同学的奋斗事迹。2012 年以"纪念中国远征军入缅作战 70 周年"为主题，参与制作电视专题片《中国远征军》在中央电视台播出，在海内外颇受关注，产生了广泛的社会影响。2014 年，为纪念黄埔军校建校 90 周年举办了"爱国·团结·奋斗——纪念黄埔军校建校 90 周年文物图片展"；与台湾陆军军官学校校友会、北京市黄埔军校同学会等单位在北京台湾会馆联合举办了"黄埔情·纪念黄埔军校建校 90 周年海峡两岸书画展"；编写出版了《黄埔军校史料汇编》（珍藏版）、《黄埔军校分校概览》、《纪念黄埔军校建校 90 周年书画作品集》；与国家邮政局合作设计发行了黄埔军校建校 90 周年纪念邮票，制作了黄埔军校建校 90 周年邮册、邮折等，这些活动弘扬了黄埔精神，深化了黄埔情感，产生了良好的社会反响。2015 年，为纪念中国人民抗日战争胜利暨世界反法西斯战争胜利 70 周年，编写出版图书《抗战中的黄埔师生》《黄埔师生与抗日战争》。为迎接 2024 年黄埔军校建校 100 周年，黄埔同学会和黄埔同学、亲属正在积极筹备，届时将隆重召开纪念大会、拍摄专题纪录片、编著出版图书、发行邮品、举办联展等，回顾百年峥嵘岁月，激发奋进新征程动能。

（三）积极开展反"独"促统活动

广大黄埔同学及团体发扬光荣传统，弘扬"爱国、革命"的黄埔精神，同形形色色"台独"分裂势力及其言行进行坚决斗争，坚定维护国家主权和领土完整，坚定维护中华民族根本利益。

1. 坚决同李登辉的"两国论"作斗争

李登辉上台后，逐步背离一个中国原则，在"民主、自由、爱台湾"口号下，采取了一系列纵容"台独"的政策，如释放狱中的"台独"分子、取消禁止"台独"分子返台活动的"黑名单"、修改吓阻"台独"活动的"刑法 100条"、邀请"台独"头目参加"国是会议"等。1988 年 10 月，流亡美国长达 9年的海外"台独"头目、"台湾人公共事务协会"副会长谢聪敏返回台湾后，其他曾被国民党列入"黑名单"的"台独"组织头目，也相继返台。1989 年时，活动于美国的"台独"联盟声称"要把第一线从海外转入岛内"，随后，美国、日本的"台独"组织开始"洋独入台运动"，"台独"头目纷纷"闯关回台"。正是在李登辉的纵容下，海外"台独"和岛内"台独"分子顺利合流，声势日涨。同时，李登辉通过推动"修宪"，扩充"总统"权力，为摆脱一个中国铺路；推行"两个中国"，大搞"分裂分治"活动，在政治上与民进党趋于合流，到1993 年初，李登辉在民进党人的策应之下，成功地将国民党内的反"台独"势力排挤出权力核心。

1995 年 6 月，李登辉以所谓"私人身份"访问美国，妄图制造"两个中国""一中一台"。这一分裂行径使正常发展的两岸关系骤然逆转，引起海内外中国人的严重关切。这一时期，"台独"势力在国际反华势力的支持和台湾国民党当局的迁就、纵容下，逐渐成为国家统一进程中一股不容忽视的逆流。

20 世纪 90 年代中期以后，李登辉更加变本加厉，在"台独"道路上渐行渐远，从"一个分治的中国"到"七块论"①，再到"特殊两国论"，一系列举动是对国际社会公认的一个中国原则的彻底否定和公然挑衅，破坏了两岸关系及中国和平统一的基础，严重威胁到台海、亚太地区乃至整个世界的和平与稳定，激起了包括两岸黄埔同学在内的全球华侨华人的强烈愤慨。

针对台湾当局在祖国统一问题上的倒行逆施，广大黄埔同学与全国人民一道展开了声势浩大的反分裂、反"台独"斗争，对李登辉的分裂行径及"台独"言论进行批判。1991 年春节，黄埔 1 期同学李默庵代表黄埔同学，通过广播电台向台湾的黄埔学长、向所有陆军军官学校毕业的黄埔同学、各军事院校校友，致以节日问候。李默庵指出："现在台湾当局中，有人至今仍坚持'反共拒和'立场，力求将台湾成为'独立的对等的政治实体'，力求将孙中山先生手创的国民党变为'台湾国民党'，其目的是为国际反动势力服务，制造事实上的'两个中国'。""我赞成台湾黄埔同学提出的'绝不为台独而战'，我还要强调，在台同学、校友要坚决反对任何形式的分裂祖国的阴谋活动。"②他呼吁两岸黄埔师生、军事院校校友联合起来，完成黄埔历史使命，为促进国共两党对等谈判，实现第三次合作，共同完成祖国统一大业而奋斗。

1991 年 10 月 22 日，黄埔 1 期同学侯镜如发表《奋起站在反对"台独"的前列》谈话。他指出，近两三年在台湾岛内外，"台独"分子十分猖獗。值得注意的是，近一两年在国民党中的"台独"分子，极力纵容、支持、包庇一小撮"台独"分子，妄图利用这些民族败类，为其"反共拒和"、制造事实上的"两个中国"服务。历史终将证明，其结果只能是搬起石头砸自己的脚。我们还要提醒某些人：随人俯仰，丧失主权，最后将存身无地，被人丢到大海里去。在台、澎、金、马的两千多万同胞中，爱国的是绝大多数，卖国的只是一小撮。

---

① "七块论"，系李登辉在其《台湾的主张》一书中提出，主张将中国分成台湾、西藏、新疆、蒙古、东北等七个"充分自主"的区域，人称"中国七块论"。

② 黄埔军校同学会：《黄埔军校同学会简史（1984—2013）》，第 57 页。

台湾自古就是中国的领土，绝不允许把台湾再从祖国分离出去。侯镜如呼吁在台黄埔师生发扬爱国革命传统，团结奋起，站在反对"台独"前列，挫败任何分裂祖国的阴谋，为保卫祖国领土完整，实现祖国和平统一作出贡献。

1995 年 8 月，黄埔同学召开"纪念抗战暨反法西斯战争胜利 50 周年"座谈会，呼吁海峡两岸同学参加反分裂、反"台独"斗争，为祖国和平统一出力。同学们纷纷指出：要牢记历史教训，珍惜先烈们流血牺牲赢得的胜利果实，为祖国和平统一而奋斗。对台湾当局领导人挟洋自重、分裂祖国的行径，表示了强烈谴责。同学们一致表示："如果我们不能实现祖国和平统一，努力拆除海峡两岸人为的藩篱，我们将何以告慰为中华民族的统一富强而捐躯的先烈，何以对得起子孙后代！"同时希望台湾当局把握历史机遇，希望李登辉悬崖勒马，为推进两岸关系的发展和祖国统一大业的实现作出应有贡献。大陆黄埔同学对岛内学友集会、游行，同"台独"分子进行面对面的斗争表达了坚定支持的态度，旗帜鲜明地表明反分裂、反"台独"、促统一的原则立场。同时，就举行军事演习对台实施军事威胁等问题，向岛内学友进行了耐心细致的解释，化解了一些同学的消极、负面看法。

1999 年 7 月 9 日，李登辉公然抛出"特殊两国论"。消息曝光后，大陆各地黄埔同学纷纷举行专题座谈会，强烈谴责李登辉分裂祖国的言论。与会黄埔同学表达了对李登辉当局的强烈愤慨，警告台湾分裂势力停止分裂祖国的活动。大家一致认为，在香港顺利回归、澳门即将回归、两岸交流交往不断加深的大背景下，李登辉却逆历史潮流而动，完全背离孙中山先生的遗愿，违背台湾民意。世界上只有一个中国，台湾是中国领土的一部分，中国领土主权不容分割。李登辉破坏祖国统一，阻挠民族团结，广大黄埔同学坚决不答应。

2000 年 2 月 21 日，国务院台湾事务办公室和国务院新闻办公室发布了《一个中国的原则与台湾问题》白皮书，详细、系统、全面地阐述了中国政府有关一个中国原则的基本立场和政策，以及对在两岸关系、国际社会中坚持一个中国原则若干问题的态度主张。[①] 随后，黄埔同学认真组织学习讨论白皮书，坚决支持中央决定，同声谴责李登辉当局的"台独"分裂行径，认为李登辉置民族利益于不顾，置台湾 2200 万同胞福祉于不顾，千方百计妄图割断台湾与大陆的联系，推动"两国论"的图谋注定要失败。

台港澳及海外黄埔同学，积极参加反分裂、反"台独"斗争，他们以各种身份，通过参加会议发表演讲、在报刊上发表文章等多种方式，进行了大量反对"台独"、促进统一的斗争。李默庵在侨报上撰文揭批"台独"。宋希濂在纽约表达旅美黄埔同学的心声："如果我们大家真正爱国的话，我们必须立场鲜明，拥护统一，反对分裂。"黄埔 16 期同学、原国民党中常委、台军总政战部主任许历农反对李登辉态度更为绝决，因不满李登辉的种种"台独"行径，这位曾经的铁杆"反共"人士，在 1993 年 75 岁高龄时，公开发表了《大是大非——我的痛苦抉择与崭新希望》[②] 一文，毅然决然地宣布退出中国国民党，与李登辉决裂，加入新党，后另立新同盟会，以"反对分裂国土"为己任，积极主张发展两岸关系，促进祖国的和平统一，坚决同李登辉的"台独"路线作斗争。据黄埔 24 期同学、前台"陆军总司令"陈廷宠介绍，1995 年他自己就批评过李登辉的不当言论。当年 8 月，李登辉在"总统府"接待世界台商代表，陈廷宠时任参军长，依例陪同出席，李登辉致辞时放言"不管是 400 年前到台湾的台湾人，还是 40 年前来台湾的台湾人，今天生活在台湾，都是台湾人"，然后再强调一句"都是新台湾人"。陈将军对此很不以为然，趁李登辉与台商拍照留念时，向来者大声说：刚才"总统"所说的不对，400 年前来台湾开垦的是中国人，40 年前搬迁来台的也是中国人，今天都安居在台湾，可以说是台湾人，但依法我们都是中国人。大家听了都鼓掌叫好。[③] 因此，陈廷宠丢了参军长职务。

---

① 《坚持一个中国原则早日实现和平统一》，光明新闻网，2000 年 2 月 22 日，https://www.gmw.cn/01gmrb/2000-02/22/GB/02%5E18338%5E0%5EGMA4-205.htm。

② 姚同发：《许老爹：一位备受两岸敬重的儒将》，参考网，2012 年 10 月 16 日，https://www.fx361.com/page/2012/1016/3832975.shtml。

③ 郭茂辰：《我是中国人不做"台独"军，陈廷宠刺痛了谁的玻璃心！》，观风闻，2020 年 10 月 9 日，https://user.guancha.cn/main/content?id=391847&s=fwzxfbbt。

但他一点不后悔。黄埔 15 期同学、前台军"参谋总长"、台防务部门负责人郝柏村反对"台独"也毫不含糊，他有句名言，说自己对"台独"不讲反对、只讲消灭。① 可谓绝不手软，毫不留情。由此，"台独"势力对他恨之入骨，视为死敌、眼中钉。民进党人曾形容他："像斗牛场上的公牛，只要亮出'台独'的红布，他就会不顾一切地冲过去。"1996 年台湾地区领导人首次"直选"，77 岁的郝柏村亲自披挂上阵，和林洋港搭档参选，获得 160 万票，虽未能阻止李登辉竞选连任，却也大长了反"独"人士的志气。此后，从国民党出走的一大批人士成立新党，轰动一时，一度在岛内政坛颇有影响力，成为关键少数。郝柏村对维护中国的领土和主权完整也十分上心。据台媒披露，郝柏村曾于 1990 年主导制订一项武力收复钓鱼岛计划——"汉疆计划"，但因为李登辉的阻止，该计划不了了之、功败垂成，让很多中国人至今扼腕不已。②

1999 年李登辉抛出"两国论"后，台湾和海外黄埔同学纷纷以不同形式进行批判，形成了海内外黄埔同学共同反分裂、反"台独"的强大声势。他们纷纷发表声明、召开座谈会，充分表达坚持一个中国原则、反对"两国论"的立场。黄埔 24 期同学、原台"陆军总司令"陈廷宠表示，大陆对李登辉的分裂言论批判斗争做得好，岛内只有少数人搞"台独"，大多数人是希望过平安日子，反对"两国论"的。台湾中国统一联盟副秘书长、黄埔 18 期生谢铁樵对李登辉的"两国论"非常愤慨，带头参加了台北的反对"两国论"示威游行。

在海外的黄埔同学也纷纷行动起来，强烈谴责台湾当局的"台独"立场，维护国家主权和领土完整。1999 年 7 月，全美中国西部经济发展促进会会长潘维疆召集会员座谈，希望李登辉悬崖勒马，不要错判形势，不要做历史的罪人。

2. 同声讨伐陈水扁的"一边一国"

2000 年 5 月 20 日，台湾地区新当选的领导人陈水扁发表"就职演说"，在

---

① 《102 岁国民党老将郝柏村逝世，曾高呼消灭"台独"》，台海网，2020 年 2 月 30 日，https://baijiahao.baidu.com/s?id=1662589964568485616&wfr=spider&for=pc。

② 《新书披露"汉疆计划"：台军曾规划空降钓鱼岛》，华夏经纬网，2012 年 12 月 19 日，https://Last.huaxia.com/zt/js/12-056/3134981.html。

有关两岸关系问题上，提出"四不一没有"①。虽没有表现出强烈的"台独"倾向，却不承认"九二共识"，回避一个中国原则。对此，黄埔同学专门举行"坚持一个中国原则，反'台独'、促统一"座谈会，非常明确地表达坚决拥护中央关于解决台湾问题的方针政策，一致认为一个中国原则是解决台湾问题的前提和基础，具有不可动摇的事实和法理基础。陈水扁执意回避一个中国原则，企图模糊化这一大是大非问题，是绝对行不通的。同学们正告台湾陈水扁当局认清形势，顺应历史潮流，顺应民意，承认"九二共识"，作出明智的选择，不要作分裂祖国的历史罪人。同学们表示要大力弘扬"爱国、革命"的黄埔精神，积极响应中央号召，不负使命，坚持一个中国原则，为早日实现祖国完全统一贡献力量。同年9月，黄埔同学会发表《致台湾暨海外黄埔同学信》，信中指出，在台黄埔同学应正视台湾面临的反"台独"的严峻现实，维护国家的领土、主权完整，促进祖国完全统一。这是时代赋予黄埔同学新的历史使命。黄埔同学应遵循孙中山先生遗训，发扬光荣的爱国主义传统，联合一切爱国人士，真正做到"为民前锋"，坚决同一切"台独"和分裂祖国的言行作斗争。每一个黄埔学生，以做一个堂堂正正的中国人而自豪。要保持黄埔爱国精神，要有黄埔军人气概，与广大爱国台胞一道，同"台独"和分裂势力作斗争。希望两岸黄埔同学增加往来，就和平统一祖国问题坦诚交换意见，扩大共识。希望旅居海外的黄埔同学，深望在台主事同学，团结起来，为实现祖国完全统一共同奋斗。

2002年8月3日，陈水扁"台独"本质大暴露，公然抛出"一边一国"论，鼓吹要用"公民投票"方式决定"台湾的前途、命运和现状"。②陈水扁"台独"立场激起了包括黄埔同学在内的全体中华儿女的极大愤慨。8月9日，黄埔同学在北京举行两岸形势座谈会，李运昌、林上元、黎原以及部分在京同学、原国民党海空军同学等30多人参加。同学们强烈谴责陈水扁分裂祖国的"台独"

---

① "四不"：不宣布"独立"、不更改"国号"、不推动"两国论"入"宪"、不推动改变现状的统"独"公投。"一没有"：没有废除"国统纲领"与"国统会"的问题。

② 《陈水扁"一边一国"言论惹众怒》，华夏经纬网，2002年8月3日，http://last.huaxia.com/thpl/tbch/jwgc/10/5497935.html。

行径，认为陈水扁的"一边一国"论是对一个中国原则的公然挑衅，表达了坚决反对态度及坚定拥护中共中央台办和国务院台办的庄严声明，希望在台湾和海外的黄埔同学及亲属，发扬"爱国、革命"的黄埔精神，坚决制止一小撮"台独"分子的分裂活动。大陆各地黄埔同学深入揭批"一边一国"论的险恶用心，痛斥陈水扁分裂祖国的罪恶行径，警告陈水扁悬崖勒马，不要做历史和民族的罪人。多地黄埔同学纷纷投书《黄埔》杂志，强烈表达他们对陈水扁"台独"言论的愤怒心情和维护国家领土主权完整、实现祖国完全统一的愿望，决心要以国家统一、民族强盛为己任，携手合作，为祖国统一、振兴中华贡献力量。黄埔24期同学、原"台陆军总司令"陈廷宠痛斥陈水扁之流大肆鼓吹"去中国化"，把台湾搞得乌烟瘴气，强调所谓"本土"，却忘了他们的祖先也是来自福建、广东，数典忘祖，实属炎黄子孙中的逆子孽孙，当受千夫所指。

2004年5月17日，针对陈水扁当局愈演愈烈的"台独"玩火倾向，中共中央台办、国务院台办受权发表声明，强烈谴责台湾当局的恶劣行径，并对其"台独"倾向提出了严正警告。声明极大鼓舞了黄埔同学及其亲属，他们纷纷举办座谈会，表达对声明的拥护与支持，大家一致认为声明非常重要，很及时，坚决拥护。一个中国原则是中国政府对台政策的前提，任何人都不要指望在这样一个大是大非、事关中华民族根本利益的问题上讨价还价。两岸同属一个中国的现实绝不容许任何人、任何势力改变。全世界的华夏儿女都希望中国统一，反对把台湾从祖国分裂出去。

2005年1月，来自英国、美国、澳大利亚、荷兰、加拿大、日本、印尼、巴西、中国香港等近20个国家和地区的华人退伍军人社团代表，以及中国大陆包括黄埔同学在内的数十人，在香港集会发起成立"中华民族爱国阵线"，其目的是"维护国家的光荣与民族的前途"，以"上无愧于在天之灵之祖先，下有助于教育后代之子孙"，宣示了广大黄埔同学反分裂的决心和意志。

2005年新春伊始，台港澳及海外华侨华人发起"爱我中华"签名活动，向海内外中华儿女呼吁：维护台湾海峡和亚太地区的稳定繁荣，维护中国主权和领土完整，维护中华民族根本利益，促进祖国和平统一。黄埔2期生胡靖安夫人及女儿胡葆琳等百余人参加此次活动。

2006年2月27日,陈水扁宣布终止"国统会"和"国统纲领"。[①]陈水扁切香肠式地不断蚕食一个中国原则,在"台独"的不归路上渐行渐远,引发了黄埔同学极大愤慨和强烈抗议。同学们在两岸形势座谈会上,强烈谴责陈水扁宣布终止"国统会"和"国统纲领"的"台独"行为,痛批陈水扁无视台湾社会求和平、求稳定、求发展的主流民意,为一己之私、一党之利,不惜拿台海和平与台湾人民的利益作赌注,公然宣布终止"国家统一委员会"运作,终止"国家统一纲领",迈出全盘推翻"四不一没有"承诺的危险一步,进一步暴露了他的"台独"本质,特别是要为谋求"台湾法理独立"铺平道路的险恶用心,这些不断升级的"台独"分裂行动是对一个中国原则的重大挑衅。同学们也表示,身为以推动祖国和平统一为己任的黄埔人,面对陈水扁疯狂的"台独"分裂活动,一定要坚持"和平统一、一国两制"基本方针,与广大台湾同胞、海外侨胞一道,坚决反对任何形式的"台独"分裂活动,努力推进两岸关系和平稳定的发展,争取早日实现祖国的和平统一。

2007年陈水扁为民进党拼"大选",发起所谓"入联公投",借此操作统"独"议题,谋取政治利益。黄埔同学展开了针锋相对的斗争,自发开展起"三个一"活动,即"写一封信,发一张贺卡,打一个电话"。岛内收到信件、贺卡、接到电话的黄埔同学纷纷对此作出积极反应,表示要以实际行动与海内外黄埔同学一道,坚决维护祖国统一,为最终粉碎"入联公投"图谋作出贡献。

3. 深入揭批蔡英文的"台独"本质

2016年5月,台湾政坛又一次剧烈动荡,出现第三次政党轮替,民进党取国民党而代之,再次成为执政党,蔡英文粉墨登场。上台后的蔡英文,虽频频表态要维持现状,并大玩文字游戏,但"台独"本质不变,拒不承认"九二共识",不接受"两岸一中"的核心内涵,继承李登辉"两国论"和陈水扁"一边一国"的衣钵,两岸关系政治基础遭到严重破坏,民进党执政当局利用掌握

---

① 《陈水扁宣布"终止运作""国统会"及"国统纲领"》,中国新闻网,2006年2月27日,https://www.chinanews.com/news/2006/2006-02-27/8/696124.shtml。

的行政权力及"国会"优势，大肆"去中国化"，在教育、文化领域动作频频，竭力设法割断两岸的文化与历史连结，加快"渐进式台独"步伐，两岸关系遭到重创，特别是借助 2020 年突如其来的新冠肺炎疫情，疯狂操弄，"以疫谋'独'"，借疫紧缩两岸关系，把防疫政治化，严重伤害两岸人民的情感，两岸关系的民意基础被严重破坏，对立加剧，台海局势风云激荡、高危紧绷。

面对蔡英文当局的言行，黄埔同学及其亲属极为愤慨，进行了坚决的斗争。蔡英文上台后数月首度接受华盛顿邮报专访时，明确拒绝"九二共识"。黄埔同学及其亲属在座谈会上揭批这是由其个人成长脉络、民进党的"台独"政党性质、深绿势力的强大压力以及美国的力挺等多种因素决定的，当然也有蔡英文向美示好、充当美国的战略棋子的考虑。黄埔同学纷纷表示，蔡英文拒不接受"九二共识"，就是不承认"两岸一中"，必须坚决同其"台独"行径作斗争。

2017 年 12 月，台湾地区立法机构民进党党团倚仗席次优势，强行三读通过"公民投票法"修正案，大幅降低"公投"提案及通过门槛，投票年龄下调至 18 岁，废除"公投审议委员会"，"公投"主管机关改为"中选会"……根据"公投法"修正案，"公投"门槛大幅度降低，"公投"提案门槛由 5% 降为 1.5%、"公投"通过门槛由同意票达投票权人总数 1/2 降为 1/4；"公投"联署门槛由 5/1000 降为 1/10000，降低幅度不可谓不大。[①] 如此大幅降低"公投"门槛，无疑是别有用心。虽然这次"公投法"修正案将"领土变更"等敏感性议题排除在外，但未来需要时则可随时修"法"扩大"公投"适用范围即可。黄埔同学一针见血地指出，民进党强行三读通过"公投法"修正案，蔡英文等人"兴奋激动"，臆想离"法理台独"又近了一步，修正案的核心就是大幅降低"公投"提案门槛和通过门槛，为未来妄图实现"法理台独"作铺垫。要坚决粉碎民进党当局推动"法理台独"的图谋。

2018 年 10 月 10 日，蔡英文发表"双十"讲话，蓄意谋求"独立建国"与

---

① 《台"公投法"修正案通过　国台办：坚决反对以任何方式打开"台独"方便之门》，央视网，2017 年 12 月 13 日，https://news.cctv.com/2017/12/13/ARTIJpwJUACKh41qCwnTowEr171213.shtml。

"倚美抗陆"。① 蔡英文"双十"讲话中，一如既往地叫嚣绝不会屈从退让，不会违背民意"牺牲台湾的主权"。在整个演说中，她提到有关台湾称谓共 49 次，其中"台湾"为 43 次，"中华民国"4 次，"中华民国台湾"2 次；提到有关大陆称谓共 8 次，其中 7 次直呼"中国"，一次称"中国大陆"。她还在讲话中积极呼应美国的印太战略，表示愿意加入美"印太战略"，甚至专门成立所谓"印太科"，以负责参与"印太战略"的相关事宜，并配合美国对中国大陆的无端指责。对于蔡英文的种种表现，黄埔同学及其亲属义愤填膺，大加挞伐，痛批她对"中华民国""中华民国台湾"都看不上眼的，其心心念念的是"台湾"，继承李登辉的"两国论"和陈水扁的"一边一国"，不会接受"九二共识"，也不会承认"两岸一中"的核心内涵，铁了心地谋"独"，极力呼应美国"印太战略"，亟欲加入，显示蔡英文当局已彻底倒向美日，甘当外部势力"以台制华"的棋子和工具，蔡英文的"台独"及"倚美抗陆"图谋是注定要失败的！

2019 年郝柏村来大陆参加研讨会，痛斥蔡英文的"台独"行径，在接受媒体采访时再度重申："我不讲反'台独'，我只消灭'台独'！"他断言，"台独"绝对是条绝路，坚持"九二共识"，是台湾能够生存发展唯一的路。

蔡英文 2021 年 10 月 28 日接受 CNN 采访，再次标榜所谓"民主"，把大陆反对"台独"的正义行动说成"威胁"，并扬言要发展台军力对抗大陆，还承认"美国军人在台"，声称对美"协防台湾"有信心，鼓噪台湾"参加联合国"等。黄埔同学及其亲属在座谈会上痛批蔡英文的"以武拒统""倚美谋'独'"的谬论，指出民进党上台以来，推进"去中国化""渐进台独"，强行割裂台湾民众与中华文化和中华民族的血肉联系，极大伤害了广大台湾同胞的根本利益。民进党当局不断进行"台独"挑衅，破坏台海和平稳定、升高台海局势风险，只会给台湾民众利益带来损害，给岛内带来兵灾。黄埔同学及亲属坚定支持中央对"台独"的零容忍、打击"台独"分裂行径不计成本的立场态度，将与全中国人民一道坚定地捍卫国家主权和领土完整，告诫蔡英文之流不要低估大陆这

---

① 《蔡英文 2018 年"双十演讲"：叫嚣不会在压力退让》，中国台湾，2018 年 10 月 11 日，https://taiwan.cri.cn/2018-10-11/6b6a8f9e-6196-8347-de13-1da07be3d83d.html。

种坚强决心、坚定意志和强大能力！

2022 年 8 月 3 日蔡英文会见窜访台湾的美国国会众议长佩洛西，再度渲染所谓大陆"军事威胁"，鼓吹"强化自我防卫力量"，声称"坚守民主防线"。广大黄埔同学及其亲属对此强烈不满，纷纷举办座谈会，大家驳斥蔡英文的这番言论，是"台独"势力和外部势力沆瀣一气、勾连作乱，蔡英文当局挟洋自重、甘当棋子，加紧谋"独"挑衅，导致台海局势紧张动荡，无论其怎么粉饰、辨白，都洗白不了他们才是两岸冲突的制造者、台海和平稳定的破坏者、台湾民众利益的加害者。在台黄埔 24 期同学、前台"陆军总司令"陈廷宠，在台黄埔 35 期同学、前 6 军团副司令高安国等对蔡英文之流配合美国、加剧两岸紧张关系的行为极为不满，在台"陆军军官学校"校友总会庆祝该校 1950 年 10 月 1 日在台湾高雄凤山"复校"70 周年大会上，陈廷宠会上会下火力全开，痛批民进党当局；宣称自己是中国人，为此感到无比自豪，直指蔡英文、民进党之辈是中华民族的败类，不顾祖宗的荣耀，数典忘祖，连中国人都不承认，甘心作美日的走卒，痛批蔡英文"无知、无智、无耻""歪曲历史、指鹿为马"。他还直言若两岸真的开战，台军没有战力，"挡不住对岸的攻势"，"战力是 0"。[1] 言指民进党当局应好自为之，珍惜两岸关系，放弃"台独"主张，走两岸共同发展的道路，力避与大陆对抗、开战，自取灭亡。高安国则公开发出"起义动员令"，呼吁台军为国家尽忠、为民族尽孝，推翻民进党的统治，完成祖国统一大业，拯救台湾人民于水火。[2] 其实，这已不是高将军第一次发出此类声音，虽然只是宣示和呼吁，却反映了黄埔同学的心声，表达了他们不希望两岸爆发军事冲突的强烈愿望和反"独"促统的坚强信念、坚定决心。

---

① 《果然下手了，台媒：批台军"战力是 0"的台退役上将，被"逼"辞任台商学校董事一职》，人民资讯，2020 年 11 月 22 日，https://baijiahao.baidu.com/s?id=1684027257238493629&wfr=spider&for=pc。

② 《台退役中将发出"起义动员令"，呼吁台军推翻民进党，为祖国尽忠》，搜狐网，2022 年 8 月 10 日，https：//roll.sohu.com/a/575590969_121379719?_f=index_pagefocus_5。

四、共圆复兴中国梦

随着中国共产党第十一届三中全会召开，中国的发展复归正轨，中华民族复兴迈上快车道，为广大黄埔同学及其团体参与改革开放和现代化建设提供了广阔用武之地。特别是黄埔军校的历史地位和作用、黄埔同学为国家为民族所作的历史贡献得到充分肯定，一些受到不公正待遇的黄埔同学得以平反纠正、落实政策，激发了广大黄埔同学及其亲属的报国心志和奋进动力，他们在改革开放和现代建设事业中踔厉奋发、笃行不怠，积极贡献智慧和力量，与全国人民一道同心共筑中华民族复兴伟业！

（一）倾力襄助经济发展

改革开放之初，国家的经济建设尚在起步阶段，面临的困难、问题很多，缺资金、缺技术、缺人才。广大黄埔同学及团体急国家之所急，纷纷利用黄埔同学资源竭诚襄助：或穿针引线，外引内联；或牵线搭桥，拓展外贸；或老骥伏枥，投身经济建设；或壮心不已，参与研究开发，以不同方式为中国经济发展添砖加瓦。

1. 致力招商引资引技引才

黄埔同学及其团体在与台港澳海外同学联络交往中注意了解相关信息，积极帮助内地（大陆）企业招商引资、引进技术、招揽人才，做了大量工作，发挥了积极作用，取得了可观的成效。

上海黄埔同学王嗣德引资 40 多亿元人民币，在上海、浙江、河南、湖南等地建设国际老年康复疗养中心、感光材料厂、大型发电厂等多个项目。上海同学唐雄耿多年牵线搭桥，引资 33 亿元人民币，在北京建设 4 幢高楼。广东黄埔同学陈文元先后引进外资 2000 余万元，在广州、阳江等地建工厂和酒店。江西黄埔同学促成台湾全彩光科技公司投资 5000 万美元的光电生产项目落户南昌。辽宁黄埔同学牵线搭桥引进 5 家台资企业，总投资额约 2300 万美元。[①]

---

① 萧希:《晚霞更比朝霞红》,《黄埔》杂志纪念专刊(2004 年),第 64—65 页。

　　福建黄埔同学帮助引进和参与促成 10 多家外资、港资独（合）资企业。其中，黄埔 5 期同学林梦飞尤为突出，早在 1950 年，他就创办了飞达照相化工社，认真钻研感光技术，生产照相纸，为国家节省大量外汇。改革开放后，林梦飞同学担任厦门经济特区顾问、外经办顾问组组长，厦门经济特区建设发展公司副总经理、副董事长等职务，直接参与引资引技引才工作，为国家重点企业厦门感光材料有限公司引进美国柯达公司先进技术设备；还参与引进由香港建南行吕振和、吕振万捐赠的价值 1000 万港元的 1500 万纱锭的纺织机械设备，鼎力支持兴建上杭建南棉纺厂。

　　1987 年，湖北黄埔同学创办了武汉黄埔对外经济信息咨询服务部，后更名为湖北省黄埔对外经济信息咨询服务部，主要承担招商引资、协助做好进出口等方面的业务，注重加强与港澳台和海外黄埔同学的经济交往，为引进资金、技术和人才搭桥铺路。服务部成立当年就牵线出口创汇 120 万美元。接着又邀请香港大美公司来鄂达成 8 个合作项目，并促成汉、港合作生产出口美国 10 多万套铸铁椅架，为国家创汇 80 多万美金。1991 年，促成武汉市汉江针织服装厂与香港大美公司及参股的台湾乔煌公司、美国星星实业有限公司合资成立武汉美新鞋业有限公司，注册资本 400 万美元，总投资 800 万美元。

　　经黄埔同学牵线，台湾黄埔同学来大陆投资十分活跃。在台湾的黄埔 17 期同学陈恺，经福建黄埔同学联系协助，20 世纪 80 年代末在厦门投资 5000 万元人民币创建中国人自己的高尔夫球场。他特别强调："我不是来投资，我是来投心。"[1] 他从陕西桥山之巅黄帝陵取回一抔黄土，在球场种上一棵榕树，并在"圣土植树志"上写下"中华大统一，血缘情更深"10 个大字。河南黄埔同学联系台湾黄麟洲同学所属泰勇集团，向周口市投资 5000 万元人民币修筑公路。辽宁黄埔同学联系在台 23 期同学陈宗武投资开办了鞍山新全密封材料有限公司；42 期同学、台湾崇正国际联盟总裁张扬在大陆总投资近 11 亿元人民币搞了多个建设项目。[2]

---

① 萧希：《晚霞更比朝霞红》，《黄埔》杂志纪念专刊（2004 年），第 65 页。

② 萧希：《晚霞更比朝霞红》，《黄埔》杂志纪念专刊（2004 年），第 65 页。

据不完全统计，从 1984 年至 2003 年底，大陆（内地）黄埔同学通过与台港澳及海外黄埔同学和亲友联系招商引资达 296 亿元人民币，其中江苏 101 亿、辽宁 82.6 亿、上海 75.8 亿、福建 10 亿、浙江 7.2 亿、安徽 5.7 亿、天津 5 亿、山东 2.8 亿、湖南 1.8 亿、北京 1.7 亿。而这些投资主要为台资，约占同期台商在大陆投资总额（约 8300 亿元人民币）的 5%。[①] 此外，经吉林黄埔同学牵线搭桥、招商引资达 40 多项，合计约 8600 万美元。经湖北黄埔同学牵线搭桥，协助引进外资 1000 多万美元。这些在当时都是相当亮眼的成绩。

近年来，为进一步推动两岸关系融合发展，让台湾同胞共同分享祖国大陆改革开放发展机遇、享受更多同等待遇，中央政府有关部门先后出台促进两岸经济文化交流合作的"31 条措施""26 条措施"，助力台胞台企发展的"11 条措施""农林 22 条措施"，以及扩大开放台湾居民在大陆申设个体工商户的政策，各地方也随之出台了各具特色的配套政策措施。黄埔同学及团体积极响应，主动宣介联络，配合在安徽合肥、福建厦门与泉州设立海峡两岸集成电路产业合作试验区，在山东设立海峡两岸新旧动能转换产业合作区，在广西、湖北、四川、江西、湖南设立 5 个海峡两岸产业合作区，以及台湾精英走进粤港澳大湾区、长三角 G60 科创走廊和五大创新高地、成渝双城经济圈和各地台湾青年创业基地等，为台湾同胞来大陆创业、就业、生活提供支持和帮助。

2. 投身经济建设大潮

黄埔同学除以其优势牵线搭桥、引资招商外，更普遍地作为社会主义劳动者、建设者，不惧迟暮、满怀豪情地投入祖国经济建设热潮，作出无愧于祖国、无愧于时代、无愧于人民、无愧于自身的业绩。

黄埔 11 期同学袁庚，1978 年 61 岁担任香港招商局常务副董事长，负责创建深圳蛇口工业区。他提出"时间就是金钱，效率就是生命"等口号，只争朝夕，大胆创新，使蛇口工业区成为中国第一个外向型工业园区，催生出中国第一家股份制银行——招商银行、第一家股份制保险公司——平安保险等一批优

---

① 萧希：《晚霞更比朝霞红》，《黄埔》杂志纪念专刊（2004 年），第 64 页。

质企业，开创第一个改革人事制度、第一个实行人才公开招聘等 24 项全国第一，是中国开放的先行者、排头兵、"蛇口模式"的探索创立者，为改革开放提供了宝贵经验、作出了历史性贡献。2018 年 12 月，党中央、国务院授予他"改革先锋"称号。后又获"最美奋斗者""深圳经济特区建立 40 周年创新创业人物和先进模范人物"称号。

黄埔 16 期同学曹文华苦心钻研，创造一年四熟"葡萄轮压变革栽培法"，亩产葡萄 10401 斤，是美国同类作物产量的 5 倍，被称为"21 世纪农作物栽培的一大革命"。①

黄埔 18 期同学王怀义，退休后潜心研究大豆蛋白及其开发利用，先后撰写 30 多篇论文，发表在《经济日报》《科技日报》等报刊上，研究成果获得国家专利，并运用于生产实践先后在福建、河南、山东、北京等地创办了多家保健营养食品企业，还以其专利技术引来新加坡美罗集团公司建成中外合资黑龙江双宝食品有限公司。生产的产品中有些打入国际市场，先后获国家级大奖和国际金质奖。1993 年，王怀义荣获"老有所为创新带头人金奖"。1994 年 8 月，当选为全国优质保健品评选委员会专家委员，而且是当时该委员会中唯一一位大豆蛋白专家。

黄埔 19 期同学、优秀水利专家、原锦州市水利局干部封文炳，离休后 7 年里，克服重重困难，历尽艰辛曲折，先后 8 次自费考察辽河、黄河、大运河、大渡河等水系，收集了大量珍贵资料，撰写了几十篇有价值的论文和考察报告，终因身心超负荷运转，倒在了大渡河考察现场，再也没能起来……锦州日报以《江河水》为题发表长篇通讯，报道了他的感人事迹。1993 年 7 月《中国水利报》发表全国政协副主席、原水利部部长钱正英的题词，称赞封文炳是一位热爱祖国、热爱人民的中国江河水利专家，他的崇高精神将与中国的江河永存。

黄埔 21 期同学洛阳关注农业发展，离休后发挥所长，针对因使用化肥（无机肥）和农药使土壤中有益元素递减得不到补充而造成植物和农产品缺素问题，

---

① 萧希：《晚霞更比朝霞红》，《黄埔》杂志纪念专刊（2004 年），第 65 页。

经反复研制试验，终以牛、马蹄子等为原料，研发出"酶转化有机肥"，经黑龙江省专家组鉴定"是高产高效、优质农业的新型肥料试剂"。1995 年该项成果获得专利证书。同年，美国《化学文摘》第 11 期作了报道。

黄埔 23 期同学、丹东市政工程处总工程师赵树藩，几十年如一日勤勤恳恳、兢兢业业地奋斗在建桥岗位上，先后参与了 20 多座桥梁的设计和施工工作①，以科学的态度、严谨务实的作风和辛勤挥洒的汗水，攻克一个又一个技术难关，为国家直接节约大量资金，为丹东市政建设作出了突出贡献，荣获全国五一劳动奖章。

许多地方黄埔同学团体也积极为经济建设服务。湖北黄埔同学会积极参加全省统一战线助力少数民族地区加快发展三年行动，推广网络营销，开展网上直播带货等。海南黄埔同学会在海南多处依托独特的黄埔历史文化资源，创设"黄埔之家"、打造黄埔特色文化旅游村庄，服务国际旅游岛建设和乡村振兴战略。四川省黄埔同学会携手在川台资农企参与"助力乡村振兴"行动，在塑造产业生态、打造地域品牌、开拓国内外市场等方面发挥了示范引领作用。

黄埔同学亲属深受前辈熏陶，薪火相传，踊跃投入经济建设主战场。

黄埔 1 期同学、曾任国民党军第 2 "绥靖"区中将副司令李仙洲之子李德强，参加"上山下乡"后招工回城被分配到济南变压器制修厂当工人，他凭着"老三届"的基础刻苦自学，搞成一系列自动化技术革新，参与研制出全国第一台 KVA5600 千瓦高频电炉变电器，后又试制出全自动波轮洗衣机和亚洲第一台全自动滚筒洗衣机，打造出"小鸭"品牌，销售额从 1990 年 2000 万元猛增到 1998 年的 18 亿元②，使企业荣获"国家认定的企业技术中心"称号和"第五届全国企业管理现代化创新成果一等奖"。

黄埔 17 期同学刘寿彭之子刘锡潜创办禹王实业公司，生产出禹王牌 502 胶粘剂获国家发明奖；后又研发深海鱼油产品，成为全球最大的功能性鱼油制品

---

① 辽宁黄埔军校同学会采集的资料。

② 山东黄埔军校同学会：《厚德载物 自强不息——记黄埔后代李德强》，《黄埔》杂志 2023 年第 1 期，第 7 页。

全产业链供应商；后又成功开发出中国非转基因大豆蛋白产品，使中国从大豆蛋白纯进口国变成出口国，被称为"中国的豆王"，如今该企业已发展成为拥有四大支柱产业 10 多个工业实体的集团企业，在粘接新材料、生物医药、技术陶瓷新材料、大豆深加工领域居行业领军地位，摘得国家工业大奖桂冠，刘锡潜被评为全国劳动模范。

黄埔 17 期工兵科毕业生陈大振（解放后任教于南京工程兵学院筑城系）之女陈兴汉，秉承其父实业报国心志，薪传弘扬黄埔精神，矢志奋斗奉献于建筑业，特别是担任南京栖霞建设集团有限公司董事长近 30 年时间里，团结带领员工紧跟改革开放步伐，勇于探索"企业管理现代化＋住宅产业现代化＋资本运营现代化"实践与创新，将一个默默无闻的小企业发展成为控参股多家上市公司、在江苏地产业居龙头地位、在全国房地产界享有声誉的国有控股大型现代化企业集团，创造了良好的经济效益、社会效益和环境效益。作为工程管理和房地产开发领域的专家，她还担任教授级高级工程师和博士生导师，倾心倾力搞研究、带学生、为上级有关决策提供咨询，曾获科技部建设部国家重大科技产业工程突出贡献奖、中国建筑学会科技进步一等奖，全国三八红旗手、全国工程管理先进个人、首届中国房地产十大风云人物、中国房地产企业十大功勋人物等荣誉称号，并被授予全国五一劳动奖章和全国侨联"爱国奉献奖"。

黄埔 18 期同学谭天健之子黄雍，高级工程师，在武桥重工集团股份有限公司濒临破产时，临危受命担任企业一把手，带领员工绝地反击、开拓创新，使企业起死回生、进入发展快车道，成为我国高铁建设的首批研发企业，是当时铁道部认可的制造铁路桥钢梁的 4 家企业之一，研发的以铁路救援起重机为核心的铁路运营保障装备处于世界领先水平，承接了国内外大批工程项目和产品制造业务，不仅为 3000 多名员工带来就业保障，[①] 也为国家经济发展作出了贡献。

黄埔教官南怀瑾之孙南品仁，先后担任温州现代集团副总经理、温州交发集团总经理，勇于攻坚，创造性主持建成绕城高速大环线、甬莞高速温州段等

---

① 湖北省黄埔军校同学会采集的资料。

一批重大项目，为温州高速主骨架基本形成立下了汗马功劳，荣获全省国有企业"五个一"人才工程杰出经理人、浙江省扩大有效投资工作先进个人、温州市十大杰出青年等荣誉。

重庆黄埔后代陈先琦创办天奇地产集团有限公司，始终秉持"天天以诚信创新奇"的经营理念，致力以优质产品和服务回报社会，被市政府评为"私营企业五十强"，被国家工商总局授予"守合同重信誉企业"称号。

江西黄埔同学亲属联谊会会长周亮积极投入"一带一路"建设，赴吉尔吉斯斯斯坦投资。近年来响应应对新冠疫情影响之需，主动回流资金入股省内多家企业，发展矿业、建材、农林、畜牧业等，为增加就业、落实"六稳"、推进"六保"助力。

黄埔亲属在经济领域建功立业的突出事例比比皆是，他们以自己身为黄埔后代的担当，勇于作为，为国家、为社会、为人民作出当之无愧的骄人业绩。

3. 积极建言献策

党和国家的高度重视、广开言路，也为黄埔同学创造了宽松的咨议环境，尤其是一些黄埔同学及其亲属担任各级人大代表、政协委员，他们为改革开放、经济社会等各方面建设事业提出议案和提案，积极建言献策，发挥智囊作用。

黄埔15期同学李善勋连任4届石家庄市政协委员，忠实践行参政议政职责，扎实开展调查研究，踊跃反映社情民意，共提出提案400多件、50多万字，立案率达70%[1]，为经济社会发展竭诚献智出力。《人民政协报》头版以《提案大王的故事》介绍他的先进事迹，并配发评论员文章，号召全国政协委员向他学习。《河北日报》头版刊发通讯《参政议政的榜样——李善勋》宣传他建言为民的风范。黄埔13期同学王哲强，在担任宜昌市政协委员的15年间，共提交涉及教育、文化、城建、环保等多个领域提案60余件，多项提案被采纳，部分获评优秀提案[2]。由于表现突出，他还获得"宜昌市各民主党派、工商联先进个人""为四化服务成绩显著积极分子"等荣誉称号。黄埔17期同学李振民担

---

① 河北省黄埔军校同学会采集的资料。

② 湖北省黄埔军校同学会采集的资料。

任湖北省三届政协委员会委员，积极参加政协会议和调研活动，提交提案 20 余件①，如《武汉地区建立技术和经济开发区的建议》《湖北省开发鄂西旅游区的建议》等提案都得到相关方面的重视、采纳、落实，1987 年在湖北省各级政协委员、各界人士为改革和建设作出贡献表彰大会上获表彰。黄埔 17 期同学刘一曙，担任政协委员期间，经常深入基层调研，提交高质量提案 60 余件②，其中一些建议被采纳对当地经济社会发展产生积极作用，获评民革湖北省委会"先进民革党员"、武汉市"老年之星"。黄埔 19 期同学卢彩文，担任腾冲市政协委员，20 多年间围绕腾冲市建设发展，先后提交了 44 件提案③，多次被评为先进政协委员和提案先进个人。黄埔同学韩子英作为西安市碑林区政协委员，积极参政议政，他的提案不仅推动了全区爱国主义教育，也促进了全区广大群众对台湾问题的关注了解，多次被评为"优秀提案"，受到表彰。四川黄埔同学及亲属参与"助力革命老区融入成渝地区双城经济圈建设""四川省内抗战文化资源保护利用情况、存在问题及对策建议"等提案建议，均被采纳，产生了良好社会反响。

一些黄埔亲属学习前辈，积极为国家和地方发展建设建言献策。黄埔 6 期同学、抗日将领童奋涛之子童石军任多届全国政协委员，先后提出多项提案，为国家经济建设出谋划策。1996 年，童石军撰写了《关于引进按揭贷款模式，促进我国房地产金融支撑的报告》，得到时任总理朱镕基批示后在上海试点，促成中国房地产按揭贷款的实现。此后，在全国政协九届三次会议和十一届四次会议上，童石军领衔、多位政协委员联名提交《关于建立国家信用管理体系的提案》《关于成立银企信用合作组织，促进中小企业发展的提案》，其中前一项是首个信用提案，得到朱镕基总理批示，促成中国社会相关信用体系建设试点。④

黄埔教官许德珩之孙许进担任北京清大筑境规划建筑设计研究院副院长期

---

① 湖北省黄埔军校同学会采集的资料。

② 湖北省黄埔军校同学会采集的资料。

③ 云南省黄埔军校同学会采集的资料。

④ 海南省黄埔军校同学会采集的资料。

间，在 2008 年北京奥运会场馆设计中获得两个项目方案优胜奖，并荣获首都统战系统服务奥运优秀个人奖。作为九三学社中央委员，参加社务活动 700 余次，发表文章 70 多篇①，为九三学社省市级组织宣讲 120 余场，足迹遍布全国。作为全国政协委员，他积极履职、建言献策，提出了多项调研报告和提案，如《科学地发展和利用绿色能源》《建设世界城市要靠科技和文化》《关于修订设计标准延长建筑设计使用年限的提案》《关于建立中国人民抗日战争胜利纪念碑的提案》等等，其中一些被人民网、和讯网、雅虎资讯、中国妇女报、北京晚报等媒体报道，新华网、央视网、中国日报、中国政协新闻、中国网、新浪网、腾讯网、光明网、中国科技网、新闻资讯网、阿里巴巴资讯、MSN 中文网等媒体刊登转载。被九三学社中央委员会授予"九三楷模"称号、参政议政工作优秀建议奖、九三学社"学习践行社会主义核心价值体系全国优秀社员"称号等。

黄埔教官陈范将军之子陈克文担任海南省政协委员，先后提交了《海南自贸港职业教育国际化发展建议》《关于大力发展农业职业教育，助推海南自贸港建设的建议》《关于尽快确定并提供海南省酒店管理学校和海南省信息技术学校各 300 亩办学用地的建议》等提案，受到政府有关部门的重视和采纳，对海南职业教育发展起到切实推动作用。

黄埔同学亲属卢纲，担任基层政协委员 10 余年，以把提案写在湖北大地和武汉江湖上的责任感，先后提交历史文化保护、推进民生福祉和社会经济发展等有影响的政协提案 40 余件，获省、市领导批示 20 余次，②2019 年被《人民政协报》和人民政协网评为首届全国最美基层政协委员，2022 年被评为湖北省优秀政协委员。

黄埔 17 期同学丁殿科之孙杜云峰，担任长春市人大代表，先后提出《关于促进城镇化建设具有可持续发展的议案》《关于务工人员子女就学的建议》《关于加快推进长春市生活垃圾分类收集、运输和无害化处理的议案》《关于在各区

---

① 《许进》，首都统一战线网，2016 年 9 月 15 日，http://www.bjtzb.org.cn/wwwroot/sdtyzx/publish/article/11/15378.shtml。

② 湖北省黄埔军校同学会采集的资料。

设立征信报告自助查询网点的建议》等诸多议案，为城市治理现代化贡献智慧。

（二）踊跃投身社会建设

广大黄埔同学离开部队重新走向社会后，在各行各业中发挥着自己的光和热，其中不少人在祖国的教育、医疗卫生、文化等事业中贡献着自己的智慧和力量。

1. 教苑耕耘结硕果

在教育资源短缺、民众渴望受教育的年代，一些黄埔同学发挥自己文化水平较高的优势，义无反顾投身教育事业，或兢兢业业、教书育人；或不辞万难、建校兴教，为求学者搭桥铺路，为社会输送大批建设人才。

黄埔23期同学、东北财经大学教授边长泰在贸易经济与企业管理教学与科研领域耕耘40余年，刻苦钻研、治学严谨、成绩斐然，培养出博士、硕士研究生70余人，撰写学术论文60余篇，出版经济学著作21部，其中3部被评为国家级优秀教材，《商业企业经营学》开创本专业新体系，属国内首创。[①] 他还多次应邀进京研讨国家重大经济政策，参加全国性学术会议，是全国知名的财经专家，为社会主义市场经济理论的丰富和完善作出了贡献。曾担任全国政协常委，被聘为大连市政府咨询委员。

黄埔17期同学陈立轩，解放战争时期脱离国民党部队回到海南，此后几十年把全部身心奉献给家乡的教育事业。1982年，他担任文昌时中小学董事长。该校地域偏狭，校舍低矮简陋破旧。为改善办学条件，他20年坚持不懈通过争取政府拨款、向当地干部村民和海外侨胞募捐等多种方式筹款40多万元，建成面积近400平方米的教学楼，配套设施不断完善，教学条件和校园环境大为改观。由于当时经济条件所限，筹款非常困难，但他从不言放弃，给在新加坡、泰国的侨胞写了上百封信争取支持，不弃涓滴，集腋成裘。为节省资金、保证工程质量，他不顾年老体衰，亲自监工并参与劳动，倾注全部心力，执着于教

---

① 辽宁省黄埔军校同学会采集的资料。

育这桩他认为"比天还大的事"。①

　　黄埔 16 期同学樊昌华也是内战时期回到安徽家乡，进入教育领域，成为一名人民教师。此后，几十年如一日，他认真教学，改善方法，每天第一个到校，最后一个离校。对待学生如自己的子女一般，经常从微薄的收入中挤出一部分资助贫困学生。即使自己有时生病买药都困难，也要想办法帮助比他更困难的学生。为保护学校财物勇斗窃贼，受重伤而留下腿部残疾。虽然资历全校最老，却从不争名利，多次主动把评高级职称的机会让给其他同事。他还为许多文化程度不高，却又渴望求学上进的青年着想，积极为他们搭建一个学习平台。在他的倡议下，安徽黄埔同学会创办了黄埔业余学校（高中阶段），樊昌华冒严寒、顶酷暑，经常占用休息时间为该校学生免费上课，还时常接济贫困学生，为他们继续求学深造强化基础，也为社会培养、输送了大批较高素质的劳动者。

　　黄埔 15 期同学史春，1987 年自筹资金创办孝感中山自修大学，亲自担任校长、法人代表。在他的努力下，学校从小到大，逐步发展起来，相继建成教室、电教室等基础设施 300 多平方米，教学质量不断提升，培养了国家承认学历的大专毕业生上千人，取得了丰硕的办学成果。史春白手起家、勤俭办学的先进事迹被多家报刊杂志予以报道，先后荣获"黄埔军校同学会优秀会员""全省老干部先进个人"等荣誉称号。②

　　黄埔 23 期同学刘子龙，1955 年转业进入教育界，1988 年从鹤岗市重点中学校长岗位上退休，仍然放不下教育事业，创办育才中学。这是该市第一所民办全日制完全中学，从初创时租赁校舍到后来自筹资金新建校舍，逐步发展成颇具规模、占地面积 2.5 万平方米、建筑面积 1.8 万平方米、教学设施先进的学校，在校学生达 5000 人，曾创下中考升学率全市第一、高考本科升学率全市第二的亮眼成绩，成为鹤岗市"规范化学校""教研先进集体""一类学校"，是黑龙江省"社会力量办学先进单位"，是全国素质教育试点学校。刘子龙获"首届

---

① 海南省黄埔军校同学会采集的资料。
② 湖北省黄埔军校同学会采集的资料。

全国中学百名优秀明星校长"、黑龙江省民办教育杰出领军人物等荣誉称号。[①]

这些只是千千万万黄埔同学中的一些典型例子，还有更多更多黄埔同学扎根全国一些城市乡村，或专职或业余，不避寒暑、不计得失、无怨无悔为教育事业默默奉献，燃烧自己，烛照他人。

2. 科研攻关显身手

马尾海校学生、晚年曾担任黄埔军校同学会副会长的赖坚，1938 年与一些同学从海校辗转到了延安，从中央军委通讯学校毕业后留校任教，培养了不少通讯人才。后到东北民主联军的军工部门工作，参与制造并组装电话机、发报机、步话机等通讯设备。1950 年代初被派往苏联学习电机、电器制造，回国后从事电机、电器技术研究与开发工作。1960 年代调到国防工业办公室，参与"两弹一星"研发的有关工作。同时，参加核潜艇配套设备和新材料的研制工作，之后，又参加导弹驱逐舰、气垫船等的研制工作。此外，对双水内冷发电机组、舰船动力设备、秦山核电站设备的研制做了大量工作，对我国电机、能源动力研发作出了突出贡献。其间，他还担任中国电机工程学会第三、四届副理事长，中国电机技术学会第一至四届副理事长。曾被派往越南帮助电力建设，并获得嘉奖。离休后，他仍为我国能源领域，特别是清洁能源及电动汽车的研发竭诚奉献。

黄埔教官、聂荣臻元帅之女聂力从苏联列宁格勒精密机械与光学仪器学院学成回国后，被分配到国防部第五研究院工作，从此踏上了为国防科技事业奋斗的历程。她从实习员、技术员干起，一步一个脚印到研究室主任，直至国防科工委副主任。她参加了导弹控制系统自动驾驶仪、"远望"号远洋航天测量船、"银河"系列巨型计算机等大型国防科研工程的研制和组织工作。1988 年被授予少将军衔，1993 年晋升为中将，是中国女将军中职务最高的巾帼女杰，也是世界上首位女中将。她把整个生命都溶进了发展国防科技事业，深入科研试验工作第一线调查、研究、解决问题，关心、爱护科技工作者，为他们排忧

---

① 黑龙江省黄埔军校同学会采集的资料。

解难。作为聂帅的独生女，父亲对党的事业忠贞不渝、对国家和民族的深深热爱、对科技兴国的热望、对知识分子的厚爱深深地影响了她。[①]

黄埔 1 期同学、徐向前元帅之子徐小岩，在父亲的影响下，选择了从事科研工作。清华大学计算机系毕业后，又前往加拿大深造，获得计算机硕士学位。回国后在第二炮兵某研究所与同事们一起研制出我国第一代汉字计算机。当时，手头的资料只有一本电子工业部 15 所翻译的外国著作。因译者不懂计算机技术，译得不太准确，很难读懂。他得知中国图书进出口公司的资料室里有几种相关的外文书刊，便每天骑自行车从位于北京北郊的清河赶到位于西郊的二里沟，一点点查阅，一句句攻读，终于克服重重困难，把这台计算机从无到有地搞出来了。后来，他任总装备部科技委员会副主任、中将军衔，一直致力于使人民军队的技术装备不断上台阶，建设一支信息化的军队，实现指挥自动化，更好地保卫国家和人民的安全。[②]

黄埔 3 期同学曾泽生之子曾达人长期从事海（光）缆通信技术研究，是军队海缆通信领域颇具造诣的专家和学科带头人。20 世纪 50 年代，他成功研制出我国第一套海缆加工机，建造了我国第一个海缆加工厂，研制出我国第一条海底电缆。60 年代，创建了我军第一座海底声呐反潜站。70 年代，研制成功了我国第一套具有国际先进水平的深海布缆船和深海布缆系统，成功敷设了我国第一条深海电缆。80 年代，他勇追光缆通信时代步伐，指导部队顺利完成了我国第一条海底光缆通信系统的建设任务。90 年代，由曾达人主持研制的海缆技术装备多达 22 项，主持完成重大科研项目 10 余项，取得 50 多项科研成果，其中 18 项填补了国内和军队的空白。[③] 凭着对国家的赤子之情和对党、对军队的无比忠诚，曾达人刻苦钻研科学技术，他用毕生心血凝成一条条伸向大海深处的海底电缆，为我国通信事业作出了突出贡献。

---

① 聂力：《心中的丰碑》，《黄埔》杂志纪念专刊（2004），第 136—137 页。

② 徐小岩：《父母、黄埔军校与我》，《黄埔》杂志纪念专刊（2004 年），第 132—133 页。

③ 山东省黄埔军校同学会：《继承先辈家国情怀，砥砺奋进再创佳绩》，《黄埔》杂志 2023 年第 1 期，第 25 页。

黄埔 8 期同学曾京之孙曾天舒，华中科技大学附属协和医院内分泌科主任，在新冠肺炎防疫抗疫中表现突出。2020 年 1 月 1 日，武汉协和医院内分泌科收治了本科室第一例新冠肺炎患者，曾天舒带领科室全体成员，从此踏上抗疫之路，发挥骨干带头作用，鼓舞了同事和病人，相关事迹被中华医学会内分泌学分会报道，在全国同仁面前树立了"协和内分泌人"的形象。曾天舒牵头组建了包括华中科技大学公共卫生学院和武汉市红十字会医院有关人员组成的科研团队联合攻关，完成"血清学检测用于新型冠状病毒肺炎诊断效力的评价及其在高危人群感染 COVID-19 调查中的应用""新型冠状病毒肺炎病因机制及精准诊疗研究""糖尿病患者对新冠肺炎易感和易于重症化的临床特征及管控措施的研究"等课题。大年三十晚上，他还撰写了《糖尿病友在疫情期间的防治要点》科普文章，为糖友居家抗疫指点迷津。[1]

这些是千千万万黄埔人中的一些典型事例，还有很多黄埔同学及其亲属在科技领域刻苦钻研、攻坚克难，为国家新科技进步与发展忘我拼搏、默默奉献。

3. 弘扬文化绽新花

中华民族历来非常重视历史，重视保存历史资料，重视从历史中汲取智慧和力量。黄埔军校诞生于风云激荡的时代，曾经创造或改写一段历史、影响一个时代。黄埔同学作为参与者、见证者，上心历史研究，留下历史资料，既是对历史负责，也是对后人负责。黄埔同学中像 16 期同学黄仁宇那样成为史学大家的虽属凤毛麟角，但基于历史责任感，许多知名黄埔同学呕心沥血凝成的回忆录或传记纷纷面世，比如《徐向前元帅回忆录》《徐向前传》《聂荣臻元帅回忆录》《聂荣臻传》《陈赓传》《侯镜如：抗日援鲁经历》《永远的怀念——纪念戴安澜将军》《李运昌回忆录》《黎元回忆录》《萧克回忆录》《周世第回忆录》《张宗逊回忆录》《莫文骅回忆录》《郭汝瑰回忆录》《世纪之履——李默庵回忆录》《张治忠回忆录》《我的戎马生涯：郑洞国回忆录》《国民党起义将领传》等不一而足。台港澳、海外黄埔同学的回忆录也陆续出版。更多同学将平生所经

---

[1]　湖北省黄埔军校同学会采集的资料。

历的风云际会、时代变迁、事件始末、历史经纬等翔实补录或追忆出来，在《文史》杂志、《文史资料选辑》和地方文史杂志等报刊媒体刊发。《黄埔》杂志自 1988 年创刊以来，秉持"为同学立言，为统一尽力"的宗旨，持续不断刊登这类史料；开辟"黄埔档案""峥嵘岁月""人物春秋""黄埔将星""黄埔日历""黄埔老照片""黄埔连载"等专栏，甚至多次策划专题集中反映；还组织编印增刊《黄埔师生与北伐战争》《抗战中的黄埔师生》《中国共产党与黄埔军校》《黄埔家书》《我的黄埔前辈（一）》《我的黄埔前辈（二）》《我的黄埔前辈（三）》等，为黄埔同学及亲属陈述历史经纬提供长期平台。随着岁月演进，老同学加速凋零，近年来，黄埔同学会及各地方黄埔同学团体抓紧开展史料抢救行动，除广泛征集、发动同学及亲属提供资料，杂志开辟专栏"我记忆中的黄埔前辈""口述黄埔"等持续刊载以外，还组织寻访、采集音像资料，为研究者和后来人留下珍贵的口述史料。

诗词文章是弘扬中华文化、传播正能量的喜闻乐见的载体。黄埔同学中很多人当年就具备一定的语文功底，历经战火洗礼和时代磨砺，写诗填词、撰文成章成为黄埔同学中比较普遍的风气。他们或于戎马倥偬间或业余闲暇而为之，兴之所至、有感而发，情之所系、底气十足，字里行间透出对和平、对生活、对人民、对国家的大爱真爱，饱含正能量。他们或自我怡悦、陶醉其中，或同学唱和、交流分享，不少人以此作为一生的雅兴逸趣，更多人以此作为业余爱好或离（退）休后的消闲乐事，结集出版诗集、文集、诗文集的也大有人在。比如，黄埔 16 期同学叶文锦，为了表达对党的心声，于 1998 年将自己多年撰写的感喟往事、感触时代、感悟人生的诗稿《文锦诗集》整理出版，分送黄埔同学、战友及有关方面和人士，受到广泛好评，其中一部分作品还被收入《黑龙江黄埔军人诗歌集》。黄埔 17 期同学刘一曙，怀着对新中国新社会新生活的热爱，几十年笔耕不辍，撰写了大量文章和诗歌。在《人民日报》、中央人民广播电台、《湖北日报》等媒体发表文章 500 余篇次[1]，出版文集《爱我中华》五

---

[1] 湖北省黄埔军校同学会采集的资料。

卷十五辑。其中，《冼星海在武汉抗日救亡二三事》在中央党史资料室主办的征文活动中获金奖，《孙中山的建国方略与今日武汉》获武汉市 1995 年度优秀作品一等奖。多次受邀到机关单位、中小学校、社区等进行爱国主义和精神文明宣讲，深得听众好评，收到良好效果。许多地方黄埔同学会都将黄埔同学的诗词结集出版，如辽宁黄埔同学会的《黄埔军校同学诗词选》《金秋吟》、广东黄埔同学会的《峥嵘岁月——黄埔师生抗战诗词集》、四川黄埔同学会的《四川黄埔诗词选》、上海黄埔同学会的《黄埔军校同学诗词选集》、广西黄埔同学会的《赖慧鹏文史诗词选集》等等，字里行间洋溢着黄埔同学的情感和才华，承载着责任与担当，既是对语文真义的钟爱和坚守，更是对中华优秀文化的承传与弘扬。

　　书法绘画更是很多黄埔同学承载文化传承功能的兴趣爱好和艺术形式。大多数同学以此丰富生活、翰墨传情、修身养性，也有不少同学积健为雄、久炼成钢，达到较高造诣，取得艺术成就。比如黄埔 18 期同学侯炳垚 4 岁诵读四书五经，6 岁开始学画，全面抗战爆发后毅然投笔从戎，考入黄埔军校。忠贞爱国情怀风骨不仅贯穿他求学从军、工作生活的全过程，也是他书画创作的大主题。在抗日战争纪念、港澳回归、国庆等重大节点，他都以书画作品参展献礼。他的创作自成一格，其绘画作品曾被有关单位作为礼品赠送给韩国、泰国、新加坡等。书法作品在西安碑林、湖南汨罗屈原碑林及河南新郑黄帝故里等地勒石。新郑市博物馆曾展出了他创作的精品 126 幅，其中纪念辛亥革命 88 周年的大幅画作《红梅迎春》和隶书《天下为公》好评如潮。[①]2002 年，在纪念毛泽东同志《在延安文艺座谈会上的讲话》发表 60 周年全国书画展中获书法一等奖。2005 年，作品收录《夕阳红中国老年书法作品集》并荣获金奖。另外，其书画与诗作收入《中国书法选集》《黄埔老人诗书画集》《黄埔军校同学诗词》。《中原文史》《河南省书画名家志》《政协委员风采（河南卷）》均刊登其小传。他担任河南省黄埔军校同学会副会长、会长 20 年，担任郑州中山书画社社长

---

　　① 　侯松平：《黄埔墨叟——记我的父亲侯炳垚》，《黄埔》杂志 2020 年第 2 期，第 58 页。

12 年，发挥专长屡次组织书画社成员开展文化下乡、拥军支教、服务社会。

黄埔 20 期同学黎克忠在书法、绘画上也颇有造诣。他楷书法颜、柳兼及苏轼、魏碑，草书宗二王及米芾，擅长行草；国画对松、柏、鹰尤有精研偏得，兼及山水、花卉，其作品或清逸典雅，或豪放秀拔。成为中国老年书画研究会会员、广西及桂林市书法家协会会员，其书画作品先后百余次在桂林、南宁、北京、延安、广州、台湾等地展出，有些被收藏或获奖。在台湾的黄埔 12 期同学、一级上将郝柏村 90 岁生日之期，黎克忠为他大书一幅空心寿字，在空心处绘出桂林山水，两侧配以嵌字联"柏树长青千年寿，村花盛开万古春"，深得郝学长赞赏。书画成为他与台湾黄埔同学交往交流的便捷载体。他的作品及传略收入《中国当代老年书画艺术家大辞典》、《两岸美术观摩作品集》(台湾版)、《黄埔军校 20 期联谊简讯》(台湾出版)、《广西老年书画研究会会员作品集》、《桂林市老年书画作品选集》。各地有书画爱好有一定造诣的黄埔同学还很多，黄埔军校同学会多次组织书画展，如"回望中国——纪念辛亥革命 100 周年综合美术作品展"(嗣后出版《百年辛亥·光辉永耀》书画专辑),"黄埔情·纪念黄埔军校建校 90 周年海峡两岸书画巡展"(与台湾陆军军官学校校友总会、北京市黄埔军校同学会联合举办)，纪念抗日战争胜利 70 周年书画展。纪念孙中山诞辰 150 周年举办"孙中山与黄埔军校"书画巡展，庆祝中国共产党成立 100 周年举办"历史伟业·百年风华"书画巡展。全国各地黄埔同学都拿出精品力作，不仅作者普遍高龄，而且展览作品规模宏大、水准高、影响广、反响热烈。①

4. 献身医卫济苍生

黄埔同学队伍中，从事医务工作者大有人在，有些同学结束军旅生涯，又投身祖国的医卫事业，精研医术，解急救患，为保障人民健康作出独特的贡献。

黄埔 20 期同学黎克忠可谓其中一个典型。黎克忠生在六代中医世家，从小耳濡目染。中华人民共和国成立后，黎克忠从部队返乡重入医行，通过考试以

---

① 广西壮族自治区黄埔军校同学会采集的资料。

优异成绩获得从医资格，从此走上悬壶济世、治病救人的漫漫长路。经过多年探索、钻研、实践、积累、再探索，黎克忠不断提升水平，超越自我，成为医术精湛的一代名医，为诸多患者解除病痛，曾治愈癌症 5 例、地中海贫血 2 例，对肾炎、肝炎、肝硬化、胆囊炎、坐骨神经痛、颅内肿瘤、各种高热等疑难杂症的治疗拥有丰富的经验。不仅深得桂林当地百姓信赖，其他省市甚至台湾等地的患者也慕名而来，曾创下门诊量单日高达 140 多人次的纪录。而对求医者他总是惠心仁术、不负众望；对于家境困难的患者，他总是秉持医者仁心，给予免费诊疗。他的事迹收入《中国名医列传·当代卷》，还撰有两部专著，多篇论文在《中医杂志》上刊发。①

黄埔 15 期同学岳国瑄是岳氏系列胃药第四代传人，其子岳天生子承父业，尤其改革开放后经过在长春中医药大学系统学习、研究中医典籍，博学善纳，不断实践、积累，医术水平更是青出于蓝而胜于蓝，把祖传胃药发扬光大，对胃肠道养病的辨证、分型、用药形成了具有特色的理论与治疗体系。岳天生敦厚崇实，倾心济世，将家庭中医诊所，逐步发展为脾胃病门诊部，再到专科医院及现今的二级中医院，为大量患者解除痛苦。先后获评"百姓满意医院""全国十佳胃病专科医院""质量服务双十佳医疗单位"，他个人还被省委、省政府授予"最佳志愿者"称号。②

黄埔 17 期同学李振民，任武汉医红集团股份有限公司主任医师，是中华医学会会员。因曾患类白血病及难治型再障贫血，治愈后积极探索中医医治血液病的新方法，颇有心得，经他治愈的血液病患者千余人，湖北省广播电台多次采访报道他的事迹。③

黄埔 9 期同学铁汉潜心钻研，成功研制出医用不粘纱布，获得国家专利，并荣获第 36 届尤里卡金奖和比利时科技部长特别奖。

黄埔二代、河北医科大学第三医院呼吸内科医生赵瑞贞，在黄埔 23 期生的

---

① 广西壮族自治区黄埔军校同学会采集的资料。

② 吉林省黄埔军校同学会采集的资料。

③ 湖北省黄埔军校同学会采集的资料。

父亲激励和熏陶下，扎根医学领域，从事呼吸系统疾病的临床、教学和科研30多年，成长为医术精湛、医德高尚的专家。她刻苦钻研，攻克一道道难关，在呼吸系统危重症救治和疑难病诊断方面积累了丰富的临床经验，特别是对结核病和胸膜疾病的诊疗具有高深造诣，擅长应用胸片和CT等影像学技术对结节病、肺淋巴管瘤病、脂肪栓塞综合症、支气管类癌等进行诊断和治疗；掌握运用经皮肺活检诊断技术、应用气管镜诊断呼吸系统疾病等高难度诊疗技术，为众多患者解除病痛。他待患者如家人，体现了高尚医德医风，赢得患者良好的口碑。她还注重科研和教学，撰写近40篇专业论文，在国家级专业期刊发表医学论文20多篇，参加编写《临床流行病学》《内科学》等专著4部。[①]

（三）热心参与公益事业

黄埔同学及其亲属后代普遍具有深厚的"黄埔情愫"，推崇黄埔精神，爱国家、爱人民、回馈社会、热心公益，有许许多多有益于民众的义举善行，助推社会文明风尚。

1. 倾力助学育人

善之本在教，教之本在师。尊师重教是中华民族的优良传统，也是黄埔同学及亲属解囊相助、身体力行、促其光大的社会风尚。

河北黄埔14期同学宋宝恒1984年离休后义务担任黄骅市10余所中小学校外辅导员，坚持16年轮流为学生作辅导、搞宣讲，累计8500多课时，听讲学生超过6万人次。此外，在有关节庆日、纪念日有针对性地开展革命传统和优良美德宣讲，为机关、企事业单位、社会团体宣讲566场，听众达4.6万人次；还参加离休干部宣讲团，开展革命英烈事迹、优秀传统美德事例等宣讲200多场，听众3万余人次。他还倾尽积蓄购进图书12500余册，腾出自家居室办起家庭图书室，为当地青少年开辟一片阅读空间，十几年热心接待小读者数千人次。他被评为全省关心下一代"十佳模范人物"。[②]

---

① 河北省黄埔军校同学会采集的资料。
② 河北省黄埔军校同学会采集的资料。

湖北黄埔同学及其亲属坚持 13 年持续扶助困难学生，累计捐资 66 万余元，助学 1000 多人次。2016 年起，他们还发起"黄埔助学"对口帮扶活动，连续 7 年对口帮扶 4 所乡村小学，扶贫扶智扶志，累计投入近 30 万元，帮助改善学校基础设施；持续资助贫困师生；捐赠图书 2 万余册。[1] 黄埔同学林梦飞之子林华国受其父一心为公、乐善好施风范熏陶，非常关心家乡的教育事业，捐款 600 万元人民币，为母校厦门双十中学创设林梦飞教育基金、兴建梦飞图书馆等。黄埔同学卢广伟之孙卢晓光投身精准扶贫，推动创建面向太行山区孤困女童的公益性精英博爱学校，还带头与困难女童家庭结对帮扶，以一己之力为 94 名孤困女童提供免费教育。[2] 黄埔后代杜云峰先后为吉林大学商学院设立奖学金、为吉林和安徽多所乡镇中小学捐款捐物 200 余万元。黄埔 14 期同学邢炳威之女邢增仪，2013 年起与相关团体联合发起海南"田野希望"乡村儿童音乐公益项目，开展"童声飞扬""大海放歌"乡村儿童音乐支教活动。近 10 年来，乡村公益课堂已经推广到海口、临高、万宁、陵水、儋州、文昌、五指山等市县，成立了 26 个童声合唱团，行程逾 20 万公里，下乡超过 6000 次，3000 多名乡村儿童受益。[3]

台港澳黄埔同学和亲属也热情支持故乡兴学育才。1999 年由台湾回武汉定居的黄埔 13 期同学王兴诗，自 2005 年起坚持每年从退休金中拿出 5 万元捐助家境困难、好学上进的湖北黄埔子弟，累计 60 余万元，资助学生 1000 余人次。[4] 在台黄埔 23 期同学苍开治捐资 70 万元在家乡绥化市北林区新华乡兴建书屋，并自己出资购置图书、电脑等，以滋养家乡学生、丰富乡村文化生活。[5] 台湾的黄埔同学林枢偕女捐款 380 万元人民币兴建漳州图书馆林枢楼；在台黄埔同学陈凯捐资 100 万元人民币设立"陈凯教育奖助基金"；在台黄埔同学杨

---

①　湖北省黄埔军校同学会采集的资料。

②　福建省黄埔军校同学会采集的资料。

③　海南省黄埔军校同学会采集的资料。

④　湖北省黄埔军校同学会采集的资料。

⑤　黑龙江省黄埔军校同学会采集的资料。

育元捐资 300 万元新台币设立"杨育元奖学金"等。① 黄埔 3 期同学田仲模协助台湾贵州同乡会理事张家豪在家乡盘县开展捐资助学活动。

海外黄埔同学侨胞情系桑梓，捐资支持家乡教育和社会公益事业。旅居印尼的黄埔同学陈启明之子陈炳琪捐款 160 万元人民币为家乡学校添建启明教学楼。黄埔 9 期同学、旅美华侨孙成城捐资 27 万元人民币，为鞍山旧堡区孙青小学建校舍。美国旧金山华侨池洪湖捐赠 25 万元支持四川省长宁县双河中学建设智慧图书馆。②

较为突出的是黄埔 14 期同学丁家骏，抗战胜利后回到家乡广州经商，后到曼谷创办泰油贸易有限公司，拥有宾赛石油服务中心、加油站、油库和现代化的调和厂及油脂厂，成为泰国石油业巨子。他心系桑梓，1989 年回国参访时提议中国政府每年派遣 12 名农业专科学生到泰国攻读农学硕士学位，学成回国服务于农业经济，留学费用和奖学金等均由他提供。此建议得到李瑞环、荣毅仁等领导同志的赞赏，付诸实施。此外，他还先后为母校丰顺一中捐建实验楼和试验教具；为丰顺中学捐赠实验仪器和教学设备；为丰顺华侨中学捐建图书楼；为侨光中学捐建礼堂；为潮阳县合浦华里中学捐巨款并设奖学金。他还斥巨资兴建汕头图书大楼，赠送一批珍贵的科学丛书，设置"丁家骏书库"；为暨南大学捐教学基金，被聘为校董会董事；为广州大学、嘉应大学、广东中华文化促进会、孙中山基金会等捐款。在建设丰顺中学新校期间，他又捐 5000 万泰铢建成丁日昌纪念图书馆。他和其他侨胞慷慨解囊，鼎力支持摄制 20 集电视连续剧《丁日昌传奇》并将拷贝片向全球发行，传扬丁日昌的清官形象和高尚情操，熏陶海内外炎黄子孙。③

2. 为民排忧解难

关切民生，造福乡里，黄埔同学及其亲属同样当仁不让、一马当先。浙江青田县一位黄埔 16 期同学，为解决家乡地处山区交通受阻出行老大难问题，30

---

① 福建省黄埔军校同学会采集的资料。

② 辽宁省、四川省黄埔军校同学会采集的资料。

③ 广东省黄埔军校同学会采集的资料。

多年义务修路 30 多公里，又跑遍 2 区 4 县 43 乡，筹资建成浙南山区第一座民办公助大桥，为村民出行和当地经济发展带来便利。[①]

黄埔 18 期同学刘信明一生谨奉"感恩于党，报效国家，多做为民利民之事"的信条并以此教诲后人，支持其子刘恒均 1982 年创办济民痔瘘医院，后又开办巨鹿痔瘘专科学校。医院和学校越办越大，但刘氏父子始终胸怀大爱，以医报国，济世惠民。几十年坚持对前来求医的孤寡老人、困难群众、烈军属、残疾人等减免费用；对学员中的残障和贫困人员免费传授技术，还补助生活费用、资助医疗器材；举办多期残疾人推拿理疗技术培训班，为他们谋生增添一技之长。此外，还长期关心下一代，经常接济孤苦孩童和贫困学生，对有心理障碍的孩子开展心理疏导。仁爱济民传统代代相传，现在刘家第三代已成长起来加入爱心接力行列。家庭成员多人获"全国学雷锋先进个人""助学楷模""道德模范"等荣誉称号。

黄埔 4 期同学潘裕昆之儿媳张小玲积极推动，并与深圳、香港和台湾有关企业、医疗机构、慈善组织等共同发起"海峡两岸同心光明行"慈善活动。自 2011 年迄今，已先后在贵州、江西、福建、浙江、广东、山东等地举办 34 站活动，开展爱眼科普宣传，为近视、低视力、弱视力青少年捐赠眼镜和治疗仪，为 8000 余名生活贫困的白内障患者免费实施复明手术，给他们带来光明。[②]

宁夏回族自治区黄埔同学会牵线搭桥、协调促成香港慈善基金、中国健康工程引发基金会捐资 150 万元人民币，在宁夏银川地区扩建、修建乡镇卫生院，改善乡村医疗条件，缓解老百姓看病难的问题。河北秦皇岛黄埔同学及亲属组织多次助困脱贫行动，支援贫困山区建设"母亲水窖"，开展扶贫义诊、送医送药。陕西黄埔同学、亲属中的医务工作者经常开展学雷锋义诊活动，向群众提供卫生保健宣讲、义务咨询和诊治服务，为呵护民众健康排忧解难办实事。

黄埔 17 期同学王强，仗义执言，奔走呼吁，推动解决一些黄埔同学及海外侨胞的历史遗留问题。退休之后，退而不休，发挥余热，主动开展居民调解工

---

①　浙江省黄埔军校同学会采集的资料。

②　黄埔军校同学会的一手资料。

作，已连续提供 20 年无偿服务，用公道、善心和长期积累的有效方法，体察社情民意，化解矛盾纠纷，促进社会和谐，受到广泛好评。

黄埔高教班同学骆德敬之子骆大仁，担任基层政协委员，2018 年成立骆大仁委员工作室，以义务调处民事纠纷、收集社情民意、纾解群众困难为己任，助力"法治、德治、自治"社区建设。5 年来接待来访 200 多人次，解决物业纠纷 65 起，处理居民矛盾 107 起，反映社保、就业等方面问题 50 余条，提供法律咨询服务 30 余次，帮助解决工资拖欠等难题 12 项，开展"我为社区治理献良策"等主题活动 10 场，收集意见建议 70 余条，反映涉及基层治理、民生改善的提案 16 项，推动相关部门办结 15 项，受到社区群众普遍好评，被评选为"最热心业主""社区治理能手""五星志愿者"。[1]

黄埔 17 期同学戴渔舟，从教师岗位上退休后，主动做起街道精神文明义工。他结合多年教学实践经验，钻研探索社会基层精神文明建设之道，成为行家里手，自己编发宣传材料，定期编办精神文明板报，经常开设精神文明课堂，讽谕假丑恶，宣扬真善美，为群众增添正能量，被评为"西安市学习雷锋先进个人""西安市十佳文明市民标兵"。

像戴渔舟这样的黄埔同学还有很多，其实很多黄埔同学本身就是一根根标杆，以自己的存在和方式为家人、为周围人、为社会树立一个个鲜活的样板和参照，助力文明家风、乡风、社会风气建设。一些黄埔同学由于历史原因历经坎坷、经受磨难而坚韧宽容，不计嫌怨、襟怀坦荡，经得住、拿得起、放得下、看得开，自己保持超然心态，还给家庭、邻里、社会树立良好示范，发挥正向作用。据统计，到 2023 年初，大陆健在的黄埔同学仅有 332 人，年龄最低者 89 岁、最长者 108 岁，平均年龄超过 96 岁；其中百岁以上 87 人，占同学会员人数的 26%；90 岁以上者占同学会员总数的 99%，是名符其实的高龄群体，[2] 而且确实"高人"林立。《黄埔》杂志开辟专栏"黄埔老人的幸福晚年"，连续报道这些世纪黄埔同学的别样人生，综合来看，最大的特点就是寻常之中见奇崛。

---

① 四川省黄埔军校同学会采集的资料。

② 黄埔军校同学会的统计资料。

他们胸有家国、自视平常、粗衣简食、淡泊名利，豁达大度、宽仁厚道，热爱生活、乐观向善，心态好、喜公益、有爱好、勤锻炼，这是黄埔人精气神的本色流露，也是黄埔精神在平凡生活中的不平凡体现。他们以一己之身、一生之行，为传承黄埔精神、树立良好家风、拉抬社会文明风尚、构建和谐平安中国作出朴素平实但内蕴深厚隽永的生动示范和行为诠释，让更多人于细味省思中豁然敞亮、心灵通达，为社会和谐美好增添正能量。

3. 支援救灾抗疫

这些年来，祖国大地多灾多难，洪涝、地震、暴雪、冰冻、台风、瘟疫，时有发生。一方有难，八方支援。黄埔同学及其亲属大爱无疆，无役不与，急人所急，济人所需，向灾区群众伸出温暖援手。

1998年夏，长江、嫩江、松花江流域发生特大洪涝灾害，给国家和人民生命财产带来重大损失。黄埔军校同学会94岁高龄的李默庵会长带头捐款，黄埔同学、亲属和机关工作人员捐出1.5万元和许多衣物、棉被等接济受灾群众。[①] 黄埔同学王仲自发组织校友向灾区捐款、捐物，发扬爱国家、爱百姓的优良传统，受到大庆市政府的表彰。2008年"5·12"汶川大地震发生当日，黄埔军校同学会海外理事参访团甫抵北京，参访团成员、巴西著名侨领、巴西黄埔军校同学会永远名誉会长罗大诚，旅美旧金山黄埔军校同学会荣誉会长周凌军，美国洛杉矶黄埔军校同学会副理事长唐矼熙，一下飞机就听到汶川地震噩耗，一路上密切关注前方灾情和救援情况，一到住地就将所带现金全部捐出，参加会面的黄埔军校同学会副会长林上元、黎原也一齐捐款，向灾区同胞献上5位黄埔老人的特别关爱之情。台湾中华黄埔四海同心会、陆军军官学校校友会、中国国民党高雄黄国雄党部等台湾黄埔组织纷纷发电向罹难者致哀，向灾区同胞表示慰问。四川黄埔同学、后代亲属以不同方式向灾区捐款捐物价值200多万元；6月16日黄埔军校校庆日当天，张修忠会长带头、黄埔同学及亲属慷慨捐献130余幅书画作品和收藏品，举行义卖活动，将所得善款全部转交给受灾

---

① 黄埔军校同学会的一手资料。

群众。①上海、黑龙江、浙江、湖南等地黄埔同学及亲属向灾区捐款 20 余万元。②2009 年 8 月，受台风"莫拉克"侵袭，台湾部分地区受灾严重，南昌黄埔同学、亲属迅即捐款，经江西红十字会转交台湾受灾民众。2010 年 3 月，青海玉树发生地震，江西、安徽黄埔军校同学及亲属联谊会及时向灾区伸出援手。2014 年 8 月，云南鲁甸发生地震，云南黄埔军校同学会在捐款的同时还争取到中国宋庆龄基金会 450 万元善款用于援建两所小学。③2020 年 7 月长江鄱阳湖段防汛吃紧，黄埔亲属熊征在自己公司 3 个港口有 2 个被淹的情况下，坚持以大局为重，从本公司抽调 200 余人组成防汛突击队，毅然投入长江堤坝巡查并对 3 个闸口进行 24 小时值守，为九江抗洪抢险作出突出贡献。④

2020 年春节前，武汉爆发新冠肺炎疫情后，海内外黄埔同学、亲属及团体为湖北捐赠 500 余万元的抗疫物资及资金。湖北省黄埔同学亲属积极参与下沉社区协助疫情防控，其中 10 名黄埔同学亲属中的医护人员奋战在防疫一线，100 多位黄埔同学及亲属因为表现突出受到有关方面和单位的表彰表扬和有关媒体宣传报道。江苏黄埔同学及亲属首批捐赠钱物近 200 万元，向省人民医院、省中医院赠送黄埔亲属创作的 19 幅书画作品，为对口支援黄石抗疫募集资金 5 万余元，购置 200 床医用毛毯。四川黄埔同学及亲属迅速捐款 4.2 万元，主动参与社区、学校、企业协调防控，黄埔亲属企业与疫区企业结对子，助力因疫受困企业复工复产。⑤

黄埔后代杜云峰多次向长春市、区政府和高校、企业提供无偿援助及捐赠，累计捐款捐物计人民币 200 余万元。此外，他还率领所属公司员工义务投入到当地防疫工作，多次组成突击队援建方仓医院，为疫区居民做核酸检测，到社区当志愿者，获评"建筑装饰行业抗击新冠肺炎疫情突出贡献单位"称号和长

① 四川省黄埔军校同学会采集的资料。
② 四川省黄埔军校同学会的统计资料。
③ 云南省黄埔军校同学会采集的资料。
④ 江西省黄埔军校同学会采集的资料。
⑤ 湖北、江苏、四川省黄埔军校同学会的统计资料。

春市"抗击新冠疫情，全面复工复产"先进企业。[1]

自 2020 年春季起，黄埔二代岳天生坚持万全堂中医院把疫情防控放在首位，他本人和医院员工踊跃捐款捐物以外，又开通线上门诊为患者视频义诊，还研制出防疫抗疫的中药方剂免费为民众发放。2022 年疫情紧张时，他派出由 14 名医护人员组成的志愿者小分队驰援抗疫一线，参加核酸检测工作 60 余天。[2]

疫情持续多年，对每个人都是考验。黄埔同学及亲属以实际行动书写的抗疫故事，为黄埔精神作出了无愧于时代的生动诠释。灾难带给人们创伤、痛楚、打击，但也淬炼了精气神，激发民族团结、凝聚、不屈，万众一心、艰难玉成。正如恩格斯指出的："没有哪一次巨大的历史灾难不是以历史的进步作为补偿的。"[3] 历经百年风雨、在灾难中携手并行的黄埔人，坚信：路不远、莫要惊，社会进步，民族复兴，曙光在前引！

---

①　吉林省黄埔军校同学会采集的资料。

②　吉林省黄埔军校同学会采集的资料。

③　中共中央马克思恩格斯列宁斯大林著作编译局编译：《恩格斯致尼古拉·弗兰策维奇·丹尼尔逊》，《马克思恩格斯文集》第十卷，第 665 页，人民出版社，2009 年版。

结　语

习近平总书记强调："历史是最好的教科书，也是最好的清醒剂。"历史、现实、未来是相通的，对历史进程认识越全面，对历史规律探究越到位，对未来前途掌握就越主动。在黄埔军校建校 100 周年重大节点，全面回顾以往奋斗历程，以史为镜、以史明理，总结经验、汲取教训，启迪智慧、把握规律，对于厘清前行路、走好新征程具有特殊重要意义。在全面建设社会主义现代化国家、全面推进中华民族伟大复兴的伟大征程中，广大黄埔组织和黄埔人必须深入贯彻习近平新时代中国特色社会主义思想和中共二十大精神，胸怀"两个大局"，牢记"国之大者"，发扬黄埔精神，广泛凝心聚力，坚定反"独"促统，努力推动新时代黄埔工作开创新局面、展现新作为。

（一）百年黄埔的历史意义

中华民族是世界上古老而伟大的民族，创造了绵延 5000 多年的灿烂文明，为人类文明进步作出了不可磨灭的贡献。1840 年鸦片战争以后，由于西方列强入侵和封建统治腐败，中国逐步沦为半殖民地半封建社会，国家蒙辱、人民蒙难、文明蒙尘，中华民族遭受了前所未有的劫难。为了拯救民族危亡，中国人民奋起反抗，仁人志士奔走呐喊，进行了可歌可泣的斗争。太平天国运动、洋务运动、戊戌变法、义和团运动联翩而起，各种救国方案竞相出台，但都以失败告终。孙中山先生领导的辛亥革命推翻了统治中国几千年的君主专制制度，但未能改变中国半殖民地半封建的社会性质和中国人民的悲惨命运。

1921 年 7 月，在中国人民和中华民族的伟大觉醒中，中国共产党应运而生，这是开天辟地的大事变，中国革命的面貌从此焕然一新。中国共产党推动并帮助国民党改组和国民革命军建立，领导全国反帝反封建伟大斗争，掀起了风雷激荡的大革命高潮。1924 年 6 月，国共两党合作创办的黄埔军校宣告诞生，中国共产党开始懂得直接准备战争和组织军队的重要性，进入了学习军事、掌握军队的新阶段，深刻影响了中国革命历史发展进程。关于黄埔军校成立对中国共产党的意义，1938 年 11 月毛泽东在《战争和战略问题》中曾论述道："我们党虽然在一九二一年（中国共产党成立）至一九二四年（国民党第一次全国代表大会）的三四年中，不懂得直接准备战争和组织军队的重要性；一九二四年至一九二七年，乃至在其以后的一个时期，对此也还认识不足；但是从一九二四年参加黄埔军事学校开始，已经进到了新的阶段，开始懂得军事的重要了。经过援助国民党的广东战争和北伐战争，党已掌握了一部分军队。"[①]

百年征途沧海桑田，百年黄埔历久弥新。走过百年风雨历程，回望风云激荡岁月，黄埔军校培养出的大批优秀军政人才，始终是推动中国革命、建设、改革历史进程的重要力量，他们同全国人民一道，心系家国、坚守大义，探求正道、担当使命，不怕牺牲、英勇斗争，从屈辱中奋起、于挫折中抗争、在追赶中超越，为争取民族独立、人民解放和实现国家富强、人民幸福而不懈奋斗，在中华民族伟大复兴征程中写下了浓墨重彩的一笔。

在新民主主义革命时期，一批优秀黄埔人始终奋战在历次重大革命斗争一线，浴血奋战、百折不挠，为推翻帝国主义、封建主义、官僚资本主义三座大山，为结束旧中国半殖民地半封建社会历史，为争取民族独立、人民解放作出了重大贡献。

在社会主义革命和建设时期，在大陆的黄埔师生紧密团结在中国共产党周围，积极投身建设中华人民共和国的历史大潮，为消灭中国延续几千年的封建剥削制度，为实现中华民族有史以来最广泛而深刻的社会变革贡献了重要力量。

在改革开放和社会主义建设时期，黄埔同学顺应两岸关系发展大势，成立

[①] 《战争和战略问题》，《毛泽东选集（第二卷）》，第 547—548 页，人民出版社，1991 年版。

黄埔军校同学会，积极发挥自身特色优势，促进两岸交流交往，坚定反"独"促统，致力于完成祖国统一大业，为推动两岸关系和平发展作出了重要贡献。

进入中国特色社会主义新时代，黄埔同学及其亲属发扬"爱国、革命"的黄埔精神，坚持贯彻新时代党解决台湾问题的总体方略，积极投身新时代祖国和平统一事业，推动两岸关系和平发展、融合发展，坚决反对"台独"分裂和外部势力干涉，坚定不移推进祖国和平统一进程。

黄埔百年历史是中国近现代史的重要篇章，中国近现代历史上的许多重大事件和重要人物，都与其有着密不可分的联系。回溯百年历史，黄埔师生因阵营对立、政见分歧，在一些时段有过激烈纷争甚至生死对抗，但在继承孙中山先生遗志，坚守民族大义，谋求国家统一富强、民族伟大复兴上，立场是一致的。百年黄埔历史，是一部坚守民族大义、维护民族根本利益的爱国史，是一部担当历史使命、致力民族复兴的奋斗史。

（二）百年黄埔的历史方位和时代价值

解决台湾问题、实现祖国完全统一，是中国共产党矢志不渝的历史任务，是全体中华儿女的共同愿望，是实现中华民族伟大复兴的必然要求。台湾问题的产生和演变同近代以来中华民族命运休戚相关。1840年鸦片战争之后，西方列强入侵，中国陷入内忧外患、山河破碎的悲惨境地，台湾更是被外族侵占长达半个世纪。为战胜外来侵略、争取民族解放、实现国家统一，中华儿女前仆后继，进行了可歌可泣的斗争。中国共产党在成立初期，就开始关注台湾前途命运、心系台湾同胞利益福祉，把争取台湾摆脱殖民统治、回归祖国大家庭作为奋斗目标，积极培育台湾革命力量，指导帮助台湾同胞开展反抗日本殖民统治的斗争。1945年，包括两岸同胞在内的全体中华儿女经过长期英勇斗争，取得了抗日战争和台湾光复的伟大胜利。其后不久，由于中国内战延续和外部势力干涉，海峡两岸陷入长期政治对立的特殊状态。1949年以来，中国共产党和中国人民为实现祖国完全统一进行长期不懈奋斗，推动台海形势从紧张对峙走向缓和改善、进而走上和平发展道路，两岸关系不断取得突破性进展。

中共十八大以来，中国特色社会主义进入新时代。面对严峻复杂的内外形势、艰巨繁重的改革发展稳定任务、接踵而至的巨大风险挑战，以习近平同志为核心的中共中央，以伟大的历史主动精神、巨大的政治勇气、强烈的责任担当，统筹中华民族伟大复兴战略全局和世界百年未有之大变局，全面贯彻党的基本理论、基本路线、基本方略，统揽伟大斗争、伟大工程、伟大事业、伟大梦想，采取一系列战略性举措，推进一系列变革性实践，实现一系列突破性进展，取得一系列标志性成果，党和国家事业取得历史性成就、发生历史性变革，推动我国迈上全面建设社会主义现代化国家新征程。新时代十年的伟大变革，为实现中华民族伟大复兴提供了更为完善的制度保证、更为坚实的物质基础、更为主动的精神力量，在党史、新中国史、改革开放史、社会主义发展史、中华民族发展史上具有里程碑意义。

以习近平同志为主要代表的中国共产党人，坚持把马克思主义基本原理同中国具体实际相结合、同中华优秀传统文化相结合，提出一系列原创性的治国理政新理念新思想新战略，科学回答了新时代坚持和发展什么样的中国特色社会主义、怎样坚持和发展中国特色社会主义等重大时代课题，创立了习近平新时代中国特色社会主义思想。习近平新时代中国特色社会主义思想是当代中国马克思主义、21世纪马克思主义，是中华文化和中国精神的时代精华，开辟了马克思主义中国化时代化新境界。中国共产党确立习近平同志党中央的核心、全党的核心地位，确立习近平新时代中国特色社会主义思想的指导地位，反映了全党全军全国各族人民共同心愿，对新时代党和国家事业发展、对推进中华民族伟大复兴历史进程具有决定性意义。"两个确立"是新时代以来我们党取得的最重要的政治成果。

在新时代对台工作实践中，以习近平同志为核心的中共中央，把握两岸形势时代变化，丰富和发展国家统一理论和对台方针政策，就对台工作提出一系列重要理念、重大政策主张，科学回答了在民族复兴征程中实现祖国完全统一的时代命题，形成了新时代中国共产党解决台湾问题的总体方略。新时代党解决台湾问题的总体方略是习近平新时代中国特色社会主义思想的重要组成部分，是党治国理政思想在对台工作领域的集中体现，是中国共产党 70 多年对台工作理论和实践的升华，是新时代新征程上做好对台工作的根本遵循和行动指南。

2022 年 10 月，在迈上全面建设社会主义现代化国家新征程、向第二个百年奋斗目标进军的关键时刻，中国共产党第二十次全国代表大会胜利召开。大会高举中国特色社会主义伟大旗帜，科学擘画了全面建设社会主义现代化国家、全面推进中华民族伟大复兴的宏伟蓝图，事关党和国家事业继往开来，事关中国特色社会主义前途命运，事关中华民族伟大复兴，具有重大现实意义和深远历史意义。习近平总书记的报告，深刻阐释了新时代坚持和发展中国特色社会主义的一系列重大理论和实践问题，明确了以中国式现代化全面推进中华民族伟大复兴的中心任务，对全面建成社会主义现代化强国两步走战略安排进行了宏观展望，重点部署了未来 5 年的重大任务和战略举措，是夺取中国特色社会主义新胜利的政治宣言和行动纲领，为新时代新征程党和国家事业发展、实现第二个百年奋斗目标指明了前进方向和行动指南。

中华民族经过 100 多年的奋斗、牺牲和创造，迎来了从站起来、富起来到强起来的伟大飞跃，实现中华民族伟大复兴进入了不可逆转的历史进程。我们比历史上任何时期都更接近、更有信心和能力实现中华民族伟大复兴的目标，也更接近、更有信心和能力实现祖国完全统一的目标。实现祖国完全统一，是中华民族的历史和文化所决定的，也是中华民族伟大复兴的时和势所决定的。民族强盛，是两岸同胞之福；民族弱乱，是两岸同胞之祸。台湾问题因民族弱乱而产生，必将随着民族复兴而解决。国家统一、民族复兴的历史车轮滚滚向前，两岸关系向前发展和祖国完全统一的历史大势，任何人任何势力都无法阻挡。

百年黄埔在两岸关系和平发展和祖国和平统一进程中，具有独特优势和作用。黄埔军校是中华民族携手抵抗侵略、致力复兴的历史见证，黄埔精神是两岸同胞共同铸就、共同传承的民族精神血脉，黄埔情缘是两岸同胞"渡尽劫波兄弟在，相逢一笑泯恩仇"的情感纽带，百年黄埔历史更是两岸同胞同根同源、不可磨灭的共同记忆。"黄埔军校"金字招牌得到两岸社会各界广泛认可，是两岸共同的资产和财富，在两岸同胞中具有很强的影响力和感召力。祖国尚未统一，黄埔仍需努力。新时代中国统一事业中，百年黄埔地位重要、价值独特，空间广阔、大有可为。

国家强大、民族复兴、两岸统一是大势所趋、大义所在、民心所向。一水之隔、咫尺天涯，两岸迄今尚未完全统一，是历史遗留给中华民族的创伤。两岸中国人应该共同努力谋求国家统一，抚平历史创伤。两岸中国人，当然包括两岸所有黄埔同学及其亲属，作为中国民族一分子，都要做堂堂正正的中国人，把促进国家完全统一、共谋民族伟大复兴作为无上光荣的事业，为抚平历史创伤而团结奋斗。在全面建设社会主义现代化国家、全面推进中华民族伟大复兴的历史进程中，两岸黄埔同学及其亲属定然不会缺席。百年黄埔将奋发有为，与全国人民一道，携手同心、圆梦统一，共担民族复兴的责任，共享民族复兴的荣耀。

（三）百年黄埔的历史之问与时代之问

当前，世界百年未有之大变局加速演进，世界之变、时代之变、历史之变正以前所未有的方式展开。新冠肺炎疫情影响深远，逆全球化思潮抬头，单边主义、保护主义明显上升，世界经济复苏乏力，局部冲突和动荡频发，全球性问题加剧，世界进入新的动荡变革期。恃强凌弱、巧取豪夺、零和博弈等霸权霸道霸凌行径危害深重，和平赤字、发展赤字、安全赤字、治理赤字加重，人类社会面临前所未有的挑战，世界又一次站在历史的十字路口。

中美战略博弈持续深化，美西方一些势力出于霸权心态和冷战思维，将中国视为最主要战略对手和最严峻长期挑战，竭力进行围堵打压，变本加厉推行"以台制华"。他们以所谓"自由、民主、人权"和"维护以规则为基础的国际秩序"为幌子，刻意歪曲台湾问题纯属中国内政的性质，企图否定中国政府维护国家主权和领土完整的正当性和合理性。他们虚化、掏空一个中国原则，加强与台湾地区官方往来，加深美国与台湾当局军事勾连，助台拓展所谓"国际空间"，拉帮结伙插手台湾问题，不时炮制损害中国主权的涉台议案。他们颠倒黑白、混淆是非，怂恿鼓动"台独"分裂势力制造两岸关系紧张动荡，破坏亚太地区和平稳定，又鼓吹"中国威胁论"，无端指责中国大陆"施压""胁迫""单方面改变现状"。外部势力遏制中国发展进步、干涉中国统一进程的行径，既违逆谋和平、促发展、谋共赢的时代潮流，也违背国际社会期待和世界人民意愿。

台湾民进党当局坚持"台独"分裂立场，勾连外部势力不断进行谋"独"挑衅。他们拒不接受一个中国原则，歪曲否定"九二共识"，妄称"中华民国和中华人民共和国互不隶属"，公然抛出"新两国论"。他们在岛内推行"去中国化""渐进台独"，纵容"急独"势力鼓噪推动"修宪修法"，欺骗台湾民众，煽动仇视大陆，阻挠破坏两岸交流合作和融合发展，加紧"以武谋独""以武拒统"。他们勾结外部势力，在国际上竭力制造"两个中国""一中一台"。民进党当局的谋"独"挑衅行径危害台海和平稳定，破坏和平统一前景、挤压和平统一空间，是争取和平统一进程中必须清除的障碍。

时代是出卷人，我们是答卷人。在全面建设社会主义现代化国家、全面推进中华民族伟大复兴的新征程上，在推进两岸关系和平发展、推进祖国统一进程的新实践中，面对复杂严峻的内外形势，面对难以预料的风险挑战，百年黄埔干什么、怎么干，如何走好新征程、作出新贡献，是黄埔发展亟需思考解决的重大时代课题，是必须回答的历史之问与时代之问。科学回答这一时代课题，必须坚持从党和国家事业发展大局中找方向、从马克思主义中国化时代化的最新理论成果中要答案。习近平新时代中国特色社会主义思想是当代中国马克思主义、21世纪马克思主义，是经过实践检验的科学世界观和方法论，是应对挑战、解决问题的强大思想理论武器。回答百年黄埔之问，必须学懂弄通做实习近平新时代中国特色社会主义思想，特别是深入学习贯彻习近平总书记关于做好新时代党的统一战线工作的重要思想和新时代党解决台湾问题的总体方略，坚持好、运用好贯穿其中的立场、观点、方法。

（四）百年黄埔的重要启示和历史使命

百年皆是序章，百年又是起点。不忘来时路，方知向何行。踏上新的赶考之路，百年黄埔必须坚定历史自信、把握历史主动，牢记"国之大者"，以昂扬奋进的精神状态，传承黄埔精神、用好黄浦资源、发挥黄埔特色、贡献黄埔力量，在推进两岸关系和平发展和祖国统一进程、全面建设社会主义现代化国家、全面推进中华民族伟大复兴的伟大征程中交出优异答卷、展现新的作为。

——新征程上，必须坚持中国共产党领导。历史充分证明，没有中国共产党，就没有新中国，就没有中华民族伟大复兴。中国共产党是全心全意为中国人民谋幸福、为中华民族谋复兴的政党，是中国人民最可靠的主心骨，是最高政治领导力量。只有坚持中国共产党领导，祖国统一和民族复兴才有光明前景和美好未来。坚持中国共产党领导，是引领黄埔百年持续健康发展的根本保证，是实现祖国完全统一和中华民族伟大复兴的根本依靠。坚持中国共产党领导，黄埔事业发展才有正确方向、蓬勃生机和不竭动力。

百年黄埔走好新的赶考之路，必须牢牢把握正确政治方向，不断增进对中国共产党的理解和认同，毫不动摇坚持和拥护中国共产党领导，紧密团结在中国共产党周围，自觉以党的旗帜为旗帜、党的意志为意志、党的方向为方向、党的主张为主张，坚决贯彻落实党的基本理论、基本路线、基本方略。

——新征程上，必须坚持为实现祖国完全统一而奋斗。台湾自古以来就是中国领土神圣不可分割的组成部分。在中华民族五千多年发展进程中，追求统一、反对分裂始终是主流价值观。搞"台独"分裂，根本过不了中华民族历史和文化这一关，改变不了自古以来两岸一国的历史事实和真相，更改变不了台湾和大陆终归统一的历史和时代大势。实现祖国完全统一是全体中华儿女的共同愿望，是实现中华民族伟大复兴的必然要求。百年黄埔作为爱国统一力量的重要组成部分，是对台工作的重要力量，始终致力于国家统一、民族复兴事业。

百年黄埔走好新的赶考之路，必须矢志不渝为实现祖国完全统一而努力奋斗，把握历史大势、坚守民族大义，深入贯彻中央对台工作大政方针和决策部署，坚持"和平统一、一国两制"基本方针，坚持一个中国原则和"九二共识"，推动两岸关系和平发展、融合发展，坚决反对外来干涉和"台独"分裂图谋，团结台湾同胞携手共圆中国梦。

——新征程上，必须坚持弘扬爱国主义传统。历史深刻表明，爱国主义自古以来就流淌在中华民族血脉之中，去不掉、打不破、灭不了，是中国人民和中华民族维护民族独立和民族尊严的强大精神动力，激励着一代又一代中华儿女为祖国发展繁荣而不懈奋斗。爱国主义是中华民族精神的核心，是中华民族的精神基因，是维系华夏大地各个民族团结统一、自强不息的精神纽带。爱国主义是百年黄埔最鲜明的精神特质和本质属性，也是黄埔被海内外中华儿女广泛认可和接受的精神底色。

百年黄埔走好新的赶考之路，必须高举爱国主义旗帜，继承和弘扬爱国主义传统，胸怀忧国忧民之心、爱国爱民之情，秉持"先天下之忧而忧，后天下之乐而乐"的人生理想，始终把国家至上、人民至上、奉献祖国、奉献人民作为努力志向，坚定不移做爱国主义的坚守者和传播者。

——新征程上，必须坚持发扬革命斗争精神。不畏强敌、不惧风险，敢于斗争、勇于胜利，是中华民族的风骨气节和优良品质，是中国人民不可战胜的强大精神力量。中国人民取得的一切成就，不是天上掉下来的，不是别人恩赐的，而是通过不断斗争取得的。黄埔军校在革命战争中诞生，百年黄埔从一系列伟大社会革命中走来，始终保持着一股革命热情、一种斗争精神。革命精神也是黄埔精神的重要属性，发扬斗争精神是传承黄埔精神的内在要求。

百年黄埔走好新的赶考之路，必须发扬革命斗争精神，增强忧患意识、树牢底线思维，增强志气、骨气、底气，不信邪、不怕鬼、不怕压，知难而进、迎难而上，逢山开路、遇水架桥，下好先手棋、打好主动仗，全力战胜前进道路上各种困难和挑战，依靠顽强斗争打开事业发展新天地。

——新征程上，必须坚持团结奋斗。团结就是力量，团结才能胜利，奋斗才能成功。历史深刻昭示，团结奋斗是中国人民创造历史伟业的必由之路。近代以来，国共两次合作，先后取得北伐战争统一中国、抗日战争驱逐敌寇的重大胜利；而兄弟阋墙、军阀割据，则导致外敌入侵、内战不断、人民遭殃。黄埔师生作为那段历史亲历者，体会不可谓不深切。

百年黄埔走好新的赶考之路，必须坚持团结联合，自觉对标中国共产党这个圆心，坚持一致性和多样性统一，坚持求同存异、聚同化异，努力寻求最大公约数、画出最大同心圆，不断加强海内外黄埔大团结、全国各族人民大团结、全体中华儿女大团结，形成心往一处想、劲往一处使的生动局面，形成同心共圆中国梦的强大合力。

一代人有一代人的使命，一代人有一代人的担当。身处伟大时代，就要不负伟大时代。孙中山先生曾说："惟愿诸君将振兴中国之责任，置之于自身之肩上。"海内外的广大黄埔同学及其亲属，只有把个人前途命运与国家历史进程紧密结合，与时代同频共振、艰苦奋斗，才能更好绽放人生华彩、实现人生梦想。实现祖国完全统一和中华民族伟大复兴，是全体中华儿女的共同光荣，也是全体中华儿女的共同使命。

新征程上，广大黄埔同学及其亲属要读懂中国共产党、读懂中国特色社会主义、读懂中华民族、读懂中华文化，深刻认识"两个确立"的决定性意义，增强"四个意识"、坚定"四个自信"，聚焦以中国式现代化全面推进中华民族伟大复兴中心任务，聚焦解决台湾问题、实现祖国完全统一历史使命，积极建言献策、凝心聚力。要不忘先烈遗志，牢记初心使命，立大志、明大德、成大才、担大任，胸怀家国天下，勇担时代重任，传承黄埔精神，发扬优良传统，坚定反"独"促统，为同心共圆中国梦而不懈奋斗。特别是台湾岛内黄埔同学及其亲属，要把握历史大势，坚持正确史观，认清利与害、辨别真与伪，坚定站在历史正确一边，认真思考台湾在民族复兴中的地位和作用，申明大义、奉义而行，坚定反"独"促统，积极参与到推进祖国和平统一的正义事业中来。

新征程上，黄埔军校同学会作为党和政府联系海内外黄埔同学及其亲属的桥梁和纽带，作为爱国统一战线重要组织和对台工作重要平台，要深入贯彻习近平总书记关于做好新时代党的统一战线工作的重要思想和新时代党解决台湾问题的总体方略，发挥独特优势和作用，积极践行"发扬黄埔精神，联络同学感情，促进祖国统一，致力振兴中华"宗旨。要守好政治阵地，宣传好习近平新时代中国特色社会主义思想，阐释好新时代国家和平统一理论和中央对台方针政策，讲述好黄埔故事和祖国统一故事，不断增进黄埔同学及其亲属的认同感和归属感，增进历史认同、民族认同、文化认同、国家认同。要提升黄埔品牌，坚持守正创新，用好黄埔资源，打造有吸引力和感召力的两岸交流平台和项目，服务两岸黄埔同学及其亲属深入交流交往，助力两岸和平发展、融合发展，努力成为广大黄埔同学及其亲属的知心人、贴心人、引路人。要加强自身建设，优化理事会结构，增强理事队伍活力，提高干部队伍素质，不断提升工作科学化、制度化、规范化水平。

百年奋斗筚路蓝缕，伟大征程任重道远。实现祖国完全统一和中国民族伟大复兴前景无比光明，但前进道路不可能一马平川，必须准备付出更为艰巨、更为艰苦的努力。海内外黄埔同学及其亲属，要紧密团结在以习近平同志为核心的中共中央周围，与包括两岸同胞在内的所有中华儿女一道，自信自强、守正创新，同心同德、艰苦奋斗，踔厉奋发、勇毅前行，为实现祖国完全统一、全面建设社会主义现代化国家、全面推进中华民族伟大复兴而不懈奋斗！祖国完全统一的历史任务一定要实现，也一定能够实现！

附录一：黄埔军校大事记

1923 年

8 月 16 日，孙中山派出以蒋介石为团长的"孙逸仙博士代表团"由上海出发赴苏联考察军事、政治及党务，为建军校提供借鉴。

10 月，孙中山主持召开国民党中央执行委员会讨论了建立军官学校问题，初步拟名为"国民军军官学校"，指定廖仲恺和苏联顾问鲍罗廷着手筹建。

1924 年

1 月 20 日，国民党第一次代表大会在广州召开，确定了联俄、联共、扶助农工的三大政策，决定建立军官学校，为国共两党合作创建军官学校奠定了组织基础。共产党人李大钊、毛泽东、瞿秋白、林祖涵等出席大会，并当选担任中央领导工作。

1 月 24 日，孙中山决定将筹备中的"国民革命军军官学校"改为"中国国民党陆军军官学校"，成立筹备委员会，任命蒋介石为筹备委员会委员长，王柏龄、李济深、沈应时、林振雄、俞飞鹏、宋荣昌、张家瑞为筹备委员。廖仲恺作为大本营秘书长协助筹划军官学校开办事宜。

1 月 28 日，孙中山亲自勘查校址，选定广州东南黄埔岛原清末陆军小学堂和海军学校为陆军军官学校校址。由是通称黄埔军校。

2月6日，黄埔军校筹备处成立，设于广州市南堤2号，下设教授、教练、管理、军需、军医5部，由李济深、林振雄、俞飞鹏、宋荣昌等分任各部临时主任，负责建校具体筹备工作。应廖仲恺邀请，邓演达、张申府、叶剑英参加军校筹备工作。

3月1日，入学试验委员会成立，主持入学考试工作。孙中山任命蒋介石为入学试验委员会委员长，王柏龄、邓演达、彭素民、严重、钱大钧、胡树森、张家瑞、宋荣昌、简作桢等9人为试验委员会委员。

3月27日，入学试验委员会分别在广东大学、广东高等师范学校主持黄埔军校1期学生招生考试，由各地推荐来的1200名考生参加，考试3天。4月28日发榜，正取生350名，备取生120名。共产党员蒋先云考试成绩优秀，名列榜首。

5月3日，孙中山任命蒋介石为黄埔军校校长，兼粤军总司令部参谋长。5月9日，特派廖仲恺任国民党驻黄埔军校党代表。

5月5日，黄埔军校1期学生入学，编为学生总队，邓演达任总队长，严重任副总队长，下设4个队，正取生编为1、2、3队，备取生后入校，编为第4队。另有陕西于右任介绍来的30余名未参加考试的学生编入第4队。第1队队长吕梦雄，第2队队长茅延桢（共产党员），第3队队长金佛庄（共产党员），第4队队长李伟章。同年9月四川省送来的20名学生增编为第5队1区队（属2期学生）。11月军政部讲武学校（湘军讲武学堂）158名学生并入黄埔军校1期，编为第6队，郜子举任队长。

6月16日，黄埔军校举办开学典礼。校总理孙中山偕夫人宋庆龄莅临，并亲自主持典礼。国民党中央执行委员胡汉民、汪精卫、林森、张继，苏联顾问鲍罗廷、外交部长伍朝枢、粤军总司令许崇智、湘军总司令谭延闿、军政部次长胡谦及孙科、吴铁城等高级官员出席。经孙中山核定，黄埔军校以"亲爱精诚"为校训。开学典礼颁布了孙中山书面训词："三民主义，吾党所宗，以建民国，以进大同。咨尔多士，为民前锋，夙夜匪懈，主义是从。矢勤矢勇，必信必忠，一心一德，贯彻始终。"后来国民党以此训词作为党歌和中华民国国歌歌词。

7月6日，黄埔军校国民党特别区党部正式成立，选出蒋介石、严风仪、金佛庄、陈复、李之龙等5人为第1届执行委员，蒋介石兼监察委员。

8月，军校1期中共黄埔支部成立，蒋先云为书记，王逸常为宣传干事，杨其纲为组织干事，许继慎和陈赓为候补干事，归中共两广区委领导。

8月14日，黄埔军校招收2期学生近500人，编为第2总队，分为第5、6、7队。

9月3日，黄埔军校委任何应钦筹备教导团。其组织形式和训练方法均采用苏联红军制度。

10月7日，苏联军舰运8000支枪械和一批弹药抵达黄埔。

10月10日，广州各界群众为纪念武昌起义举行示威游行，广州商团公然向游行队伍开枪，发动反革命叛乱，要求孙中山下野，欢迎陈炯明回广州主政。10月14日，孙中山下令解散商团军。同日，蒋介石率领黄埔军校第2、3队学员，协调由韶关调回的湘军3000人及粤军张民达、吴铁城、李福林各部分军队，共同迎击商团，15日取得平定商团叛乱的胜利。

11月13日，孙中山偕夫人及20余人启程北上与北京政府共商和平统一大业，船经黄埔时孙中山登岸，第五次也是最后一次莅临黄埔军校巡视校园，察看学生筑城战术演习。政治部代主任邵元冲随孙中山北上，周恩来接任政治部主任。

11月20日，军校教导团正式成立。何应钦为团长，实行党代表制。

11月29日，增设教育长，委胡谦任之。（后王柏龄、何应钦、方鼎英接任）

11月30日，1期毕业，及格者456人。分发教导团等。

12月26日，军校教导团第2团成立。

1925 年

1 月 15 日，广东革命政府发布东征令，讨伐陈炯明。决定由粤、桂、滇、湘、鄂、豫各军组成东征联军，以黄埔军校师生为骨干组成右路军。

1 月 18 日，军校"血花剧社"正式成立，直属于校政治部。

1 月 31 日，黄埔军校举行东征誓师典礼，周恩来作政治动员。由军校教导第 1、2 团，2 期学生步兵总队，炮兵营、工兵营、辎重营及 3 期入伍生第 1 营，共计 3000 余人组成校军，加入右路许崇智部粤军作战，并担任东征先锋队。校军由校长、党代表指挥，周恩来任校军政治部主任，钱大钧任参谋处处长，何应钦、王柏龄分别担任教导第 1、2 团团长。

2 月 15 日，黄埔军校两个教导团参加淡水战役，率先登城，粤军乘势入城攻克淡水。此役共俘虏敌军 1000 余名，缴获枪械 2600 余支和大量军需用品。

2 月 20 日，中国青年军人联合会会刊《中国军人》创刊号（第 1 期）印行。主编王一飞，主要撰稿人有蒋先云、周逸群等。创刊宗旨：团结革命军人，统一革命战线，拥护革命政府，宣传革命精神。

2 月 27 日，蒋介石发布"进占海丰令"，决定向海丰地区追击陈炯明。28 日，校军与粤军第 2 师会师进驻海丰城。3 月 7 日，以黄埔军校校军为主力的东征右翼粤军，克复潮安、汕头。

3 月 11 日，蒋介石发布"向棉湖进军令"，12 日，教导 1 团 1000 余人与陈炯明部粤军林虎部队 2 万余人在棉湖激战。13 日，校军教导 1 团攻击正面和顺之敌，教导 2 团攻击鲤湖之敌。教导 1 团在教导 2 团与粤军第 7 旅支援下，以少胜多，破林虎万余精锐之兵。15 日，再败林虎叛军反扑，最终取得棉湖战役大捷，奠定了第一次东征胜利局面。

3 月 12 日，黄埔军校校总理孙中山先生在北京病逝，享年 60 岁。

3 月 18 日，教导 1 团抵达五华县城，进行分兵围击，共产党员李之龙率部分士兵假扮敌军进入五华城，敌军纷纷向兴宁、赣边逃窜。3 月 20 日，教导 2

团及粤军第 1 旅攻克兴宁城。3 月 24 日，东征军攻克梅县，林虎部向赣边溃散。4 月 11 日，校军由兴宁进驻梅县，第一次东征遂告胜利结束。

5 月 21 日，滇军军阀杨希闵、桂军军阀刘震寰在广州发动反革命叛乱。党军第 1 旅（由校军 2 个教导团组成，何应钦任旅长）、粤军第 1 师 1 旅陈铭枢部、第 4 师许济部、警卫军吴铁成部由潮梅地区回师广州平叛。6 月 5 日叛军占领省公署、粤军总司令部、财政厅、公安局及市内各重要机关，广州危急。6 月 9 日，党军攻占石滩，叛军退至增城。12 日党军和粤军进攻龙眼洞，13 日叛军退至白云山。军校学生队野炮和海军大炮向广九铁路瘦狗岭攻击。军校张治中总队长率 3 期入伍生总队，由猎德村渡河攻击广九铁路之敌。炮火击毙敌师长赵成梁，俘虏桂军师长陈天泰，叛军伤亡惨重。6 月 15 日杨希闵、刘震寰逃往香港。至此，平定杨、刘叛乱获胜，广州革命政府转危为安。

8 月 20 日，校党代表廖仲恺在国民党中央党部前遇刺。

9 月，在英帝国主义和北洋军阀支持下，陈炯明旧部刘志陆、林虎等卷土重来，重新占据潮汕平原，企图进犯广州。

9 月 14 日，国民党中央执行委员会推选汪精卫任军校党代表。

9 月 19 日，周恩来任国民革命军第 1 军政治部主任。

9 月中旬，共产党员熊雄、聂荣臻任政治教官，聂兼任政治部秘书。

9 月 27 日，广州国民政府决定再次出师东征，第二次讨伐陈炯明。蒋介石任东征军总指挥，周恩来任东征军总政治部主任。何应钦、李济深、程潜分别担任第 1、2、3 纵队队长。第 1 纵队是以军校教导团为基础扩编的国民革命军第 1 军 3 个师、黄埔军校 4 期入伍生 2 个团、警卫军独立第 1 师和鄂军组成。由第 1 军组成的第 1 纵队是第二次东征主力军。

10 月 1 日，东征军出发，经石龙、东莞，11 日抵达博罗。10 月 13 日，兵分两路向惠州城发起总攻。第 2 师 4 团主攻北门，第 3 师 7 团主攻南门至小西门。10 月 14 日，蒋介石、周恩来进抵飞鹅岭阵地指挥。经过 40 小时血战，攻克惠州，取得第二次东征决定性胜利。此役俘虏敌军 4000 余人，缴获大炮 3 门，机关枪和步枪数千支和大量军用品。10 月 16 日，国共两党一起召开了第一次追悼两党阵亡烈士大会，何应钦主持，蒋介石讲话，周恩来宣读祭文，强调我们的任务是打倒军阀，统一中国，打倒帝国主义，使中国独立。

10月20日，东征军第1军3师及1师与林虎部主力激战于华阳，在其他部队增援下打败敌军。22日1师占领海丰，26日攻占陆丰、河婆，27日至30日在华阳、河婆一带击败洪兆麟、林虎主力部队，31日克复兴宁，11月2日进占普宁，3日进占揭阳。11月4日第1纵队攻占汕头，7日攻克饶平。陈炯明、洪兆麟残部向福建流窜。至此东江全部收复。

11月，在中共广东区委领导下，国民革命军第4军独立团在广东肇庆成立、约2000人，叶挺任团长，黄埔1期毕业生周士第任参谋长。该团以黄埔军校学生为骨干，以共产党人为核心，建有共产党支部。

11月12日，黄埔军校潮州分校复办，正式招收学生。12月10日，任命何应钦为校长兼教育长，18日举行开学典礼，学员和入伍生计800余人，各编3个队，23日正式开课。

12月，黄埔军校在平岗建"东征阵亡烈士墓"，收葬两次东征及其他战役和沙基惨案烈士遗骸。12月5日，蒋介石率部在潮安举行东征阵亡将士追悼大会。

1926 年

1月19日，国民政府军事委员会任命蒋介石为中央军事政治学校（原名陆军军官学校）校长，汪精卫任党代表。

2月，国民政府军事委员会下令设立南宁分校（时称中央军事政治学校第一分校）。

3月1日，中央军事政治学校举行成立典礼，蒋介石、汪精卫及各部部长就职。汪精卫发表演讲并说明改为国民革命军中央军事政治学校的原因。随后铸制新校徽，校徽铸有"青天白日"和"镰刀斧头"两党标志和步枪、地球图，示以"世界革命"为军校师生奋斗方向。自此，军校贯彻军事与政治并重的教育方针，政治课多达 26 门。

3 月 3 日，《国民革命军中央军事政治学校日刊》正式出版，5 月 25 日改称《黄埔日刊》。

3 月 20 日蒋介石借口中山舰有异动，突然发起袭击，扣押在中山舰上的共产党员，制造"中山舰事件"，并宣布广州戒严，公开逮捕中山舰舰长李之龙及各军党代表多人，并围剿省港罢工委员会枪械，监视共产党人和苏联顾问住宅。

5 月 5 日，中央军事政治学校第一分校（南宁分校）开办。主要招收广西青年，并设学员班考选现役军官受训。黄埔军校委派俞作柏主持筹备工作，后任校长。5 月 16 日，军校第一分校（南宁）举行开学典礼，正式授课。

6 月 4 日，国民党召开中央执行委员临时全体会议，决定迅即出师北伐、蒋介石为国民革命军总司令。

6 月 16 日，黄埔军校举行成立两周年纪念大会。蒋介石、鲍罗廷等发表演说，蒋先云作《本校烈士事略》报告，何应钦作军校历史报告。

6 月 27 日，黄埔军校 1、2、3 期毕业同学在大礼堂召开恳亲大会，宣布成立黄埔同学会。蒋介石任会长，选出曾扩情、贾伯涛、杨其纲等 23 人为代表。军校规定，所有黄埔军校教职员、学生一律加入黄埔同学会为会员。此会后来发展为全国各军事学校毕业生调查处，隶属于军政部。

7 月 9 日，国民革命军誓师北伐典礼在广州东较场举行，北伐战争正式开始。7 月 14 日国民党中央正式发布《为国民政府出师北伐宣言》，向全国人民宣布了此次北伐的目的、性质和重要意义。

8 月 18 日，北伐军开始发起全面攻击。北伐军独立团、第 4 军 10 师、12 师用 3 个小时攻克平江，突破吴佩孚精心构筑的汨罗江防线。22 日北伐军攻占岳阳、通城。24 日占领崇阳，分向蒲圻、咸宁进发，旋克汀泗桥、贺胜桥、纸坊诸要地，于 9 月 1 日进逼武昌城。

9 月 5 日，北伐军组织进攻武昌城。叶挺独立团以第 1 营为奋勇队攻城，营长、军校 1 期学生曹渊在战斗中牺牲。6 日北伐军攻占汉阳，次日占领汉口。

10 日，唐生智、邓演达与敌守军河南部队第 3 师订立开城条约，10 月 10 日守军第 3 师开门投降。敌武昌守备总司令刘玉春、武汉防御总司令陈家谟被擒。

9 月 19 日，北伐军第一次攻占南昌。孙传芳部反扑，9 月 21 日撤出南昌。22 日第二次攻入南昌，24 日第二次退出。11 月 1 日第 2 军、第 3 军、第 4 军第 12 师、第 6 军、第 7 军会攻南昌，第 1 军 1、2 师为总预备队。11 月 8 日再克南昌，守敌万余人全被俘。

1927 年

1 月 1 日，国民政府发布命令定都武汉。

1 月 19 日，武汉黄埔军校政治科正式易名为中央军事政治学校武汉分校，蒋介石任校长，邓演达任代校长，张治中任教导长兼训练部部长，恽代英任政治总教官。

1 月 19 日，《黄埔日刊》刊登由军校政治教官陈祖康作词、林庆梧谱曲的新校歌《黄埔校歌》："怒潮澎湃，党旗飞舞，这是革命的黄埔！主义须贯彻，纪律莫放松，预备做奋斗的先锋！打条血路，引导被压迫民众。携着手，向前行；路不远，莫要惊。亲爱精诚，继续永守，发扬本校精神，发扬本校精神。"

2 月 12 日，武汉分校在武昌两湖书院举行开学典礼，近 4000 学生及 200 余位来宾参加，举行阅兵仪式。邓演达、宋庆龄、孙科、吴玉章、董必武、于树德等出席，蒋介石委派蒋先云到会示训词，邓演达、吴玉章训话。

3 月上旬，北伐军攻入安徽，安庆陈调元投诚。

3 月 21 日，国民革命军第 19 师占领南京。22 日占上海，至此，国民革命军占领了长江以南的广大地区，皖苏战事告毕，北伐完成第一阶段胜利。

4 月 1 日，中央军事政治学校武汉分校改为中央军事政治学校，隶属于中央军事委员会，由军事委员会任命邓演达、顾孟余、徐谦、恽代英等为该校委员。

4月上旬，武汉国民政府决定举行第二次北伐。

4月12日，蒋介石公开反共，在上海逮捕和屠杀共产党人及工农革命群众，史称"四一二"反革命政变。

4月14日，李济深在广州召开紧急军事会议，决定实行"清党"，委任钱大钧为戒严司令，指令教育长方鼎英在黄埔本校进行"清党"，熊雄等共产党员被捕。

4月18日，教育长方鼎英主持进行黄埔本校"清党"，黄埔岛和军校驻广州各地被清出200余名共产党员和革命学生被解往中山舰扣押，后分送虎门、南石头囚禁或杀害，史称黄埔"四一八事变"。

4月18日，蒋介石在南京举行定都典礼，组建南京国民政府。

4月23日，武汉中央军事政治学校各期学生讨蒋大会在武昌阅马场举行。蒋先云任大会主席，作讨蒋报告。大会通过《讨蒋通电》《武汉军校告各期全体同学书》。

4月27日至5月9日，中国共产党第五次全国代表大会在武汉召开，出席代表80人。毛泽东、周恩来以及武汉军校负责人恽代英等出席会议。周恩来在五届一中全会上当选中央政治局委员，兼任军事部部长。

5月12日，北伐军由武汉出征。

5月19日，武汉军校师生组成中央独立师从两湖书院誓师出发，在叶挺率领下分3路西征，与进犯武汉的夏斗寅部展开激战。20日，武汉中央军事政治学校女生队开赴前线参加西征。21日中央独立师首战告捷，击败夏斗寅部，缴获大炮10门，各种枪械900余支，俘虏1000余人。

5月21日，长沙国民党许克祥部制造"马日事变"，长沙分校惨遭摧残，分校政治部主任夏曦等共产党员被迫转移，学生逃散。

5月24日，南京国民政府决定在南京筹设中央军事政治学校，成立以陈铭枢为主任的筹备委员会。

5月25日，中共中央政治局在武汉召开常委会议，决定成立中央军事部，中共湖北区委军委并入中央军事部。周恩来任部长，聂荣臻、王一飞、颜昌颐、欧阳钦等参加，负责对军队进行组织联络和开展政治工作等。

5月28日，北伐军与奉系主力决战于河南临颍，蒋先云率全团官兵奋勇杀敌，身负重伤，三仆三起，英勇牺牲，时年24岁。武汉国民政府追赠蒋先云为陆军中将。

6月1日，北伐军攻克郑州，与冯玉祥部队胜利会师。至此，武汉政府第二次北伐战略任务基本完成。

7月15日，以汪精卫为首的国民党中央执行委员会在武汉举行扩大会议，公开宣布与共产党决裂，大肆批捕共产党人，武汉陷入白色恐怖之中，史称"七一五"反革命政变。27日，汪精卫以国民党中央名义发出通令，"严防共党分子"。共产党人与武汉国民政府的合作完全瓦解。

7月20日，恽代英在武汉主持召开全校师生大会，向全校同学宣布武汉中央军事政治学校结束。

7月21日，武汉中央军事政治学校约有1700多人被编为国民革命军第4集团军2方面军4军军官教导团，叶剑英担任团长，部队暂时驻扎在武汉南湖营房。恽代英、李汉俊等被国民政府下令免职，其他共产党员被迫转入地下工作。

8月1日，以周恩来、贺龙、朱德、叶挺、刘伯承等为首的中共前敌委员会领导国民革命军3万余人，在江西南昌举行起义。参加南昌起义的黄埔师生主要有：聂荣臻、陈赓、彭干臣、董仲明、刘明夏、邹范、史书元、孙树成、廖运泽、周士第、游步瀛、王尔琢、孙一中、徐石麟、蔡升熙、袁仲贤、苏文钦、侯又生、郭德昭、傅维钰、李奇中、侯镜如、冷相佑、王之宇、刘希程、刘畴西、杨溥泉、刘楚杰、蒋作舟等。8月5日，起义军撤出南昌，由赣入闽，向粤进发。10月起义军主力在汤坑战役失利后退入流沙，召开会议决定"领导人员撤离展区，武装人员撤往海丰，今后要做长期的革命斗争"。南昌起义军在广州附近瓦解。

8月13日，蒋介石宣布下野。9月武汉政府宣布迁都南京，史称"宁汉合流"。

11月5日，南京国民政府军事委员会下令将"中央军事政治学校"改名为"中央陆军军官学校"，简称中央军校，主校址定在南京原清朝陆军学校旧址。

11月26日，中共广东省委召开会议，正式决定在广州举行武装起义，加紧起义各项准备工作，起义主力由武汉军事政治学校1300多名学生改编的教导团组成。

12月11日，张太雷、叶挺、恽代英、叶剑英等共产党人在广州发动起义。13日经浴血奋战，遭受严重损失后，起义军撤出广州。16日，恽代英、叶剑英、聂荣臻等转到香港，从事白区工作。参加广州起义的黄埔生主要有：赵自选、黄锦辉、陈赓、蔡升熙、刘楚杰、陈选普、徐向前、吴展、冯达飞、唐震、梁锡祜、程子华、梁桂华、陆更夫、游曦等。

1928 年

1月8日，国民政府任命蒋介石为北伐军总司令。

2月19日，国民政府下令组成4个集团军继续北伐。3月16日，蒋介石将北伐军总方略电告第1、第2、第3集团军遵行。4月7日，在徐州誓师，各军团开动。4月10日第9军14师占台儿庄，11日克郓城，12日克韩庄、枣庄，13日第1军克临城，16日第3军克丰县。17日第9军第4军克藤县、界河，18日第1集团军3军克鱼台、席池液，19日第9军克邹县，20日克曲阜、兖州、宁阳、金城。21日国民革命军会师济宁。27日第1军占领泰安城。5月1日第1集团军9、26、37军占领济南。

3月6日，中央陆军军官学校在南京校本部小营举行开学典礼暨6期学生开学典礼。蒋介石以校长身份祝辞并训话。

3月24日，南京国民政府正式任命蒋介石为中央陆军军官学校校长，李济深任副校长，何应钦任教育长。

5月上旬，副校长李济深以中央政治会广州政治分会名义，决定将广州本校改名为"国民革命军军官学校",南京和广州两校并存。

5月15日,南京军校名称由原来的"中央陆军军官学校"改称"国民革命军军官学校"。

6月1日,军校第一分校(南宁分校)改称国民革命军陆军军官学校广西分校,后又称广西各部队干部训练所。1929年秋,改为陆军军官学校,迁往桂林。

9月下旬,南京军校中共地下党组织正式建立,中共地下党员在南京明故宫大操场召开秘密干部会议,曹聚义传达了中共中央指示,决定在军校内成立"中国共产党中央直属南京中央陆军军官学校特别党支部",分设34标工兵支部和交通、通讯支部。此后又增设小营和国府后街支部。曹聚义、甘棠、吕农三、简立、阮大郎5人为总支委员,曹聚义任总支书记,甘棠任副书记。

10月1日,南京本校成立航空队,张静愚为队长,厉如燕为副队长,钱昌祚为学科教官主任,李珉为飞行教官主任。

10月中旬,南京本校改校长制为委员制,实行校务委员制度,蒋介石、胡汉民、戴季陶、吴稚晖、阎锡山、冯玉祥、李宗仁、李济深、何应钦、张学良、朱培德为首批校务委员会委员,蒋介石、阎锡山、何应钦为常务委员,张治中担任军校教育长并主持工作。

12月29日,张学良冲破日本帝国主义阻挠,在东北宣布"遵守三民主义,服从国民政府,改易旗帜"。至此,南京国民政府在名义上统一了中国。

1929 年

1月1日,南京国民政府举行阅兵典礼,庆祝东北易帜。

4月18日,武汉分校再次正式开办。6月16日举行开班典礼。

5月中下旬,南京本校中共地下党员18人被捕,党组织遭到破坏。

9月10日,蒋介石以国民政府名义,将原军校名称"国民革命军军官学校"

改称为"国民革命军黄埔军官学校"。

1930 年

5 月 6 日，原武汉军校负责人恽代英在上海杨树浦纱厂门口被捕，次年 4 月 29 日在南京监狱英勇就义。

11 月，蒋介石宣布撤销黄埔同学会，设毕业生调查科，隶属校本部。

1931 年

1 月初，军校正式采用德国教育方式，专聘德国顾问讲学。

1 月 23 日，成立国民革命军黄埔军官学校教导总队，效仿当年黄埔军校教导团，在德国军事顾问指导下组建。

8 月 17 日，邓演达在上海被捕，11 月 29 日被秘密杀害于南京。

1932 年

1 月 10 日，黄埔军校武汉分校学员与汉口要塞司令部部队整编为陆军第 89 师，钱大钧任师长。

1 月 16 日，张治中、钱大钧等被任命为南京本校校务委员，钱大钧任武汉分校教育长。

2 月 14 日，国民政府军令部任命张治中为陆军第 5 军军长，兼任第 87 师师长及左翼指挥官。2 月 15 日张治中率陆军第 5 军到沪与第 19 路军共同作战。2 月 16 日张治中接替第 10 军由上海江湾北端至吴淞西端防线参加淞沪抗战。此役被认为是国民革命军中央军部队打响正面抗击日军第一枪。此役过后，张治中返回南京本校，仍任校务委员兼教育长。

3月1日，蒋介石授意黄埔同学贺衷寒、邓文仪、康泽、桂永清、郑介民、戴笠等在南京秘密成立三民主义革命同志力行社，蒋介石任社长。后成立中华复兴社，设组织处、宣传处、训练处、特务处。4月1日，中华复兴社特务处成立，戴笠任处长。特务处1938年并入军事委员会调查统计局，一般称其为军统。

3月6日，国民党中政会决议，任命蒋介石为军事委员会委员长。18日，蒋介石正式就职，并兼任参谋长总职。

6月9日，蒋介石在庐山召集鄂、豫、皖、赣、湘5省"剿匪"会议，宣布"攘外必先安内"政策。据此，黄埔军校在月会训导中特别强化了反共"剿匪"内容，编发《"剿匪"手册》教材。

1933 年

3月4日，日军向长城冷口、喜峰口、古北口等处进攻，企图突破长城防线，进一步向华北扩大侵略。国民政府军事委员会北平分会代理委员长何应钦指挥中国军队20余万人，依托长城阻止日军进攻。从3月至5月，中央军在古北口进行了艰苦卓绝的防御战，双方对峙两个多月，是长城抗战中时间最长、战事最惨烈的一次战役。长城抗战指挥官中的黄埔毕业生有：第2师师长黄杰（黄埔1期），第25师师长关麟徵（黄埔1期），第83师师长刘勘（黄埔1期），第2师副师长惠东升（黄埔1期区队长），第2师6旅旅长罗奇（黄埔1期），第25师副师长杜聿明（黄埔1期），第25师73旅旅长梁凯（黄埔1期），第25师75旅旅长张耀明（黄埔1期），第2师4旅旅长郑洞国（黄埔1期），第25师145团团长戴安澜（黄埔3期）等。

1934 年

6 月 16 日，南京本校举行黄埔军校建校 10 周年纪念大会，张治中主持，举行阅兵式和分列式。蒋介石训话，傅作义和黄埔 1 期毕业生宋希濂在大会上讲话。于右任、戴季陶、孙科、汪兆铭、张群、何应钦、白崇禧、张学良、唐生智、李宗仁、宋庆龄、程潜、朱培德、邵元冲等参加大会。

1935 年

3 月 18 日，东北人民革命军第 3 军成立，黄埔军校 4 期毕业生赵尚志任军长。

4 月，南京国民政府军事委员会以中央政府最高军事机关名义，正式将国民革命军各级军官军衔任命权纳入中央统辖的任免程序。

9 月 16 日，昆明分校开办。

10 月 1 日，成都分校开办，首批学生入学。

1936 年

5 月，教育长张治中主持编纂《中央陆军军官学校史稿》。校史采用纪事体，分为 10 编，主要包括：本校之创立、本校成立后之环境艰难与奋斗、组织与沿革、军事教育、军事工作、党务、政治训练与政治工作、本校先烈、校务行政、建设等。全书约 200 余万字，是黄埔军校历史上第一部官修校史。

12 月 12 日，张学良、杨虎城发动"西安事变"，兵谏拘捕蒋介石，促成国共第二次合作。

1937 年

3 月 28 日，张治中辞去南京本校教育长职务。

7 月 7 日，日本制造"卢沟桥事变"，发动全面侵华战争。中国军民奋起反抗，开始了全面抗战时期。7 月 17 日蒋介石在庐山谈话会上宣布，"卢沟桥事变"为最后关头，中国将坚持最低限度立场。

7 月 26 日，国民政府军事委员会颁布南京本校迁校命令。经周密准备部署，8 月 5 日开始实施迁移计划，10 月本校迁至武汉。

8 月，新四军改编后，军长为叶挺，副军长项英（武汉分校政治教官），政治部主任袁国平（黄埔 4 期），第 1 支队司令员陈毅（武汉分校文书）。

8 月初，南宁分校改名为陆军军官学校第六分校，冯璜任主任。

8 月 13 日，日军大肆进攻上海，淞沪战争爆发。中国抵抗部队前后参战约有近 70 个师，给日军以沉重打击，史称"八一三抗战"。蒋介石兼任第 3 战区总司令，陈诚任左翼军总司令，张治中任中央军总司令。

8 月 16 日，国民政府国防最高会议决议，由国民政府授权蒋介石为三军大元帅，统帅全国陆海空军队。

8 月 22 日，国民政府军事委员会宣布将红军编为国民革命军第八路军；蒋介石以军事委员会委员长名义发布命令，委任朱德、彭德怀为八路军正副总指挥。

8 月 25 日，中共中央发布中国工农红军改编为国民革命军第八路军（9 月 11 日起改为第 18 集团军）命令。朱德为总指挥（9 月 11 日改称总司令），彭德怀为副总指挥，叶剑英为参谋长，左权为副参谋长，下辖第 115 师、第 120 师、第 129 师。

9 月 25 日，八路军第 115 师师长林彪、副师长聂荣臻率部在山西平型关伏击日军，全歼日军第 5 师团 1 个大队和自勤人员约 1000 人，取得抗战以来首个大胜仗，切断平型关后方日军补给线，鼓舞了全国军民斗志。

10月31日，国民政府发表宣言，决定迁都重庆继续抗战。

11月，聂荣臻率115师进驻山西五台山，创建第一个敌后抗日根据地——晋察冀抗日根据地。同月，八路军129师副师长徐向前与师长刘伯承、政委张浩（后由邓小平担任）一道，以太行山区为中心，开创了晋冀豫抗日根据地。

11月20日，国民政府正式迁都重庆。

12月13日，南京失陷。日军在南京制造了震惊中外的"南京大屠杀"，有30余万同胞惨遭日军屠杀。留守校本部和未及时撤出的军校官生、眷属仅有极少数生还。

12月16日，蒋介石在武昌发表《我军退出南京告全国国民书》，号召全国抗战到底。

12月20日，广州分校迁往德庆。

12月底，第七分校在甘肃天水筹办。

12月底，八路军120师参谋长周士第（黄埔1期）随师长贺龙、政委关向应，创建晋西北抗日根据地。

1938 年

1月中下旬，张治中筹办的新长沙分校开学，自兼分校主任。

3月29日，第七分校在陕西凤翔正式开办。主任为胡宗南，副主任有顾希平、邱清泉、周嘉彬、罗历戎、洪士奇、张卓、吴允周等。设办公厅、教育处、经理处、总务处。

6月至10月，为攻占中国抗战中心武汉，日军动员100余万人从海陆空立体进攻武汉。负责指挥江南地区作战的是第9战区司令长官兼武汉卫戍总司令陈诚，负责指挥江北地区作战的是第5战区司令长官李宗仁。两个战区动用130个师和海空军各一部，共约100万人参战。在武汉会战中，黄埔军校毕业生宋希濂、王耀武、李延年、张灵甫、郑作民等参加指挥作战。

1939 年

1 月上中旬，黄埔军校本校由铜梁迁至成都市区。原有成都分校（后改为第三分校）并入校本部。

9 月 14 日，第一次长沙会战爆发。10 月 6 日，长沙会战取得胜利，共歼灭日军 4 万余人。此次会战，在赣北、湘北、鄂南 3 个方向作战，黄埔军校毕业生关麟徵、张耀明、覃异之、陈沛、罗奇等率部集中在湘北作战，取得湘北大捷。

12 月底，日军发动桂南会战，占南宁和昆仑关。杜聿明率领第 5 军担任夺取昆仑关主攻任务，郑洞国率荣誉第 1 师担任正面助攻，戴安澜率第 200 师为总预备队，邱清泉率新编第 22 师迂回敌后进出南宁以北，截断昆仑关之敌。经反复争夺，中国军队取得昆仑关大捷，重挫日军。

1940 年

3 月 21 日，国民党中央常委会决议，尊称孙中山先生为国父。

3 月 30 日，汪精卫伪中央政府在南京宣告成立。

8 月 20 日，八路军在华北发动百团大战。历时 3 个半月，共进行大小战斗 1824 次，击毙日伪军 25790 人。

9 月 6 日，国民政府明令定重庆为陪都。

10 月，陆军特种兵联合分校在陕西宝鸡成立，蒋介石任校长，李汝炯负责行政教育工作。

1941 年

4 月 24 日，守卫上海四行仓库的孤军团长谢晋元被刺，年仅 37 岁。次日，蒋介石通令全国悼念。

9 月 7 日，第二次长沙会战开始。

1942 年

1 月 2 日，国民政府军事委员会公布，中国军队入缅甸协防。1942 年 1 月至 1945 年 3 月，为支援英军在缅甸对日作战，中国政府派遣远征军入缅作战。在杜聿明、郑洞国等率领下，戴安澜、廖耀湘、黄杰、宋希濂、霍揆彰、刘放吾、叶佩高等黄埔生参与指挥作战，取得同古保卫战、斯瓦阻击战、仁安羌解围战、东枝收复战、龙陵战役等胜利。

3 月 27 日，原新疆军官学校奉命改组为中央陆军军官学校第九分校（迪化分校）。

5 月 26 日，中国入缅远征军第 200 师师长戴安澜在对日作战中殉国，年仅 38 岁，成为"中国远征军将领中殉国第一人"。

6 月 2 日，黄埔军校 1 期毕业生、八路军副总参谋长左权在山西辽县麻田村附近对日军反"扫荡"作战中壮烈牺牲，是中国共产党抗战期间牺牲的最高级别将领。

1943 年

11 月 2 日，常德会战开始。在战役中，黄埔军校 3 期毕业生、第 74 军 58 师少将参谋长柴意新及许国璋、彭士量、孙明瑾等黄埔生为国殉职。

1944 年

11 月 8 日，黄埔军校各分校奉命实行新制。

11 月上旬，成都本校筹备创建陆军军官预备学校。

12 月 25 日，陆军总司令部在昆明成立，何应钦任总司令。

1945 年

8 月 15 日，日本天皇向全国广播，接受《波茨坦公告》，向同盟国无条件投降。

8 月 28 日，毛泽东同周恩来、王若飞一行，代表中国共产党飞往重庆，与国民党进行谈判。

9 月 9 日，日军中国派遣军总司令冈村宁次在南京黄埔路陆军总司令部前进指挥所签署向中国投降书，接受投降的陆军总司令何应钦在日军投降书上签字。

11 月 10 日，黄埔军校各分校奉命开始全部裁撤。

1946 年

1 月 1 日，黄埔军校本校改名为"陆军军官学校"，蒋介石兼任校长，万耀煌任教育长。

4 月中旬，万耀煌调任湖北省政府主席，关麟徵继任教育长。

8 月 7 日，国民党中常会决定：中央政治学校与中央干部学校合并，定名国立政治大学，隶属教育部。蒋介石出任校长。

10 月 1 日，军校原新都预备学校改编为"陆军军官学校预备班"。

1947 年

11 月 25 日，陆军军官学校举行关麟徵校长就职典礼，这是黄埔毕业生第一次担任黄埔军校校长职务，蒋介石改任名誉校长。关麟徵任校长后，宣布恢复总队制。

1948 年

8 月 31 日，国民政府军委会副委员长、黄埔军校校务会委员冯玉祥由美国归国途中，因乘轮船失火遇难，享年 66 岁。

9 月中旬，第 23 期新生考试，陆续判卷发榜，发出录取通知书。

1949 年

2 月 27 日，中央各军校在粤同学在广州国泰酒家举行恳亲大会，国民党陆军总司令张发奎、广州"绥靖"公署主任余汉谋、广东省政府主席薛岳等 2000 余人出席。

6 月 16 日，陆军军官学校在北较场举行黄埔军校成立 25 周年纪念大会和分列式阅兵，蒋介石出席、检阅并致训词。

9 月 20 日，新任校长、黄埔军校 1 期毕业生张耀明就职典礼，关麟徵主持典礼和分列式阅兵。

12 月 4 日，蒋介石强令宣布 23 期学生毕业。23 期学生是黄埔军校在大陆的最后一期毕业生。

12 月 25 日，陆军军官学校教育处处长李永中在成都代表全校发布起义通电。参加起义的共有：4 个学生总队、6 个教导团、1 个勤务团、1 个军官教育团，以及本校各级教官、官佐共计 14000 余人。

黄埔军校从 1924 年 6 月创办到国民党统治集团败退台湾，在大陆共开办 23 期。据有关资料统计，黄埔军校本校（广州、南京和成都）1 至 23 期教职员共计 15144 人，本校在大陆时期正式毕业生共计 52438 人。黄埔军校先后在 14

地开办 12 所分校，共 12.5 万余名毕业生。

1950 年以后

1950 年 3 月 1 日，蒋介石正式决定在台湾凤山恢复成都时期的军校。8 月，复校后首届校长由罗友伦接任。

1950 年 10 月，"中华民国陆军军官学校"在台湾高雄县凤山市维武路 1 号重新建立，续办 24 期。

1954 年 6 月 16 日，凤山军校举行纪念黄埔军校成立 30 周年庆祝活动，蒋介石主持，美军顾问团团长蔡斯致词。在"30 周年校庆"之后，凤山军校宣布实行新制教育，仿照美国西点军校学制进行大规模改革。

1959 年 6 月 16 日，蒋介石在凤山主持黄埔军校建校 35 周年校庆活动，在讲话中特别对"黄埔精神"主要内涵"牺牲、团结、负责"进行阐释。

1964 年 6 月 16 日，凤山军校举行庆祝黄埔军校建校 40 周年活动，蒋介石出席庆典并发布训词。

1967 年凤山军校刊物《黄埔学报》创刊。

1974 年 6 月 16 日，"行政院院长"蒋经国在凤山主持黄埔军校成立 50 周年校庆仪式，由"陆军总司令"于豪章、凤山军校校长秦祖熙陪同阅兵，何应钦、顾祝同、黄杰等出席。

1975 年，从 47 期学生起，凤山军校再次修改教育体制，教育时间增为 4 年 3 个月，教学上由以往以军事学科为主、普通学科为辅，改为普通学科时间超过 50%。学生毕业后，取得军官资格，授予理学学士学位，规定服役 10 年。

1976 年，凤山军校规定，从 48 期学生开始，增设文科，毕业授予文学学士学位。

1978 年，台湾防务主管部门将专修班改为"专科班"，增设土木、企管、机械和电机 4 科，是与大学部"正期班"唯一授予文凭的班队。

1984 年 6 月 16 日，黄埔军校同学会在北京成立，徐向前元帅任首任会长，程子华、侯镜如、郑洞国、宋希濂、李默庵任副会长，黄埔早期教官聂荣臻、许德珩任顾问。

1988 年 9 月 3 日，"中华民国中央军事院校校友会"在台北中山堂召开成立大会，黄埔军校 10 期毕业生王多年担任第一届理事长。

1988 年 12 月 4 日，"陆军官校校友会"在凤山军校成立，黄埔军校 14 期毕业生刘戈仑任首届会长。"陆军军官校友会"是"中华民国中央军事院校校友会"下辖的团体。

1991 年 4 月，台湾中华黄埔四海同心会在台北成立，邓文仪任大会主席及荣誉会长。刘璠、张炎元、蒋纬国等相继任会长。

1994 年 6 月 16 日，纪念黄埔军校建校 70 周年大会在北京人民大会堂举行，来自海内外黄埔师生及亲属代表、中央有关部门负责人 600 余人出席大会。大会由全国政协副主席叶选平主持，中共中央政治局常委、全国政协主席李瑞环出席并讲话。钱其琛、张震、秦基伟、程思远、李沛瑶、杨汝岱、王兆国、阿沛·阿旺晋美、赛福鼎·艾则孜、洪学智、万国权、萧克、朱训等领导出席。中共中央总书记、国家主席、中央军委主席江泽民，中央政治局常委、中央军委副主席刘华清以及邓颖超、徐向前、聂荣臻等领导同志分别题词表示祝贺。

2004 年 6 月 17 日，黄埔军校建校 80 周年纪念大会在北京人民大会堂举行。中共中央政治局常委、全国政协主席贾庆林出席并讲话。全国政协副主席王忠禹、解放军副总参谋长熊光楷、总政治部副主任唐天标等领导出席大会。全国政协副主席、中央统战部部长刘延东主持会见活动。

2006 年 8 月 1 日，台湾防务主管部门进行裁减兵员，实施"精进案"，并将各军校校长官阶降为少将。

2013 年 10 月 26 日，"陆军官校校友总会"在台北新店彭团会馆成立，总会长由胡筑生担任。台湾前行政主管部门负责人郝柏村及历任官校校长等 1500余人出席成立大会。

2014 年 6 月 17 日，纪念黄埔军校建校 90 周年座谈会在北京人民大会堂举行。中共中央政治局常委、全国政协主席俞正声出席并发表讲话。

2014 年 12 月 14 日，"中华民国陆军军官学校专科班校友会"在台中市成立，由专科 1 期罗财维担任第一届理事长。

附录二：黄埔军校本校各期概览表

期别	本校驻地	入校日期	升学日期	毕业日期	毕业人数	备　注
1 期	广州黄埔	1924 年 5 月 5 日	1924 年 6 月 16 日	1924 年 11 月 30 日	635 人 ①	校名陆军军官学校。设步兵科
2 期	广州黄埔	1924 年 8 月	1924 年 8 月	1925 年 9 月 6 日	449 人	增设炮兵、工兵、辎重等科
3 期	广州黄埔	1925 年春	1925 年 7 月 1 日	1926 年 1 月 17 日	1233 人	本期开始实施入伍生教育制度
4 期	广州黄埔	1925 年 7 月	1926 年 3 月 8 日	1926 年 10 月 4 日	2656 人 ②	1926 年 3 月，国民政府中央军事委员会将原陆军军官学校改组为中央军事政治学校。增设政治、经理等科
5 期	广州黄埔	1926 年 3 月	1926 年 11 月 15 日	1927 年 8 月	2418 人 ③	本期学生毕业典礼分别在武昌和南京两地举行。在武昌毕业者，由恽代英主持毕业典礼；在南京毕业者，由何应钦主持毕业典礼

---

① 另外还有 490 多人（丰悌：《本校从黄埔到南京的变化》,《黄埔军校史料（1924—1927）》（续编）, 第 507 页, 广东人民出版社, 1994 年版）、600 余人（《中央陆军军官军校史稿》第 2 卷, 第 56 页, 1936 年版）之说等。

② 另外还有 2654 人（《中央陆军军官军校史稿》第 2 卷, 第 222 页, 1936 年版；蒋中正：《黄埔建军三十年概述》, 第 23 页, 台北黄埔出版社, 1954 年版）之说。

③ 另外还有 2400 余人（《中央陆军军官军校史稿》第 2 卷, 第 235 页, 1936 年版）之说。

续表

期别	本校驻地	入校日期	升学日期	毕业日期	毕业人数	备 注
6期	广州黄埔 南 京	1926年8月	1926年10月 1928年3月	1929年2月 1929年5月	718人 3252人	1928年3月，（南京）中央军事政治学校改名为中央陆军军官学校。1928年5月黄埔本校改校名为国民革命军军官学校
7期	广州黄埔 南 京	1927年8月 1928年初	1928年12月 1928年12月	1930年9月26日 1929年12月	666人 852人	1929年9月黄埔本校改校名为国民革命军黄埔军官学校。蒋介石9月7日电令："在第7期毕业后，埔校着即停办。"1930年10月24日，广州黄埔本校完全结束
8期	南 京	1930年5月	1931年5月 1932年3月	1933年5月 1933年11月25日	505人 1240人①	自本期开始，实行严格的新兵教育、上等兵教育和下士教育，延长学生在校修业时间为3年。并改革了传统的苏式和日式的教育，采用德式教育；规定各学生必须认学英、德、日3种外国语的其中一种。本期另有航空学校学生8人，雷电学校学生18人
9期	南 京	1931年3月	1931年5月	1934年5月	650人	自本期开始，军校向黄河南北、边疆等地扩大招生。本期学生主要来自黄河流域的山东、河南、山西、陕西和东北地区的辽宁、黑龙江及绥远等地。实行入伍生1年，本科生2年的制度

① 另外还有1140人（蒋中正：《黄埔建军三十年概述》，第35页，台北黄埔出版社，1954年版）之说。

续表

期别	本校驻地	入校日期	升学日期	毕业日期	毕业人数	备 注
10 期	南 京	1933 年 9 月	1934 年 9 月	1936 年 6 月 1937 年 1 月	828 人 621 人	本期学生与南京学生联合会投入宣传抗日运动，拥护"停止内战，一致抗日"的主张，在校期间，多举行抗日游行活动
11 期	南 京	1934 年 9 月	1936 年 1 月	1937 年 8 月 1937 年 10 月	605 人 664 人	军校自 1937 年 8 月由南京开始西迁，本期学生 1 总队于南京毕业，2 总队西迁途中于九江毕业
12 期	南 京	1935 年 9 月 28 日	1938 年 1 月 28 日	1938 年 2 月	740 人	本期学生西迁途中毕业于武昌
13 期	南 京	1936 年 9 月 1 日	1937 年 11 月 11 日	1938 年 9 月 16 日	1412 人	为适应抗战用人急需，学制从原定 3 年而缩短为 2 年，本期学生西迁途中毕业于四川铜梁
14 期	四川铜梁	1937 年冬 1937 年 10 月 1937 年 9 月	1937 年冬 1937 年 10 月 1937 年 9 月	1938 年 11 月 1939 年 9 月 1939 年 1 月	669 人 1510 人 1520 人	本期学生第 1 总队、第 2 总队毕业于铜梁，第 3 总队毕业于成都
15 期	成 都	1938 年 1 月 1 日	—	1940 年 7 月 21 日	1831 人	本期学生招考于武昌，毕业于成都。毕业后大多数奔赴抗日前线。本期毕业生含代训空军学生 272 人
16 期	成 都 四川铜梁 成 都	1938 年 10 月 1939 年 1 月 1939 年春	—	1940 年 12 月 1939 年 10 月 1940 年 4 月	1694 人 1629 人 1165 人	本期学生第 1 总队驻成都南校场、第 2 总队驻四川铜梁、第 3 总队驻成都北校场。本期毕业生含代训空军生 97 人

续表

期别	本校驻地	入校日期	升学日期	毕业日期	毕业人数	备　注
17 期	成　都 四川铜梁 成　都	—	1940 年 4 月 15 日 1940 年 5 月 6 日 1940 年 7 月 13 日	1942 年 4 月 1941 年 11 月 20 日 1942 年 2 月 15 日	1527 人 1374 人 1030 人	本期学生第 1 总队驻成都西校场，第 2 总队驻四川铜梁，第 3 总队驻成都北校场
18 期	成　都	1941 年 4 月 1 日 1941 年 11 月 25 日	—	1943 年 2 月 1943 年 10 月 8 日	1215 人 1237 人	本期学生第 1 总队分驻成都草堂寺、青羊宫，后部分迁北校场，部分迁西校场。第 2 总队驻成都南校场。从本期毕业生开始，毕业时一律授予少尉军官军衔
19 期	成　都	1942 年 12 月 25 日	1943 年 12 月	1945 年 4 月 14 日	1900 人	本期学生第 1 总队驻成都草堂寺。第 2 总队驻成都西校场
20 期	成　都	1944 年 3 月 20 日	—	1946 年 12 月 25 日	1116 人	本期期间取消总队编制，改大队兵科制。1946 年元旦改校名陆军军官学校
21 期	成　都	1944 年 5 月起陆续入校	—	1947 年 8 月起分批毕业	6038 人	本期学生分驻西校场、北校场、南校场及皇城。本期毕业人数 6038 人，含各分校及特种兵各分校奉令裁撤陆续归并本校人数，实际本校毕业 3200 人。1947 年 8 月 9 日，陆军军官学校改隶陆军总司令部。10 月 1 日，蒋介石辞去所兼任各军事学校校长职位，关麟徵任陆军军官学校校长

续表

期别	本校驻地	入校日期	升学日期	毕业日期	毕业人数	备 注
22期	成　都	1947年7月 1948年7月 1948年7月	—	1949年3月 1949年7月 1949年7月	1358人 974人 865人	本期恢复总队制，分3个总队
23期	成　都	1949年3月1日 1949年1月	1949年3月12日 1949年5月2日	1949年12月4日 1949年12月	1504人 711人 820人	本期学生以四川籍、东北籍、陕西籍者占多数，共分3个总队。1949年9月，关麟徵调任陆军总司令，张耀明（黄埔1期）接任陆军军官学校校长
24期至26期	台湾凤山	1950年10月1日，陆军军官学校正式在台湾凤山复校。1951年4月1日24期正式开学，至1955年8月31日26期毕业为止，3期毕业学生共3025人。				此时期称为"旧制教育时期"
27期至33期	台湾凤山	1954年—1960年，"新制教育时期"第一阶段。				从27期开始进入"新制教育时期"，修业改为4年，以哲学、科学、兵学为内涵，以造就"文武合一、德术兼修的现代军官"为目标
34期至46期	台湾凤山	1961年—1974年，"新制教育时期"第二阶段。				以"军事训练第一"之观念，培养以"枪杆为主体"的军事学府，恢复黄埔革命传统精神之目标
47期至70期	台湾凤山	1975年—1998年，"新制教育时期"第三阶段。				1975年修业期限延长为4年3个月，并自51期起增加野营训练。1994年9月，本校招收第1期女性同学

续表

期别	本校驻地	入校日期	升学日期	毕业日期	毕业人数	备　注
71期至今	台湾凤山		1999年至今，"新制教育时期"第四阶段。			1999年元月起，大学教育设立电机、机械、土木、管理科学、物理、化学、资讯和政治8个学系。自2000年9月以后，修订正期生修业年限为4年、专科生为2年，并于7月毕业

注：本表内容是根据当前所见文献资料研究整理形成，也可能与部分专家学者的研究成果有细微差别，还有待新的文献资料进一步完善和修正。

附录三：黄埔军校分校概览表

校别[①]	成立时间	校名、驻地	负责人	毕业人数	停办时间	备　注
潮州分校	1925.12	初建时为陆军军官学校潮州分校，驻潮州。1926年3月，称中央军事政治学校潮州分校	校长兼教育长为何应钦	728人	1926.12	为黄埔军校分校之开端
南宁分校（第六分校）	1926.05	初建时为中央军事政治学校第一分校，驻南宁。1937年称中央陆军军官学校南宁分校，驻桂林。1938年称中央陆军军官学校第六分校，驻桂林	第一分校校长先后为俞作柏、吕竞存、胡章民、李明瑞、薛岳、陈芝馨等。南宁分校校长白崇禧。第六分校主任先后为俞星槎、黄维、黄杰、甘丽初、冯璜	15452人	1945.11	第一分校时期，拥有自己的校旗、校训、校歌，教材、学制、期别顺序均自成一体，与黄埔军校本校无实质关联。自15期（比叙黄埔本校）开始，每期招收回族学员，开办回民大队

---

①　按成立时间排序。

续表

校别	成立时间	校名、驻地	负责人	毕业人数	停办时间	备注
武汉分校（第二分校）	1926.10 1929.04 1936.01	前期称中央军事政治学校武汉分校，驻武昌。 中期称中央陆军军官学校武汉分校，驻武昌。 后期称中央陆军军官学校武汉分校，驻武昌。1937年底改称第二分校，1938年由武昌转驻湖南武冈	前期代校长为邓演达，政治总教官为恽代英。中期教育长为钱大钧。后期第二分校主任先后为李明灏、周磐（代）	约32000人	1927.07 1932.03 1945.07	武汉前后3次设分校，起止时间对应见左栏。前期武汉分校开创招收女生、组建女生队之先例。中期武汉分校仅办2期。后期第二分校校址由武昌南湖迁至湖南，先后驻邵阳、武冈、会同
长沙分校	1926.12 1938.04	初建时为中央军事政治学校第三分校，驻长沙。 1938年张治中兴办中央陆军军官学校长沙分校，驻长沙，后迁驻湖南泸溪	第三分校校长为石醉六、政治部主任夏曦。长沙分校主任由张治中兼任，实际由副主任唐仲勋负责	约1600人①	1928.07 1939.05	长沙先后两次设分校，起止时间对应如左。抗战时期的中央陆军军官学校长沙分校和原中央军事政治学校第三分校没有渊源关系，虽名义上属中央军校，所有经费、武器装备和生员都由湖南当地负责
南昌分校	1928.05	中央陆军军官学校南昌分校，驻南昌	校长先后为刘体乾、张鉴桂、唐淮源	408人	1929.06	仅办1期，学生毕业时间与本校6期接近，受同等待遇

① 第三分校毕业约500人；新办长沙分校毕业约1100人。

续表

校别	成立时间	校名、驻地	负责人	毕业人数	停办时间	备　注
洛阳分校（第一分校）	1933.08	初建时为中央陆军军官学校洛阳分校，驻河南洛阳。1937年11月称中央陆军军官学校第一分校，驻陕西汉中	洛阳分校主任为祝绍周。第一分校主任先后为祝绍周、钟彬、刘仲荻	14798人	1945.02	洛阳分校主要施行本校学员的"转地"教育。2期招收约160名朝鲜青年，编为第2总队4大队16队。黄埔建校10周年庆祝大会上蒋介石赠送官生佩剑，开启此后各届毕业生获赠佩剑先例
昆明分校（第五分校）	1934.12	初建时为中央陆军军官学校昆明分校，驻昆明。1938年3月改称中央陆军军官学校第五分校，驻昆明	昆明分校和第五分校主任均为唐继鳞	11500人	1946.02	昆明分校初期沿用云南陆军讲武学校日本"士官式"教育。第五分校时期推行"黄埔式"教育
成都分校（第三分校）	1935.10	初建时为中央陆军军官学校成都分校，驻成都。1938年1月改称中央陆军军官学校第三分校，驻成都	主任为李明灏	6121人	1938.11	成都分校学员选自四川、贵州部队保送的编余军官。有凉山地区彝族头人子弟40余人，毕业后回原地任要职。本校由南京迁至成都，以该分校校址为校本部，第三分校并入校本部

续表

校别	成立时间	校名、驻地	负责人	毕业人数	停办时间	备 注
广州分校 （第四分校）	1936.08	初建时为中央陆军军官学校广州分校，驻广州，1937年12月迁驻德庆。1938年1月称中央陆军军官学校第四分校，10月由德庆迁驻广西宜山，1940年初迁驻贵州独山，1944年底迁驻贵州湄潭	主任为陈诚，后为韩汉英。实际由副主任陈芝馨负责。副主任后继有谢婴白、陈联璧、张振镛	19456人①	1945.10	招收侨生，成立华侨大队。校名几经更迭，组织机构多次变换，校址频繁迁移，师生在校直接参加对日作战
第七分校	1938.03	中央陆军军官学校第七分校，先后驻陕西凤翔、西安郊区王曲	主任为胡宗南	35942人②	1945.11	美国副总统威尔基、英国议会访华团、美国魏德迈将军、中央社记者团及军事学校机关组团先后访问该分校。 1944年秋，该分校派出由副主任洪士奇为团长的访问团赴印度参观远征军训练等

---

① 陈宇：《中国黄埔军校》，第203页，解放军出版社，2007年版。另有2015年黄埔军校同学会编《黄埔军校分校概览》第280页表格统计为22352人。

② 陈宇：《中国黄埔军校》，第207页，解放军出版社，2007年版。另有2015年黄埔军校同学会编《黄埔军校分校概览》第317页统计第七分校毕业学生29635人，学员毕业11068人，共计40703人。

续表

校别	成立时间	校名、驻地	负责人	毕业人数	停办时间	备注
第三分校	1939.03	中央陆军军官学校第三分校，驻江西瑞金，1941年7月迁广丰，1942年6月迁福建邵武，1943年2月迁会昌，后又迁回瑞金	主任先后为吕济、沈发藻、柏天民、刘绍先	13391人①	1946.03	与由成都分校更名的第三分校（中央陆军军官学校由南京西迁成都于1938年11月并入本部而中止）同名但无瓜葛。1945年8月，20期学生大队赴杭州参加受降与接收任务
第八分校	1940.05	中央陆军军官学校第八分校，驻湖北均县武当山下。1945年5月迁驻湖北房县	主任为徐祖贻	5731人②	1945.12	也称武当山分校。该分校的建立及办学得到武当山道众的支持
第九分校	1943.03	中央陆军军官学校第九分校，驻新疆迪化	主任先后为盛世才、宋希濂	约6000余人③	1947.08	也称迪化分校。招收少数民族生员最多；为新疆骑兵部队培训了骨干力量

① 陈宇：《中国黄埔军校》，第201页，解放军出版社，2007年版。另有2015年黄埔军校同学会编《黄埔军校分校概览》第382页记载，江西第三分校毕业学生6834人；另设军官训练班、学生补训大队及政训学员总队等，毕业学员10093人。

② 陈宇：《中国黄埔军校》，第209页，解放军出版社，2007年版。另有资料记载，第八分校16期学生毕业2100多人，18期毕业学生近1000人。培训学员2期共毕业2400多人。共计5500多人。

③ 2015年黄埔军校同学会编：《黄埔军校分校概览》。2007年解放军出版社出版陈宇著《中国黄埔军校》第210页，各期毕业学生为1044人，未含多种训练班人数。

后　记

今年是黄埔军校建校 100 周年暨黄埔军校同学会成立 40 周年，黄埔军校同学会组织编写了本书，以展现一百年来黄埔光辉历程、重要贡献，深刻揭示其对新时代新征程黄埔传承发展重要经验启示。黄埔军校同学会高度重视本书编写工作，林上元会长撰写序言，路晓峰秘书长就本书编写提出明确要求，宋为、许友滋、韩晓光、肖红同志积极参与指导编写工作。

本书由黄埔军校同学会于 2022 年立项并拟定编写大纲，陈宇任主编，郁川虎、李立任副主编。从立项到成稿历时一年多，整个编写过程扎实有效。我们希望，本书出版能够帮助读者全面了解黄埔百年故事，对黄埔精神及其时代价值有更深的认识，从中汲取前行的智慧和力量，致力国家统一、民族复兴。

本书由 10 多位黄埔专家学者及有关人士共同撰写完成。郁川虎写了导论，杨棋、黄建华写了第一章，乔银娟、李忠诚写了第二章，李立写了第三章，陈宇写了第四章，刘育钢写了第五章，赵兴胜、史晓玲写了第六章，杨泽军、郁川虎写了第七章，权伟东写了结语。陈宇、郁川虎、李立负责全文统稿工作，李鸿飞、邹玉贵、曹燕协助统稿以及资料收集、相关协调工作。智库园（北京）国际文化有限公司承担了前期的组稿、联络等业务工作。

本书编定过程中，得到了中央宣传部出版局、中央统战部三局、国台办新闻局和各地方黄埔军校同学会等单位大力支持，九州出版社承担了编校出版工作。同时还听取了很多黄埔军校同学会老领导、老同志和知名黄埔同学、亲属，以及相关专家学者的意见和建议。特别是陈知庶副会长对本书编写全程关心指导。在此，一并深致谢忱。

　　本书难免存在一些有待完善及未尽之处，欢迎专家学者和广大读者朋友批评指正。